TO197778

ÉTHIQUE À NICOMAQUE

DU MÊME AUTEUR
À LA MÊME LIBRAIRIE

BIBLIOTHÈQUE DES TEXTES PHILOSOPHIQUES

Fondateur H. GOUHIER   Directeur E. CATTIN

ARISTOTE

ÉTHIQUE À NICOMAQUE

Introduction, traduction, notes et index
par
Jules TRICOT

PARIS
LIBRAIRIE PHILOSOPHIQUE J. VRIN
6, Place de la Sorbonne, V e
2017

© *Librairie Philosophique J. VRIN*, 1990

2007, *pour la présente édition révisée*

Imprimé en France
ISSN 0249-7980
ISBN 978-2-7116-0022-9

www.vrin.fr

INTRODUCTION

Les traductions françaises de l'*Éthique à Nicomaque* ne manquent pas, et le présent travail peut sembler, à première vue, n'être ni nécessaire, ni urgent. Nous n'avons pas cependant hésité à l'entreprendre ; nous croyons que cette nouvelle version n'est pas superflue et qu'elle est susceptible de rendre des services. Les traductions existantes laissent, en effet, beaucoup à désirer. Celle de Thurot remonte à plus d'un siècle, et, malgré ses mérites, ne suffit plus aujourd'hui. La dernière en date, due à J. Voilquin, est élégante mais peu fidèle, et s'adresse à un public non spécialisé, plus sensible à l'agrément littéraire qu'à la précision philosophique. Or il suffit de jeter un coup d'œil sur l'*Éthique à Nicomaque* pour se rendre compte qu'elle est une œuvre sévère, à texture serrée, et qu'elle n'a rien de commun avec ce qu'on entend fréquemment par « ouvrage de morale », c'est-à-dire un recueil de remarques banales sur la vertu ou le bonheur. On a affaire ici à un exposé systématique, souvent obscur, et dont le ton n'est pas différent de celui des autres parties du *Corpus aristotelicum* : même souci du rattachement des faits aux principes, même rigueur dans l'enchaînement des raisons, même indifférence aussi à la perfection de la forme. L'*Éthique* demande donc a être étudiée et présentée comme une œuvre strictement technique et didactique.

Le devoir du traducteur se trouve ainsi tout tracé, et nous avons fait notre possible pour le remplir. Comme dans nos précédents travaux, nous avons voulu rendre avec fidélité la pensée de l'auteur, sans tomber dans la paraphrase, mais aussi sans nous asservir à une littéralité qui eût été à l'encontre de notre but.

Nous avions à éclaircir un grand nombre de passages difficiles ou contestés. Persuadé qu'Aristote ne se comprend bien que par lui-même, nous avons utilisé en premier lieu les autres traités de morale dont on lui attribue, à tort ou à raison, la paternité, et notamment l'*Éthique à Eudème* et (dans une plus faible mesure) les *Magna moralia*. Mais étant donné les questions d'authenticité qui se posent au sujet de ces ouvrages, nous devons préciser à cette place dans quel esprit et avec quelles restrictions nous les avons mis à contribution.

1) L'*Éthique à Eudème* figure selon toute probabilité au catalogue de Diogène Laërce sous le titre ἠθικῶν α′β′γ′δ′ (et ε′ selon certains manuscrits), avec le n° 38[1]. Ses rapports avec l'*Éthique à Nicomaque* sont manifestes, puisqu'il y a identité pour trois livres (V, VI et VII de l'*Éthique à Nicomaque*, et IV, V et VI de l'*Éthique à Eudème*) et de multiples correspondances pour les livres restants[2]. On sait que l'*Éthique à Eudème* soulève de graves problèmes d'authenticité et de chronologie. Sans entrer dans des détails qui ne nous intéressent pas directement ici, rappelons seulement qu'à la fin du siècle dernier A. Grant, L. Spengel et F. Susemihl considéraient l'*Éthique à Eudème* comme plus récente que l'*Éthique à Nicomaque*, et comme étant l'œuvre, non pas d'Aristote, mais de son disciple Eudème. G. Rodier partageait encore cette opinion. Mais depuis les travaux de W. Jaeger et de A. Mansion, on admet couramment aujourd'hui (R. Walzer, K.O. Brink, J. Léonard, F. Nuyens, L. Robin, etc.) que l'*Éthique à Eudème* s'insère logiquement et chronologiquement entre le *Protreptique*, qui remonte à la jeunesse de l'auteur, et l'*Éthique à Nicomaque*, qui appartient à une phase plus récente de son activité philosophique, et qui est à peu près contemporaine du *de Anima*. L'*Éthique à Eudème*, dont on ne saurait plus dès lors contester l'attribution à Aristote, doit être ainsi rattachée à la période dite

1. *Cf.* Moraux, *Les Listes anciennes des ouvrages d'Aristote*, Louvain, 1951, p. 80.
2. On trouvera l'énumération de ces correspondances en tête de la traduction de Ross.

d'Assos, antérieure à la fondation du Lycée, entre les années 348 à 355. Nous serions en présence de la forme la plus ancienne de l'*Éthique à Nicomaque*, et l'auteur aura lui-même transporté plus tard des morceaux de cette première version dans la seconde. Cette manière de voir, corroborée par le contenu même de l'ouvrage, a rallié la presque unanimité des interprètes, et il ne reste guère que E.J. Schaecher[1] pour défendre la position de Spengel et de Susemihl.

Dans ces conditions, et le problème de l'authenticité paraissant résolu dans le sens de l'affirmative, il devenait possible de se reporter en toute sécurité aux explications et aux développements parallèles de l'*Éthique à Eudème*, laquelle offre l'avantage d'un exposé en général plus simple et plus accessible que celui des passages correspondants de l'*Éthique* définitive. Nous avons abondamment puisé à cette source qui n'est pas suspecte, et qui, même en la supposant inauthentique, est de bonne époque et reproduit avec une fidélité entière l'enseignement du plus ancien péripatétisme.

2) L'authenticité de la *Grande Morale* (*Magna moralia*, deux livres, le troisième est perdu) demeure beaucoup plus incertaine. L'ouvrage est d'ailleurs de qualité inférieure. C'est une sorte de résumé scolaire, sans originalité, où se décèle l'influence de Théophraste, et qui s'inspire, soit de l'*Éthique à Eudème*, comme le croit F. Susemihl, soit plutôt de l'*Éthique à Nicomaque* (K.O. Brink). Mais la date du IIIe siècle de notre ère qu'on lui assigne d'ordinaire est sans doute trop récente. Les travaux de K.O. Brink[2], dont nous avons déjà cité le nom, établissent que l'ouvrage remonte bien au-delà et qu'il appartient peut-être à la génération qui a suivi la mort d'Aristote. H. von Arnim[3] est allé plus loin encore dans cette direction. Reprenant une opinion émise autrefois par Schleiermacher, il a défendu avec talent

---

1. Schaecher, *Studien zu den Ethiken des Corpus aristotelicum*, Paderborn, 1940.

2. Brink, *Stil und Form der pseudaristotelischen* Magna Moralia, Ohlau, 1933.

3. Arnim, *Die drei aristotelischen Ethiken*, Vienne et Leipzig, 1924.

l'authenticité des *Magna moralia* et leur attribution à Aristote. L'œuvre serait même, selon lui, antérieure aux deux *Éthiques*, et aurait suivi de près le *Protreptique*. Ses arguments n'ont pas convaincu des critiques aussi avertis que A. Mansion et W. Jaeger : ce dernier, s'appuyant notamment sur certaines particularités linguistiques, a montré[1] que la *Grande Morale* ne peut être de la main du Stagirite, et que son contenu et son vocabulaire trahissent une origine post-aristotélicienne. Que la *Grande Morale* soit, ou plus probablement, ne soit pas d'Aristote lui-même, il reste que la date de sa composition est très ancienne et suffisamment reculée pour qu'on discerne, sans trop de risques d'erreur, des traces des leçons morales du Lycée. Il est donc permis de la consulter moyennant quelque précaution, et elle nous a parfois été utile pour éclaircir des passages controversés de l'*Éthique à Nicomaque*.

Nous passerons sous silence le petit opuscule *de Virtutibus et Vitiis*, dont l'auteur est un éclectique ou un péripatéticien du début de l'ère chrétienne : œuvre insignifiante, dont Aristote n'est sûrement pas l'auteur, et qui, ne serait-ce que par sa brièveté, est à écarter d'emblée.

Voilà pour les différents traités de morale d'Aristote, et l'aide qu'ils sont susceptibles de fournir.

Les commentaires grecs d'Aspasius, d'Héliodore, d'Eustrate et de Michel d'Éphèse, édités entre 1889 et 1901, dans la collection de l'Académie de Berlin, par les soins de G. Heylbut et M. Hayduck, sont également d'un grand secours pour l'intelligence de l'*Éthique*. Les *Praeter commentaria, Scriptora minora* (*Supplementa aristotelica*, II) d'Alexandre d'Aphrodise, édités par I. Bruns, en 1891, dans la même collection, renferment aussi des pages pénétrantes dont nous avons tiré profit.

Parmi les commentaires latins, celui de St Thomas[2] joint à des vues synthétiques, des aperçus remarquables par leur clarté et leur

---

1. Jaeger, *Aristotle*, Oxford, 2ᵉ éd., 1948, p. 440-442 (note).

2. St Thomas, *in decem libros Ethicorum Aristotelis ad Nic. expositio*, Spiazzi (ed.), Turin-Rome, 1949.

précision. Il demeure un instrument indispensable, et nous y avons eu constamment recours. Le commentaire de Sylvester Maurus[1], savant jésuite du XVIIe siècle, est aussi très important. – On trouvera plus loin les indications bibliographiques nécessaires.

Passons aux traductions anciennes et modernes.

Les anciennes *traductions latines* du Moyen Âge et de la Renaissance sont, pour des mérites divers, toujours recommandables. La *Versio antiqua*, de Guillaume de Moerbeke[2], sur laquelle Saint Thomas a établi son commentaire, est un décalque presque mot pour mot de l'original grec, et à ce titre vaut encore d'être consulté. Citons encore la version de D. Lambin[3], le savant philologue du XVIe siècle ; elle paraphrase avec élégance, discrétion et exactitude, la pensée d'Aristote, et nous a servi de guide dans un petit nombre de passages controversés.

Les *traductions anglaises* de l'*Éthique à Nicomaque* sont nombreuses et sûres. Nous sommes grandement redevable à celles de H. Rackham et de W.D. Ross. Cette dernière, qui figure au tome IX de l'*Oxford translation*, est un travail de la plus haute valeur, à la fois par son élégance et sa fidélité.

Enfin, parmi les *traductions allemandes*, la plus récente, celle de F. Dirlmeier (Berlin, 1956), est excellente et enrichie de nombreuses notes.

Toutes ces traductions ont heureusement facilité notre tâche : il en est fait mention dans notre bibliographie.

Enfin, nous avons plus particulièrement mis à contribution les ouvrages suivants :

1) L'édition de J. Burnet (*The Ethics of Aristotle*, Londres, 1900) dont l'Introduction générale, les préfaces particulières à chaque livre et les notes sont de premier ordre.

---

1. Ehrle (éd.), 1885, t. II.

2. La *Versio antiqua* est reproduite en tête de chacun des chapitres du commentaire de St Thomas dans l'édition Spiazzi, citée ci-dessus.

3. La traduction de Lambin, Bekker (éd.), t. III (cf. *Bibliographie*), figure aussi en tête de l'édition Ehrle du commentaire de Sylv. Maurus (cf. *supra*).

2) Le commentaire anglais de H. Harold Joachim, publié par D.A. Rees à Oxford en 1951, qui est un chef-d'œuvre de clarté et contient les vues les plus pénétrantes.

3) La traduction française, avec commentaire, des deux premiers livres de l'*Éthique*, par J. Souilhé et G. Cruchon (1929), ainsi que l'édition annotée du livre X, par G. Rodier (1897).

On voudra bien se reporter, pour les détails, à la Bibliographie.

Nous avons adopté comme texte de base, l'édition de F. Susemihl, revue par O. Apelt (3ᵉ édition, Leipzig, 1912), qui est correcte et maniable. Pour un certain nombre de passages, signalés dans nos notes, nous avons accordé la préférence aux leçons de Bekker, Ramsauer, Bywater, Burnet, etc. Les références à l'édition Bekker sont reproduites en marge, selon un usage constant (que J. Voilquin, disons-le en passant, a eu le tort de ne pas respecter).

Il n'entre pas dans notre dessein de faire précéder cette traduction d'une étude d'ensemble de la morale d'Aristote, tâche qui a été accomplie maintes fois et souvent d'une façon qui rend un nouvel exposé inutile. Recommandons entre autres travaux la substantielle préface de G. Rodier à son édition du texte grec du livre X (préface reprise dans *Études de Philosophie grecque*, Paris, 1923, p. 177-217), les pages si denses de W.D. Ross (*Aristote*, édition française, p. 262-325) et de L. Robin (*Aristote*, p. 209-271), ainsi que le petit ouvrage de ce dernier sur la *Morale antique* (Paris, 1938), qui replace l'Éthique aristotélicienne dans le courant général des doctrines et des idées morales de l'antiquité classique.

Nous ne nous arrêterons pas non plus à discuter la question de chronologie, devenue en quelque sorte à la mode depuis les recherches de W. Jaeger et de A. Mansion. La solution proposée par W. Jaeger et amendée par A. Mansion, entre les années 1923 et 1927, a été récemment renouvelée par F. Nuyens, dans son livre célèbre sur l'*Évolution de la Psychologie d'Aristote* (Louvain, La Haye et Paris, 1948; la première édition, en langue néerlandaise, est de 1939). À l'aide de critères noologiques dont il a su faire un si fécond emploi, le savant critique a apporté de notables corrections aux hypothèses parfois aventureuses de W. Jaeger. Tout en admettant avec ce dernier que l'*Éthique à Nicomaque* appartient à un stade relativement avancé de l'évolution philosophique d'Aristote, et qu'elle doit être rattachée à l'époque où le Lycée se trouvait en plein essor, F. Nuyens estime cependant que l'ouvrage est antérieur à la période proprement finale de la carrière du Stagirite et qu'il a dû précéder de plusieurs années la rédaction du traité *de l'Âme*, lequel, par sa conception de l'âme-entéléchie, est manifestement d'une date très tardive et marque l'aboutissement de la noétique aristotélicienne. La thèse de F. Nuyens, appuyée sur un examen minutieux et objectif des textes du *Corpus*, est assurément des plus séduisantes et se présente avec tous les caractères d'une haute vraisemblance. Elle projette une lumière nouvelle sur les étapes de la doctrine morale d'Aristote ; elle constitue de toute façon un point de départ solide pour des investigations ultérieures, et rend dès maintenant des services signalés pour l'intelligence d'un certain nombre de passages demeurés obscurs jusqu'à ce jour. Nous n'avons eu garde de négliger un apport si important.

Jules TRICOT

L'ouvrage de R.A. Gauthier et J.Y. Jolif, paru au cours de l'impression du présent travail, n'a pu être utilisé. Nous en avons seulement fait mention, avec d'autres études récentes, dans notre Bibliographie.

BIBLIOGRAPHIE

Textes [1]

Aristote, *Éthique de Nicomaque*, texte, traduction et notes J. Voilquin, Paris, s.d. [1940].

Aristote, *Morale à Nicomaque, livre VIII*, L. Carreau (éd.), Paris, 1881.

Aristote, *Morale à Nicomaque, livre VIII*, L. Lévy (éd.), Paris, 1881.

Aristote, *Morale à Nicomaque, livre VIII*, J. Martin (éd.), Paris, 1882.

Aristote, *Morale à Nicomaque, livre VIII*, L. Ollé-Laprune (éd.), Paris, 1886.

Aristote, *Morale à Nicomaque, livre X*, L. Carreau (éd.), Paris, 1886.

Aristote, *Éthique à Nicomaque, livre X*, G. Rodier (éd.), Paris, 1897 (texte grec, avec introduction et notes).

Aristotelis Ethica Nicomachea, G. Ramsauer (ed.), Leipzig, 1878 (texte et commentaire).

Aristotelis Ethica Nicomachea, recognovit F. Susemihl, 1880; editio tertia curavit O. Apelt, Leipzig, 1912. – Nous avons suivi le texte de cette édition (sauf indications contraires), ainsi que sa division en chapitres.

Aristotelis Ethica Nicomachea, recognitio I. Bywater, Oxford, 1894; rééd. 1901, 1950, 1984.

Aristotelis Ethicorum Nicomacheorum libri decem, Ed. Cardwell (ed.), 2 vol., Oxford, 1828.

Aristotelis Ethicorum Nicomacheorum libri decem, G.L. Michelet (ed.), Berlin, 1835 (texte et commentaire).

---

1. Les éditions et traductions, tant anciennes que modernes, de l'*Éthique à Nicomaque* sont très nombreuses, et nous n'indiquons ici que les principales.

Aristotelis de Justicia [*Eth. Nicom., V*], cum commentario S. Mauri, J.B. Schuster (ed.), Rome, 1938.

Aristotelis graece, ex recensione Immanuelis Bekkeri, ed. Acad. reg. Borussica, 5 vol. in-quarto, Berlin, 1831-1870. – Les deux premiers volumes contiennent le texte grec du *Corpus*, et l'*Éthique à Nicomaque* occupe, au t. II, les p. 1094a-1181b23 (les références à cette pagination figurent, suivant l'usage, en marge de la présente traduction). Le t. III (*Aristoteles latine interpretibus variis*) contient, p. 537-589, la traduction latine de D. Lambin. Le t. V (1870), outre les *Fragmenta* d'Aristote, de V. Rose, renferme l'*Index aristotelicus* de H. Bonitz, qui rend toujours les plus grands services.

Aristotle. The Nicomachean Ethics, H. Rackham (ed.), Londres-New York, 1926; 2ᵉ éd., 1947 (texte et traduction anglaise).

The Ethics of Aristotle, ill. with essays and notes by A. Grant, 2 vol., Londres, 1857; 4ᵉ éd., 1884.

The Ethics of Aristotle, J. Burnet (ed.), Londres, 1900 (texte, préface et notes).

Les autres ouvrages d'Aristote se rapportant à l'*Éthique* ont fait l'objet des principales éditions suivantes :

Aristotelis Ethica Eudemia, A.T.H. Fritzsche (ed.), Ratisbonne, 1851 (texte, traduction latine et commentaire).

Aristotelis Ethica Eudemia. Eudemi Rhodii Ethica, adjecto *de Virtutibus et Vitiis libello*, recognitio F. Susemihl, Leipzig, 1884.

Aristotelis quae feruntur Magna Moralia, recognitio F. Susemihi., Leipzig, 1883.

Aristotle... Magna Moralia, G.C. Armstrong (ed.), Londres-Cambridge (Mass.), 1935; réédd., 1936, 1947 [dans le IIᵉ volume de l'édition de la *Métaphysique*, H. Tredennick (ed.)], texte et traduction anglaise.

Aristotle... The Eudemian Ethics. On Virtues and Vices, H. Rackham, Londres-Cambridge (Mass.), 1935; rééd. 1938, 1952 [à la suite de *The Athenian Constitution*, H. Rackham (ed.)], texte et traduction anglaise.

Commentaires grecs et latins

ALEXANDRE D'APHRODISE, *Praeter commentaria scripta minora.*
1. *de Anima liber cum mantissa*, I. Bruns (ed.), Berlin, 1887;
2. *Scripta minora reliqua* (*Quaestiones*, *de Fato*, *de Mixtione*),
I. Bruns (ed.), Berlin, 1892 (Supplementa aristoteles II).

ASPASIUS, *in Ethica Nicomachea quae supersunt commentaria*,
G. Heylbut (ed.), Berlin, 1889 («Collection des Commentateurs
grecs, de l'Académie de Berlin», XIX, 1).

EUSTRATE M. et Anonyme, *in Ethica Nicomachea commentaria*,
G. Heylbut (ed.), Berlin, 1892 («Collection des Commentateurs
grecs, de l'Académie de Berlin», XX).

HELIODORE, *in Ethica Nicomachea Paraphrasis*, G. Heylbut (ed.),
Berlin, 1889 («Collection des Commentateurs grecs, de
l'Académie de Berlin», XIX, 2).

MICHEL D'ÉPHÈSE, *in Ethica V* (Supplementa vol. XX), M. Hayduck
(ed.), Berlin, 1901 («Collection des Commentateurs grecs, de
l'Académie de Berlin», XXII, 3).

SAINT THOMAS D'AQUIN, soit dans les éditions des *Opera Omnia*
(édition dite *de Parme*, ou *la Piaba*, 25 vol., 1862-1873, t. XXI;
S. Fretté et P. Maré (ed.), 34 vol., Paris, 1871-1880, t. XXIII), soit
de préférence dans les éditions partielles suivantes :

– *Commentarium in X libros Ethicae Nicomacheae*, A.M. Pirotta
(ed.), Turin, 1934.

– *In decem libros Ethicorum Aristotelis ad Nicomachum expositio*,
R.M. Spiazzi (ed.), Turin-Rome, 1949 (c'est cette édition que
nous avons utilisée).

SYLVESTER MAURUS, *Aristotelis Opera quae extant omnia brevi
paraphrasi, ac litterae perpetuo inhaerente explanatione
illustrata a P.S.M.*, 6 vol., Rome, 1668. – Ce savant commentaire
a été réédité (mais incomplètement, le t. V, qui devait contenir les
écrits biologiques, n'ayant jamais paru) par F. Ehrle, B. Felchlin
et F. Beringer, Paris, 1885-1887, 4 vol. Le commentaire de
l'*Éthique à Nicomaque* occupe les p. 1-296 du t. II; celui des
Magna Moralia, les p. 297-376; et celui de l'*Éthique à Eudème*,
les p. 377-485. Nos références de notes sont celles de l'édition
Ehrle.

Traductions latines

La *Versio antiqua* de Guillaume de Moerbeke se trouve en tête du commentaire de St Thomas. Nous avons indiqué plus haut que le t. III de l'édition Bekker renferme la traduction de D. Lambin pour l'*Éthique à Nicomaque*. Ajoutons que ce même t. III contient également la version de G. Valla pour les *Magna Moralia* (p. 589-606), d'un anonyme pour l'*Éthique à Eudème* (p. 606-625), et de Simon Grynaeus pour le *de Virtutibus et Vitiis* (p. 625-627).

Traductions françaises

FESTUGIÈRE A.J., *Aristote. Le Plaisir* (*Éthique à Nicomaque*, VII, 11-14 ; X, 1-5), introduction, traduction et notes, Paris, 1936.

GAUTHIER R.A. et JOLIF J.Y., *L'Éthique à Nicomaque*, introduction, traduction et commentaire (t. I : Introduction et traduction), Louvain-Paris, 1958.

ORESME N., *Le livre des Éthiques d'Aristote*, A.D. Manut (ed.), New York, 1940.

SOUILHÉ J. et CRUCHON G., *Aristote. L'Éthique Nicomachéenne, livres I et II*, traduction et commentaire, Paris, 1929 (*Archives de Philosophie*, VII).

THUROT F., *La Morale et la Politique d'Aristote*, 2 vol., Paris, 1823-1824 (la *Morale* occupe le t. I). – Plusieurs rééditions, plus ou moins améliorées.

Traductions anglaises

GILLIES J., *Aristotle's Ethics*, Londres, 1893.

W.D. ROSS, *The Nicomachean Ethics of Aristotle*, nouvelle traduction, Londres, 1954.

Dans la traduction de *The Works of Aristotle*, Oxford, 1908-1952, 12 vol., J.A. Smith et W.D. Ross (dir.), traduction de l'*Éthique à Nicomaque* par W.D. Ross, 1925 ; *Magna Moralia*, par St. George Stock ; *Éthique à Eudème, de Virtute et Vitiis*, par J. Salomon, 1925.

THOMSON J.A.K., *The Ethics of Aristotle*, Londres, 1953.

Traductions allemandes

DIRLMEIER F., *Nicomachische Ethik*, Berlin, 1956 (*Aristoteles Werke*, E. Grumach (ed.), VI).

GOHLKE P., *Eudemische Ethik*, Paderborn, 1954 (*Aristoteles. Die Lehrschriften*, VII, 2); *Nicomachische Ethik*, 1956 (*Aristoteles. Die Lehrschriften*, VII, 3).

KIRCHMANN J.H. von, *Aristoteles Nikomachische Ethik*, Leipzig, 1876; 2ᵉ éd., E. Rolfes, 1911.

LASSON A., *Aristoteles Nikomachische Ethik*, Iéna, 1909.

Traduction italienne

ARRO A., *Aristoteles. La Morale a Nicomacho*, Turin, 1881.

Nous n'avons cité que les principales traductions. Le lecteur ne manquera pas d'y ajouter celles qui accompagnent, dans plusieurs éditions, le texte grec.

Ouvrages généraux

ALLAN D.J., *The Philosophy of Aristotle*, Oxford, 1952; traduction allemande P. Wilpert, *Die Philosophie des Aristoteles*, Hambourg, 1955.

ARMSTRONG A.H., *An introduction to ancient philosophy*, Londres, 1947.

ASTER E. von, *Geschichte der antiken Philosophie*, Berlin-Leipzig, 1920.

BADAREU D., *L'individuel chez Aristote*, Paris, s.d. [1935].

BAEUMKER C., *Das Problem der Materie in der griechischen Philosophie*, Munster, 1890.

BARBOTIN E., *La théorie aristotélicienne de l'intellect d'après Théophraste*, Louvain-Paris, 1954.

BARTH H., *Philosophie der Erscheinung. Eine Problemgeschichte. Erster Teil : Altertum u. Mittelalter*, Bâle, 1947.

BEARE J.I., *Greek theories of elementary cognition from Alcmeon to Aristotle*, Oxford, 1906.

BENN A.W., *The greek Philosophers*, 2ᵉ éd. Londres, 1914.

BIDEZ J., *Un singulier naufrage littéraire dans l'Antiquité. À la recherche de l'Aristote perdu*, Bruxelles, 1943.

BIGNONE E., *L'Aristotele perduto e la formazione filosofica di Epicuro*, 2 vol., Florence, 1936.

BONITZ H., *Index aristotelicus* (voir *supra*).

–*Aristotelische studien*, 4 vol., Vienne, 1862, 1863, 1866.

BOURGEY L., *Observation et expérience chez Aristote*, Paris, 1955.

BOUTROUX É., *Études d'histoire de la Philosophie*, Paris, 1897.

BRANDIS C.A., *Handbuch der griechisch-römischen Philosophie*, 6 vol., Berlin, 1835-1866.

BRÉHIER É., *Histoire de la Philosophie*, I. *L'Antiquité et le Moyen Âge*, Paris, 1926.

–*Études de Philosophie antique*, Paris, 1951.

BRÉMOND A., *Le dilemme aristotélicien*, Paris, 1933 (*Archives de Philosophie*, X, 3).

BRENTANO F., *Die Psychologie des Aristoteles, insbesondere seine Lehre vom* νοῦς ποιητικός, Mayence, 1867.

BROCHARD V., *Études de Philosophie ancienne et de Philosophie moderne*, Paris, 1912; 2ᵉ éd. 1950.

BRÖCKER W., *Aristoteles*, Francfort, 1935.

BRUNET P. et Mieli A., *Histoire des Sciences. Antiquité*, Paris, 1935.

BURNET J., *Early greek Philosophy*, Londres, 1892; 2ᵉ éd. 1908; 3ᵉ éd. 1920; traduction allemande, *Die Anfänge der griechischen Philosophie*, Leipzig, 1913; trad. fr. (sur la 2ᵉ éd.) A. Reymond, *L'aurore de la Philosophie grecque*, Paris, 1919, 2ᵉ éd. 1952.

CAPELLE W., *Die Vorsokratiker. Fragmente und Quellengeschichte überzetzt und eingeleitet*, Leipzig, 1935.

–*Geschichte der Philosophie*, III. *Die griechichte Philosophie*, 3 Teil : *Von Tode Platons bis zur Alten Stoa*, Berlin, 1954.

CASE T., « Aristotle », *Encyclopedia britannica*, Cambridge, 1911, II, p. 501-522.

CHAIGNET A.E., *Essai sur la Psychologie d'Aristote*, Paris, 1883.

–*La Psychologie des Grecs*, 5 vol., Paris, 1887-1892 [I. *Histoire de la Psychologie avant et après Aristote*].

CHERNISS H., *Aristotle's criticism of presocratic philosophy*, Baltimore, 1935.

–*Aristotle's criticism of Plato and the Academy*, I, Baltimore, 1944.

–*The Riddle of the Early Academy*, Baltimore, 1945.

CHEVALIER J., *La notion du nécessaire chez Aristote et chez ses prédécesseurs, particulièrement chez Platon, avec des notes sur les relations de Platon et d'Aristote, et la chronologie de leurs œuvres*, Paris, 1915.

– *Histoire de la Philosophie*, I. *La pensée antique*, Paris, 1955.

COPLESTON F., *A history of the Philosophy*, I. *Greece and Rome*, Londres, 1946.

CORNFORD F.M., *Before and after Socrates*, Cambridge, 1932.

– *Principium sapientiae. A study of the origins of greek and philosophical thought*, Cambridge (Mass.), 1952.

CORTE M. de, *Aristote et Plotin*, Paris, 1935.

– *Aristotélisme et Christianisme, dans la Philosophie de l'Histoire de la Philosophie*, Rome-Paris, 1956 (p. 81-97).

CROISSANT J., *Aristote et les mystères*, « Bibliothèque de la Faculté de Philosophie et des Lettres de Liège », fasc. 51, Liège-Paris, 1932.

DEMAN T., *Le témoignage d'Aristote sur Socrate*, Paris, 1942.

DIELS H., *Doxographi graeci*, Berlin, 1879 ; nouvelle éd. 1929.

– *Elementum. Eine Vorarbeit zum griechischen und lateinischen Thesaurus*, Leipzig, 1899.

– *Die Fragmente der Vorsokratiker, Griechisch und Deutsch*, Berlin, 1903 ; 3e éd. 1912 ; la 4e éd., 1922, reproduit la 3e (2 vol. de textes et 1 vol. d'Index par W. Krantz) avec des *suppléments* (*Nachträge*) à ces 3 vol. ; 5e éd. 1934-1938 ; 6e ed. 1951-1952, 3 vol. avec des compléments et des tables nouvelles de W. Krantz. – Il existe de cet ouvrage capital une traduction anglaise par K. Freeman, *Ancilla to the Presocratic Philosophers*, Oxford, 1948.

DIOGÈNE LAËRCE, *Diogenes Laertius, Lives of Eminent Philosophers with an english translation*, Londres-Cambridge (Mass.), R.D. Hicks (ed.), 2 vol., 1925 ; nouvelle éd. 1950. La traduction française de Ch. Zevort, Paris, 1847, est aujourd'hui remplacée par celle de R. Genaille, Paris, s.d. [1933], 2 vol.

DUBARLE D., « L'idée hylémorphiste d'Aristote et la compréhension de l'Univers », *Revue des Sciences philosiques et théologiques*, XXXVI, janvier et avril 1952, p. 3-29 et 205-230 ; XXXVII, janvier 1953, p. 1-23.

ENRIQUEZ F. et SANTILLANA G., *Storia del Penserio scientifico*, vol. I, *Il mondo antico*, Milan, 1932; trad. fr. partielle, « Actualités scientifiques », Paris, 1936, 3 vol.

FARRINGTON B., *Greek science*, Melbourne-Londres-Baltimore, 1944.

FRANK E., « The fundamental opposition of Plato and Aristotle », *American Journal of Philosophy*, LXI, 1940, p. 34-53 et 166-185.

FULLER E., *History of greek philosophy*, New York, 1930.

GERCKE A., « Aristoteles », dans Pauly-Wissowa-Kroll, *Realencyclopaedie der klassichen Altertumswissenchaft*, II, p. 1012 *sq.*, Berlin, 1896.

GIGON O., *Der Ursprung der griechischen Philosophie*, Basel, 1945.

– « L'historicité de la Philosophie chez Aristote », dans *Philosophie de l'Histoire de la philosophie*, Rome-Paris, 1956 (p. 99-120).

GOEDECKMEYER A., *Aristoteles*, Munich, 1922.

GOMPERZ Th., *Griechichte Denker*, 3 vol., Leipzig, 1893-1902; trad. fr. A. Reymond, *Les Penseurs de la Grèce. Histoire de la Philosophie antique*, 3 vol., Paris-Lausanne, 1904-1910 (rcimp. t. I, 1930); traduction anglaise L. Magnus et G.C. Berry, 4 vol., Londres, 2e éd. 1913-1929.

GREDT J., *Elementa philosophiae aristotelico-thomisticae*, 2 vol., Fribourg, 5e éd. 1929.

GROTE G., *Aristotle*, Londres, 3e éd. 1883.

GUTHRIE W.K.C., *The greek Philosophers from Thales to Aristotle*, Londres, 1950.

– *The Greeks and their Gods*, Londres, 1951; trad. fr. S.M. Guillemin, *Les Grecs et leurs Dieux*, Paris, 1956.

HAMELIN O., *Essai sur les éléments principaux de la représentation*, Paris, 1907; 2e éd. 1925, notes de A. Darbon; 3e éd. 1950.

– *Le système d'Aristote*, L. Robin (éd.), Paris, 1920; 2e éd. 1931.

– *La théorie de l'intellect d'après Aristote et ses commentateurs*, Paris, 1953, E. Barbotin (éd.) avec une Introduction.

HEIBERG J.L., *Mathematisches zu Aristoteles*, Leipzig, 1904.

– *Naturwissenchaften und Mathematik in klassischen Altertum*, Leipzig, 1912.

HIRSCHBERGER J., *Geschichte der Philosophie*, I. *Altertum u. Mittelalter*, Friburg, 1949, p. 139-213.

JAEGER W., *Studien zur Entstehungsgeschichte der Metaphysik des Aristoteles*, Berlin, 1912.

– *Aristoteles, Grundelung einer Geschichte seiner Entwicklung*, Berlin, 1923 ; nouvelle éd. 1955. – Cet ouvrage capital a été traduit en anglais par R. Robinson, *Aristotle, Fundamentals of the history of his development*, Oxford, 1934 ; 2ᵉ éd. revue, corrigée et enrichie de 2 appendices, 1948 ;. traduction italienne G. Calogero, Florence, 1935.

– ΠΑΙΔΕΙΑ. *Die Formung der Griechischen Menschen*, 3 vol., Berlin-New York, 1936 et 1944 ; traduction anglaise G. Highet, 3 vol., Oxford, 1943-1945.

– *The theology of the early greek philosophers*, Oxford, 1947.

JANET P. et SÉAILLES G., *Histoire de la philosophie. Les problèmes et les écoles*, Paris, 1887.

JOEL K., *Geschichte der antiken Philosophie*, I, Tubingue, 1920.

JOLIVET R., « La notion de substance, essai historique et critique sur le développement des doctrines, d'Aristote à nos jours », *Archives de Philosophie*, Paris, 1929.

– *Essai sur les rapports entre la pensée grecque et la pensée chrétienne*, Paris, 1931 ; 2ᵉ éd. 1955.

JOURDAIN A., *Recherches sur l'âge et l'origine des traductions latines d'Aristote*, Paris, 1819 ; 2ᵉ éd. revue et augmentée. par Ch. Jourdain, Paris, 1843.

KRANTZ W., *Vorsokratische Denker. Auswahl aus dem Ueberlieferten. Griechisch und Deutsch*, Berlin, 2ᵉ éd. 1949 (choix de textes tirés de H. Diels, texte grec et traduction allemande).

LALANDE A., *Vocabulaire technique et critique de la Philosophie*, Paris, 1902-1923 (fascicules dans le *Bulletin de la Société française de Philosophie*) ; 2ᵉ éd., avec supplément, 2 vol., 1926 ; 3ᵉ éd., 2 vol., 1928 ; 4ᵉ éd. augmentée, 3 vol., 1932 ; 6ᵉ éd., 1 vol., 1947 ; 7ᵉ éd. 1956.

LALO Ch., *Aristote*, Paris, 1923.

LAURAND L., *Manuel des Études grecques et latines*, I. *Grèce*, Paris, 4ᵉ éd. 1930 ; III. *Compléments : les sciences dans l'Antiquité*, Paris, 1929.

LE BLOND J.M., *Eulogos et l'argument de convenance chez Aristote*, Paris, 1938.

– *Logique et Méthode chez Aristote. Étude sur la recherche des principes dans la Physique aristotélicienne*, Paris, 1939.

LIVINGSTONE R.W., *The legacy of Greece*, by J. Burnet (Philosophie), T.L. Heath (Mathématique et Astrononmie), D'Arcy W. Thompson (Sciences naturelles), C. Singer (Biologie avant et après Aristote), Oxford, 1921.

LORIA G., *Le scienze esatte nell'antica Grecia*, Milan, 2ᵉ éd. 1914; trad. fr. *Histoire des Sciences mathématiques dans l'Antiquité hellénique*, Paris, 1929.

MANSION A., « La notion de nature dans la physique aristotélicienne », *Annales de l'Institut supérieur de Philosophie*, Louvain, 1912, p. 472-567.

– « La genèse de l'œuvre d'Aristote d'après les travaux récents », *Revue néo-scolastique de Philosophie*, Louvain, t. XXVIII, 1927, p. 297-341 et 423-466.

– « Bulletin de littérature aristotélique », *Revue néo-scolastique de Philosophie*, Louvain, 1928, p. 92-116, et années suivantes.

– « La physique aristotélicienne et la philosophie », *Revue néo-scolastique de Philosophie*, Louvain, t. XXXVI, 1935, p. 5-26; réimp. dans *Philosophie et Sciences*, Juvisy, 1936, p. 15-36.

– *Introduction à la Physique aristotélicienne*, Louvain-Paris, 1913; 2ᵉ éd. augmentée, 1946.

MANSION S., *Le jugement d'existence chez Aristote*, Louvain-Paris, 1946.

MARITAIN J., *Éléments de Philosophie*, I. *Introduction générale à la philosophie*, II. *L'ordre des concepts. Petite logique*, Paris, 1920.

MCKEON R., *Introduction to Aristotle*, New York, 1947.

– « Aristotle's conception of the development and the nature of scientific method », *Journal of the History of Ideas*, t. VIII, 1947, p. 3-44.

MERLAN Ph., « The successor of Speusippus », dans *Transaction of the american philological Association*, vol. LXXVII, 1946.

– *From Platonism to Neoplatonism*, La Haye, 1953.

MEULEN J. van der, *Aristoteles, Die Mitte in seinem Denken*, Meisenheim, 1951.

MILHAUD G., *Leçons sur les origines de la science grecque*, Paris, 1893.

– *Nouvelles études sur l'histoire de la pensée scientifique*, Paris, 1911.

24 BIBLIOGRAPHIE

– « Le hasard chez Aristote et chez Cournot », *Revue de Métaphysique et de Morale*, novembre 1902 ; réimp. dans *Études sur Cournot*, Paris, 1927.

– *Les Philosophes géomètres de la Grèce. Platon et ses prédécesseurs*, Paris, 1900 ; 2ᵉ éd. 1931.

– *Études sur la pensée scientifique chez les Grecs et les Modernes*, Paris, 1906.

MONDOLFO R., *El pensiamento antiguo. Historia de la filosofia greco-romana*, I. *Desde los origenes hasta Platón*, II. *Desde Aristóteles hasta los neoplatónicos*, 2 vol., Buenos-Aires, 1942 ; 2ᵉ éd. 1945 ; 3ᵉ éd. avec compléments bibliographiques, 1952 (recueil de textes).

– *Il pensiero antico. Storia della filosofia greco-romana esposta con testi scelti dalle fonti*, Florence, 2ᵉ éd. 1950.

– « L'unité du sujet dans la gnoséologie d'Aristote », *Revue Philosophique*, 78ᵉ année, n° 7-9, juillet-septembre 1953, p. 359-378.

MOREAU J., *L'âme du Monde, de Platon aux Stoïciens*, Paris, 1939.

– *L'idée d'Univers dans la pensée antique*, « Bibliotheca del *Giornale di Metafisica* », Turin, 1953.

MORAUX P., *Les listes anciennes des ouvrages d'Aristote*, Louvain, 1951.

– « La "Vie d'Aristote" chez Diogène Laërce », *Revue des Études grecques*, LXVIII, 1955, p. 124-163.

– *À la recherche de l'Aristote perdu. Le dialogue « Sur la Justice »*, Louvain-et Paris, 1957.

MUGLER Ch., *Deux thèmes de la philosophie grecque, Devenir cyclique et Pluralité des Mondes*, Paris, 1953.

MURE G.R.G., *Aristotle*, Londres, 1932.

NUYENS F., *Ontwikkelingsmomenten in de zielkunde van Aristoteles*, Nimègue-Utrecht, 1939 ; trad. fr., *L'Évolution de la psychologie d'Aristote*, Louvain-La Haye-Paris, 1948.

ORGAN T.W., *An Index to Aristotle*, Princeton, 1949.

OWENS J., *The doctrine of Being in the aristotelian Metaphysics. A study in the greek background of medieval thought*, Toronto, 1951.

PHILIPPE M.D., *Bibliographische Eineührungen in das Studium der Philosophie*, 8. *Aristoteles*, Berne, 1948.

– *Initiation à la philosophie d'Aristote*, Paris, 1956.

PIAT C., *Aristote*, Paris, 2ᵉ éd. 1912.

RAVAISSON F., *Essai sur la Métaphysique d'Aristote*, 2 vol., Paris, 1837-1846; 2ᵉ éd. 1913, t. III: *Fragments*, Ch. Devivaise (éd.), Paris, 1953.

REGIS L.M., *L'opinion selon Aristote*, « Publications de l'Institut d'Études médiévales », V, Paris-Ottawa, 1935.

REIDEMEISTER K., *Das exakte Denker der griechen Beitrage zur Deutung von Euklid, Plato, Aristoteles*, Hambourg, 1949.

RENOUVIER Ch., *Manuel de philosophie ancienne*, 2 vol., Paris, 1844.

REY A., *La science dans l'Antiquité*, I. *La science orientale avant les Grecs*, II. *La jeunesse de la science grecque*, III. *La maturité de la pensée scientifique en Grèce*, IV. *L'apogée de la science grecque* (2 vol., dont le second intéresse Aristote), 5 vol., Paris, 1923-1948.

REYMOND A., *Histoire des sciences exactes et naturelles dans l'Antiquité greco-romaine*, Paris, 1924, traduction anglaise R.G. de Bray, Londres, 1927.

RITTER H. et Preller L., *Historia philosophiae graecae. Testimonio auctorum collegerunt notisque instruxerunt R. et P.*, Hambourg, 1838; 9ᵉ éd., E. Wellmann, Gotha, 1913; 10ᵉ éd. 1934.

RIVAUD A., *Le problème du devenir et la notion de matière, depuis les origines jusqu'à Théophraste*, Paris, 1906.

– *Les grands courants de la pensée antique*, Paris, 1929; 2ᵉ éd. 1932.

– *Histoire de la Philosophie*, I. *Des origines à la scolastique*, Paris, 1948.

ROBIN L., *La théorie platonicienne des Idées et des Nombres d'après Aristote. Étude historique et critique*, Paris, 1908.

– *La pensée grecque et les origines de l'esprit scientifique*, Paris, 1923; 2ᵉ éd. 1928; traduction anglaise, Londres, 1928.

– *La Pensée hellénique, des origines à Épicure. Questions de méthode, de critique et d'histoire*, Paris, 1942.

– *Aristote*, Paris, 1944.

RODIER G., *Études de philosophie grecque*, Paris, 1923.

ROHDE E., *Psyche. Seelenkult und Unterblichkeitsglaube der Griechen*, 2 vol., Tubingue, 1890-1894; 2ᵉ éd. 1898; 3ᵉ éd., F. Schoell, 1903; 10ᵉ éd., Introduction O. Weinreich, 1925; trad. fr. A. Reymond, *Psyché. Le culte de l'âme chez les Grecs et leur croyance à l'immortalité*, Paris, 1928; traduction anglaise W.B. Hillis, Londres, 1925.

ROLAND-GOSSELIN M.D., *Aristote*, Paris, 1928.

ROSE V., *De Aristotelis librorum ordine et auctoritate*, Berlin, 1854.

–*Aristoteles pseudepigraphus*, Leipzig, 1863.

ROSS W.D., *Aristotle*, Londres, 1923; 5ᵉ éd. 1949; 6ᵉ éd. 1955; trad. fr. Paris, 1930.

RUSSELL B., *History of the Western Philosophy*, Londres, 1946; trad. fr. Paris, 1952.

SCHWAB M., *Bibliographie d'Aristote*, Paris, 1896, édition autographiée.

SCHUHL P.M., *Essai sur la formation de la pensée grecque*, Paris, 1934; 2ᵉ éd. 1949.

SIEBECK H., *Aristoteles*, Stuttgart, 4ᵉ éd. 1922.

STARK R., *Aristotelesstudien*, « Zatemata, Monographien zur klassichen Altertumwissenschaft », Heft 8, Munich, 1954.

STEENBERGHEN F. van, *Aristote en Occident, les origines de l'Aristotélisme parisien*, Louvain, 1946; traduction anglaise L. Johnston, nouvelle édition augmentée, *Aristotle in the West. The origins of latin aristotelianism*, Louvain, 1955.

STOCKS J.L., *Aristotelianism*, Londres, s.d. [1925].

TANNERY P., *Pour l'histoire de la science hellène, de Thalès à Empédocle*, Paris, 1887; 2ᵉ éd. A. Diès, Paris, 1930.

–*Mémoires scientifiques*, Paris, 1912-1930.

TAYLOR A.E., *Aristotle*, Londres, 1912; nouvelles éditions 1919, 1943, 1955.

THONNARD F.J., *Précis d'histoire de la Philosophie*, Paris, 1937; 2ᵉ éd. 1952.

TONQUÉDEC J. de, « La critique de la connaissance », *Archives de Philosophie*, Paris, 1929.

TRUC G., *Histoire de la Philosophie*, Paris, 1950.

UEBERWEG F. [et Praechter K.], *Grundriss der Geschichte der Philosophie*, I. *Die Philosophie des Altertums*, Berlin, 12ᵉ éd. 1926, p. 347-401, et 101*-122*.

VARET G., *Manuel de Bibliographie philosophique*, I. *Les Philosophies classiques*, Paris, 1956, p. 119-158.

VOGEL C.J. de, *Greek Philosophy, a collection of texts*, I. *Thales to Plato*, Leyde, 1950; II. *Aristotle, the early peripatetic School and the early Academy*, Leyde, 1950 (recueil de textes).

VORLANDER K., *Geschichte der Philosophie*, Bd 1. *Altertum u. Mittelatter*, Metzke (ed.), Hambourg, 9ᵉ éd. 1949.

WEBER A., *Histoire de la philosophie européenne*, Paris, 6ᵉ éd. 1897.

WERNER Ch., *Aristote et l'idéalisme platonicien*, Genève-Paris, 1909.
– *La Philosophie grecque*, Paris, 1938.

WINDELBAND W., *Geschichte der abendländischen Philosophie im Altertum* (Iw. Muller, *Handbuch*, V, 1, 1), Goedeckmeyer (ed.), Munich, 4ᵉ éd. 1923.

ZELLER Ed., *Die Philosophie der Griechen in ihrer geschichtlichen Entwicklung dargestellt*, 1ʳᵉ éd. 1844-1852:
– Première partie: *Allgemeine Einleitung. Vorsokratische Philosophie*, 2 vol., 6ᵉ éd. Fr. Lortzing et W. Nestle, Berlin, 1919-1920; trad. fr. de la 4ᵉ éd. par E. Boutroux, 2 vol., Paris, 1877-1882;
– Deuxième partie, première section: *Sokrates und die Sokratiker. Plato und die alte Akademie*, 4ᵉ éd. 1888; trad. fr. de la 3ᵉ éd. par G. Belot de la 1ʳᵉ de ces 2 subdivisions, Paris, 1884; Deuxième section: *Aristoteles und die alten Peripatetiker*, Leipzig, 4ᵉ éd. 1921, p. 1-806);
– Troisième partie, première section: *Die nacharistotelische Philosophie*, 4ᵉ éd. par E. Wellmann, 1909; Deuxième section: *Die nacharistotelische Philosophie*, 4ᵉ éd., 1903 et 1909;
– Traduction anglaise complète par Costelloe et Muirhead; traduction italienne par R. Mondolfo.

ZURCHER J., *Aristoteles'Werk und Geist, untersucht und dargestellt*, Paderborn, 1952.

Ouvrages et travaux sur la Morale [1]

ALLAN D.J., « The practical syllogism », dans *Autour d'Aristote. Mélanges Mansion*, Louvain, 1955, n° 17, p. 325-342.

---

1. L'édition de SUSEMIHL contient (p. XIII-XXIX) une bibliographie complète jusqu'en 1912.

ARNIM H. von, *Die drei aristotelischen Ethiken*, Vienne-Leipzig, 1924.

AUBENQUE P., « Sur la définition aristotélicienne de la colère », *Revue philosophique*, 1957, n° 3, juillet-septembre, p. 300-317.

BARKER E., *The political thought of Plato and Aristotle*, Londres, 1906.

BOUTROUX É., *Questions de morale et d'éducation*, Paris, 1895.

BRINK K.O., *Stil und Form der pseudaristotelischen* Magna Moralia, Ohlau, 1933.

BYWATER I., *Contributions to the textual criticism of Aristotle's* Nicomachean Ethics, Oxford, 1892.

COLLE G., « Les quatre premiers livres de la Morale à Nicomaque », Annales de l'Institut supérieur de Philosophie, Louvain, 1919, p. 179-218.

DEFOURNY M., *Aristote. Études sur la Politique, Archives de Philosophie*, Paris, 1932, réunion (remaniée) d'articles précédemment parus, et notamment : « Aristote. Théorie économique et politique sociale », Louvain, 1914 ; « Aristote et l'éducation », Louvain, 1919 ; « Aristote et l'évolution sociale », Louvain, 1924.

DENIS J., *Histoire des théories et des idées morales dans l'Antiquité*, 2 vol., Paris, 1872 et 1879.

FESTUGIÈRE A.J., *L'idéal religieux des Grecs et l'Évangile*, Paris, 1932.

– *Contemplation et vie contemplative selon Platon*, Paris, 1936 ; 2ᵉ éd. 1952.

GAUTHIER R.A., *Magnanimité, l'idéal de la grandeur dans la philosophie païenne et dans la philosophie chrétienne*, Paris, 1951.

– *La morale d'Aristote*, Paris, 1958.

GILLET M., « Notes. La définition de l'habitude d'après Aristote », *Revue des Sciences philosophiques et théologiques*, 1907, p. 94-98.

– « Les éléments psychologiques du caractère moral d'après Aristote », *Revue des Sciences philosophiques et théologiques*, 1907, p. 217-238.

– *Du fondement intellectuel de la morale d'après Aristote*, Fribourg, 1905 ; Paris, 1928.

GOEDECKMEYER A., *Aristoteles's praktische Philosophie*, Leipzig, 1922.

HAMBURGER M., *Morals and Law. The growth of Aristotle's legal theory*, New Haven, 1951.

JOACHIM H.H., *The* Nicomachean Ethics, *a commentary by the late H.H.J.*, D.A. Rees (ed.), Oxford, 1951.

LA FONTAINE A., *Le plaisir, d'après Platon et Aristote*, Paris, 1902.

LACHANCE L., *Le concept du droit selon Aristote*, Ottawa, 1948.

LASSON A., « Quelques remarques sur l'*Éthique à Nicomaque* », *Revue de Métaphysique et de Morale*, 1910, p. 25-36.

LÉONARD J., « Le bonheur chez Aristote », *Mémoire de l'Académie royale de Belgique*, XLIV, fasc. 1er, Bruxelles, 1948.

LOTTIN O., « Aristote et la connexion des vertus morales », dans *Autour d'Aristote. Mélanges Mansion*, Louvain, 1955, n° 18, p. 343-366.

MANSION A., « Autour des *Éthiques* attribuées à Aristote », *Revue néo-scolastique de philosophie*, t. XXXIII, Louvain, 1931, p. 80-107, 216-236, 360-381.

MARGUERITTE H., « Notes critiques sur le texte de l'*Éthique à Eudème* », *Revue d'Histoire de la Philosophie*, 1930, p. 87-97.

– « La composition du livre A de l'*Éthique à Nicomaque* : une lacune dans le premier livre de l'*Éthique à Nicomaque* », *Revue d'Histoire de la Philosophie*, 1930, p. 176-188.

OLLÉ-LAPRUNE L., *Essai sur la Morale d'Aristote*, Paris, 1881.

– *De aristoteleae Ethices fundamento sive de eudaemonismo aristotelico*, Paris, 1882.

ROBIN L., *La morale antique*, Paris, 1938.

ROBINSON R., « L'"acrasie" selon Aristote (*Éthique à Nicomaque*, VII, 3) », *Revue philosophique*, n° 7-9, juillet-sept. 1955, p. 261-280.

RONDELET A., *Exposition critique de la morale d'Aristote*, Paris, 1847.

SPENGEL L., *Aristotelische Studien*, Munich, 1864-1868.

STEWART J.A., *Notes on the* Nicomachean Ethics *of Aristotle*, Oxford, 1892, 2 vol..

TRUDE P., *Der Begriff der Gerechtigkeil in der aristotelischen Rechts-und Staatsphilosophie*, Berlin, 1955.

VOGEL C.J. de, « Quelques remarques sur le premier chapitre de l'*Éthique à Nicomaque* », dans *Autour d'Aristote. Mélanges Mansion*, Louvain, 1955, n° 16, p. 307-324.

WALZER R., Magna Moralia *und die aristotelische* Ethik, Berlin,
    1929.
WILAMOWITZ-MOELLENDORF U., *Aristoteles und Athen*, Berlin,
    1893, 2 vol.

Compléments bibliographiques

Éthique à Nicomaque, trad. fr. et notes R. Bodéüs, Paris, GF-
    Flammarion, 2004.
Nicomachean Ethics, Books II-IV, traduction anglaise et commentaire
    C.C.W. Taylor, Oxford, Clarendon Press, 2006.
Nicomachean Ethics, Books VIII and IX, traduction anglaise et
    commentaire M. Pakaluk, Oxford, Clarendon Press, 1999.

AUBENQUE P., *La prudence chez Aristote*, Paris, PUF, [1963] 1993.
BODÉÜS R., *Aristote. La justice et la Cité*, Paris, PUF, 1996.
– *Aristote. Une philosophie en quête de savoir*, Paris, Vrin, 2002.
BOSTOCK D., *Aristotle's Ethics*, Oxford, Oxford University Press,
    2000.
CHATEAU J. Y. (éd.), *La vérité pratique. Aristote,* Éthique à
    Nicomaque, *livre VI*, Paris, Vrin, 1997.
GADAMER H. G., *L'idée du bien comme enjeu platonico-
    aristotélicien*, Paris, Vrin, 1994.
GAUTHIER-MUZELLEC M.-H., *La juste mesure*, Paris, PUF, 1998.
RODRIGO P., *Aristote, une philosophie pratique. Praxis, politique et
    bonheur*, Paris, Vrin, 2006.
RORTY A.O., *Essays on Aristotle's Ethics*, Berkeley, University of
    California Press, 1980.
ROMEYER-DHERBEY G. et AUBRY G. (dir.), *L'excellence de la vie.
    Sur l'*Éthique à Nicomaque *et l'*Éthique à Eudème, Paris, Vrin,
    2002.
VERGNIÈRES S., *Éthique et politique chez Aristote. Physis, ethos,
    nomos*, Paris, PUF, 2003.

ARISTOTE

ÉTHIQUE À NICOMAQUE

LIVRE I

1

<Le bien et l'activité humaine. La hiérarchie des biens>

Tout art[1] et toute investigation[2], et pareillement toute **1094a**
action[3] et tout choix[4] tendent vers quelque bien, à ce qu'il

1. La τέχνη, *art* en général (« ensemble de procédés servant à produire un
certain résultat », *Vocabulaire de Philosophie*, « Art », p. 65), *industrie, technique, métier*, est la *vertu* de l'intelligence *poétique*, et se distingue de l'ἐπιστήμη,
science de l'intelligence *théorique*. Elle est définie, VI, 4, 1140a7, et Aspasius,
in E.N. com., 2, 25, Heylbut, la compare à l'instinct. L'*art* adapte aux cas particuliers les données générales de l'intelligence théorique ; il tend à la réalisation
d'une ποίησις, œuvre *extérieure* à l'*artiste* (τεχνίτης), cf. *Ind. arist.*, 758b34 *sq.*

2. Les différents sens de μέθοδος sont indiqués par Bonitz, *Ind. arist.*, 449b
43 *sq.* Ce terme qui signifie *via ac ratio inquirendi, recherche, enquête, marche
régulière, discipline, méthode*, veut dire aussi, comme dans le présent passage
(cf. *Met.*, A, 3, 983a23), la *disputatio vel desquisitio* elle-même. Aristote oppose
ici à la τέχνη, à la *science pratique*, la μέθοδος, la *recherche spéculative*. Sur
cette question de terminologie, *cf.* aussi Bonitz, *Comm. in Met.*, p. 58. *Cf.* les
passages parallèles de *Mag. Mor.*, I, 1, 1182a32-1182b2 ; *E.E.*, I, 1, 1214a8-14.

3. La πρᾶξις s'oppose à la ποίησις, comme la science *pratique* (ἐπ.
πρακτική) à la science *poétique* (ἐπ. ποιητική). La science poétique est la
science de la production, elle se propose la réalisation d'une ποίησις, œuvre
extérieure à l'*artiste* (cf. *supra*, ce que nous avons dit de la τέχνη). La science
pratique, au contraire, considère les *actions* de l'homme (πράξεις) relevant de
la προαίρεσις (*cf.* la note qui suit) : la πρᾶξις est une activité qui ne produit
aucune œuvre distincte de l'*agent*, et qui n'a d'autre fin que l'action intérieure,
immanente, l'*eupraxie* (cf. *infra*, VI, 5, 1140b6).

4. La προαίρεσις est proprement le *choix rationnel, délibéré* et *réfléchi*. Il
ne faut la confondre ni avec l'ὄρεξις, ni avec la βούλησις. L'ὄρεξις est le *désir*,

semble[1]. Aussi a-t-on déclaré avec raison que le Bien est ce à
quoi toutes choses tendent[2].

Mais on observe, en fait, une certaine différence entre les
fins[3] : les unes consistent dans des activités, et les autres dans

genre dont l'ἐπιθυμία, le θύμος et la βούλησις sont les espèces. L'ἐπιθυμία
est l'*appétit irrationnel*, le *désir aveugle*, la *concupiscence*; le θύμος est le
courage, l'*impulsion*, l'*humeur*, l'*emportement*, qui méconnaît la raison par son
impétuosité, tout en s'y conformant dans une certaine mesure; la βούλησις est
le *désir volontaire*, rationnel, raisonné. La βούλησις est voisine de la προαίρεσις, mais cette dernière ne porte que sur des objets possibles et relevant de
notre activité (cf. *infra*, III, 4, 1111b19 *sq.*). La προαίρεσις est, en plus, le désir
en tant que déterminé par la délibération qui fixe les moyens de réaliser le but
proposé. Nous retrouverons toutes ces notions, souvent difficiles à définir et à
délimiter, au cours du traité.

1. L. 2, δοκεῖ, *il semble*; marque soit l'*opinion commune* (*usurpatur de
iis opinionibus quae communi hominum consensu comprobantur, Ind. arist.*,
203a7), soit l'opinion de *tel philosophe*, soit enfin, mais plus rarement,
l'opinion d'Aristote lui-même. Le verbe δοκεῖν est à distinguer de φαίνεθαι,
qui indique l'*évidence des faits*. Ces deux expressions sont employées très
fréquemment par Aristote et présentent souvent des sens très voisins.

2. Chaque chose a son bien approprié, vers lequel elle tend. Cause finale et
bien sont identiques (*cf.* notamment *Met.*, A, 3, 983a32). – Les considérations
très générales par lesquelles débute l'*Éthique* s'appliquent à la fois à la recherche scientifique, d'ordre spéculatif ou pratique, et à toutes les actions de la vie.
Burnet (*E.N.*, p. 6, note) a tort de vouloir en restreindre la portée à l'activité
scientifique : *cf.* sur ce point les pertinentes réflexions de Souilhé, *E.N.*,
commentaire, p. 44.

3. Les fins auxquelles tendent les arts et les sciences. – Les l. 4-7 constituent une sorte de parenthèse, et le raisonnement reprend à partir de πολλῶν δέ
πράξεων, l. 7. Sur la distinction entre l'activité *immanente* de la πράξις (celle
de l'œil, par exemple, qui n'a d'autre fin que la vision même) et l'activité
transitive de la ποίησις (la construction d'une maison, qui aboutit à une fin
distincte de l'opération), cf. *Met.*, Θ, 6, 1048b18-35, et notre commentaire II,
p. 501 et 592, et 8, 1050a23-1050b2, II, p. 512-514. Voir aussi sur l'activité
immanente, qui est, dans la pensée d'Aristote le type de l'activité par
excellence, puisque c'est celle même du premier Moteur, les remarques de
Le Blond, *Logique et Méthode chez Aristote*, p. 369-370, et *Vocabulaire de la
Philosophie*, « Immanence », I, p. 342, note.

certaines œuvres, distinctes des activités elles-mêmes. Et là où 5
existent certaines fins distinctes des actions, dans ces cas-là
les œuvres sont par nature supérieures aux activités qui les
produisent[1].

Or, comme il y a multiplicité d'actions, d'arts et de
sciences, leurs fins aussi sont multiples : ainsi l'art médical a
pour fin la santé, l'art de construire des vaisseaux le navire,
l'art stratégique la victoire, et l'art économique la richesse.
Mais dans tous les arts de ce genre qui relèvent d'une unique 10
potentialité[2] (de même, en effet, que sous l'art hippique
tombent l'art de fabriquer des freins et tous les autres métiers
concernant le harnachement des chevaux, et que l'art hippique
lui-même et toute action se rapportant à la guerre tombent à
leur tour sous l'art stratégique, c'est de la même façon que
d'autres arts sont subordonnés à d'autres), dans tous ces cas,
disons-nous, les fins des arts architectoniques[3] doivent être
préférées à toutes celles des arts subordonnés, puisque c'est en 15
vue des premières fins qu'on poursuit les autres. Peu importe,

---

1. Sur cette supériorité, *cf.* Sylv. Maurus, II, p. 4[1].

2. C'est-à-dire, en fait, d'une même τέχνη (ou ἐπιστήμη). Dans *Met.*, Θ, 2,
1046b2, Aristote explique que toutes les τέχναι, toutes les sciences poétiques
[l. 3, καί a le sens de *c'est-à-dire*] sont des δυνάμεις, parce qu'elles sont des
principes de changement (ἀρχαὶ μεταβλητικαί) dans un autre être, ou dans
l'artiste lui-même en tant qu'autre. Comment cela ? Ps. Alex., *in Met.*, 569, 6-8
Hayduck, indique que la science μεταβάλλει τὴν ψυχὴν καὶ κινεῖ εἰς
θεωρηματά τινα καὶ ζητήσεις. Ces puissances μετὰ λόγου sont puissances
des contraires, la médecine, par exemple, étant puissance à la fois de la santé et
de la maladie. – L. 10, τῶν τοιούτων = πρακτικῶν τεχνῶν (ou ἐπιστημῶν).

3. *Cf.* Platon, *Pol.*, 259e, où l'ἀρχιτέκτων n'est pas lui-même *ouvrier*,
mais *chef d'ouvriers*. Sur la distinction entre les sciences architectoniques
et les sciences subordonnées, cf. *Phys.*, II, 2, 194a36, et surtout *Met.*, A, 1,
981a30 *sq.* ; Δ, 1, 1013a14.

au surplus[1], que les activités elles-mêmes soient les fins des actions, ou que, à part de ces activités, il y ait quelque autre chose, comme dans le cas des sciences dont nous avons parlé.

Si donc il y a, de nos activités, quelque fin que nous souhaitons par elle-même, et les autres seulement à cause
20 d'elle, et si nous ne choisissons pas indéfiniment une chose en vue d'une autre (car on procéderait ainsi à l'infini, de sorte que le désir serait futile et vain), il est clair que cette fin-là ne saurait être que le bien, le Souverain Bien[2]. N'est-il pas vrai dès lors que, pour la conduite de la vie, la connaissance de ce bien est d'un grand poids[3], et que, semblables à des archers qui ont une cible sous les yeux, nous pourrons plus aisément atteindre le but qui convient[4]? S'il en est ainsi, nous devons
25 essayer d'embrasser, tout au moins dans ses grandes lignes, la nature du Souverain Bien, et de dire de quelle science parti-

---

1. *Licet equitatio, quae est finis equestris, sit operatio, adhuc quia est finis freni, est melior freno, quod est opus distinctum ab operatione frenofactoriae* (Sylv. Maurus, II, 5[2]).

2. Après avoir établi que toute activité tend vers une fin, fin qui est aussi un bien, et montré qu'il existe une hiérarchie entre les différentes fins, Aristote prouve maintenant l'existence d'une fin ultime, qui se confond avec le Souverain Bien. – Sur la doctrine de l'ἀναγκὴ στῆναι, on se reportera principalement au livre α de la *Met.* (lequel, s'il n'est pas d'Aristote, exprime pour le moins sa pensée constante). Voir, par exemple, ce qui est dit de la cause finale (laquelle est principe de mouvement), α, 2, 994a8, b9-13. D'autre part, cause finale et bien sont identiques (cf. *Met.*, A, 3, 983a32). L. 21-22, Aristote remarque que le processus *in infinitum* aurait pour effet de rendre le désir *creux* et *vain* (κενὴν καὶ ματαίαν), car le désir, *appetitus naturalis*, serait sans objet, et son existence ne s'expliquerait plus. *Cf.* le bon exposé de Sylv. Maurus, II, 6[1]. – L. 20, πάντα a le même sens que εἰς ἄπειρον. Cf. *E.E.*, I, 2, 1214b6-11.

3. Sur le sens métaphorique de ῥοπή, 1. 23, cf. *Ind. arist.*, 668b55 : c'est l'équivalent de δύναμις.

4. L. 24, τοῦ δέοντος, « *the right thing* » *what is wanted in given circumstances, not* « *our duty* » (Burnet, *E.N.*, p. 9). – Sur l'accent platonicien de tout le passage, *cf.* Souilhé, *op. cit.*, p. 48.

culière ou de quelle potentialité[1] il relève. On sera d'avis qu'il dépend de la science suprême[2] et architectonique par excellence. Or une telle science est manifestement la Politique[3], car c'est elle qui dispose quelles sont parmi les sciences celles qui sont nécessaires dans les cités, et quelles sortes de sciences **1094b** chaque classe de citoyens doit apprendre, et jusqu'à quel point l'étude en sera poussée[4]; et nous voyons encore que même les potentialités les plus appréciées sont subordonnées à la Politique : par exemple la stratégie, l'économique, la rhétorique. Et puisque la Politique se sert des autres sciences pratiques[5], et qu'en outre elle légifère sur ce qu'il faut faire et sur ce dont il **5** faut s'abstenir, la fin de cette science englobera les fins des

---

1. Cf. *supra*, l. 10, note.

2. Le mot κύριος, souvent associé avec πρῶτος, veut dire *décisif, principal, déterminant, causa praecipua et quasi praepotens* (Trendelenburg, *de Anima*, 310). *Cf.* aussi *Ind. arist.*, 415b34.

3. Dans un passage bien connu de la *Met.*, A, 2, 982b4 (t. I, p. 15 de notre édition), Aristote désigne comme la science architectonique par excellence, non pas la Politique, comme dans le présent passage, mais la Sagesse, autrement dit la Métaphysique. La conciliation de ces deux conceptions est malaisée. On peut admettre que la Politique est la science suprême dans l'ordre de la *sagesse pratique* (la φρόνησις), et la Métaphysique dans l'ordre de la sagesse spéculative. Souilhé (p. 51-53) propose une autre explication tirée de la doctrine platonicienne suivant laquelle le vrai politique est le philosophe. *Cf.* aussi Ross, *Met.*, I, 121.

4. Sur le sens de ἐκάστους (chaque *classe* de citoyens), l. 1, *cf.* Joachim, *The Nic. Ethics*, p. 22. De même l'expression τὰ καθ' ἕκαστα (*cf.* par exemple II, 2, 1104a6) désigne des *groupes* de choses individuelles prises chacune en particulier (= alors τὰ καθ' ἕκαστον). Même ligne, sur μέχρι τίνος, *cf.* Héliod., *in Eth.*, 3, 1 Heylbut, et Eustrate, *in Eth.*, 16, 16. Nous adoptons l'explication de ce dernier, plus conforme à l'usage courant d'Aristote. Sur les rapports de l'Éthique et de la Politique, et la différence qui sépare sur ce point Aristote et Platon, *cf.* Robin, *La Morale antique*, p. 45-48; *Aristote*, p. 209-210.

5. Burnet met entre crochets le mot πρακτικαῖς, l. 4, qu'il considère comme une glose d'Aspasius. Mais il reconnaît que c'est le vrai sens, car la Politique ne se sert ni des mathématiques ni de l'astronomie (*E.N.*, p. 10, note).

autres sciences ; d'où il résulte que la fin de la Politique sera le bien proprement humain[1]. Même si, en effet, il y a identité entre le bien de l'individu et celui de la cité, de toute façon c'est une tâche manifestement plus importante et plus parfaite d'appréhender et de sauvegarder le bien de la cité : car le bien est assurément aimable même pour un individu isolé, mais il 10 est plus beau et plus divin appliqué à une nation ou à des cités[2].

Voilà donc les buts de notre enquête, qui constitue une forme de politique[3].

Nous aurons suffisamment rempli notre tâche si nous donnons les éclaircissements que comporte la nature du sujet

1. Car l'homme est essentiellement un animal politique, et le bien de l'individu se confond avec celui de la cité. C'est donc la fin de la Politique qui représente le bien humain.

2. Les l. 7-10 ont pour objet de marquer la séparation de fait qui existe entre la Politique et l'Éthique. Pour le détail, nous renvoyons à la savante dissertation de Souilhé, p. 54-58. Sur θειότερον, l. 10, cf. l'intéressante note de Grant, ad loc., qui remarque que le terme θεῖος exprime, dans la langue d'Aristote, le plus haut degré d'admiration avec une nuance d'enthousiasme. θεῖος sert à qualifier la substance du Ciel (de Coelo, I, 2, 269a31), les Corps célestes (ibid., II, 12, 292b22), l'intellect humain (de Part. anim., IV, 10, 686a29), l'instinct des abeilles (de Gen. anim., III, 10, 761a5), le bien et le bonheur en général (le présent passage), et, au livre X, la vie contemplative et la vertu surhumaine de l'intellection pure. Même ligne, le terme ἔθνος désigne une κοινωνία plus large et moins évoluée que la πόλις. Un ἔθνος peut avoir des lois et des sacrifices, mais, en raison de l'étendue de son territoire et du grand nombre de ses ressortissants, il ne possède pas de constitution proprement dite et n'a pas atteint à l'unité et à l'organisation parfaite de la cité grecque. Les peuples étrangers, la Macédoine, par exemple, sont des ἔθνη. Cf. Pol., VII, 4, 1326b3 ; 7, 1327b20-33, etc. ... et les notes de Newman, dans son édition monumentale de la Politique, I, 39, et III, 346-347.

3. L. 11, τούτων, c'est-à-dire, le bien de l'individu et celui de la cité, qu'il convient d'atteindre et de sauvegarder. – Même l., πολιτική τις : le sens de τις est discuté. Cf. Eustrate, 18, 17 ; Aspasius, 6, 26. Nous pensons, avec Burnet, p. 10, et Souilhé, p. 58, que τις n'a pas un sens restrictif, mais qu'il a seulement pour objet de distinguer la science politique de la politique active.

que nous traitons[1]. C'est qu'en effet on ne doit pas chercher la même rigueur dans toutes les discussions indifféremment, pas plus qu'on ne l'exige dans les productions de l'art[2]. Les choses belles et les choses justes qui sont l'objet de la Politique, donnent lieu à de telles divergences et à de telles incertitudes[3] 15 qu'on a pu croire qu'elles existaient seulement par convention et non par nature. Une pareille incertitude se présente aussi dans le cas des biens de la vie, en raison des dommages qui en découlent souvent : on a vu, en effet, des gens périr par leur richesse, et d'autres périr par leur courage. On doit donc se contenter, en traitant de pareils sujets et partant de pareils principes[4], de montrer la vérité d'une façon grossière et appro- 20

1. La diversité des objets entraîne la variété des méthodes. Cf. *Met.*, α, 3, 995a12 *sq.*, où la même idée est exprimée. Aristote s'est toujours montré ennemi des considérations *d'ordre général* (λογικῶς). Consulter sur cette question de la pluralité des méthodes, Le Blond, *Logique et Méthode*, p. 191-209. – Le sens de ὑποκειμένη ὕλη, l. 12 (le sujet-*matière*), est expliqué *Met.*, Z, 3, 1029a3, et *Pol.*, I, 8, 1256a8.

2. C'est ainsi que le fer ne se laisse pas travailler comme le bois.

3. Incertitudes dans le jugement et l'appréciation des hommes. L. 16, les mots ὥστε δοκεῖν νόμῳ μόνον εἶναι, φύσει δὲ μή font allusion à certains Sophistes (Thrasymaque, Antiphon, Lycophron et d'autres) qui, dans leurs δισσοὶ λόγοι, suivant un mécanisme décrit *de Soph. Elench.*, 12, 173a7-16, démontraient leurs thèses outrancières (le droit du plus fort, par exemple) en s'appuyant sur l'antique opposition de la *convention* (ou de la *loi*, νόμος) et de la *nature* (φύσις). La distinction νόμος-φύσις, qui se rencontre chez Aristote lui-même (*Ind. arist.*, 488b41 *sq.*), et qui a eu sa répercussion dans la tragédie grecque, revient fréquemment dans les Dialogues platoniciens où les Sophistes sont combattus : *cf.* notamment le 1er livre de la *République*, *Gorgias*, 482e *sq.*, *Prot.*, 377c, etc. Cf. aussi *Pol.*, III, 9, 1280b10 ; Xenophon, *Memor.*, IV, 4, 5 *sq.* Un texte d'Antiphon (Diels, *Vorsokr.*, 87 B 44, recueilli dans Vogel, *Greek philosophy*, I, p. 103) est très caractéristique du procédé sophistique. On lira enfin avec intérêt l'exposé de Robin, *La Morale antique*, p. 10-11 et 24.

4. Également incertains. – Cf. *An. post.*, I, 7, 75a39-75b2, où Aristote distingue trois éléments dans la démonstration : en premier lieu, ce qui est prouvé, la *conclusion* (συμπέρασμα) ; en second lieu, les axiomes, *d'après lesquels* (ἐξ ὧν) s'enchaîne la démonstration ; en troisième lieu, le *sujet*, dont la démonstra-

chée[1]; et quand on parle de choses simplement constantes et
qu'on part de principes également constants, on ne peut aboutir
qu'à des conclusions de même caractère. C'est dans le même
esprit, dès lors, que devront être accueillies les diverses vues
que nous émettons : car il est d'un homme cultivé de ne
chercher la rigueur pour chaque genre de choses que dans la
25 mesure où la nature du sujet l'admet : il est évidemment à peu
près aussi déraisonnable d'accepter d'un mathématicien des
raisonnements probables que d'exiger d'un rhéteur des
démonstrations proprement dites[2].

tion fait apparaître les propriétés et les attributs essentiels. On reconnaît, dans
notre présent texte, une application partielle de cette analyse : la conclusion est
τὰληθές (l. 20) et τοιαῦτα (l. 22) ; le sujet à démontrer, περὶ τοιούτων (l. 19) et
περὶ τῶν (l. 21) ; par contre, contrairement à ce que croit Burnet, ἐκ τοιούτων
(l. 20 et 21) ne saurait désigner les axiomes (ἐξ ὧν), mais bien les *principes*, les
prémisses, point de départ du raisonnement, dans l'espèce les jugements
moraux que nous portons sur ce qui est bien ou mal (en ce sens, Joachim, *The
Nicom. Ethics*, p. 23 ; sur le rôle des axiomes en général dans la démonstration,
cf. le passage des *An. post.* cité *supra*, et notre traduction p. 44 et note 2 ; Ross,
commentaire des *Analytiques*, p. 531 ; Mansion, *Le Jugement d'existence chez
Aristote*, p. 135, notes 5 et 6, p. 145 *sq.*). Pour Aristote, la portée de la conclusion
ne peut dépasser celle des prémisses et du sujet à démontrer : une conclusion
nécessaire exige une majeure et une mineure nécessaires.
     1. L. 20, τύπῳ a le sens de *schématiquement, dans les grandes lignes*;
τύπος s'oppose à ἀκρίβεια. Suivant une remarque de Muret, *quod in picturis
ὑπογραφή, in statuariorum similiumque artificum operibus* τύπος (dans le
même sens, Trendelenburg, *Elementa*, p. 49-50). L. 21, la notion de ἐπὶ τὸ πολύ
(ou ὡς ε. τ. π.), le *constant, l'habituel, ut in pluribus, ce qui arrive le plus
souvent* (par opposition à ἀεί, *ce qui arrive toujours*, et à συμβεβηκός,
accident) est une notion éminemment aristotélicienne. Substitut imparfait, pour
le monde sublunaire, du nécessaire et de l'immuable, l'ἐπὶ τὸ πολύ est la mani-
festation de l'ordre de la nature. Aristote y fait constamment appel : *cf.* les textes
réunis par Waitz, *Organon*, I, p. 378 (sur *An. prior* I, 3, 25b14) ; p. 405 (sur I, 13,
32b19). – L. 22, τοιαῦτα, c'est-à-dire ὡς ἐπὶ τὸ πολύ.
     2. *Cf.*, pour le simple πιθανουργόν exigible du rhéteur, *Rhet.*, I, 1,
1355b10. Même idée dans Platon, *Théét.*, 162e. Pour tout ce passage et ce qui
suit, *cf.* Souilhé, p. 62-63. – *Cf.* aussi *E.E.*, I, 6, 1216b35-1217a10.

D'autre part, chacun juge correctement de ce qu'il connaît, et en ce domaine il est bon juge. Ainsi donc, dans un domaine déterminé, juge bien celui qui a reçu une éducation appropriée, **1095a** tandis que, dans une matière excluant toute spécialisation, le bon juge est celui qui a reçu une culture générale[1]. Aussi le jeune homme n'est-il pas un auditeur bien propre à des leçons de Politique[2], car il n'a aucune expérience des choses de la vie, qui sont pourtant le point de départ et l'objet[3] des raisonnements de cette science. De plus, étant enclin à suivre ses passions, il ne retirera de cette étude rien d'utile ni de profi- 5 table, puisque la Politique a pour fin, non pas la connaissance, mais l'action. Peu importe, du reste, qu'on soit jeune par l'âge ou jeune par le caractère : l'insuffisance à cet égard n'est pas une question de temps, mais elle est due au fait qu'on vit au gré de ses passions et qu'on s'élance à la poursuite de tout ce qu'on voit. Pour des étourdis de cette sorte, la connaissance ne sert à rien, pas plus que pour les intempérants ; pour ceux, au contraire, dont les désirs et les actes sont conformes à la raison[4], 10 le savoir en ces matières sera pour eux d'un grand profit.

1. Nous traduisons assez largement pour rendre la pensée d'Aristote L. 1095a1, l'adverbe ἁπλῶς (qui s'oppose, dans notre passage, à καθ' ἕκαστον) a le sens de *simplement, absolument, sans faire de distinction, sans addition ou qualification* (ἄνευ προσθήκης). Dans la langue d'Aristote, il est souvent synonyme de ὅλως ou de κυρίως. – Aristote oppose la culture générale à la spécialisation, mais sans vouloir cependant déprécier la première (*cf.* en effet, *Met.*, A, 2, 982a10 *sq.*). Il veut seulement attirer l'attention sur ce fait que les réalités morales ou sociales (τὰ πρακτά, τὰ καλά, τὰ δίκαια) exigent, en raison de leur complexité, une φρόνησις, une expérience de la vie (nous dirions, avec Pascal, un *esprit de finesse*) dont les jeunes gens sont dépourvus. En somme, en un sens, il faut être déjà vertueux pour le devenir.

2. Qui englobe l'Éthique, et qui, d'autre part, est une science pratique.

3. Cf. *supra*, les l. 19 *sq.*, avec la note.

4. Malgré les réserves de Burnet (p. 13-14) et de Ross (note de sa traduction), nous n'hésitons pas à traduire κατὰ λόγον, l. 10, par *conforme à la raison.* Cette expression s'oppose à τὸ κατὰ πάθος ζῆν, l. 8, qui signifie *vivre selon ses*

2
<Le bonheur ; diverses opinions sur sa nature.
Méthode à employer>

En ce qui regarde l'auditeur ainsi que la manière dont
notre enseignement doit être reçu et l'objet que nous nous
proposons de traiter, toutes ces choses-là doivent constituer
une introduction suffisante[1].

Revenons maintenant en arrière. Puisque toute connais-
15 sance, tout choix délibéré aspire à quelque bien[2], voyons quel
est selon nous le bien où tend la Politique, autrement dit quel
est de tous les biens réalisables celui qui est le Bien suprême.
Sur son nom, en tout cas, la plupart des hommes sont pratiquement d'accord[3] : c'est le *bonheur*[4], au dire de la foule aussi

---

passions, genre de vie d'où la raison est exclue. Au reste, entre « vivre selon une
règle » et « vivre selon la raison », il n'y a qu'une nuance, puisque la règle de vie
ne saurait être que conforme à la raison. Mais il est sûr que le terme λόγος est
susceptible d'une grande variété de significations, et il n'est pas possible de le
rendre toujours de la même manière. Son sens est déterminé par le contexte.

1. Ces lignes sont la conclusion du chapitre précédent, dont l'ensemble
forme une *Introduction* à l'*Éthique*. Aristote y résume en quelques mots tout ce
qui vient d'être établi : qualités exigées de l'élève, méthode d'enseignement et
matière de la science morale. – L. 13, Burnet lit ταῦτα au lieu de τοσαῦτα.

2. *Cf.* 1, 1094a1 *sq.* – *E.E.*, I, 7, 1217a18-40.

3. L. 18, σχεδόν, *presque, roughly speaking.* Cf. *Ind. arist.*, 739a53 :
modeste affirmantis, syn. de ἴσως.

4. Dont nous avons à définir la nature, en apportant une *solution* (λύσις)
à la *difficulté* (ἀπορία) née du conflit des diverses opinions. Comme dans
d'autres ouvrages (*cf.* notamment *Met.*, B), Aristote emploie la méthode *diaporématique*, qui consiste à mettre en présence, pour un problème déterminé, une
thèse et une antithèse défendables, qu'elles soient professées implicitement
(nous dirions *vécues*) par *le vulgaire* (οἱ πολλοί) ou exposées à l'aide d'arguments par les *sages* (οἱ χαρίεντες, σοφοί, ἀγαθοί), et à en dégager ensuite les
éléments de vérité qu'elles contiennent. La définition, une fois acquise de cette
façon (et, en ce qui concerne l'εὐδαιμονία, la réponse d'Aristote fera l'objet
des chap. 5 à 7 du présent livre [1097a15-1098b8]), sera le *point de départ* ou

bien que des gens cultivés ; tous assimilent le fait de *bien vivre*
et de *réussir* au fait d'être heureux. Par contre, en ce qui   20
concerne la nature du bonheur, on ne s'entend plus, et les
réponses de la foule ne ressemblent pas à celles des sages. Les
uns, en effet, identifient le bonheur à quelque chose d'apparent
et de visible, comme le plaisir, la richesse ou l'honneur : pour
les uns c'est une chose et pour les autres une autre chose ;
souvent le même homme change d'avis à son sujet : malade, il
place le bonheur dans la santé, et pauvre, dans la richesse ; à
d'autres moments, quand on a conscience de sa propre igno-   25
rance, on admire ceux qui tiennent des discours élevés et
dépassant notre portée. Certains [1], enfin, pensent qu'en dehors
de tous ces biens multiples il y a un autre bien qui existe par soi
et qui est pour tous ces biens-là cause de leur bonté. Passer en
revue la totalité de ces opinions est sans doute [2] assez vain ; il
suffit de s'arrêter à celles qui sont le plus répandues [3] ou qui
paraissent avoir quelque fondement rationnel.   30

principe (ἀρχή) pour l'établissement de la science morale. – On notera que le
terme εὐδαιμονία (dont Aristote donne d'autre part une analyse qui rejoint
celle de l'*Éthique*, dans *Rhet.*, I, 5, 1360b14 *sq.*), qu'on traduit d'ordinaire par
bonheur, est moins un sentiment de satisfaction intime qu'une forme d'activité :
le terme *prospérité* rendrait plus exactement, semble-t-il, la pensée d'Aristote
L'εὐδαιμονία est ce qui nous est procuré gratuitement par un *destin heureux*,
un δαίμων, un de ces bons génies des traditions populaires qui nous donnent en
partage des biens que nous ne saurions acquérir par nos propres efforts. (Sur ce
point, on se reportera aux belles analyses de Festugière, *Contemplation et vie
contemplative selon Platon*, Paris, 1936, notamment p. 269-275).

1. Platon et l'Académie. – L. 26, l'imparfait ᾤοντο est employé parce
qu'Aristote évoque ici un souvenir personnel de son passage à l'Académie.
Cf. *E.E.*, I, 8, 1217b2-15.

2. Terme fréquemment employé par Aristote Il signifie *sans doute*, plus
souvent que *peut-être*. Cf. *Ind. arist.*, 347b32 : *saepe* ἴσως *non dubitantis est,
sed cum modestia quadam asseverantis*.

3. L. 29, τὰς μάλιστα ἐπιπολαζούσας, c'est-à-dire *les opinions qui
viennent à la surface*, qui surnagent en quelque sorte (voir la note de Souilhé,
p. 20). – Cf. *E.E.*, I, 3, 1214b28-1215a7.

N'oublions pas la différence qui existe entre les raisonnements qui partent des principes et ceux qui remontent aux principes[1]. C'est en effet à juste titre que Platon se posait la question[2], et qu'il recherchait si la marche à suivre est de partir des principes ou de remonter aux principes, tout comme dans 1095b le stade les coureurs vont des *athlothètes*[3] à la borne, ou inversement. Il faut, en effet, partir des choses connues, et une chose est dite connue en deux sens, soit pour nous, soit d'une manière absolue. Sans doute devons-nous partir des choses qui sont connues pour nous. C'est la raison pour laquelle il faut avoir été élevé dans des mœurs honnêtes, quand on se dispose à 5 écouter avec profit un enseignement portant sur l'honnête, le juste, et d'une façon générale sur tout ce qui a trait à la Politique (car ici le point de départ est le fait, et si le *fait* était suffi-

---

1. Avant de résoudre le conflit des opinions sur l'essence du bonheur et de proposer sa propre définition, Aristote se pose une question de méthode. Deux voies s'offrent au raisonnement : ou bien on procède *a priori*, comme dans le raisonnement apodictique, et on part des principes et des causes pour descendre aux conséquences et aux effets ; ou bien on adopte une méthode inverse, *a posteriori*, qui part des faits pour remonter par *induction* (ἐπαγωγή) jusqu'aux principes. Cette dernière voie sera celle de la science des réalités morales et sociales, car, dans ce domaine, en raison de la complexité des questions traitées, les principes n'ont pas l'évidence des définitions ou des axiomes mathématiques et doivent être dégagés, au moyen de l'expérience, de l'ensemble des données de fait. On peut donc dire (l. 6) que les véritables principes (au sens de point de départ) sont ici les faits eux-mêmes. Aristote explique ensuite (l. 2) qu'un raisonnement doit partir de choses connues, connues non pas *en elles-mêmes* (ἁπλῶς ou φύσει), mais *pour nous* (ἡμῖν). Si les choses qui sont connues pour nous sont les principes, alors nous devrons raisonner à partir des principes ; si, au contraire, les choses qui sont connues pour nous sont des effets (comme dans le cas des faits d'ordre moral), alors nous raisonnerons en partant des effets pour remonter aux principes. – Aristote est revenu plusieurs fois sur l'opposition entre ce qui est connu ἁπλῶς et ce qui est connu ἡμῖν : *cf.* notamment *An. post.*, I, 2, 72a1 ; *Top.* VI, 4, 141b3 *sq.* ; *Phys.*, I, 1, 184a16-25 ; *Met.*, Z, 3, 1029b4, etc.

2. Peut-être *Rep.*, VI, 21, 511b. Souilhé, p. 67-68, croit plutôt qu'Aristote se fait ici « l'écho de l'enseignement oral de son maître ».

3. Les juges du camp.

samment clair, nous serions dispensés de connaître en sus le
pourquoi)[1]. Or l'auditeur tel que nous le caractérisons, ou bien
est déjà en possession des principes, ou bien est capable de les
recevoir facilement. Quant à celui qui ne les possède d'aucune
de ces deux façons[2], qu'on le renvoie aux paroles d'Hésiode[3] :

> Celui-là est absolument parfait qui de lui-même réfléchit sur 10
> toutes choses.
> Est sensé encore celui qui se rend aux bons conseils qu'on lui
> donne.
> Quant à celui qui ne sait ni réfléchir par lui-même, ni, en
> écoutant les leçons d'autrui,
> Les accueillir dans son cœur, celui-là en revanche est un
> homme bon à rien.

3

<Les théories courantes sur la nature du bonheur : le plaisir, l'honneur, la richesse>

Nous revenons au point d'où nous nous sommes écartés[4]. 15
Les hommes, et il ne faut pas s'en étonner[5], paraissent conce-

---

1. Sur l'opposition de ὅτι (*le fait* brut) et de διότι (l'explication par la
cause, *cur*), cf. *An. prior*, II, 2, 53b9 ; *An. post.*, I, 13 en entier (p. 72-79 de notre
traduction) ; *Met.*, A, 1, 981a29, etc. Voir aussi Trendelenburg, *Elementa*,
81-82. – Aristote explique, dans le présent passage, que la Politique (et la
Morale) visant moins la connaissance que l'action, le διότι perd de son importance. *Cf.* Sylv. Maurus, p. 92 : *res ita se habent... quod tales actiones sunt
honestae, tales sunt inhonestae, ac si de hoc constet, parum refert scire propter
quid tales actiones sint honestae vel inhonestae ; sed non potest bene judicare
de honestis et inhonestis qui non est bonis moribus institutus.*
2. L. 8, ᾧ δὲ μηδέτερον ὑπάρχει τούτων, *cui vero neutrum horum* [à
savoir la possession implicite des principes ou tout au moins la possibilité de les
acquérir par l'enseignement d'autrui] *suppetit.*
3. *Les Trav. et les Jours*, 293, 295, 296 et 297.
4. *Supra*, 2, 1095a30. Cf. *E.E.*, I, 4, 1215a26-1216a29.
5. L. 15, οὐκ ἀλόγως a le sens de εὐλόγως ou εἰκότως : de la part de la
foule, on ne saurait s'attendre à autre chose.

voir le bien et le bonheur d'après la vie qu'ils mènent. La foule
et les gens les plus grossiers disent que c'est le plaisir : c'est la
raison pour laquelle ils ont une préférence pour la vie de
jouissance. C'est qu'en effet les principaux types de vie sont au
nombre de trois[1] : celle dont nous venons de parler, la vie poli-
20 tique, et en troisième lieu la vie contemplative. – La foule se
montre véritablement d'une bassesse d'esclave en optant pour
une vie bestiale, mais elle trouve son excuse[2] dans le fait que
beaucoup de ceux qui appartiennent à la classe dirigeante ont
les mêmes goûts qu'un Sardanapale[3]. – Les gens cultivés, et
qui aiment la vie active, préfèrent l'honneur, car c'est là, à tout
prendre[4], la fin de la vie politique. Mais l'honneur apparaît
comme une chose trop superficielle pour être l'objet cherché,
car, de l'avis général, il dépend plutôt de ceux qui honorent que
25 de celui qui est honoré ; or nous savons d'instinct[5] que le bien
est quelque chose de personnel à chacun et qu'on peut difficilement nous ravir. En outre, il semble bien que l'on poursuit
l'honneur en vue seulement de se persuader de son propre
mérite ; en tout cas, on cherche à être honoré par les hommes
sensés et auprès de ceux dont on est connu, et on veut l'être
pour son excellence. Il est clair, dans ces conditions, que, tout
30 au moins aux yeux de ceux qui agissent ainsi, la vertu
l'emporte sur l'honneur[6]. Peut-être pourrait-on aussi supposer

---

1. Division traditionnelle remontant à Pythagore (Jamblique, *Vita Pyth.*,
58). *Cf.* Platon, *Rep.*, IX, 581c, où φιλότιμος est l'équivalent de πολιτικός.

2. L. 21, τυγχάνουσι λόγου, *sed probabili ratione, cur ita sentiat, nititur,
eoque patienter auditur, quod complures*, etc. (trad. Lambin).

3. Cf. *E.E.*, I, 5, 1216a16 *sq.* Sur le présent passage et ses rapports avec le
Protreptique, *cf.* Jaeger, *Aristotle* (éd. Robinson), p. 253-255.

4. L. 23, σχεδόν signifie : à voir les choses en gros, et selon l'opinion
commune.

5. L. 26, μαντευόμεθα appartient au vocabulaire platonicien.

6. Le sens du mot ἀρετή, que nous traduisons d'ordinaire par *vertu*, est
difficile à préciser. Originairement ἀρετή désigne toute *excellence* dans quelque

que c'est la vertu plutôt que l'honneur qui est la fin de la vie politique. Mais la vertu apparaît bien, elle aussi, insuffisante, car il peut se faire, semble-t-il, que, possédant la vertu, on passe sa vie entière à dormir ou à ne rien faire, ou même, bien **1096b** plus, à supporter les plus grands maux et les pires infortunes. Or nul ne saurait déclarer heureux l'homme vivant ainsi, à moins de vouloir maintenir à tout prix une thèse[1]. Mais sur ce sujet en voilà assez (il a été suffisamment traité, même dans les discussions courantes)[2].

Le troisième genre de vie, c'est la vie contemplative, dont 5 nous entreprendrons l'examen par la suite[3].

Quant à la vie de l'homme d'affaires[4], c'est une vie de contrainte, et la richesse n'est évidemment pas le bien que nous

---

ordre d'activité que ce soit, une disposition naturelle du corps ou de l'âme. Le sens moral du terme, qui englobe aussi la notion de mérite, ne remonte pas au-delà d'Aristote *Cf.* Robin, *La Morale*, p. 74-75. Voir aussi les intéressantes indications de Cruchon, dans son commentaire du livre II, p. 172-174.

1. *Thèse* a le sens de ὑπόληψις παράδοξος, définie *Top.*, I, 11, 104b19.

2. L'expression ἐν τοῖς ἐγκυκλίοις, l. 3, est l'équivalente de ἐν τοῖς ἐξωτερικοῖς λόγοις, que l'on rencontre à plusieurs reprises dans les écrits d'Aristote (par exemple, *infra*, I, 13, 1102a26 ; VI, 4, 1140a3 ; *Met.*, M, 1, 1076a28 ; *Pol.*, III, 6, 1278b31, etc.). Le sens a donné lieu à de longues discussions, dont on trouvera un bon résumé dans Ross, *Met.*, II, 408-10. Malgré les arguments présentés par Jaeger, *Aristotle* (éd. Robinson), p. 246 *sq.*, on admet généralement aujourd'hui qu'Aristote désigne ainsi les écrits répandus *dans le public* (ἐν κοινῷ, *de An.*, I, 4, 407b29, et la note de notre traduction avec les références, p. 39-40) et étrangers à l'École péripatéticienne.

3. X, 7, 1177a12-1178a8 ; 8, 1178a22-1179a32.

4. L. 6, nous pensons, avec Souilhé (p. 77-78), que χρηματιστὴς est un adjectif qualifiant βίος sous-entendu. D'autre part, la correction de Burnet, qui lit βίᾳ ὅστις ἐστίν, au lieu de la leçon courante βίαιός τις ἐστίν, est inutile. Le sens du terme βίαιος, qui a embarrassé les commentateurs, nous semble clair : est βίαιος ce qui est *contraire à la nature* (παρὰ φύσιν), comme un mouvement forcé s'oppose, dans la physique d'Aristote, au mouvement *naturel* (κατὰ φύσιν). Pourquoi la vie du commerçant, vouée tout entière à l'enrichissement,

cherchons : c'est seulement une chose utile, un moyen en vue
d'une autre chose. Aussi vaudrait-il encore mieux prendre pour
fins celles dont nous avons parlé précédemment, puisqu'elles
sont aimées pour elles-mêmes. Mais il est manifeste que ce ne
10 sont pas non plus ces fins-là, en dépit de nombreux arguments
qu'on a répandus en leur faveur[1].

4

<*Critique de la théorie platonicienne de l'Idée du Bien*>

   Laissons tout cela. Il vaut mieux sans doute faire porter
notre examen sur le Bien pris en général[2], et instituer une
discussion sur ce qu'on entend par là, bien qu'une recherche de
ce genre soit rendue difficile du fait que ce sont des amis[3] qui
ont introduit la doctrine des Idées. Mais on admettra peut-être
qu'il est préférable, et c'est aussi pour nous une obligation, si
15 nous voulons du moins sauvegarder la vérité, de sacrifier même
nos sentiments personnels, surtout quand on est philosophe :

est-elle βίαιος? C'est parce que, dit St Thomas (71, p. 18) *pecunia per
violentiam acquiritur et per violentiam perditur* (*cf.* aussi Eustrate, 38, 24).

   1. Contrairement à Burnet, p. 23, nous donnons à πρὸς αὐτά, l. 10, le sens
de « en faveur de ces fins ».

   2. L'Idée du Bien, le Bien en soi. – On sait la place que tient l'Idée du
Bien dans la hiérarchie des Idées platoniciennes. C'est le Bien qui donne aux
essences intelligibles, non seulement l'intelligibilité, mais encore l'existence et
l'être ; il est ainsi à l'origine du monde transcendant, et par suite du monde
sensible tout entier. Nous ne pouvons que renvoyer aux nombreux exposés de la
doctrine de Platon. Parmi les plus récents, il convient de citer surtout : Ross,
Plato's Theory of Ideas, Oxford, 1951 (sur l'Idée du Bien, *cf.* notamment
p. 39-45 et 241-244).

   3. Expression qui, selon Nuyens (*L'Évolution de la Psychologie d'Aristote*,
p. 181), tendrait à prouver qu'au moment de la rédaction de l'*E.N.*, Aristote se
considérait encore comme platonicien (cf. *infra*, 13, 1102a27, note). Les lignes
qui suivent, et qui sont souvent citées, semblent confirmer cette manière de voir.

vérité et amitié nous sont chères l'une et l'autre, mais c'est pour nous un devoir sacré d'accorder la préférence à la vérité.

Ceux qui ont apporté l'opinion dont nous parlons[1] ne constituaient pas d'Idées des choses dans lesquelles ils admettaient de l'antérieur et du postérieur (et c'est la raison pour laquelle ils n'établissaient pas non plus d'Idée des nombres)[2].

1. *Première objection* contre la théorie du Bien en soi, tirée de l'examen des notions d'antérieur et de postérieur. Pour les essences hiérarchisées dans lesquelles il existe de l'*avant* et de l'*après* (πρότερον, ὕστερον), il ne peut, de l'aveu même des Platoniciens, exister de genre commun, au sens de quiddité commune, distinct des espèces subordonnées. Par exemple les nombres mathématiques et les figures mathématiques, qui admettent le plus évidemment l'antérieur et le postérieur, n'ont pas de genre commun, qui serait le Nombre en général et la Figure en général. Le caractère d'antériorité naturelle et de succession se retrouve dans les différentes catégories, puisque la substance est première par rapport à la qualité, à la relation, etc. Si donc il y a du bien selon la substance, du bien selon la qualité, du bien selon la relation, ces deux dernières sortes de biens viennent après le bien substantiel. Dans ces conditions, conformément à la doctrine même des Platoniciens, il ne peut y avoir d'Idée du Bien, dont les différents biens particuliers participeraient. – De nombreux textes tirés des autres ouvrages d'Aristote, et notamment de la *Métaphysique*, seraient à rapprocher du présent passage et serviraient à l'éclairer : *cf.* surtout *Cat.*, 12 en entier (14a26-b23); *Met.*, B, 3, 999a6-13 (avec la note de notre commentaire, I, 143-144); Δ, 11 en entier (1018b9-1019a14); Z, 1, 1028a32; M. 2, 1077a36-b11; *E.E.*, I, 8, 1218a1-10; etc. – Sur la raison pour laquelle il n'existe pas, même pour Platon, d'Idées des choses admettant une subordination hiérarchique, *cf.* Robin, *La Théorie platonicienne*, p. 616-618, et nos propres explications, *Met.*, I, 143-144. – Sur l'ensemble de l'argumentation d'Aristote, l'étude la plus complète est celle de Robin, dans l'ouvrage capital que nous citons, particulièrement p. 131 *sq.*, et p. 612 à 626. *Cf.* aussi Joachim, *The Nicomachean Ethics*, p. 37-41.

2. On peut se demander si les nombres entre lesquels il existe de l'antérieur et du postérieur, et dont Platon niait qu'il y eût Idée, sont les nombres *mathématiques*, homogènes et combinables entre eux (συμβλητοι), ou les Nombres *idéaux*, qualitativement distincts et incombinables (ἀσύμβλητοι). La question est résolue différemment par les commentateurs. Selon Trendelenburg et Robin, contrairement à Zeller, il s'agirait des nombres mathématiques (voir la discussion et la conclusion de Robin, *op. cit.*, p. 619 *sq.*).

20 Or le Bien s'affirme et dans l'essence[1] et dans la qualité[2] et
dans la relation[3]; mais ce qui est en soi, la substance, possède
une antériorité naturelle à la relation[4] (laquelle est semblable à
un rejeton et à un accident de l'Être). Il en résulte[5] qu'il ne
saurait y avoir quelque Idée commune pour ces choses-là.

En outre[6], puisque le Bien s'affirme d'autant de façons que
l'Être[7] (car il se dit dans la substance, par exemple Dieu et
25 l'intellect, dans la qualité, comme les vertus, dans la quantité,
comme la juste mesure, dans la relation, comme l'utile, dans le
temps, comme l'occasion, dans le lieu, comme l'habitat, et
ainsi de suite)[8], il est clair qu'il ne saurait être quelque chose de
commun, de général et d'un : car s'il l'était, il ne s'affirmerait
pas de toutes les catégories, mais d'une seule.

1. L. 20, τί ἐστι est pratiquement l'équivalent de οὐσία. Sur le sens précis
du terme, cf. notre *Met.*, I, 51, note 6; pour le sens de οὐσία, I, 22-23 (sous A, 3,
983a26). Voir en outre *Cat.*, 5 en entier; *Met.*, Δ, 8, en entier.

2. Cf. *Cat.*, 8; *Met.*, Δ, 14. – Sur l'application de la doctrine générale des
catégories à la critique de l'Idée du Bien, on se reportera à Joachim, *The
Nicomachean Ethics*, p. 34 *sq.*

3. Sur la catégorie de relation, cf. *Cat.*, 7, et surtout *Met.*, Δ, 15 en entier
(avec nos notes, I, 294-298).

4. Ainsi d'ailleurs qu'aux autres catégories. – L. 22, τοῦ ὄντος a le sens de
τοῦ τί ἐστι : c'est la substance ou essence.

5. L. 22, ὥστε exprime non seulement une conséquence déduite de la
doctrine de Platon et retournée contre lui, mais encore l'opinion même
d'Aristote (cf. *Pol.*, III, 1, 1275a34-38).

6. *Nouvel argument* contre l'Idée du Bien, ou plutôt nouvelle forme du
même argument. Le Bien, qui se réciproque avec l'Être, s'affirme de toutes les
catégories. Il ne saurait donc, pas plus que l'Être lui-même, être quelque chose
de commun, d'universel et d'un, en d'autres termes être un genre. Cf. *E.E.*, I, 8,
1217b27. Voir aussi *Top.*, I, 15, 107a4-12 (t. I, p. 39, de notre traduction); *Met.*,
Γ, 2, 1003a33-b6 (I, p. 176 de notre commentaire).

7. Le terme ὄν (τῷ ὄντι) inclut toutes les catégories, qui sont parfois
définies les γένη τοῦ ὄντος.

8. Sur les différentes énumérations, plus ou moins complètes, des
catégories, cf. notre *Met.*, I, 270.

De plus[1], puisque des choses tombant sous une seule Idée 30
il n'y a aussi qu'une seule science, de tous les biens sans exception il ne devrait y avoir également qu'une science unique : or,
en fait, les biens sont l'objet d'une multiplicité de sciences,
même ceux qui tombent sous une seule catégorie : ainsi pour
l'occasion, dans la guerre il y a la stratégie, et dans la maladie,
la médecine ; pour la juste mesure, dans l'alimentation c'est la
médecine, et dans les exercices fatigants c'est la gymnastique.

On pourrait se demander encore[2] ce qu'en fin de compte
les Platoniciens veulent dire par la *Chose en soi*, s'il est vrai 35
que l'Homme en soi et l'homme répondent à une seule et **1096b**
même définition, à savoir celle de l'homme, car en tant qu'il
s'agit de la notion d'homme il n'y aura aucune différence entre
les deux cas. Mais s'il en est ainsi, il faudra en dire autant
du Bien[3]. Et ce n'est pas non plus parce qu'on l'aura rendu
éternel que le Bien en soi sera davantage un bien, puisque
une blancheur de longue durée n'est pas plus blanche qu'une 5
blancheur éphémère[4]. À cet égard les Pythagoriciens donnent
l'impression de parler du Bien d'une façon plus plausible en
posant l'Un dans la colonne des biens[5], et c'est d'ailleurs eux

1. *Troisième argument* tiré de la multiplicité des sciences ayant rapport au
bien. Cf. *Top.*, I, 15, 107a4, passage déjà cité, où le Bien est défini comme un
terme homonyme ; *Met.*, Γ, 2, 1003b12 ; *E.E.*, I, 8, 1217b34-1218a1.

2. *Quatrième argument*, tiré de l'identité de notion (ou de définition) de la
Chose en soi et de la chose, tendant à prouver que le Bien n'est pas plus une
quiddité séparée des choses qu'il n'est un véritable universel. Cf. *Met.*, Z, 6, en
entier et notamment 1031b31 (tome I, p. 377 de notre commentaire) ; *E.E.*, I, 8,
1218a10-15.

3. Et on ne pourra pas distinguer entre le Bien en soi et le bien.

4. La forme est, en effet, indivisible et n'admet aucune détermination
quantitative d'ordre temporel ou spatial. Cf. *Met.*, Z, 8, 1034a8.

5. Cf. *E.E.*, I, 8, 1218a17-32, qui contient d'intéressantes précisions. Sur
les séries parallèles des principes pythagoriciens et la notion de συστοιχία, l. 6,
cf. *Met.*, A, 5, 986b22-28 (I, p. 45 et 46 avec les notes, de notre traduction).
L'une des colonnes de ces séries d'oppositions contenait les principes d'ordre,
de perfection et de limitation (Limite, Impair, Un, Droite, Mâle, Repos,

que Speusippe semble avoir suivis[1]. Mais tous ces points
doivent faire l'objet d'une autre discussion[2].

Rectiligne, Lumière, Bien, Carré), et l'autre les principes d'illimitation et
d'imperfection (Illimité, Pair, etc.). Aristote a critiqué par ailleurs (*Met.*, A, 7,
1072b30, et la longue note de notre commentaire, II, 683-685) la place de
neuvième rang où le Bien se trouve rejeté, ce qui a pour résultat d'attribuer
l'imperfection au premier principe et de faire résider la perfection dans les
choses dérivées. Cette position, qui n'est pas sans rappeler les données de l'Évo-
lutionnisme moderne, est aux yeux d'Aristote inadmissible, car elle est contraire
à sa thèse essentielle selon laquelle la forme et l'acte sont antérieurs à la matière
et à la puissance ; par conséquent c'est le parfait qu'il faut poser à l'origine, et
l'imparfait dans les êtres dérivés. Le présent passage de l'*E.N.*, contrairement à
ce qu'une lecture superficielle pourrait faire croire, n'a pas pour objet d'approuver la thèse pythagoricienne. Comme l'avait déjà remarqué Eustrate, 51, 13,
Aristote ne prend pas cette théorie à son compte. Il veut seulement dire qu'à tout
prendre et en demeurant sur le terrain de la *vraisemblance* (πιθανώτερον, l. 5),
il vaut encore mieux soutenir, avec les Pythagoriciens, que l'Un est le bien en
devenir, *terminus ad quem*, de nature idéale, auquel tendent toutes les choses
particulières, que de poser d'emblée, à l'exemple de Platon, le Bien en soi
comme identique à l'Un en soi, et d'en dériver à titre de première cause tous les
autres biens. Mais il est certain, malgré tout, que le Moteur immobile et transcendant d'Aristote a plus d'un point commun avec l'Idée platonicienne du Bien
et s'en rapproche davantage que des conceptions pythagoriciennes.

1. Speusippe était, on le sait, le neveu de Platon, et lui succéda à la tête de
l'Académie. Sur la doctrine de Speusippe, qu'Aristote rattache avec prudence
(δοκεῖ) aux théories pythagoriciennes, *cf.* le passage de la *Met.* cité dans la note
précédente, et Robin, la *La Théorie platonicienne*, p. 512-513 (note 455-II).
Speusippe, en admettant l'existence de plusieurs plans de réalité se développant
graduellement dans la durée, soumis à des principes indépendants les uns des
autres (*Met.*, Z, 2, 1028a21 ; Λ, 10, 1075a36 ; N, 3, 1090b17), en posant, d'autre
part, l'Un à l'origine des choses et en refusant d'y associer le Bien (*Met.*, N, 4,
1091b35), était conduit à adopter une position voisine de celle des Pythagoriciens et à n'accorder la perfection qu'au *terminus ad quem*, aux êtres les plus
éloignés du principe et ayant atteint leur plein développement. – Les fragments
de Speusippe ont été réunis par Lang, *de Speusippi Acad. scriptis, accedunt
Fragmenta*, Bonn, 1911. Frank, *Plato und die sogenannten Pythagoreer*,
Halle, 1923, a tenté une reconstitution (en partie conjecturale) de la pensée de
Speusippe.

2. À savoir la Métaphysique, qui étudie les rapports de l'Un et du Bien, et
qui, d'une manière générale, critique la doctrine des Idées.

Quant à ce que nous avons dit ci-dessus[1], une incertitude se laisse entrevoir, du fait que les Platoniciens n'ont pas visé dans leurs paroles tous les biens, mais que seuls dépendent d'une 10 Idée unique les biens qui sont poursuivis et aimés pour eux-mêmes, tandis que les biens qui assurent la production des premiers, ou leur conservation d'une façon ou d'une autre, ou encore qui empêchent l'action de leurs contraires, ne sont appelés des biens qu'à cause des premiers, et dans un sens secondaire. Évidemment alors, les biens seraient entendus en un double sens : d'une part, les choses qui sont des biens par elles-mêmes, et, d'autre part, celles qui ne sont des biens qu'en raison des précédentes. Ayant donc séparé les biens par eux- 15

---

1. 1096a18-23. – Nous avons vu que de l'aveu des Platoniciens, il n'existe pas d'Idées des essences hiérarchisées, ce qui est le cas de la notion du Bien, qui se montre dans toutes les catégories. Aristote se pose à présent une objection (l. 8, ἀμφισβήτησίς), soit qu'il se la fasse à lui-même pour les besoins de son argumentation, soit plutôt qu'elle émane réellement des Platoniciens, qui chercheraient à expliquer pour quelle raison, malgré les exigences de leur système, ils admettent un Bien en soi. Les Plat. feraient une distinction entre les biens καθ' αὑτά, qui sont recherchés par eux-mêmes (par exemple, τὸ φρονεῖν, τὸ ὁρᾶν, certaines ἡδοναι et τιμαί, l. 17-18), et les biens secondaires et dérivés, qui ne sont désirés que comme des moyens de se procurer les premiers : seuls les biens καθ' αὑτά seraient de véritables biens, subordonnés à l'Idée du Bien. Aristote répond (l. 15) que cette distinction entre les différentes sortes de biens ne résout pas la difficulté. Ou bien seule l'Idée du Bien est vraiment un bien par soi, mais alors les choses qui en dépendant (les biens καθ' αὑτά) cessent d'être des biens par soi, et le Bien en soi est ainsi une forme vidée de son contenu (μάταιον, l. 21) ; ou bien, si ces choses sont encore des biens, il faudra supposer que le Bien en soi se distribue entre elles toutes, sans rien perdre de sa nature. Or tous ces biens en soi ont un λόγος (une *notion*, une *définition*) différent. Conclusion (l. 25) : de toute façon, l'Idée du Bien ne devrait avoir aucune place dans le monde des Idées, alors que (bien qu'Aristote ne le rappelle pas expressément), selon la doctrine platonicienne, l'Idée du Bien est au sommet de la hiérarchie des Idées et tient sous sa dépendance à la fois le monde transcendant et (comme conséquence de la participation) la totalité de l'Univers sensible.

mêmes des biens simplement utiles[1], examinons si ces biens par soi sont appelés biens par référence à une Idée unique. Quelles sont les sortes de choses que nous devrons poser comme des biens en soi? Est-ce celles qu'on poursuit même isolées de tout le reste[2], comme la prudence, la vision, certains plaisirs et certains honneurs? Ces biens-là, en effet, même si nous les poursuivons en vue de quelque autre chose, on n'en doit pas moins les poser dans la classe des biens en soi. Ou bien[3] est-ce qu'il n'y a aucun autre bien en soi que l'Idée du Bien? Il en résultera dans ce cas que la forme du Bien sera quelque chose de vide[4]. Si on veut, au contraire[5], que les choses désignées plus haut fassent aussi partie des biens en soi, il faudra que la notion du Bien en soi se montre comme quelque chose d'identique en elles toutes, comme dans la neige et la céruse se retrouve la notion de la blancheur[6]. Mais[7] l'honneur, la prudence et le plaisir ont des définitions distinctes, et qui diffèrent précisément sous le rapport de la bonté elle-même[8]. Le bien n'est donc pas quelque élément commun dépendant d'une Idée unique.

Mais alors en quel sens les biens sont-ils appelés du nom de *bien*[9]? Il ne semble pas, en tout cas, qu'on ait affaire à des

1. Utiles comme moyens d'atteindre les autres.

2. Et non comme moyens en vue d'une autre fin.

3. Dilemme (ἤ, l. 17, et ἤ, l. 19).

4. Vide de tout contenu. Les choses qui en dépendent cessant d'être les biens par soi, la forme sera forme de rien.

5. Première branche du dilemme (ἤ, l. 17). Le mot ταῦτα, l. 21, désigne ὅσα μονούμενα διώκεται, l. 17 (la prudence, la vision, etc.).

6. Sur la définition de la blancheur, cf. *Top.*, III, 5, 119a30.

7. Ce qui rend cette hypothèse également inacceptable.

8. D'une façon essentielle, qui exclut toute définition commune, en tant que ce sont des biens, et non pas par une qualité secondaire qui pourrait les faire regarder comme de simples espèces du Bien.

9. Puisque les biens ne sont pas rapportés à l'Idée du Bien, comment se fait-il qu'on les appelle pourtant du seul nom de *bien*?

homonymes accidentels[1]. L'homonymie provient-elle alors de ce que tous les biens dérivent d'un seul bien ou de ce qu'ils

1. Aristote distingue (*Cat.*, 1a1-15) :

1) les termes *homonymes* ou *équivoques* : les ὁμώνυμα sont les choses qui n'ont de commun que le nom, sans aucun caractère essentiel commun : par exemple (*E.N.*, V, 1, 1129a30), κλείς, qui désigne une *clef* et la *clavicule*.

2) les termes *synonymes* ou *univoques* : les choses *synonymes* (συνώνυμα) sont identiques en nature et contenues dans le même genre (καθ' ἕν, κατὰ μίαν ἰδέαν). Sur cette distinction capitale, cf. *Ind. arist.*, 514a40 ; Robin, *La Théorie platonicienne*, p. 125, note 150-VII, et p. 606, note 26.

3) les termes *paronymes*. Les παρώνυμα, *denominativa* (dont l'importance est moindre que celle des précédents), sont des dérivés grammaticaux par *inflexion* ou suffixe (πτῶσις) : par exemple, de *grammaire* vient *grammairien*.

À leur tour, les termes *homonymes* (qui seuls nous intéressent dans le présent passage) comprennent :

a) les homonymes *purs*, ἀπὸ τύχης (l. 29), *résultant du hasard*, qui n'ont absolument rien de commun entre eux que le nom.

b) les homonymes ἀφ' ἑνός ou πρὸς ἕν (l. 28-29), qui sont des termes intermédiaires entre les συνώνυμα et les ὁμώνυμα, et dans lesquels la communauté de nom a sa raison d'être « en ce qu'il y a une certaine nature, qui se manifeste en quelque façon en toutes leurs acceptions, relativement à laquelle elles sont ce qu'elles sont, et qui sert de principe à leur dénomination commune » (Robin, *op. cit.*, p. 151) : tel est, par exemple, le cas de l'Être (*Met.*, Γ, 2, 1003a33), *quum ad idem referantur omnia et omnia ab eodem pendeant* (Bonitz, *Met.*, II, p. 173). Contrairement à ce que pense Burnet (*E.N.*, p. 29), on ne saurait assimiler les πρὸς ἓν λεγόμενα aux παρώνυμα.

c) les homonymes κατ' ἀναλογίαν (l. 28), dont Aristote donne un exemple :

vue : corps : : intellect : âme.

L'homonymie consiste ici en une égalité de rapports entre des choses distinctes, à la différence des ἀφ' ἑνός et πρὸς ἓν λεγόμενα, pour lesquels la communauté a rapport aux choses elles-mêmes, implique une certaine unité réelle servant le principe à l'homonymie, qui perd ainsi de sa pureté. Aristote, dans notre passage, semble donner la préférence (μᾶλλον, l. 28) à cette dernière sorte d'analogie pour expliquer la communauté de désignation des divers biens, et s'il s'attache à cette solution, c'est évidemment pour une raison de polémique, préoccupé avant tout de combattre le caractère transcendant de l'Idée platonicienne du Bien. Mais on aurait tort de supposer que cette conception représente la pensée profonde et dernière d'Aristote. En effet, Aristote ne prétend pas

concourent tous à un seul bien? Ne s'agirait-il pas plutôt[1]
d'une unité d'analogie : ainsi, ce que la vue est au corps,
l'intellect l'est à l'âme, et de même pour d'autres analogies?
30 Mais sans doute sont-ce là des questions à laisser de côté pour
le moment, car leur examen détaillé serait plus approprié à une
autre branche de la philosophie. Même raison d'écarter ce qui a
rapport à l'Idée[2]. En admettant même, en effet, qu'il y ait un
seul Bien comme prédicat commun[3] à tous les biens, ou possédant l'existence séparée et par soi, il est évident qu'il ne serait
ni praticable, ni accessible à l'homme, alors que le bien que
35 nous cherchons présentement c'est quelque chose qui soit à
notre portée[4]. Peut-être pourrait-on croire qu'il est tout de

résoudre ici la question, dont il renvoie l'examen détaillé à une autre branche de
la philosophie (l. 31). Cette autre branche ne peut être que la Métaphysique, et
plus précisément le passage cité plus haut, Γ, 2, 1003a33, où l'Être est qualifié
avec l'Un, de πρὸς ἓν καὶ ἀφ' ἑνὸς λεγόμενον. Et comme le Bien, nous le
savons (*supra*, 1096a24), se prend en autant d'acceptions que l'Être avec lequel
il s'identifie, il en résulte que le Bien fait aussi réellement partie de la classe des
πρὸς ἓν λεγόμενα, et doit être rangé, non pas dans la 3ᵉ sorte d'homonymie,
mais dans la seconde. Telle est donc la position définitive qu'Aristote a prise en
dernier lieu. – Sur tous ces points, on se reportera aux admirables analyses de
Robin, *La Théorie platonicienne*, p. 151 à 164, et note 171.

1. Le partic. ἤ, l. 28, fréquemment employée par Aristote (*cf.* les références
et les indications de l'*Ind. arist.*, 312b56 à 313a35), signifie généralement
ne faut-il pas dire plutôt que, n'est-ce pas plutôt que, et elle exprime souvent,
sous sa forme dubitative, une préférence de l'auteur (renforcée, dans le présent
passage, par μᾶλλον qui suit). Elle marque soit une *objection*, soit une *réponse*,
soit enfin une *correction*.

2. Toute la discussion qui suit, jusqu'à la fin du chapitre, rentre en effet
dans la critique générale et dans l'examen approfondi auxquels procédera
Aristote dans la *Métaphysique* : on se reportera notamment à A, 1, 981a5-24
(t. I, p. 5-7, note, de notre édition) et à A, 9, 991a20-b1 (p. 87-88, et notes).

3. L'expression τὸ κοινῇ κατηγορούμενον, l. 32, se retrouve *E.E.*, I, 8,
1218a8, et *de Soph.*, 22, 179a8 : le terme κοινῇ est l'équivalent de καθόλου.
Pour les l. 30 *sq.*, cf. *E.E.*, I, 8, 1217b16-23.

4. Ce qui enlève tout intérêt à une discussion sur l'Idée du Bien.

même préférable de connaître le Bien en soi, en vue de ces **1097a**
biens qui sont pour nous accessibles et réalisables : ayant ainsi
comme un modèle sous les yeux, nous connaîtrons plus aisément, dira-t-on, les biens qui sont à notre portée, et si nous les
connaissons, nous les atteindrons. Cet argument n'est pas sans
quelque apparence de raison, mais il semble en désaccord avec
la façon dont procèdent les sciences : si toutes les sciences en
effet, tendent à quelque bien et cherchent à combler ce qui les 5
en sépare encore[1], elles laissent de côté la connaissance du
Bien en soi. Et pourtant ! Que tous les gens de métier ignorent
un secours d'une telle importance et ne cherchent même pas à
l'acquérir, voilà qui n'est guère vraisemblable ! On se demande
aussi quel avantage un tisserand ou un charpentier retirera pour
son art de la connaissance de ce Bien en soi, ou comment sera
meilleur médecin ou meilleur général celui qui aura contemplé 10
l'Idée en elle-même : il est manifeste que ce n'est pas de cette
façon-là[2] que le médecin observe la santé, mais c'est la santé
de l'être humain qu'il observe, ou même plutôt sans doute la
santé de tel homme déterminé, car c'est l'individu qui fait
l'objet de ses soins.

5
<Nature du bien : fin parfaite, qui se suffit à elle-même>

Tous ces points ont été suffisamment traités. – Revenons 15
encore une fois sur le bien qui fait l'objet de nos recherches, et
demandons-nous ce qu'enfin il peut être[3]. Le bien, en effet,

---

1. Même idée *Pol.*, VII, 17, 1337a1.
2. *In abstracto.*
3. Aristote expose maintenant sa propre doctrine, inspirée de la « vie
mixte » du *Philèbe* (20d, 60b-61a, 66a-b). Première étape : le bien s'identifie
avec la fin ; or les fins étant multiples, le bien est lui-même multiple. Mais si

nous apparaît comme une chose dans telle action ou tel art, et comme une autre chose dans telle autre action ou tel autre art : il est autre en médecine qu'il n'est en stratégie, et ainsi de suite pour le reste des arts. Quel est donc le bien dans chacun de ces cas ? N'est-ce pas la fin en vue de quoi tout le reste est effectué ? C'est en médecine la santé, en stratégie la victoire, dans l'art de
20 bâtir, une maison, dans un autre art c'est une autre chose, mais dans toute action, dans tout choix, le bien c'est la fin, car c'est en vue de cette fin qu'on accomplit toujours le reste. Par conséquent, s'il y a quelque chose qui soit fin de tous nos actes, c'est cette chose-là qui sera le bien réalisable, et s'il y a plusieurs choses, ce seront ces choses-là.

Voilà donc que par un cours différent, l'argument aboutit au même résultat qu'auparavant [1]. – Mais ce que nous disons là, nous devons tenter de le rendre encore plus clair.

25 Puisque les fins sont manifestement multiples [2], et nous choisissons certaines d'entre elles (par exemple la richesse, les flûtes et en général les instruments) en vue d'autres choses, il est clair que ce ne sont pas là des fins parfaites, alors que le Souverain Bien est, de toute évidence, quelque chose de parfait. Il en résulte que s'il y a une seule chose qui soit une fin
30 parfaite, elle sera le bien que nous cherchons, et s'il y en a plusieurs, ce sera la plus parfaite d'entre elles. Or, ce qui est

l'ensemble des actions humaines a une seule fin, c'est le bien de notre activité en général, objet de l'universelle élection.

1. Sur les différentes interprétations de cette phrase difficile, *cf.* Souilhé, p. 95 et 96. Avec Eustrate, 60, 23, et Héliod., 12, 10, nous comprenons : on en revient à ce qui a été dit au début (c'est-à-dire 1, 1094a18-21), à savoir que la fin de toute action ne peut être que le bien et le parfait. Telle est aussi l'interprétation de Rackham.

2. Deuxième étape : le Bien s'identifie avec la fin *suprême*, *absolue* (τέλειος. Sur le concept de *parfait*, cf. *Met.*, Δ, 16, en entier : 1, p. 298-300 de notre commentaire). Aristote passe ensuite à l'étude de la hiérarchie des biens, pour arriver au Bien absolu.

digne d'être poursuivi par soi, nous le nommons plus parfait que ce qui est poursuivi pour une autre chose, et ce qui n'est jamais désirable en vue d'une autre chose, nous le déclarons plus parfait que les choses qui sont désirables à la fois par elles-mêmes et pour cette autre chose, et nous appelons parfait au sens absolu ce qui est toujours désirable en soi-même et ne l'est jamais en vue d'une autre chose. Or le bonheur[1] semble être au suprême degré une fin de ce genre, car nous le choisissons **1097b** toujours pour lui-même et jamais en vue d'une autre chose : au contraire, l'honneur, le plaisir, l'intelligence ou toute vertu quelconque, sont des biens que nous choisissons assurément pour eux-mêmes (puisque, même si aucun avantage n'en découlait pour nous, nous les choisirions encore), mais nous les choisissons aussi en vue du bonheur, car c'est par leur 5 intermédiaire que nous pensons devenir heureux. Par contre, le bonheur n'est jamais choisi en vue de ces biens, ni d'une manière générale en vue d'autre chose que lui-même.

On peut se rendre compte encore qu'en partant de la notion de *suffisance*[2] on arrive à la même conclusion. Le bien parfait semble en effet se suffire à lui-même. Et par *ce qui se suffit à soi-même*, nous entendons non pas ce qui suffit à un seul homme menant une vie solitaire, mais aussi à ses parents, ses enfants, sa femme, ses amis et ses concitoyens en général, 10 puisque l'homme est par nature un être politique[3]. Mais à cette énumération[4] il faut apporter quelque limite, car si on l'étend

---

1. Troisième étape : identification de la fin parfaite, du bien, avec le bonheur.

2. Autre caractère : l'αὐτάρκεια, *suffisance*, *inconditionnalité*, en donnant au terme un caractère « social » (sur ce dernier point, cf. *Pol.*, *passim*, et notamment, I, 2, 1253a2 ; III, 9, 1280b32 ; etc.), puisque nous savons qu'en définitive la Morale se ramène à la Politique. C'est l'ἱκανόν de Platon.

3. L. 11, la correction πολιτικός (au lieu de πολιτικόν), proposée par Burnet sur la foi de quelques manuscrits, ne s'impose absolument pas.

4. τούτων = τῶν φίλων, etc.

aux grands-parents, aux descendants et aux amis de nos amis,
on ira à l'infini. Mais nous devons réserver cet examen pour
une autre occasion[1]. En ce qui concerne le fait de *se suffire*
15 *à soi-même*, voici quelle est notre position : c'est ce qui, pris à
part de tout le reste, rend la vie désirable et n'ayant besoin
de rien d'autre. Or tel est, à notre sentiment, le caractère du
bonheur. Nous ajouterons que le bonheur est aussi la chose la
plus désirable de toutes, tout en ne figurant pas cependant au
nombre des biens, puisque s'il en faisait partie il est clair qu'il
serait encore plus désirable par l'addition fût-ce du plus infime
des biens : en effet, cette addition produit une somme de biens
plus élevée, et de deux biens le plus grand est toujours le plus
20 désirable[2]. On voit donc que le bonheur est quelque chose de
parfait et qui se suffit à soi-même, et il est la fin de nos actions.

6

<Le bonheur défini par la fonction propre de l'homme>

Mais sans doute l'identification du bonheur et du
Souverain Bien apparaît-elle comme une chose sur laquelle
tout le monde est d'accord[3] ; ce qu'on désire encore, c'est que
nous disions plus clairement quelle est la nature du bonheur.
Peut-être pourrait-on y arriver si on déterminait la *fonction* de
25 l'homme[4]. De même, en effet, que dans le cas d'un joueur de

---

1. IX, 10, 1170b20 *sq.*
2. Le bonheur n'est pas lui-même un bien, mais renferme tous les autres
biens, comme la fin inclut les moyens. La même idée se trouve exprimée *Top.*,
III, 2, 117a16-18 ; *Magna moral.*, I, 2, 1184a15-21 ; *Rhet.*, I, 7, 1363b18-21. Il
est clair que si la santé est additionnée avec le bonheur, alors εὐδαιμονία +
ὑγίεια> εὐδαιμονία. Bon exposé dans Héliod., 12, 42 *sq.*
3. Et sur laquelle il est inutile d'insister.
4. La notion d'ἔργον sert ainsi le moyen à la démonstration : ἔργον signifie
la *tâche*, l'*ouvrage*, la *fonction* (*cf.* déjà, Platon, *Rep.*, I, 352d à 354a). – *E.E.*, II,

flûte, d'un statuaire, ou d'un artiste quelconque, et en général
pour tous ceux qui ont une fonction ou une activité déterminée,
c'est dans la fonction que réside, selon l'opinion courante,
le bien, le «réussi», on peut penser qu'il en est ainsi pour
l'homme[1], s'il est vrai qu'il y ait une certaine fonction spéciale
à l'homme. Serait-il possible qu'un charpentier ou un cordonnier aient une fonction et une activité à exercer, mais que
l'homme[2] n'en ait aucune et que la nature l'ait dispensé de 30
toute œuvre à accomplir? Ou bien encore[3], de même qu'un
œil, une main, un pied et, d'une manière générale, chaque
partie d'un corps, a manifestement une certaine fonction à
remplir, ne doit-on pas admettre que l'homme a, lui aussi, en
dehors de toutes ces activités particulières, une fonction déterminée? Mais alors en quoi peut-elle consister? Le simple fait
de vivre[4] est, de toute évidence, une chose que l'homme partage en commun même avec les végétaux; or ce que nous
recherchons, c'est ce qui est propre à l'homme. Nous devons
donc laisser de côté la vie de nutrition et la vie de croissance. **1098a**
Viendrait ensuite la vie sensitive[5], mais celle-là encore apparaît commune avec le cheval, le bœuf et tous les animaux.
Reste donc une certaine vie pratique[6] de la partie rationnelle de
l'âme, partie qui peut être envisagée, d'une part, au sens où elle

1, 1219a5-8. On trouvera dans Joachim, *op. cit.*, p. 48 et 49, un bon exposé de la
notion d'ἔργον dans Platon et Aristote.

    1. L'homme en tant que tel.

    2. L'homme en tant que tel.

    3. Non seulement chaque métier a un ἔργον, mais encore chaque partie de
l'homme. Comment l'homme lui-même n'en aurait-il pas?

    4. Qui différencie les êtres vivants des corps inanimés (cf. *de An.*, II, 2,
413b7).

    5. Qui différencie les animaux des plantes (*de An.*, II, 2, 413b1).

    6. «Sa vie d'agent moral» (Robin, *Aristote*, p. 214). – Sur le sens précis de
πρακτικὴ ζωή, *cf.* Joachim, p. 50, qui a entièrement raison d'en exclure la vie
contemplative (θεωρία).

est soumise à la raison, et, d'autre part, au sens où elle possède
5 la raison et l'exercice de la pensée[1]. L'expression <vie ration-
nelle> étant ainsi prise en un double sens, nous devons établir
qu'il s'agit ici de la vie selon le point de vue de l'exercice, car
c'est cette vie-là qui paraît bien donner au terme son sens le
plus plein. Or s'il y a une fonction de l'homme consistant dans
une activité de l'âme conforme à la raison[2], ou qui n'existe pas
sans la raison, et si nous disons que cette fonction est généri-

1. Certains commentateurs, Burnet, par exemple, p. 35, tiennent pour une
interpolation tardive la phrase τούτου δὲ… διανοούμενον, l. 4 et 5, en raison
surtout du terme ἐπιπειθές, qui est effectivement un ἅπαξ λεγόμενον. Souilhé,
p. 100-101, défend au contraire l'authenticité du passage, qu'il considère
comme essentiel à l'argumentation, et propose, au moyen d'une légère correction, de lire εὐπειθές. Nous nous rallions entièrement à cette manière de voir, et
nous estimons, d'autre part, en plein accord avec son auteur, que la traduction
de λόγος par *raison* s'impose (l. 4 *sq.*) : sur ce dernier point, les arguments un
peu trop subtils de Burnet et de Joachim ne nous ont pas convaincus (*cf.* déjà
supra, 1, 1095a10, avec les réserves qui s'imposent). Quoi qu'il en soit, la
pensée d'Aristote, pour l'ensemble des l. 4 et suivantes, doit être comprise ainsi.
Elle se rattache à une distinction capitale entre l'ἕξις, *aptitude, manière d'être,
puissance* déjà déterminée, et l'ἐνέργεια (ou χρῆσις, dans le vocabulaire
platonicien), qui est l'*exercice* de la précédente en vue de l'accomplissement de
l'ἔργον. Cette distinction, qui a été adoptée par les philosophes scolastiques
sous la désignation de *actus primus, actus secundus*, apparaît dans la définition
aristotélicienne de l'âme (*de An.*, II, 1, 412b21 *sq.*; *cf.* la note de Rodier, II,
p. 185-186) : l'âme est une entéléchie, mais entéléchie première, au sens où la
science est entéléchie, comme opposée à l'ignorance, science en puissance.
Mais ici, à la différence de l'âme, c'est le point de vue de l'*exercice* qui doit être
pris en considération. En d'autres termes, le véritable bien pour l'homme, c'est
l'activité raisonnable, envisagée dans son accomplissement le plus parfait :
l'ἔργον étant la fin de l'ἕξις, est par suite meilleur qu'elle. Cf. *E.E.*, II, 1,
1219a9-18. Bon résumé dans Sylv. Maurus, 17[2] : *opus proprium hominis non
consistit in operationibus vitae vegetativae vel sensitivae, adeoque consistit in
vita rationali non quidem in vita rationali in actu primo* [ἕξις], *sed in vita
rationali in actu secundo* [ἐνέργεια].

2. Définition du bonheur. – *E.E.*, II, 1, 1219a18-23.

quement la même[1] dans un individu quelconque et dans un
individu de mérite (ainsi, dans un cithariste et dans un bon
cithariste, et ceci est vrai, d'une manière absolue, dans tous les 10
cas), l'excellence due au mérite s'ajoutant à la fonction (car la
fonction du cithariste est de jouer de la cithare, et celle du *bon*
cithariste d'en *bien* jouer); s'il en est ainsi; si nous posons que
la fonction de l'homme consiste dans un certain genre de vie,
c'est-à-dire dans une activité de l'âme et dans des actions
accompagnées de raison; si la fonction d'un homme vertueux
est d'accomplir cette tâche, et de l'accomplir bien et avec
succès, chaque chose au surplus étant bien accomplie quand 15
elle l'est selon l'excellence qui lui est propre : – dans ces conditions, c'est donc que le bien pour l'homme consiste dans une
activité de l'âme en accord avec la vertu[2], et, au cas de pluralité
de vertus, en accord avec la plus excellente et la plus parfaite
d'entre elles[3]. Mais il faut ajouter : « et cela dans une vie
accomplie jusqu'à son terme », car une hirondelle ne fait pas le
printemps, ni non plus un seul jour : et ainsi la félicité et le
bonheur ne sont pas davantage l'œuvre d'une seule journée, ni
d'un bref espace de temps[4].
                                                        20

---

1. De sorte qu'il n'y a pas μετάβασις εἰς ἄλλο γένος, en passant d'un
individu quelconque d'une classe déterminée, à un individu σπουδαῖος.
Le principe de l'incommunicabilité des genres est ainsi sauvegardé. Sur ce
principe et son étendue, *cf.* notre *Met.*, I, 94-95.

2. Ou plus exactement, « selon l'excellence propre de l'homme ». Sur le
sens précis de ἀρετή, cf. *supra*, 3, 1095b30, note. – *E.N.*, II, 1, 1219a23-35.

3. À savoir, comme nous le verrons, la σοφία, la vie contemplative.

4. Cf. *E.E.*, II, 1, 1219b4 *sq.* – Sur le sens de ἐν βίῳ τελείῳ, l. 18, *cf.* la
dissertation de Souilhé, p. 103-104 : Aristote entend par cette expression une
vie suffisamment longue pour donner à l'homme les occasions d'exercer et de
manifester son excellence. *Cf.* aussi la note de Rodier, *E.N.*, livre X, p. 115-116.
Tous les éléments du bonheur étant ainsi réunis, sa définition sera la suivante :
felicitas hominis est perfectissima operatio rationalis, secundum perfectissi-
mam virtutem, in vita perfecta et diuturna (Sylv. Maurus, 18[1]).

7
<Questions de méthode – La connaissance des principes>

Voilà donc le bien[1] décrit dans ses grandes lignes (car nous devons sans doute commencer par une simple ébauche, et ce n'est qu'ultérieurement que nous appuierons sur les traits). On peut penser que n'importe qui est capable de poursuivre et d'achever dans le détail[2] ce qui a déjà été esquissé avec soin ; et le temps, en ce genre de travail[3], est un facteur de découverte ou du moins un auxiliaire précieux : cela même
25 est devenu pour les arts une source de progrès, puisque tout homme peut ajouter à ce qui a été laissé incomplet[4]. Mais nous devons aussi nous souvenir de ce que nous avons dit précédemment[5] et ne pas chercher une égale précision en toutes choses, mais au contraire, en chaque cas particulier tendre à l'exactitude que comporte la matière traitée, et seulement dans une mesure appropriée à notre investigation. Et, en effet, un charpentier et un géomètre font bien porter leur recherche l'un et l'autre sur l'angle droit[6], mais c'est de façon différente : le
30 premier veut seulement un angle qui lui serve pour son travail, tandis que le second cherche l'essence de l'angle droit ou ses propriétés, car le géomètre est un contemplateur de la vérité[7].

---

1. Ou le bonheur, puisque les deux termes sont équivalents.

2. L. 22, le verbe διαρθροῦν a le sens de *articuler nellement, détailler une explication*. *Cf.* Bonitz, *in Met. comm.*, 82-83 : δ. *est rem aliquam quasi per membra et artus distinguere, et certum in ordinem redigere, ut unius corporis referant similitudinem.* – Joachim, p. 52, a soigneusement indiqué les points qu'Aristote a laissés provisoirement de côté.

3. À savoir le travail de perfectionnement et d'achèvement.

4. Même idée *de Soph. el.*, 34, 183b17-31 ; *Met.*, α, 1, 993b18.

5. 1, 1094b13.

6. L. 30, il faut sous-entendre γωνία (*Ind. arist.*, 523b8-9).

7. Cf. *Rep.*, V, 475e, où la même expression est employée.

C'est de la même façon dès lors qu'il nous faut procéder pour tout le reste, de manière à éviter que dans nos travaux les à-côtés ne l'emportent sur le principal. On ne doit pas non plus exiger la cause[1] en toutes choses indifféremment : il suffit, dans certains cas, que le fait soit clairement dégagé, comme par **1098b** exemple en ce qui concerne les principes[2] : le fait vient en premier, c'est un point de départ. Et parmi les principes, les uns sont appréhendés par l'induction[3], d'autres par la sensation[4],

---

1. C'est-à-dire le διότι. Sur la distinction du διότι et de l'ὅτι, cf. *supra*, 2, 1095b5 et les notes. – L. 2, δειχθῆναι (*montrer, dégager* le fait), et non ἀποδειχθῆναι (*démontrer* par la cause). Cf. *E.E.*, I, 8, 1218b17-24.

2. Ces derniers mots, que Susemihl, après Zeller, place entre crochets, sont une partie essentielle de l'argumentation, et ils éclairent tout ce difficile passage. Aristote établit une différence entre la connaissance *intuitive* des principes des sciences, qui n'ont pas de cause antécédente et sont appréhendés immédiatement, et la connaissance *démonstrative* par la cause ou le moyen. La saisie immédiate des principes (et notamment des principes d'ordre moral) se fait, selon les cas, par les voies différentes de l'induction, de la perception sensible ou de l'habitude, mais toute démonstration proprement dite est exclue. C'est ainsi que le moraliste n'a pas à établir une définition du bonheur, il lui suffit de montrer ce qu'en fait est le bonheur et les opinions courantes à ce sujet.

3. L'*induction* (ἐπαγωγή) s'oppose au syllogisme : elle consiste à découvrir l'universel en partant du particulier dans lequel cet universel est contenu en puissance. Sur l'induction aristotélicienne, cf. *Top.* I, 12, 105a13 ; 16, 108b7-12 ; *An. prior*, II, 23 entier, 68b7-37 (p. 311 à 314 de notre traduction, avec les notes) ; *An. post.*, I, 1, *init.* ; 3, 72b5 ; 18, 81b5 (passage où induction et sensation sont traitées en commun) ; II, 19, 100a1 jusqu'à la fin du chapitre ; *E.N.*, I, 8, 1099a7 (exemple d'induction) ; VI, 3, 1139b26 ; etc. Voir aussi Eustrate, 76, 17 ; Trendelenburg, *Elementa*, § 34, p. 111-113 ; Chevalier, *La Notion du Nécessaire*, p. 122-125. La découverte des notions et des principes moraux est ainsi le résultat de l'expérience.

4. *Cf.* notamment *An. prior*, II, 21, 67a21. Nous ne connaissons le général que par le particulier, et nous partons de la sensation pour nous élever à l'universel, l'universalité étant la marque de la nécessité. Dans le chap. I du livre A de la *Met.*, Aristote a tracé un tableau de la vie mentale, depuis la sensation jusqu'aux échelons les plus élevés de la contemplation (*cf.* Joachim, p. 54).

d'autres enfin par une sorte d'habitude[1], les différents principes étant ainsi connus de différentes façons[2]; et nous devons
5 essayer d'aller à la recherche de chacun d'eux d'une manière
appropriée à sa nature, et avoir soin de les déterminer exactement, car ils sont d'un grand poids pour ce qui vient à leur suite.
On admet couramment, en effet, que le *commencement est plus
que la moitié du tout*[3] et qu'il permet d'apporter la lumière à
nombre de questions parmi celles que nous nous posons.

8
<La définition aristotélicienne du bonheur confirmée par les opinions courantes>

Mais nous devons porter notre examen sur le principe[4],
10 non seulement à la lumière de la conclusion et des prémisses de
notre raisonnement[5], mais encore en tenant compte de ce

1. Dernière forme de l'expérience, spéciale cette fois à la vie morale, et qui
consiste à connaître les principes de la moralité par la pratique même et
l'exercice (cf. *supra*, 2, 1095b3 à la fin du chap.; VI, 12, 1143b11). Comme le
dit avec raison Burnet (p. 39), il s'agit là encore, d'une sorte d'induction.

2. Pour les mots καὶ ἄλλαι δ'ἄλλως, l. 4, nous rejetons la traduction
traditionnelle, suivie notamment par Ross (*and others too in other ways*) pour
adopter celle de Rackham et de Souilhé : chacun des principes n'est pas perçu
indifféremment par l'un ou l'autre de ces procédés, mais l'un est le produit de
l'induction, tel autre de la perception, tel autre encore de l'habitude.

3. Proverbe cité encore *de Soph. el.*, 34, 183b22; *Probl.*, I, 12, 892a29;
Pol., V, 4, 1303b29. Voir aussi Platon, *Rep.*, II, 377a; *Lois*, VI, 753a.

4. L. 9, αὐτῆς, c'est-à-dire ἀρχῆς, à savoir notre définition du bonheur, qui
est bien le point de départ de notre théorie de la moralité.

5. Voir les difficultés soulevées, à propos des l. 9-10, par Joachim,
p. 54-56. Nous estimons, avec Burnet, que συμπέρασμα est la *conclusion* (la
définition du bonheur), et ἐξ ὧν les *prémisses* des *considérations* théoriques
d'Aristote (λόγος), prémisses qui ont permis d'atteindre ladite conclusion. – À
cette argumentation de caractère dialectique, doit succéder un examen, une
vérification, qui établira que la définition proposée est conforme aux opinions

qu'on en dit communément, car avec un principe vrai toutes les
données de fait s'harmonisent, tandis qu'avec un principe faux
la réalité est vite en désaccord[1].

On a divisé[2] les biens en trois classes : les uns sont dits
biens *extérieurs*, les autres sont ceux qui se rapportent à l'âme
ou au corps, et les biens ayant rapport à l'âme, nous les appelons biens au sens strict et par excellence. Or comme nous
plaçons les actions et les activités spirituelles parmi les biens 15
qui ont rapport à l'âme, il en résulte que notre définition doit
être exacte, dans la perspective du moins de cette opinion qui
est ancienne et qui a rallié tous ceux qui s'adonnent à la philosophie. C'est encore à bon droit que nous identifions certaines
actions et certaines activités avec la fin[3], car de cette façon
la fin est mise au rang des biens de l'âme et non des biens

courantes sur la nature du bonheur. On notera une démarche analogue dans
Met., Ζ, 4, où, après avoir étudié la quiddité et la substance, λογικῶς, Aristote
procède ensuite φυσικῶς : *cf.* notre édition de la *Met.*, 1, p. 357-367 et les notes.
L. 11, τὰ ὑπάρχοντα sont les *data*, les *données de fait*, c'est-à-dire, en l'espèce,
les λεγόμενα (l. 10), les *opinions courantes* sur les principes de la moralité.

1. Voir les importants développements de St Thomas, n° 140, p. 38. –
Cf. aussi *E.E.*, I, 6, 1216b26-1217a17.

2. Notamment Platon, *Phil.*, 48e; *Lois*, V, 743e. – L. 14, λέγομεν marque
l'opinion commune, qui ne se contente pas de la division tripartite des biens,
mais place en tête les biens περὶ ψυχήν. Comme de son côté, Aristote pose la
félicité dans l'activité de l'âme (*supra*, 6, 1098a14 : le verbe τίθεμεν de notre
texte, l. 16, indique l'opinion même d'Aristote), il en résulte que sa définition
s'accorde avec l'opinion commune sur l'excellence des biens de l'âme.
Cf. Héliod., 16, 1; Eustrate, 78, 29. Voir aussi St Thomas, 143, p. 39 : *Manifestum est quod ponere felicitatem in operationem animae rationalis conveniens
est secundum hanc opinionem... quod scilicet principalissima bonorum sint ea
quae sunt secundum animam.*

3. Cf. *supra*, 6, 1097b25 *sq. Cf.* Sylv. Maurus, 19[2] : *...finem hominis, quod
est felicitatem, consistere in operationibus... immanentibus, hoc est in actibus
rationalibus; sed actus rationales... sunt intrinseci; ergo felicitas, hoc est
maximum bonum, positum fuit in aliquo bono intrinseco animae. – E.E.*, II, 1,
1219a40-1219b4.

20 extérieurs. Enfin s'adapte également bien à notre définition
l'idée que l'homme heureux est celui qui vit bien et réussit, car
pratiquement nous avons défini le bonheur une forme de vie
heureuse et de succès[1].

9
*<Suite du chapitre précédent : accord de la définition du
bonheur avec les doctrines qui identifient le bonheur
à la vertu, ou au plaisir, ou aux biens extérieurs>*

Il est manifeste aussi que les caractères qu'on requiert[2]
d'ordinaire pour le bonheur appartiennent absolument tous à
notre définition.

Certains auteurs, en effet, sont d'avis que le bonheur c'est
la vertu[3]; pour d'autres, c'est la prudence; pour d'autres, une
forme de sagesse; d'autres encore le font consister dans ces
différents biens à la fois, ou seulement dans l'un d'entre eux,
25 avec accompagnement de plaisir ou n'existant pas sans plaisir;
d'autres enfin ajoutent à l'ensemble de ces caractères la prospérité extérieure. Parmi ces opinions, les unes ont été soute-
nues par une foule de gens et depuis fort longtemps, les autres
l'ont été par un petit nombre d'hommes illustres : il est peu
vraisemblable que les uns et les autres se soient trompés du tout

---

1. *Supra*, 2, 1095a19. Sur ce point encore, la définition aristotélicienne du
bonheur est d'accord avec l'opinion courante qui assimile bonheur et prospérité
(*cf.* Eustrate, 79, 17).

2. L. 22, τὰ ἐπιζητούμενα = les *desiderata*. Sur les divers sens du mot,
cf. la note de Souilhé, p. 30.

3. Référence au *Philèbe*. Les «autres» sont sans doute Speusippe et
Xénocrate : *cf.* Burnet, *Introduction* au 1er livre, p. 3, note 3, et ses citations.
Sur les difficultés d'une identification précise, *cf.* Souilhé, p. 114. – Toutes les
opinions indiquées l. 23-26 vont être confrontées avec la définition du Bonheur.
E.E., I, 1, 1214a30-1214b5.

au tout, mais, tout au moins sur un point déterminé, ou même sur la plupart, il y a des chances que ces opinions soient conformes à la droite raison[1].

Pour ceux qui prétendent que le bonheur consiste dans la vertu en général ou dans quelque vertu particulière, notre 30 définition est en plein accord avec eux, car l'*activité conforme à la vertu* appartient bien à la vertu. Mais[2] il y a sans doute une différence qui n'est pas négligeable, suivant que l'on place le Souverain Bien dans la possession ou dans l'usage, dans une disposition ou dans une activité. En effet, la disposition peut très bien exister sans produire aucun bien, comme dans le cas 1099a de l'homme en train de dormir ou inactif de quelque autre façon ; au contraire, pour la vertu en activité, c'est là une chose impossible, car celui dont l'activité est conforme à la vertu agira nécessairement et agira bien[3]. Et de même qu'aux Jeux

---

1. Application de la méthode *dialectique*, fondée sur l'opinion, et qui conclut de prémisses probables. Le syllogisme dialectique part des ἔνδοξα, des ἔνδοξοι προτάσεις, qui expriment les opinions du grand nombre ou des sages (δοκεῖ, *on admet d'ordinaire*, et τὰ δοκοῦντα est syn. de τὰ ἔνδοξα, *Ind. arist.*, 203a29). Sur la notion d'ἔνδοξον, cf. *Top.*, I, 1, 100b21-23, et les analyses de Le Blond, *Logique et Méthode*, p. 9-16 ; sur l'ἀπορία et la méthode diaporéma-tique, cf. *infra*, VII, 1, 1145b2-7 et les notes.

2. Correction d'Aristote : le bonheur consiste bien dans la vertu, à la condition de définir la vertu comme un acte et non comme un simple *habitus*. Le bien consiste dans la χρῆσις, et non dans la κτῆσις (Xénocrate), dans l'ἐνέρ-γεια, et non dans l'ἕξις (Speusippe) : cf. *supra*, 6, 1098a5 *sq*. – *E.E.*, I, 4, 1215a20-25. L'ἕξις est la *manière d'être*, l'*habitus* (et non pas *habitude*, qui est plutôt ἦθος), la *disposition permanente*, la *possession*, l'*état positif* (par oppo-sition à στέρησις, *privation*) : ainsi, dans la sphère de la moralité, le bonheur et la vertu sont des ἕξεις. Ce terme est souvent, mais pas toujours, distingué de διάθεσις, *disposition passagère* (maladie, santé, chaleur, refroidissement), et de πάθος, simple *affection* superficielle. Cf. *Cat.*, 8, 8b27-9a13. Voir aussi Trendelenburg, *de An.*, p. 299, et surtout Robin, *Aristote*, p. 34 et 83. Une défini-tion de l'ἕξις comme disposition morale est donnée dans l'*E.E.*, II, 2, 1220b2 *sq*.

3. Le sujet (sous-entendu) de πράξει, l. 3, est ὁ κατ' ἀρετὴν ἐνεργῶν (Burnet, p. 42, note).

Olympiques, ce ne sont pas les plus beaux et les plus forts qui
sont couronnés, mais ceux qui combattent (car c'est parmi eux
5 que sont pris les vainqueurs)[1], de même aussi les nobles et
bonnes choses de la vie deviennent à juste titre la récompense
de ceux qui agissent[2]. Et leur vie est encore en elle-même un
plaisir[3], car le sentiment du plaisir rentre dans la classe des
états de l'âme[4], et chacun ressent du plaisir par rapport à
l'objet, quel qu'il soit, qu'il est dit aimer : par exemple, un
10 cheval donne du plaisir à l'amateur de chevaux, un spectacle à
l'amateur de spectacles ; de la même façon, les actions justes
sont agréables à celui qui aime la justice, et, d'une manière
générale, les actions conformes à la vertu plaisent à l'homme
qui aime la vertu. Mais tandis que chez la plupart des hommes
les plaisirs se combattent[5] parce qu'ils ne sont pas des plaisirs
par leur nature même, ceux qui aiment les nobles actions
trouvent au contraire leur agrément dans les choses qui sont
des plaisirs par leur propre nature. Or tel est précisément ce qui
caractérise les actions conformes à la vertu, de sorte qu'elles
sont des plaisirs à la fois pour ceux qui les accomplissent et en
15 elles-mêmes. Dès lors la vie des gens de bien n'a nullement
besoin que le plaisir vienne s'y ajouter comme un surcroît

1. Cf. *E.E.*, II, 1, 1219b9 : sont couronnés seulement les vainqueurs, et non
ceux qui sont seulement capables de vaincre (en d'autres termes, on couronne
ceux qui ont l'ἐνέργεια et non pas seulement l'ἕξις).

2. Qui agissent effectivement, et ne se contentent pas d'avoir la possibilité
d'agir.

3. La définition aristotélicienne du bonheur est aussi, d'une certaine
manière, en accord avec le sentiment de ceux qui identifient le bonheur au
plaisir. La vie des gens de bien est *en elle-même* (κατ' αὐτόν, l. 7) un plaisir, un
plaisir en soi, et non pas accidentel comme celui de l'amateur de chevaux ou de
l'amateur de théâtre, et c'est seulement dans le cas des plaisirs accidentels et
relatifs, variant avec les circonstances, que les plaisirs peuvent entrer en conflit.

4. C'est donc un bien intrinsèque, et non purement extérieur.

5. *Cf.* IX, 4, 1166b19 *sq.* Le *Philèbe*, 44e *sq.*, faisait déjà la distinction entre
les vrais et les faux plaisirs.

postiche[1], mais elle a son plaisir en elle-même. Ajoutons, en
effet, à ce que nous avons dit[2], qu'on n'est pas un véritable
homme de bien quand on n'éprouve aucun plaisir dans la pratique des bonnes actions, pas plus que ne saurait être jamais
appelé juste celui qui accomplit sans plaisir des actions justes,
ou libéral celui qui n'éprouve aucun plaisir à faire des actes de
libéralité, et ainsi de suite. S'il en est ainsi, c'est en elles- 20
mêmes que les actions conformes à la vertu doivent être des
plaisirs. Mais elles sont encore en même temps bonnes et
belles, et cela au plus haut degré, s'il est vrai que l'homme
vertueux est bon juge en ces matières; or son jugement est
fondé, ainsi que nous l'avons dit[3]. Ainsi donc le bonheur est
en même temps ce qu'il y a de meilleur, de plus beau et de
plus agréable, et ces attributs ne sont pas séparés comme dans 25
l'inscription de Délos[4] :

> Ce qu'il y a de plus beau, c'est ce qu'il y a de plus juste, et ce
> qu'il y a de meilleur, c'est de se bien porter ;
> Mais ce qu'il y a par nature de plus agréable, c'est d'obtenir
> l'objet de son amour.

En effet, tous ces attributs appartiennent à la fois aux activités qui sont les meilleures, et ces activités, ou l'une d'entre 30
elles, celle qui est la meilleure, nous disons qu'elles constituent
le bonheur même.

---

1. Sur le terme περίαπτον, l. 16 (*ce qu'on attache autour du cou*),
cf. Souilhé, p. 116.

2. Non seulement l'homme de bien ressent du plaisir en faisant de bonnes
actions, mais encore il n'y a pas de bonnes actions sans plaisir. – On comparera
la doctrine si humaine d'Aristote avec le rigorisme de la morale kantienne et
l'obligation d'agir uniquement par devoir en faisant abstraction de tout sentiment, de toute inclination immédiate (*cf.* les *Fondements de la Métaphysique
des mœurs*, première section, Delbos (éd.), p. 96 et 97. Voir aussi le livre
classique de Delbos, *La Philosophie pratique de Kant*, Paris, 1905, p. 325 *sq.*).

3. Cf. *supra*, 3, 1094b28.

4. *E.E.*, I, 1, 1214a5.

Cependant il apparaît nettement[1] qu'on doit faire aussi entrer en ligne de compte les biens extérieurs[2], ainsi que nous l'avons dit, car il est impossible, ou du moins malaisé, d'accomplir les bonnes actions quand on est dépourvu de ressources pour y faire face[3]. En effet, dans un grand nombre **1099b** de nos actions, nous faisons intervenir à titre d'instruments les amis ou la richesse, ou l'influence politique; et, d'autre part, l'absence de certains avantages gâte la félicité : c'est le cas, par exemple, pour la noblesse de race, une heureuse progéniture, la beauté physique[4]. On n'est pas, en effet, complètement heureux si on a un aspect disgracieux, si on est d'une basse extraction, ou si on vit seul et sans enfants; et, pis encore sans **5** doute, si on a des enfants ou des amis perdus de vices, ou si enfin, alors qu'ils étaient vertueux, la mort nous les a enlevés. Ainsi donc que nous l'avons dit, il semble que le bonheur ait besoin, comme condition supplémentaire, d'une prospérité de ce genre; de là vient que certains mettent au même rang que le bonheur, la fortune favorable, alors que d'autres l'identifient à la vertu[5].

1. Et sur ce point encore, notre définition du bonheur est conforme, moyennant certaines adaptations, à l'opinion de ceux qui font consister le bonheur dans des avantages extrinsèques.

2. Malgré leur caractère accidentel.

3. L. 33, ἀχορήγητον : comme, pour une chorégie, celui qui n'aurait pas les moyens d'en faire les frais. C'est là une métaphore qu'on retrouve à plusieurs reprises chez Aristote (*cf.* Burnet, p. 49, note).

4. *Cf.* l'énumération plus détaillée de *Rhet.*, I, 5, 1360b18, et les développements qui suivent.

5. Il n'y a aucune raison de suspecter ces derniers mots, destinés à marquer le contraste de deux opinions extrêmes. Au surplus, le début du chapitre suivant exige leur maintien. Pour les l. 6-8, cf. *E.E.*, I, 2, 1214b11-17.

10

<Mode d'acquisition du bonheur : il n'est pas l'œuvre de la fortune, mais le résultat d'une perfection>

Cette divergence de vues[1] a donné naissance à la difficulté de savoir si le bonheur est une chose qui peut s'apprendre, ou s'il s'acquiert par l'habitude ou quelque autre exercice, ou si enfin il nous échoit en partage par une certaine faveur divine ou même par le hasard[2]. Et, de fait, si jamais les dieux ont fait quelque don aux hommes, il est raisonnable de supposer que le bonheur est bien un présent divin, et cela au plus haut degré parmi les choses humaines, d'autant plus qu'il est la meilleure de toutes[3]. Mais cette question serait sans doute mieux appropriée à un autre ordre de recherches[4]. Il semble bien, en tout cas, que même en admettant que le bonheur ne soit pas envoyé par les dieux, mais survient en nous par l'effet de la vertu ou de quelque étude ou exercice, il fait partie des plus excellentes réalités divines : car ce qui constitue la récompense et la fin même de la vertu est de toute évidence un bien suprême, une chose divine et pleine de félicité. Mais en même temps, ce doit être une chose accessible au grand nombre[5], car il peut appartenir à tous ceux qui ne sont pas anormalement inaptes à la

---

1. Signalée à la fin du chapitre précédent.

2. Cf. *E.E.*, I, 1, 1214a14-30. Cette division figure déjà dans *Ménon*, 99e, auquel Souilhé, p. 120, renvoie avec raison.

3. *Rationabilissimum est ut felicitas, quae est summum bonum rationis, proveniat nobis a summa et altissima causa, hoc est a Deo, et ut maxime sit donum Dei* (Sylv. Maurus, 23[1]).

4. La Métaphysique. Mais, en fait, Aristote n'a traité ce problème nulle part : *haec magis sunt declinantis quam pollicentis*, remarque Ramsauer.

5. Et non réservée à de rares privilégiés de la chance ou favorisés des dieux. – L. 19, τοῖς μὴ πεπηρωμένοις. Aristote entend par πήρωμα tout *produit anormal, inachevé, incomplet*, par opposition à ce qui est τέλειος, *qui a atteint son développement normal*. – Cf. *E.E.*, I, 3, 1215a8-19.

vertu, s'ils y mettent quelque étude et quelque soin. Et s'il est
20 meilleur d'être heureux de cette façon-là que par l'effet d'une
chance imméritée, on peut raisonnablement penser que c'est
bien ainsi que les choses se passent en réalité, puisque les
œuvres de la nature sont naturellement aussi bonnes qu'elles
peuvent l'être[1], ce qui est le cas également pour tout ce qui
relève de l'art ou de toute autre cause, et notamment de la cause
par excellence[2]. Au contraire, abandonner au jeu du hasard ce
qu'il y a de plus grand et de plus noble serait une solution par
trop discordante[3].

25   La réponse à la question que nous nous posons ressort
clairement aussi de notre définition du bonheur. Nous avons
dit[4], en effet, qu'il était *une activité de l'âme conforme à la
vertu*, c'est-à-dire une activité d'une certaine espèce, alors que
pour les autres biens[5], les uns font nécessairement partie
intégrante du bonheur, les autres sont seulement des adjuvants
et sont utiles à titre d'instruments naturels. – Ces considérations[6], au surplus, ne sauraient qu'être en accord avec ce que

---

1. Sur le finalisme d'Aristote, tant en ce qui concerne les processus naturels
que les créations de l'art, *cf.* Robin, *Aristote*, p. 158 *sq*. Les œuvres de la nature
sont toujours aussi bonnes qu'elles peuvent l'être ; *cf.* notamment, *Phys.*, VIII,
7, 260b22.

2. L'intelligence humaine. Pour St Thomas, c'est Dieu (*Et hoc praecipue
videtur de Deo, qui est totius naturae causa*, 172, p. 46).

3. Et contraire à la finalité de la nature comme de l'activité humaine.

4. 6, 1098a15-20. – Toute l'argumentation d'Aristote a tendu à montrer
que l'εὐδαιμονία est déterminée par l'effort de l'homme. Voir un excellent
résumé de la pensée du Stagirite dans Joachim, p. 57 et 58.

5. Les biens extérieurs : *cf.* le chapitre précédent.

6. À savoir que le bonheur dépend de nous et non de la fortune. Pour le
développement qui suit, *cf.* St Thomas, 174, p. 46 : *Posuimus... quod optimum
humanorum bonorum, scilicet felicitas, sit finis Politicae, cujus finis manifeste
est operatio secundum virtutem. Politica enim ad hoc praecipuum studium
adhibet... ut faciat cives bonos et operatores bonorum. Quod est operari
secundum virtutem.* Le Bonheur est donc le fruit de la raison humaine, qui est

nous avons dit tout au début : car nous avons établi que la fin de
la Politique est la fin suprême ; or cette science met son prin- 30
cipal soin à faire que les citoyens soient des êtres d'une
certaine qualité, autrement dit des gens honnêtes et capables de
nobles actions. C'est donc à juste titre que nous n'appelons
heureux ni un bœuf, ni un cheval, ni aucun autre animal, car
aucun d'eux n'est capable de participer à une activité de cet **1100a**
ordre. Pour ce motif encore, l'enfant non plus ne peut pas être
heureux [1], car il n'est pas encore capable de telles actions, en
raison de son âge, et les enfants qu'on appelle heureux ne le
sont qu'en espérance, car le bonheur requiert, nous l'avons
dit, à la fois une vertu parfaite et une vie venant à son terme.
De nombreuses vicissitudes et des fortunes de toutes sortes 5
surviennent, en effet, au cours de la vie, et il peut arriver à
l'homme le plus prospère de tomber dans les plus grands
malheurs au temps de sa vieillesse, comme la légende héroïque
le raconte de Priam : quand on a éprouvé des infortunes
pareilles aux siennes et qu'on a fini misérablement, personne
ne vous qualifie d'heureux.

11
<Le bonheur et la vie présente. Le bonheur après la mort>

Est-ce donc que pas même aucun autre homme [2] ne doive 10
être appelé heureux tant qu'il vit, et, suivant la parole de Solon,
devons-nous pour cela *voir la fin* [3] ? Même si nous devons

capable, par une certaine activité, de conduire au bonheur aussi bien l'individu
que la société.

1. *E.E.*, II, 1, 1219b5-8.
2. Que celui qui a subi des infortunes comme Priam, dont le cas a été
examiné à la fin du chapitre précédent.
3. *Cf.* Hérod., I, 30-33. Solon est l'un des sept Sages de la Grèce. La
maxime qu'on lui prête est un lieu commun de la littérature universelle, et elle
est répétée partout (qu'on se rappelle notamment les derniers vers d'*Œdipe roi*).

admettre une pareille chose, irons-nous jusqu'à dire qu'on n'est heureux qu'une fois qu'on est mort ? Ou plutôt n'est-ce pas là une chose complètement absurde, surtout de notre part à nous qui prétendons que le bonheur consiste dans une certaine activité ? Mais si, d'un autre côté, nous refusons d'appeler

15 heureux celui qui est mort (le mot de Solon n'a d'ailleurs pas cette signification), mais si nous voulons dire que c'est seulement au moment de la mort qu'on peut, d'une manière assurée, qualifier un homme d'heureux[1], comme étant désormais hors de portée des maux et des revers de fortune, même ce sens-là ne va pas sans soulever quelque contestation : on croit, en effet, d'ordinaire que pour l'homme une fois mort il existe encore quelque bien et quelque mal, tout comme chez l'homme vivant

20 qui n'en aurait pas conscience[2], dans le cas par exemple des honneurs ou des disgrâces qui affectent les enfants ou en général les descendants, leurs succès ou leurs revers. Mais sur ce point encore une difficulté se présente. En effet, l'homme qui a vécu dans la félicité jusqu'à un âge avancé, et dont la fin a été en harmonie avec le restant de sa vie[3], peut fort bien subir de nombreuses vicissitudes dans ses descendants, certains

25 d'entre eux étant des gens vertueux et obtenant le genre de vie qu'ils méritent, d'autres au contraire se trouvant dans une situation tout opposée ; et évidemment aussi, suivant les degrés de parenté[4], les relations des descendants avec leurs ancêtres

---

1. En ce qu'il a été heureux pendant toute sa vie, jusqu'à sa mort (*cf.* Sylv. Maurus, 25[1]).

2. Les explications de St Thomas (182, p. 49) sont très claires : *contingit quod homini viventi proveniat aliquod bonum vel malum, sed illud non sentiat; puta, si eo ignorante infametur, etc. ... : ergo pari ratione videtur quod mortuo possit bonum vel malum accidere, quamvis non sentiat.*

3. L. 23, κατὰ λόγον = *consistently with his life* (Burnet, note p. 50). Même sens *infra*, 1101a17.

4. Le terme ἀπόστημα, l. 26, indique le degré d'*éloignement* des descendants par rapport à leur auteur, en d'autres termes le degré de parenté. – Aristote

sont susceptibles de toute espèce de variations. Il serait dès lors absurde de supposer que le mort participe à toutes ces vicissitudes, et pût devenir à tel moment heureux pour redevenir ensuite malheureux ; mais il serait tout aussi absurde de penser qu'en rien ni en aucun temps le sort des descendants ne pût 30 affecter leurs ancêtres.

Mais nous devons revenir à la précédente difficulté[1], car peut-être son examen facilitera-t-il la solution de la présente question. Admettons donc que l'on doive *voir la fin* et attendre ce moment pour déclarer un homme heureux, non pas comme étant actuellement heureux, mais parce qu'il l'était dans un temps antérieur : comment n'y aurait-il pas une absurdité dans le fait que, au moment même où cet homme est heureux, on 35 refusera de lui attribuer avec vérité ce qui lui appartient, sous prétexte que nous ne voulons pas appeler heureux les hommes **1100b** qui sont encore vivants, en raison des caprices de la fortune et de ce que nous avons conçu le bonheur comme quelque chose de stable et ne pouvant être facilement ébranlé d'aucune façon, alors que la roue de la fortune tourne souvent pour le même individu ? Il est évident, en effet, que si nous le suivons pas à pas dans ses diverses vicissitudes, nous appellerons souvent le 5 même homme tour à tour heureux et malheureux, faisant ainsi de l'homme heureux une sorte de *caméléon* ou *une maison menaçant ruine*[2]. Ne doit-on pas plutôt penser que suivre la fortune dans tous ses détours est un procédé absolument incorrect ? Ce n'est pas en cela, en effet, que consistent la

veut dire que si l'on tient compte de tous les parents plus ou moins éloignés, et des vicissitudes du sort, en bien ou en mal, qui ne peuvent manquer de les atteindre, l'état du mort variera à chaque instant.

1. Celle qui est soulevée au début du chapitre (si on peut dire qu'un homme est heureux tant qu'il vit).

2. Citation probable de quelque poète inconnu. *Cf.* St Thomas, 186, p. 49 : *… et annuntiabimus felices esse debiliter firmatos. Quod est contra rationem felicitatis.*

prospérité ou l'adversité : ce ne sont là, nous l'avons dit[1], que
de simples adjuvants dont la vie de tout homme a besoin. La
10 cause véritablement déterminante du bonheur réside dans
l'activité conforme à la vertu, l'activité en sens contraire étant
la cause de l'état opposé.

Et la difficulté que nous discutons présentement témoigne
en faveur de notre argument[2]. Dans aucune action humaine, en
effet, on ne relève une fixité comparable à celle des activités
conformes à la vertu, lesquelles apparaissent plus stables
encore que les connaissances scientifiques[3]. Parmi ces acti-
15 vités vertueuses elles-mêmes, les plus hautes[4] sont aussi les
plus stables, parce que c'est dans leur exercice que l'homme
heureux passe la plus grande partie de sa vie et avec le plus de
continuité, et c'est là, semble-t-il bien, la cause pour laquelle
l'oubli ne vient pas les atteindre.

Ainsi donc, la stabilité que nous recherchons appartiendra
à l'homme heureux, qui le demeurera durant toute sa vie : car
toujours, ou du moins préférablement à toute autre chose, il
s'engagera dans des actions et des contemplations conformes à
20 la vertu, et il supportera les coups du sort avec la plus grande
dignité et un sens en tout point parfait de la mesure, si du moins

1. 9, 1099a32 *sq.*

2. À savoir que c'est l'activité conforme à la vertu qui est la cause du
bonheur, et nullement la fortune ou le hasard.

3. *Cf.* VI, 6, 1140b31. On relève dans cette argumentation un souvenir de
l'Académie : *cf.* par exemple la *Lettre VII* de Platon (340c), dont l'authenticité
est généralement admise (*cf.* la notice de Souilhé, dans son édition des *Lettres*,
Paris, 1926, p. XXXIII *sq.*). Sur la permanence et la stabilité de la science selon la
doctrine platonicienne, on se reportera aux admirables analyses de Diès, *L'Idée
de la Science dans Platon*, p. 450-522, t. II de *Autour de Platon*, Paris, 1927.

4. Celles qui sont κατὰ τὴν σοφίαν. *Cf.* St Thomas, 190, p. 51 : *et inter
ipsas virtutes, illae quae sunt honoratissimae videntur esse permanentiores,
tum quia magis intensae, tum quia magis continue operantur homines ad hoc
quod secundum eas vivant.*

il est véritablement homme de bien et *d'une carrure sans reproche*[1].

Mais nombreux sont les accidents de la fortune, ainsi que leur diversité en grandeur et en petitesse. S'agit-il de succès minimes aussi bien que de revers légers, il est clair qu'ils ne pèsent pas d'un grand poids dans la vie. Au contraire si on a affaire à des événements dont la gravité et le nombre 25 sont considérables, alors, dans le cas où ils sont favorables ils rendront la vie plus heureuse (car en eux-même ils contribuent naturellement à embellir l'existence, et, de plus, leur utilisation peut être noble et généreuse)[2], et dans le cas où ils produisent des résultats inverses, ils rétrécissent et corrompent le bonheur, car, en même temps qu'ils apportent des chagrins avec eux, ils mettent obstacle à de multiples activités. Néanmoins, même au sein de ces contrariétés transparaît la 30 noblesse de l'âme, quand on supporte avec résignation de nombreuses et sévères infortunes, non certes par insensibilité, mais par noblesse et grandeur d'âme. Et si ce sont nos activités qui constituent le facteur déterminant de notre vie, ainsi que nous l'avons dit[3], nul homme heureux ne saurait devenir misérable, puisque jamais il n'accomplira des actions odieuses et 35 viles. En effet, selon notre doctrine, l'homme véritablement bon et sensé supporte toutes les vicissitudes du sort avec séré- **1101a** nité et tire parti des circonstances pour agir toujours avec le

1. Vers de Simonide, cité *Prot.*, 339b. *Cf.* Eustrate, 97, 28, et St Thomas, 193, p. 52 : *ad similitudinem corporis cubici habentis sex superficies quadratas, propter quod bene stat in qualibet superficie.* – Sur le sens de θεωρήσει τὰ κατ᾽ ἀρετήν, l. 19, *cf.* Joachim, p. 59, qui rejette (contre Burnet, p 51) toute référence à la vie contemplative.

2. Sur la χρῆσις καλὴ καὶ σπουδαία, l. 27, *cf.* le commentaire de St Thomas : *in quantum sunt instrumenta operationis secundum virtutem... virtus utitur eis ut quibusdam instrumentis ad bene agendum* (194, p. 52). – On consultera aussi J. Léonard, *le Bonheur chez Aristote* (le chap. II).

3. L. 9, *supra*.

plus de noblesse possible, pareil en cela à un bon général qui
utilise à la guerre les forces dont il dispose de la façon la plus
efficace, ou à un bon cordonnier qui du cuir qu'on lui a confié
5 fait les meilleures chaussures possibles, et ainsi de suite pour
tous les autres corps de métier. Et s'il en est bien ainsi,
l'homme heureux ne saurait jamais devenir misérable, tout en
n'atteignant pas cependant la pleine félicité s'il vient à tomber
dans des malheurs comme ceux de Priam. Mais il n'est pas
non plus sujet à la variation et au changement, car, d'une part,
10 il ne sera pas ébranlé aisément dans son bonheur, ni par les
premières infortunes venues : il y faudra pour cela des échecs
multipliés et graves ; et, d'autre part, à la suite de désastres
d'une pareille ampleur, il ne saurait recouvrer son bonheur en
un jour, mais s'il y arrive, ce ne pourra être qu'à l'achèvement
d'une longue période de temps, au cours de laquelle il aura
obtenu de grandes et belles satisfactions [1].

Dès lors, qui nous empêche d'appeler heureux [2] l'homme
15 dont l'activité est conforme à une parfaite vertu et suffisamment pourvu des biens extérieurs, et cela non pas pendant une
durée quelconque mais pendant une vie complète ? Ne devons-
nous pas ajouter encore : *dont la vie se poursuivra dans les
mêmes conditions et dont la fin sera en rapport avec le reste de
l'existence*, puisque l'avenir nous est caché et que nous posons
le bonheur comme une fin, comme quelque chose d'absolument parfait [3] ? S'il en est ainsi, nous qualifierons de bien-

1. *Tum per exercitium virtuosi actus, tum per reparationem exterioris
fortunae* (St Thomas, 199, p. 52).

2. Définition plus complète du bonheur, par l'addition de l'élément durée,
jusqu'au moment de la mort.

3. Le bonheur devant ainsi comprendre, au nombre de ses éléments, une
vie de longue durée et heureuse. – Sur les difficultés de ce passage, *cf.* Burnet,
note p. 53, et surtout Souilhé, p. 128 et 129. *Cf.* Sylv. Maurus, 27 [1] : *felicitas
videtur esse optimum omnium quae possint homini accidere ; sed inter alia
bona quae possunt homini accidere est ut bene vivat usque ad mortem et bene*

heureux ceux qui, parmi les hommes vivants, possèdent et 20
posséderont les biens que nous avons énoncés, – mais
bienheureux toutefois comme des hommes peuvent l'être.

Sur toutes ces questions, nos explications doivent suffire.
Quant à soutenir que les vicissitudes de nos descendants et de
l'ensemble de nos amis n'influencent en rien notre bonheur[1],
c'est là de toute évidence une doctrine par trop étrangère à
l'amitié et contraire aux opinions reçues. Mais étant donné
que les événements qui nous atteignent sont nombreux et
d'une extrême variété, que les uns nous touchent de plus près et 25
d'autres moins, vouloir les distinguer un par un serait manifestement une besogne de longue haleine et autant dire illimitée ;
des indications générales et sommaires[2] seront sans doute
suffisantes. Si donc parmi les malheurs qui nous frappent
personnellement, les uns pèsent d'un certain poids et exercent
une certaine influence sur notre vie, tandis que les autres nous
paraissent plus supportables, il doit en être de même aussi pour 30
les infortunes qui atteignent l'ensemble de nos amis ; et s'il y
a une différence suivant que chacun de ces malheurs affecte
des vivants ou des morts (différence bien plus grande au
surplus que celle que nous constatons, dans les tragédies, entre
les crimes et les horreurs survenus antérieurement[3] et ce qui
s'accomplit sur la scène), il faut tenir compte également de
cette différence-là ; ou plutôt sans doute faut-il se poser la 35
question préalable de savoir si les défunts ont encore part à un
bien ou à un mal quelconque, car il semble résulter de ces **1101ł**
considérations que si une impression quelconque, en bien ou

etiam ac secundum naturam moriatur : ergo etiam hoc requiritur ad perfectam felicitatem.

1. Quand nous sommes morts. Mais il semble bien que l'argumentation ait une portée plus générale et s'applique même aux vivants. *Cf.* en ce sens St Thomas, 203, p. 54 : *ad felicitatem hominis riventis seu mortui.*

2. Sur τύπῳ, l. 27, *cf.* 1, 1094b20, note.

3. C'est-à-dire ἔξω τοῦ μυθεύματος (*Poet.*, 24, 1460a29). *Cf.* Asp., 31, 24.

en mal, pénètre jusqu'à eux, elle doit être quelque chose de faible[1] et de négligeable, soit en elle-même soit par rapport à eux, ou, s'il n'en est rien, être du moins d'une intensité et d'une nature telles qu'elle soit insuffisante pour rendre heureux ceux qui ne le sont pas, ou pour ôter la félicité à ceux qui la possèdent.

5 Les succès aussi bien que les insuccès de leurs amis semblent donc bien affecter dans une certaine mesure le sort des défunts, tout en n'étant pas cependant d'une nature et d'une importance telles qu'ils puissent rendre malheureux ceux qui sont heureux, ni produire quelque autre effet de cet ordre.

12
<Le bonheur est-il un bien digne d'éloge ou digne d'honneur?>

10 Ces explications une fois données[2], examinons si le bonheur appartient à la classe des biens dignes d'éloge ou plutôt à celle des biens dignes d'honneur[3], car il est évident

---

1. Bywater a proposé de remplacer ἀφαυρόν, l. 2 (qui est un terme poétique) par ἀμαυρόν. – Sur cette ἀπορία, cf. *Apol. de Socr.*, 40 *sq.*

2. *E.E.*, II, 1, 1219b11-16.

3. Dans *Mag. Mor.*, I, 2, 1183b20-30 (nous avons vu dans notre *Introduction* que l'authenticité de cet ouvrage est généralement rejetée; en tout cas, la doctrine qu'il expose est aristotélicienne, et il est permis de l'utiliser moyennant certaines précautions), Aristote (ou son élève) distingue trois sortes de biens:

1) τὰ ἐπαινετά, les choses *recommandables*, *dignes d'approbation*, de *louange*, d'*éloge* (ἔπαινος, *laus*), mais qui ne possèdent qu'une valeur *relative* (πρὸς τί πως ἔχειν, l. 13; *cf.* aussi l. 17): telle est la vertu abstraite. Les ἐπαινετά sont énumérés *Rhet. ad Alex.*, 4, 1425b39 *sq.*

2) τὰ τίμια, les choses *qu'on vénère*, *qui sont dignes d'honneur* (τιμή, *honor* et), et, dépassant tout éloge, possèdent une *valeur absolue*: ce sont les réalités les plus hautes, ainsi que la vertu quand elle est pratiquée par un homme de bien. Sylv. Maurus, 29[1], a bien marqué la différence entre ἔπαινος et τιμή:

que, de toute façon, il ne rentre pas dans les potentialités. Il
apparaît bien que ce qui est digne d'éloge est toujours loué par
le fait de posséder quelque qualité et d'être dans une certaine
relation à quelque chose, car l'homme juste, l'homme courageux, et en général l'homme de bien et la vertu elle-même sont 15
objet de louanges de notre part en raison des actions et des
œuvres qui en procèdent, et nous louons aussi l'homme vigoureux, le bon coureur, et ainsi de suite, parce qu'ils possèdent
une certaine qualité naturelle et se trouvent dans une certaine
relation avec quelque objet bon ou excellent[1]. Cela résulte
encore clairement des louanges que nous donnons aux dieux :
il nous paraît, en effet, ridicule de rapporter les dieux à nous[2],
et cela tient à ce que les louanges se font par référence à autre 20
chose, ainsi que nous l'avons dit. Mais si la louange s'applique
à des choses de ce genre[3], il est évident que les réalités les plus
nobles sont objet, non pas de louange, mais de quelque chose
de plus grand et de meilleur, comme on peut d'ailleurs s'en
rendre compte : ce que nous faisons, en effet, aussi bien pour

---

*laus stricta videtur deberi propter excellentiam in ordine ad aliquam finem,
honor vero... propter excellentiam absolutam.*

3) Enfin les δυνάμεις, pures *puissances*, sources indifféremment de bien
ou de mal : par exemple la richesse, la force, en un mot les biens extérieurs.

1. C'est le domaine du relatif et non de l'absolu. – Le présent passage et
beaucoup d'autres montrent l'importance de l'opinion dans la morale grecque
en général et dans celle d'Aristote en particulier. La valeur d'une action dépend
de la manière dont le groupe réagit. La louange et le blâme constituent ainsi des
critères assurés du bien et du mal. Cette intervention constante du facteur social
s'exprime par l'identité des notions de *bon* et de *beau* : un acte est bon s'il paraît
beau et s'il est par conséquent généralement approuvé ; un acte est mauvais s'il
est laid et blâmé.

2. Toute *référence* (ἀναφορά) des dieux à l'homme est absurde, car il n'y
a pas de commune nature entre les deux. Comme l'explique St Thomas, 218,
p. 58, *si quis laudaret de hoc quod [deus] non vincatur a concupiscentia vel
timore.*

3. C'est-à-dire des choses relatives.

les dieux que pour ceux des hommes qui sont le plus semblables aux dieux, c'est de proclamer leur béatitude et leur
25 félicité[1]. Nous agissons de même en ce qui concerne les biens
proprement dits[2], car nul ne fait l'éloge du bonheur comme il le
fait de la justice, mais on proclame sa félicité comme étant
quelque chose de plus divin et de meilleur encore.

Et Eudoxe[3] semble avoir eu raison de prendre la défense du
plaisir pour lui décerner le prix de la plus haute excellence : il
pensait, en effet, que si le plaisir, tout en étant au nombre des
biens, n'est jamais pris pour sujet d'éloge, c'était là un signe de
sa supériorité sur les choses dont on fait l'éloge, caractère qui
30 appartient aussi à Dieu et au bien, en ce qu'ils servent de référence pour tout le reste. L'éloge s'adresse, en effet, à la vertu
(puisque c'est elle qui nous rend aptes à accomplir les bonnes
actions), tandis que la glorification[4] porte sur les actes soit du
corps soit de l'âme, indifféremment. Mais l'examen détaillé de

1. Et non de les louer, la louange étant pour eux manifestement
insuffisante. Cf. *Rhet.*, I, 9, 1367b33 *sq.*

2. Ou les plus nobles (le bonheur par exemple, qui est une fin en lui-
même) : ils ne sont pas objet de louange, mais d'honneur. La justice au contraire
est un simple ἐπαινετόν.

3. Eudoxe de Cnide, né vers 409, mort vers 356, astronome, médecin,
mathématicien, législateur, géographe et philosophe. Il était élève d'Archytas,
et disciple et ami de Platon. Diog. Laërce (VIII, 8, 91) fait de lui un pythagori-
cien. En réalité, c'était un platonicien, qui avait profondément modifié les doctrines de son maître. Aristote l'a critiqué à plusieurs reprises (*cf.* par exemple,
Met., A, 9, 991a17). Le système astronomique d'Eudoxe est exposé *Met.*, Λ, 8,
1073b17-32, et ses idées morales dans le présent passage et surtout au livre X où
il s'affirme partisan du plaisir considéré comme le souverain Bien. Sur Eudoxe,
on consultera l'art. de Hultsch dans Pauly-W., *Real Encyclopedia*, 6[1].

4. Sur l'ἐγκώμιον (*encomia*, *éloge public*, nous traduisons par *glorification*), cf. *Rhet.*, I, 9, 1367b26, où Aristote précise qu'il porte sur les *actes* et leurs
circonstances concomitantes. C'est là une différence avec l'*éloge* proprement
dit (ἔπαινος), qui a pour objet la vertu et ses différents degrés, prise en tant
qu'elle est la source des bonnes actions, ainsi que l'indique la parenthèse, l. 32.
Voir aussi *E.E.*, II, 1, 1219b13-16.

ces questions relève sans doute plutôt de ceux qui ont fait une 35
étude approfondie des glorifications : pour nous, il résulte
clairement de ce que nous avons dit, que le bonheur rentre **1102a**
dans la classe des choses dignes d'honneur et parfaites. Et si
telle est sa nature, cela tient aussi, semble-t-il, à ce qu'il est un
principe[1], car c'est en vue de lui que tous nous accomplissons
toutes les autres choses que nous faisons ; et nous posons le
principe et la cause des biens comme quelque chose digne
d'être honoré et de divin[2].

13
<Les facultés de l'âme. Vertus intellectuelles et vertus morales>

Puisque le bonheur[3] est une certaine activité de l'âme en 5
accord avec une vertu parfaite, c'est la nature de la vertu qu'il
nous faut examiner : car peut-être ainsi pourrons-nous mieux
considérer la nature du bonheur lui-même. Or il semble bien
que le véritable politique[4] soit aussi celui qui s'est adonné

---

1. À titre de *cause finale* (τὸ οὗ ἕνεκα).

2. Au-dessus de tout éloge. C'est donc en sa qualité de principe d'action
que le bonheur fait partie des τίμια et non des ἐπαινετά.

3. Sylv. Maurus, 29[2], expose clairement l'objet et la portée du présent
chapitre (que Susemihl et Apelt, dans leur app. crit., voudraient rattacher au
livre suivant, qui traite des vertus) : *postquam Aristotelis disputavit de felicitate,
incipit agere de virtute, et quia agendum est de virtute animæ, praemittit
quaedam de partibus animae... Ex dictis* [à savoir la division en *pars rationalis*
et en *pars irrationalis*] *infert divisionem virtutis in intellectualem et moralem.*
– Voir le passage parallèle *E.E.*, II, 1, 1219b26 *sq.*

4. Le terme πολιτικός s'entend à la fois de celui qui étudie la Politique
théorique, et de celui qui la met en pratique, c'est-à-dire de l'homme d'État.
Dans le présent passage, Aristote revient sur l'idée qu'il a déjà développée 1,
1094b11, et 10, 1099b29, suivant laquelle la Politique est une science architectonique, à l'égard de l'activité morale de l'individu.

spécialement à l'étude de la vertu, puisqu'il veut faire de ses
10 concitoyens des gens honnêtes[1] et soumis aux lois (comme
exemple de ces politiques nous pouvons citer les législateurs
de la Crète et de Lacédémone, et tous autres du même genre
dont l'histoire peut faire mention)[2]. Et si cet examen[3] relève de
la Politique, il est clair que nos recherches actuelles rentreront
dans notre dessin primitif.

Mais la vertu qui doit faire l'objet de notre examen est
15 évidemment une vertu humaine, puisque le bien que nous
cherchons est un bien humain, et le bonheur, un bonheur
humain. Et par vertu humaine nous entendons non pas l'excellence du corps, mais bien celle de l'âme, et le bonheur est aussi
pour nous une activité de l'âme. Mais s'il en est ainsi, il est
évident que le politique doit posséder une certaine connaissance de ce qui a rapport à l'âme[4], tout comme le médecin
20 appelé à soigner les yeux doit connaître aussi d'une certaine
manière le corps dans son ensemble[5]; et la connaissance de

1. En d'autres termes, les porter à la vertu.

2. Cf. *Pol.*, II, 5, 1263a30-40. Suivant Eustrate, 109, 7, εἴ τινες ἕτεροι,
l. 11, est une allusion aux institutions de Solon.

3. C'est-à-dire l'étude de la vertu. À notre avis, le mot σκέψις, l. 12, veut
désigner le même objet (la vertu) que ζήτησις, l. 13. L'explication de Burnet,
p. 57 (ἡ σκέψις αὕτη, sc. ὅπως τοὺς πολίτας ἀγαθοὺς ποιήσει) revient
d'ailleurs, par un détour, à l'interprétation que nous soutenons. – L. 13, προαίρεσις est à peu près syn. de πρόθεσις. Il s'agit du « plan » établi 1, 1094a28.

4. En d'autres termes, la Politique doit avoir la psychologie pour base. –
E.E., II, 1, 1219b26-36.

5. Cf. *Charmide*, 156b-c. – La méthode ainsi préconisée pour la médecine
est celle qu'on retrouve dans les traités de la Collection hippocratique, notamment dans le Περὶ διαίτης : pas de thérapeutique sans *régime* général du corps.
Une interprétation différente des l. 19-20 (ὥσπερ… σῶμα), proposée, après
Eustrate, par Thurot (I, 46) et Michelet (p. 93), et acceptée par Rackham, est
combattue avec raison par Souilhé, p. 136-137, comme inconciliable avec le
texte du *Charm.* précité. L. 20, il faut, avec Ramsauer, intercaler τὸ devant
σῶμα. Voir aussi Joachim, p. 61.

l'âme s'impose d'autant plus dans l'espèce que la Politique dépasse en noblesse et en élévation la médecine, et d'ailleurs chez les médecins eux-mêmes, les plus distingués d'entre eux[1] s'appliquent avec grand soin à acquérir la connaissance du corps. Il faut donc aussi que le politique considère ce qui a rapport à l'âme et que son étude soit faite dans le but que nous avons indiqué[2], et seulement dans la mesure requise pour ses recherches, car pousser plus loin le souci du détail est sans doute une tâche trop lourde eu égard à ce qu'il se propose.

On traite aussi de l'âme dans les discussions exotériques[3] : certains points y ont été étudiés d'une manière satisfaisante et

1. Par opposition aux empiriques, purs praticiens, ou qui, tout au moins, comme l'auteur de l'*Ancienne Médecine* (*cf.* l'édition de Festugière, Paris, 1948, et notamment *Introduction*, p. XV *sq.*). font passer la notion de τέχνη avant la *connaissance* théorique. (γνῶσιν, l. 22).

2. L. 24, τούτων χάριν (*horum gratia*) signifie que la connaissance de l'âme doit servir à l'étude de la Politique. L'interprétation de St Thomas (228, p. 62) : *horum, idest virtutum et actuum hominis*, ne nous semble pas exacte.

3. C'est-à-dire étrangères à l'École péripatéticienne. Sur les ἐξωτερικοὶ λόγοι (synonyme de ἐγκύκλια), cf. *supra*, 3, 1096a3, note. Selon Burnet, p. 58, Aristote aurait ici plus spécialement en vue les écrits de l'Académie. Nuyens (*L'Évolution*, p. 191, note 133) croit qu'il s'agit plutôt d'une référence au *Protreptique*, qui est à peu près contemporain de l'*E.E.* et se rattache à la période platonicienne de l'activité philosophique d'Aristote. Sur la doctrine aristotélicienne des parties de l'âme, doctrine qui s'oppose à la division tripartite de Platon (notamment *Rep.*, IV, 438d ; *Phèdre*, 246a ; *Timée*, 69c ; etc. …), cf. *de An.*, III, 9, 432a22 *sq.* (p. 199 et notes de notre traduction de ce traité). Aristote admet la division bipartite (qui paraît remonter à Xénocrate), tout en considérant que l'âme est indivisible et qu'il ne saurait s'agir que de distinctions d'ordre logique. C'est là une précision capitale en Psychologie, mais qui, aux yeux d'Aristote, n'importe pas pour la constitution d'une éthique (cf. *de An.*, II, 2, 413b14 ; III, 4, 429a10 ; etc. …). Aristote a souvent opposé la distinction *logique* (λόγῳ) et la distinction *réelle* (ἀριθμῷ, φύσει) : cf. *Ind. arist.*, 94a35-46 et les références. Joachim, p. 63-68, a consacré une intéressante dissertation à étudier la conception de l'unité de l'âme et la nature de l'appétition. D'autre part, Nuyens (*L'Évolution*, p. 191 *sq.*), a utilisé le chap. 13 de l'*E.N.* (en même temps que d'autres textes), pour établir l'antériorité relative, au point de vue

nous devons en faire notre profit : c'est ainsi que nous admettons qu'il y a dans l'âme la partie irrationnelle et la partie
30 rationnelle. Quant à savoir si ces deux parties sont réellement distinctes comme le sont les parties du corps ou de tout autre grandeur divisible, ou bien si elles sont logiquement distinctes mais inséparables par nature, comme le sont dans la circonférence le convexe et le concave, cela n'a aucune importance pour la présente discussion.

Dans la partie irrationnelle elle-même, on distingue la partie qui semble être commune à tous les êtres vivants y compris les végétaux, je veux dire cette partie qui est cause de la nutrition et de l'accroissement[1]. C'est, en effet, une potentialité psychique de ce genre que l'on peut assigner à tous les
1102b êtres qui se nourrissent et même aux embryons; cette même faculté est au surplus également présente dans les êtres pleinement développés, car il est plus raisonnable de la leur attribuer que de leur en donner quelque autre[2]. – Quoi qu'il en soit, cette faculté possède une certaine excellence, laquelle se révèle comme étant commune à toutes les espèces et non comme étant proprement humaine. En effet, c'est dans le sommeil[3] que cette partie de l'âme, autrement dit cette potentialité, semble

chronologique, de l'*E.N.* sur le *de Anima*. On sait, en effet, que pour Nuyens, qui continue sur ce point Jaeger en le dépassant et en le rectifiant, la doctrine classique de l'âme-entéléchie, telle qu'elle est exposée dans le *de Anima*, marque seulement la dernière étape de la noétique aristotélicienne. Dans ses ouvrages antérieurs, Aristote professait sur les relations de l'âme et du corps des conceptions voisines de celles de Platon, l'union de l'âme et du corps étant posée comme l'union de deux entités en quelque mesure indépendantes. Or plusieurs passages du chap. 13 de l'*E.N.* (1102a16-17 et 26-28; 1102b7-8) semblent bien appartenir à une période plus ancienne que le *de Anima* et réfléter assez fidèlement l'enseignement de l'Académie.

1. Voir le passage parallèle *E.E.*, II, 1, 1219b36 à 1220a4.

2. Par application du principe d'économie.

3. Cf. *infra*, X, 6, 1176a34; *de Somno*, 1, 454b32-455a3 (p. 79 de notre éd. des *Parva naturalia*).

avoir son maximum d'activité, alors qu'au contraire l'homme 5
bon et l'homme vicieux ne se distinguent en rien pendant leur
sommeil, et c'est même de là que vient le dicton[1] qu'il n'y a
aucune différence durant la moitié de leur vie entre les gens
heureux et les misérables. Cela résulte tout naturellement de ce
fait que le sommeil est pour l'âme une suspension de cette
activité par où se caractérise l'âme vertueuse ou perverse, sauf
à admettre toutefois que, dans une faible mesure, certaines
impressions[2] parviennent à la conscience, et qu'ainsi les rêves 10
des gens de bien sont meilleurs que ceux du premier venu[3].
Mais sur ce sujet nous en avons assez dit, et nous devons laisser
de côté la partie nutritive[4], puisque par sa nature même elle n'a
rien à voir avec l'excellence spécifiquement humaine.

Mais il semble bien qu'il existe encore dans l'âme une
autre nature irrationnelle[5], laquelle toutefois participe en
quelque manière à la raison[6]. En effet, dans l'homme tempérant comme dans l'homme intempérant[7], nous faisons l'éloge
de leur principe raisonnable, ou de la partie de leur âme qui 15
possède la raison, parce qu'elle les exhorte avec rectitude à

1. Emprunté peut-être à quelque poète comique. – Cf. *E.E.*, II, 1, 1219
b16-25.

2. L. 9, le terme κίνησις désigne les *mouvements des sens*, les *impressions
corporelles*, qui peuvent franchir, dans le sommeil, le seuil de la conscience. On
remarquera la finesse et la « modernité » de toute cette analyse. Voir aussi *de
Insomn.*, 3, 462a29 (p. 109 de notre traduction des *Parva Naturalia*).

3. Cf. *Probl.*, XXX, 14, 954a25. Dans le même sens déjà, *Rep.*, IX, 571c-
572b, passage traduit par Cicéron, *de Divinatio*, XXIX.

4. Point essentiel, qui rejoint les l. 2 et 3 ci-dessus, par-dessus la démonstration intermédiaire. Du moment que nous avons affaire à une ἀρετή qui n'est
pas spéciale à l'homme, nous pouvons la rejeter d'emblée.

5. L. 13, φύσις est pratiquement synonyme de δύναμις ou de μόριον. Sur
ce sens un peu particulier de φύσις, cf. *Ind. arist.*, 838a8 : *haud raro... notio
voc. φ. adeo delitescit ut meram paraphrasin nominis esse putes.*

6. Ou au principe raisonnable, à la partie rationnelle.

7. Sur la tempérance, *cf.* VII, 1-10.

accomplir les plus nobles actions[1]. Mais il se manifeste aussi
en eux[2] un autre principe, qui se trouve par sa nature même en
dehors du principe raisonnable, principe avec lequel il est en
conflit et auquel il oppose de la résistance. Car il en est exactement comme dans les cas de paralysie où les parties du corps,
20 quand nous nous proposons de les mouvoir à droite, se portent
au contraire à gauche. Et bien, pour l'âme il en est de même :
c'est dans des directions contraires à la raison que se tournent
les impulsions des intempérants. Il y a pourtant cette différence[3] que, dans le cas du corps, nous voyons de nos yeux la
déviation du membre, tandis que dans le cas de l'âme nous ne
voyons rien : il n'en faut pas moins admettre sans doute qu'il
existe aussi dans l'âme un facteur en dehors du principe raisonnable, qui lui est opposé et contre lequel il lutte. Quant à savoir
25 en quel sens ces deux parties de l'âme sont distinctes[4], cela n'a
aucune importance.

Mais il apparaît bien aussi que ce second facteur participe
au principe raisonnable, ainsi que nous l'avons dit : dans le cas
de l'homme tempérant tout au moins, ce facteur obéit au
principe raisonnable, et il est peut-être encore plus docile chez
l'homme modéré et courageux, puisque en lui tout est en
accord avec le principe raisonnable.

On voit ainsi que la partie irrationnelle de l'âme est elle-
même double : il y a, d'une part, la partie végétative, qui n'a
rien de commun avec le principe raisonnable, et, d'autre part,

---

1. *Ratio eorum recte deliberat et ad optima inducit quasi deprecando vel persuadendo* (St Thomas, 237, p. 64).

2. Chez les tempérants et chez les intempérants indifféremment.

3. Avec les cas de paralysie corporelle.

4. Logiquement ou dans la réalité : cf. *supra*, 1102a31, où Aristote manifeste la même indifférence.

la partie appétitive ou, d'une façon générale, désirante[1], qui 30
participe en quelque manière au principe raisonnable en tant
qu'elle l'écoute et lui obéit, et cela au sens où nous disons
« tenir compte » de son père ou de ses amis, et non au sens où
les mathématiciens parlent de « raison »[2]. Et que la partie irrationnelle subisse une certaine influence de la part du principe
raisonnable, on en a la preuve dans la pratique des admonesta-
tions, et, d'une façon générale, des reproches et exhortations[3].
Mais si cet élément irrationnel doit être dit aussi posséder la 1103a
raison, c'est alors la partie raisonnable qui sera double[4] : il y
aura, d'une part, ce qui, proprement et en soi-même, possède la
raison, et, d'autre part, ce qui ne fait que lui obéir, à la façon
dont on obéit à son père.

La vertu se divise à son tour conformément à cette différence[5]. Nous distinguons, en effet, les vertus intellectuelles et 5
les vertus morales : la sagesse, l'intelligence, la prudence[6] sont
des vertus intellectuelles ; la libéralité et la modération sont des

1. L'ὄρεξις étant le genre, dont l'ἐπιθυμία, le θυμός et la βούλησις sont
les espèces : cf. *supra*, 1, 1094a2, note ; *de An.*, II, 3, 414b2 (p. 81 et note de notre
traduction).

2. Sur la *ratio mathematica*, la proportion, la commensurabilité, cf. *Ind.
arist.*, 437a40-b32, et les références. Voir aussi la note de Rackham, p. 66-67, et
celle de Ross, *ad loc.* St Thomas 240, p. 65, a parfaitement saisi le sens de cette
explication, dont l'utilité au surplus est contestable et que certains commentateurs (Ramsauer, par exemple) considèrent comme une glose postérieure : *Et ita
rationem dicimus habere se in loco patris imperantis et amicorum amoventium.
Et non se habet per modum speculantis tantum, sicut ratio mathematicorum.*

3. Sur le sens précis de νουθέτησις (*suasio, reprimande, avertissement*),
de ἐπιτίμησις (*reproche, increpatio*) et de παράκλησις (*deprecatio, invita-
tion, exhortation*), cf. Eustrate, 119, 20-24.

4. Suivant la remarque de Burnet (p. 61), on ne sauve ainsi l'unité de la
partie irrationnelle qu'au détriment de l'unité de la partie rationnelle.

5. Entre les parties de l'âme ; et c'est là le but de tout le chapitre. Cf. *E.E.*, II,
1, 1220a5-12.

6. σοφία, l. 5, est la *sagesse théorique* : un *sage* est aussi un *savant* ;
φρόνησις, qu'on traduit généralement par *prudence*, est la *sagesse pratique*.

vertus morales. En parlant, en effet, du caractère moral de
quelqu'un, nous ne disons pas qu'il est sage ou intelligent,
mais qu'il est doux ou modéré. Cependant nous louons aussi le
sage en raison de la disposition où il se trouve, et, parmi les
10 dispositions, celles qui méritent la louange, nous les appelons
des vertus [1].

---

1. Les vertus *morales* ne souffrent pas de difficulté. Mais comment peut-on
appeler *vertus* des dispositions purement intellectuelles ? C'est que des *états* de
l'âme, des *dispositions* permanentes (ἕξεις) peuvent devenir des vertus quand
(comme c'est le cas pour la σοφία, par exemple) on les juge *dignes de louange*
(ἕξεις ἐπαινεταί) : du plan théorique, ces *habitus* sont alors transposés sur le
plan de la moralité.

LIVRE II

1
\<La vertu, résultat de l'habitude s'ajoutant à la nature\>

La vertu est de deux sortes, la vertu intellectuelle et la vertu morale[1]. La vertu intellectuelle dépend dans une large mesure[2] de l'enseignement reçu, aussi bien pour sa production que pour son accroissement; aussi a-t-elle besoin d'expérience et de temps. La vertu morale, au contraire, est le produit de l'habitude, d'où lui est venu aussi son nom, par une légère modification de ἔθος[3]. – Et par suite il est également évident qu'aucune des vertus morales n'est engendrée en nous naturellement[4], car

1. Les livres II à V traitent des vertus morales.

2. τὸ πλεῖον, l. 15, car les vertus intellectuelles sont acquises aussi, dans certains cas, *inventione* (*cf.* Sylv. Maurus, 34[1]).

3. Jeu de mots sur ἠθική et ἔθος. *Cf.* passage parallèle *E.E.* II, 2, 1220a39-1220b7. – Platon déjà (*Lois*, VII, 792e) avait rapproché ἔθος et ἦθος : ἐμφύεται πᾶσι τότε (à l'âge de la première enfance) τὸ πᾶν ἦθος διὰ ἔθος. *Cf.* St Thomas, 247, p. 70, où il est expliqué que la modification signalée par Aristote consiste à remplacer ε bref par η long (ce qui, soit dit en passant, tendrait à établir que Saint Th. n'ignorait pas le grec comme on l'a prétendu).

4. La vertu n'est pas innée et n'a pas le caractère de nécessité qu'on reconnaît aux lois physiques (loi de la chute des corps, par exemple); elle est une élaboration consciente qui exige notre participation. Ce qui ne veut pas dire que la vertu puisse se réaliser παρὰ φύσιν (l. 24) : il faut une *disposition naturelle* (πεφυκόσι ἡμῖν δέξασθαι, l. 25), que les *habitudes parachèveront* en nous (τελειουμένοις δὲ διὰ ἔθους). Cf. *Phys.*, VII, 3, 246a10 *sq.*

20 rien de ce qui existe par nature ne peut être rendu autre par
l'habitude[1] : ainsi la pierre, qui se porte naturellement vers le
bas, ne saurait être habituée à se porter vers le haut, pas même
si des milliers de fois on tentait de l'y accoutumer en la lançant
en l'air ; pas davantage ne pourrait-on habituer le feu à se porter
vers le bas, et, d'une manière générale, rien de ce qui a une
nature donnée ne saurait être accoutumé à se comporter autrement. Ainsi donc, ce n'est ni par nature, ni contrairement à la
nature que naissent en nous les vertus, mais la nature nous a
25 donné la capacité de les recevoir, et cette capacité est amenée à
maturité par l'habitude[2].

En outre, pour tout ce qui survient en nous par nature, nous
le recevons d'abord à l'état de puissance, et c'est plus tard que
nous le faisons passer à l'acte[3], comme cela est manifeste dans
le cas des facultés sensibles (car ce n'est pas à la suite d'une
multitude d'actes de vision ou d'une multitude d'actes d'audi-
30 tion que nous avons acquis les sens correspondants, mais c'est
l'inverse : nous avions déjà les sens quand nous en avons fait
usage, et ce n'est pas après en avoir fait usage que nous les
avons eus). Pour les vertus, au contraire[4], leur possession
suppose un exercice antérieur, comme c'est aussi le cas pour
les autres arts. En effet, les choses qu'il faut avoir apprises

1. Si la tempérance, par exemple, dit Sylv. Maurus, 34[1], était une inclination naturelle, on serait incapable de contracter des habitudes d'intempérance,
ce qui est évidemment contraire à l'expérience.

2. *Virtutes morales non sunt in nobis a natura, neque sunt nobis contra
naturam. Sed inest nobis naturalis aptitudo ad suscipiendum eas, inquantum
scilicet appetitiva vis in nobis nata est obedire rationi. Perficiuntur autem in
nobis per assuetudinem* (St Thomas, 249, p. 70).

3. Dans les choses qui nous viennent par nature, les sens par exemple (l. 28,
αἰσθήσεων signifie évidemment *facultés sensibles*), la puissance précède
l'acte ; dans les choses qui proviennent de l'habitude, l'acte au contraire précède
la puissance, l'ἕξις. – Sur la question de l'antériorité de la puissance et de l'acte,
cf. *Met.*, Θ, 8, 1049b4-1051a3 (p. 507-517 de notre commentaire, t. II).

4. L. 31, δέ répond à μέν, l. 26.

pour les faire, c'est en les faisant que nous les apprenons : par exemple, c'est en construisant qu'on devient constructeur, et en jouant de la cithare qu'on devient cithariste ; ainsi encore[1], c'est en pratiquant les actions justes que nous devenons justes, **1103b** les actions modérées que nous devenons modérés, et les actions courageuses que nous devenons courageux. Cette vérité est encore attestée par ce qui se passe dans les cités[2], où les législateurs rendent bons les citoyens en leur faisant contracter certaines habitudes : c'est même là le souhait de tout législateur, et 5 s'il s'en acquitte mal, son œuvre est manquée[3], et c'est en quoi une bonne constitution se distingue d'une mauvaise.

De plus, les actions qui, comme causes ou comme moyens[4], sont à l'origine de la production d'une vertu quelconque, sont les mêmes que celles qui amènent sa destruction, tout comme dans le cas d'un art : en effet, jouer de la cithare forme indifféremment les bons et les mauvais citharistes. On peut faire une remarque analogue pour les constructeurs de 10 maisons et tous les autres corps de métiers : le fait de bien construire donnera de bons constructeurs, et le fait de mal construire, de mauvais. En effet, s'il n'en était pas ainsi, on n'aurait aucun besoin du maître, mais on serait toujours de naissance bon ou mauvais dans son art. Il en est dès lors de même pour les vertus : c'est en accomplissant tels ou tels actes dans notre commerce avec les autres hommes que nous

---

1. οὕτω δή, l. 34, est l'apodose de ὥσπερ καὶ, l. 32 (Burnet, p. 77).

2. Cf. *supra*, I, 10, 1099b29.

3. *Quotquot autem minus recte assuefaciunt, voto suo frustrantur* (trad. Lambin).

4. Il n'y a pas de différence essentielle, remarque avec raison Burnet (p. 78) entre ἐκ τῶν αὐτῶν, et διὰ τῶν αὐτῶν, l. 8 (*contra*, Cruchon, p. 178). Aristote aurait pu dire plus simplement que les *causes de production* (τὰ ποιητικά) et les *causes de destruction* (τὰ φθαρτικά) de la vertu sont les mêmes. En somme, on apprend la vertu comme on apprend la musique, en accomplissant des actions conformes, et on la désapprend par des actes contraires.

15 devenons, les uns justes, les autres injustes; c'est en accomplissant de même telles ou telles actions dans les dangers, et en
prenant des habitudes de crainte ou de hardiesse que nous
devenons, les uns courageux, les autres poltrons. Les choses se
passent de la même façon en ce qui concerne les appétits et les
impulsions[1] : certains hommes deviennent modérés et doux,
20 d'autres déréglés et emportés, pour s'être conduits, dans des
circonstances identiques, soit d'une manière soit de l'autre. En
un mot, les dispositions morales proviennent d'actes qui leur
sont semblables. C'est pourquoi nous devons orienter nos activités dans un certain sens[2], car la diversité qui les caractérise
entraîne les différences correspondantes dans nos dispositions.
Ce n'est donc pas une œuvre négligeable de contracter dès la
plus tendre enfance telle ou telle habitude, c'est au contraire
25 d'une importance majeure, disons mieux totale[3].

2
<Théorie et pratique dans la morale.
Rapports du plaisir et de la peine avec la vertu>

Puisque le présent travail[4] n'a pas pour but la spéculation
pure comme nos autres ouvrages (car ce n'est pas pour savoir

---

1. Cf. *Rhet.*, I, 10, 1369a4 : la *colère* (ὀργή) et l'*appétit* (ἐπιθυμία) rentrent
dans la classe des *impulsions irréfléchies* (ἄλογοι ὀρέξεις). Mais dans notre
passage, ὀργαί au pluriel désigne plutôt les impulsions elles-mêmes en général.

2. *Danda opera est ut actiones nostras certo quodam modo conformemus*
(trad. Lambin).

3. *Cum tota vita pendeat ab habitibus quos quis acquisivit a juventuie*
(Sylv. Maurus, 34[1]). – Sur toute cette analyse, on consultera Robin, *La Morale*,
p. 110-111.

4. Sur le sens de πραγματεία, l. 26, *œuvre, théorie, système, travail*,
cf. Bonitz, *in Met.*, 87 : *significat ipsam rei tractationem via ac ratione insti-*
tutam… unius cujusdam philosophi disciplina (cf. aussi *Ind. arist.*, 629b36, 47).

ce qu'est la vertu en son essence que nous effectuons notre
enquête, mais c'est afin de devenir vertueux, puisque autrement cette étude ne servirait à rien)[1], il est nécessaire de porter
notre examen sur ce qui a rapport à nos actions, pour savoir de 30
quelle façon nous devons les accomplir, car ce sont elles qui
déterminent aussi le caractère de nos dispositions morales,
ainsi que nous l'avons dit[2].

Or le fait d'agir *conformément à la droite règle* est une
chose communément admise[3] et qui doit être pris pour base :
nous y reviendrons plus tard[4], nous dirons ce qu'est la *droite
règle* et son rôle à l'égard des autres vertus.

Dans le présent passage, πρ. a pratiquement le sens de μέθοδος. – Même ligne,
θεωρία indique ici la *contemplation pure*, indépendamment de toute considération d'ordre pratique, au sens où l'on oppose la science *théorétique* à la
science *poétique* ou à la science *pratique*. Cf. *Ind. arist.*, 329a46 *sq.* Mais
θεωρία a souvent un sens beaucoup plus large, surtout quand il est employé non
pas *absolute*, mais avec περί (περί τινος, περί τι), et il a à peu près la même
signification que σκέψις, ἐπίσκεψις, ou μέθοδος. L. 27, αἱ ἄλλαι, c'est-à-dire
alia negotia scientiarum speculativarum (St Thomas, 256, p. 73). Cf. *E.E.*, I, 5,
1216b20-25.

1. L'Éthique est une science pratique et normative, dont l'objet est de nous
rendre meilleurs. Cf. *E.E.*, I, 5, 1216b20 *sq.*

2. Au chapitre précédent.

3. Par l'Académie notamment.

4. Livre VI. La « droite règle » est identifiée, VI, 13, 1144b27, à la φρόνησις, qui, nous le savons déjà (I, 13, 1103a6) est une vertu dianoétique. C'est dire
que la vertu éthique est fondée sur la vertu dianoétique, qui lui fournit sa règle.
Cf. Sylv. Maurus, 35[2] : un acte bon est un acte *secundum naturam uniuscu-
jusque ; sed natura hominis est rationalis ; ergo tum actus hominis sunt boni
cum sunt secundum rectam rationem.* Voir aussi St Thomas, 258, p. 74. Sur la
notion de ὀρθὸς λόγος (*maxime* ou *formule* correcte de l'action, *rectitude
morale*), *cf.* les profondes analyses de Joachim, p. 167 (sur le livre VI, où cette
notion est définie et explicitée). L'ὀρθ. λ. est la *cause formelle* du bien, son
εἶδος, comme l'art de la médecine est la forme de la santé (*Met.*, Z, 7, 1032
b12 *sq.*, t I, p. 382 et 383 de notre commentaire). C'est la règle générale de
conduite, qui forme la majeure du syllogisme de l'action (VI, 13, 1144a31 ; VII,
5, 1146b35-1147b17).

1104a   Mais mettons-nous préalablement d'accord sur le point
suivant : notre exposé tout entier, qui roule sur les actions qu'il
faut faire, doit s'en tenir aux généralités et ne pas entrer dans
le détail[1]. Ainsi que nous l'avons dit en commençant[2], les
exigences de toute discussion dépendent de la matière que l'on
traite. Or sur le terrain de l'action et de l'utile, il n'y a rien de
5 fixe[3], pas plus que dans le domaine de la santé. Et si tel est le
caractère de la discussion portant sur les règles générales de la
conduite, à plus forte raison encore la discussion qui a pour
objet les différents groupes de cas particuliers manque-t-elle
également de rigueur, car elle ne tombe ni sous aucun art, ni
sous aucune prescription[4], et il appartient toujours à l'agent
lui-même d'examiner ce qu'il est opportun de faire, comme
dans le cas de l'art médical, ou de l'art de la navigation[5].

10   Mais, en dépit de ce caractère du présent exposé[6], nous
devons cependant nous efforcer de venir au secours du moraliste. Ce que tout d'abord il faut considérer, c'est que les vertus

1. Sur l'opposition τύπος-ἀκρίβεια, 1104a1 et 2, *cf.* I, 1, 1094b20, note.
2. I, 1, 1094b11-27.
3. En ce sens que les règles morales ne sont pas strictes, mais varient selon
les circonstances. *Non habent in seipsis atiquid stans per modum necessitatis,
sed omnia sunt contingentia et variabilia* (St Thomas, 258, p. 74). Il faut donc
une adaptation aux cas individuels, en d'autres termes une casuistique, qui se
révèle elle-même à l'application comme plus délicate encore et plus imprécise
que la détermination des principes généraux de la moralité (l. 5 *sq.*).
4. À l'image, par exemple, de ces prescriptions traditionnelles qu'emploie
la médecine à défaut d'une théorie, et dont l'application est incertaine.
Cf. *Probl.*, VI, 3, 885b27. Sur le sens précis de τῶν καθ᾽ ἕκαστα, l. 6, cf. *supra.*,
I, 1, 1094b1, note.
5. La question d'opportunité relève de l'appréciation individuelle. Même
idée dans Hippocrate, *L'Ancienne médecine*, IX, 41, 10, Heiberg ; I, 588, Littré ;
p. 7 de Festugière (éd.). – Voir sur tout ce passage le commentaire de Joachim,
p. 75-77.
6. *Idest universaliter incertus, in particulari autem inerarrabilis*
(St Thomas, 259, p. 74).

en question[1] sont naturellement sujettes à périr à la fois par
excès et par défaut, comme nous le voyons dans le cas de la
vigueur corporelle et de la santé (car on est obligé pour éclaircir les choses obscures, de s'appuyer sur des preuves manifestes) : en effet, l'excès comme l'insuffisance d'exercice font 15
perdre également la vigueur; pareillement, dans le boire et le
manger, une trop forte ou une trop faible quantité détruit la
santé, tandis que la juste mesure la produit, l'accroît et la
conserve. Et bien, il en est ainsi pour la modération, le courage
et les autres vertus : car celui qui fuit devant tous les périls, qui 20
a peur de tout et qui ne sait rien supporter devient un lâche, tout
comme celui qui n'a peur de rien et va au devant de n'importe
quel danger, devient téméraire; pareillement encore, celui qui
se livre à tous les plaisirs et ne se refuse à aucun devient un
homme dissolu, tout comme celui qui se prive de tous les
plaisirs comme un rustre, devient une sorte d'être insensible.
Ainsi donc, la modération et le courage se perdent également 25
par l'excès et par le défaut, alors qu'ils se conservent par la
juste mesure.

Mais non seulement les vertus ont pour origine et pour
source de leur production et de leur croissance les mêmes
actions qui président d'autre part à leur disparition[2], mais

1. Les vertus morales.
2. Comme il a été dit plus haut, 1, 1103b6 *sq.*, dont le présent passage paraît
la suite naturelle, toute la discussion intermédiaire ayant ainsi le caractère d'une
parenthèse. Ce n'est pas une raison suffisante toutefois pour suspecter tout le
passage 1103b26-1104a26, comme l'a fait Eucken. On trouverait dans Aristote
bien d'autres digressions de ce genre. L. 27, il y a une opposition (que nous
avons marquée dans la traduction) entre γενέσεις et αὐξήσεις, d'une part, et
φθοραὶ d'autre part. – L. 28, ὑπὸ τῶν αὐτῶν a le même sens que διὰ τῶν
αὐτῶν, 1, 1103b7, et ne diffère pas plus que cette dernière expression de ἐκ τῶν
αὐτῶν (*cf.* notre note sous 1, 1103b7). Le raisonnement général des l. 27-29,
appuyé par les exemples qui suivent, est celui-ci. La vertu, qui est une ἕξις, a,
nous le savons, son origine dans la pratique antérieure des actes vertueux. Une
fois constituée, elle passe à l'acte (αἱ ἐνέργειαι) en accomplissant précisément,

encore leur activité se déploiera dans l'accomplissement de
ces mêmes actions. Il en est effectivement ainsi pour les autres
30 qualités plus apparentes que les vertus. Prenons, par exemple,
la vigueur du corps : elle a sa source dans la nourriture abon-
dante qu'on absorbe et dans les nombreuses fatigues qu'on
endure ; mais ce sont là aussi des actions[1] que l'homme vigoureux se montre particulièrement capable d'accomplir. Or c'est
ce qui se passe pour les vertus : c'est en nous abstenant des
plaisirs que nous devenons modérés, et une fois que nous le
35 sommes devenus, c'est alors que nous sommes le plus capa-
1104b bles de pratiquer cette abstention. Il en est de même au sujet
du courage : en nous habituant à mépriser le danger et à lui
tenir tête, nous devenons courageux, et une fois que nous le
sommes devenus, c'est alors que nous serons le plus capables
d'affronter le danger.

D'autre part, nous devons prendre pour signe distinctif[2] de
nos dispositions le plaisir ou la peine qui vient s'ajouter à nos
actions. En effet, l'homme qui s'abstient des plaisirs du corps
et qui se réjouit de cette abstention même, est un homme
modéré, tandis que s'il s'en afflige, il est un homme intempérant ; et l'homme qui fait face au danger et qui y trouve son
plaisir, ou tout au moins n'en éprouve pas de peine, est un
homme courageux, alors que s'il en ressent de la peine, c'est un

---

mais avec plus de facilité, les mêmes actes de vertu (ἐν τοῖς αὐτοῖς) qui lui ont
donné naissance. L'aboutissement rejoint ici le début. *Cf.* St Thomas, 264,
p. 74 : *ostendit quod virtus similes operationes producit eis ex quibus gene-
ratur.* Voir aussi *E.E.*, II, 1, 1220a22-34. Sur cet apparent cercle vicieux, qui
constitue une ἀπορία, Aristote reviendra plus loin, au chap. 3.

    1. L. 32, αὐτά, à savoir, manger beaucoup et travailler beaucoup.

    2. L. 4, σημεῖον a d'ordinaire le sens de *signe, preuve sensible* ; il est dis-
tinct de τεκμήριον, *signe contraignant* (cf. *Rhet.*, I, 2, 1357b1 ; Trendelenburg,
Elementa, 115). Souvent, σημεῖον a le sens très général de *preuve*.

lâche. – Plaisirs et peines sont ainsi, en fait, ce sur quoi roule la vertu morale[1].

En effet[2], c'est à cause du plaisir que nous en ressentons que nous commettons le mal, et à cause de la douleur que nous 10 nous abstenons du bien. Aussi devons-nous être amenés d'une façon ou d'une autre, dès la plus tendre enfance, suivant la remarque de Platon[3], à trouver nos plaisirs et nos peines là où il convient, car la saine éducation consiste en cela. – En second lieu, si les vertus concernent les actions et les passions, et si toute passion et toute action s'accompagnent logiquement de plaisir ou de peine, pour cette raison encore la vertu aura 15 rapport aux plaisirs et aux peines[4]. – Une autre indication résulte de ce fait que les sanctions se font par ces moyens : car le châtiment est une sorte de cure, et il est de la nature de la cure

---

1. Sylv. Maurus, 37[2], précise bien le rôle qu'Aristote attribue au plaisir et à la peine : *non quidem tanquam circa propriam materiam* (car cette matière, explique d'autre part St Thomas, 267, p. 77, *est id circa quod modum ratio imponit*), *sed tanquam circa fines actionum, vel saltem circa aliquid connexum cum actionibus bonis aut malis*. En un mot, comme l'indique Aristote, le plaisir ou la peine n'est qu'un *indice* (σημεῖον, l. 4) du jeu de nos activités morales. Sur le rôle des plaisirs et des peines et leurs relations avec les πράξεις et les πάθη, *cf.* Léonard, *Le Bonheur chez Aristote*, chap. IV, et Joachim, p. 77-78.

2. Aristote, va consacrer toute la fin du chapitre à développer une série de *huit arguments* destinés à montrer l'importance du plaisir et de la peine dans la conduite morale :

     1er argument : 1104b9-13.
     2e   : 1104b13-16.
     3e   : 1104b16-18.
     4e   : 1104b18-28.
     5e   : 1104b30-1105a1.
     6e   : 1104b1-3.
     7e   : 1104b1-5.
     8e   : 1104b7-13.

3. *Lois*, II, 653a-c.

4. Le syllogisme est patent. Le livre X développera la question des relations du plaisir à l'activité.

d'obéir à la loi des opposés[1]. – De plus, comme nous l'avons noté aussi plus haut[2], toute disposition de l'âme est par sa nature même en rapports et en conformité avec le genre de
20 choses qui peuvent la rendre naturellement meilleure ou pire. Or c'est à cause des plaisirs et des peines que les hommes deviennent méchants, du fait qu'ils les poursuivent ou les évitent, alors qu'il s'agit de plaisirs et de peines qu'on ne doit pas rechercher ou fuir, ou qu'on le fait à un moment où il ne le faut pas, ou de la façon qu'il ne faut pas, ou selon tout autre modalité rationnellement déterminée. Et c'est pourquoi[3] certains définissent les vertus comme étant des états d'impas-
25 sibilité et de repos; mais c'est là une erreur, due à ce qu'ils s'expriment en termes absolus, sans ajouter *de la façon qu'il*

1. Ainsi on guérit la fièvre par un remède froid. Si le remède est pénible à prendre, c'est que la maladie a eu pour cause un plaisir.

2. 1104a27-b3. – Le raisonnement général des l. 18-28 est bien résumé par Sylv. Maurus, 38[1] : *omnes habitus morales versantur circa ea propter quae efficimur boni vel mali; sed efficimur boni vel mali propter voluptates et tristitias* (suivent les remarques des l. 21-24)... *ergo virtutes debent versari circa voluptates et tristitias*. Les l. 22-24 (τῷ διώκειν... τὰ τοιαῦτα) sont extrêmement concises. Il faut comprendre que le vice et la vertu proviennent de notre comportement à l'égard des plaisirs et des peines : nous recherchons les premiers et fuyons les autres, alors que ce sont des plaisirs et des peines que nous ne devrions pas rechercher ou que nous ne devrions pas fuir (ἃς μὴ δεῖ), ou, même pour les plaisirs ou les peines qu'il est légitime de poursuivre ou d'éviter, quand c'est au *moment* où il ne faudrait pas (ὅτε οὐ δεῖ), ou de la *façon* qu'il ne faudrait pas (ὡς οὐ δεῖ), ou selon tout autre *modalité* (ἢ ὁσαχῶς ἄλλως) que la raison peut déterminer. Cf. *E.E.*, II, 4, 1221b35-1222a5.

3. S'apercevant que l'homme réagit d'une manière excessive aux sollicitations du plaisir ou aux répulsions de la peine, certains moralistes ont voulu supprimer complètement de la vie morale tout élément affectif. Mais cette suppression *absolue* (ἁπλῶς, l. 25) constitue une erreur : il est préférable de reconnaître la légitimité du plaisir et de la douleur, quitte à leur imposer des limitations de *manière* (ὡς) et de *temps* (ὅτε). La critique d'Aristote vise peut-être les Cyniques ou les Cyrénaïques, mais plus probablement Speusippe (frgmt 57 Lang, dans Vogel, *Greek Philo.*, II, n° 749a, p. 273).

faut et *de la façon qu'il ne faut pas* ou *au moment où il faut*, et toutes autres additions. Qu'il soit donc bien établi que la vertu dont il est question[1] est celle qui tend à agir de la meilleure façon au regard des plaisirs et des peines, et que le vice fait tout le contraire.

Nous pouvons, à l'aide des considérations suivantes, apporter encore quelque lumière aux points que nous venons 30 de traiter. Il existe trois facteurs qui entraînent nos choix, et trois facteurs nos répulsions : le beau, l'utile, le plaisant[2], et leurs contraires, le laid, le dommageable et le pénible. En face de tous ces facteurs l'homme vertueux peut tenir une conduite ferme, alors que le méchant est exposé à faillir et tout spécialement en ce qui concerne le plaisir, car le plaisir est commun à l'homme et aux animaux, et de plus il accompagne tout ce qui 35 dépend de notre choix, puisque même le beau et l'utile nous apparaissent comme une chose agréable[3].   **1105a**

En outre[4], dès l'enfance, l'aptitude au plaisir a grandi avec chacun de nous : c'est pourquoi il est difficile de se débarrasser de ce sentiment, tout imprégné qu'il est dans notre vie. – De plus, nous mesurons nos actions, tous plus ou moins, au plaisir et à la peine qu'elles nous donnent. Pour cette raison encore, nous devons nécessairement centrer toute notre étude sur ces notions, car il n'est pas indifférent pour la conduite de la vie que notre réaction au plaisir et à la peine soit saine ou viciée. – 5 Ajoutons enfin qu'il est plus difficile de combattre le plaisir

---

1. ἡ τοιαύτη = ἠθική.

2. Opinion courante, admise sans discussion par Aristote Voir déjà *Top.*, I, 13, 105a27 ; III, 3, 118b27.

3. Le plaisir et la douleur ont donc un champ d'action considérable, dont la moralité est obligée de tenir compte.

4. Autre raison d'apprécier l'importance du plaisir, qui est en quelque sorte congénital, et qu'on ne peut songer à supprimer. L. 3, le participe parfait passif ἐγκεχρωσμένον, du verbe (rare) ἐγχρῴζω, est une métaphore empruntée à la teinture. *Cf.* Platon, *Rep.*, IV, 429d, et la note de Chambry, au t. II Budé.

que les désirs de son cœur, suivant le mot d'Héraclite[1]; or la
vertu, comme l'art également, a toujours pour objet ce qui est
plus difficile, car le bien est de plus haute qualité quand il est
10 contrarié. Par conséquent, voilà encore une raison pour que
plaisirs et peines fassent le principal objet de l'œuvre entière de
la vertu comme de la Politique, car si on en use bien on sera
bon, et si on en use mal, mauvais.

3
\<Vertus et arts – Conditions de l'acte moral\>

Qu'ainsi donc[2] la vertu ait rapport à des plaisirs et à des
peines, et que les actions qui la produisent soient aussi celles
qui la font croître ou, quand elles ont lieu d'une autre façon, la
15 font disparaître; qu'enfin les actions dont elle est la résultante
soient celles mêmes où son activité s'exerce ensuite, – tout
cela, considérons-le comme dit.

Mais on pourrait se demander[3] ce que nous entendons
signifier quand nous disons qu'on ne devient juste qu'en

1. Frgmt 85 Diels, 104 Byw. *Cf.* Burnet, *L'Aurore de la Philosophie
grecque*, trad. fr., p. 157, dont nous acceptons l'interprétation du terme θυμός
(même traduction par Tannery, *Pour la Science hellénistique*, 2ᵉ éd., p. 201, par
Ross et par Rackham).

2. Résumé des principales thèses qui précèdent: ὅτι... λύπας, l. 14, = 2,
1104b4-1105a13; καὶ ὅτι... γινομένων, l. 14-16, = 1, 1103b6-25 et 2,
1104a10-26; καὶ ὅτι ... ἐνεργεῖ, l. 16, = 2, 1104a27-b9.

3. L'ἀπορία et la réfutation, des l. 17-26, sont celles-ci. Aristote a dit que
c'est en faisant des actions justes que nous devenons justes. Ne peut-on pas
objecter que si on fait des actions justes, c'est qu'on est déjà juste, tout comme
on ne peut écrire ou jouer dans les règles qu'à la condition de connaître déjà
la grammaire ou la musique? Aristote répond (ἤ, l. 21. Sur le sens de cette
particule interrogative, cf. *supra*, I, 4, 1096b28, note) qu'il est faux de prétendre
qu'on ne peut écrire ou jouer correctement que si on connaît déjà la science
correspondante, puisqu'on peut y arriver par un heureux hasard ou sur les

faisant des actions justes, et modéré qu'en faisant des actions
modérées : car enfin, si on fait des actions justes et des actions
modérées, c'est qu'on est déjà juste et modéré, de même qu'en 20
faisant des actes ressortissant à la grammaire et à la musique on
est grammairien et musicien. Mais ne peut-on pas dire plutôt
que cela n'est pas exact, même dans le cas des arts ? C'est qu'il
est possible, en effet, qu'on fasse une chose ressortissant à la
grammaire soit par chance[1], soit sous l'indication d'autrui : on
ne sera donc grammairien que si, à la fois, on a fait quelque
chose de grammatical, et si on l'a fait d'une façon grammaticale, à savoir conformément à la science grammaticale qu'on 25
possède en soi-même.

De plus[2], il n'y a pas ressemblance entre le cas des arts et
celui des vertus. Les productions de l'art ont leur valeur en
elles-mêmes ; il suffit donc que la production leur confère
certains caractères. Au contraire, pour les actions faites selon

---

indications d'autrui. C'est que, pour être vraiment un grammairien, il faut non
seulement appliquer en fait les lois de la grammaire, mais encore le faire γραμ-
ματικῶς, c'est-à-dire en savant, en possédant déjà dans son esprit la science de
la grammaire. Conclusion sous-entendue : il n'est donc pas nécessaire d'être
déjà vertueux pour accomplir des actes de vertu, et on deviendra vertueux
insensiblement par l'habitude. L. 20, τὰ γραμματικὰ, τὰ μουσικά, textuellement : *des actes grammaticaux* ou *musicaux*, c'est-à-dire conformes en fait aux
lois de la grammaire et de la musique : par exemple, mettre convenablement
l'orthographe, jouer selon les règles.

1. Aristote distingue entre αὐτόματον (*casus*, spontanéité, hasard en
général) et τύχη (*fortuna*, le hasard dans le domaine de l'activité humaine).
Est ἀπὸ ταὐτομάτου ce qui normalement est produit *a natura* ; est ἀπὸ
τύχης, ce qui normalement est *secundum electionem* (*cf*. St Thomas, *in Met.
comm.*, Cathala (éd.), n° 2284, p. 651, et n° 2445, p. 691). Aristote, qui emploie
d'ailleurs souvent ces expressions l'une pour l'autre, en a fait de nombreuses
applications. *Cf*. notamment *Phys.*, II, 4, 5, 6 (et surtout 196a36), avec le commentaire de Hamelin. On trouvera des références plus complètes dans la note,
sous *Met.*, A, 3, 984b14, de notre commentaire de ce traité (I, p. 35).

2. Autre différence entre l'ἔργον des arts et la πρᾶξις morale. Aristote va
énumérer les conditions de l'acte moral.

la vertu, ce n'est pas par la présence en elles de certains caractères intrinsèques qu'elles sont faites d'une façon juste ou
30 modérée; il faut encore que l'agent lui-même soit dans une
certaine disposition quand il les accomplit[1] : en premier lieu, il
doit savoir ce qu'il fait[2]; ensuite, choisir librement l'acte en
question et le choisir en vue de cet acte lui-même[3]; et en
troisième lieu, l'accomplir dans une disposition d'esprit ferme
105b et inébranlable[4]. Or ces conditions n'entrent pas en ligne de
compte pour la possession d'un art quel qu'il soit, à l'exception
du savoir lui-même, alors que, pour la possession des vertus, le
savoir[5] ne joue qu'un rôle minime ou même nul, à la différence
des autres conditions, lesquelles ont une influence non pas
médiocre, mais totale, en tant précisément que la possession de
la vertu naît de l'accomplissement répété des actes justes et
modérés[6].

5   Ainsi donc, les actions sont dites justes et modérées quand
elles sont telles que les accomplirait l'homme juste ou l'homme
modéré[7]; mais est juste et modéré non pas celui qui les
accomplit simplement, mais celui qui, de plus, les accomplit de
la façon dont les hommes justes et modérés les accomplissent[8].

---

1. Car, explique St Thomas, n° 282, p. 80, *virtutes manent in ipsis
agentibus. Unde tales actiones sunt perfectiones agentium.*

2. En avoir pleinement conscience (*non operatur ex ignorantia vel casu*,
précise St Thomas, 283, p. 80), et aussi savoir que cet acte est bon.

3. Et non, par exemple, *propter lucrum vel inanem gloriam* (St Thomas,
ibid.). En somme, pratiquer la vertu pour la vertu.

4. L'acte doit provenir ἀπὸ τῆς ἕξεως, et ne pas être une velléité passagère
ou un acte isolé.

5. Le savoir théorique, la γνῶσις.

6. Sans que la science entre en jeu. – L. 5, περιγίνεται a pour sujet τὸ τὰς
ἀρετὰς ἔχειν.

7. Aristote insiste sur l'action elle-même, par opposition à la doctrine de la
vertu-science de Socrate et de Platon.

8. C'est-à-dire en tenant compte de toutes les conditions de l'acte moral
posées plus haut.

On a donc raison de dire[1] que c'est par l'accomplissement des 10 actions justes qu'on devient juste, et par l'accomplissement des actions modérées qu'on devient modéré, tandis qu'à ne pas les accomplir nul ne saurait jamais être en passe de devenir bon. Mais la plupart des hommes, au lieu d'accomplir des actions vertueuses, se retranchent dans le domaine de la discussion, et pensent qu'ils agissent ainsi en philosophes et que cela suffira à les rendre vertueux : ils ressemblent en cela aux malades qui écoutent leur médecin attentivement, mais 15 n'exécutent aucune de ses prescriptions. Et de même que ces malades n'assureront pas la santé de leur corps en se soignant de cette façon, les autres non plus n'obtiendront pas celle de l'âme en professant une philosophie de ce genre.

4

<Définition générique de la vertu : la vertu est un « habitus »>

Qu'est-ce donc que la vertu[2], voilà ce qu'il faut examiner.

Puisque les phénomènes de l'âme sont de trois sortes, les 20 états affectifs[3], les facultés et les dispositions[4], c'est l'une de ces choses qui doit être la vertu. J'entends par *états affectifs*, l'appétit, la colère, la crainte, l'audace, l'envie, la joie, l'amitié, la haine, le regret de ce qui a plu, la jalousie, la pitié, bref

---

1. Conclusion d'Aristote pour justifier sa thèse.

2. En d'autres termes : quelle est la définition de la vertu ? Cf. *E.E.*, II, 2, 1220b7 *sq.*

3. Le mot πάθος veut dire *affection*, *émotion*, *sentiment* en général c'est un mouvement de l'âme provoqué par un objet extérieur. *Cf.* l'intéressante note de Burnet, p. 88 et 89, et Joachim, p. 78.

4. Les δυνάμεις sont les *capacités* que nous avons d'éprouver les πάθη, et les ἕξεις les *manières d'être*, les *habitus*, qui en résultent. Sur les différents *types de qualité* (τρόποι ποιότητος), cf. *Cat.*, 8, et le commentaire de Joachim, p. 81-89.

toutes les inclinations accompagnées de plaisir ou de peine[1];
par *facultés*, les aptitudes qui font dire de nous que nous
sommes capables d'éprouver ces affections, par exemple la
25 capacité d'éprouver colère, peine ou pitié; par *dispositions*,
enfin, notre comportement bon ou mauvais relativement aux
affections: par exemple, pour la colère, si nous l'éprouvons
ou violemment ou nonchalamment, notre comportement est
mauvais, tandis qu'il est bon si nous l'éprouvons avec mesure,
et ainsi pour les autres affections.

Or ni les vertus, ni les vices ne sont des affections, parce
30 que nous ne sommes pas appelés vertueux ou pervers d'après
les affections que nous éprouvons, mais bien d'après nos
vertus et nos vices, et parce que ce n'est pas non plus pour nos
affections que nous encourons l'éloge ou le blâme (car on ne
loue pas l'homme qui ressent de la crainte ou éprouve de la
colère, pas plus qu'on ne blâme celui qui se met simplement en
1106a colère, mais bien celui qui s'y met d'une certaine façon), mais
ce sont nos vertus et nos vices qui nous font louer ou blâmer.
En outre, nous ressentons la colère ou la crainte indépendamment de tout choix délibéré, alors que les vertus sont certaines
façons de choisir, ou tout au moins ne vont pas sans un choix
réfléchi. Ajoutons à cela que c'est en raison de nos affections
5 que nous sommes dits être *mus*[2], tandis qu'en raison de nos

---

1. Suivant qu'elles sont satisfaites ou contrariées. – L'examen de chacun
de ces πάθη demanderait de longs développements. Nous les retrouverons
d'ailleurs plus tard. Bornons-nous à dire que l'ἐπιθυμία, l. 21, est l'*appétition*
de tout ce qui est agréable, ὄρεξις τοῦ ἡδέος (*Top.*, VI, 3, 140b27; *cf.* aussi
supra, I, 1, 1094a2, note); ὀργή, l. 22, est le *désir de la vengeance*, accompagné
de peine (*Rhet.*, II, 2, 1378a30 *sq.*); χαρά est le contraire de φθόνος et doit être
couplé avec lui.

2. Le πάθος est un *mouvement* imprimé à l'âme (cf. *Met.*, Δ, 1022b15),
c'est un état passif, tandis que la vertu est une *manière d'être* stable (ἕξις,
διάθεσις), qui se traduit par des actes.

vertus et de nos vices nous sommes non pas mus, mais disposés d'une certaine façon.

Pour les raisons qui suivent, les vertus et les vices ne sont pas non plus des facultés. Nous ne sommes pas appelés bons ou mauvais d'après notre capacité à éprouver simplement ces états, pas plus que nous ne sommes loués ou blâmés. De plus, nos facultés sont en nous par notre nature, alors que nous ne naissons pas naturellement bons ou méchants. Mais nous 10 avons traité ce point précédemment [1].

Si donc les vertus ne sont ni des affections, ni des facultés, il reste que ce sont des dispositions.

5
\<Définition spécifique de la vertu : la vertu est une médiété\>

Ainsi, nous avons établi génériquement la nature de la vertu. Mais nous ne devons pas seulement dire de la vertu qu'elle est une disposition, mais dire encore quelle espèce de disposition elle est [2]. Nous devons alors remarquer que toute 15 « vertu » [3], pour la chose dont elle est « vertu », a pour effet à la fois de mettre cette chose en *bon* état et de lui permettre de *bien* accomplir son œuvre propre : par exemple, la « vertu » de l'œil rend l'œil et sa fonction également parfaits, car c'est par la vertu de l'œil que la vision s'effectue en nous comme il faut. De même la « vertu » du cheval rend un cheval à la fois parfait en lui-même et bon pour la course, pour porter son cavalier et 20 faire face à l'ennemi. Si donc il en est ainsi dans tous les cas,

---

1. 1, 1103a18 *sq.*
2. Il faut indiquer, conformément aux règles générales de la définition, outre son *genre*, sa *différence spécifique*, car le vice aussi est un état.
3. C'est-à-dire toute *excellence* propre à une chose. – Sur la diversité des vertus, *cf.* déjà le *Ménon*, 71 e et 72 a.

l'excellence, la vertu de l'homme ne saurait être qu'une disposition par laquelle un homme devient bon et par laquelle aussi son œuvre propre sera rendue bonne[1].

Comment cela se fera-t-il, nous l'avons déjà indiqué[2],
25 mais nous apporterons un complément de clarté si nous considérons ce qui constitue la nature spécifique de la vertu.

En tout ce qui est continu et divisible[3], il est possible de distinguer le plus, le moins et l'égal, et cela soit dans la chose même, soit par rapport à nous, l'égal étant quelque moyen entre l'excès et le défaut. J'entends par *moyen dans la chose* ce
30 qui s'écarte à égale distance de chacun des deux extrêmes, point qui est unique et identique pour tous les hommes, et par *moyen par rapport à nous* ce qui n'est ni trop, ni trop peu, et c'est là une chose qui n'est ni une, ni identique pour tout le monde. Par exemple, si 10 est beaucoup, et 2 peu, 6 est le moyen pris dans la chose, car il dépasse et est dépassé par une
35 quantité égale ; et c'est là un moyen établi d'après la proportion arithmétique[4]. Au contraire, le moyen par rapport à nous ne

---

1. *Cf.* St Thomas, n° 308, p. 88 : *virtus hominis erit habitus quidam ex quo homo fit bonus, sicut albedine fit aliquis albus et per quem aliquis bene operatur.*

2. 2, 1104a11-27, où Aristote a étudié l'importance du μέσον opposé à la fois à l'excès et au manque. Mais il estime que ces analyses ont besoin d'être approfondies, et c'est l'objet des lignes qui suivent.

3. *Cf.* passage parallèle, *E.E.*, II, 3, 1220b21-36. – Le *continu* (συνεχές) est une quantité ou grandeur indéfiniment divisible : « l'infini apparaît en premier dans le continu » (*Phys.*, III, 1, 200b13) ; et le changement en général, et notamment le passage progressif d'un être à sa perfection, s'accomplit dans le continu : ἡ γὰρ κίνησις συνεχές, ἡ δὲ πρᾶξις κίνησις (*E.E.*, passage cité ci-dessus, 1220b26). La *continuité* est identique à la *divisibilité* (sc. *ad infinitum*) : *cf.* Joachim, p. 90.

4. Plus précisément, c'est la série d'une progression arithmétique. – Ainsi que le remarque Robin, *Aristote*, p. 232, note, la μεσότης (*médiété, moyen, juste milieu*) joue dans la philosophie aristotélicienne un rôle important, qui n'est pas borné à la morale. Dans la théorie du syllogisme, la médiété est le nœud même

doit pas être pris de cette façon : si, pour la nourriture de tel
individu déterminé, un poids de 10 mines est beaucoup et un **1106b**
poids de 2 mines peu, il ne s'ensuit pas que le maître de gymnase prescrira un poids de 6 mines, car cette quantité est peut-
être aussi beaucoup pour la personne qui l'absorbera, ou peu :
pour Milon[1] ce sera peu, et pour un débutant dans les exercices
du gymnase, beaucoup. Il en est de même pour la course et la
lutte. C'est dès lors ainsi que l'homme versé dans une disci- 5
pline quelconque évite l'excès et le défaut ; c'est le moyen qu'il
recherche et qu'il choisit, mais ce moyen n'est pas celui de la
chose, c'est celui qui est relatif à nous.

Si donc toute science aboutit ainsi à la perfection de son
œuvre, en fixant le regard sur le moyen et y ramenant ses
œuvres (de là vient notre habitude de dire en parlant des 10
œuvres bien réussies, qu'il est impossible d'y rien retrancher ni
d'y rien ajouter, voulant signifier par là que l'excès et le défaut
détruisent la perfection, tandis que la médiété la préserve), si
donc les bons artistes, comme nous les appelons, ont les yeux
fixés sur cette médiété quand ils travaillent, et si en outre, la
vertu, comme la nature[2], dépasse en exactitude et en valeur
tout autre art, alors c'est le moyen vers lequel elle devra tendre. 15
J'entends ici la vertu morale[3], car c'est elle qui a rapport à des

---

du raisonnement, et, en physique, elle explique la composition des mixtes
(cf. *de Gen. et Corr.*, II, 7, 334b8 *sq.*). Le récent essai de van der Meulen,
Aristoteles, Die Mitte in seinen Denken, Meisenheim, 1951, est une intéressante
tentative pour reconstituer la doctrine d'Aristote autour de la notion de
μεσότης. Sur les rapports avec le *Politique* de Platon, *cf.* Cruchon, p. 207.
Enfin, on lira avec intérêt le commentaire de Joachim, p. 92-94.

1. Milon de Crotone, qui mangeait, dit-on, un bœuf par jour.

2. Cf. *de Part. anim.*, I, 1, 639b19. Voir la note de Burnet, p. 93, et aussi
Sylv. Maurus, 43[2] : *Virtus est exactior ac praestantior omni arte, sicut etiam
natura praestantior est arte ; ergo a fortiori virtus moralis est conjectatrix
medii et eligit mediocritatem, in qua consistit bonitas et perfectio.*

3. Car la théorie de la μεσότης ne s'applique pas aux vertus dianoétiques.

affections et des actions, matières en lesquelles il y a excès,
défaut et moyen. Ainsi [1], dans la crainte, l'audace, l'appétit, la
colère, la pitié, et en général dans tout sentiment de plaisir et
20 de peine, on rencontre du trop et du trop peu, lesquels ne sont
bons ni l'un ni l'autre ; au contraire, ressentir ces émotions au
moment opportun, dans les cas et à l'égard des personnes qui
conviennent, pour les raisons et de la façon qu'il faut, c'est à la
fois moyen et excellence, caractère qui appartient précisément
à la vertu. Pareillement encore, en ce qui concerne les actions,
il peut y avoir excès, défaut et moyen. Or la vertu a rapport à
25 des affections et à des actions dans lesquelles l'excès est erreur
et le défaut objet de blâme, tandis que le moyen est objet de
louange et de réussite, double avantage propre à la vertu. La
vertu est donc une sorte de médiété, en ce sens qu'elle vise le
moyen.

De plus l'erreur est multiforme (car le mal relève de
30 l'Illimité, comme les Pythagoriciens l'ont conjecturé, et le
bien, du Limité) [2], tandis qu'on ne peut observer la droite règle
que d'une seule façon : pour ces raisons aussi, la première
est facile, et l'autre difficile ; il est facile de manquer le but, et
difficile de l'atteindre [3]. Et c'est ce qui fait que le vice a pour
caractéristiques l'excès et le défaut, et la vertu la médiété :

---

1. Les πάθη sont d'abord examinés ; les actions suivent, l. 23.

2. Sur les oppositions pythagoriciennes, *cf.* I, 4, 1096b6, note. – Aristote
transpose ici, dans le domaine de la moralité, la doctrine cosmologique des
Pythagoriciens, selon laquelle les figures géométriques dont le monde est
constitué sont obtenues par l'action de la Limite, principe d'ordre, sur l'Illimité,
assimilé au Vide, à l'air infini, bref au continu spatial (cf. *Met.*, N, 3, 1091
a15 *sq.*, t. II de notre commentaire, p. 821 et 822 avec les notes et les références,
notamment Burnet, *L'Aurore*, p. 122-124). L'équilibre entre les deux facteurs
rivaux une fois atteint après tâtonnement, correspond à la μεσότης πρὸς ἡμᾶς
qui constitue l'essence spécifique des actions morales.

3. Métaphore fréquente chez Aristote Voir, par exemple, *Met.*, α, 1, 993b4
(1, p. 107 et note, de notre commentaire).

L'honnêteté n'a qu'une seule forme, mais le vice en a de nombreuses[1].   35

6
<Définition complète de la vertu morale, et précisions nouvelles>

Ainsi donc, la vertu est une disposition à agir d'une façon délibérée[2], consistant en une médiété relative à nous, laquelle est rationnellement déterminée[3] et comme la déterminerait l'homme prudent[4]. Mais c'est une médiété entre deux vices, l'un par excès et l'autre par défaut; et <c'est encore une médiété> en ce que certains vices sont au-dessous, et d'autres au-dessus du « ce qu'il faut » dans le domaine des affections aussi bien que des actions, tandis que la vertu, elle, découvre et choisit la position moyenne. C'est pourquoi dans l'ordre de la substance et de la définition exprimant la quiddité[5], la vertu est

1107a

5

---

1. Citation de source inconnue. *Cf.* Bergk, *Poétique lyrique grecque*, III, p. 691, n° 11.

2. À choisir librement tel genre d'affections et d'actions. L'expression ἕξις προαιρετική, qui forme le premier membre de la définition de la vertu, est elle-même une synthèse de la définition générique de la vertu (ἕξις) donnée I, 4, 1105b19, et de la notion de libre choix, mentionné I, 3, 1105a31 (προαιρού-μενος), soit ἕξις προαιρετική. *Cf.* Cruchon, p. 211. Voir aussi le passage parallèle de *E.E.*, II, 10, 1227b5-11.

3. Ou « déterminée sous la forme d'un rapport » (Robin, *Aristote*, p. 233, qui admet les deux interprétations).

4. L'intervention du φρόνιμος (homme *prudent*, homme *de jugement*, homme *possédant la sagesse pratique*, en un mot homme *compétent*), montre, comme l'a bien vu Robin (p. 233), l'importance de la connaissance dans la détermination de la vertu éthique, laquelle est ainsi intrinsèquement insuffisante et dans un état de dépendance à l'égard de la vertu dianoétique. Cf. *infra*, VI, 2.

5. Sur οὐσία et τὸ τί ἦν εἶναι, qui sont des notions métaphysiques d'interprétation très délicate, nous renvoyons à notre commentaire de la *Met.*, I, p. 22-

une médiété, tandis que dans l'ordre de l'excellence et du parfait, c'est un sommet.

Mais toute action n'admet pas la médiété, ni non plus toute affection, car pour certaines d'entre elles[1] leur seule dénomi-
10 nation implique immédiatement la perversité, par exemple la malveillance, l'impudence, l'envie, et, dans le domaine des actions, l'adultère, le vol, l'homicide : ces affections et ces actions, et les autres de même genre, sont toutes, en effet, objets de blâme parce qu'elles sont perverses en elles-mêmes, et ce n'est pas seulement leur excès ou leur défaut que l'on condamne. Il n'est donc jamais possible de se tenir à leur sujet
15 dans la voie droite, mais elles constituent toujours des fautes. On ne peut pas non plus, à l'égard de telles choses, dire que le bien ou le mal dépend des circonstances, du fait, par exemple, que l'adultère est commis avec la femme qu'il faut, à l'époque et de la manière qui conviennent, mais le simple fait d'en commettre un, quel qu'il soit, est une faute. Il est également absurde de supposer que commettre une action injuste ou lâche ou déréglée, comporte une médiété, un excès et un défaut, car il
20 y aurait à ce compte-là une médiété d'excès et de défaut, un excès d'excès et un défaut de défaut[2]. Mais de même que pour

24. L'οὐσία est la *substance* d'une chose par opposition aux accidents : ce terme signifie tantôt le *composé* de matière et de forme (σύνολον), tantôt la substance *matérielle* seule, tantôt enfin, comme dans le présent passage, la substance *formelle*, et il est alors synonyme de *forme* (εἶδος) et d'*essence* (τί ἦν εἶναι). – Le τί ἦν εἶναι (*quod quid erat esse*) est la *quiddité* des philosophes scolastiques, la *nature* de la chose, « le fait pour un être de continuer à être ce qu'il était » (Bréhier, *Histoire de la Philosophie*, I, p. 199). Cette notion se confond avec la *notion* ou *définition* de la chose (λόγος) qui l'exprime et la formule.

1. Cf. *E.E.*, II, 3, 1221b18 *sq.*

2. *Cf.* St Thomas, 330, p. 93 : *simile est quaerere in istis* [*id est ista secundum se malitiam important*] *medium et extrema, sicut si aliquis attribueret medietatem superabundantiae et defectus... Cum enim ipsa important superabundantiam et defectum, sequeretur quod superabundantia et defectus essent medietas*, ce qui est absurde.

la modération et le courage il n'existe pas d'excès et de défaut du fait que le moyen est en un sens un extrême[1], ainsi pour les actions dont nous parlons il n'y a non plus ni médiété, ni excès, ni défaut, mais, quelle que soit la façon dont on les accomplit, elles constituent des fautes : car, d'une manière générale, il n'existe ni médiété d'excès et de défaut, ni excès et défaut de médiété.

7
<Étude des vertus particulières>

Nous ne devons pas seulement nous en tenir à des généralités, mais encore en faire l'application aux vertus particulières. En effet, parmi les exposés traitant de nos actions, ceux qui sont d'ordre général sont plus vides[2], et ceux qui s'attachent aux particularités plus vrais, car les actions ont

1. En d'autres termes, s'il est vrai que la vertu soit une médiété, une mesure, il n'y a dans la vertu elle-même ni mesure, ni excès. La mesure qui la définit et la fait être elle-même n'est pas une mesure d'elle-même, mais une mesure de l'activité dont elle est le degré mesuré (*cf.* sur tous ces points, les remarques de Cruchon, p. 221).

2. L. 30, on peut hésiter entre κοινότεροι (*d'une plus large application*) et κενώτεροι. Malgré les raisons présentées par Burnet (p. 97) et sa référence à *de An.*, II, 2, 412b23, nous préférons suivre la leçon de Bekker et de Susemihl (qui au surplus est la leçon traditionnelle) et lire κενώτεροι, en attachant à ce terme le sens péjoratif qu'il implique. Aristote se montre, dans ce passage comme dans beaucoup d'autres, ennemi des généralités « vides », et il oppose λογικός (ou διαλεκτικός) à φυσικός (ou ἀναλυτικός). Raisonner λογικῶς, c'est, à la manière des Platoniciens, s'appuyer sur des considérations dialectiques et abstraites, et envisager le sujet non pas dans son contenu réel, mais dans les généralités qu'il enveloppe. Au contraire, raisonner φυσικῶς, c'est raisonner en s'appuyant sur la réalité. Sur tous ces points, *cf.* Ravaisson, *Essai sur la Métaphysique d'Aristote*, I, p. 284, note 1 ; Robin, *La Théorie platonicienne*, *passim* et notamment, p. 26, note 22 ; Mansion, *Introduction à la Physique*, p. 222-223.

rapport aux faits individuels, et nos théories doivent être en accord avec eux. Empruntons donc les exemples de vertus particulières à notre tableau[1].

1107b　　En ce qui concerne la peur et la témérité, le courage est une médiété, et parmi ceux qui pèchent par excès, celui qui le fait par manque de peur[2] n'a pas reçu de nom (beaucoup d'états[3] n'ont d'ailleurs pas de nom), tandis que celui qui le fait par audace est un téméraire, et celui qui tombe dans l'excès de crainte et manque d'audace est un lâche.

5　　Pour ce qui est des plaisirs et des peines (non pas de tous, et à un moindre degré en ce qui regarde les peines), la médiété est la modération, et l'excès le dérèglement. Les gens qui pèchent par défaut en ce qui regarde les plaisirs se rencontrent rarement, ce qui explique que de telles personnes n'ont pas non plus reçu de nom ; appelons-les des *insensibles*[4].

Pour ce qui est de l'action de donner et celle d'acquérir des richesses[5], la médiété est la libéralité ; l'excès et le défaut sont 10　respectivement la prodigalité et la parcimonie. C'est de façon opposée que dans ces actions on tombe dans l'excès ou le défaut : en effet, le prodigue pèche par excès dans la dépense et par défaut dans l'acquisition, tandis que le parcimonieux pèche par excès dans l'acquisition et par défaut dans la dépense.

1. Aristote renvoie ici à un tableau des vertus analogue sans doute à l'ὑπο-γραφή en 3 colonnes qui figure dans *E.E.*, II, 3, 1220b38-1221a12 (*cf.* aussi Cruchon, p. 224-225). On sait que l'*Histoire des Animaux* renvoie aussi à plusieurs reprises à des *atlas de descriptions* (ἀνατομαί) : *cf.* notre traduction de l'*Histoire des Animaux*, I, 17, 497a32, note.

2. Celui qui est follement imprudent par défaut de peur et inconscience du danger.

3. Beaucoup de vertus et de vices.

4. Comparer avec l'ἀναισθησία (la *stupidité*) des *Caractères* de Théophraste (XIV).

5. Aristote passe des médiétés ἐν πάθεσι aux médiétés ἐν πράξεσι (Burnet, p. 98). – Sur les notions de δόσις et de λῆψις, l. 8, cf. *infra*, IV, 1, 1119b25 et la note.

– Pour le moment, nous traçons là une simple esquisse, très sommaire, qui doit nous suffire pour notre dessein; plus tard, 15 ces états seront définis avec plus de précision[1]. – Au regard des richesses, il existe aussi d'autres dispositions : la médiété est la magnificence (car l'homme magnifique diffère d'un homme libéral : le premier vit dans une ambiance de grandeur, et l'autre dans une sphère plus modeste), l'excès, le manque de goût ou vulgarité, le défaut la mesquinerie. Ces vices diffèrent des états 20 opposés à la libéralité, et la façon dont ils diffèrent sera indiquée plus loin[2].

En ce qui concerne l'honneur et le mépris, la médiété est la grandeur d'âme[3], l'excès ce qu'on nomme une sorte de boursouflure, le défaut la bassesse d'âme. Et de même que nous avons montré la libéralité en face de la magnificence, différant de cette dernière par la modicité de la sphère où elle se meut, 25 ainsi existe-t-il pareillement, en face de la grandeur d'âme, laquelle a rapport à un honneur de grande classe, un certain état ayant rapport à un honneur plus modeste. On peut, en effet, désirer un honneur de la façon qu'on le doit, ou plus qu'on ne le doit, ou moins qu'on ne le doit; et l'homme aux désirs excessifs s'appelle un ambitieux, l'homme aux désirs insuffisants, un homme sans ambition, tandis que celui qui tient la position moyenne n'a pas reçu de dénomination. Sans désignations spé- 30 ciales sont aussi les dispositions correspondantes, sauf celle de l'ambitieux, qui est l'ambition. De là vient que les extrêmes se disputent le terrain intermédiaire, et il arrive que nous-mêmes appelions celui qui occupe la position moyenne tantôt ambitieux et tantôt dépourvu d'ambition, et que nous réservions nos **1108a** éloges tantôt à l'ambitieux et tantôt à celui qui n'a pas d'ambi-

---

1. IV, 1.
2. IV, 4, 1122a20-29, 1122b10-18.
3. Ou « le juste sentiment de son mérite » (Robin, *Aristote*, p. 235). Il s'agit dans ce paragraphe, de l'amour (ou du désir) du pouvoir politique.

tion. Pour quelle raison agissons-nous ainsi, nous le dirons dans la suite[1]; pour le moment, parlons des états qui nous restent à voir, en suivant la marche que nous avons indiquée.

En ce qui concerne la colère, il y a aussi excès, défaut et
5 médiété. Ces états sont pratiquement dépourvus de toute dénomination. Cependant, puisque nous appelons débonnaire celui qui occupe la position moyenne, nous pouvons appeler débonnaireté la médiété elle-même. Pour ceux qui sont aux points extrêmes, irascible sera celui qui tombe dans l'excès, et le vice correspondant l'irascibilité; et celui qui pèche par défaut sera une sorte d'être indifférent, et son vice sera l'indifférence.

Il y a encore trois autres médiétés ayant une certaine
10 ressemblance entre elles, tout en étant différentes les unes des autres : toutes, en effet, concernent les relations sociales entre les hommes dans les paroles et dans les actions, mais diffèrent en ce que l'une a rapport au vrai que ces paroles et ces actions renferment, les deux autres étant relatives à l'agrément soit dans le badinage, soit dans les circonstances générales de la vie. Nous devons donc parler aussi de ces divers états, de façon
15 à mieux discerner qu'en toutes choses la médiété est digne d'éloge, tandis que les extrêmes ne sont ni corrects, ni louables, mais au contraire répréhensibles. Ici encore, la plupart de ces états ne portent aucun nom; nous devons cependant essayer, comme dans les autres cas, de forger nous-mêmes des noms, en vue de la clarté de l'exposé et pour qu'on puisse nous suivre facilement. – En ce qui regarde le vrai, la position moyenne
20 peut être appelée véridique, et la médiété véracité, tandis que la feinte par exagération est vantardise et celui qui la pratique un vantard, et la feinte par atténuation, réticence[2], et celui

---

1. 8, 1108b30 *sq.*; IV, 10, 1125b14-18.

2. Théophraste (*Caract.*, I) définit l'εἰρωνεία. une *affectation d'humilité* dans les actes et les paroles (προσποίησις ἐπὶ τὸ χεῖρον πράξεων καὶ λόγων). L'εἴρων est le *réticent*, le *dissimulé*, mais cette traduction ne rend qu'une partie

qui la pratique, un réticent. – Passons à l'agrément, et voyons
d'abord celui qu'on rencontre dans le badinage : l'homme qui
occupe la position moyenne est un homme enjoué, et sa disposition une gaieté de bon aloi ; l'excès est bouffonnerie, et celui 25
qui la pratique, un bouffon ; l'homme qui pèche au contraire
par défaut est un rustre, et son état est la rusticité. Pour l'autre
genre d'agrément, à savoir les relations agréables de la vie,
l'homme agréable comme il faut est un homme aimable, et
la médiété l'amabilité ; celui qui tombe dans l'excès, s'il n'a
aucune fin intéressée en vue est un complaisant, et si c'est pour
son avantage propre, un flatteur ; celui qui pèche par défaut et
qui est désagréable dans toutes les circonstances est un 30
chicanier et un esprit hargneux.

Il existe aussi dans les affections et dans tout ce qui se
rapporte aux affections, des médiétés. En effet, la réserve n'est
pas une vertu, et pourtant on loue aussi l'homme réservé, car
même en ce domaine tel homme est dit garder la position
moyenne, un autre tomber dans l'excès, <un autre enfin pécher
par défaut. Et celui qui tombe dans l'excès>[1] est par exemple le
timide qui rougit de tout ; celui qui pèche par défaut ou qui n'a 35
pas du tout de pudeur est un impudent ; et celui qui garde la
position moyenne, un homme réservé.

D'autre part, la juste indignation est une médiété entre **1108b**
l'envie et la malveillance, et ces états se rapportent à la peine
et au plaisir qui surgissent en nous pour tout ce qui arrive
au prochain : l'homme qui s'indigne s'afflige des succès
immérités, l'envieux va au-delà et s'afflige de tous les succès
d'autrui, <et tandis que l'homme qui s'indigne s'afflige des
malheurs immérités>[2], le malveillant, bien loin de s'en affliger, 5

---

du terme grec. On sait que Socrate employait l'εἰρωνεία, en faisant le naïf, en
singeant l'ignorant (cf. *Rep.*, I, 337a).

1. Addition de Rassow, nécessaire au sens.
2. Ajouté par Sauppe.

va jusqu'à s'en réjouir. Mais nous aurons l'occasion de décrire
ailleurs ces divers états[1]. – En ce qui concerne la justice, étant
donné que le sens où on la prend n'est pas simple, après avoir
décrit les autres états, nous la diviserons en deux espèces et
nous indiquerons pour chacune d'elles comment elle constitue
10 une médiété[2]. – Et nous traiterons pareillement des vertus
intellectuelles[3].

8

<Les oppositions entre les vices et la vertu>

Il existe ainsi trois dispositions[4] : deux vices, l'un par
excès et l'autre par défaut, et une seule vertu consistant dans la
médiété ; et toutes ces dispositions sont d'une certaine façon
opposées à toutes. En effet, les états extrêmes sont contraires à
15 la fois à l'état intermédiaire et l'un à l'autre, et l'état intermédiaire aux états extrêmes : de même que l'égal est plus grand
par rapport au plus petit et plus petit par rapport au plus grand,
ainsi les états moyens sont en excès par rapport aux états défi-
cients, et en défaut par rapport aux états excessifs, aussi bien
dans les affections que dans les actions. En effet, l'homme
20 courageux, par rapport au lâche apparaît téméraire, et par

---

1. III, 6 à IV, 9, ou *Rhet.*, II, 6, 9, 10. – D'une manière générale. on comparera les analyses de *Rhétorique*, II, 2 à 12 (1378a30-1388b30), qui contiennent
de fines notations.

2. V, 1, 1129a26-b1 ; 4, 1130a14-b5 ; 7, 1131b9-15 et 1132a24-30 ; 9,
1133b30-1134a1.

3. Cette dernière phrase est rejetée par Grant et par Burnet, peut-être à bon
droit : l'expression λογικαὶ ἀρεταί, prise comme synonyme de διανοητικαὶ
ἀρεταί, ne se rencontre nulle part ailleurs chez Aristote. Voir toutefois
Cruchon, p. 236.

4. Cf. *E.E.*, II, 5, 1222a6-22 ; III, 7, 1234a34-1234b5 ; II, 5, 1222a22-
1222b4 ; III, 7, 1234b6-12. *Mag. mor.*, I, 9, 1186b4-1187a4.

rapport au téméraire, lâche; pareillement l'homme modéré, par rapport à l'insensible est déréglé, et par rapport au déréglé, insensible; et l'homme libéral, par rapport au parcimonieux est un prodigue, et par rapport au prodigue, parcimonieux. De là vient que ceux qui sont aux extrêmes poussent respectivement celui qui occupe le milieu vers l'autre extrême : le lâche 25 appelle le brave un téméraire, et le téméraire l'appelle un lâche; et dans les autres cas, le rapport est le même.

Ces diverses dispositions étant ainsi opposées les unes aux autres [1], la contrariété maxima est celle des extrêmes l'un par rapport à l'autre plutôt que par rapport au moyen, puisque ces extrêmes sont plus éloignés l'un de l'autre que du moyen, comme le grand est plus éloigné du petit, et le petit du grand, qu'ils ne le sont l'un et l'autre de l'égal. En outre, il y a des 30 extrêmes qui manifestent une certaine ressemblance avec le moyen, par exemple dans le cas de la témérité par rapport au courage, et de la prodigalité par rapport à la libéralité. Par contre, c'est entre les extrêmes que la dissemblance est à son plus haut degré; or les choses qui sont *le plus* éloignées l'une de l'autre sont définies comme des contraires, et par conséquent les choses qui sont *plus* éloignées l'une de l'autre sont aussi *plus* contraires.   35

À l'égard du moyen, dans certains cas c'est le défaut qui lui **1109a** est le plus opposé, et dans certains autres, l'excès : ainsi, au

1. Sur la contrariété en général et ses variétés, on se reportera à *Cat.*, 6, 6a18 (définition des contraires); 10, 11b33-12a25; 11; en y ajoutant *Met.*, Δ, 10, 1018a25-38; I, 4, 1055a3-1055b29 (t. II, p. 546-553 de notre édition). On consultera aussi Hamelin, *Le Système*, p. 126 *sq.*, qui a fait une étude détaillée des différentes oppositions. Il résulte des subtiles analyses du présent chapitre que le μέσον peut être plus près d'un des extrêmes que de l'autre. Ramsauer s'en étonne. Mais on ne doit pas oublier : 1) qu'il s'agit d'une μεσότης πρὸς ἡμᾶς (sur ce point, *cf.* Cruchon, p. 240), 2) que le μέσον, ainsi qu'Aristote l'indique plus loin, 9, 1109b18, n'est pas un point géométrique et admet une certaine élasticité.

courage ce n'est pas la témérité (laquelle est un excès) qui est le
plus opposé, mais la lâcheté (laquelle est un manque); inversement, à la modération ce n'est pas l'insensibilité, laquelle est
5 une déficience, mais bien le dérèglement, lequel est un excès.
Cela a lieu pour deux raisons. La première vient de la chose
elle-même : une plus grande proximité et une ressemblance
plus étroite entre l'un des extrêmes et le moyen fait que nous
n'opposons pas cet extrême au moyen, mais plutôt l'extrême
contraire. Par exemple, du fait que la témérité paraît ressembler davantage au courage et s'en rapprocher plus étroitement,
10 et que la lâcheté y ressemble moins, c'est plutôt cette dernière
que nous lui opposons : car les choses qui sont plus éloignées
du moyen lui sont aussi, semble-t-il, plus contraires. – Voilà
donc une première cause, qui vient de la chose elle-même. Il y
en a une autre, qui vient de nous : les choses, en effet, pour
lesquelles notre nature éprouve un certain penchant paraissent
plus contraires au moyen. Par exemple, de nous-mêmes nous
15 ressentons un attrait naturel plus fort vers le plaisir, c'est
pourquoi nous sommes davantage enclins au dérèglement qu'à
une vie rangée. Nous qualifions alors plutôt de contraires au
moyen les fautes dans lesquelles nous sommes plus exposés à
tomber[1], et c'est pour cette raison que le dérèglement, qui est
un excès, est plus spécialement contraire à la modération.

9
<Règles pratiques pour atteindre la vertu>

20   Qu'ainsi donc la vertu[2], la vertu morale, soit une médiété,
et en quel sens elle l'est, à savoir qu'elle est une médiété entre

---

1. L. 17, ἐπίδοσις, *in the direction of our growth* (Burnet, p. 105). *Cf.* trad.
Lambin : *haec magis contraria dicuntur, ad quae progressio magis fieri solet.*
2. *E.E.*, II, 5, 1222b5-14.

deux vices, l'un par excès et l'autre par défaut, et qu'elle soit
une médiété de cette sorte parce qu'elle vise la position intermédiaire dans les affections et dans les actes, – tout cela nous
l'avons suffisamment établi.

Voilà pourquoi aussi c'est tout un travail que d'être
vertueux. En toute chose, en effet, on a peine à trouver le 25
moyen : par exemple trouver le centre d'un cercle n'est pas à la
portée de tout le monde, mais seulement de celui qui sait[1].
Ainsi également, se livrer à la colère est une chose à la portée
de n'importe qui, et bien facile, de même donner de l'argent et
le dépenser; mais le faire avec la personne qu'il faut[2], dans la
mesure et au moment convenables, pour un motif et d'une
façon légitimes, c'est là une œuvre qui n'est plus le fait de tous,
ni d'exécution facile, et c'est ce qui explique que le bien soit à
la fois une chose rare, digne d'éloge et belle.

Aussi celui qui cherche à atteindre la position moyenne 30
doit-il tout d'abord[3] s'éloigner de ce qui y est le plus contraire,
et suivre le conseil de Calypso :

> Hors de cette vapeur et de cette houle, écarte Ton vaisseau[4].

En effet, des deux extrêmes l'un nous induit plus en faute
que l'autre; par suite, étant donné qu'il est extrêmement difficile d'atteindre le moyen, nous devons, comme on dit, *changer* 35
de navigation[5], et choisir le moindre mal, et la meilleure façon
d'y arriver sera celle que nous indiquons.   **1109b**

---

1. *Scientis, id est geometrae* (St Thomas, 370, p. 106).
2. L. 28, on peut, avec Ramsauer, ajouter δεῖ après ᾧ.
3. Aristote va donner successivement trois règles d'ordre pratique : à
πρῶτον μὲν, l. 30, s'opposent σκοπεῖν δὲ, 1109b1, et ἐν παντὶ δὲ, l. 7.
4. *Odyssée*, XII, 219.
5. Proverbe grec (*cf.* Leutsch et Schneidewin, *Paroem. gr.*, I, p. 359), qui
signifie « adopter un pis-aller », comme, sur les bateaux, on se sert des avirons
quand le vent tombe (Cruchon, p. 246, pense qu'il s'agit plutôt du louvoyage).

Mais nous devons, en second lieu, considérer quelles sont les fautes pour lesquelles nous-mêmes avons le plus fort penchant, les uns étant naturellement attirés vers telles fautes et les autres vers telles autres. Nous reconnaîtrons cela au plaisir et à la peine que nous en ressentons. Nous devons nous
5 en arracher nous-mêmes vers la direction opposée, car ce n'est qu'en nous écartant loin des fautes que nous commettons, que nous parviendrons à la position moyenne, comme font ceux qui redressent le bois tordu[1].

En toute chose, enfin[2], il faut surtout se tenir en garde contre ce qui est agréable et contre le plaisir, car en cette matière nous ne jugeons pas avec impartialité. Ce que les
10 Anciens du peuple ressentaient pour Hélène[3], nous devons nous aussi le ressentir à l'égard du plaisir, et en toutes circonstances appliquer leurs paroles : en répudiant ainsi le plaisir, nous serons moins sujets à faillir. Et si nous agissons ainsi, pour le dire d'un mot, nous nous trouverons dans les conditions les plus favorables pour atteindre le moyen.

Mais sans doute est-ce là une tâche difficile, surtout quand
15 on passe aux cas particuliers. Il n'est pas aisé, en effet, de déterminer par exemple de quelle façon, contre quelles personnes, pour quelles sortes de raisons et pendant combien de temps on doit se mettre en colère, puisque nous-mêmes accordons nos éloges tantôt à ceux qui pèchent par défaut en cette matière, et que nous qualifions de *doux*, tantôt à ceux qui sont d'un caractère irritable et que nous nommons des gens *virils*. Cependant celui qui dévie légèrement de la droite ligne, que ce soit du côté

Cf. aussi *Phédon*, 99d, et la note de Robin, dans son *Introduction* au dialogue, p. XLVIII, note 2.

1. Qui le tendent le plus fortement possible dans le sens opposé à la courbure, pour qu'en revenant il reste dans la position intermédiaire. Cf. *Prot.*, 325d.

2. Troisième règle.

3. En voulant la renvoyer dans sa patrie, pour s'en débarrasser : *Iliade*, III, 156-160.

de l'excès ou du côté du défaut, n'est pas répréhensible[1]; l'est
seulement celui dont les écarts sont par trop considérables, car   20
celui-là ne passe pas inaperçu. Quant à dire jusqu'à quel point
et dans quelle mesure la déviation est répréhensible, c'est là
une chose qu'il est malaisé de déterminer rationnellement,
comme c'est d'ailleurs le cas pour tous les objets perçus par les
sens : de telles précisions sont du domaine de l'individuel, et la
discrimination est du ressort de la sensation[2]. Mais nous en
avons dit assez pour montrer que l'état qui occupe la position
moyenne est en toutes choses digne de notre approbation, mais   25
que nous devons pencher tantôt vers l'excès, tantôt vers le
défaut, puisque c'est de cette façon que nous atteindrons avec
le plus de facilité le juste milieu et le bien.

1. Le μέσον n'est pas un point géométrique, mais une étendue, un continu,
qui admet des fluctuations à l'intérieur de ses limites. C'est le cas de toute
μεσότης : cf. *de Gen. et Corr.*, II, 7, 334b28 : τὸ μέσον πολὺ καὶ οὐ
ἀδιαίρετον. Les l. 14 *sq.* sont reprises (presque textuellement) *infra*, IV, 11,
1126a32 *sq.*

2. *Cf.* IV, 11, 1126b3. Ce passage est difficile, et il a exercé la sagacité des
commentateurs. Aristote veut dire ceci. Le sens (la sensation) est défini, *An.
post.*, II, 19, 99b35, une δύναμις κριτική, qui ne discerne dans les sensibles que
les différences (avec lui-même) par excès ou par défaut, et il est en puissance les
deux extrêmes. Le sens est ainsi une μεσότης entre les contrariétés sensibles, et
c'est ce caractère qui lui permet de discerner les sensibles (cf. *de An.*, II, 11,
424a3-10, p. 138 de notre traduction) Ce rôle de la sensation est aussi celui de la
vertu, μεσότης entre deux extrêmes : elle discernera le trop et le trop peu, et
cette κρίσις sera, comme celle de la sensation, variable selon les cas, et dans la
dépendance de l'expérience sensible. *Cf.* les profondes réflexions de Robin, *La
Morale*, p. 115-116 : « Il faudra faire appel à une fonction mentale capable de
saisir immédiatement (comme font pour les sensibles la sensation ou le *sensus
communis*) une relation universelle dans l'individualité d'un fait. On devra
donc compter sur la sûreté de coup d'œil qu'une longue expérience, génératrice
d'inductions, donne seule aux intuitions de la Raison ».

LIVRE III

1
<Actes volontaires et actes involontaires. De la contrainte>

Puisque la vertu[1] a rapport à la fois à des affections et à 30 des actions, et que ces états peuvent être soit volontaires, et encourir l'éloge ou le blâme, soit involontaires, et provoquer l'indulgence et parfois même la pitié, il est sans doute indispensable, pour ceux qui font porter leur examen sur la vertu, de distinguer entre le volontaire et l'involontaire; et cela est également utile au législateur pour établir des récompenses et des châtiments.

On admet d'ordinaire[2] qu'un acte est involontaire quand 35 il est fait sous la contrainte, ou par ignorance. Est fait par **1110a** contrainte tout ce qui a son principe hors de nous, c'est-à-dire un principe dans lequel on ne relève aucun concours de l'agent ou du patient : si, par exemple, on est emporté quelque part, soit par le vent, soit par des gens qui vous tiennent en leur pouvoir.

---

1. La vertu morale. – Après avoir défini la vertu éthique une ἕξις προαιρετική, et la προαίρεσις étant un libre choix, Aristote va maintenant déterminer la nature de l'acte volontaire, principe de toute moralité, et le distinguer de l'acte involontaire. Sur le sens précis des termes ἑκούσιον et ἀκούσιον, *cf.* la note de Rackham, p. 116, ainsi que nos notes du chapitre 2, qui suit. Passage parallèle de *E.E.*, II, 6, 1223a9-20.

2. *E.E.*, II, 8, 1224a10-1224b36.

Mais pour les actes accomplis par crainte de plus grands
5 maux ou pour quelque noble motif (par exemple, si un tyran
nous ordonne d'accomplir une action honteuse, alors qu'il tient
en son pouvoir nos parents et nos enfants, et qu'en accomplissant cette action nous assurerions leur salut, et en refusant de la
faire, leur mort), pour de telles actions la question est débattue
de savoir si elles sont volontaires ou involontaires. C'est là
encore ce qui se produit dans le cas d'une cargaison que l'on
jette par-dessus bord au cours d'une tempête : dans l'absolu[1],
personne ne se débarrasse ainsi de son bien volontairement,
10 mais quand il s'agit de son propre salut et de celui de ses
compagnons un homme de sens agit toujours ainsi. De telles
actions sont donc mixtes[2], tout en ressemblant plutôt à des
actions volontaires, car elles sont librement choisies au moment
où on les accomplit, et la fin de l'action varie avec les circonstances de temps. On doit donc, pour qualifier une action de
15 volontaire ou d'involontaire, se référer au moment où elle
s'accomplit. Or ici l'homme agit volontairement, car le principe qui, en de telles actions, meut les parties instrumentales de
son corps[3], réside en lui, et les choses dont le principe est en
l'homme même, il dépend de lui de les faire ou de ne pas les
faire. Volontaires sont donc les actions de ce genre, quoique
dans l'absolu[4] elles soient peut-être involontaires, puisque
personne ne choisirait jamais une pareille action en elle-même.
20   Les actions de cette nature[5] sont aussi parfois objet d'éloge
quand on souffre avec constance quelque chose de honteux ou

---

1. Sur ἁπλῶς, l. 9, cf. I, 1, 1095a1. Dans le présent passage, ἁπλῶς signifie
l'absence de circonstances particulières.

2. Mi-volontaires et mi-involontaires. Cf. le passage parallèle E.E., II, 8,
1225a33.

3. Sur les ὀργανικὰ μέρη, l. 16, cf. de Part. anim., II, 1, 646b26 sq. (et
notamment 647a3 sq.).

4. Indépendamment des circonstances.

5. Les μικταί.

d'affligeant en contrepartie de grands et beaux avantages; dans le cas opposé[1], au contraire, elles sont objet de blâme, car endurer les plus grandes indignités pour n'en retirer qu'un avantage nul ou médiocre est le fait d'une âme basse. Dans le cas de certaines actions, ce n'est pas l'éloge qu'on provoque, mais l'indulgence : c'est lorsqu'on accomplit une action qu'on ne doit pas faire, pour éviter des maux qui surpassent les forces 25 humaines et que personne ne pourrait supporter. Cependant il existe sans doute des actes qu'on ne peut jamais être contraint d'accomplir, et auxquels nous devons préférer subir la mort la plus épouvantable : car les motifs qui ont contraint par exemple l'Alcméon d'Euripide[2] à tuer sa mère apparaissent bien ridicules. Et s'il est difficile parfois de discerner, dans une action donnée, quel parti nous devons adopter et à quel prix[3], ou quel 30 mal nous devons endurer en échange de quel avantage, il est encore plus difficile de persister dans ce que nous avons décidé[4], car la plupart du temps ce à quoi l'on s'attend est pénible et ce qu'on est contraint de faire, honteux; et c'est pourquoi louange et blâme nous sont dispensés suivant que nous cédons ou que nous résistons à cette contrainte.

1. C'est-à-dire si on accepte de commettre des actions déshonorantes pour un minime avantage.

2. *Alcméon*, tragédie perdue d'Euripide, frgmt 69, Nauck. Alcméon tua sa mère Eryphile pour échapper aux malédictions de son père Amphiaraüs.

3. Sur le sens précis de ἀντί, l. 30, *cf.* Joachim, 98 : il ne s'agit pas du choix entre *deux* actions, de préférer telle action *au lieu de* telle autre. Il s'agit de peser, *dans une même et seule action*, les avantages et les désavantages qui peuvent en résulter : *that is not what is expressed in the phrases with* ἀντί *here* : ποῖον and ποίου, τί and τίνος, *are not alternative actions but advantages and disadvantages (pros and cons, profits and losses) in the same action.* Et Joachim renvoie à un passage de *Rhet.*, II, 23, 1399b13-19, où il est effectivement impossible de rendre ἀντί par *au lieu de*. Notre traduction s'est inspirée de ces judicieuses observations.

4. Comme conforme à la raison. La difficulté *ad immutabilitatem affectus* s'ajoute ici à la difficulté *ad judicium rationis* (St Thomas, 396 et 397, p. 115).

1110b   Quelles sortes d'actions faut-il dès lors appeler forcées ?
Ne devons-nous pas dire qu'au sens absolu, c'est lorsque leur
cause réside dans les choses hors de nous, et que l'agent n'y a
en rien contribué ? Les actions qui, en elles-mêmes, sont involontaires, mais qui, à tel moment et en retour d'avantages
déterminés, ont été librement choisies et dont le principe réside
dans l'agent, sont assurément en elles-mêmes involontaires,

5   mais, à tel moment et en retour de tels avantages, deviennent
volontaires et ressemblent plutôt à des actions volontaires : car
les actions font partie des choses particulières, et ces actions
particulières sont ici volontaires[1]. Mais quelles sortes de
choses doit-on choisir à la place de quelles autres, cela n'est
pas aisé à établir, car il existe de multiples diversités dans les
actes particuliers.

10   Et si on prétendait que les choses agréables et les choses
nobles ont une force contraignante (puisqu'elles agissent sur
nous de l'extérieur), toutes les actions seraient à ce compte-là
des actions forcées, car c'est en vue de ces satisfactions[2] qu'on
accomplit toujours toutes ses actions. De plus, les actes faits
par contrainte et involontairement sont accompagnés d'un
sentiment de tristesse, tandis que les actes ayant pour fin une
chose agréable ou noble sont faits avec plaisir. Il est dès lors

15   ridicule d'accuser les choses extérieures et non pas soi-même,
sous prétexte qu'on est facilement capté par leurs séductions,
et de ne se considérer soi-même comme cause que des bonnes
actions, rejetant la responsabilité des actions honteuses sur la
force contraignante du plaisir.

---

1. *Actiones sunt singulares et fiunt in circumstantiis singularibus ; sed
tales actiones in circumstantiis singularibus sunt volitae ; ergo sunt voluntariae*
(Sylv. Maurus, 54[2]).

2. L'agrément (le plaisir) ou la noblesse d'une chose.

Ainsi donc, il apparait bien que l'acte forcé soit celui qui a son principe hors de nous, sans aucun concours de l'agent qui subit la contrainte.

2
<Actes involontaires résultant de l'ignorance>

L'acte fait par ignorance[1] est toujours *non* volontaire ; il n'est *in*volontaire que si l'agent en éprouve affliction et repentir. En effet, l'homme qui, après avoir accompli par igno- rance une action quelconque, ne ressent aucun déplaisir de son 20 acte, n'a pas agi volontairement, puisqu'il ne savait pas ce qu'il faisait, mais il n'a pas non plus agi involontairement, puisqu'il n'en éprouve aucun chagrin. Les actes faits par ignorance sont dès lors de deux sortes : si l'agent en ressent du repentir, on estime qu'il a agi *in*volontairement ; et s'il ne se repent pas, on pourra dire, pour marquer la distinction avec le cas précédent,

---

1. Après avoir étudié les actions faites βίᾳ, qui sont l'objet du chap. 1, Aristote passe à l'examen des actes accomplis par ignorance. Ces actes ne sont pas réellement volontaires, puisque leur auteur n'agit pas en pleine connais- sance des circonstances et des effets. Mais ils ne sont pas non plus complète- ment involontaires. Aristote dira qu'ils sont *non volontaires*. Si toutefois, après avoir accompli un acte de ce genre, l'auteur en éprouve de l'affliction et du regret, l'acte tombe dans la catégorie des actes involontaires proprement dits et il est assimilé aux actes faits sous l'empire de la violence, car, explique St Thomas, 409, p. 118, *ille videtur esse nolens qui habet tristitiam et poenitu- dinem de eo quod propter ignorantiam fecit*. En d'autres termes, un pareil acte n'est pas imputable à l'agent. Si, au contraire, l'auteur n'en éprouve aucun regret, c'est qu'il en accepte la responsabilité, et l'acte demeure dans la classe des actes non volontaires. Pour l'ensemble de cette analyse, assurément subtile, mais dont l'importance est extrême pour l'établissement des bases de la mora- lité, on se reportera aux développements de St Thomas, n° 406 *sq.*, p. 118. Voir aussi *E.E.*, II, 9, 1227a36-1225b16.

qu'il a agi *non* volontairement[1] : puisque ce second cas est différent du premier, il est préférable, en effet, de lui donner un nom qui lui soit propre.

25   Il y a aussi, semble-t-il bien, une différence entre agir *par* ignorance et accomplir un acte *dans* l'ignorance[2] : ainsi, l'homme ivre ou l'homme en colère, pense-t-on, agit non par ignorance mais par l'une des causes que nous venons de mentionner[3], bien qu'il ne sache pas ce qu'il fait mais se trouve en état d'ignorance. Ainsi donc, tout homme pervers ignore les choses qu'il doit faire et celles qu'il doit éviter[4], et c'est cette

---

1. Suivant la remarque de Burnet, p. 117, il y a ainsi substitution de la contradiction à la contrariété.

2. Un acte peut avoir *l'ignorance pour cause* (δι' ἄγνοιαν, l. 25), ou être accompli *dans l'ignorance*, comme dans le cas de l'homme ivre ou de l'homme en colère : l'ignorance est alors *concomitans operationem*, et non *causa ejus* (St Thomas, 409, p. 118).

3. C'est-à-dire l'ivresse ou la colère.

4. Il s'agit non de l'ἀκρατής, qui connaît le bien, mais fait le mal, mais de l'ἀκόλαστος, qui ignore son véritable intérêt et qui, dans une circonstance donnée, accorde la préférence au mal sur le bien (*cf.* VII, 1 *sq.*). L'argumentation des l. 28-1111a2 est des plus délicates, et doit être comprise comme suit. La *méchanceté* (πονηρία) en général vient d'une ignorance à l'égard des choses qu'il faut faire ou éviter dans tel cas déterminé, mais cette ignorance n'a pas pour effet de rendre l'action involontaire (ni par suite de la rendre non imputable à son auteur). L'ignorance dans la *préférence* donnée au mal sur le bien (ἡ ἐν τῇ προαιρέσει ἄγνοια, l. 31), ou l'ignorance des règles *générales* de la moralité (ἡ καθόλου, l. 32), fait seulement l'action *coupable* (ἀλλὰ τῆς μοχθηρίας, l. 32). Seule peut rendre l'action involontaire (et par conséquent constituer une excuse pour son auteur) l'ignorance portant sur les *circonstances* qui individualisent l'acte moral (ἡ καθ' ἕκαστα, l. 33). Suivant la remarque de Robin (*Aristote*, p. 255), c'est là une rectification à la doctrine de Socrate et de Platon sur la méchanceté involontaire : l'ignorance n'est pas indéterminément la cause de la méchanceté ; une action est volontaire et imputable à son auteur quand son principe est dans l'agent lui-même et que celui-ci en connaît les circonstances singulières. Selon l'interprétation de Grant et de Stewart, adoptée par Burnet, il n'y a pas lieu (malgré la négation οὐδέ, l. 32) de distinguer entre l'ignorance ἐν τῇ προαιρέσει (préférence délibérative donnée au mal), et

sorte d'erreur qui engendre chez l'homme l'injustice et le vice en général. Mais on a tort de vouloir appliquer l'expression 30 *involontaire* à une action dont l'auteur est dans l'ignorance de ce qui lui est avantageux. En effet, ce n'est pas l'ignorance dans le choix délibéré qui est cause du caractère involontaire de l'acte (elle est seulement cause de sa perversité), et ce n'est pas non plus l'ignorance des règles générales de conduite (puisque une ignorance de ce genre attire le blâme) : <ce qui rend l'action involontaire>, c'est l'ignorance des particularités de l'acte, c'est-à-dire de ses circonstances et de son objet, car **1111a** c'est dans ces cas-là que s'exercent la pitié et l'indulgence, parce que celui qui est dans l'ignorance de quelqu'un de ces facteurs agit involontairement.

Dans ces conditions, il n'est peut-être pas sans intérêt de déterminer quelle est la nature et le nombre de ces particularités [1]. Elles concernent : l'agent lui-même ; l'acte ; la personne ou la chose objet de l'acte ; quelquefois encore ce par quoi l'acte est fait (c'est-à-dire l'instrument) ; le résultat qu'on en attend (par exemple, sauver la vie d'un homme) ; la façon enfin 5 dont il est accompli (doucement, par exemple, ou avec force) [2].

---

l'ignorance du καθόλου (celle des règles générales de conduite), car l'une et l'autre sont également l'ignorance de la majeure du syllogisme pratique. Au contraire, l'ignorance des καθ' ἕκαστα (l. 33) est l'ignorance de la mineure.

1. Dont l'ignorance rendra l'acte involontaire, et diminuera, par conséquent, ou même supprimera, la responsabilité de l'agent.

2. Les l. 3 à 5 énumèrent les différentes particularités d'une manière très concise : τίς est *l'agent* auteur de l'acte ; τί, *l'acte* lui-même ; περὶ τί ἢ ἐν τίνι, l'*objet*, personne ou chose, sur lequel roule l'action ; ἕνεκα τίνος, non pas la fin même de l'acte (car cela rentre dans l'ignorance ἐν τῇ προαιρέσει de l. 31, *supra*), mais *l'effet escompté* par l'agent (σωτηρίας : on veut sauver quelqu'un et on le tue). Aristote donnera des exemples de chacune de ces conditions, *infra*, l. 8-16. St Thomas (n° 415, p. 119) a parfaitement analysé ce difficile passage. Rappelons que les Scolastiques exprimaient dans le vers mnémotechnique suivant les circonstances qui accompagnent une action : *Quis, quid, ubi, quibus auxiliis, cur, quomodo, quando.*

Ces différentes circonstances, personne, à moins d'être fou, ne saurait les ignorer toutes à la fois ; il est évident aussi que l'ignorance ne peut pas non plus porter sur l'agent, car comment s'ignorer soi-même ? Par contre, l'ignorance peut porter sur l'acte, comme, par exemple, quand on dit : *cela leur a échappé en parlant*[1], ou *ils ne savaient pas qu'il s'agissait*
10 *de choses secrètes*, comme Eschyle le dit des Mystères[2], ou *voulant seulement faire une démonstration, il a lâché le trait*, comme le disait[3] l'homme au catapulte. On peut aussi prendre son propre fils pour un ennemi, comme Mérope[4], ou une lance acérée pour une lance mouchetée, ou une pierre ordinaire pour une pierre ponce[5] ; ou encore, avec l'intention de lui sauver la vie, tuer quelqu'un en lui donnant une potion[6] ; ou en voulant le
15 toucher légèrement, comme dans la lutte à main plate, le frapper pour de bon[7]. L'ignorance pouvant dès lors porter sur toutes ces circonstances au sein desquelles l'action se produit, l'homme qui a ignoré l'une d'entre elles est regardé comme ayant agi involontairement, surtout si son ignorance porte sur les plus importantes, et parmi les plus importantes sont,

---

1. Pour ce *locus vexatissimus*, comme l'appelle Burnet, p. 118-119, le plus simple est encore de lire. l. 9. avec Ramsauer (et, semble-t-il, Héliod.), λέγοντας, et, avec Aldine (éd.), αὐτούς. – Les trois premiers exemples concernent l'ignorance du τί (l. 4).

2. Sur cette locution passée en proverbe, cf. *Rep.*, VIII, 563c. – Eschyle (frgmt 334, Nauck) avait été accusé, devant l'Aréopage, d'avoir divulgué, dans plusieurs de ses tragédies, le secret des Mystères. Il se défendit en alléguant son ignorance (ce qui semble montrer, d'après l'interprétation de Clément d'Alexandrie, *Strom.*, II, 60, 3, qu'il n'était pas initié).

3. Pour s'excuser.

4. Dans *Cresphonte*, pièce perdue d'Euripide : *cf.* frgmt 497 Nauck, et *Poét.*, 14, 1454a5. Exemple d'ignorance ἐν τίνι, l. 4.

5. Deux exemples d'ignorance τίνι (ὀργάνῳ), l. 5.

6. Ignorance ἕνεκα τίνος, l. 5. – L. 14, nous lisons, avec Bonitz (*Ind. arist.*, 627b55), ποτίσας, au lieu de πίσας.

7. Ignorance πῶς (l. 6).

semble-t-il, celles qui tiennent à l'acte lui-même [1] et au résultat qu'on espérait.

Telle est donc la sorte d'ignorance qui permet d'appeler un acte, involontaire, mais encore faut-il que cet acte soit 20 accompagné, chez son auteur, d'affliction et de repentir.

3
<Acte volontaire>

Étant donné que ce qui est fait sous la contrainte ou par ignorance est involontaire, l'acte volontaire semblerait être ce dont le principe réside dans l'agent lui-même connaissant les circonstances particulières au sein desquelles son action se produit. Sans doute [2], en effet, est-ce à tort qu'on appelle invo-lontaires les actes faits par impulsivité ou par concupiscence. 25 D'abord, à ce compte-là on ne pourrait plus dire qu'un animal

---

1. L. 18, Ramsauer, suivi par Burnet, p. 119, met entre crochets ἐν οἷς ἡ πρᾶξις. Nous croyons préférable de conserver ces mots, et de comprendre : parmi les circonstances les plus importantes (κυριώτατα … ἐν οἷς) sont la πρᾶξις elle-même et la fin particulière poursuivie (οὗ ἕνεκα).

2. *E.E.*, II, 7, 1223a21-1223b35. L. 24 *sq.*, Aristote déclare, et prouve ensuite jusqu'à la fin du chapitre, qu'on ne doit pas qualifier d'involontaires (et par suite de non-imputables à leur auteur) les actes qui proviennent de l'*emportement* (θύμος, humeur, colère : *cf.* I, 1, 1094a2, note) ou de la *concupiscence* (ἐπιθυμία, *appétit* irrationnel : *cf.* aussi la note de 1094a2). – Sur le sens de ἑκούσιον et ἑκουσίως, *cf.* St Thomas, 427, p. 122 : *dicuntur* [les animaux et les enfants] *voluntarie operari, non quia operentur ex voluntate, sed quia proprio motu sponte agunt, ita quod a nullo exteriori moventur.* L. 24, οὐ καλῶς λέγεται vise Platon et l'Académie. On se reportera, pour en être convaincu, IXe livre des *Lois*, à la longue dissertation sur le volontaire et l'involontaire, le dommage et l'injustice, etc. On lira aussi avec intérêt l'étude de Gernet, dans l'*Introduction* à l'édition des *Lois*, publiée par Diès et E. des Places (Paris, 4 vol., 1951-1956), sur le droit pénal de la cité platonicienne (surtout, p. CLXXXVII *sq.*). Voir aussi Robin, *La Morale*, p. 155 *sq.*

agit de son plein gré, ni non plus un enfant [1]. Ensuite, est-ce que nous n'accomplissons jamais volontairement les actes qui sont dus à la concupiscence ou à l'impulsivité, ou bien serait-ce que les bonnes actions sont faites volontairement, et les actions honteuses involontairement ? Une telle assertion n'est-elle pas ridicule, alors qu'une seule et même personne est la cause des unes comme des autres [2] ? Mais sans doute est-il absurde de

30 décrire comme involontaire ce que nous avons le devoir de désirer : or nous avons le devoir, à la fois de nous emporter dans certains cas, et de ressentir de l'appétit pour certaines choses, par exemple pour la santé et l'étude. D'autre part, on admet que les actes involontaires s'accompagnent d'affliction, et les actes faits par concupiscence, de plaisir [3]. En outre, quelle différence y a-t-il, sous le rapport de leur nature involontaire, entre les erreurs commises par calcul, et celles commises par impulsivité [4] ? On doit éviter les unes comme les autres, et il

1111b nous semble aussi que les passions irrationnelles ne relèvent

1. *Premier argument* (l. 25-26): les animaux et les enfants n'agiraient jamais *sponte*, puisqu'ils agissent toujours sous l'influence de l'appétit irrationnel; or c'est là une chose manifestement inexacte.

2. *Second argument* (l. 27-29) : nous accomplissons *sponte*, même les actes où nous poussent la concupiscence et l'humeur, sinon on arriverait à soutenir que les καλά seuls sont volontaires, et les αἰσχρά seuls involontaires (cf. *supra*, 1, 1110b9-15). Or nous savons bien que la source de ces deux sortes d'action est unique et réside dans le même individu. Au surplus, ajoute Aristote (l. 30-31), il y a des cas où il est légitime de se mettre en colère et de désirer certains biens : comment qualifier de tels actes d'involontaires ?

3. *Autre argument*, qui doit être complété comme suit : or, comme les actes faits par concupiscence nous causent du plaisir, c'est qu'ils sont volontaires. *Cf.* St Thomas, 428, p. 122 : *violenta sunt cum tristitia. Sed illa quae fiunt secundum concupiscentiam, fiunt cum delectatione. Non ergo sunt involuntaria.*

4. *Dernier argument* : on ne peut pas accepter comme seules volontaires les actions qui procèdent de la *partie rationnelle* de l'âme (κατὰ λογισμόν, l. 33): toutes nos actions, qu'elles soient le fruit de la seule délibération, ou dictées par la passion, sont nôtres, et nous en sommes par conséquent responsables.

pas moins de l'humaine nature, de sorte que les actions qui procèdent de l'impulsivité ou de la concupiscence appartiennent aussi à l'homme qui les accomplit. Il est dès lors absurde de poser ces actions comme involontaires.

4
<Analyse du choix préférentiel>

Après avoir défini à la fois l'acte volontaire et l'acte involontaire, nous devons ensuite traiter en détail du choix 5 préférentiel[1] : car cette notion semble bien être étroitement apparentée à la vertu, et permettre, mieux que les actes, de porter un jugement sur le caractère de quelqu'un[2].

Ainsi donc, le choix est manifestement quelque chose de volontaire, tout en n'étant pas cependant identique à l'acte volontaire, lequel a une plus grande extension[3]. En effet, tandis qu'à l'action volontaire enfants et animaux ont part[4], il n'en est pas de même pour le choix ; et les actes accomplis spontanément[5], nous pouvons bien les appeler volontaires, mais non pas dire qu'ils sont faits par choix.   10

1. Sur le sens de προαίρεσις (*choix délibéré, préférentiel* : pour plus de commodité, nous dirons *choix* tout court), *cf.* I, 1, 1094a2, note. L'acte moral est un acte non seulement volontaire, mais pleinement délibéré, c'est le fruit d'une *préférence* entre plusieurs partis à prendre ; il est, disent les Scolastiques, *electivus*. Pour ce chap., *cf.* aussi *E.E.*, II, 11, 1228a11-20 ; II, 10, 1225b19-1226a17.

2. *Supra*, II, 3, 1105a26 *sq.*

3. Ainsi que nous allons le voir.

4. Parce que le principe de ces actes est en eux.

5. Par une impulsion irréfléchie, comme chez les enfants et les animaux. Et même, pour Aristote, tout est volontaire dans la nature, puisque la nature est un principe interne de mouvement (*Phys.*, I, 9, 192b21) et que tous les êtres naturels ont une tendance spontanée vers un but.

Ceux qui prétendent[1] que le choix est un appétit, ou une impulsivité, ou un souhait, ou une forme de l'opinion, soutiennent là, semble-t-il, une vue qui n'est pas correcte.

En effet, le choix n'est pas une chose commune à l'homme et aux êtres dépourvus de raison, à la différence de ce qui a lieu pour la concupiscence et l'impulsivité. De plus, l'homme intempérant agit par concupiscence, mais non par choix, tandis que l'homme maître de lui, à l'inverse, agit par choix et non par concupiscence[2]. En outre, un appétit peut être contraire à un choix, mais non un appétit à un appétit[3]. Enfin, l'appétit relève du plaisir et de la peine, tandis que le choix ne relève ni de la peine, ni du plaisir[4].

Encore moins peut-on dire que le choix est une impulsion, car les actes dus à l'impulsivité semblent être tout ce qu'il y a de plus étranger à ce qu'on fait par choix.

---

1. Passage dialectique, estime Burnet, p. 123, et qui ne vise aucune école déterminée. St Thomas (437, p. 125) explique fort clairement pour quelles raisons on a pu être tenté d'identifier la προαίρεσις avec la concupiscence, l'humeur, le souhait ou l'opinion : ... *electionem esse concupiscentiam, quia utrumque importat motum appetitus in bonum... iram, forte propter hoc quod in utraque est quidam usus rationis. Quidam vero considerantes quod electio est sine passione, attribuunt electionem parti rationali, vel quantum ad appetitum, dicentes eam esse voluntatem, vel quantum ad apprehensionem, dicentes eam esse quamdam opinionem.* Aristote va réfuter ces différentes erreurs (et par là même définir la nature de la προαίρεσις) dans les lignes qui suivent : pour ἐπιθυμία, l. 12-18; θύμος, l. 18-19; βούλησις, l. 19-30; δόξα, l. 30-1112a13.

2. La προαίρεσις diffère donc de l'ἐπιθυμία.

3. Il peut y avoir conflit entre la concupiscence et la προαίρεσις pour un objet déterminé (on peut désirer une chose et choisir de ne pas la faire), mais il n'y a pas de conflit possible entre désirs portant sur le même objet : pour emprunter l'exemple de Rackham, p. 130, on ne peut pas en même temps désirer manger un gâteau et désirer ne pas le manger.

4. Mais du bien et du mal.

Mais le choix n'est certainement pas non plus un souhait[1], 20
bien qu'il en soit visiblement fort voisin. Il n'y a pas de choix,
en effet, des choses impossibles, et si on prétendait faire porter
son choix sur elles on passerait pour insensé; au contraire,
il peut y avoir souhait des choses impossibles, par exemple
de l'immortalité. D'autre part, le souhait peut porter sur des
choses[2] qu'on ne saurait d'aucune manière mener à bonne fin
par soi-même, par exemple faire que tel acteur ou tel athlète
remporte la victoire; au contraire, le choix ne s'exerce jamais 25
sur de pareilles choses, mais seulement sur celles qu'on pense
pouvoir produire par ses propres moyens. En outre, le souhait
porte plutôt sur la fin, et le choix, sur les moyens pour parvenir
à la fin : par exemple, nous souhaitons être en bonne santé,
mais nous choisissons les moyens qui nous feront être en
bonne santé; nous pouvons dire encore que nous souhaitons
d'être heureux, mais il est inexact de dire que nous choisissons
de l'être : car, d'une façon générale, le choix porte, selon toute 30
apparence, sur les choses qui dépendent de nous.

On ne peut pas non plus dès lors identifier le choix à l'opinion. L'opinion, en effet, semble-t-il bien, a rapport à toute
espèce d'objets, et non moins aux choses éternelles ou impossibles qu'aux choses qui sont dans notre dépendance; elle se
divise selon le vrai et le faux, et non selon le bien et le mal,
tandis que le choix, c'est plutôt selon le bien et le mal qu'il se
partage[3].

À l'opinion prise en général, personne sans doute ne **1112a**
prétend identifier le choix; mais le choix ne peut davantage

---

1. Sur le sens de βούλησις, qui est ici nettement distinguée de la notion
voisine προαίρεσις, *cf.* I, 1, 1094a2, note.

2. Même possibles, mais...

3. Comme le rappelle St Thomas, 449, p. 127, *ea quae diversiis differentiis
dividuntur, differunt, non sunt idem.* Une opinion, *quia pertinet ad vim cogni-
tivam*, est vraie ou fausse, tandis qu'un choix, *quia pertinet ad vim appetitivam*,
est bon ou mauvais.

20 sans doute appeler[1] un objet de délibération non pas ce sur quoi
délibérerait un imbécile, ou un fou, mais ce sur quoi peut
délibérer un homme sain d'esprit. Or, sur les entités éternelles[2]
il n'y a jamais de délibération : par exemple, l'ordre du Monde
ou l'incommensurabilité de la diagonale avec le côté du carré.
Il n'y a pas davantage de délibération sur les choses qui sont en
mouvement mais se produisent toujours de la même façon[3],
25 soit par nécessité, soit par nature, soit par quelque autre cause :
tels sont, par exemple, les solstices et le lever des astres. Il
n'existe pas non plus de délibération sur les choses qui arrivent
tantôt d'une façon, tantôt d'une autre, par exemple les séche-
resses et les pluies, ni sur les choses qui arrivent par fortune,
par exemple la découverte d'un trésor[4]. Bien plus : la délibération ne porte même pas sur toutes les affaires humaines sans
exception : ainsi, aucun Lacédémonien ne délibère sur la
meilleure forme de gouvernement pour les Scythes. C'est
30 qu'en effet, rien de tout ce que nous venons d'énumérer ne
pourrait être produit par nous[5].

1. Supposition préliminaire, qui restera sous-entendue dans toutes les
explications qui suivent.

2. *Quae semper sunt et sine motu* (St Thomas, 460, p. 130). Il s'agit des
réalités métaphysiques, séparées de la matière, ainsi que des notions mathématiques, abstraites du sensible. – Sur l'exemple de l'incommensurabilité de la
diagonale et du côté du carré, *cf.* entre autres textes, *Met.*, A, 2, 983a16, et la
note de notre commentaire, I, p. 10.

3. Suivant un cours régulier et invariable, résultant soit ἐξ ἀνάγκης (pour
les corps inanimés : solstices et levers des constellations), soit φύσει (pour les
corps animés : par exemple la croissance d'un animal, régie par une loi interne à
laquelle il est impossible d'échapper).

4. Le beau temps et la pluie sont des accidents qui arrivent ἀπὸ ταὐτό-
ματου et n'obéissent à aucune règle ; la découverte d'un trésor arrive ἀπὸ
τύχης. Sur la distinction entre ces deux formes de hasard, cf. *supra*, II, 3,
1105a23, note.

5. L'objet de la délibération se réduit, en somme, à ce qui tombe sous notre
pouvoir et sur quoi nous pouvons agir. Aristote va le préciser. Rackham modifie
profondément la disposition des l. 25 *sq.* Nous adoptons l'ordre traditionnel.

Mais nous délibérons sur les choses qui dépendent de nous et que nous pouvons réaliser : et ces choses-là sont, en fait, tout ce qui reste[1], car on met communément au rang des causes, nature, nécessité et fortune, et on y ajoute l'intellect et toute action dépendant de l'homme. Et chaque classe d'hommes délibère sur les choses qu'ils peuvent réaliser par eux-mêmes[2].

Dans le domaine des sciences, celles qui sont précises et **1112b** pleinement constituées[3] ne laissent pas place à la délibération : par exemple, en ce qui concerne les lettres de l'alphabet (car nous n'avons aucune incertitude sur la façon de les écrire). Par contre, tout ce qui arrive par nous et dont le résultat n'est pas toujours le même, voilà ce qui fait l'objet de nos délibérations : par exemple, les questions de médecine ou d'affaires d'argent. Et nous délibérons davantage sur la navigation que sur la **5** gymnastique, vu que la navigation a été étudiée d'une façon moins approfondie, et ainsi de suite pour le reste. De même

1. *Idest*, explique St Thomas (466, p. 131) *ea quae sunt in nobis de quibus dicimus esse concilium*. L'énumération des causes qui suit est traditionnelle. À côté de la nécessité, du hasard et de la nature, il y a place pour l'intelligence et le pouvoir des hommes.

2. Les *choses qui dépendent de nous* (τά ἐφ' ἡμῖν) ont donc un sens relatif, et varient suivant les individus. – Alexandre d'Aphrodise, dans son *de Anima liber cum mantissa* (Bruns (ed.), Berlin, 1887, *Coll. Acad.*, *Suppl. arist.*, II, 1), a consacré aux ἐφ' ἡμῖν deux dissertations (169, 23-172, 15 ; 172, 16-175, 32) sous le titre commun τῶν παρὰ Ἀριστοτέλους περὶ τοῦ ἐφ' ἡμῖν.

3. Cf. *An. post.*, I, 27, 87a31-37 (p. 142 et 143, avec les notes de notre traduction), qui énumère les conditions auxquelles une science est ἀκριβεσ-τέρα et προτέρα (*cf.* aussi *Met.*, A, 2, 982a26, t. I, p. 14-15, de notre commentaire). D'autre part, une science αὐτάρκης (l. 1 : c'est le seul passage où Aristote applique cette qualification à la science) est une science indépendante, se suffisant à elle-même, *ita scilicet quod effectus operis non dependet ex eventu alicujus extrinseci* (St Thomas, 467, p. 131). Le terme αὐτάρκεις renforce ici le mot ἀκριβεῖς : il s'agit de sciences ne laissant place à aucune incertitude, ce qui rend évidemment vaines toute délibération et toute dispute. C'est le cas pour l'*orthographe* (περὶ γραμμάτων, l. 2), dont les règles sont bien établies et ne peuvent donner lieu à aucune hésitation.

nous délibérons davantage sur les arts que sur les sciences, car
nous sommes à leur sujet dans une plus grande incertitude[1]. La
délibération a lieu dans les choses qui, tout en se produisant
avec fréquence[2], demeurent incertaines dans leur aboutissement, ainsi que là où l'issue est indéterminée. Et nous nous
10 faisons assister d'autres personnes pour délibérer sur les
questions importantes, nous défiant de notre propre insuffisance à discerner ce qu'il faut faire.

Nous délibérons non pas sur les fins elles-mêmes, mais sur
les moyens d'atteindre les fins[3]. Un médecin ne se demande
pas s'il doit guérir son malade, ni un orateur s'il entraînera la
persuasion, ni un politique s'il établira de bonnes lois, et dans
les autres domaines on ne délibère jamais non plus sur la fin à
15 atteindre. Mais, une fois qu'on a posé la fin, on examine
comment et par quels moyens elle se réalisera; et s'il apparaît
qu'elle peut être produite par plusieurs moyens, on cherche
lequel entraînera la réalisation la plus facile et la meilleure. Si
au contraire la fin ne s'accomplit que par un seul moyen, on
considère comment par ce moyen elle sera réalisée, et ce moyen
à son tour par quel moyen il peut l'être lui-même, jusqu'à ce
qu'on arrive à la cause immédiate[4], laquelle, dans l'ordre de la

---

1. *Disciplinae quae majorem habent incertitudinem magis consultant,
quae minorem habent incertitudinem minus consultant* (Sylv. Maurus, 61[2]).

2. Sur τὸ ἐπὶ τὸ πολύ, *cf.* I, 1, 1094b21, note. – L. 9, le texte est probablement corrompu. Après ἐν οἷς, Rassow, suivi par Burnet, propose d'insérer τὸ
ὡς δεῖ. Mais on peut conserver le texte tel qu'il est (Bywater) en sous-entendant
πῶς ἀποβήσεται.

3. *E.E.*, II, 10, 1226b10-1227a5.

4. L. 19, τὸ πρῶτον αἴτιον est, non pas la cause la plus éloignée, mais *la
cause la plus rapprochée*, celle qui est immédiatement au pouvoir de l'agent et
qui est découverte en dernier lieu. *Cf.* la dissertation de Hamelin, *Physique II*,
p. 98-105 (sur *Phys.*, II, 3, 195b25), et Joachim, 102-103 : « *If we represent the
end as* x, *and the series of means working back to it as* w, v, u, t, …, *then we are
supposed to know that* x *can be realized through* w (δι' ἑνός, b17), *and we ask
"Through what means* (πῶς, b18) *will* x *be realized through* w, *i.e. through*

découverte, est dernière. En effet, quand on délibère on semble 20
procéder, dans la recherche et l'analyse dont nous venons de
décrire la marche, comme dans la construction d'une figure[1]
(s'il est manifeste que toute recherche n'est pas une délibération, par exemple l'investigation en mathématiques, par contre
toute délibération est une recherche)[2], et ce qui vient dernier
dans l'analyse est premier dans l'ordre de la génération. Si on
se heurte à une impossibilité, on abandonne la recherche, par 25

what means will w *be reached?" We find it will be reached through* v (ἐκεῖνο,
b18)*, and then we ask "Through what means will* v *be reached* (κἀκεῖνο διὰ
τίνος)*?" ».

1. Sur le sens de διάγραμμα, l. 21 (*proposition* géométrique, *démonstration, figure*), cf. *An. prior*, I, 24, 41b14; *de Soph.*, 16, 175a27. Voir aussi Bonitz,
in Met., 150, et *Ind. arist.*, 178a3. Aristote donne un exemple de διάγραμμα,
dans *Met.*, Θ, 9, 1051a21 *sq*. (II, p. 519-520 de notre traduction). La pensée
d'Aristote est celle-ci. Ce qui est premier ontologiquement est dernier chronologiquement. Dans la construction d'une figure géométrique par voie d'analyse, ce qui vient au terme de l'analyse sera premier *dans la génération* (ἐν τῇ
γενέσει, l. 24), c'est-à-dire dans la marche inverse de la synthèse et de l'exposition déductive. On pose d'abord la figure à construire, qui est inconnue, et on
s'efforce d'obtenir, par réductions successives à des figures de mieux en mieux
connues, une figure simple dont toutes les propriétés sont familières, et qui
marque à la fois la fin de la recherche et le commencement de la démonstration.
Il en est de même, selon Aristote, pour celui qui, en tout ordre de recherche (le
médecin, par exemple), tend à réaliser une fin (la santé du malade) qui n'est pas
immédiatement en son pouvoir. Pour parvenir à cette fin, il emploiera une
cascade de moyens de plus en plus accessibles, jusqu'à ce qu'il arrive à
posséder un moyen qui lui permette d'agir et qui sera en même temps le dernier
terme de la consultation et le premier de l'exécution (ou, comme le dit Aristote,
de la génération, de la production de la fin). Un exemple caractéristique de la
marche de la pensée est donné *Met.*, Z, 7, 1032b6-30 (I, p. 381-383 et notes
de notre traduction), où Aristote explique la façon dont le « sain » est réalisé
par le médecin à l'aide d'un double processus, syllogisme intérieur d'abord et
syllogisme d'éxécution ensuite, l'ordre de réalisation étant inverse de l'ordre de
représentation.

2. Nous avons mis les l. 21-23 (φαίνεται ... ζήτησις) entre parenthèses,
pour dégager la pensée.

exemple s'il nous faut de l'argent[1] et qu'on ne puisse pas s'en procurer; si au contraire une chose apparaît possible, on essaie d'agir.

Sont possibles les choses qui peuvent être réalisées par nous, <et cela au sens large>[2], car celles qui se réalisent par nos amis sont en un sens réalisées par nous, puisque le principe de leur action est en nous.

L'objet de nos recherches[3], c'est tantôt l'instrument lui-même, tantôt son utilisation. Il en est de même dans les autres domaines : c'est tantôt l'instrument, tantôt la façon de s'en servir, autrement dit par quel moyen[4].

Il apparaît ainsi, comme nous l'avons dit, que l'homme est principe de ses actions et que la délibération porte sur les choses qui sont réalisables par l'agent lui-même ; et nos actions tendent à d'autres fins qu'elles-mêmes. En effet, la fin ne saurait être un objet de délibération, mais seulement les moyens en vue de la fin. Mais il faut exclure aussi les choses parti-culières[5], par exemple si ceci est du pain, ou si ce pain a été cuit comme il faut, car ce sont là matières à sensation. – Et si on devait toujours délibérer, on irait à l'infini[6].

L'objet de la délibération et l'objet du choix sont iden-tiques, sous cette réserve que lorsqu'une chose est choisie elle a déjà été déterminée[7], puisque c'est la chose jugée préférable à la suite de la délibération qui est choisie. En effet, chacun cesse de rechercher comment il agira quand il a ramené à lui-

---

1. Pour réaliser une fin posée. Faute d'argent on abandonne à la fois recherche et fin.

2. Mots ajoutés par nous.

3. Rackham insère à titre explicatif les mots : *In practising an art*.

4. L. 30, δι' οὗ désigne l'*instrument*, et πῶς (renforcé par διὰ τίνος qui suit) est l'utilisation.

5. Cf. *E.E.*, II, 10, 1227a6-30.

6. Application au domaine de la délibération de l'ἀνάγκη στῆναι.

7. Elle n'est plus un problème.

même le principe de son acte, et à la partie directrice de lui-même[1], car c'est cette partie qui choisit. Ce que nous disons là s'éclaire encore à la lumière des antiques constitutions qu'Homère nous a dépeintes : les rois annonçaient à leur peuple le parti qu'ils avaient adopté[2].

L'objet du choix étant, parmi les choses en notre pouvoir, 10 un objet de désir sur lequel on a délibéré, le choix sera un désir délibératif des choses qui dépendent de nous[3] ; car une fois que nous avons décidé à la suite d'une délibération, nous désirons alors conformément à notre délibération.

6
<Analyse du souhait raisonné>

Ainsi donc, nous pouvons considérer avoir décrit le choix dans ses grandes lignes, déterminé la nature de ses objets et établi qu'il s'applique aux moyens conduisant à la fin.

Passons au souhait[4]. Qu'il ait pour objet la fin elle-même, 15 nous l'avons déjà indiqué[5] ; mais tandis qu'aux yeux de

---

1. L'homme est principe de ses actes, et c'est là le fondement de la moralité. Plus exactement (καὶ, l. 6), c'est la *partie dominante* de l'homme (τὸ ἡγούμενον), son νοῦς, son intellect, qui opère le choix entre plusieurs possibles, après délibération. On sait le rôle de τὸ ἡγεμονικόν dans la doctrine stoïcienne.

2. Simple comparaison, montrant que la délibération précède le choix, lequel, de son côté, est ἀρχὴ πράξεως (*cf.* Aspasius, 74, 35 *sq.*).

3. On obtient ainsi la définition suivante de la προαίρεσις (Sylv. Maurus, 64[1]) : *appetitus preferens aliis aliquid ex iis quae conducunt ad finem, ex deliberatione, qua propositum fuit ut preferendum*, ou plus brièvement, *appetitus medii ex consultatione*. Nous sommes ici au cœur même de l'Éthique, et en mesure de marquer les trois étapes de l'acte moral : délibération, choix préférentiel et désir, lequel suit le résultat de la délibération.

4. Après avoir traité de la προαίρεσις, qui est *appetitus mediorum*, il faut traiter de la βούλησις, qui est *appetitus finis*.

5. 4, 1111b26.

certains[1] son objet est le bien véritable, pour d'autres, au
contraire, c'est le bien apparent. Mais ceux pour qui le bien
véritable est l'objet du souhait, en arrivent logiquement à ne
pas reconnaître pour objet de souhait ce que souhaite l'homme
qui choisit une fin injuste (car si on admettait que c'est là un
objet de souhait, on admettrait aussi que c'est une chose
bonne; or, dans le cas supposé, on souhaitait une chose mau-
20 vaise). En revanche, ceux pour qui c'est le bien apparent qui est
objet de souhait, sont amenés à dire qu'il n'y a pas d'objet de
souhait par nature, mais que c'est seulement ce qui semble bon
à chaque individu : or telle chose paraît bonne à l'un, et telle
autre chose à l'autre, sans compter qu'elles peuvent même, le
cas échéant, être en opposition[2].

Si ces conséquences ne sont guère satisfaisantes, ne doit-
on pas dire que, dans l'absolu et selon la vérité, c'est le bien
réel qui est l'objet du souhait, mais que pour chacun de nous
c'est ce qui lui apparaît comme tel ? Que, par conséquent, pour
25 l'honnête homme, c'est ce qui est véritablement un bien, tandis
que pour le méchant c'est tout ce qu'on voudra ? N'en serait-il
pas comme dans le cas de notre corps : un organisme en bon
état trouve salutaire ce qui est véritablement tel, alors que pour
un organisme débilité ce sera autre chose qui sera salutaire ; et
il en serait de même pour les choses amères, douces, chaudes,
pesantes, et ainsi de suite dans chaque cas[3] ? En effet, l'homme

---

1. Platon (*Gorgias*, 466e *sq.*).

2. Les deux théories sont donc, par leurs conséquences, également inac-
ceptables. Aristote va proposer une solution qui les conciliera. – L. 23, ἁπλῶς
καὶ κατ᾽ ἀλήθειαν (= τῷ ὄντι), *simpliciter et ex natura*. Cf. *E.E.*, II, 10,
1227a31-1227b4.

3. *Amara et dulcia secundum veritatem videntur illis qui habent gustum
bene dispositum, et calida iis qui habent tactum bene dispositum*, etc. ...
(St Thomas, 493, p. 139). Sur cette relativité des sensations on se reportera
à *Met.*, Γ, 5 en entier, et notamment 1010b1-10 (p. 225-226 du t. I de notre
traduction), où Aristote critique avec vivacité la doctrine de Protagoras.

de bien juge toutes choses avec rectitude, et toutes lui appa- 30
raissent comme elles sont véritablement. C'est que, à chacune
des dispositions de notre nature il y a des choses bonnes
et agréables qui lui sont appropriées; et sans doute, ce qui
distingue principalement l'homme de bien, c'est qu'il perçoit
en toutes choses la vérité qu'elles renferment, étant pour elles
en quelque sorte une règle et une mesure[1]. Chez la plupart des
hommes, au contraire, l'erreur[2] semble bien avoir le plaisir
pour cause, car, tout en n'étant pas un bien, il en a l'apparence;
aussi choisissent-ils ce qui est agréable comme étant un bien, et **1113b**
évitent-ils ce qui est pénible comme étant un mal.

7
<La vertu et le vice sont volontaires>

La fin étant ainsi objet de souhait, et les moyens pour
atteindre à la fin, objets de délibération et de choix, les actions
concernant ces moyens seront faites par choix et seront volon- 5
taires; or l'activité vertueuse a rapport aux moyens; par conséquent, la vertu dépend aussi de nous[3]. Mais il en est également
ainsi pour le vice. En effet, là où il dépend de nous d'agir, il
dépend de nous aussi de ne pas agir, et là où il dépend de nous
de dire non, il dépend aussi de nous de dire oui; par conséquent, si agir, quand l'action est bonne, dépend de nous, ne pas
agir, quand l'action est honteuse, dépendra aussi de nous, et si

1. Allusion à la fameuse maxime de Protagoras sur l'homme mesure des
choses (cf. *Théét.*, 152a, 160d, etc.).

2. À savoir, la *deceptio in discretione boni vel mali* (St Thomas, 495,
p. 139).

3. Le syllogisme est le suivant. Les actes tendant à réaliser les moyens sont
volontaires; or l'activité vertueuse a rapport aux moyens; donc l'activité vertueuse (la vertu) est volontaire. *Cf.* St Thomas, 496, p. 141. – L. 4, περὶ ταῦτα,
circa ea quae sunt ad finem (à savoir, les moyens).

10 ne pas agir, quand l'abstention est bonne, dépend de nous, agir,
quand l'action est honteuse, dépendra aussi de nous. Mais s'il
dépend de nous d'accomplir les actions bonnes et les actions
honteuses, et pareillement encore de ne pas les accomplir, et si
c'est là essentiellement, disions-nous[1], être bons ou mauvais,
il en résulte qu'il est également en notre pouvoir d'être
intrinsèquement vertueux ou vicieux.

La maxime suivant laquelle :

15   Nul n'est volontairement pervers, ni malgré soi bienheureux[2].

est, semble-t-il, partiellement vraie et partiellement fausse. Si
personne, en effet, n'est bienheureux à contre-cœur, par contre
la perversité est bien volontaire. Ou alors, il faut remettre en
question ce que nous avons déjà soutenu[3], et refuser à l'homme

---

1. *Cf.* 4, 1112a1 – L. 12, l'imparfait ἦν, fréquemment employé par Aristote
en ce sens, signifie *disions-nous* (*Ind. arist.*, 220a45). L. 12 et 13, l'infinitif avec
un nom au datif (τὸ ἀγαθοῖς καὶ κακοῖς εἶναι ... τὸ ἐπιεικέσι καὶ φαύλοις
εἶναι) *significat notionem substantiatem* (*Ind. arist.*, 221a34). Voir aussi
Waitz, *Aristotle Organon*, I, p. 271; Trendelenburg, *de An.*, p. 160, note (éd.
Belger); Ps. Alex., *in Met. comm.*, 468, p. 4-5, Hayd. Le raisonnement des l. 11-
13 est dès lors le suivant. Ce sont les actes que nous accomplissons en vertu de
notre libre choix qui font que nous sommes bons ou mauvais, qui déterminent la
qualité de notre nature morale. Par conséquent, il dépend de nous de réaliser en
nous, par notre conduite, un *habitus*, une disposition permanente vers le bien
(ce sera la vertu) ou vers le mal (ce sera le vice). En d'autres termes, les ἕξεις
sont le produit des πράξεις.

2. Vers d'un auteur inconnu (Solon?). – Dans ce passage, et dans tout le
chapitre, Aristote a en vue, pour la critiquer, la théorie socratique de la vertu-
science. Socrate admettait bien que « nul n'est méchant volontairement » (c'est
la première partie du vers cité), mais il entendait maintenir le caractère volontaire de la vertu, et se gardait de dire que « nul n'est vertueux volontairement ».
Aristote va s'efforcer de montrer, tout au long du chapitre, que vice et vertu
doivent être traités de la même façon, et qu'ils sont, l'un comme l'autre, ou
volontaires ou involontaires.

3. À plusieurs reprises, et notamment 5, 1112b31 *sq.* – Pour tout ce
passage, cf. *E.E.*, II, 6, 1222b15-1223a4.

d'être principe et générateur de ses actions, comme il l'est
de ses enfants[1]. Mais s'il est manifeste que l'homme est bien
l'auteur de ses propres actions[2], et si nous ne pouvons pas
ramener nos actions à d'autres principes que ceux qui sont en 20
nous[3], alors les actions dont les principes sont en nous
dépendent elles-mêmes de nous et sont volontaires[4].

En faveur de ces considérations, on peut, semble-t-il,
appeler en témoignage à la fois le comportement des individus dans leur vie privée et la pratique des législateurs
eux-mêmes[5] : on châtie, en effet, et on oblige à réparation ceux
qui commettent des actions perverses, à moins qu'ils n'aient
agi sous la contrainte ou par une ignorance dont ils ne sont pas
eux-mêmes causes, et, d'autre part, on honore ceux qui accom- 25
plissent de bonnes actions, et on pense ainsi encourager ces
derniers et réprimer les autres. Mais les choses qui ne dépendent pas de nous et ne sont pas volontaires, personne n'engage
à les faire, attendu qu'on perdrait son temps à nous persuader
de ne pas avoir chaud, de ne pas souffrir, de ne pas avoir faim,
et ainsi de suite, puisque nous n'en serons pas moins sujets
à éprouver ces impressions[6]. Et, en effet, nous punissons 30
quelqu'un pour son ignorance même, si nous le tenons pour
responsable de son ignorance, comme par exemple dans le cas

---

1. Cf. *E.E.*, *loc. cit.*, 1222b17 : ... γεννᾶν οἶον ἄνθρωπος ἀνθρώπους, καὶ
ζῷον ὂν ὅλως ζῷα καὶ φυτὸν φυτά.

2. εἰ δὲ ταῦτα φαίνεται, l. 19.

3. Ce qui exclut les autres principes, à savoir la nécessité, la nature et la
fortune (cf. *supra*, 5, 1112a31 *sq.*).

4. Et par conséquent aussi la vertu et le vice en leur qualité d'ἕξεις.

5. *Cf.* 5, 13, 1102a7 *sq.* – Aristote fait appel à des arguments qui
deviendront classiques.

6. St Thomas (504, p. 142) dégage la conclusion qui résulte de ces
remarques. *Si non provocamur ad ea quae non sunt in nobis, provocamur autem
ad faciendum bona et vitandum mala, consequens est quod ista insunt nobis.*

d'ébriété où les pénalités des délinquants sont doublées[1], parce
que le principe de l'acte réside dans l'agent lui-même, qui était
maître de ne pas s'enivrer et qui est ainsi responsable de son
ignorance. On punit également ceux qui sont dans l'ignorance
de quelqu'une de ces dispositions légales[2] dont la connaissance est obligatoire et ne présente aucune difficulté. Et nous
1114a agissons de même toutes les autres fois où l'ignorance nous
paraît résulter de la négligence, dans l'idée qu'il dépend des
intéressés de ne pas demeurer dans l'ignorance, étant maîtres
de s'appliquer à s'instruire.

Mais sans doute, <dira-t-on>, un pareil homme est fait de
telle sorte qu'il est incapable de toute application[3]? Nous
répondons qu'en menant une existence relâchée les hommes
sont personnellement responsables d'être devenus eux-mêmes
5 relâchés[4], ou d'être devenus injustes ou intempérants, dans
le premier cas en agissant avec perfidie et dans le second en
passant leur vie à boire ou à commettre des excès analogues :
en effet, c'est par l'exercice des actions particulières qu'ils
acquièrent un caractère du même genre qu'elles. On peut s'en
rendre compte en observant ceux qui s'entraînent en vue d'une
compétition ou d'une activité quelconque : tout leur temps se
passe en exercices. Aussi, se refuser à reconnaître que c'est à
10 l'exercice de telles actions particulières que sont dues les dispositions de notre caractère est le fait d'un esprit singulièrement

---

1. Cf. *Pol.*, II, 12, 1274b18 (Newman, II, p. 384), et *Rhet.*, II, 25, 1402b10,
où il est rapporté que Pittacos, l'un des sept Sages et législateur de Mytilène,
promulgua une loi de ce genre sur l'ébriété.

2. Aristote veut dire, bien entendu, qu'on punit *les délits* commis par
ignorance de la loi.

3. ... *quod aliquis naturaliter talis est ut non sit diligens. Sicut videmus
phlegmaticos naturaliter esse pigros, cholericos autem iracundos* (St Thomas,
507, p. 144).

4. Nous connaissons cette influence des actes singuliers sur la formation du
caractère. *Cf.* II, 1, 1103b21 *sq.*

étroit. En outre, il est absurde de supposer que l'homme qui commet des actes d'injustice ou d'intempérance ne souhaite pas être injuste ou intempérant[1] ; et si, sans avoir l'ignorance pour excuse, on accomplit des actions qui auront pour conséquence de nous rendre injuste, c'est volontairement qu'on sera injuste. Il ne s'ensuit pas cependant qu'un simple souhait suffira pour cesser d'être injuste et pour être juste, pas plus que ce n'est ainsi que le malade peut recouvrer la santé, quoiqu'il 15 puisse arriver qu'il soit malade volontairement en menant une vie intempérante et en désobéissant à ses médecins : c'est au début qu'il lui était alors possible de ne pas être malade, mais une fois qu'il s'est laissé aller, cela ne lui est plus possible, de même que si vous avez lâché une pierre vous n'êtes plus capable de la rattraper, mais pourtant il dépendait de vous de la jeter et de la lancer, car le principe de votre acte était en vous. Ainsi en est-il pour l'homme injuste ou intempérant : au début il leur était possible de ne pas devenir tels, et c'est ce qui fait 20 qu'ils le sont volontairement ; et maintenant qu'ils le sont devenus, il ne leur est plus possible de ne pas l'être[2].

Et non seulement les vices de l'âme sont volontaires[3], mais ceux du corps le sont aussi chez certains hommes, lesquels encourent pour cela le blâme de notre part. Aux hommes qui sont laids par nature, en effet, nous n'adressons aucun reproche, tandis que nous blâmons ceux qui le sont par défaut

---

1. *Si aliquis vult aliquam causam ex qua scit sequi talem effectum, consequens est quod velit illum effectum* (St Thomas, 512, p. 145). Pour tout ce passage, où la doctrine de la vertu-science est mise en cause, on se reportera à *Mag. Mor.*, I, 9, 1187a8. Certains éditeurs (Rackham notamment) proposent une disposition nouvelle des l. 11 *sq.* Nous estimons que le texte de Susemihl respecte suffisamment l'enchaînement des idées.

2. Tout au moins *statim*, remarque justement St Thomas (513, p. 145), mais si l'on veut se corriger *ad hoc requiritur magnum studium et exercitium.*

3. Aristote va maintenant prouver sa thèse sur le caractère volontaire du vice et de la vertu au moyen d'une comparaison avec les défauts corporels.

25 d'exercice et de soin. Même observation en ce qui concerne la faiblesse ou l'infirmité corporelle : on ne fera jamais grief à quelqu'un d'être aveugle de naissance ou à la suite d'une maladie ou d'une blessure, c'est plutôt de la pitié qu'on ressentira ; par contre, chacun blâmera celui qui devient aveugle par l'abus du vin ou par une autre forme d'intempérance. Ainsi donc, parmi les vices du corps, ce sont ceux qui sont sous notre dépendance qui encourent le blâme, à l'exclusion de ceux qui

30 ne dépendent pas de nous. Mais s'il en est ainsi, dans les autres cas également les vices qui nous sont reprochés doivent aussi être des vices qui dépendent de nous.

Objectera-t-on que tous les hommes ont en vue le bien qui leur apparaît comme tel, mais qu'on n'est pas maître de ce que telle chose nous apparaît comme bonne[1], et que le tempéra-

1114b ment de chacun détermine la façon dont la fin lui apparaît. <À cela nous répliquons>[2] que si chacun est en un sens cause de ses propres dispositions, il sera aussi en un sens cause de l'apparence[3] ; sinon personne n'est responsable de sa mauvaise conduite, mais c'est par ignorance de la fin[4] qu'il

---

1. Aristote s'exprime ici avec une extrême concision. En fait, l. 32, τῆς δὲ φαντασίας οὐ κύριοι = οὐκ εἰσὶ κύριοι τοῦ φαίνεσθαί τι ἀγαθόν (*Ind. arist.*, 811a56). *Cf.* St Thomas, 516, p. 147-148 : ... *quod non est in potestate nostra quod hoc videatur vel appareat nobis bonum*. Nous avons traduit en conséquence. Il est certain qu'on ne peut, comme l'a fait Voilquin, rendre φαντασία par « imagination ». Aristote veut dire, en somme : ce n'est pas de leur faute si les hommes se trompent sur ce qui leur paraît bon.

2. Pour l'interprétation de ce difficile passage, nous suivons Burnet (137-138) et Ross, et faisons commencer la réfutation d'Aristote à εἰ μὲν οὖν, l. 1114b1. Rackham prolonge l'objection (tout en se montrant hésitant) jusqu'à ἂν εἴη εὐφυΐα, l. 12, et il se rencontre sur ce point avec Joachim, p. 106-107. Mais quelle que soit la solution adoptée, il reste que le passage tout entier est embarrassé. L. 3, nous lisons, avec plusieurs manuscrits et Burnet, εἰ δὲ μή, οὐθείς, et non εἰ δὲ μηδείς (Susemihl).

3. De sa conception du bien.

4. De la fin véritable.

accomplit ses actions, pensant qu'elles lui procureront le bien 5
le plus excellent; et la poursuite de la fin n'est pas ainsi l'objet
d'un choix personnel, mais exige qu'on soit né, pour ainsi dire,
avec un œil qui nous permettra de juger sainement et de choisir
le bien véritable[1]; et on est bien doué quand la nature s'est
montrée libérale pour nous à cet égard (c'est là, en effet, le plus
grand et le plus beau des dons, et qu'il n'est pas possible de
recevoir ou d'apprendre d'autrui, mais qu'on possédera tel 10
qu'on l'a reçu en naissant, et le fait d'être heureusement et
noblement doué par la nature sur ce point constituera, au sens
complet et véritable, un bon naturel). Si dès lors ces considérations sont vraies[2], en quoi la vertu sera-t-elle plus volontaire
que le vice? Dans les deux cas la situation est la même : pour
l'homme bon comme pour le méchant, la fin apparaît et se
trouve posée par nature ou de la façon que l'on voudra, et c'est
en se référant pour tout le reste[3] à cette fin qu'ils agissent en 15
chaque cas. Qu'on admette donc que pour tout homme, la vue
qu'il a de sa fin, quelle que soit cette fin, ne lui est pas donnée
par la nature mais qu'elle est due en partie à lui-même, ou
qu'on admette que la fin est bien donnée par la nature, mais que
l'homme de bien accomplissant tout le reste volontairement la
vertu demeure volontaire, <dans un cas comme dans l'autre> il

1. Tout serait ainsi une question de tempérament, et le bien nous serait en
quelque sorte *inné* (φύσει). Aristote n'admet pas une pareille doctrine, dont il
va montrer les conséquences, l. 12 (εἰ δὴ ταῦτ'). Toutefois, il est loin de
repousser la nécessité, dans la conduite morale, du *bon naturel*, de l'εὐφυΐα
(cf. *Top.*, VIII, 14, 163b15); seulement il refuse de supprimer la part de la raison
et de la volonté qui assure notre responsabilité dans la formation des ἕξεις.

2. S'il est vrai que la fin est déterminée par le tempérament, et que tout soit
une question de εὐφυΐα, la vertu n'est pas plus volontaire que le vice. Il serait
alors insuffisant de dire avec Socrate que « nul n'est méchant volontairement »;
il faudrait dire encore : « nul n'est bon volontairement ». Là encore, nous nous
trouvons en présence d'une critique de la doctrine de la vertu-science.

3. Pour les actions ayant rapport aux moyens.

20 n'en est pas moins vrai que le vice sera volontaire comme la
vertu, puisque le méchant, tout comme l'homme de bien, est
cause par lui-même de ses actions, même s'il n'est pas cause de
la fin. Si donc, comme il est dit, nos vertus sont volontaires (et,
en fait, nous sommes bien nous-mêmes, dans une certaine
mesure, partiellement causes de nos propres dispositions, et,
d'autre part, c'est la nature même de notre caractère qui nous
fait poser telle ou telle fin)[1], nos vices aussi seront volontaires,
25 car le cas est le même. Mais nos actions ne sont pas volontaires
de la même façon que nos dispositions[2] : en ce qui concerne nos
actions, elles sont sous notre dépendance absolue du commencement à la fin, quand nous en savons les circonstances singulières[3] ; par contre, en ce qui concerne nos dispositions, elles
dépendent bien de nous au début, mais les actes singuliers qui
s'y ajoutent par la suite échappent à notre conscience, comme
dans le cas des maladies[4] ; cependant, parce qu'il dépendait
de nous d'en faire tel ou tel usage, pour cette raison-là nos
dispositions sont volontaires.

8
<Résumé des chapitres précédents>

26   En ce qui regarde les vertus en général[5], nous avons
marqué, dans les grandes lignes, quel était leur genre, à savoir

1. Notre responsabilité s'étend donc aux ἕξεις (dont l'ensemble constitue
notre caractère, notre personnalité morale), et par suite à la fin elle-même.
2. Nous suivons ici la leçon de Susemihl, qui s'écarte assez sensiblement
de la recension de Bekker et de ceux qui l'ont suivi (Burnet, Rackham). Nous
rejetons en conséquence, les l. 26-29 (κοινῇ ... προστάξῃ) au début du chapitre
suivant, au lieu de les intercaler, l. 30, entre ὁμοίως γάρ et οὐχ ὁμοίως δὲ.
3. Cf. 2, 1110b33 sq. – La traduction proposée par Rackham (and we are
conscious of them at each stage) est inacceptable.
4. Dont les progrès sont insensibles.
5. Résumé des chapitres précédents. Cf. E.E., III, 1, 1228a23-26.

que ce sont des médiétés et que ce sont des dispositions[1]; nous avons établi aussi que, par leur essence[2], elles nous rendent aptes à accomplir les mêmes actions que celles dont elles procèdent; qu'elles sont dans notre dépendance, et volontaires; qu'enfin elles agissent selon les prescriptions de la droite règle.   30

9
<Examen des vertus spéciales. Le courage>

Reprenant chacune des différentes vertus[3], indiquons **1115a** quelle est leur nature, sur quelles sortes d'objets elles portent et 5 de quelle façon; ce faisant, nous montrerons aussi quel est leur nombre. Tout d'abord, parlons du courage[4].

Que le courage soit une médiété par rapport à la crainte et à la témérité, c'est là une chose que nous avons déjà rendue manifeste[5]. Or il est clair que les choses que nous craignons sont les choses redoutables, et ces choses-là, pour le dire tout uniment, sont des maux; et c'est pourquoi on définit la crainte *une attente d'un mal*[6]. Quoi qu'il en soit, nous ressentons la 10

---

1. L. 27, le terme γένος ne doit pas être pris au sens rigoureux si les ἕξεις appartiennent bien au genre, la μεσότης, on le sait, constitue la différence spécifique.

2. Et non par accident.

3. À cet endroit commencent, pour se terminer à la fin du livre V (et en y joignant même les livres VIII et IX), de longues analyses, souvent pénétrantes, sur les différentes vertus morales. On peut regretter un défaut de classification rigoureuse. Voir à ce sujet les réflexions de Robin, *Aristote*, p. 235, qui d'autre part, range les dix vertus éthiques sous trois chefs principaux.

4. Sur le courage, dont l'analyse se poursuivra jusqu'à la fin du chap. 12 (1117b20), *cf.* aussi *Mag. Mor.*, I, 20, 1190b9-1191a36; *E.E.*, III, 1, 1228a26-1230a33.

5. II, 7, 1107a33-1107b4.

6. Cf. *Prot.*, 358d, et surtout *Lachès*, 198b, qui précise: δέος γὰρ εἶναι προσδοκίαν μέλλοντος κακοῦ. Voir aussi, d'une manière générale, *Rhet.*, II, 5 en entier (1382a20-1383b10).

crainte à l'égard de tous les maux, comme par exemple le
mépris, la pauvreté, la maladie, le manque d'amis, la mort;
par contre, on ne considère pas d'ordinaire que le courage ait
rapport à tous ces maux : il y a, en effet, certains maux qu'il est
de notre devoir, qu'il est même noble, de redouter et honteux
de ne pas craindre, par exemple le mépris[1]. Celui qui craint le
mépris est un homme de bien, un homme réservé, et celui qui
15 ne le craint pas un impudent, quoique on appelle parfois ce
dernier, par extension, homme courageux, parce qu'il offre
quelque ressemblance avec l'homme courageux, l'homme
courageux étant lui aussi quelqu'un qui n'a pas peur. Quant à la
pauvreté, sans doute ne devons-nous pas la redouter, ni non
plus la maladie, ni en général aucun des maux qui ne proviennent pas d'un vice ou qui ne sont pas dus à l'agent lui-même.
Mais celui qui n'éprouve aucune crainte à leur sujet n'est pas
non plus pour autant un homme courageux (quoique nous lui
20 appliquions à lui aussi cette qualification par similitude)[2] : car
certains hommes, qui sont lâches dans les dangers de la guerre,
n'en sont pas moins d'une nature libérale dans les questions
d'argent, et supportent avec constance la perte de leur fortune[3].
On n'est pas non plus un lâche si on redoute l'insulte faite à ses
enfants et à sa femme, ou l'envie[4], ou quelque mal de ce genre;
ni brave[5], si on montre du cœur au moment de recevoir le fouet.

---

1. L'ἀδοξία est le *mépris public*, la perte de la réputation. Cf. *Lois*, I, 646e,
et *supra*, II, 7, 1108a30; *infra*, IV, 9, 1128b10-34.

2. Nous mettons cette phrase entre parenthèses pour dégager le sens.

3. Mais ce ne sont pas pour autant des hommes courageux, le courage (nous
allons le voir) se manifestant surtout à la guerre. Comme l'explique St Thomas,
534, p. 152, rien n'empêche au surplus de leur reconnaître une autre vertu (la
libéralité, par exemple).

4. Avec Burnet (p. 141), on serait tenté de remplacer, l. 23, φθόνον par
φόνον. Mais l'*E.E.*, 1129a38, garantit la leçon courante.

5. Pour un esclave. La fustigation n'est pas un danger mortel.

Dans ces conditions, pour quelles sortes de choses redoutables se montre-t-on courageux ? Ne serait-ce pas quand il s'agit de choses de première importance ? Personne, en effet, 25 n'endure plus intrépidement les dangers que l'homme courageux. Or le plus redoutable de tous est la mort, car elle est un point final, et pour celui qui est mort, rien, selon l'opinion courante, ne peut plus lui arriver de bon ou de mauvais. Cependant, même pour affronter la mort, ce n'est pas, semblerait-il, en toutes circonstances qu'on peut être qualifié d'homme courageux, par exemple dans les dangers courus en mer ou dans la maladie [1]. À quelles occasions donc est-on courageux ? Ne serait-ce pas dans les occasions les plus nobles ? Or la plus 30 noble forme de la mort est celle qu'on rencontre à la guerre, au sein du plus grand et du plus beau des dangers. Cette façon de voir est confirmée par l'exemple des honneurs qui sont décernés dans les cités et à la cour des monarques.

Au sens principal du terme, on appellera dès lors courageux celui qui demeure sans crainte en présence d'une noble mort, ou de quelque péril imminent [2] pouvant entraîner la mort : or tels sont particulièrement les dangers de la guerre. 35 Non pas toutefois [3] que, même sur mer et dans la maladie, **1115b** l'homme courageux ne soit pas aussi un homme sans peur, quoique ce ne soit pas de la même façon que le sont les marins eux-mêmes : il a abandonné tout espoir de salut [4] et se révolte à

---

1. Aristote combat ici la thèse du *Lachès*, 191d-e, qui étend outre mesure le champ d'action de l'homme courageux. Aristote appuie son opinion très restrictive sur la pratique des États, qui décernent les plus grands honneurs à ceux qui sont morts pour la patrie.

2. Sur la nécessité de ce caractère, cf. *Rhet.*, *loc. cit. supra*, 1382a25 et 30.

3. Le courage, précise Aristote, peut se manifester aussi (mais d'une manière en quelque sorte inférieure, qui n'est pas κυρίως, l. 32) dans d'autres dangers qu'à la guerre. Mais *cf.* la restriction posée l. 5, *infra*.

4. L. 2, οἱ μέν = οἱ μὴ θαλάττιοι.

la pensée de mourir de cette façon-là[1], alors que les marins, eux, gardent bon espoir en raison de leur expérience. En même temps aussi[2], on montre du courage dans des circonstances 5 où on peut faire preuve de valeur ou mourir d'une belle mort; mais dans ces différentes sortes de mort[3], aucune des deux conditions que nous avons posées n'est réalisée.

10
<*Le courage*, suite>

Bien que les mêmes choses ne soient pas redoutables pour tout le monde, il y a cependant des choses que nous affirmons dépasser les forces humaines, et qui sont par suite redoutables pour tout homme, du moins pour tout homme sain d'esprit. Mais les choses que l'homme peut endurer diffèrent en 10 grandeur et par le plus et le moins, et il en est de même pour celles qui inspirent confiance[4]. Or l'homme courageux est à l'épreuve de la crainte autant qu'homme peut l'être[5]. Aussi tout en éprouvant même de la crainte dans les choses qui ne sont pas au-delà des forces humaines[6], il leur fera face comme

1. Sans gloire.
2. Nouvelle forme secondaire du courage. *Cf.* St Thomas, 542, p. 153 : [Aristote] *ostendit quod non solum fortitudo est principaliter circa timorem mortis, sed etiam circa audacias talium periculorum.* L. 4, ἅμα δὲ marque la liaison d'un raisonnement avec le précédent (*Ind. arist.*, 37a6).
3. En mer ou dans la maladie. – Malgré d'apparentes concessions, Aristote maintient donc rigoureusement sa thèse, selon laquelle le courage exige la présence d'un péril mortel, pour une noble cause.
4. L. 10, τὰ θαρραλέα sont *les choses rassurantes*, qui inspirent confiance, et s'opposent à τὰ φοδερά.
5. *Ut homo, hoc est non excludet a se timorem (hoc est enim impossibile homini)*, explique Sylv. Maurus, 72[1].
6. Nous paraphrasons τὰ τοιαῦτα (l. 12), qui équivaut à τὰ κατ' ἄνθρωπον.

il convient et comme la raison le demande, en vue d'un noble but[1], car c'est là la fin à laquelle tend la vertu. D'autre part, il est possible de redouter ces choses-là plus ou moins, et il est possible en outre de redouter des choses non redoutables comme si elles étaient redoutables. Des erreurs qui se produi- 15 sent à cet égard, l'une consiste à redouter ce qui ne doit pas l'être, l'autre à le redouter d'une façon qui ne convient pas, ou en un temps inopportun, et ainsi de suite ; et il en est de même pour les choses qui inspirent confiance. Celui donc qui attend de pied ferme et redoute les choses qu'il faut, pour une fin droite, de la façon qui convient et au moment opportun, ou qui se montre confiant sous les mêmes conditions, celui-là est un homme courageux (car l'homme courageux pâtit et agit pour un objet qui en vaut la peine et de la façon qu'exige la raison. Et 20 la fin de toute activité est celle qui est conforme aux dispositions du caractère dont elle procède[2], et c'est là une vérité pour l'homme courageux également : son courage est une noble chose ; par suite sa fin aussi est noble, puisqu'une chose se définit toujours par sa fin ; et par conséquent c'est en vue d'une fin noble que l'homme courageux fait face aux dangers et accomplit les actions que lui dicte son courage).

De tous ceux qui, en ce domaine, pèchent par excès, l'un pèche par manque de peur et n'a pas reçu de désignation (nous 25 avons dit plus haut[3] que beaucoup de qualités n'ont pas de nom) : ce pourrait être une sorte de maniaque ou d'être

1. Ou : parce qu'il est noble d'agir ainsi.

2. Sur le raisonnement des l. 20-24, cf. Burnet, 144. L'homme courageux agit en vue d'une fin droite, c'est-à-dire du bien. Cette notion de bien lui est dictée par son ἕξις, elle-même formée par une pratique constante des actes vertueux. L'ἀνδρεῖος aura pour fin le bien, qui est pour lui le déploiement normal de son activité bonne. Voir aussi Aspasius, 82, p. 29 sq., et Joachim, p. 119-120.

3. II, 7, 1107b2. L'ἀφοβία est l'inconscience du danger, par bêtise ou insensibilité.

insensible s'il n'avait peur de rien, ni d'un tremblement de
terre, ni des vagues, comme on le raconte des Celtes[1] ; – l'autre,
qui pèche par excès de confiance en soi dans les choses
redoutables, est un téméraire (le téméraire est encore considéré
30 comme un vantard, et qui se donne des airs de courage : ce que
l'homme courageux *est* à l'égard des choses redoutables, le
téméraire veut seulement le *paraître*, et dans les situations où il
lui est possible de se trouver[2] il imite le premier. C'est pourquoi
aussi la plupart de ces sortes de gens sont des poltrons qui font
les braves : car dans ces situations, tout en faisant bonne conte-
nance, ils ne tiennent pas ferme longtemps contre les choses
qu'ils craignent) ; – l'autre, enfin, qui pèche par excès de
crainte, est un lâche. Il ressent à la fois ce qu'on ne doit pas
35 ressentir et d'une façon qui ne convient pas, et toutes les autres
caractéristiques de cette sorte s'attachent à lui. La confiance
1116a aussi lui fait défaut, mais c'est dans les situations alarmantes
que sa peur exagérée éclate surtout aux yeux. Le lâche est, dès
lors, une sorte d'homme sans espoir, car il s'effraie de tout.
Pour l'homme courageux, c'est tout le contraire, et sa bravoure
est la marque d'une disposition tournée vers l'espérance.

5   Ainsi, le lâche, le téméraire et le courageux ont rapport aux
mêmes objets ; la différence qui les sépare porte uniquement
sur la façon dont ils se comportent envers lesdits objets. Les
deux premiers, en effet, pèchent par excès ou par défaut, et le
troisième se tient dans un juste milieu et comme il doit être. Les
téméraires, en outre, sont emportés et appellent de leurs vœux
les dangers, mais au moment critique s'en détournent, tandis
que les hommes courageux sont vifs dans l'action et calmes au
temps qui la précède.

---

1. Même observation *E.E.*, III, 1, 1229b28. *Cf.* aussi Strabon, VII, p. 293.

2. L. 31, ἐν οἷς δύναται = ἐν τοῖς θαρραλέοις, dans des situations qui
n'ont en fait rien de dangereux : *quando potest sine periculo imitatur opera
fortis*, dit St Thomas, 552, p. 157.

11
<Le courage, suite>

Ainsi donc que nous l'avons dit, le courage est une médiété par rapport aux choses qui inspirent confiance et à celles qui inspirent de la crainte, dans les circonstances que nous avons 10 indiquées[1]; et il choisit ou endure ces choses parce qu'il est noble de le faire, ou parce qu'il est honteux de ne pas le faire. Or mourir pour échapper à la pauvreté ou à des chagrins d'amour, ou à quelque autre souffrance, c'est le fait non d'un homme courageux, mais bien plutôt d'un lâche[2]: c'est, en effet, un manque d'énergie que de fuir les tâches pénibles, et on endure la mort non pas parce qu'il est noble d'agir ainsi, mais pour échapper à un mal.

Telle est donc la nature du courage, mais ce terme 15 s'emploie encore pour désigner cinq types différents[3].

<1> En premier lieu, vient le courage civique[4], car c'est lui qui ressemble le plus au courage proprement dit. Le citoyen, en effet, paraît supporter les dangers à cause des pénalités provenant de la loi, des récriminations ou des honneurs[5]. Et pour

---

1. Renvoi au chap. 9. Le vrai courage est ainsi défini par Sylv. Maurus, 73[1], réunissant tous les éléments de l'analyse d'Aristote : *mediocritas quaedam in audendo et timendo, versans circa ausibilia et terribilia, eaque eligens ac ferens, quia honestum est et quia turpe est illa non subire ac perferre.*

2. À la différence des Stoïciens, Aristote n'hésite donc pas à condamner le suicide.

3. Qui se rapprochent du courage, mais en diffèrent. Nous avons indiqué chacun de ces types de tempérament par un numéro placé entre crochets.

4. Il s'agit toujours du courage *militaire*, mais Aristote oppose le courage des citoyens armés pour la défense de la cité à celui des mercenaires ou soldats de métier. *Cf.* les analyses de la *République*, IV, 7, 429a-430c. Passage correspondant *E.E.*, III, 1, 1229a12-31.

5. Des récriminations ou reproches qu'il risque d'encourir par sa lâcheté, et des honneurs qui lui seront décernés s'il se conduit bien.

20 cette raison les peuples les plus courageux sont apparemment
ceux chez lesquels les lâches sont voués au mépris, et les braves
à l'estime publique. Ce sont des hommes courageux de ce type
que dépeint Homère sous les traits de Diomède et d'Hector :

> Polydamas sera le premier à me charger d'un blâme [1].

Et Diomède :

25 > Car Hector, un jour, dira en parlant devant les Troyens :
> Le fils de Tydée, par moi… [2].

Ce genre de courage est celui qui ressemble le plus à celui
que nous avons décrit plus haut [3], parce qu'il est produit par une
vertu (à savoir, par un sentiment de pudeur) [4] et par un désir de
quelque chose de noble (à savoir, de l'honneur) et aussi par le
désir d'éviter le blâme, qui est une chose honteuse. On pourrait
30 aussi ranger dans cette même classe les soldats qui sont forcés
par leurs chefs de se montrer courageux ; mais c'est là un
courage d'ordre inférieur, en tant que leur conduite est dictée
non pas par le sentiment de l'honneur, mais par la crainte et le
désir d'éviter non la honte mais la souffrance ; car leurs maîtres
les y forcent à la façon d'Hector disant :

> Mais celui que j'apercevrai en train de se blottir à l'écart du
> combat,
35 > Sera bien assuré de ne pas échapper aux chiens [5].

Et les officiers qui assignent leurs postes aux soldats et les
frappent quand ils lâchent pied [1] n'agissent pas autrement, non

---

1. *Iliade*, XXII, 100.

2. *Iliade*, VIII, 148-149. – Le fils de Tydée est Diomède.

3. Le véritable courage, analysé dans les chap. 9 et 10.

4. L. 28, αἰδώς est la *modestie*, la *réserve*. Cf. *supra*, II, 7, 1108a31.

5. *Iliade*, II, 391-393, où c'est en réalité Agamemnon qui parle, et non Hector. – Aristote cite fréquemment Homère, mais de mémoire et parfois inexactement.

plus que ceux qui alignent leurs hommes en avant des fossés et **1116b**
autres retranchements de ce genre : tous emploient la contrainte.
Or on ne doit pas être courageux parce qu'on est forcé de l'être,
mais parce que c'est une chose noble.

<2> L'expérience de certains dangers particuliers est aussi
regardée comme étant une forme de courage[2] : c'est ce qui
explique que, dans la pensée de Socrate, le courage est une 5
science[3]. Les uns font preuve de ce genre de courage dans
telles circonstances, les autres dans telles autres, et notamment, dans les dangers de la guerre, les soldats de métier[4]. Il
semble, en effet, y avoir, dans la guerre beaucoup de vaines
alarmes[5], que ces hommes embrassent d'un coup d'œil des
plus sûrs : ils ont ainsi toute l'apparence de la bravoure, parce
que les autres ne savent pas le véritable état des choses. Ensuite
l'expérience les rend capables au plus haut point de prendre
l'offensive et de parer les coups, vu leur habileté à se servir de 10
leurs armes et à s'équiper avec tout ce qu'il peut y avoir de plus
parfait à la fois pour l'attaque et pour la défense. Leur situation
est ainsi celle d'hommes armés combattant une foule désar-
mée, ou d'athlètes entraînés luttant avec de simples amateurs ;
et, en effet, même dans ces dernières sortes de compétitions, ce
ne sont pas les plus courageux qui sont les meilleurs combat-
tants, mais ceux qui sont les plus vigoureux et dont le corps est 15
le mieux entraîné. Mais les soldats de métier deviennent lâches

1. Hérodote, VII, 223.
2. C'est la στρατιωτικὴ ἀνδρεία de l'*E.E.*, III, 1, 1230a4-22.
3. Acquise par l'expérience. Les différents textes d'Aristote relatifs à la
théorie socratique du courage-science (*E.E.*, III, 1, 1229a12, 14-16 ; 1230a7-10 ;
le présent passage de l'*E.N.*, et *Mag. Mor.*, I, 20, 1190b27-29) ont été groupés et
commentés par Deman, *Le Témoignage d'Aristote sur Socrate*, Paris, 1942
(p. 98-104). Voir aussi Xénophon, *Mem.*, III, 9, 1 *sq.* ; IV, 6, 10 *sq.* ; *Lachès*,
199a *sq.* ; *Prot.*, 350a, 360d.
4. Les ξένοι, les troupes mercenaires formées de soldats de métier.
5. L. 7, κενὰ τοῦ πολέμου sont les *inania belli* de Tacite.

quand le danger se montre par trop pressant et qu'ils ont l'infériorité du nombre et de l'équipement : ils sont alors les premiers à fuir, alors que les troupes composées de citoyens meurent à leur poste, comme cela est arrivé à la bataille du temple d'Hermès[1]. Pour les soldats-citoyens, en effet, il est honteux
20 de fuir, et la mort est préférable à un salut acquis à ce prix ; les autres, au contraire, commencent par affronter le danger en pensant qu'ils sont les plus forts, mais la vérité une fois connue ils prennent la fuite, craignant la mort plus que la honte. Mais l'homme courageux est d'une autre trempe.

<3> L'impulsivité[2] est encore rapportée au courage. On regarde aussi en effet comme des gens courageux ceux qui par
25 impulsivité se comportent à la façon des bêtes sauvages se jetant sur le chasseur qui les a blessées, parce que les gens courageux sont aussi des gens pleins de passion. Car rien de tel que la passion pour se lancer impétueusement dans les dangers ; et de là les expressions d'Homère :

Il a placé sa force dans son ardeur[3],

et :

Il excitait leur animosité et leur colère[4],

et encore :

Un âpre picotement irritait ses narines[5],

et enfin :

Son sang bouillonnait[6].

---

1. À Coronée, en 353. – *Cf.* la *Scol. anon.* citée par Burnet, p. 149-150.

2. Sur le sens de θύμος, *cf.* 1, 1, 1094a2, note : c'est la *passion*, l'*emportement*, la *colère* aveugle, qui tient souvent lieu de courage, courage tout animal.

3. *Iliade*, XIV, 151 ; XVI, 529.

4. *Iliade*, V, 470 ; XV, 232, 594.

5. *Odyssée*, XXIV, 318.

6. Non Homère, mais Théocrite, XX, 15.

Car tous les symptômes de ce genre semblent indiquer l'excitation et l'élan de la passion. Ainsi, les hommes coura- 30 geux agissent pour l'amour du bien, quoique la passion opère en même temps en eux ; les bêtes sauvages, au contraire, sont poussées par la souffrance, à cause par exemple d'une blessure reçue, ou par peur, puisque à l'abri dans une forêt ou dans un marécage elles n'approchent pas[1]. Ce n'est donc pas du courage quand, chassées par la souffrance et l'impulsivité, elles se ruent au danger, sans rien prévoir des périls qui les attendent : 35 car à ce compte-là, même les ânes seraient courageux quand ils ont faim, puisque les coups ne parviennent pas à leur faire **1117a** quitter le pâturage. Et les libertins poussés par la concupiscence accomplissent aussi beaucoup d'actions audacieuses[2]. Mais la forme de courage inspirée par la passion semble être la plus naturelle de toutes et, quand s'y ajoute le choix et le motif, constituer le courage au sens propre. – Les hommes donc 5 aussi[3], quand ils sont en colère ressentent de la souffrance, et quand ils se vengent éprouvent du plaisir[4]. Mais ceux qui se battent pour ces raisons-là, tout en combattant vaillamment ne sont pas courageux au sens propre, car ils n'agissent ni poussés par le bien ni comme la raison le veut, mais sous l'effet de la passion ; ils ont cependant quelque chose qui rappelle le vrai courage.

<4> Pas davantage les gens confiants en eux-mêmes ne 10 sont des hommes courageux : c'est, en effet, parce qu'ils ont de nombreuses victoires à leur actif et sur beaucoup d'adversaires qu'ils gardent leur assurance au milieu des dangers. Ils ont une

---

1. *Quia si essent in silva vel in palude, non vulnerarentur nec timerent vulnerari, et ita non venirent ad invadendos homines* (St Thomas, 574, p. 163).

2. Certains manuscrits contiennent à cet endroit une phrase que nous n'avons pas traduite et que l'édition Susemihl n'a pas retenue.

3. Comme les bêtes.

4. Cf. *Rhet.*, II, 1, 1378b1.

certaine ressemblance avec les hommes courageux, en ce que les uns comme les autres sont pleins d'assurance. Mais les hommes courageux tirent leur confiance des raisons que nous avons précédemment exposées[1], tandis que les autres, c'est parce qu'ils pensent être les plus forts et n'avoir rien à subir en retour. (Tel est aussi le comportement des gens en état d'ivresse 15 et qui deviennent pleins d'assurance[2]). Mais quand les choses ne tournent pas comme ils l'espèrent, ils prennent la fuite. Or, nous l'avons vu[3], la marque d'un homme courageux est de supporter ce qui est réellement redoutable à l'homme ou ce qui lui apparaît tel, avec ce motif qu'il est beau d'agir ainsi et honteux de ne pas le faire. C'est pourquoi encore on considère qu'un homme montre un plus grand courage en demeurant sans crainte et sans trouble dans les dangers qui s'abattent brusquement que dans les dangers qu'on peut prévoir à l'avance, car le courage provient alors davantage d'une disposition du 20 caractère, et demande moins de préparation[4] : en effet, les dangers prévisibles peuvent faire l'objet d'un choix calculé et raisonnable, tandis que les périls soudains exigent une disposition stable du caractère[5].

---

1. 10, 1115b11-24.

2. Cf. *Probl.*, XXX, 1, 955a2. – Nous avons placé cette phrase, qui interrompt le développement, entre parenthèses.

3. 10, 1115b11-24. – Sur l'emploi de l'imparfait ἦν, cf. *supra*, 7, 1113b12, note.

4. Nous supprimons ἢ καί, l. 20, avec Rackham. On peut admettre, avec Rassow, que les mots ἢ ... παρασκευῆς sont une autre lecture des mots ἀπὸ ἕξεως γὰρ μᾶλλον qui précèdent.

5. *Cf.* St Thomas, 579, p. 164 : *illa quae sunt prius manifesta, potest aliquis eligere... etiam contra inclinationem habitus vel passionis. Nullo enim casu* [au lieu de *nulla enim causa*, qui apparaît comme une faute] *est tam vehemens inclinatio habitus vel passionis, cui ratio non possit resistere... Sed in repentinis homo non potest deliberare. Unde videtur operari ex interiori inclinatione, quae est secundum habitum.*

<5> Les gens ignorant le danger apparaissent eux aussi courageux, et ils ne sont pas fort éloignés des hommes confiants en eux-mêmes; ils leur sont cependant inférieurs par leur manque total d'assurance[1], alors que les autres en possèdent. Aussi les hommes qui se fient à eux-mêmes tiennent-ils fermement pendant un certain temps, tandis que ceux qui ne se rendent pas compte du danger et ont éprouvé des déceptions à 25 cet égard, dès qu'ils s'aperçoivent, ou même soupçonnent, que la réalité est toute différente, prennent la fuite, comme cela est arrivé pour les Argiens quand ils tombèrent inopinément sur les Spartiates qu'ils prenaient pour des Sicyoniens[2].

12
<Le courage, fin>

Nous venons ainsi d'indiquer les caractères à la fois de l'homme courageux et de ceux qui passent d'ordinaire pour courageux.

Bien que le courage ait rapport à la confiance et à la crainte, ce n'est pas de la même façon qu'il a rapport à l'une et à l'autre, mais il se montre surtout dans les choses qui inspirent la 30 crainte[3]. En effet, celui qui demeure imperturbable au milieu des dangers et qui se comporte à leur égard comme il se doit, est plus véritablement courageux que celui qui se comporte ainsi dans les situations rassurantes. Dès lors, c'est par sa fermeté envers les choses qui apportent de la souffrance, ainsi

---

1. L. 24, ἀξίωμα οὐδὲν ἔχουσιν = οὐδενὸς ἑαυτοὺς ἀξιοῦσιν (*Ind. arist.*, 70a43).

2. Aux Longs Murs de Corinthe, en 392. *Cf.* Xénophon, *Hellén.*, IV, 4, 10.

3. Dans les périls. C'est tout le contraire pour la σωφροσύνη (13, 1117b24).

que nous l'avons dit[1], qu'un homme est appelé courageux.
C'est pourquoi le courage est en lui-même une chose pénible,
35 et il est à bon droit objet de nos éloges, parce qu'il est plus
difficile d'endurer les peines que de s'abstenir des plaisirs[2].
1117b Non pas qu'il faille penser que la fin que se propose le courage[3]
ne soit pas une chose agréable ; seulement, elle est obscurcie par
les circonstances qui l'accompagnent[4], comme cela se produit
également dans les compétitions du gymnase : car chez les
pugilistes, la fin pour laquelle ils combattent est agréable, c'est
la couronne et les honneurs, alors que les coups qu'ils reçoi-
5 vent sont pour eux, qui sont des êtres de chair[5], une chose
douloureuse et pénible, comme d'ailleurs l'ensemble de leur
travail d'entraînement. Et tous ces efforts font par leur nombre
apparaître l'objet final comme insignifiant et sans agrément. Si
dès lors la fin concernant le courage est de même ordre, la mort
et les blessures seront pénibles à l'homme courageux, qui les
souffrira à contre-cœur ; il les endurera néanmoins, parce qu'il
10 est noble d'agir ainsi, ou qu'il est honteux de s'y dérober. Et
plus la vertu qu'il possède est complète et grand son bonheur,
plus aussi la pensée de la mort lui sera pénible : car c'est pour
un pareil homme que la vie est surtout digne d'être vécue, c'est
lui que la mort privera des plus grands biens, et il en a pleinement conscience : tout cela ne va pas sans l'affliger[6]. Mais il

1. 10, 1115b7-13.

2. Comme dans la σωφροσύνη, qui consiste surtout dans la privation des
plaisirs illégitimes.

3. La fin d'un acte *conforme* (κατὰ, 1117b1) à la définition du courage.
Cf. 10, 1115b21 : κατὰ τὴν ἕξιν.

4. Sur l'importance des *circonstances* (τῶν κύκλῳ, l. 2), cf. *Rhet.*, I, 9,
1367b29 ; III, 5, 1407a35 ; 14, 1415b24.

5. *Nec potest non dolere, cum sit carneus* (Sylv. Maurus, 77[1]).

6. St Thomas, 588, p. 166, oppose ici justement la conception d'Aristote à
celle des Stoïciens, pour qui la vertu est le seul bien.

n'en est pas moins courageux, peut-être même l'est-il davantage, parce qu'il préfère les nobles travaux de la guerre à ces grands biens dont nous parlons.

Il n'appartient donc pas à toutes les vertus de s'exercer 15 d'une façon agréable, sinon dans la mesure où leur fin se trouve atteinte [1]. Mais rien sans doute ne nous empêche de penser que ce ne sont pas ceux qui possèdent le genre de bravoure que nous avons décrit, qui font les meilleurs soldats [2] : ce sont plutôt ceux qui, tout en étant moins braves, ne disposent d'aucun autre bien que leur vie même, car c'est avec empressement qu'ils s'exposent aux dangers, et ils donnent leur vie en 20 échange de maigres profits [3].

13
<La modération>

Le courage [4] a été suffisamment étudié (quant à sa nature, il n'est pas difficile, tout au moins dans les grandes lignes, de la comprendre, à l'aide des explications qui précèdent).

Après le courage, parlons de la modération [5], car il semble bien que ces deux vertus soient celles des parties irrationnelles

---

1. Sur le sens et la portée de cette réserve, cf. *supra*, II, 2, 1104b4, où Aristote précise le rôle du plaisir dans l'exercice de la vertu.

2. Car les hommes d'un véritable courage, *dum sint vita dignissimi non debent exponere suam vitam quibuslibet periculis* (Sylv. Maurus, 77[2]).

3. *Ad parva lucra, puta stipendiorum et praedorum* (St Thomas, 593, p. 167).

4. *E.E.*, III, 2, 1230a34-38.

5. Sur la σωφροσύνη, *modération, tempérance*, cf. déjà II, 7, 1107b4-8. Elle est définie *Rhet.*, I, 9, 1366b12-14. Voir aussi *de Virt. et Vit.*, 1, 1249b28 et *passim. Cf.* encore St Thomas, 595, p. 169 : *temperantia, quae respicit delectabilia, quibus humana vita conservatur, scilicet cibos et venerea.*

25 de l'âme[1]. Nous avons dit[2] que la modération est une médiété
par rapport aux plaisirs (elle l'est à un moindre degré et d'une
façon différente par rapport aux peines)[3]; c'est dans la même
sphère aussi que se manifeste le dérèglement. À quelles sortes
de plaisirs ces deux états se rapportent-ils donc? C'est ce que
nous allons maintenant déterminer[4].

On peut admettre que les plaisirs se divisent en plaisirs du
corps et en plaisirs de l'âme. Comme exemples de plaisirs de
l'âme, nous avons l'ambition et l'amour du savoir : en effet,
30 pour chacun de ces cas on trouve son plaisir dans l'objet qu'on
est porté à aimer sans que le corps on soit affecté en rien, mais
c'est plutôt l'esprit qui l'est. Mais ceux qui recherchent les
plaisirs de l'ambition ou du savoir ne sont appelés ni modérés,
ni déréglés, et il en est de même pour tous ceux qui se livrent
aux autres plaisirs non corporels : ceux qui se plaisent à écouter
35 ou à raconter des fables et qui passent leurs journées à musar-
der çà et là sont des bavards, mais nous ne les appelons pas des
1118a gens déréglés, pas plus d'ailleurs que ceux qui ont des ennuis
d'argent ou des peines de cœur.

La modération ne saurait donc[5] s'appliquer qu'aux plaisirs
corporels, et encore n'est-ce pas à tous indistinctement : par
exemple, les hommes qui trouvent leur plaisir dans les

---

1. À savoir le θύμος et l'ἐπιθυμία : conception platonicienne. Sur la portée
de ce texte pour la chronologie de l'*E.N.*, *cf.* Nuyens, *L'évolution*, p. 192, et
supra, I, 13, 1102a27, note.

2. II, 7, 1107b4-8 (cité *supra*).

3. Aussi Aristote ne traitera-t-il ce point que sommairement, en fin de
chapitre (1118b29-33).

4. *E.E.*, III, 2, 1230b21-35. – Dans la suite du chapitre, Aristote va procéder
par éliminations successives, écartant d'abord les plaisirs de l'esprit, puis les
plaisirs corporels provenant de la vue, de l'ouïe et de l'odorat, puis les plaisirs
du goût, pour ne conserver en fin de compte que certains plaisirs du toucher. Le
champ d'action de la σωφροσύνη et du vice contraire l'ἀκολασία est donc des
plus réduits. L'ἀκολασία est le *dérèglement*, la *débauche*.

5. L. 2, nous remplaçons δὲ par δή.

spectacles de la vue[1], comme les couleurs, les formes, le dessin, ne sont appelés ni modérés ni déréglés, et pourtant on pourrait penser que, même dans ce domaine, il peut y avoir un 5 plaisir ou légitime, ou excessif, ou déficient. Même remarque pour ceux qui recherchent les plaisirs de l'ouïe : les personnes qui ont un goût immodéré pour la musique ou le théâtre, on ne les appelle jamais déréglées, pas plus qu'on n'appelle modérées celles qui ne dépassent pas la juste mesure. Pas davantage on ne donne ces noms à ceux qui aiment les plaisirs de l'odorat, sinon par accident[2] : ceux qui se plaisent à l'odeur des pommes 1C ou des roses ou des parfums, nous ne les appelons pas des hommes déréglés, mais nous appelons plutôt ainsi ceux qui se délectent à l'odeur d'onguents ou de mets, car les gens déréglés y trouvent leur plaisir du fait que ces odeurs leur rappellent les objets de leur concupiscence. On peut constater assurément que même les autres personnes[3], quand elles ont faim, ont plaisir à sentir la nourriture ; mais prendre plaisir à ce genre 15 d'odeurs est le fait d'un homme déréglé, car ce sont là pour lui des objets de concupiscence[4].

Il n'existe pas non plus chez les animaux de plaisirs par ces sens[5], sinon accidentellement. Les chiens, en effet, ne

1. Cf. *Phil.*, 51b.

2. C'est-à-dire quand les plaisirs de l'odorat ne restent pas cantonnés dans le sens même *secundum se*, mais quand ils rappellent des plaisirs causés par d'autre sens rentrant dans le domaine de l'ἀκολασία. *Cf.* St Thomas, 609, p. 171 : *illos qui gaudent odoribus pomorum..., quae sunt species odoris secundum se, non dicimus intemperatos. Sed illos qui delectantur in odoribus pulmentorum vel unguentorum quibus mulieres unguntur. In his enim delectantur intemperati propter memoriam quorumdam aliorum quae concupiscunt.* Passage parallèle *E.E.*, III, 2, 1230b36-1231a25.

3. Celles qui ne sont pas déréglées.

4. Texte incertain. Nous adoptons l'interprétation de Rackham.

5. Les trois sens de la vue, de l'ouïe et de l'odorat, qui sont proprement humains. Cette observation servira à délimiter le domaine des plaisirs où la modération et le dérèglement s'exercent.

prennent pas plaisir à l'odeur des lièvres, ils prennent plaisir à
les manger : l'odeur leur a donné seulement la perception du
20 lièvre[1]. De même le lion ne s'intéresse pas au mugissement
du bœuf, ce qu'il veut c'est le dévorer : le mugissement lui a
seulement fait percevoir que le bœuf est à sa portée, et il paraît
ainsi trouver plaisir au mugissement. De même il ne se réjouit
pas de voir [ou de trouver]

un cerf ou une chèvre sauvage[2],

mais il se réjouit de pouvoir en faire son régal.

Ainsi donc, la modération et le dérèglement n'ont rapport
qu'à ces sortes de plaisirs que l'homme possède en commun
25 avec les animaux, et qui par suite apparaissent d'un caractère
vil et bestial, je veux dire les plaisirs du toucher et du goût. Bien
plus[3], les plaisirs ne paraissent tirer du goût qu'un usage
médiocre ou même nul. En effet, c'est du goût que relève la
discrimination des saveurs[4], telle qu'elle est pratiquée par
les dégustateurs et les bons cuisiniers ; or ces discriminations
ne procurent pas beaucoup de plaisir, et en tout cas n'en
30 donnent pas aux gens déréglés : ceux-ci ne recherchent que
la jouissance, qui leur vient tout entière par le toucher, à la
fois dans le boire et dans le manger, ainsi que dans ce qu'on
nomme les plaisirs de l'amour[5]. C'est pourquoi encore certain

---

1. *Canes non delectantur in odore leporum propter ipsum odorem, sed
propter cibum quem sperant, cujus sensum per odorem accipiunt* (St Thomas,
610, p. 171).

2. Reminiscence d'Homère (*Iliade*, III, 24) : les mots ἢ εὑρὼν, l. 22, que
Susem. place entre crochets, n'ont été ajoutés que pour compléter la citation
d'Aristote

3. Dernière élimination : il ne restera plus en définitive que les sensations
tactiles, et encore certaines échapperont-elles (l. 1118b4-7).

4. Cf. *de An.*, II, 10 en entier (422a8-422b17) : *cf.* notre traduction, p. 127-
130 et les notes.

5. Cf. *de Part. anim.*, IV, 11, 690b29. Le plaisir de manger ou de boire est
constitué par le contact de la nourriture avec le gosier, chez le gourmand, et

gourmand[1] priait que son gosier devînt plus long que celui
d'une grue, ce qui montre bien que son plaisir venait du toucher.
Ainsi donc, le sens auquel le dérèglement est lié est celui de **1118b**
tous qui nous est le plus commun avec les animaux, et le dérèglement ne semblerait être à si juste titre répréhensible que
parce qu'il existe en nous non pas en tant qu'hommes, mais en
tant qu'animaux : se plaire à de pareilles sensations et les aimer
par-dessus tout a quelque chose de bestial. En effet, on exclut
même les plaisirs tactiles les plus épurés, tels que les plaisirs 5
que procurent au gymnase frictions et bains chauds, car ce
n'est pas le contact portant sur le corps entier qui intéresse le
débauché, mais seulement celui qui porte sur certaines de ses
parties.

Des appétits concupiscibles, les uns semblent être
communs à tous les hommes <et naturels>[2], les autres propres
et adventices : par exemple l'appétit de la nourriture est
naturel, puisque tout homme appète la nourriture solide ou 10
liquide dont il a besoin, et parfois même les deux à la fois ; et
c'est le cas aussi du plaisir sexuel, comme le dit Homère[3],
quand on est jeune et en pleine force. Mais le fait de désirer
telle ou telle sorte de nourriture ou de plaisir amoureux est
variable selon les individus. et leur désir ne porte pas non plus
sur les mêmes objets. C'est pourquoi de tels appétits nous

---

nullement par la distinction des différentes saveurs. Comme le dit St Thomas,
614, p. 713, *delectatio intemperati directe est circa tactum.*

1. Gourmand de comédie, appelé par *E.E.*, III, 2, 1231a16, *Philoxène, fils
d'Eryxis. Cf.* aussi *Probl.*, XXVIII, 7, 950a3, et Aristophane, *Ranae*, 934. –
L. 32, φάρυγξ, qui a ici le sens vulgaire de *gosier*, est évidemment impropre,
puisque, dans la terminologie d'Aristote, le terme φάρυγξ désigne le *larynx*,
conduit respiratoire (et non le *pharynx*, car c'est seulement Galien qui a
distingué le *larynx*, λάρυγξ, et le *pharynx*, οἰσοφάγος) ; *cf.* sur ce point,
Trendelenburg, *de An.*, 321.

2. Ajouté par Scaliger et mis entre <> par Susemihl.

3. Cf. *Iliade*, XXIV, 130.

paraissent véritablement nôtres. Ces préférences individuelles
n'en ont pas moins cependant elles aussi quelque chose de
naturel : telles choses sont agréables aux uns, et telles autres le
sont aux autres, et certaines choses sont, pour tous les hommes,
plus agréables que les premières venues [1].

5   Quoi qu'il en soit, dans les appétits naturels on se trompe
rarement et seulement dans une seule direction, à savoir dans le
sens de l'exagération (car manger ou boire ce qui se présente
jusqu'à en être gavé, c'est dépasser la quantité fixée par la
nature, puisque l'appétit naturel est seulement satisfaction d'un
besoin. Aussi appelle-t-on ceux qui commettent ces excès des
20 *goinfres*, du fait qu'ils remplissent leur ventre [2] au-delà de la
mesure convenable ; et ce sont les gens d'un caractère particulièrement vil qui tombent dans un pareil excès). Par contre,
dans les appétits propres à chacun, les erreurs sont nombreuses
et de formes variées. En effet, alors qu'on dit généralement de
quelqu'un qu'il *aime à la folie telle ou telle chose*, soit parce
qu'il prend plaisir à des choses qu'on ne doit pas désirer, ou
parce qu'il dépasse la mesure courante, ou enfin parce qu'il
prend son plaisir d'une mauvaise manière, c'est au contraire de
toutes ces façons à la fois que les gens déréglés tombent dans
25 l'exagération : en effet, ils mettent leur plaisir dans certaines
choses illicites (et effectivement détestables), et même s'il
arrive que certaines d'entre elles soient permises, ils se livrent
à leur goût plus que de raison ou plus qu'on ne le fait
généralement.

---

1. Les plaisirs, tels qu'ils se spécifient dans chaque individu, bien qu'ils ne
tendent pas *ad naturam generis vel speciei*, n'en gardent pas moins leur
caractère naturel : ils n'ont rien d'adventice, parce qu'ils répondent aux différentes complexions individuelles et à la nature propre de chacun. D'autre part,
certaines préférences sont universelles. *Cf.* St Thomas, 621, p. 174.

2. L. 20, αὐτήν = τὴν γαστέρα, impliqué, par une sorte de jeu de mots
intraduisible en français, dans γαστρίμαργοι, l. 19. Cf. *E.E.*, II, 3, 1221b15-17.

Ainsi, il est évident que l'excès dans les plaisirs est un dérèglement et une chose blâmable. En ce qui regarde d'autre part les peines[1], on n'est pas, comme pour le courage, appelé modéré parce qu'on les endure, ni déréglé parce qu'on ne les 30 supporte pas, mais on est appelé déréglé parce qu'on s'afflige outre mesure de ne pas trouver les plaisirs qu'on recherche (et même c'est le plaisir qui nous cause de la peine)[2], et modéré quand on ne s'afflige pas de l'absence du plaisir.

<h2 style="text-align:center">14</h2>
<p style="text-align:center"><em><La modération</em>, suite></p>

L'homme déréglé[3] a ainsi l'appétit de toutes les choses **1119a** agréables ou de celles qui le sont le plus, et il est conduit par la concupiscence à accorder sa préférence à ces choses-là sur toutes les autres, et c'est pourquoi il s'afflige non seulement de les manquer mais encore de les désirer (car l'appétit s'accompagne de souffrance, quoiqu'il paraisse absurde d'éprouver de la peine à cause du plaisir).

Des personnes péchant par défaut en ce qui regarde les 5 plaisirs et s'en délectant moins qu'il ne convient, se rencontrent rarement, car une pareille insensibilité n'a rien d'humain[4]. En effet, même les animaux font des discriminations dans la nourriture, et se plaisent à certains aliments à l'exclusion d'autres; et s'il existe un être à ne trouver rien d'agréable et à n'établir aucune différence entre une chose et une autre, cet

---

1. Pour la question de la μεσότης.

2. Par son absence. *Cf.* St Thomas, 626, p. 176; *et sic delectatio, per suam absentiam causat in eo tristitiam.* La peine n'est donc pas un état positif, mais elle dérive du plaisir même. L. 33, plusieurs éditeurs (Burnet, Rackham) insèrent après ἀπουσίᾳ les mots καὶ τῷ ἀπέχεσθαι.

3. *E.E.*, III, 2, 1231a26-1231b4.

4. Cf. *supra*, II, 7, 1107b6-8, un passage presque identique.

10 être-là sera très loin de l'humaine nature. Au surplus, un pareil
homme n'a pas reçu de nom, parce qu'il se rencontre peu
fréquemment. Quant à l'homme modéré, il se tient dans un
juste milieu à cet égard. Car il ne prend pas plaisir aux choses
qui séduisent le plus l'homme déréglé (elles lui répugnent
plutôt), ni généralement à toutes les choses qu'on ne doit pas
rechercher, ni à rien de ce genre d'une manière excessive, pas
plus qu'il ne ressent de peine ou de plaisir à leur absence (sinon
15 d'une façon mesurée), ni plus qu'on ne doit, ni au moment où il
ne faut pas, ni en général rien de tel. Par contre, toutes les
choses qui, étant agréables, favorisent la santé ou le bon état
du corps, ces choses-là il y aspirera d'une façon modérée et
convenable, ainsi que tous les autres plaisirs qui ne sont pas un
obstacle aux fins que nous venons de dire, ou contraires à ce
qui est noble, ou enfin au-dessus de ses moyens. L'homme qui
dépasse ces limites aime les plaisirs de ce genre plus qu'ils
20 ne le méritent; mais l'homme modéré n'est rien de tel, il se
comporte envers les plaisirs comme la droite règle le demande.

15
<Dérèglement et lâcheté. Comparaison avec l'enfance>

Le dérèglement est plus semblable à un état volontaire que
la lâcheté, car il a pour cause le plaisir, et la lâcheté la
souffrance, deux sentiments dont le premier est objet de choix,
et l'autre, objet de répulsion seulement. Or la souffrance met
hors de soi l'être qui l'éprouve et détruit sa nature[1], tandis que
le plaisir n'opère rien de pareil. Aussi le dérèglement est-il plus
25 volontaire, et par suite encore, plus répréhensible. En effet, on
s'accoutume assez facilement à garder la modération dans les
plaisirs, parce que les occasions de ce genre sont nombreuses

1. Ce qui est un élément d'irresponsabilité.

dans le cours de la vie et que l'exercice de cette habitude
n'entraîne aucun danger, à l'inverse de ce qui se passe dans les
situations qui inspirent de la crainte[1]. D'autre part, la lâcheté
semblerait bien n'être un état volontaire qu'en la distinguant de
ses manifestations particulières : en elle-même elle n'est pas
une souffrance, mais dans les manifestations particulières dont
nous parlons, la souffrance nous met hors de notre assiette au
point de nous faire jeter nos armes ou adopter d'autres attitudes 30
honteuses, ce qui donne à nos actes l'apparence d'être accomplis sous la contrainte. Pour l'homme déréglé, c'est l'inverse :
ses actions particulières sont volontaires (puisqu'il en a
l'appétit et le désir), mais son caractère en général l'est moins,
puisque personne ne désire être un homme déréglé[2].

Nous étendons encore le terme dérèglement aux fautes
commises par les enfants[3], fautes qui présentent une certaine

---

1. Pour ce passage difficile et très concis (l. 25-27, καὶ γὰρ ἐθισθῆναι...
ἀνάπαλιν), nous nous inspirons de la traduction latine de Lambin : *nam et
facilius est rerum jucundarum mediocritati servandac assuefieri (multa enim
hujusmodi in vita quotidiana occurrunt), et assuescendi exercitatio ac medita-
tio periculo vacat. In rebus autem formidolosis contra evenit.* Le sens est clair.
L'ἀκόλαστος, à la différence du δειλός, est sans excuse quand il s'abandonne à
ses passions, parce qu'il est plus facile et moins dangereux de résister aux
tentations du plaisir (la vie nous en offre l'occasion chaque jour) et de contracter
de bonnes habitudes, que de faire face à des périls positifs. Cette interprétation,
qui paraît bien exprimer la véritable pensée d'Aristote, est celle de St Thomas
(639, p. 179) et elle est adoptée par Rackham. Par contre, la traduction de Ross,
dans la version d'Oxford, laisse un sentiment d'incertitude.

2. Sylv. Maurus, 82[2], résume comme suit tout ce passage *timiditas est
magis voluntaria in universali quam in singularibus actionibus; e converso
temperantia magis voluntaria in singularibus actionibus quam in universali.*

3. Le mot ἀκολασία (*indisciplinatio*) signifie *ce qui n'est pas puni*, le
manque de rigueur, l'indulgence excessive envers soi-même. Les enfants gâtés,
qu'on ne punit pas, souffrent du même vice que les adultes qui se laissent aller,
et Aristote établit entre les deux états un parallèle plein d'enseignements. Voir
les explications très claires de Sylv. Maurus, 83[1].

1119b similitude avec ce que nous avons vu [1]. Quant à dire lequel des deux sens tire son nom de l'autre, cela importe peu pour notre présent dessein, mais il est clair que c'est le plus récent qui emprunte son nom au plus ancien [2]. En tout cas, cette extension de sens semble assez judicieuse, car c'est ce qui aspire aux choses honteuses, et dont les appétits prennent un grand développement, qui a besoin d'émondage [3], et pareille description

5 s'applique principalement aussi bien à l'appétit qu'à l'enfant : les enfants, en effet, vivent aussi sous l'empire de la concupiscence, et c'est surtout chez eux que l'on rencontre le désir de l'agréable. Si donc on ne rend pas l'enfant docile et soumis à l'autorité, il ira fort loin dans cette voie [4] : car dans un être sans raison, le désir de l'agréable est insatiable et s'alimente de tout, et l'exercice même de l'appétit renforce la tendance innée ; et

10 si ces appétits sont grands et forts, ils vont jusqu'à chasser le raisonnement. Aussi doivent-ils être modérés et en petit nombre et n'être jamais en conflit avec la raison. Et c'est là ce que nous appelons un caractère docile et contenu. Et de même que l'enfant doit vivre en se conformant aux prescriptions de son gouverneur, ainsi la partie concupiscible de l'âme doit-elle

15 se conformer à la raison. C'est pourquoi il faut que la partie concupiscible de l'homme modéré soit en harmonie avec la raison, car pour ces deux facultés le bien est le but visé, et l'homme modéré a l'appétit des choses qu'on doit désirer, de la manière dont elles doivent l'être et au moment convenable, ce qui est également la façon dont la raison l'ordonne.

---

1. Sur les vices des adultes.

2. Rackham, p. 185, précise : *the state which comes later in life must be named from the one which comes earlier.* La pensée d'Aristote reste plus vague.

3. Sens premier de κολάζειν.

4. *Serpet et manabit latius* (Lambin).

LIVRE IV

1
<La libéralité>

Nous avons assez parlé de la modération. Passons 20 maintenant à l'étude de la libéralité[1].

Cette vertu semble être la médiété dans les affaires d'argent[2], car l'homme libéral est l'objet de nos éloges non pas dans les travaux de la guerre, ni dans le domaine où se distingue l'homme modéré, ni non plus dans les décisions de

---

1. *E.E.*, IV, 4, 1231b28-1232a10.

2. Le sens de χρήματα est délicat à déterminer. Il s'agit en fait et surtout des *affaires d'argent* en général (*pecuniae*), en entendant par là, ainsi qu'Aristote le précise lui-même l. 26, non pas seulement le *numéraire* (νόμισμα), mais tout ce qui a une valeur appréciable en argent ou en monnaie, ce qui est le cas de n'importe quel objet mobilier ou immobilier. Un passage correspondant de l'*E.E.*, IV, 4, 1231b38-1232a4, donne au terme χρήματα un double sens : il désigne, d'une part, l'*usage par soi d'une chose dont on est propriétaire* (ἡ καθ' αὐτὸ χρῆσις τοῦ κτήματος), comme quand on se sert d'une paire de chaussures pour mettre à ses pieds ; il signifie, d'autre part, l'usage *par accident* (κατὰ συμβεβηκός) de la chose, considérée comme pouvant faire l'objet d'une *vente*, par exemple, ou d'un *louage* (πώλησις, μίσθωσις). C'est évidemment ce dernier sens qu'il convient d'attribuer ici à χρήματα (*cf.* encore *Pol.*, I, 9, 1257a6 *sq.*, et la note de Newman, II, 181). Nous dirons donc que les χρήματα sont les biens en tant qu'ils sont évaluables en argent.

25 justice[1], mais dans le fait de donner[2] et d'acquérir de l'argent,
et plus spécialement dans le fait de donner. Nous entendons par
argent toutes les choses dont la valeur est mesurée en monnaie.

D'autre part, la prodigalité et la parcimonie constituent
l'une et l'autre des modes de l'excès et du défaut dans les
affaires d'argent. Si nous attribuons toujours le terme parcimonie à ceux qui montrent pour l'argent une avidité plus
30 grande qu'il ne convient, par contre nous appliquons parfois le
mot prodigalité en un sens complexe[3], puisque nous appelons
également du nom de prodigues les gens intempérants et qui
dépensent beaucoup pour leurs dérèglements. C'est aussi la
raison pour laquelle cette dernière sorte de prodigues nous
semble atteindre le comble de la perversité, car il y a en eux
cumul de plusieurs vices en même temps. Aussi le nom qu'on

1. L'ἐλευθέριος est ici soigneusement distingué de l'ἀνδρεῖος, du
σώφρων et du δίκαιος.

2. Si le mot λῆψις signifie sans ambiguïté l'*acquisition*, le *fait de recevoir*
des χρήματα dans son patrimoine (*sumptio, acceptio, acquisitio*), par contre le
terme δόσις (*datio*) est plus difficile à rendre. Ce n'est pas une *donation* à
proprement parler, ni même une disposition à titre gratuit embrassant donation
et legs (*cf.* sur ce point Liddell and Scott, *cf.* δόσις) : Aristote, en effet, distingue
δόσις et δωρεά (*Top.*, IV, 4, 125a16-18), et c'est ce dernier terme seul qui
signifie une donation au sens véritable, consentie à titre définitif et *sans contre-
partie* (ἀναπόδοτος) : la δωρεά est une espèce du genre δόσις. La δόσις (que
l'*E.E.*, *loc. cit.*, 1231b29, appelle plus justement ἀποβολή, par opposition à
κτῆσις, autre désignation de λῆψις) n'est donc pas nécessairement une libéralité au sens juridique du terme : elle peut entrer dans un *contrat synallagma-
tique* comportant des obligations réciproques, et c'est le sens que les juriscon-
sultes romains attribuaient à la *datio*, notion toute différente de la *donatio* (*do ut
des, do ut facias*, etc.). Il reste cependant que pour Aristote la δόσις est une
disposition sinon toujours à titre gratuit, tout au moins à tendance libérale et
généreuse. Nous l'avons rendue, faute de mieux, par *action de donner*, en
donnant à cette expression le sens de *action de disposer, datio*, comme la notion
correspondante du droit romain.

3. Sur συμπλέκοντες, l. 30, cf. *Ind. arist.*, 718a55 : (συμπλ.) *logice saepe
usurpatur de conjungendis in eamdem notionem pluribus notis.*

leur assigne n'est-il pas pris dans son sens propre : le terme prodigue signifie plutôt un homme atteint d'un vice bien particulier, qui consiste à dilapider sa fortune, car tout espoir **1120a** de salut est interdit à qui se ruine par sa propre faute[1], et la dilapidation du patrimoine semble être une sorte de ruine de la personne elle-même, en ce sens que ce sont nos biens qui nous permettent de vivre.

Tel est donc le sens où nous prenons ici le terme prodigue. – Les choses dont nous avons l'usage peuvent être bien ou mal employées, et la richesse est au nombre des choses dont on fait 5 usage ; or, pour une chose déterminée, l'homme qui en fait le meilleur usage est celui qui possède la vertu relative à cette chose ; par suite, pour la richesse également, l'homme qui en fera le meilleur usage est celui qui possède la vertu ayant rapport à l'argent, c'est-à-dire l'homme libéral[2]. Mais l'usage de l'argent apparaît consister dans la dépense et dans le don, tandis que l'acquisition et la conservation intéressent de préférence la possession[3]. C'est pourquoi, ce qui caractérise l'homme libéral, c'est plutôt de disposer en faveur de ceux 10 qu'il convient d'obliger, que de recevoir d'une source licite et de ne pas recevoir d'une source illicite. La marque de la vertu en effet, c'est plutôt de faire le bien que de le recevoir, et d'accomplir des bonnes actions plutôt que de s'abstenir des honteuses ; et il est de toute évidence que faire le bien et accomplir de bonnes actions va de pair avec le fait de donner, et qu'au contraire recevoir un bienfait ou s'abstenir d'actions honteuses va de pair avec le fait de prendre. Ajoutons que la 15

---

1. Jeu de mots sur ἄσωτος, qui, étymologiquement, signifie *insauvable, impossible à sauver; prodigue* est un sens dérivé.

2. Syllogisme en forme, destiné à montrer que la libéralité est le bon usage des richesses.

3. *Acceptio* [= λῆψις] *est sicut quaedam pecuniae generatio... custodia* [= φυλακή] *sicut quaedam habituatis retentio* (St Thomas, 659, p. 185).

gratitude s'adresse à celui qui donne et non à celui qui se borne à ne pas recevoir, et l'éloge s'adresse aussi davantage au premier. Du reste, il est plus facile de ne pas prendre que de donner, car on se défait moins facilement de son propre bien qu'on ne s'abstient de prendre ce qui appartient à un autre[1]. Et ceux qui sont appelés libéraux sont ceux qui donnent; ceux qui
20 se contentent de ne pas prendre ne sont pas loués pour leur libéralité, mais plutôt pour leur sens de la justice; et ceux qui reçoivent sont privés de tout éloge[2]. Enfin les hommes libéraux sont peut-être de tous les gens vertueux ceux qu'on aime le plus, en raison des services qu'ils rendent, c'est-à-dire en ce qu'ils donnent.

2
<La libéralité, suite>

Les actions conformes à la vertu sont nobles et accomplies en vue du bien[3]; l'homme libéral donnera donc en vue du bien; et il donnera d'une façon correcte, c'est-à-dire à ceux à qui il
25 faut, dans la mesure et au moment convenables, et il obéira aux autres conditions d'une générosité droite[4]. Et cela, il le fera avec plaisir, ou du moins sans peine, car l'acte vertueux est agréable ou tout au moins sans souffrance, mais n'est sûrement pas une chose pénible[5]. Au contraire, celui qui donne à ceux à qui il ne faut pas, ou qui n'agit pas en vue d'un noble but mais

1. Sur μᾶλλον ἢ οὐ après ἧττον, l. 17-18, *cf.* Burnet, 166.
2. ... *liberales illi qui dant. Illi vero qui non accipiunt inordinate* (cette précision est essentielle) *non multum laudantur de liberalitate, sed magis de justicia : illi vero qui accipiunt* (il faudrait ajouter ici *ordinate* = ὡς δεῖ, Burnet, 167) *non multum laudantur* (St Thomas, 664, p. 185).
3. *Cf.* III, 10, 1115b20.
4. Conforme à la droite raison.
5. II, 2, 1104b5 *sq.*

pour quelque autre motif, ne sera pas appelé libéral mais recevra un autre nom. Pas davantage n'est libéral celui qui donne avec peine, car il semble ainsi faire passer l'argent avant 30 la bonne action, ce qui n'est pas la marque d'une nature libérale. L'homme libéral n'acquerra pas non plus un bien d'une source illicite, une pareille acquisition n'étant pas davantage le fait de quelqu'un qui ne fait aucun cas de l'argent. Ne saurait être non plus un homme libéral celui qui est prompt à solliciter pour lui-même, car recevoir à la légère un bienfait n'est pas la marque d'un homme bienfaisant pour autrui. Mais, d'autre part, l'homme libéral ne prendra qu'à des sources non suspectes, provenant par exemple de ses propriétés personnelles[1], **1120b** non pas parce qu'il est noble d'agir ainsi, mais par nécessité, de façon à être en état de donner. Il ne négligera pas non plus son propre patrimoine, lui qui souhaite l'employer à secourir autrui. Il ne donnera pas au premier venu, de façon à pouvoir se montrer généreux envers ceux à qui il faut donner, au moment et au lieu où il est bon de donner. Mais il est hautement caractéristique d'un homme libéral de ne pas mesurer ses largesses, 5 et par suite de ne laisser à lui-même qu'une moindre part, car ne pas regarder à ses propres intérêts est le fait d'une nature libérale.

D'autre part, c'est d'après les ressources que la libéralité doit s'entendre : le caractère libéral d'un don ne dépend pas, en effet, de son montant, mais de la façon de donner du donateur, et celle-ci est fonction de ses ressources. Rien n'empêche dès lors que celui qui donne moins ne soit cependant plus libéral, si 10 c'est à des moyens plus modestes qu'il a recours. Et on considère ordinairement comme étant plus libéraux ceux qui n'ont pas acquis par eux-mêmes leur fortune, mais l'ont reçue par héritage : car, d'abord, l'expérience ne leur a pas appris ce que

1. L. 34, ἀπὸ τῶν ἰδίων κτημάτων, et non, comme les politiciens, ἀπὸ τῶν κοινῶν.

c'est que le besoin, et, en outre, tous les hommes ont une préférence marquée pour les ouvrages dont ils sont les auteurs, comme on le voit par l'exemple des parents et des poètes[1].

15   Mais il n'est pas facile à l'homme libéral d'être riche, puisqu'il n'est apte ni à prendre ni à conserver, et qu'au contraire il se montre large dans ses dépenses, et n'apprécie pas l'argent en lui-même mais comme moyen de donner. Et c'est pourquoi le reproche[1] que l'on adresse d'ordinaire au sort, c'est que ce sont les plus dignes de l'être qui sont le moins riches. Mais c'est là un fait qui n'a rien de surprenant, car il n'est pas possible d'avoir de l'argent si on ne se donne pas de peine pour l'acquérir, et c'est d'ailleurs ainsi pour tout le reste.

20   Mais l'homme libéral ne sera pas du moins généreux envers ceux qu'il ne faut pas, ni en temps inopportun, et ainsi de suite : car agir ainsi ne serait plus être dans la ligne de la libéralité, et après avoir dépensé son argent à cela, il ne pourrait plus le dépenser à bon escient. En fait, comme nous l'avons dit, est libéral celui qui dépense selon ses facultés et pour les 25 choses qu'il faut, tandis que celui qui transgresse ces règles est un prodigue. Cela explique que nous n'appelons pas les tyrans des prodigues, car il semble difficile que leurs largesses et leurs dépenses puissent jamais dépasser le montant de ce qu'ils possèdent.

    Si donc la libéralité est une médiété en ce qui touche l'action de donner et d'acquérir de l'argent, l'homme libéral, à la fois donnera et dépensera pour les choses qui conviennent et dans la mesure qu'il faut, pareillement dans les petites choses 30 et dans les grandes, et tout cela avec plaisir ; d'autre part, il ne prendra qu'à des sources licites et dans une mesure convenable. En effet, la vertu étant une médiété ayant rapport à la fois à ces deux sortes d'opérations, pour chacune d'elles l'activité de l'homme libéral sera comme elle doit être : car

1. Idée et exemples empruntés à *Rep.*, I, 4, 330c.

le fait de prendre de la façon indiquée va toujours de pair avec
le fait de donner équitablement, alors que le fait de prendre
d'une autre façon lui est au contraire opposé ; par conséquent,
la bonne façon de donner et la bonne façon de prendre, qui ne
vont pas l'une sans l'autre, sont présentes à la fois dans la
même personne, tandis que pour les façons opposées, ce n'est
évidemment pas possible[1].

S'il arrive à l'homme libéral de dépenser au-delà de ce qui **1121a**
est convenable et de ce qui est bon, il en ressentira de la peine,
mais ce sera d'une façon mesurée et comme il convient, la
vertu ayant pour caractère de ne ressentir du plaisir ou de la
peine que dans les circonstances où l'on doit en éprouver, et
comme il le faut. Enfin, l'homme libéral se montre le plus
accommodant du monde dans les questions d'argent : il est **5**
capable de souffrir dans ce domaine l'injustice, puisqu'il ne
fait aucun cas de l'argent, et il ressent plus d'affliction à ne pas
dépenser ce qu'il faut qu'il n'éprouve de chagrin à dépenser
ce qu'il ne faut pas, et il n'est pas sur ce point d'accord avec
Simonide[2].

---

1. Les l. 30-1121a1 sont extrêmement concises, et nous avons dû traduire
assez largement. Mais la pensée d'Aristote est claire : L'homme libéral donne et
acquiert à la fois ὡς δεῖ. Ce sont là d'ailleurs deux sortes d'opérations qui, tout
en étant inverses, répondent à cette même condition de discernement et sont
unies d'une manière inséparables (ἕπεται, l. 32 ; αἱ ἑπόμεναι, l. 34) *dans le
même homme* (ἐν τῷ αὐτῷ), c'est-à-dire dans l'homme libéral. Si au contraire,
la δόσις ou la λῆψις, ou les deux, ne sont pas ὡς δεῖ, cette coexistence ne peut
pas se rencontrer. *Cf.* St Thomas, 680, p. 191, qui marque bien l'opposition
entre l'*acceptio* et la *datio, decens* ou *indecens.* L. 31, περὶ ἄμφω = περὶ δόσιν
καὶ λῆψιν, et l. 32, ἀμφότερα se rapporte également à δόσις et λῆψις. – L. 32
encore, τῇ ἐπιεικεῖ δόσει, c'est le *fait de donner* ὡς δεῖ, et ἡ τοιαύτη λῆψις est
le *fait d'acquérir* ὡς δεῖ, tandis que, plus loin, ἡ μὴ τοιαύτη [λῆψις] exprime
l'*acquisition* faite sans discernement. Enfin l. 34, αἱ ἐναντίαι = les façons
opposées (c'est-à-dire *indecentes*) de la δόσις et de la λῆψις.

2. Cf. *Rhet.*, II, 16, 1391a8, où se trouve cité un aphorisme amer de
Simonide de Céos sur la sagesse et la richesse. Voir aussi Ath., *Deipn.*, XIV,
656 C-E.

aux ministres de leurs plaisirs. Et c'est pourquoi la plupart des prodigues sont aussi des hommes déréglés, car ils sont facilement dépensiers et gaspilleurs pour leurs débauches, et, faute
10 de mener une vie conforme au bien[1], s'abandonnent à tous les plaisirs.

Voilà donc vers quoi se tourne le prodigue quand il est laissé sans conducteur, alors que trouvant quelqu'un pour s'intéresser à lui, il pourrait atteindre le juste milieu et le point convenable[2]. La parcimonie, au contraire, est un vice incurable, car c'est la vieillesse ou une autre impuissance quelconque, qui semble bien rendre les hommes parcimonieux. Elle est d'ailleurs enracinée dans l'humaine nature plus
15 profondément que la prodigalité, car la plupart des gens sont cupides plutôt que généreux. Ce vice prend une grande extension et revêt de multiples aspects, car c'est de nombreuses façons que la parcimonie se fait jour.

Consistant, en effet, en deux éléments, le défaut dans le fait de donner et l'excès dans le fait de prendre, elle ne se rencontre pas toujours à l'état complet, et ses deux éléments existent
20 parfois séparément, certains hommes dépassant la mesure dans l'acquisition de la richesse, et d'autres péchant par défaut dans ce qu'ils donnent[3]. Les uns, en effet, gratifiés de surnoms tels que *avares*, *fesse-mathieux*, *ladres*, manquent tous de facilité pour donner, mais ne convoitent pas le bien des autres et ne désirent pas s'en emparer, soit par une sorte d'honnêteté et de timidité à commettre des actions honteuses (puisque certains
25 semblent conserver jalousement leur argent, c'est du moins ce qu'ils disent, pour la seule raison de ne se trouver ainsi jamais dans la nécessité d'accomplir une mauvaise action : à ce

---

1. Sur l'expression πρὸς τὸ καλὸν ζῆν, l. 9, cf. *Rhet.*, II, 13, 1389b37, et 14, 1390a34.

2. Dans ses générosités.

3. Cf. *E.E.*, III, 4, 1232a10-18.

groupe appartient le *scieur de cumin*[1] ou autre maniaque de
ce genre, qui tire son nom d'une excessive répugnance à ne
jamais rien donner), soit encore que la crainte les détourne de
s'approprier le bien d'autrui, dans la pensée qu'il n'est pas
facile de s'emparer soi-même du bien des autres sans que ceux- 30
ci à leur tour s'emparent du vôtre, se déclarant ainsi satisfaits
de ne rien prendre comme de ne rien donner.

D'autres, au contraire[2], dépassent la mesure quand il s'agit
d'acquérir, en prenant de tous côtés et tout ce qu'ils peuvent :
c'est le cas de ceux qui exercent des métiers dégradants, tenan-
ciers de mauvais lieu[3] et toutes autres gens de cette espèce,
usuriers prêtant de petites sommes à gros intérêts, qui tous
recueillent l'argent de sources inavouables et dépassent toute **1122a**
mesure. Leur vice commun, c'est manifestement une cupidité
sordide, puisque tous, pour l'amour du gain, gain au surplus
médiocre, endurent les pires avanies. Ceux, en effet, qui réalisent des gains sur une grande échelle, sans se soucier de leur
provenance ni de leur nature, par exemple les tyrans qui sacca- 5
gent les villes et dépouillent les temples, nous ne les nommons
pas des hommes parcimonieux, mais plutôt des hommes
pervers, ou impies, ou injustes. Cependant le joueur, le pillard
et le brigand rentrent dans la classe des parcimonieux par leur
sordide amour du gain, car c'est en vue du gain que les uns
comme les autres[4] déploient leur habileté et endurent les pires

1. L. 27, κυμινοπρίστης (*cuminisector*) est celui qui *scie en deux un grain
de cumin* par avarice. Nous disons en français d'un avare, qu'« il tondrait un
œuf ». *Cf.* les explications faciles de Sylv. Maurus, 91[1].

2. L. 31, οἱ δ' αὖ répond à οἱ μέν, l. 21.

3. Les πορνοβοσκοί sont les *tenones*. *Cf.* Théophraste, *Caract.*, VI, 10, qui
donne une énumération des métiers infamants.

4. L. 9 et 11, ἀμφότεροι désigne, d'une part, le groupe des parcimonieux
en général, et, d'autre part, le groupe formé par le joueur, le pillard et le brigand,
deux groupes qui, *l'un et l'autre*, ont des caractères communs. L. 10, οἳ μὲν
désigne les *voleurs* (les pillards et les brigands), et οἳ δ', les *joueurs*. Nous avons
traduit en conséquence.

10 hontes, les voleurs s'exposant aux plus grands dangers dans
l'espoir du butin, les joueurs réalisant des gains au détriment
de leurs amis, pour lesquels ils devraient plutôt se montrer
généreux. Ainsi les uns et les autres, en voulant réaliser des
gains d'origine inavouable, sont poussés par un sordide amour
du profit. Et dès lors toutes ces différentes façons de prendre
sont de la parcimonie. C'est donc à bon droit que la parcimonie
est appelée le contraire de la libéralité, car, en même temps
15 qu'elle constitue un plus grand mal que la prodigalité, on est
sujet à commettre plus d'erreurs en ce sens-là que dans le sens
de la prodigalité telle que nous l'avons décrite.

4
\<La magnificence\>

Nous avons suffisamment parlé de la libéralité et des vices
qui lui sont opposés. On pensera qu'après cela doit venir la
discussion sur la magnificence[1], laquelle est, semble-t-il bien,
elle aussi, une vertu ayant rapport à l'argent. Mais, à la diffé-
20 rence de la libéralité, elle ne s'étend pas à toutes les actions
ayant l'argent pour objet, mais seulement à celles qui concernent la dépense, et, dans ce domaine, elle surpasse la libéralité
en grandeur.

Comme son nom même le suggère, elle consiste dans une
dépense convenant à la grandeur de son objet. Or la grandeur
est quelque chose de relatif, car les dépenses à engager pour un
25 triérarque ne sont pas les mêmes que pour un chef de théorie[2].

---

1. *E.E.*, III, 6, 1233a31-1233b15.
2. Dans toute cette étude sur la μεγαλοπρέπεια (*magnificence, munifi-
cence*), Aristote a constamment en vue les *liturgies*. Les λητουργίαι consis-
taient dans des prestations imposées aux citoyens possédant une certaine
fortune, et qui coûtaient fort cher : il y avait la *triérarchie* ou équipement d'une

Le convenable en matière de dépenses est donc relatif à l'agent, aux circonstances et à l'objet. Mais l'homme qui, dans les petites choses ou dans les moyennes, dépense selon qu'elles le méritent n'est pas ce qu'on nomme un homme magnifique (tel celui qui dit : *Souvent j'ai donné au vagabond*)[1], mais c'est seulement celui qui agit ainsi dans les grandes choses : car, bien que l'homme magnifique soit un homme libéral, l'homme libéral n'est pas pour autant un homme magnifique.

Dans une disposition de ce genre[2], la déficience s'appelle 30 mesquinerie, et l'excès, vulgarité[3], manque de goût, et autres dénominations analogues. Ce dernier vice constitue un excès, non pas en ce qu'on dépense largement pour des objets qui en valent la peine, mais en ce qu'on engage des dépenses de pure ostentation dans des occasions et d'une façon également inopportunes. Nous parlerons plus loin de ces vices[4].

Le magnifique est une sorte de connaisseur[5], car il a la capacité de discerner ce qu'il sied de faire et de dépenser sur 35 une grande échelle avec goût. Nous l'avons dit, en effet, au **1122b**

flotte (sur la τριηραρχία, cf. *Const. Ath.*, LXI, 1), la *phularquie*, ou équipement d'un corps de cavalerie, la *chorégie*, ou équipement d'un chœur avec ses chorèges et ses choreutes. Quant à l'ἀρχιθεωρία, elle consistait dans l'équipement d'une θεωρία pour Délos, Olympie et autres villes : *cf.* le début du *Phédon*, et *Const. Ath.*, LVI, 3.

1. Réminiscence de l'*Odyssée*, XVII, 420.

2. La magnificence, comme toute vertu, est une ἕξις, un *habitus*.

3. Le terme βαναυσία a le sens primitif de *travail manuel*; par suite, il signifie le caractère bas et vulgaire d'un artisan, adonné à un métier mécanique indigne d'un citoyen. – L. 32, ἀπειροκαλία est littéralement l'*inexpérience du beau*, le *manque de délicatesse*. Platon (*Rep.*, III, 403c) associe ce terme à ἀμουσία.

4. 6, 1123a19-33.

5. Un artiste en fait de dépense.

début[1], la disposition du caractère se définit par ses activités et par ses objets. Or les dépenses du magnifique sont à la fois considérables et répondent à ce qu'il est séant d'accomplir ; tels sont par suite également les caractères des œuvres réalisées, car ainsi il y aura dépense considérable et en pleine convenance avec l'œuvre accomplie. Par conséquent, comme le 5 résultat doit répondre dignement à la dépense, ainsi aussi la dépense doit être proportionnée au résultat, ou même lui être supérieure. – En outre, l'homme magnifique, en dépensant de pareilles sommes aura le bien pour fin, qui est un caractère commun à toutes les vertus. Et il le fera aussi avec joie et avec profusion, car se montrer pointilleux dans les comptes est le fait d'une nature mesquine. Et il examinera la façon d'obtenir le plus beau résultat et le plus hautement convenable, plutôt 10 que s'inquiéter du prix et du moyen de payer le moins possible. Le magnifique sera donc aussi nécessairement un homme libéral, car l'homme libéral également dépensera ce qu'il faut et comme il faut ; et c'est dans l'observation de cette double règle que ce qu'il y a de grand dans l'homme magnifique, en d'autres termes sa grandeur, se révèle, puisque c'est là ce qu'il y a de commun avec l'exercice de la libéralité[2]. Et d'une égale

1. II, 1, 1103b21-23 ; 2, 1104b27-29. – Il doit y avoir πρέπον μέγεθος non seulement dans la dépense (c'est l'ἐνεργεία de l'ἕξις), mais encore dans l'ἔργον (*objet* de la dépense, ὧν ἐστίν, l. 2). St Thomas, 713, p. 199, a clairement exposé l'argumentation des l. 2-6 (αἱ δή... ὑπερβάλλειν) : *Quia operationes magnificentiae sunt expensae, et objecta operationum sunt ea in quibus expensae fiunt magnae, consequens est, quod ad magnificum pertinet considerare et facere magnos sumptus et convenientes... Expensae erunt magnae, et convenientes operationi... Sic igitur oportet quod opus, in quo fiunt expensae, sit tale, quod sit dignum ejusmodi sumptu, scilicet expensa ; sumptum autem idest expensam oportet esse, ut proportionetur operi, vel quod surabundet.*

2. Les l. 12-13 (ἐν τούτοις ... οὔσης) sont difficiles. Les mots ἐν τούτοις = ἃ δεῖ καὶ ὡς δεῖ, qui précède. D'autre part, l. 12, nous lisons, avec tous les

dépense il tirera un résultat plus magnifique[1]. En effet, la même excellence n'est pas attachée à une chose qu'on possède et à une œuvre qu'on réalise : en matière de 15 possession, c'est ce qui a la plus grande valeur marchande qu'on prise le plus, l'or par exemple ; tandis que s'il s'agit d'une œuvre, la plus estimée est celle qui est grande et belle[2], car la contemplation d'une œuvre de ce genre soulève l'admiration du spectateur, et le fait de causer l'admiration appartient précisément à l'œuvre magnifique réalisée ; et l'œuvre a son excellence, c'est-à-dire sa magnificence, dans sa grandeur[3].

éditeurs, μέγεθος, et non, avec Susemihl, μεθεστός, que le passage de la *Rhet. ad Alex.*, 3, 1423b13, cité dans l'apparat critique, ne suffit vraiment pas à justifier. – Quant au raisonnement d'Aristote, il tend à montrer la ressemblance entre l'homme libéral et l'homme magnifique : l'un comme l'autre dépensent ἃ δεῖ et ὡς δεῖ, et il faut, dans les deux cas, considérer moins le montant de la dépense que la façon dont elle est faite. *Cf.* Sylv. Maurus, 93[1] : *magnificus debet necessario esse liberalis. Ratio est, quia ad liberalitatem spectat facere sumptus, quos oportet et prout oportet : ergo magnificus est liberalis.*

1. Qu'un homme mesquin ou qu'un homme vulgaire (μικροπρέπεια et βαναυσία, l. 1122a31-32, *supra*). Comme le remarque avec raison Burnet, 175, il ne s'agit pas ici d'un contraste entre la libéralité et la magnificence, mais entre la magnificence et les deux vices opposés à la magnificence.

2 et 3. Indépendamment de sa valeur marchande et de ce qu'elle coûte. – St Thomas a bien compris ce passage (718, p. 200) : *non ad idem pertinet virtus* [= ἀρετή, l. 15, l'excellence de la chose]… *in possessionibus divitiarum et in opere quo divitiae expenduntur. Quia virtus… in possessionibus est illud quod est plurimo pretio dignum* [= τὸ πλεῖστου ἄξιον], *et hoc est aurum, et quod homines maxime honorant* [= τιμιώτατον], *idest appretiantur. Sed virtus operis est, quod sit magnum et bonum. Quia consideratio* [= θεωρία] *talis operis inducit admirationem. Et tale est opus magnificentiae, ut scilicet sit admirabile.*

5
<*La magnificence*, suite>

La magnificence résulte des dépenses dont la qualité est
20 pour nous du plus haut prix[1] : ce seront, par exemple, celles
qui concernent les dieux, comme les offrandes votives, les
édifices[2], les sacrifices ; pareillement celles qui touchent à tout
ce qui présente un caractère religieux[3] ; ou encore celles qu'on
ambitionne de faire pour l'intérêt public, comme l'obligation
dans certains endroits d'organiser un chœur avec faste, ou
d'équiper une trirème[4], ou même d'offrir un repas civique.
Mais dans tous ces cas, comme nous l'avons dit[5], on doit
apprécier la dépense par référence à l'agent lui-même, c'est-à-
dire se demander à quelle personnalité on a affaire et de quelles
25 ressources il dispose : car la dépense doit répondre dignement
aux moyens, et être en convenance non seulement avec l'œuvre
projetée, mais encore avec son exécutant. C'est pourquoi un
homme pauvre ne saurait être magnifique, parce qu'il ne
possède pas les moyens de faire de grandes dépenses d'une
manière appropriée, et toute tentative en ce sens est un manque
de jugement, car il dépense au-delà de ce qu'on attend de lui et
de ce à quoi il est tenu, alors que l'acte conforme à la vertu est
celui qui est fait comme il doit l'être. Mais les dépenses de
30 magnificence conviennent à ceux qui sont en possession des
moyens appropriés, provenant soit de leur propre travail, soit

---

1. Sur le sens de τὰ τίμια, l. 19, *cf.* I, 12, 1101b11, note.
2. Les temples.
3. Sur δαιμόνιον, syn. de θεῖον, cf. *Ind. arist.*, 164a23, et Bonitz, *in Met. comm.*, 243 (avec les références).
4. Cf. *supra*, 4, 1122a26, note. Aux *liturgies* Aristote ajoute le *repas civique* (ἑστίασις).
5. 4, 1122a24-26.

de leurs ancêtres, soit de leurs relations[1], ou encore aux personnes de haute naissance, ou aux personnages illustres, et ainsi de suite, car toutes ces distinctions emportent grandeur et prestige. Tel est donc avant tout l'homme magnifique, et la magnificence se montre dans les dépenses de ce genre[2], ainsi que nous l'avons dit[3], car ce sont les plus considérables 35 et les plus honorables. Parmi les grandes dépenses d'ordre privé, citons celles qui n'ont lieu qu'une fois, par exemple un **1123a** mariage ou un événement analogue, et ce qui intéresse la cité tout entière, ou les personnes de rang élevé; ou encore pour la réception ou le départ d'hôtes étrangers, ainsi que dons et rémunérations. Le magnifique, en effet, ne dépense pas pour lui-même, mais dans l'intérêt commun, et ses dons présentent 5 quelque ressemblance avec les offrandes votives. C'est aussi le fait d'un homme magnifique que de se ménager une demeure en rapport avec sa fortune (car même une belle maison est une sorte de distinction), et ses dépenses devront même porter de préférence sur ces travaux, qui sont destinés à durer (car ce sont les plus nobles), et en chaque occasion il dépensera ce qu'il est séant de dépenser. Ce ne sont pas, en effet, les mêmes dons qui conviennent à des dieux et à des hommes, pour un temple et 10 pour un tombeau. Et puisque[4] chaque forme de dépense peut

1. Relations de parenté ou autres (*iis quibuscum aliqua necessitudine conjuncti sunt relictae*, dit Lambin). *Cf.* St Thomas, 723, p. 202 : ce sont ceux *per quos ad eos transeunt divitiae, puta cum relinquuntur haeredes extraneorum.*

2. Dépenses publiques.

3. L. 19-23 *supra.*

4. Cette longue phrase, assez enchevêtrée et coupée par la parenthèse des l. 14-16, a son apodose l. 16, διὰ τοῦτό. – L. 12, Bywater insère ἁπλῶς après μεγαλοπρεπέστατον, ce qui contribue à éclairer le sens général sans être toutefois indispensable. D'autre part, l. 12, ἐνταῦθα = ἐν τούτοις qui suit, et sont l'un et l'autre équivalents à ἐν τούτῳ τῷ γένει. Le raisonnement d'Aristote est suffisamment clair. St Thomas (730, p. 203) l'a bien reproduit.

être grande dans le genre considéré, et, bien que la plus magnifique de toutes soit une grande dépense pour une grande chose, que dans tel cas particulier la plus magnifique est celle qui est grande dans le cas en question; puisque, de plus, la grandeur existant dans l'œuvre réalisée est différente de celle existant dans la dépense (car la plus jolie balle à jouer ou la plus belle
15 fiole est une chose magnifique pour un cadeau à un enfant, quoique son prix soit modeste et mesquin), – il s'ensuit de tout cela que ce qui caractérise l'homme magnifique, c'est, quel que soit le genre de résultat auquel il aboutit, de le réaliser avec magnificence (un pareil résultat n'étant pas facile à dépasser)[1], et d'une façon qui réponde dignement à la dépense.

6
<La magnificence et ses contraires, suite>

Tel est donc l'homme magnifique; et l'homme qui, au
20 contraire, tombe dans l'excès, l'homme vulgaire, exagère en dépensant au-delà de ce qui convient, ainsi que nous l'avons dit[2]. En effet, dans les petites occasions de dépenses, il gaspille des sommes considérables et déploie un faste démesuré : par exemple, à un repas par écot[3] il donne l'éclat d'un repas de noces, et s'il équipe un chœur de comédie il le fait s'avancer à sa première entrée[4] sur de la pourpre, comme à Mégare. Et

1. *Omne opus magnifici tale est in suo genere, ut in eo difficile possit superari* (Sylv. Maurus, 94[2]).

2. 4, 1122a31-33.

3. Qui n'est pas un repas *select*. – L'ἔρανος était un *repas par cotisations*, où chaque convive apportait sa contribution.

4. Dans son sens premier, le πάροδος est la *première entrée du chœur* par l'une des voies latérales donnant sur les extrémités du proscénion. Dans un sens dérivé, dont Aristote donne la définition *Poet.*, 12, 1452b22, c'est le premier

toutes ces sottises, il les accomplira non pas pour un noble 25
motif, mais pour étaler sa richesse, pensant exciter ainsi l'admiration. Dans les circonstances où il faut dépenser largement il
se montre parcimonieux, et là où une faible dépense suffirait,
prodigue.

À l'opposé, l'homme mesquin pèche en toutes choses par
défaut : même après avoir dépensé l'argent à pleines mains,
il gâtera pour une bagatelle la beauté du résultat, hésitant en
tout ce qu'il fait, étudiant de quelle façon dépenser le moins 30
possible, ce qui ne l'empêche pas de pousser des lamentations
et de s'imaginer toujours faire les choses plus grandement qu'il
ne faut.

Ces dispositions du caractère[1] sont assurément vicieuses,
mais n'apportent du moins avec elles aucun déshonneur, parce
qu'elles ne sont ni dommageables pour le prochain, ni d'un
aspect par trop repoussant.

7
<La magnanimité>

La magnanimité[2] a rapport à de grandes choses, comme
semble encore l'indiquer son nom. Mais de quelles grandes
choses s'agit-il ? C'est là ce que nous devons tout d'abord 35
saisir. Peu importe d'ailleurs que nous examinions la disposi- 1123b
tion en elle-même ou l'homme qui répond à cette disposition[3].

morceau complet récité par le chœur (ἡ πρώτη λέξις ὅλη χωροῦ). – Les
Athéniens jugeaient grossières les comédies qu'on jouait à Mégare.

1. La vulgarité et la mesquinerie.

2. Nous traduisons μεγαλοψυχία comme on le fait d'ordinaire. Mais ce
terme exprime plutôt la dignité de la personne, sa fierté, le juste sentiment de
son mérite. Dans *An. post.*, II, 13, 97b15 (p. 223 et notes de notre traduction),
Aristote prend la définition du μεγαλόψυχος comme exemple de sa méthode
d'induction.

3. *In abstracto* ou *in concreto*.

On pense d'ordinaire qu'est magnanime celui qui se juge lui-même digne de grandes choses[1], et qui en est réellement digne[2]; car celui qui, sans en être digne, agit de même, est un homme sans jugement, et au nombre des gens vertueux ne figurent ni l'homme sans jugement, ni le sot.

Magnanime, donc, est l'homme que nous venons de
5 décrire (celui qui n'est digne que de petites choses et qui s'estime lui-même digne d'elles est un homme modeste, mais non un homme magnanime, puisque c'est dans la grandeur que se situe la magnanimité, tout comme la beauté dans un corps majestueux[3] : les gens de petite taille peuvent être élégants et bien proportionnés, mais ne peuvent pas être beaux). D'autre part, celui qui s'estime lui-même digne de grandes choses, tout en étant réellement indigne d'elles, est un vaniteux[4] (quoique celui qui s'estime au-dessus de son mérite ne soit pas toujours un vaniteux)[5]; celui qui se juge moins qu'il ne vaut est un
10 pusillanime, qu'il soit digne de grandes choses ou de choses moyennes, ou même, quoique n'étant digne que de petites choses, s'il s'estime encore au-dessous d'elles. Le plus haut degré de la pusillanimité semblera se rencontrer dans celui qui est digne de grandes choses : car que ferait-il, si son mérite n'était pas aussi grand[6]? Ainsi, l'homme magnanime, d'une part est un extrême par la grandeur <de ce à quoi il peut

---

1. Dans un sens aussi bien actif que passif. St Thomas (736, p. 207) le précise avec raison : *idest ut magna faciat et magna ei fiant.*

2. Cf. *E.E.*, III, 5, 1232a19-38.

3. *Poet.*, 7, 1450b35; *Pol.*, VII, 4, 1326b33; *Probl.*, XVI, 11, 915b37.

4. L. 9, χαῦνος est l'*homme vide*, gonflé de vanité, où il n'y a rien (*fumosus, ventosus*).

5. S'il a, par exemple, de grands mérites, mais s'estime digne de plus grandes choses encore, car, explique St Thomas, 739, p. 207, *difficile est mensuram rectam attingere.*

6. *Si enim hic, cum sit dignus magnis, ad minora se dejicit, quid faceret si magnis non esset dignus?* (Sylv. Maurus, 96[1]).

prétendre>[1], et d'autre part un moyen par la juste mesure où il se tient (puisqu'il ne se juge digne que de ce dont il est effectivement digne)[2], alors que l'homme vain et l'homme pusillanime tombent dans l'excès ou le défaut. 15

Si donc l'homme magnanime est celui qui se juge lui-même digne de grandes choses et en est effectivement digne, et si l'homme le plus magnanime est celui qui se juge digne, et qui l'est, des choses les plus grandes[3], son principal objet ne saurait être qu'une seule et unique chose[4]. Or le mérite se dit par relation avec les biens extérieurs ; et le plus grand de tous ces biens, nous pouvons l'assurer, est celui que nous offrons en hommage aux dieux, que les personnes élevées en dignité convoitent avec le plus d'ardeur, et qui est une récompense accordée aux actions les plus nobles : à cette description nous 20 reconnaissons l'honneur (qui est effectivement le plus grand des biens extérieurs). Par suite, le magnanime est celui qui, en ce qui regarde l'honneur et le déshonneur, adopte l'attitude qui convient. En dehors même de tout raisonnement[5], il est manifeste que la magnanimité a rapport à l'honneur, puisque c'est surtout de l'honneur que les grands s'estiment eux-mêmes dignes, et cela en conformité avec leur mérite.

Quant à l'homme pusillanime, il est dans un état d'insuffisance à la fois par rapport à ses propres mérites et par comparaison avec ce dont se juge capable l'homme magnanime, 25

1. Les mots entre crochets sont ajoutés au texte d'Aristote pour l'éclairer.

2. Sur le caractère de ἄκρος et celui de μέσος dans la vertu en général, cf. II, 6, 1107a6. – Cf. E.E., III, 5, 1232b14-1233a9.

3. Nous avons dû développer la formule concise, l. 16, καὶ μάλιστα τῶν μεγίστων. – On remarquera le passage au superlatif de l'agent et des choses dont il est digne.

4. Car id quod per excellentiam dicitur, uni attribuitur (St Thomas 742, p. 207). Cette « unique chose », objet des préoccupations de l'homme magnanime, est, nous allons le voir, l'honneur.

5. Et pour s'en tenir à l'expérience courante.

tandis que le vaniteux dépasse la mesure par rapport à ses propres mérites, mais non du moins par rapport à ce dont le magnanime se juge capable[1].

L'homme magnanime, puisqu'il est digne des plus grandes choses, ne saurait qu'être un homme parfait : en effet, meilleur est l'homme et toujours plus grands sont les biens dont il est digne, et celui-là est digne des plus grands biens qui est parfait[2]. Par conséquent, l'homme véritablement magnanime doit être un homme de bien. Et on pensera qu'à la *grandeur*
30 d'âme appartient ce qu'il y a de *grand* en chaque vertu[3]. Il serait absolument contraire au caractère d'un homme magnanime, à la fois de s'enfuir à toutes jambes[4] et de commettre une injustice : dans quel but ferait-il des actes honteux, lui pour qui rien n'a grande importance[5] ? Et, à examiner chacune des vertus, il paraîtrait complètement ridicule que l'homme magnanime ne fût pas homme de bien, pas plus qu'il ne serait digne
35 d'être honoré s'il était pervers, puisque l'honneur est une récompense de la vertu et que c'est aux gens de bien qu'il est
1124a rendu. La magnanimité semble donc être ainsi une sorte d'ornement des vertus, car elle les fait croître et ne se rencontre pas sans elles[6]. C'est pourquoi il est difficile d'être vérita-

1. Puisque le χαῦνος a des prétentions pour le moins égales à celles de l'homme magnanime.

2. Passage du comparatif (μείζονος, ὁ βελτίων) au superlatif (μεγίστων ὁ ἄριστος), à la fois dans le sujet et dans l'objet.

3. Sorte de jeu de mots (μεγαλοψύχου, τὸ ... μέγα), que nous avons essayé de rendre.

4. L'expression παρασείειν τὰς χεῖρας (ou même παρασείειν simplement) signifie *balancer les bras* pour courir plus vite, autrement dit *s'enfuir à toutes jambes*. Cf. *de Inc. anim.*, 3, 705a17; *Probl.*, V, 8, 881b6. – Il faut sous-entendre, bien entendu : dans le danger, au moment d'une retraite précipitée.

5. Cf. *infra*, 8, 1125a2 et 14. Le gain par suite ne le tente pas.

6. Et qu'elle emprunte sa grandeur (μέγα : cf. *supra*, 1. 30) à toutes les vertus. Par exemple, *fortitudo intendit fortiter agere, magnanimitas attendit magna operari in fortiter agendo* (St Thomas, 746, p. 208).

blement un homme magnanime, car cela n'est pas possible sans une vertu parfaite.

Ainsi donc, c'est surtout en ce qui touche l'honneur et le déshonneur que l'homme magnanime se révèle, et les 5 honneurs éclatants quand ils sont décernés par les gens de bien, lui feront ressentir une joie mesurée, dans la conviction qu'il n'obtient là que ce qui lui appartient en propre, ou même moins (puisqu'il ne saurait y avoir d'honneur digne d'une parfaite vertu); il ne les en acceptera pas moins de toute façon, parce que les hommes n'ont rien de mieux à lui offrir. Quant à 10 l'honneur rendu par des gens quelconques et pour des raisons futiles [1], il n'en fera absolument aucun cas (car ce n'est pas cela dont il est digne), et il agira de même pour le déshonneur (puisque aucun déshonneur ne peut qu'injustement s'attacher à lui). – C'est donc principalement de ce qui touche l'honneur, comme nous l'avons dit, que l'homme magnanime se préoccupe. Cependant, en ce qui concerne la richesse, le pouvoir, et la bonne ou mauvaise fortune en général, il se comportera avec modération, de quelque façon que ces avantages se présentent 15 à lui : il ne se réjouira pas avec excès dans la prospérité, ni ne s'affligera outre mesure dans l'adversité. En effet, même à l'égard de l'honneur il n'agit pas ainsi, et pourtant c'est le plus grand des biens [2] (la puissance et la richesse n'étant des choses désirables que pour l'honneur qu'elles procurent : du moins ceux qui les possèdent souhaitent être honorés à cause d'elles); celui dès lors pour qui même l'honneur est peu de chose, à celui-là aussi tout le reste demeure indifférent. C'est pourquoi de tels hommes passent d'ordinaire pour dédaigneux [3].

---

1. Toutes celles *praeter virtutem, puta... divitiae*, etc. (St Thomas, 752, p. 211).

2. L. 17, avec Ramsauer, nous supprimons ὡς, et nous suivons l'interprétation de la plupart des commentateurs.

3. Dédaigneux des biens extérieurs, même des plus grands, même de l'honneur. Seule la vertu, qui est un bien de l'âme, peut les satisfaire.

8
<La magnanimité, suite>

20   On admet d'ordinaire que les dons de la fortune [1] contribuent aussi à la magnanimité. En effet, les gens bien nés sont jugés dignes d'être honorés, ainsi que les personnes des classes dirigeantes ou les gens riches, parce qu'ils occupent une position supérieure aux autres, et que ce qui possède une supériorité en quelque bien jouit toujours d'une plus grande considération. C'est pourquoi même des avantages de cette nature [2] ont pour effet de rendre les hommes plus magnanimes, car leurs possesseurs en retirent de la considération auprès de certains.

25 En toute vérité, l'homme de bien seul devrait être honoré ; cependant celui en qui résident à la fois la vertu et les avantages dont nous parlons est regardé comme plus digne d'honneur encore. Mais ceux qui, dépourvus de vertu, possèdent les biens de ce genre [3] ne sont ni justifiés à se croire eux-mêmes dignes de grandes choses, ni en droit de prétendre au nom de magnanime, tous avantages [4] qui ne se rencontrent pas indépendamment d'une parfaite vertu. Mais ceux qui possèdent unique-

30 ment les dons de la fortune deviennent eux aussi [5] dédaigneux et insolents, car sans vertu il n'est pas facile de supporter avec aisance la prospérité, et de tels hommes, dans leur incapacité

1124b d'y parvenir et se croyant supérieurs à tout le monde, méprisent les autres et font eux-mêmes tout ce qui leur passe par la

---

1. L. 21, les εὐτυχήματα sont les *heureux hasards*, de la naissance ou de la richesse, la bonne chance. Cf. *Mag. Mor.*, II, 8, 1207a33-35.

2. Les εὐτυχήματα.

3. Toujours les εὐτυχήματα.

4. L. 29, ταῦτα : la prétention (justifiée) à mériter de grands biens, et le nom de magnanime (*cf.* St Thomas, 757, p. 211).

5. Comme le μεγαλόψυχος lui-même (*cf.* 7, 1124a20), avec cette différence que, chez ce dernier, dédain et insolence sont justifiés par sa supériorité réelle.

tête[1]. Ils imitent, en effet, l'homme magnanime sans être
réellement pareils à lui et le copient en tout ce qu'ils peuvent[2];
ainsi, tout en n'agissant pas selon la vertu, ils méprisent les
autres[3]. L'homme magnanime, en effet, méprise les autres 5
parce qu'il en a le droit (puisqu'il juge avec vérité), tandis que
la plupart des hommes le font au petit bonheur[4].

   L'homme magnanime ne se jette pas dans des dangers qui
n'en valent pas la peine, pas plus qu'il n'aime les dangers en
eux-mêmes, car il y a peu de choses qu'il apprécie. Mais il
affronte le danger pour des motifs importants, et quand il
s'expose ainsi il n'épargne pas sa propre vie, dans l'idée qu'on
ne doit pas vouloir conserver la vie à tout prix. Par nature, il
aime à répandre des bienfaits, mais il rougit d'en recevoir,
parce que, dans le premier cas c'est une marque de supériorité, 10
et dans le second d'infériorité. Il est enclin à rendre plus qu'il
ne reçoit, car de cette façon le bienfaiteur originaire[5] contrac-
tera une nouvelle dette envers lui et sera l'obligé. En outre, les
hommes magnanimes semblent ne garder mémoire que de
ceux à qui ils ont fait du bien, à l'exclusion de ceux qui les ont
eux-mêmes obligés : car celui qui reçoit un service est l'inférieur de celui qui le lui rend, alors que l'homme magnanime
souhaite garder la supériorité. Et si son oreille est flattée des

---

   1. Tel est manifestement le sens de αὐτοὶ δ' ὅ τι ἂν τύχωσι πράττουσιν,
l. 3. Le sens (mais le sens seulement) est ainsi rendu par Rackham : *although
their own conduct is no better than another's.* Cf. *E.E.*, III, 5, 1232a38-
1232b14.

   2. Même expression III, 10, 1115b31, *supra.*

   3. Sans imiter la vertu du magnanime, ils imitent seulement son dédain des
autres.

   4. *Multi, qui carent virtute, contemnunt et glorificant indifferenter
qualitercumque* (St Thomas, 758, p. 211).

   5. L. 12, ὁ ὑπάρξας : cf. *Ind. arist.*, 788b40, et Burnet, p. 184. Le verbe
ὑπάρχειν est ici le syn. de ἄρχειν et signifie *prendre l'initiative.* Voir aussi
Gorgias, 456e : ἀμυνομένους μὴ ὑπάρχοντας (*dans la défense, non dans
l'attaque*).

bienfaits qu'il a accordés, c'est sans plaisir qu'il entend parler
15 de ceux qu'il a reçus. Telle est la raison pour laquelle Thétis ne
rappelle pas à Zeus[1] les services qu'elle lui a rendus, et pour
laquelle aussi les Lacédémoniens n'ont pas rappelé aux
Athéniens les bons offices dont ils les avaient gratifiés, mais
seulement les bienfaits qu'ils en avaient eux-mêmes reçus[2]. Et
c'est encore le fait d'un homme magnanime, de ne rien
demander à personne, ou de ne le faire qu'avec répugnance,
mais par contre de rendre service avec empressement. De
même, s'il se montre plein de hauteur avec les puissants ou les
20 heureux de ce monde, il sait garder la modération avec les gens
de condition moyenne : en effet, c'est une chose malaisée et qui
impose le respect, de l'emporter sur les grands en excellence,
tandis qu'avec les autres, c'est facile ; d'autre part, se montrer
hautain envers les premiers n'a rien d'incivil, alors que c'est
une grossièreté à l'égard du menu peuple, tout comme de
déployer sa force contre les faibles. En outre, l'homme magnanime ne va pas chercher les honneurs ni les places où d'autres
occupent le premier rang. Il est lent, il temporise, sauf là où une
grave question d'honneur ou une affaire sérieuse sont en jeu ; il
25 ne s'engage que dans un petit nombre d'entreprises, mais qui
sont d'importance et de renom. Son devoir impérieux est de se
montrer à découvert dans ses haines comme dans ses amitiés,
la dissimulation étant la marque d'une âme craintive. Il se
soucie davantage de la vérité que de l'opinion publique, il parle
et agit au grand jour, car le peu de cas qu'il fait des autres lui
permet de s'exprimer avec franchise. C'est pourquoi aussi il
30 aime à dire la vérité, sauf dans les occasions où il emploie

---

1. De façon à lui être agréable. Cf. *Iliade*, I, 393 *sq.*, 503 *sq.*
2. Référence incertaine : *cf.* Burnet, p. 184.

l'ironie, quand il s'adresse à la masse [1]. Il est incapable de vivre
selon la loi d'autrui [2], sinon celle d'un ami, car c'est là un escla-   **1125a**
vage, et c'est ce qui fait que les flatteurs sont toujours serviles,
et les gens de peu, des flatteurs. Il n'est pas non plus enclin à
l'admiration, car rien n'est grand pour lui. Il est sans rancune :
ce n'est pas une marque de magnanimité que de conserver du
ressentiment, surtout pour les torts qu'on a subis, il vaut mieux
les dédaigner. Il n'aime pas non plus les commérages : il ne   5
parlera ni de lui-même ni d'un autre, car il n'a souci ni d'éloge
pour lui-même ni de blâme pour les autres, et il n'est pas
davantage prodigue de louanges : de là vient qu'il n'est pas
mauvaise langue, même quand il s'agit de ses ennemis,
sinon par insolence délibérée [3]. Dans les nécessités de la vie ou
dans les circonstances insignifiantes, il est l'homme le moins
geignard et le moins quémandeur, car c'est prendre les choses   10
trop à cœur que d'agir ainsi dans ces occasions. Sa nature le
pousse à posséder les choses belles et inutiles plutôt que les
choses profitables et avantageuses : cela est plus conforme à un
esprit qui se suffit à soi-même.

En outre, une démarche lente est généralement regardée
comme la marque d'un homme magnanime, ainsi qu'une voix
grave et un langage posé : l'agitation ne convient pas à qui ne
prend à cœur que peu de choses, ni l'excitation à qui pense
que rien n'a d'importance ; au contraire une voix aiguë et une   15

---

1. L. 30, nous lisons εἴρων. – Sur l'εἰρωνεία socratique, cf. *supra*, II, 7,
1108a23. Tout le passage, depuis l. 29, comporte des variantes nombreuses, et
le texte est loin d'être sûr : *cf.* l'apparat critique de Susemihl.

2. L. 31, sur le sens de πρὸς ἄλλον, cf. *Ind. arist.*, 642a40 : *secundum, ad
alicujus normam et legem.* Burnet, p. 185, traduit très exactement : *to take his
rule of life of another.*

3. Tel est bien le sens de εἰ μὴ δι' ὕβριν, l. 8. Il ne faut pas comprendre, avec
St Thomas, 779, p. 215 : *nisi propter injuriam sibi ab eis* [= *inimicis*] *illatam
repellendam.*

démarche précipitée sont l'effet d'un tempérament agité et
excitable[1].

9
<La magnanimité et ses contraires, suite>

Tel est donc le caractère de l'homme magnanime[2]. Celui
qui, dans ce domaine, pèche par défaut est un homme pusillanime, et celui qui tombe dans l'excès un vaniteux. Ces deux
derniers ne sont pas non plus[3] généralement regardés comme
des gens vicieux (ils ne font aucun mal), mais seulement
comme des gens qui font fausse route. En effet, le pusillanime,
20 tout en étant digne de grands biens, se prive lui-même des
avantages qu'il mérite, et il donne l'impression de recéler en
lui quelque chose de mauvais, du fait qu'il se juge lui-même
indigne de tous biens. Et il semble aussi se méconnaître lui-
même, car autrement il convoiterait les choses dont il est
digne, puisque ce sont là des biens[4]. Non pas toutefois que les
hommes de cette sorte soient tenus pour des sots : ce sont plutôt
des timides. Mais cette opinion qu'ils ont d'eux-mêmes ne fait,
semble-t-il bien, que renforcer leur infériorité : chaque classe
25 d'hommes, en effet, tend aux biens correspondant à son

1. Cf. *de Gen. anim.*, V, 7, 786b35. – La traduction de Rackham rend
clairement la pensée d'Aristote : *to speak in shrill tones and walk fast denotes
an excitable and nervous temperament, while does not belong to one who cares
for few things and thinks nothing great.*

2. *E.E.*, III, 5, 1223a9-30.

3. Tout comme les hommes vulgaires ou mesquins, visés *supra*, 6,
1123a31-33.

4. St Thomas, 786, p. 217, a clairement exposé la pensée d'Aristote : *cum
enim proprium bonum sit cuilibet appetibile, si seipsum cognosceret pusilla-
nimus, appeteret ea quibus dignus est, cum sint quaedam bona et appetibilia.*

mérite; or les pusillanimes[1] s'abstiennent de toute action et
de toute occupation vertueuses dans la pensée qu'ils en sont
indignes, et ils se comportent de même à l'égard des biens
extérieurs.

Les vaniteux, au contraire, sont des sots, qui s'ignorent
eux-mêmes, et on s'en aperçoit (car, tout comme s'ils en
étaient dignes, ils entreprennent des tâches honorables, et
l'événement ne tarde pas à les confondre). Ils veulent briller 30
par la parure, le maintien et autres avantages de ce genre; ils
souhaitent que les dons que la fortune leur a départis apparaissent au grand jour et ils en font état dans leurs paroles, croyant
en tirer de la considération.

La pusillanimité s'oppose davantage à la magnanimité que
la vanité, car elle est à la fois plus répandue et plus mauvaise.

10
<L'ambition, le manque d'ambition et la vertu intermédiaire>

La magnanimité a donc rapport à un honneur d'ordre élevé, 35
comme il a été dit déjà[2].

Il semble bien aussi y avoir, dans le domaine de l'honneur, **1125b**
ainsi que nous l'avons indiqué dans notre première partie[3], une
vertu qui apparaîtrait voisine de la magnanimité, comme la
libéralité l'est de la magnificence[4]. Ces deux vertus, en effet,
se tiennent en dehors de la grandeur, mais nous mettent dans
la position qui convient, en ce qui concerne les objets de 5

---

1. En méconnaissant leur propre mérite (*cf.* St Thomas, 787, p. 217).
2. II, 7, 1107b26; IV, 7, 1123a34-b22.
3. IV, 7, 1123b24-27.
4. Et constituant, comme la libéralité, une μεσότης. – L. 5, ἄμφω, à savoir
la vertu moyenne dont il est présentement question (et qui, nous le verrons, n'a
pas de nom) et la libéralité.

moyenne et de petite importance[1]. De même que dans l'acquisition et le don des richesses il existe une médiété aussi bien
qu'un excès et un défaut, de même encore l'honneur peut être
désiré plus qu'il ne faut ou moins qu'il ne faut, ou cherché à sa
véritable source et d'une façon convenable. En effet, nous
blâmons à la fois, d'une part l'ambitieux, en ce qu'il convoite
10 l'honneur plus qu'il ne convient et le cherche là où il ne faut
pas, et, d'autre part, l'homme sans ambition, en ce qu'il se
montre indifférent à l'honneur qu'on lui rend, même quand
c'est pour de belles actions. Mais, à d'autres moments, nous
louons, au contraire, l'ambitieux d'agir en homme et d'être
plein d'une noble ardeur, et l'homme sans ambition pour son
sens de la mesure et de la modération, ainsi que nous l'avons
noté dans nos premières études[2]. On voit que l'expression
passionné pour telle ou telle chose se prend en plusieurs sens,
15 et que nous n'appliquons pas toujours à la même chose le terme
ambitieux <passionné pour l'honneur> : c'est une expression
élogieuse quand nous avons en vue celui qui aime l'honneur
plus que ne le fait la majorité des hommes, et elle revêt un sens
péjoratif au contraire quand nous pensons à celui qui aime
l'honneur plus qu'il ne convient. Et comme la moyenne à
observer n'a pas de nom spécial, les deux extrêmes paraissent
se disputer sa place comme si elle était vacante[3]. Mais là où il y
a excès et défaut existe aussi le moyen ; or on peut convoiter
l'honneur à la fois plus et moins qu'on ne le devrait ; il est donc
20 aussi possible de le désirer comme il est convenable, et c'est
cette dernière disposition du caractère qui est l'objet de nos

1. En honneur ou en richesses. *Cf.* St Thomas, 792, p. 219 : *circa parva et
moderata, vel honores vel divitias.*

2. II, 7, 1107b33. – Aristote va maintenant indiquer (δῆλον) pourquoi
tantôt nous louons et tantôt nous blâmons l'ambition et le mépris exagéré des
honneurs : c'est que nous sommes en présence de termes *ambigus* (πλεοναχῶς,
l. 14) qui peuvent être pris dans un sens favorable ou défavorable.

3. *Cf.* II, 7, 1107b31, où la même idée se trouve exprimée.

éloges, disposition qui constitue dans le domaine de l'honneur une médiété dépourvue de désignation spéciale. Comparée à l'ambition elle apparaît manque d'ambition, et comparée au manque d'ambition, ambition ; comparée enfin à l'un et à l'autre, elle est, en un sens, les deux en même temps. Cela semble bien être également le cas pour les autres vertus [1], mais, dans l'espèce présente, les extrêmes paraissent seulement opposés l'un à l'autre, du fait que la vertu moyenne n'a pas 25 reçu de nom [2].

11
<La douceur>

La douceur [3] est une médiété dans le domaine des sentiments de colère, mais l'état intermédiaire n'ayant pas de nom, et les extrêmes se trouvant presque dans le même cas, nous appliquons le terme douceur au moyen [4], quoique la douceur incline plutôt du côté de la déficience. Celle-ci est dépourvue de nom, mais l'excès pourrait s'appeler une sorte

---

1. St Thomas, 798, p. 220, donne des exemples.

2. *Quia mediocritati virtuosae non est impositum nomen, ideo extrema vitiosa, hoc est ambitio et nimius honoris contemptus, videntur esse solum opposita inter se, non autem cum virtute, licet vere et inter se et cum virtute habeant oppositionem* (Sylv. Maurus, 103 [2]).

3. Sur πραότης (*lenitas, douceur, bon caractère, gentillesse*), cf. *Rhet.*, II, 3, 1380a6-1380b33, et le passage correspondant de *E.E.*, III, 3, 1231b5-26.

4. Le terme πραότης ne signifie pas tant, en effet, la position moyenne *circa iram*, que la douceur du caractère en général. Le manque de colère lui-même n'a pas de nom ; seul l'excès peut à la rigueur recevoir la désignation d'*iracundia*. Il y a évidemment dans tout ce chapitre une sorte d'impropriété permanente dans le vocabulaire, puisqu'on en est réduit à appeler *doux* l'homme qui se met en colère à bon escient. On se reportera avec intérêt aux explications de Sylv. Maurus, 104 [1].

30 d'irascibilité, car la passion en question est une colère, bien
que les causes qui la produisent soit multiples et diverses.

L'homme donc qui est en colère pour les choses qu'il faut
et contre les personnes qui le méritent, et qui en outre l'est de la
façon qui convient, au moment et aussi longtemps qu'il faut,
un tel homme est l'objet de notre éloge. Cet homme sera dès
lors un homme doux, s'il est vrai que le terme de douceur est
pour nous un éloge (car le terme doux signifie celui qui reste
35 imperturbable et n'est pas conduit par la passion, mais ne
s'irrite que de la façon, pour les motifs et pendant le temps que
1126a la raison peut dicter; il semble toutefois errer plutôt dans
le sens du manque, l'homme doux n'étant pas porté à la
vengeance, mais plutôt à l'indulgence).

La déficience, d'autre part, qu'elle soit une sorte d'indifférence à la colère ou tout ce qu'on voudra, est une disposition
que nous blâmons (car ceux qui ne s'irritent pas pour les choses
5 où il se doit sont regardés comme des niais, ainsi que ceux qui
ne s'irritent pas de la façon qu'il faut, ni quand il faut, ni avec
les personnes qu'il faut : de pareilles gens donnent l'impression de n'avoir de la position où ils se trouvent ni sentiment, ni
peine [1], et faute de se mettre en colère, d'être incapables de se
défendre : or endurer d'être bafoué ou laisser avec indifférence
insulter ses amis, est le fait d'une âme vile).

L'excès, de son côté, a lieu de toutes les façons dont nous
10 avons parlé (on peut être en colère, en effet, avec des personnes
qui ne le méritent pas, pour des choses où la colère n'est pas de
mise, plus violemment, ou plus rapidement, ou plus longtemps
qu'il ne faut), bien que tous ces traits ne se rencontrent pas dans
la même personne, ce qui serait d'ailleurs une impossibilité,

1. *Cf.* Burnet, p. 189.

car le mal va jusqu'à se détruire lui-même, et quand il est complet devient intolérable[1].

Quoi qu'il en soit, il y a d'abord[2] les irascibles[3], qui se mettent en colère sans crier gare, contre des gens qui n'en peuvent mais, pour des choses qui n'en valent pas la peine et plus violemment qu'il ne convient. Mais leur colère tombe vite, et c'est même là le plus beau côté de leur caractère : cela tient chez eux à ce qu'ils ne compriment pas leur colère, mais réagissent ouvertement[4] à cause de leur vivacité, et ensuite leur colère tombe à plat. – Les caractères très colériques sont vifs à l'excès et portés à la colère envers tout le monde et en toute occasion ; d'où leur nom[5]. – Les caractères amers, d'autre part, sont difficiles à apaiser et restent longtemps sur leur colère, car ils contiennent leur emportement, mais le calme renaît une fois qu'ils ont rendu coup pour coup : la vengeance fait cesser leur colère, en faisant succéder en eux le plaisir à la peine. Mais si ces représailles n'ont pas lieu, ils continuent à porter le fardeau de leur ressentiment, car leur rancune n'apparaissant pas au dehors personne ne tente de les apaiser, et digérer en soi-même sa propre colère est une chose qui demande du temps. De pareilles gens sont les plus insupportables à la fois à eux-mêmes et à leurs plus chers amis. – Enfin, nous qualifions de caractères difficiles ceux qui

1. Sur la destruction du mal par son propre excès, *cf.* St Thomas, 808, p. 224.

2. Quatre catégories d'excès *circa iram* : les ὀργίλοι (l. 13-18) ; les ἀκρόχολοι (l. 18-19) ; les πικροί (19-26), et les χαλεποί (26-28).

3. Cf. *E.E.*, II, 3, 1221b10-15.

4. L. 17, ᾗ φανεροί εἰσι, c'est-à-dire *d'une façon ouverte*. L'expression se rattache à ἀνταποδιδόντες. *Cf.* St Thomas, 809, p. 224 : *non retinent iram intertus in corde, sed statim [ira] prorumpit exterius*, au contraire des πικροί dont il est question l. 19.

5. ἄκρος et χόλος (*extrême colère*). Sur l'ἀκροχολία, cf. *de Virt. et Vit.*, 6, 1251a3.

s'irritent dans les choses qui n'en valent pas la peine, plus qu'il
ne faut et trop longtemps, et qui ne changent de sentiments
qu'ils n'aient obtenu vengeance ou châtiment.

     À la douceur nous donnons comme opposé plutôt l'excès
30 que le défaut, parce que l'excès est plus répandu (le désir de se
venger est un sentiment plus naturel à l'homme <que l'oubli
des injures>), et aussi parce que les caractères difficiles
s'adaptent avec plus de peine à la vie en société[1].

     Ce que nous avons indiqué dans nos précédentes analyses[2]
reçoit un surcroît d'évidence de ce que nous disons présentement, à savoir qu'il n'est pas aisé de déterminer comment, à
l'égard de qui, pour quels motifs et pendant combien de temps
on doit être en colère, et à quel point précis, en agissant ainsi,
35 on cesse d'avoir raison et on commence à avoir tort. En effet,
une légère transgression de la limite permise n'est pas pour
autant blâmée, qu'elle se produise du côté du plus ou du côté du
moins : ainsi parfois nous louons ceux qui pèchent par insuffi-
1126b sance et les qualifions de doux, et, d'autre part, nous louons les
caractères difficiles, pour leur virilité qui, dans notre pensée,
les rend aptes au commandement. Dès lors il n'est pas aisé de
définir dans l'abstrait de combien et de quelle façon il faut
franchir la juste limite pour encourir le blâme : cela rentre dans
le domaine de l'individuel, et la discrimination est du ressort
5 de la sensation[3]. Mais ce qui du moins est clair, c'est l'appréciation favorable que mérite la disposition moyenne, selon
laquelle nous nous mettons en colère avec les personnes qu'il
faut, pour des choses qui en valent la peine, de la façon qui
convient, et ainsi de suite, et que, d'autre part, l'excès et le
défaut sont également blâmables, blâme léger pour un faible

---

     1. Et qu'un vice qui rend insociable est plus opposé à la vertu qu'un vice
qui montre seulement une trop grande facilité à tout endurer.
     2. II, 9, 1109b14-26.
     3. *Cf.* II, 9, 1109b23, où les mêmes termes sont employés.

écart, plus accentué si l'écart est plus grand, et d'une grande
sévérité enfin quand l'écart est considérable. On voit donc
clairement que c'est à la disposition moyenne que nous devons
nous attacher.

12
<L'affabilité et ses vices opposés>

Les états ayant rapport à la colère ont été suffisamment 10
étudiés.

Dans les relations journalières, la vie en société, le
commerce de la conversation et des affaires[1], certains sont
considérés comme des gens complaisants[2], qui se font un
plaisir de tout approuver et de n'opposer jamais de résistance,
estimant que c'est pour eux un devoir d'éviter toute contrariété
à leur entourage. Et ceux qui, à l'inverse des précédents,
soulèvent des difficultés sur toutes choses, sans se soucier le 15
moins du monde de causer de la peine à autrui, sont qualifiés
d'esprits hargneux et chicaniers. Il est bien clair que les dispositions dont nous venons de parler sont blâmables, et que la
position moyenne entre ces états est au contraire digne d'éloge :
c'est celle qui nous fera accueillir, et pareillement repousser,
les choses qu'il faut et de la façon qu'il faut. Mais aucun nom
n'a été assigné à cette disposition, quoiqu'elle ait la plus 20

1. Dans l'*E.E.*, III, 7, 1233b29 *sq.*, Aristote ne range pas au nombre des
vertus les μεσότητες intéressant nos rapports sociaux, et leurs contraires ne
sont pas non plus des vices ; et il donne pour raison que ces différents états sont
ἄνευ προαιρέσεως (1234a25). Même position dans *Mag. Mor.*, I, 32, 1193a36.
2. Sur l'ἀρέσκεια, *cf.* Théophraste, *Caract.*, V, qui la définit un
« commerce qui, sans souci de l'honnête, ne vise qu'à procurer de l'agrément »
(trad. Navarre). L'ἄρεσκος est l'homme affable, d'une amabilité mondaine,
allant jusqu'à l'obséquiosité. Le Philinte du *Misanthrope* est un ἄρεσκος.
Cf. *supra*, II, 7, 1108a25 *sq.*

grande ressemblance avec l'amitié : car celui qui répond à cette disposition moyenne est cette sorte d'hommes que nous entendons désigner par l'expression de « bon ami », s'il s'y ajoute l'affection [1]. Toutefois cet état diffère de l'amitié en ce qu'il est exempt de tout facteur sentimental et d'affection pour ceux avec lesquels on a commerce, car ce n'est pas par amour ou par haine qu'on accueille tout ce qui vient des autres comme il se doit, mais parce qu'on est constitué de cette façon-là. En effet [2],
25 qu'il s'agisse d'inconnus ou de gens de connaissance, de familiers ou d'indifférents, on agira de même, sauf à s'adapter à la diversité des cas, car on ne saurait avoir la même sollicitude envers des familiers ou des étrangers, ni non plus les traiter sur un pied d'égalité pour les peines qu'on peut leur causer.

Nous avons dit en termes généraux que l'homme de cette sorte se comportera dans ses rapports avec autrui comme il doit se comporter ; mais c'est en se référant à des considérations d'honnêteté et d'utilité qu'il cherchera à ne pas contrister les
30 autres ou à contribuer à leur agrément, puisqu'il est entendu qu'il s'agit ici de plaisirs et de peines se produisant dans la vie de société ; et dans les cas où il est déshonorant ou dommageable pour l'homme dont nous parlons de contribuer à l'agrément des autres, il s'y refusera avec indignation et préférera leur causer de la peine. D'autre part, si son approbation apporte à l'auteur de l'acte, à son tour [3], un discrédit qui soit d'une importance considérable, ou un tort quelconque, alors que son
35 opposition ne peut lui causer qu'une peine légère, il n'accordera pas son assentiment mais ne craindra pas de déplaire.

1. La simple amabilité peut devenir de l'amitié quand s'y ajoute l'affection.

2. *Et hujus* [que c'est un *habitus* naturel] *signum est, quod observat hoc non solum ad amicos, sed communiter ad omnes* (St Thomas, 821, p. 227).

3. Après avoir envisagé le tort qu'une approbation peut causer à la personne qui approuve elle-même (αὐτῷ, l. 32), Aristote passe au dommage qui peut être causé à la personne qu'on approuve (τῷ ποιοῦντι, l. 33).

Et, dans ses relations sociales, il traitera différemment les personnes de rang élevé et les gens du commun, ainsi que les **1127a** personnes qui sont plus ou moins connues de lui; il aura pareillement égard aux autres distinctions, rendant à chaque classe d'individus ce qui lui est dû. Et s'il estime préférable en soi de contribuer à l'agrément des autres et d'éviter de les contrister, en fait il aura égard aux conséquences[1], si elles sont plus fortes, je veux dire à l'honnêteté et à l'utilité. Et pour 5 procurer un grand plaisir à venir, il causera une peine légère dans le présent.

Tel est donc l'homme qui occupe la position moyenne, sans toutefois porter de désignation spéciale. De ceux qui causent du plaisir aux autres, celui qui vise uniquement à faire plaisir sans poursuivre aucune autre fin, est un complaisant, et celui qui agit ainsi pour l'avantage qu'il en retire personnelle-ment, soit en argent soit en valeur appréciable en argent, celui-là est un flatteur[2]. Celui qui, au contraire, fait des difficultés 10 en toute occasion est, comme nous l'avons dit[3], un homme hargneux et chicanier. Et les extrêmes paraissent être opposés l'un à l'autre, du fait que le moyen terme n'a pas de nom[4].

---

1. Aristote, dont la pensée est ici très concise, veut dire qu'*en principe* (καθ' αὑτό, l. 2) nous devons nous efforcer de faire plaisir et d'éviter de causer de la peine dans nos relations courantes avec autrui. Mais nous devons aussi peser les *conséquences* (τοῖς ἀποβαίνουσιν, l. 4) de notre complaisance. Si la réputation ou l'intérêt, soit de nous-mêmes, soit des personnes que nous approuvons, souffrent d'un assentiment donné à la légère, nous devons donner la préférence à des considérations d'honneur et d'utilité et refuser de nous montrer trop aimables.

2. Le κόλαξ est le *flatteur*, l'*adulateur*, le *parasite* classique de la Comédie nouvelle.

3. *Supra*, 1126b14-16.

4. Car les extrêmes sont des vices qui devraient être opposés, non pas l'un à l'autre, mais à la vertu moyenne, si celle-ci avait un nom.

13
<L'homme véridique et ses opposés>

Dans une sphère sensiblement la même[1] se rencontre encore la médiété opposée à la fois à la vantardise <et à la réticence>[2], et qui elle non plus n'a pas reçu de nom. Mais il n'est pas mauvais d'approfondir aussi les dispositions de ce
15 genre : nous connaîtrons mieux ce qui a trait à la moralité après avoir passé en revue chacune de ses manifestations, et nous acquerrons en outre la conviction que les vertus sont bien des médiétés, si d'un seul regard nous voyons qu'il en est ainsi dans tous les cas.

Dans la vie en société, les hommes qui n'ont en vue que de causer du plaisir ou de la peine à ceux qu'ils fréquentent ont déjà été étudiés[3]. Parlons maintenant de ceux qui recherchent la vérité ou le mensonge pareillement dans leurs discours et
20 dans leurs actes, ainsi que dans leurs prétentions. De l'avis général, alors, le vantard[4] est un homme qui s'attribue des qualités susceptibles de lui attirer de la réputation tout en ne les possédant pas, ou encore des qualités plus grandes qu'elles ne sont en réalité ; inversement, le réticent dénie les qualités qu'il possède ou les atténue ; enfin, celui qui se tient dans un juste milieu est un homme sans détours[5], sincère à la fois dans sa vie
25 et dans ses paroles, et qui reconnaît l'existence de ses qualités

---

1. L. 13, περὶ τὰ αὐτά = περὶ τὰς ὁμιλίας, καὶ τὸ συζῆν, κτλ., de 12, 1126b11, *supra*.

2. *Cf.* II, 7, 1108a22, et la note, pour le sens de εἰρωνεία. Les mots entre crochets sont peut-être inutiles (Burnet, 193). – Voir aussi *E.E.*, III, 7, 1233b38-1234a3.

3. Dans le précédent chapitre.

4. C'est le charlatan dans les relations sociales, le *Miles gloriosus* de la Comédie nouvelle.

5. Sur αὐθέκαστός, l. 23, *cf.* Burnet, p. 194 : c'est l'homme sincère, celui qui appelle chaque chose par son nom.

propres, sans y rien ajouter ni retrancher. La sincérité et la
fausseté peuvent l'une et l'autre être pratiquées soit en vue
d'une fin déterminée, soit sans aucun but[1]. Mais en tout homme
le véritable caractère se révèle dans le langage, les actes et la
façon de vivre, toutes les fois qu'il n'agit pas en vue d'une fin[2].
Et en elle-même, la fausseté est une chose basse et répréhensible, et la sincérité une chose noble et digne d'éloge. Ainsi 30
également l'homme sincère qui se tient au milieu des deux
opposés mérite la louange, tandis que l'homme faux, aussi bien
dans un sens que dans l'autre, est un être méprisable, mais plus
particulièrement le vantard. Traitons à la fois de l'homme
véridique et de l'homme faux, en commençant par le premier.

Nous ne parlons pas ici de la bonne foi dans les contrats, ni
dans les matières qui se rapportent à la justice ou à l'injustice
(c'est d'une autre vertu[3] que ces choses-là doivent relever) : **1127b**
nous parlons des cas où, aucune considération de ce genre
n'offrant d'intérêt, un homme est véridique dans ses paroles et
dans sa vie parce que telle est la disposition habituelle de son
caractère[4]. On peut penser qu'un pareil homme est un homme
de bien. En effet, celui qui aime la vérité et se montre sincère
même dans des choses où cela n'importe en rien, sera, à plus
forte raison encore, sincère dans les cas où cela présente de 5
l'intérêt : il se gardera alors de la fausseté comme d'une action
honteuse, lui qui s'en détournait déjà par simple répulsion de
ce qu'elle est en elle-même ; et un tel homme mérite nos éloges.
Il aura même plutôt tendance à rester au-dessous de la vérité, et

---

1. *Propter hoc quod in tali actu delectatur* (St Thomas, 836, p. 231).

2. *Quia unusquisque secundum qualitatem sui habitus loquitur et operatur
et vitam ducit, nisi aliquando aliter operatur propter aliquid aliud emergens*
(St Thomas, *ibid.*)

3. C'est-à-dire de la Justice, dont il sera traité au livre V.

4. *Cf.* Sylv Maurus, 109[2] : ... *de illo qui est verax ex eo quod habet habitum
ostendendi se talem qualis est... etiam cum nihil refert eo quod nulla ipsi vel
alteri utilitas, nullum damnum eveniret, quovis modo se haberet.*

des qualités dont l'évidence ne soit pas par trop apparente, apparaissent comme des gens de distinction.

Enfin, le vantard paraît bien être l'opposé de l'homme sincère, car il est pire que le réticent[1].

14
<Le bon goût dans l'activité de jeu>

Comme il y a aussi des moments de repos dans l'existence[2], et qu'une forme de ce repos consiste dans le loisir[3] accompagné d'amusement, dans ce domaine également il semble bien y avoir un certain bon ton des relations sociales, 1128a qui détermine quelles sortes de propos il est de notre devoir de tenir et comment les exprimer, et pareillement aussi quels sont ceux que nous pouvons nous permettre d'entendre. Il y aura à cet égard une différence suivant la qualité des interlocuteurs auxquels nous nous adresserons ou que nous écouterons[4]. On voit que dans ces matières aussi il peut y avoir à la fois excès et défaut par rapport au juste milieu.

Ceux qui pèchent par exagération dans la plaisanterie sont 5 considérés comme de vulgaires bouffons, dévorés du désir

---

1. L. 32, χείρων γάρ, c'est-à-dire, τοῦ εἴρωνος.

2. Sur l'ἀνάπαυσις (*repos, pause, détente*), *cf.* aussi X, 6, 1176b34. Cette notion est définie *Pol.*, VIII, 3, 1337b42, une ἄνεσις τῆς ψυχῆς. – Passage parallèle *E.E.*, III, 7, 1234a4-23.

3. Au sens strict, διαγωγή (ou σχολή) est la *vie contemplative*, fin de la pratique et idéal de toute vie, activité noble et béatitude, qui caractérise le premier Moteur (*Met.*, Λ, 7, 1072b14, p. 681 et notes de notre traduction, t. II; *infra*, X, 7, 1177b26; *Pol.*, VIII, 5, 1339b17). Mais, en un sens plus populaire, qui est celui du présent passage, διαγωγή signifie l'*agrément*, la *distraction*, *cultus vitae* (cf. *Met.* A, 1, 981b18; *Ind. arist.*, 178a33).

4. *Cf.* Burnet, p. 197 : « *whether those in whose company he speaks are like himself, and whether those by whom he is spoken to are like himself* ».

d'être facétieux à tout prix, et visant plutôt à provoquer le rire qu'à observer la bienséance dans leurs discours et à ne pas contrister la victime de leurs railleries. Ceux, au contraire, qui ne peuvent ni proférer eux-mêmes la moindre plaisanterie ni entendre sans irritation les personnes qui en disent, sont tenus pour des rustres[1] et des grincheux. Quant à ceux qui plaisantent avec bon goût, ils sont ce qu'on appelle des gens d'esprit[2], ou, si l'on veut, des gens à l'esprit alerte[3], car de telles saillies semblent être des mouvements du caractère, et nous jugeons le caractère des hommes comme nous jugeons leur corps, par leurs mouvements[4]. Mais comme le goût de la plaisanterie est très répandu et que la plupart des gens se délectent aux facéties et aux railleries plus qu'il ne faudrait, même les bouffons se voient gratifiés du nom d'hommes d'esprit et passent pour des gens de bon ton ; mais qu'en fait ils diffèrent d'une façon nullement négligeable du véritable homme d'esprit, c'est là une chose qui résulte manifestement de ce que nous venons de dire.

La disposition du caractère qui occupe le juste milieu est encore marquée par le tact[5] : c'est le fait d'un homme de tact de dire et d'écouter seulement les choses qui s'accordent avec la nature de l'homme vertueux et libre, car il y a certaines choses qu'il sied à un homme de cette sorte de dire ou d'entendre par

1. Sur l'ἄγροικος, personnage de comédie, cf. *E.E.*, III, 2, 1230b18.

2. L'εὐτραπελία est la *gaieté de bon aloi*. *Cf.* sur cette notion, III, 7, 1108a24 *sq.*, et *Rhet.*, II, 12, 1389b12, où il est dit que la plaisanterie honnête est une *démesure tempérée par la bonne éducation* (ἡ εὐτραπελία πεπαιδευμένη ὕβρις ἐστίν).

3. Lambin traduit excellemment εὔτροποι, l. 10 : *flexibili ac versatili ingenio praediti*. Aristote compare la souplesse de l'esprit à l'agilité du corps, qui se « tourne » et se « retourne » facilement.

4. *Est quoddam indicium interioris moralis dispositionis... ex operationibus exterioribus cognoscuntur interiores mores* (St Thomas, 854, p. 236).

5. L. 17, ἐπιδεξιότης (*dexteritas*, dit Lambin), est l'*adresse*, le *talent* naturel, le *tact*. Cf. *Rhet.*, II, 4, 1381a34 : οἱ ἐπιδέξιοι καὶ τῷ παῖσαι καὶ τῷ ὑπομεῖναι sont ceux qui ont le talent de plaisanter et d'entendre la plaisanterie.

20 manière de plaisanterie, et la plaisanterie de l'homme libre
différe de celle de l'homme d'une nature servile, comme, de
son côté, la plaisanterie d'un homme bien élevé n'est pas celle
d'un homme sans éducation. On peut se rendre compte de cette
différence en comparant les comédies anciennes et les nouvelles : pour les anciens auteurs comiques, c'était l'obscénité
qui faisait rire, tandis que pour les nouveaux auteurs, ce sont
plutôt les sous-entendus, ce qui constitue un progrès, qui n'est
25 pas négligeable, vers la bonne tenue. Dans ces conditions,
devons-nous définir le railleur bien élevé en disant que ses
plaisanteries ne sont jamais malséantes au jugement d'un
homme libre, ou devons-nous dire[1] que c'est parce qu'il évite
de contrister celui qui l'écoute ou même qu'il s'efforce de le
réjouir? Mais cette dernière définition ne porte-t-elle pas sur
quelque chose de bien vague? Car ce qu'on aime et ce qu'on
déteste varie avec les différents individus[2]. Telle sera aussi la
nature des plaisanteries que le railleur de bon ton écoutera, car
les plaisanteries qu'il supporte d'entendre sont aussi celles
qu'il trouve bon de faire lui-même[3]. Il ne lancera donc pas
30 n'importe quelle plaisanterie, car la raillerie constitue une
sorte d'outrage, et certaines formes d'outrages sont prohibées
par le législateur; peut-être aussi devrait-on interdire certaines

1. St Thomas, 860, p. 237, a analysé soigneusement ce passage. Aristote
propose deux définitions du *railleur de bon ton* (τὸν εὖ σκώπτοντα, l. 25) : la
première se place *ex parte eorum quae dicit, quia scilicet dicit ea quae decet
dicere liberalem hominem virtuosum et modestum*. La seconde (ἢ τῷ μὴ
λυπεῖν, l. 26) se place *ex parte finis vel effectus, quia scilicet intendit non
contristare audientem*.

2. Par conséquent, c'est la première définition qu'il convient d'adopter
(Sylv. Maurus, 112[1]).

3. Nous suivons strictement Susemihl, et lisons, l. 30, καί (et non κἄν,
comme Burnet et Rackham le proposent). Sur le sens, *cf.* St Thomas, 861,
p. 237 : *illa enim quae aliquis patienter sustinel audire, haec facere videtur,
scilicet ingerendo ea aliis*. Et Sylv. Maurus, 112[1] : *Regula est, ut vir probus non
dicat quae ipse non libenter audit*.

formes de raillerie[1]. – Ainsi donc, l'homme libre et de bon ton se comportera comme nous l'avons indiqué, étant en quelque sorte sa loi à lui-même[2].

Tel est donc le caractère de celui qui se tient dans le juste milieu, qu'on l'appelle homme de tact ou homme d'esprit. Le bouffon, lui, est l'esclave de son goût de la plaisanterie, ne ménageant ni lui ni les autres dès qu'il s'agit de faire rire, et 35 tenant des propos que ne tiendrait jamais l'homme de bon ton, **1128b** qui ne voudrait même pas écouter certains d'entre eux. Quant au rustre, il est absolument impropre aux conversations de ce genre, car il n'y apporte aucune contribution, et critique tout, et pourtant la détente et l'amusement sont, de l'avis général, un élément essentiel de l'existence.

Nous avons ainsi mentionné trois façons d'observer un 5 juste milieu dans notre vie, et toutes ont rapport à un commerce réciproque de paroles et d'actions. Elles diffèrent cependant en ce que l'une de ces médiétés a rapport à la vérité, et les deux autres à l'agrément : de ces deux dernières, la première se manifeste dans les distractions, et la seconde dans les rapports sociaux intéressant une vie toute différente[3].

15
<La modestie>

En ce qui concerne la modestie[4], il ne convient pas d'en 10 parler comme d'une vertu, car elle ressemble plutôt à une

---

1. L. 31, καὶ σκώπτειν, sous-entendu ἔνια.

2. *Perinde ac si ipse sibi lex sit* (Lambin).

3. À savoir *in seriis* (St Thomas, 866, p. 237).

4. Dans tout ce chapitre, αἰδώς est proprement la *réserve*, la *prudence*, la modestie dans les paroles et les actions (*verecundia*). Cf. *supra*, II, 7, 1108a31 ; III, 11, 1116a28, note. Voir aussi *E.E.*, III, 7, 1233b16-29, et 1234a24-33. Burnet, p. 200, remarque avec raison qu'Aristote emploie indifféremment

affection qu'à une disposition [1]. Quoi qu'il en soit, on la définit comme une sorte de crainte de donner une mauvaise opinion de soi [2], et elle produit des effets analogues à ceux que provoque la crainte du danger : on rougit, en effet, quand on a honte, et on pâlit quand on craint pour sa vie. Dans un cas comme dans l'autre, il semble donc bien qu'il s'agisse là de quelque chose
5 de corporel en un sens [3], ce qui, on l'admet communément, est plutôt le fait d'une affection que d'une disposition.

   L'affection en question ne convient pas à tout âge, mais seulement à la jeunesse. Nous pensons que les jeunes gens ont le devoir d'être modestes, parce que, vivant sous l'empire de la

αἰδώς et αἰσχύνη, comme si ces deux termes étaient synonymes. Ils diffèrent pourtant considérablement. Nous avons vu la signification précise d'αἰδώς. L'αἰσχύνη est la *honte* que l'on ressent quand on a commis une mauvaise action, et son contraire est l'*impudence* (ἀναισχυντία). *Cf.* sur ces notions *Rhet.*, II, 6, en entier, et notamment 1383b13; Théophraste, *Caract.*, IX, où ἀναίσχυντος désigne plutôt l'homme sans scrupules en matière d'intérêt.

1. Cf. *supra*, II, 4, 1105b20 *sq.* (et les notes). L'αἰδώς n'est pas une vertu, parce qu'elle est le *sentiment* lui-même, l'affection (un πάθος, dans l'espèce τις φόβος, l. 11), et non une ἕξις, un *comportement habituel* envers le sentiment, en un mot une *disposition* permanente de l'âme qui caractérise toute vertu.

2. Platon (*Lois*, I, 646e) définit l'αἰσχύνη la crainte de l'opinion quand nous estimons qu'on nous juge méchants de faire ou de dire ce qui n'est pas bien. Aristote a critiqué cette définition, *Top.* IV, 5, 126a6 *sq.* (t. I, p. 151 de notre traduction) : si on appelle la honte une crainte, il en résultera que le genre et l'espèce ne seront pas dans le même sujet, puisque la honte est dans la partie rationnelle de l'âme et la crainte dans la partie irascible.

3. Cf. *de An.*, I, 1, 403a16, où Aristote, après avoir énuméré diverses affections de l'âme, ajoute : « car en même temps que se produisent ces déterminations, le corps éprouve une modification ». Mêmes indications dans le *de Sensu*, I, 436a6, et *alii*. Tous ces textes, et autres semblables, où les παθήματα sont considérés comme des activités communes à l'âme et au corps, sont d'une grande importance pour fixer la chronologie du *de Anima*. *Cf.* sur ce point Nuyens, *L'Évol*, p. 191, 224, 251 et *passim*. L. 14, la honte et la crainte sont qualifiées *d'états somatiques* (σωματικὰ), mais ce ne sont pas des modifications simplement corporelles, elles sont seulement liées à des états du corps, d'où la restriction πως.

passion, ils commettent beaucoup d'erreurs, dont la modestie
peut les préserver; et nous louons les jeunes gens quand ils
sont modestes, alors qu'on ne s'aviserait jamais de louer une
personne plus âgée de ce qu'elle est sensible à la honte, car 20
nous pensons qu'elle a le devoir de ne rien faire de ce qui peut
causer de la honte. Un homme vertueux, en effet, ne ressent
jamais la honte, s'il est vrai qu'elle naisse à l'occasion des
actions perverses (puisqu'on ne doit pas accomplir les actions
de ce genre; et même en admettant que certaines d'entre elles
sont réellement honteuses et que les autres ne le sont qu'aux
yeux de l'opinion, cette distinction n'importe ici en rien, car les
unes comme les autres devant être évitées, nous n'avons pas
par suite à éprouver de honte à leur sujet); et la honte est le 25
propre d'un homme pervers, et elle est due au fait qu'il est
d'une nature capable d'accomplir quelque action honteuse [1]. Et
avoir le caractère constitué de telle sorte qu'on ressente de la
honte si on a commis une action de ce genre, et penser qu'à
cause de cela on est un homme de bien, c'est une absurdité [2] :
c'est, en effet, à l'occasion des actes volontaires que la modestie
est ressentie, mais l'homme de bien ne commettra jamais volontairement les mauvaises actions. La modestie peut cependant
être un acte de vertu, dans l'hypothèse où un homme de bien 30
ayant commis un acte vil, en éprouverait ensuite de la honte:

---

1. L. 26, avec Burnet et Rackham, nous lisons τῷ au lieu de τὸ.

2. Aristote vient de dire que l'αἰδώς (ou l'αἰσχύνη) ne saurait s'appliquer
à l'homme vertueux, lequel, par définition, n'accomplit que de bonnes actions.
On pourrait objecter qu'est vertueux aussi celui qui, par une disposition
naturelle de son caractère, a honte des actions mauvaises qu'il commet. Aristote
répond que cela est absurde et qu'on ne peut être à la fois vertueux et sujet à la
honte. Il en donne la raison dans les l. 28 *sq.* : la honte ne se manifeste que pour
des actes volontaires; or l'homme de bien ne saurait accomplir volontairement
des actes honteux. On se reportera pour cette argumentation délicate, à
St Thomas, 877 à 879, p. 240.

mais cela ne peut pas se produire dans le domaine de la vertu[1].
Et si l'impudence, autrement dit le fait de n'avoir pas honte
d'accomplir les actions honteuses, est une chose vile, il n'en
résulte pas pour autant que ressentir de la honte quand on
accomplit de mauvaises actions soit un acte vertueux[2] : pas
davantage la tempérance n'est non plus une vertu, mais c'est
35 un mélange <de vertu et de vice>. Nous montrerons cela par la
suite[3]. Pour le moment, parlons de la justice.

1. Laquelle n'a rien de conditionnel. Kant dirait que la loi morale est un
impératif catégorique.

2. Ne peut-on pas dire : ne pas avoir honte d'une action honteuse est un mal,
donc en avoir honte est un bien ? Nullement, répond Aristote, c'est seulement un
moindre mal, un mal mêlé de bien, tout comme la *tempérance* (ἐγκράτεια,
l. 35).

3. VII, 1-10. – La discussion sur la νέμεσις, qui semble annoncée par II, 7,
1108b6 *sq.* fait défaut, et certains interprètes (tels que Monro (« On *Ethica
Nicomachean*, II, 7 », *Journal of Philosophy*, VII, 1876, p. 185 *sq.*) ont soutenu
qu'il y avait une lacune, l. 33, avant οὐκ ἔστιν δέ. Mais cette opinion n'est pas
fondée, et on admet, avec Susemihl, que καὶ ἄλλοθι, 1108b7, renvoie en réalité
à *Rhet.*, II, 9.

LIVRE V

1
<Nature de la justice et de l'injustice>

1129a Au sujet de la justice et de l'injustice, nous devons examiner sur quelles sortes d'actions elles portent en fait, quelle sorte de médiété est la justice, et de quels extrêmes le 5 juste est un moyen [1]. Notre examen suivra la même marche que nos précédentes recherches [2].

Nous observons que tout le monde entend signifier par *justice* cette sorte de disposition qui rend les hommes aptes à accomplir les actions justes, et qui les fait agir justement et vouloir les choses justes [3]; de la même manière, l'*injustice* est

1. Trois questions qui se posent, et que nous avons effectivement posées pour chaque vertu éthique : nous savons déjà que la vertu est une μεσότης, et qui a rapport à des actions d'un genre déterminé. (*cf.* IV, 9, 1115a5). La longue étude de la justice, qui occupe tout le livre V, ne fera que développer ces idées et en faire l'application à une vertu déterminée.

2. Portant sur les autres vertus éthiques. La *méthode* (sur le sens de μέθοδος, l. 6, *cf.* I, 1, 1094a1, note) que nous employons est toujours la méthode dialectique, qui part d'ἔνδοξα, d'ἔνδοξοι προτάσεις, exprimant soit l'opinion du vulgaire, soit l'opinion des sages (dans l'espèce ce sera surtout Platon) : *cf.* I, 9, 1098b27, note.

3. Telle est donc la définition courante de la justice : *habitus, per quem habens disponitur ad justa gerenda et per quem justa agit et vult justa* (Sylv. Maurus, 115 [1]). Cf. *Gorgias*, 460b.

10 cette disposition qui fait les hommes agir injustement et vouloir les choses injustes. Posons donc, nous aussi, cette définition comme point de départ, à titre de simple esquisse. Il n'en est pas, en effet, pour les dispositions du caractère comme il en est pour les sciences et les potentialités : car il n'y a, semble-t-il, qu'une seule et même puissance, une seule et même science, pour les contraires, tandis qu'une disposition qui produit un certain effet ne peut pas produire aussi les effets contraires[1] :

1. La justice n'est pas une δύναμις, qui est puissance des contraires, comme la faculté de voir est puissance de voir à la fois le blanc et le noir : car alors l'homme juste pourrait être aussi un voleur adroit (sur la notion de δύναμις μετὰ λόγου, cf. *de Int.*, 13, 23a1 ; *Met.*, Θ, 2, 1046b4 *sq.*, t. II, p. 486-487 et les notes de notre commentaire). Même remarque pour l'ἐπιστήμη ποιητική (ou τέχνη), qui est une δύναμις (sur cette identité cf. *Met.*, Θ, 2, 1046b2), productive d'effets contraires. On sait qu'Aristote aime à répéter que *la science des contraires est une et la même*, et qu'il appartient à une seule science de spéculer sur les opposés, en tant que ce sont des corrélatifs ; en d'autres termes, elle embrasse l'ἕξις et la στέρησις (*cf.* notamment *An. prior*, I, 1, 24a21 ; 36, 48b5 ; *Top.*, I, 14, 105b5 ; VIII, 1, 155b31 ; *Met.*, Γ, 2, 1004a9 ; etc.) : ainsi la médecine est puissance à la fois de la santé et de la maladie, tandis que la santé, qui est un des contraires, ne peut pas produire d'effets contraires à sa propre nature, à la santé. Dans ces conditions, on ne définira pas la justice comme une *faculté* distributive de l'égalité : le juste est plutôt celui qui *veut*, *de propos délibéré* (βούλησις, προαίρεσις) distribuer l'égalité (cf. *Top.*, VI, 7, 145b35-146a3, t. II, p. 98 et notes de notre traduction). On voit par là à quel point Aristote est éloigné de la conception de Platon, qui (dans *Rep.*, I, 334a et b, et *Hippias min.*, 375d) mettait sur le même plan δύναμις, ἐπιστήμη et ἕξις. L. 14, ἕξις ἡ ἐναντία τῶν ἐναντίων οὔ est difficile, et on a suggéré diverses modifications, indiquées dans l'apparat de Susemihl : soit supprimer ἡ ἐναντία (comme l'a fait Lambin dans sa traduction latine), soit remplacer τῶν ἐναντίων par τοῦ ἐναντίου. Mais la conjecture la plus séduisante est, selon nous, celle de Muret (*Comm. in Aristote X libros Eth. ad Nic.*, Ingolstadt, 1602), qui propose de lire ἕξις δ' ἡ αὐτή. Quoi qu'il en soit, la pensée d'Aristote est claire, et on peut conserver le texte de Susemihl, accepté par Burnet et Rackham, que la *Vetus translatio* rend par *habitus autem contrarius contrariorum non*, et Ross par *a state which is one of two contraries does not produce the contrary results*. Nous avons traduit ce passage assez largement, et avons respecté plutôt l'esprit que la lettre.

par exemple, en partant de la santé on ne produit pas les choses 15
contraires à la santé, mais seulement les choses saines, car nous
disons qu'un homme marche sainement quand il marche
comme le ferait l'homme en bonne santé[1].

Souvent la disposition contraire est connue par son
contraire[2], et souvent les dispositions sont connues au moyen
des sujets qui les possèdent[3] : si, en effet, le bon état du corps 20
nous apparaît clairement, le mauvais état nous devient également clair; et nous connaissons le bon état aussi, au moyen des
choses qui sont en bon état[4], et les choses qui sont en bon état,
par le bon état. Supposons par exemple que le bon état en
question soit une fermeté de chair : il faut nécessairement,
d'une part, que le mauvais état soit une flaccidité de chair, et,
d'autre part, que le facteur productif du bon état[5] soit ce qui
produit la fermeté dans la chair. Et il s'ensuit la plupart du

1. D'une façon qui *indique la bonne santé* (τὸ σημαντικὸν ὑγιείας) :
cf. *Top*. I, 15, 106b36, – et non comme le ferait un boiteux. En d'autres termes, il
n'y a qu'un effet, et non l'effet contraire.

2. Cf. *Top*., VI, 9, 147a16. – Comme le remarque St Thomas, 892, p. 244,
tout le développement qui suit est un corollaire des lignes qui précèdent.

3. Aristote entend ici par ὑποκείμενα les *sujets d'inhérence*, les τὰ καθ'
ὧν λέγεται, les *sujets logiques* dont la disposition en question est affirmée. Il en
est, dans l'espèce, de la δικαιοσύνη comme de toute ποιότης, qui n'apparaît
jamais que dans un sujet. Le raisonnement d'Aristote, sur ce point précis,
aboutit ainsi à soutenir qu'en ce qui concerne la vertu de justice, c'est en étudiant les actions des hommes justes que nous parviendrons à la connaître : *in
casu nostro potest explicari quid sit habitus justitiae, tum ex injustitia* [ἀπὸ τῆς
ἐναντίας, l. 18], *quae est contraria justitiae, tum ex actionibus justis, quae sunt
objectum justitiae* [ὑποκείμενα] *et causant in nobis habitum justitiae* (Sylv.
Maurus, 115[2]).

4 et 5. L. 20, τῶν εὐεκτικῶν ne peut signifier que τῶν εὖ ἐχόντων.
Par contre, l. 23, τὸ εὐεκτικὸν a un sens différent : c'est le *facteur* qui produit
la santé, le régime destiné à assurer le bon état corporel (*cf*. Joachim, p. 129,
note).

25 temps[1] que si une paire de termes est prise en plusieurs sens,
l'autre paire aussi[2] sera prise en plusieurs sens : par exemple, si
le terme *juste* est pris en plusieurs sens, *injuste* et *injustice* le
seront aussi.

2

<Justice universelle et justice particulière>

Or, semble-t-il bien, la justice est prise en plusieurs sens, et
l'injustice aussi, mais du fait que ces différentes significations
sont voisines, leur homonymie[3] échappe, et il n'en est pas
comme pour les notions éloignées l'une de l'autre où l'homonymie est plus visible : par exemple (car la différence est considérable quand elle porte sur la forme extérieure), on appelle
30 κλείς, en un sens homonyme, à la fois la clavicule des animaux
et l'instrument qui sert à fermer les portes. – Comprenons donc
en combien de sens se dit l'homme injuste. On considère généralement comme étant injuste à la fois celui qui viole la loi,
celui qui prend plus que son dû, et enfin celui qui manque à
l'égalité[4], de sorte que de toute évidence l'homme juste[5] sera à
la fois celui qui observe la loi et celui qui respecte l'égalité[6]. Le

---

1. Cf. *Top.*, I, 15, 106a9 *sq.*

2. Les deux couples de termes (θάτερα, 1. 24) étant les ἕξεις et leurs
ὑποκείμενα. – Sur la lecture θάτερον, au lieu de θάτερα, *cf.* Burnet, p. 206, qui
la rejette à bon droit contre Bywater. Mais la symétrie exigerait qu'on insère,
l. 25, καὶ ἡ δικαιοσύνη, après τὸ δίκαιον (en ce sens Stewart).

3. Leur ambiguïté. Sur les ὁμωνύμα, cf. *supra*, I, 4, 1096b27, note.

4. En prenant moins que sa part, des mauvaises choses. Le terme ἄνισος
(*celui qui rompt l'égalité à son profit*) complète ainsi πλεονέκτης (*celui qui
prend plus que son dû*), qui précède.

5. *a contrario* (*cf.* 1, 1129a18).

6. Le terme ὁ ἴσος englobant en fait celui qui n'est pas πλεονέκτης (*infra*,
1129b10).

juste[1], donc, est ce qui est conforme à la loi et ce qui respecte l'égalité, et l'injuste ce qui est contraire à la loi et ce qui **1129b** manque à l'égalité.

Et puisque l'homme injuste est celui qui prend au-delà de son dû, il sera injuste en ce qui a rapport aux biens, non pas tous les biens mais seulement ceux qui intéressent prospérité ou adversité[2], et qui, tout en étant toujours des biens au sens absolu, ne le sont pas toujours pour une personne déterminée[3]. Ce sont cependant ces biens-là que les hommes demandent dans leurs prières et poursuivent, quoi qu'ils ne dussent pas le 5 faire, mais au contraire prier que les biens au sens absolu soient aussi des biens pour eux, et choisir les biens qui sont des biens pour eux. Mais[4] l'homme injuste ne choisit pas toujours *plus*, il choisit aussi *moins* dans le cas des choses qui sont mauvaises au sens absolu ; néanmoins, du fait que le mal moins mauvais semble être en un certain sens un bien, et que l'avidité[5] a le bien pour objet, pour cette raison l'homme injuste semble être un homme qui prend plus que son dû. Il manque aussi à 10 l'égalité, car l'inégalité est une notion qui enveloppe les deux choses à la fois et leur est commune[6].

---

1. Passage du *sujet* d'inhérence (ὁ δίκαιος, *l'homme juste*) à la notion du *juste* (τὸ δίκαιον), en vertu du principe posé *supra*, 1, 1129a18. Aristote entend par νόμιμα l'ensemble des règles de conduite, lois écrites ou coutumes, qui régissent nos rapports avec nos semblables.

2. En d'autres termes les *biens extérieurs* (*cf.* I, 9, 1099b8).

3. Les biens extérieurs (richesses, honneurs...) sont des biens *en eux-mêmes* (ἁπλῶς), mais on peut en faire un bon ou un mauvais usage : ils constituent seulement *the materials of a good life* (Joachim, 129).

4. Nous le savons, par la distinction du πλεονέκτης (qui prend *plus*) et de l'ἄνισος (qui prend *moins*).

5. Nous rendons ainsi πλεονεξία, l. 9.

6. Ces deux choses sont le fait de prendre plus que son dû et le fait de prendre moins que sa part de maux.

3
\<La justice universelle ou légale\>

Puisque, disions-nous[1], celui qui viole la loi est un homme
injuste, et celui qui l'observe un homme juste, il est évident que
toutes les actions prescrites par la loi sont, en un sens[2], justes :
en effet, les actions définies par la loi positive sont légales, et
chacune d'elles est juste, disons-nous. Or les lois prononcent
5 sur toutes sortes de choses, et elles ont en vue l'utilité
commune, soit de tous les citoyens, [soit des meilleurs][3], soit
seulement des chefs désignés en raison de leur valeur ou de
quelque autre critère analogue ; par conséquent, d'une certaine
manière[4], nous appelons actions justes toutes celles qui
tendent à produire ou à conserver le bonheur avec les éléments
qui le composent, pour la communauté politique. – Mais la loi

---

1. Sur l'emploi de ἤν, *cf.* III, 7, 1113b12, note. – Aristote renvoie ici à ce
qu'il a dit au chapitre précédent 1129a32-b1.

2. C'est-à-dire *légalement parlant*. Ces actions ne sont pas justes *simpliciter*, mais par une disposition de la loi positive (*secundum quid*), loi qui varie
selon les divers types de constitution. Aristote va plus loin (l. 14-17) donner
quelques explications sommaires sur cette relativité de la morale sociale.

3. Entre crochets par Susemihl. – Dans ce qu'Aristote appelle les *constitutions correctement établies* (ὀρθαὶ πολιτεῖαι), qu'elles soient monarchie,
aristocratie ou démocratie, les lois sont faites dans l'intérêt commun soit de tous
les citoyens, soit tout au moins de l'aristocratie (ἢ τοῖς ἀρίστοις, l. 15, mots
qu'il convient de conserver). Mais chaque type de gouvernement comportant la
possibilité d'une *deviation* (παρέκβασις), si la tyrannie, l'oligarchie ou la
démagogie s'installe, c'est seulement l'intérêt des *dirigeants* (τοῖς κυρίοις),
quelle que soit la façon, bonne ou mauvaise, dont ils sont recrutés (κατ᾽ ἀρετὴν
ἢ κατ᾽ ἄλλον τινὰ τρόπον, l. 16 ; nous supprimons, avec Burnet, et Rackham,
ἢ devant κατ᾽ ἀρετήν), qui guide désormais les préoccupations de la loi.
Aristote met ainsi l'accent sur le caractère *relatif* (πως) de la justice légale, qui
comporte une foule de nuances dans l'estimation de l'intérêt général. *Cf.* la note
de Burnet, p. 207).

4. En un sens large. – À ἕνα μὲν τρόπον, l. 17, répond δέ γε, 1130a14.

nous commande aussi[1] d'accomplir les actes de l'homme courageux (par exemple, ne pas abandonner son poste, ne pas 20 prendre la fuite, ne pas jeter ses armes), ceux de l'homme tempérant (par exemple, ne pas commettre d'adultère, ne pas être insolent), et ceux de l'homme de caractère agréable (comme de ne pas porter des coups et de ne pas médire des autres), et ainsi de suite pour les autres formes de vertus ou de vices, prescrivant les unes et interdisant les autres, tout cela correctement si la loi a été elle-même correctement établie, ou d'une façon 25 critiquable, si elle a été faite à la hâte.

Cette forme de justice, alors, est une vertu complète[2], non pas cependant au sens absolu, mais dans nos rapports avec autrui. Et c'est pourquoi souvent on considère la justice comme la plus parfaite des vertus, et *ni l'étoile du soir, ni l'étoile du matin*[3] ne sont ainsi admirables. Nous avons encore l'expression proverbiale :

Dans la justice est en somme toute vertu[4].

Et elle est une vertu complète au plus haut point, parce 30 qu'elle est usage[5] de la vertu complète, et elle est complète parce que l'homme en possession de cette vertu est capable

---

1. La loi prescrit non seulement les actes qui tendent au bonheur de la société civile et à l'intérêt général de ses membres, mais encore les actes de vertus particulières. – Nous avons mis des parenthèses pour dégager le sens.

2. La justice, en tant qu'elle est l'accomplissement total de la loi, coïncide avec la vertu morale complète, non pas *simpliciter*, mais dans la mesure où cette dernière concerne nos rapports avec nos semblables (*cf.* Ross, *Aristote*, trad. fr., p. 291-292).

3. Citation d'Euripide, fragment de sa tragédie *Melanippe* (Nauck, p. 486). Plotin (*Enn.*, I, 6, 4, 10-12; VI, 6, 6, 38-40) a employé aussi cette expression.

4. Theognis, p. 147 (*cf.* l'édition critique des fragments et le commentaire de Hudson-Williams, Londres, 1910). – L. 30, nous lisons, avec Buchholz et Bergk, *Poet. lyr. gr.*, II, p. 360, ἀρετή 'στιν.

5. Et non seulement *possession* (κτῆσις). En d'autres termes, elle est une ἐνεργεία et non seulement une ἕξις (*cf.* I, 9, 1098b32, note).

d'en user aussi à l'égard des autres et non seulement pour lui-même : si, en effet, beaucoup de gens sont capables de pratiquer la vertu dans leurs affaires personnelles, dans celles qui, 130a au contraire, intéressent les autres ils en demeurent incapables. Aussi doit-on approuver la parole de Bias[1], que *le commandement révélera l'homme*, car celui qui commande est en rapports avec d'autres hommes, et dès lors est membre d'une communauté. C'est encore pour cette même raison que la justice, seule de toutes les vertus, est considérée comme étant un *bien étranger*[2], parce qu'elle a rapport à autrui : elle accomp-5 plit ce qui est avantageux à un autre, soit à un chef, soit à un membre de la communauté. Et ainsi l'homme le pire de tous est l'homme qui fait usage de sa méchanceté à la fois envers lui-même et envers ses amis ; et l'homme le plus parfait n'est pas l'homme qui exerce sa vertu seulement envers lui-même, mais celui qui la pratique aussi à l'égard d'autrui, car c'est là une œuvre difficile.

Cette forme de justice, alors, n'est pas une partie de la 10 vertu, mais la vertu tout entière, et son contraire, l'injustice, n'est pas non plus une partie du vice, mais le vice tout entier. (Quant à la différence existant entre la vertu et la justice ainsi comprise, elle résulte clairement de ce que nous avons dit : la justice est identique à la vertu, mais sa quiddité n'est pas la même[3] : en tant que concernant nos rapports avec autrui, elle

---

1. L'un des Sept Sages. – C'est dans l'exercice du pouvoir que l'homme montre sa capacité (ou son incapacité) à réaliser le bien commun. Même pensée dans Sophocle, *Antigone*, 175. L. 2, nous croyons, avec Burnet, qu'il est préférable de lire ἀρχὴ, au lieu de ἀρχὰ, forme dorienne que Bias n'avait aucune raison d'employer.

2. Cf. *Rep.*, I, 16, 343c ; III, 5, 392b. La justice réalise le bien du prochain plutôt que de celui qui l'exerce.

3. L. 12, τὸ εἶναι avec le datif (sous-entendu) ἀρετῇ et δικαιοσύνῃ signifie l'essence ou la quiddité (τὸ τί ἦν εἶναι) : cf. *supra*, III, 7, 1113b12. Sur la distinction marquée par Aristote, *cf.* aussi *Top.*, V, 4, 133b32-36 : un même

est justice, et en tant que telle sorte de disposition pure et
simple, elle est vertu).

4

\<La justice spéciale ou particulière\>

Mais ce que nous recherchons, de toute façon, c'est la
justice qui est une partie de la vertu[1], puisqu'il existe une
justice de cette sorte, comme nous le disons; et pareillement 15
pour l'injustice, prise au sens d'injustice particulière[2]. L'exis-

---

attribut peut être propre à un sujet seul et à un sujet affecté d'un accident. La
vertu éthique et la justice supposent la même ἕξις, mais leur définition (ou
essence) est différente en ce que la δικαιοσύνη inclut nos rapports avec autrui
(*cf.* Joachim, p. 131). – L. 13, nous ponctuons, contrairement à Susemihl, ἕξις
ἁπλῶς, ἀρετή.

1. Dans le chapitre précédent, Aristote a défini la justice *légale* comme
coextensive à la *vertu tout entière* (ὅλη ἀρετή), considérée toutefois πρὸς
ἕτερον. Il reste à établir l'existence d'une justice *particulière* (ἐν μέρει, κατὰ
μέρος), distincte de la précédente, et qui est une partie de la justice (ou de la
vertu) totale. – Pour tout ce chapitre, assez difficile, on se reportera principalement aux explications très claires et très exactes de St Thomas, 913-919,
p. 250-251, ainsi qu'aux analyses de Joachim, p. 131-134.

2. Aristote, par un raisonnement *a contrario* (en application du principe
posé *supra*, 1, 1129a17 : γνωρίζεται ἡ ἐναντία ἕξις ἀπὸ τῆς ἐναντίας), établira l'existence d'une *justice* κατὰ μέρος en prouvant la réalité d'une *injustice*
κατὰ μέρος. Joachim (p. 130 *sq.*), adoptant les vues de Smith, rattache la
distinction entre l'*injustice légale* (ὅλη ἀδικία) et l'injustice κατὰ μέρος, à la
distinction établie par la législation athénienne, entre, d'une part, la procédure
accusatoire *de droit public* (δίκη δημοσία), introduite par une γραφή et ayant
pour objet de sanctionner, au moyen de l'ἀτιμία ou de la confiscation, les
atteintes portées à la communauté politique tout entière, – et, d'autre part, les
instances *de droit privé* (δίκαι ἴδιαι), introduites par une πρόσκλησις,
et tendant à protéger les intérêts particuliers des membres de la κοινωνία
(*cf.* aussi Gernet, *Introduction aux* Lois *de Platon*, Les Belles Lettres, 1951, I,
p. CXXXIV *sq.*).

tence de cette forme d'injustice est prouvée comme suit[1].
Quand un homme exerce son activité dans la sphère des autres
vices, il commet certes une injustice tout en ne prenant en rien
plus que sa part (par exemple, l'homme qui jette son bouclier
par lâcheté, ou qui, poussé par son caractère difficile, prononce
des paroles blessantes, ou qui encore refuse un secours en
argent par lésinerie); quand, au contraire, il prend plus que sa
20 part, souvent son action ne s'inspire d'aucun de ces sortes de
vices, encore moins de tous à la fois, et cependant il agit par une
certaine perversité (puisque nous le blâmons) et par injustice.
Il existe donc une autre sorte d'injustice comme une partie de
l'injustice totale, et un injuste qui est une partie de l'injuste
total, de cet injuste contraire à la loi. Autre preuve : si un
homme commet un adultère en vue du gain, et en en retirant
25 un bénéfice, tandis qu'un autre agit ainsi par concupiscence,
déboursant même de l'argent et y laissant des plumes, ce
dernier semblerait être un homme déréglé plutôt qu'un homme
prenant plus que son dû, tandis que le premier est injuste, mais
non déréglé; il est donc évident que ce qui rend ici l'action

---

1. Aristote va apporter *trois* preuves de la réalité de l'*injustice* ἐν μέρει, qui
occupent respectivement les l. 16-24, 24-28, 28-32. La première preuve, l. 16-
24 (κατὰ μὲν τὰς ἄλλας … παρὰ τὸν νόμον) est particulièrement délicate.
Dans le cas de *vices particuliers* (κατὰ τὰς ἄλλας μοχθηρίας, l. 16), dit
Aristote, l'homme qui agit mal envers autrui (trois exemples de mauvaises
actions sont ici donnés) commet assurément une *injustice légale* (ἀδικεῖ, l. 17),
alors que pourtant il n'en retire aucune avantage personnel, aucune πλεονεξία.
Nous sommes ici en présence de l'ἀδικία au sens large de ὅλη κακία πρὸς
ἕτερον, définie par la loi, et qui englobe tout tort causé à autrui dans sa personne
ou ses biens, même sans πλεονεξία. Mais, d'autre part, quand il y a πλεονεξία,
même quand l'action mauvaise ne tombe pas, comme dans le cas précédent,
sous une détermination particulière du *vice en général* (ὅλη κακία), c'est alors
qu'il y a ἀδικία, au sens étroit et particulier, ἀδικία qui manifeste un état moral
pervers de quelque espèce : l'ἄδικος est ici pratiquement le πλεονέκτης (*cf.* 2,
1129a32).

injuste, c'est qu'elle est faite en vue du gain[1]. Autre preuve encore : tous les autres actes injustes[2] sont invariablement rapportés à quelque forme de vice particulière, par exemple l'adultère au dérèglement, l'abandon d'un camarade de combat 30 à la lâcheté, la violence physique à la colère ; mais si, au contraire, l'action est dictée par l'amour du gain, on ne la rapporte à aucune forme particulière de perversité, mais seulement à l'injustice[3]. – On voit ainsi[4] que, en dehors de l'injustice au sens universel, il existe une autre forme d'injustice, qui est une partie de la première et qui porte le même nom, du fait que sa définition tombe dans le même genre, l'une et l'autre **1130b** étant caractérisées par ce fait qu'elles intéressent nos rapports avec autrui. Mais tandis que l'injustice au sens partiel a rapport à l'honneur ou à l'argent ou à la sécurité (ou quel que soit le nom dans lequel nous pourrions englober tous ces avantages)[5], et qu'elle a pour motif le plaisir provenant du gain, l'injustice prise dans sa totalité a rapport à toutes les choses sans 5 exception qui rentrent dans la sphère d'action de l'homme vertueux[6].

1. L'ἀδικία ὡς μέρος n'est donc rien d'autre que la πλεονεξία. – L. 27, διὰ τὸ κερδαίνειν, sous-entendu : ἄδικος (ou ἀδικία) λέγεται.

2. Les actes παράνομα.

3. À l'injustice κατὰ μέρος.

4. *Cf.* St Thomas, 917-918, p. 251 : *Unde relinquitur quod sit quaedam injustitia particularis praeter aliam injustitiam quae est tota malitia. Et eadem ratione* [point important, car c'est là, rappelons-le, l'objet final du raisonnement d'Aristote, qui procède *a contrario*] *est alia justitia particularis praeter justitiam legalem quae est tota virtus.*

5. Quelque forme que revête la πλεονεξία. Les avantages dont il est question sont les *biens extérieurs* (περὶ ὅσα εὐτυχια καὶ ἀτυχία, 2, 1129b3).

6. *Justitia legalis, et injustitia, est universaliter circa totam materiam moralem* (St Thomas, 919, p. 251).

5

<La justice totale et la justice particulière>

Qu'ainsi donc il existe plusieurs formes de justice, et qu'il
y en ait une qui soit distincte et en dehors de la vertu totale,
c'est là une chose évidente[1]. Quelle est-elle et quelle est sa
nature[2], c'est ce que nous devons comprendre.

Nous avons divisé l'injuste en *le contraire à la loi* et
10 *l'inégal*, et le juste en *le conforme à la loi* et *l'égal*. Au
contraire à la loi correspond l'injustice au sens indiqué précédemment. Mais puisque l'inégal et le contraire à la loi ne sont
pas identiques mais sont autres, comme une partie est autre que
le tout[3] (car tout inégal est contraire à la loi, tandis que tout
contraire à la loi n'est pas inégal), l'injuste et l'injustice
<au sens particulier> ne sont pas identiques <à l'injuste et à
l'injustice au sens total>, mais sont autres qu'eux, et sont à leur
égard comme les parties aux touts (car l'injustice sous cette
15 forme est une partie de l'injustice totale, et pareillement la
justice, de la justice totale) : il en résulte que nous devons
traiter à la fois de la justice particulière et de l'injustice particulière, ainsi que du juste et de l'injuste pris en ce même sens.

La justice au sens où elle est coextensive à la vertu totale, et
l'injustice correspondante, qui sont respectivement l'usage de
20 la vertu totale ou du vice total à l'égard d'autrui, peuvent être

---

1. Rappel des analyses précédentes. La justice est, ou bien observation des
νόμιμα, et en ce sens elle est l'universalité des vertus, ou bien elle est vertu
particulière, qui, nous le verrons *infra*, 1130b30 *sq.*, se divise en justice *distributive* (διανεμητική) et justice *réparative* ou de *redressement* (διορθωτική).
La justice réparative est la justice *commutative* de St Thomas et des
Scolastiques.

2. Quel est son genre, et quelle est sa différence.

3. L'inégal étant une partie du *contraire à la loi*. – L. 13 et 14, nous avons
ajouté les mots entre crochets pour éclairer la pensée d'Aristote, qui est
extrêmement concise.

laissées de côté. Quant à la façon dont le juste et l'injuste répondant à ces précédentes notions doivent être distingués à leur tour, c'est là une chose manifeste. (On peut dire, en effet, que la plupart des actes légaux[1] sont ceux qui relèvent de la vertu[2] prise dans sa totalité, puisque la loi nous prescrit une manière de vivre conforme aux diverses vertus particulières et nous interdit de nous livrer aux différents vices particuliers. Et les facteurs susceptibles de produire la vertu totale sont ceux des actes que la loi a prescrits pour l'éducation de l'homme en société[3]. Quant à l'éducation de l'individu comme tel, qui fait devenir simplement homme de bien, la question se pose de savoir si elle relève de la science politique ou d'une autre science, et c'est là un point que nous aurons à déterminer ultérieurement[4] : car, sans doute, n'est-ce pas la même chose d'être un homme de bien et d'être un bon citoyen de quelque État[5].

De la justice particulière et du juste qui y correspond[6], une première espèce est celle qui intervient dans la distribution des

---

1. Ordonnés ou défendus par la loi.

2. Ou du vice.

3. Éducation qui doit faire de l'homme un bon citoyen (cf. *Pol.*, V, 9, 1310a14, où l'expression est la même). – Sur le sens des l. 25-26 (τὰ δὲ ποιη-τικὰ ... πρὸς τὸ κοινόν), *cf.* Joachim, p. 135 : Aristote veut dire que les règles posées pour l'éducation des citoyens sont les mêmes que celles qui produisent la vertu en général.

4. Renvoi à X, 10, 1179b20-1181b12; *Pol.*, III, 3, 1276b16-1277b32; 5, 1278a40-1278b5; 8, 1288a32-1288b2; VII, 14, 1333a11-16; VIII, 1, 1337 a11-14.

5. Alors qu'on peut être honnête homme partout, la qualité de bon citoyen est relative à la constitution sous laquelle on vit. *Cf.* la dissertation très complète de Newman dans son édition de la *Politique*, I, 234-240. St Thomas (926, p. 252) résume ainsi la position d'Aristote sur cette question : *Sunt quaedam politiae, non rectae, secundum quas aliquis potest esse civis bonus, qui non est vir bonus; sed secundum optimam politicam non est aliquis civis bonus, qui non est vir bonus.*

6. Aristote passe à l'étude de la justice κατὰ μέρος, qui se subdivise en justice *distributive* (διανεμητική) et en justice *corrective* (διορθωτική).

honneurs, ou des richesses, ou des autres avantages qui se
répartissent entre les membres de la communauté politique
(car dans ces avantages il est possible que l'un des membres ait
1131a une part ou inégale ou égale à celle d'un autre)[1], et une seconde
espèce est celle qui réalise la rectitude dans les transactions
privées[2]. Cette justice corrective comprend elle-même deux
parties : les transactions privées, en effet, sont les unes volontaires et les autres involontaires[3] : sont volontaires les actes tels

1. En ce qui concerne le champ d'action de la justice distributive,
cf. Burnet, p. 212, Ross, *Aristote*, trad. fr., p. 293-294, et surtout Joachim,
p. 139. En Grèce, le citoyen se considère comme un actionnaire de l'État, admis
à participer à ses bénéfices et à ses largesses; il n'est contribuable qu'en
seconde ligne. D'autre part, les richesses ainsi distribuées entre les citoyens ne
proviennent pas seulement, dans la pensée d'Aristote, des propriétés et des
revenus publics, mais encore des bénéfices réalisés par des *associations privées*
(ἔρανοι), dont le capital social est constitué par les *apports* (εἰσφοραί) des
associés (cf. *infra*, 7, 1131b1). Enfin il semble bien qu'on doive faire entrer
aussi en ligne de compte les contestations diverses groupées sous la désignation
générique de διαδικασίαι, et qui avaient pour objet de faire statuer sur des
réclamations tendant à obtenir l'exemption ou la réduction de certaines charges
publiques, telles que les *liturgies*. Par la distribution des *honneurs* (τιμῆς, l. 21),
Aristote entend la distribution des dignités et des postes dans l'État, conformément aux principes de la constitution existante, qui favorisent soit l'ensemble
des citoyens, soit seulement une certaine classe.

2. À la différence de la justice distributive, *secundum quam transfertur
aliquid a communi ad singulos, ... alia species... quae constituit rectitudinem
justitiae in commutationibus secundum quas transfertur aliquid ab uno ad
allerum* (St Thomas, 928, p. 254). – Sur le sens précis de συνάλλαγμα,
cf. Joachim, p. 136. *Cf.* aussi les notations intéressantes de Gernet, *Introduction
aux* Lois, I, p. CXXIII-CXXXIII.

3. Suivant qu'elles supposent ou non l'accord des parties. Les συναλλάγματα ἑκούσια sont les *contrats* proprement dits (συνθῆκαι), conventions
librement débattues entre les parties. Les συν. ἀκούσια sont les obligations
nées de délits ou de quasi-délits, et en vertu desquelles l'auteur du dommage est
tenu à le réparer. Dans un cas comme dans l'autre, le rôle de la justice corrective
est de rétablir l'égalité, rompue à la suite d'un avantage illicite accepté ou
imposé. Or qu'il puisse y avoir un tort ou une injustice résultant d'un συν.

qu'une vente, un achat, un prêt de consommation, une caution, un prêt à usage, un dépôt, une location[1] (ces actes sont dits volontaires parce que le fait qui est à l'origine de ces tran- [5] sactions est volontaire); des actes involontaires, à leur tour, les uns sont clandestins, tels que vol, adultère, empoisonnement, prostitution, corruption d'esclave, assassinat par ruse, faux témoignage; les autres sont violents, tels que voies de fait, séquestration, meurtre, vol à main armée, mutilation, diffamation, outrage.

6
<La justice distributive, médiété proportionnelle>

Et puisque[2], à la fois, l'homme injuste est celui qui manque à l'égalité et que l'injuste est inégal, il est clair qu'il existe aussi [10]

ἀκούσιον, rien de plus simple : la victime d'un vol ou d'un acte de violence a droit à la διόρθωσις. Il est plus difficile de comprendre comment cette διόρθω-σις peut s'exercer dans les συν. ἑκούσια, où les parties ont eu toute liberté pour traiter. Normalement la partie qui se prétend lésée n'a aucun recours, mais il peut se faire que les stipulations du contrat ne soient pas observées, et c'est alors que la justice corrective est appelée à intervenir. On doit ainsi distinguer (contrairement à ce que prétend Burnet, p. 213) le cas de la violation d'un contrat originairement volontaire, du cas d'un délit ou d'un quasi-délit, où la volonté de la partie lésée n'a jamais été librement donnée (*cf.* Joachim, p. 137-138, et la note p. 138).

   1. L. 3 et 4, πρᾶσις ὠνὴ, *emptio-venditio*; δανεισμὸς est le *prêt à intérêt*, portant sur des objets de *consommation* (*mutuum*) et notamment sur de l'argent; ἐγγύη, *pignus, caution*; χρῆσις est le *commodat*, le *prêt à usage*, qui porte sur des *corps certains*, et qui est généralement stipulé sans intérêts; παρακατα-θήκη est le *dépôt*, et μίσθωσις, la *locatio-conductio*, louage d'ouvrage ou d'industrie. Sur la distinction entre λαθραῖα et βίαια, l. 6-8, *cf.* Platon, *Lois*, IX, 864c.

   2. Cf. *supra*, 2, 1129a31 *sq.* – Dans les lignes qui suivent, Aristote se propose de montrer de quelle façon le juste est un moyen (l. 10-14), et un moyen proportionnel (l. 14 *sq.*).

quelque moyen entre ces deux sortes d'inégal. Or ce moyen est
l'égal, car en toute espèce d'action admettant le plus et le
moins il y a aussi l'égal. Si donc l'injuste est inégal, le juste est
égal, et c'est là, sans autre raisonnement, une opinion unanime[1]. Et puisque l'égal est moyen, le juste sera un certain
5 moyen. Or l'égal suppose au moins deux termes. Il s'ensuit
nécessairement, non seulement que le juste est à la fois moyen,
égal, et aussi relatif, c'est-à-dire juste pour certaines personnes[2], mais aussi qu'en tant que moyen, il est entre certains
extrêmes (qui sont le plus et le moins), qu'en tant qu'égal, il
suppose deux choses <qui sont égales>, et qu'en tant que juste,
il suppose certaines personnes <pour lesquelles il est juste>[3].
Le juste implique donc nécessairement au moins quatre
termes : les personnes pour lesquelles il se trouve en fait juste,
et qui sont deux, et les choses[4] dans lesquelles il se manifeste,
20 au nombre de deux également. Et ce sera la même égalité pour
les personnes et pour les choses[5] : car le rapport[6] qui existe
entre ces dernières, à savoir les choses à partager, est aussi
celui qui existe entre les personnes. Si, en effet, les personnes
ne sont pas égales, elles n'auront pas des parts égales ; mais les

---

1. Voir aussi *Pol.*, III, 12, 1282b18.

2. L. 16, καὶ τισίν : le mot καὶ est explétif. Toute δικαιοσύνη est πρὸς
ἕτερον (*contra*, Joachim, p. 142).

3. L. 18, nous avons ajouté les mots entre crochets, car la pensée d'Aristote
est très concise.

4. Les πράγματα qui font l'objet de la distribution, les parts. Le juste
suppose ainsi deux copartageants avec les deux portions qu'ils doivent avoir.

5. Si les personnes sont égales, les parts seront égales, et si les personnes
sont inégales, les parts seront inégales, le juste consistant à traiter inégalement
des facteurs inégaux. L'ἰσότης à réaliser est une ἰσότης proportionnelle : le
juste (nous le verrons *infra*, l. 29 *sq.*) étant ce qui est *proportionnellement égal*
(τὸ κατ' ἀναλογίαν ἴσον), et l'injuste ce qui est *contraire à la proportion* (τὸ
παρὰ τὸ ἀνάλογον).

6. La *ratio*, la *raison* au sens mathématique (l'on parle de la *raison* d'une
progression).

contestations et les plaintes naissent quand, étant égales, les
personnes possèdent ou se voient attribuer des parts non
égales, ou quand, les personnes n'étant pas égales, leurs parts
sont égales[1]. On peut encore montrer cela[2] en s'appuyant sur
le fait qu'on tient compte de la valeur propre[3] des personnes.
Tous les hommes reconnaissent, en effet, que la justice dans la 25
distribution doit se baser sur un mérite de quelque sorte, bien
que tous ne désignent pas le même mérite, les démocrates
le faisant consister dans une condition libre, les partisans de
l'oligarchie, soit dans la richesse, soit dans la noblesse de race,
et les défenseurs de l'aristocratie dans la vertu.

Le juste est, par suite, une sorte de proportion (car la
proportion n'est pas seulement une propriété d'un nombre 30
formé d'unités abstraites, mais de tout nombre en général)[4], la
proportion étant une égalité de rapports et supposant quatre
termes au moins[5]. – Que la proportion discontinue implique
quatre termes, cela est évident, mais il en est de même aussi

1. Cf. *Pol.*, V, 1, 1301b28, où Aristote remarque que la poursuite de
l'égalité est à l'origine des dissensions dans les États.

2. À savoir que le juste consiste dans un moyen proportionnel.

3. Plus exactement, de la position des citoyens dans l'État, déterminée
d'une façon différente par les diverses constitutions (*cf.* Joachim, p. 142).

4. Le μοναδικὸς ἀριθμός est le nombre *arithmétique* (ἀριθμητικός),
formé d'unités abstraites, à la différence du nombre qui définit des choses
concrètes et déterminées : cf. *Philèbe*, 56b; *Met.*, I, 1, 1052b20 *sq.* jusqu'à la fin
du chapitre, t. II, p. 531-537 et les notes de notre commentaire; N, 5, 1092b19
(II, p. 835). La proportion ne se rencontre pas seulement dans le nombre, mais
dans toutes les quantités où la mesure peut intervenir. *Cf.* St Thomas, 939,
p. 257 : *quantitas habet rationem mensurae : quae primo quidem, invenitur in
unitate numerali, et exinde derivatur ad omne genus quantitatis.* Les l. 30-31
(τὸ γὰρ ἀνάλογον … ἀριθμοῦ) forment une parenthèse qu'à l'exemple de
Burnet nous avons indiquée.

5. Euclide (V, 8) définit également la proportion τῶν λογῶν ταὐτότης.
– Le δικαίον suppose donc deux couples de termes (deux personnes et deux
parts), et il est réalisé quand la *ratio* du premier couple est égale à la *ratio* du
second.

pour la proportion continue[1], puisqu'elle emploie un seul
1131b terme comme s'il y en avait deux et qu'elle le mentionne deux
fois : par exemple, ce que la ligne A[2] est à la ligne B, la ligne
B l'est à la ligne Γ ; la ligne B est donc mentionnée deux fois,
de sorte que si l'on pose B deux fois, il y aura quatre termes
proportionnels. – Et le juste, donc[3], implique quatre termes au
moins, et le rapport <entre la première paire de termes> est le
même <que celui qui existe entre la seconde paire>, car la divi-
5　sion s'effectue d'une manière semblable entre les personnes et
les choses. Ce que le terme A, alors, est à B, le terme Γ le sera à
Δ ; et de là, par interversion[4], ce que A est à Γ, B l'est à Δ ; et par

---

1. Sur la proportion *continue* (συνεχής) et la proportion *discontinue* ou
discrète (διηρημένη), *cf.* Théon de Smyrne, *Expos. rer. mathem. ad leg. Platon.
util.*, Hiller (éd.), Leipzig, 1878, p. 82, 10. La proportion continue suppose *trois*
termes (8, 4, 2) et la proportion discontinue, *quatre* (6, 3, 4, 2), une proportion
continue pouvant toutefois être considérée comme une proportion discontinue
en un certain sens si on prend deux fois le moyen. Or, dans la proportion à établir
pour réaliser la justice, le moyen n'est pas, comme dans un syllogisme, une
chose commune à chaque membre de l'égalité, et nous n'avons pas ainsi affaire à
une proportion continue. Le moyen, au contraire, diffère d'un membre à l'autre,
comme dans une proportion discontinue. En somme, Aristote veut montrer la
nécessité de poser quatre termes, et non trois, dans sa proportion. – Les l. 32-
1131b3 sont une parenthèse explicative. L'argumentation reprend ensuite.

2. L. 1131b1, ἡ τοῦ A, sous-entendu γραμμή. – Aristote, dans tout cet
exposé, se sert de diagrammes. Une première ligne, divisée en deux segments A
et B, représentera les personnes, et une seconde, divisée aussi en deux segments
Γ et Δ, représentera les parts.

3. L. 3, avec Rackham, nous remplaçons δὲ par δὴ, et adoptons son interprétation. Joachim, p. 142, qui conserve δὲ, a une explication différente. – Le
raisonnement, interrompu par la digression sur les proportions, reprend ici.
Nous avons ajouté les crochets des l. 4 et 5.

4. Sur τὸ ἀνάλογον ἐναλλάξ, cf. *Ind. arist.*, 48a12, avec les références, et
notamment *de An.*, III, 7, 431a27. – Les différentes proportions des l. 5 à 8 sont
les suivantes (nous rappelons que A et B désignent les attributaires, et Γ et Δ les
parts assignées) :

♦ = ♥, d'où :

♠ = ↔ (ἐναλλάξ) d'où enfin :

suite aussi le rapport est le même pour le total à l'égard du total. Or c'est là précisément l'assemblage effectué par la distribution des parts, et si les termes sont joints de cette façon, l'assemblage est effectué conformément à la justice[1].

7
<La justice distributive, suite. La justice corrective>

Ainsi donc[2], l'assemblage du terme A avec le terme Γ, et de B avec Δ, constitue le juste dans la distribution, et ce juste 10 est un moyen entre deux extrêmes qui sont en dehors de la proportion[3], puisque la proportion est un moyen, et le juste une proportion. – Les mathématiciens désignent la proportion de ce genre du nom de *géométrique*, car la proportion géométrique[4] est celle dans laquelle le total est au total dans le même

---

→ = ♦, opération qu'Euclide appelle σύνθεσις, et dont la traduction « en clair » est celle-ci. On donnera à A la part Γ, et à B la part Δ ; A et B recevront ainsi une part juste, qui est le moyen terme entre les mérites de ces deux partageants. Les parts étant ainsi proportionnées aux personnes, celles-ci, après les avoir reçues (A + Γ, B + Δ) restent dans la même relation qu'auparavant (♦), et la justice est satisfaite.

1. L'*assemblage*, le *couplage* (σύζευξις) dont il est question est celui des partageants et des parts (συντεθῇ, l. 8, ayant pour sujet à la fois les personnes et les choses), à savoir A + Γ et B + Δ, qui réalisé comme il vient d'être dit, opère une juste distribution. L. 8, ὅπερ : peut-être est-il préférable de lire, avec Burnet, p. 216, ἅπερ.

2. Nous suivons le découpage en chapitres de l'édition Susemihl, mais il est clair qu'il n'y a aucune raison de faire commencer ici un chapitre distinct.

3. L. 11, si on admet la lecture de Bywater, acceptée par Burnet, p. 216, τὸ δ' ἄδικον τὸ παρὰ, on obtient un sens beaucoup plus aisé : « ce juste-là est un moyen, et l'injuste ce qui viole la proportion ».

4. Ou simplement proportion. Théon de Smyrne, *loc. cit.*, 85, 8, distingue proportion arithmétique (ou plus exactement *progression*, 2, 4, 6, 8) et proportion géométrique (2, 4, 8, 16). En ce qui concerne la proportion géométrique, qui caractérise la justice distributive, Aristote rappelle ici (cf. *supra*, 6, 1131b6

rapport que chacun des deux termes au terme correspondant.
15 Mais la proportion de la justice distributive n'est pas une proportion continue, car il ne peut pas y avoir un terme numérique-
ment un pour une personne et pour une chose[1]. – Le juste en
question est ainsi la proportion, et l'injuste ce qui est en dehors
de la proportion. L'injuste peut donc être soit le trop, soit le
trop peu, et c'est bien là ce qui se produit effectivement, puisque
celui qui commet une injustice a plus que sa part du bien
20 distribué, et celui qui la subit moins que sa part[2]. S'il s'agit du
mal[3], c'est l'inverse : car le mal moindre comparé au mal plus
grand fait figure de bien, puisque le mal moindre est préférable
au mal plus grand ; or ce qui est préférable est un bien, et ce qui
est préféré davantage, un plus grand bien.

25   Voilà donc une première espèce du juste. Une autre, la
seule restante, est le juste *correctif*[4], qui intervient dans les

---

et la note) que la relation qui existe entre les deux termes de chaque rapport (AB,
ΓΔ) est la même qu'entre un des rapports pris en totalité (A+Γ) et l'autre rapport
pris aussi dans sa totalité (B+Δ). Se reporter aux équations du chapitre précédent.

1. Cf. *supra*, 6, 1131a33, note, où des explications sur ce point ont été
fournies. Aristote insiste sur la nécessité de 4 termes, au lieu de 3 : on doit avoir :

♦ = ♥, et non :

♦ = ←.

L. 15, αὕτη ἡ ἀναλογία = ἡ τοῦ διανεμητικοῦ δικαίου. Les l. 12-16 ont
le caractère d'une simple parenthèse.

2. Si la distribution est injuste, on a (A désignant ὁ ἀδικῶν, l. 19, et B ὁ
ἀδικούμενος) :

→ > ou < ♦.

3. C'est-à-dire des maux et des charges à répartir. *Cf.* Sylv. Maurus, 125[1] :
qui injusta agit in distributione onerum et malorum accipit minus quam illi
conveniat secundum proportionem ; qui injusta patitur subit plus oneris ac mali
quam illi conveniat. Ratio cur injustus sumat sibi plus boni ac minus mali, est
quia minus malum habet rationem boni, etc.

4. Cf. *supra*, 5, 1131a1 *sq.*, avec les notes. Aristote passe à l'étude de la
seconde et dernière espèce de justice, la justice *corrective* ou *rectificative*
(l'expression τὸ λοιπὸν, l. 25, montre que, contrairement à certaines interprétations, il n'y a pas lieu de créer une troisième sorte de justice, qui serait la

transactions privées, soit volontaires, soit involontaires. Cette forme du juste a un caractère spécifique différent de la précédente. En effet, le juste distributif des biens possédés en commun s'exerce toujours selon la proportion dont nous avons parlé[1] (puisque si la distribution s'effectue à partir de richesses 30 communes, elle se fera suivant la même proportion qui a présidé aux apports respectifs des membres de la communauté[2]; et l'injuste opposé à cette forme du juste est ce qui est en dehors de ladite proportion). Au contraire, le juste dans les transactions privées, tout en étant une sorte d'égal, et l'injuste une sorte d'inégal, n'est cependant pas l'égal selon la propor- 1132a tion de tout à l'heure[3], mais selon la proportion arithmétique.

justice *commutative*, reposant sur l'*échange*). Il sera d'abord traité des συναλλ. ἀκούσια, et ultérieurement (8, 1132b30) des συν. ἑκούσια.

1. La proportion géométrique. – Sur τῶν κοινῶν, l. 28 et 29, cf. *supra*, 5, 1130b33, notre note sur le champ d'application de la justice distributive. Voir aussi Joachim, p. 143-144.

2. *Quanto aliquis plus servivit communitati, tanto plus accipit de bonis communibus* (St Thomas, 949, p. 260).

3. À savoir la proportion géométrique. – La proportion *arithmétique*, à laquelle obéit la justice rectificative, est celle qui est fondée sur l'*égalité* des personnes, sans considérer les différences de mérite, de valeur propre et de position sociale (κατ'ἀξίαν, 6, 1131a24 et note), comme dans la proportion géométrique de la justice distributive. La justice distributive assurait la *proportionalité* du mérite, tandis que la justice corrective remet les personnes dans l'état d'*égalité* où elles se trouvent naturellement. La formule ♦ = ↑ est donc ici inapplicable, et doit être remplacée par celle-ci (où A = B) :

$$(A+\Gamma)-(A+\Gamma-\Gamma)=(A+\Gamma-\Gamma)-(B-\Gamma), \text{ ou plus simplement :}$$
$$(A+\Gamma)-\Gamma=(B-\Gamma)+\Gamma.$$

C'est, dit Aristote, une *sorte d'égalité* (ἴσον τι, l. 33), car si quatre quantités sont en progression arithmétique (1, 3, 5, 7), la somme des moyens est égale à celle des extrêmes (A + Δ = B + Γ). On remarquera, avec Ross (note sous 1132a2) que la justice corrective n'a rien à voir avec le châtiment proprement dit de l'auteur du dommage, mais qu'elle concerne seulement les réparations civiles à accorder à la victime : il s'agit pour le juge de trouver la moyenne arithmétique qui mettra fin à l'inégalité.

Peu importe, en effet, que ce soit un homme de bien qui ait dépouillé un malhonnête homme, ou un malhonnête homme un homme de bien, ou encore qu'un adultère ait été commis par un homme de bien ou par un malhonnête homme[1] : la loi n'a
5 égard qu'au caractère distinctif du tort causé, et traite les parties à égalité, se demandant seulement si l'une a commis, et l'autre subi, une injustice, ou si l'une a été l'auteur et l'autre la victime d'un dommage. Par conséquent, cet injuste dont nous parlons, qui consiste dans une inégalité, le juge s'efforce de l'égaliser : en effet, quand l'un a reçu une blessure et que l'autre est l'auteur de la blessure, ou quand l'un a commis un meurtre et que l'autre a été tué, la passion et l'action[2] ont été

---

1. On ne fait pas attention à la qualité des parties en cause, le dommage causé à la victime étant de toute façon le même, – sauf une réserve *infra*, 8, 1132b28-30 (sur ce dernier point, *cf.* aussi Joachim, p. 144). L. 4, les mots πρὸς τοῦ βλάβους τὴν διαφορὰν soulèvent des difficultés d'interprétation. Nous comprenons simplement, avec Ross, *the distinctive character of the injury* (*cf.* aussi Rackham : *the degree of damage done*). Burnet, p. 218-219, pense qu'il s'agit de l'*écart*, de la *différence* à établir par le juge entre le *damnum* (βλάβη, βλάβος) et l'*injuria* (ἀδικία), conformément aux dispositions du droit athénien attestées par divers passages des *Lois* (notamment, IX, 861e *sq.* : *cf.* Gernet, *Introduction aux* Lois, I, p. CLXXIII-CLXXV). Joachim, p. 144, note 2, conteste le bien-fondé des deux explications précédentes, et pense qu'Aristote vise la réserve de 8, 1132b28-30, dont nous avons parlé ci-dessus. On devrait ainsi comprendre : « Cependant (ἀλλά) la loi a égard à la différence dans la gravité de l'injustice résultant du rang d'une des parties » (Si par exemple un particulier frappe un magistrat dans l'exercice de ses fonctions). Il semble toutefois que l'interprétation courante est plus conforme au texte d'Aristote.

2. Ou le dommage et l'acte qui l'a causé. Aristote se sert encore ici d'un diagramme où il marque, au moyen d'une division partageant la ligne en deux segments de longueur inégale, l'inégalité entre le délinquant et sa victime. *Cf.* le passage des *Lois*, IX, 876d *sq.*, où Platon, s'inspirant des données de la législation athénienne, définit les différents degrés des blessures et des meurtres avec les sanctions et réparations correspondantes. Dans notre présent passage, l'inégalité figurant dans la ligne représentative (et qui varie suivant la gravité du délit) fait comprendre que l'auteur du délit retire de son acte un avantage sur sa victime et brise l'égalité naturelle des personnes. Cet avantage illicite, une fois

divisées en parties inégales; mais le juge s'efforce, au moyen
du châtiment, d'établir l'égalité[1], en enlevant le gain obtenu.
– On applique en effet indistinctement le terme *gain* aux cas de 10
ce genre, même s'il n'est pas approprié à certaines situations,
par exemple pour une personne qui a causé une blessure, et le
terme *perte* n'est pas non plus dans ce cas bien approprié à la
victime[2]; mais, de toute façon, quand le dommage souffert a
été évalué, on peut parler de perte et de gain. – Par conséquent,
l'égal est moyen entre le plus et le moins, mais le gain et la 15
perte sont respectivement plus et moins en des sens opposés,
plus de bien et moins de mal étant du gain, et le contraire[3] étant
une perte; et comme il y a entre ces extrêmes un moyen, lequel,
avons-nous dit[4], est l'égal, égal que nous identifions au juste, il

---

qu'il a été apprécié en argent (ὅταν γε μετρηθῇ, l. 13 *infra*), donne lieu à une
réparation compensatrice au profit de la victime, réparation qui rétablit l'égalité
(ἰσάζαν, l. 7). – *Cf.* sur ces points délicats, Joachim, p. 144-146, dont les
explications sont très claires.

1. Entre πάθος et πρᾶξις. – L. 10 *sq.*, Aristote entend par ζημία, la
pénalité, le *châtiment* infligé à l'auteur de l'acte, et consistant dans le versement
d'une indemnité compensatrice : le délinquant *perd* (ζημία) le *gain* (κέρδος)
qu'il avait réalisé d'une façon illicite. – Sur le sens de ζημία (*damnum*) et
de κέρδος (*lucrum*), termes qui, comme l'indique Aristote dans les l. 10-14
(simple parenthèse, après laquelle le raisonnement reprend), ont été étendus au-
delà du champ d'application du contrat proprement dit (ἑκούσιος ἀλλαγή),
pour lequel ils étaient originairement destinés, *cf.* Joachim, p. 145. L. 11, τοῖς
τοιούτοις = τοῖς ἀκουσίοις.

2. Dans le cas de blessure ou de meurtre, on ne peut évidemment parler de
gain ou de *perte* au sens propre, lesquels ne s'appliquent (ou ne devraient
s'appliquer) qu'aux contrats. Il faut tout au moins attendre que le dommage ait
été apprécié en argent par le juge.

3. C'est-à-dire moins de bien et plus de mal. *Lucrum est habere plus boni et
minus mali; damnum plus mali et minus boni* (Sylv. Maurus, 126[2]).

4. L. 14. – Le plus et le moins sont respectivement le gain et la perte de
l'auteur et de la victime du délit, et sont de l'ordre de l'inégal et de l'injuste. Au
contraire, le juste, identique à l'égal, est le moyen entre le plus et le moins,
ou entre le gain et la perte, et l'auteur du dommage, pour que la justice soit

s'ensuit que le juste rectificatif sera le moyen entre une perte
20 et un gain. C'est pourquoi aussi[1], en cas de contestation, on a
recours au juge. Aller devant le juge c'est aller devant la justice,
car le juge tend à être[2] comme une justice vivante ; et on cherche
dans un juge un moyen terme (dans certains pays on appelle les
juges des *médiateurs*), dans la pensée qu'en obtenant ce qui est
moyen on obtiendra ce qui est juste. Ainsi le juste est une sorte
de moyen, s'il est vrai que le juge l'est aussi[3].

25   Le juge restaure l'égalité. Il en est à cet égard comme d'une
ligne divisée en deux segments inégaux : au segment le plus
long le juge enlève cette partie qui excède la moitié de la ligne
entière et l'ajoute au segment le plus court ; et quand le total a
été divisé en deux moitiés[4], c'est alors que les plaideurs décla-
rent qu'ils ont ce qui est proprement leur bien, c'est-à-dire
quand ils ont reçu l'égal. Et l'égal est moyen entre ce qui est
30 plus grand et ce qui est plus petit[5], selon la proportion arithmé-

satisfaite, devra payer une indemnité égale à la moyenne arithmétique entre la
perte et le gain, en d'autres termes la moitié de leur total. C'est ce qu'Aristote
expliquera plus loin. L. 18, τὸ ἐπανορθωτικὸν est un ἅπαξ qui équivaut à τὸ
διορθωτικὸν.

    1. Autre argument tiré non plus de considérations mathématiques, mais de
l'ordre pratique : pour trouver le μέσον désiré, on s'adresse au juge.

    2. C'est-à-dire, l'idéal du juge est d'être la justice incarnée : *ut mens ejus
totaliter a justitia possideatur* (St Thomas, 955, p. 261). – Sur le sens platonicien de βούλεται, l. 21, *cf.* par exemple *Phédon*, 74d.

    3. Un bon juge est un *moyen*, (un *médiateur*, un *arbitre* impartial à égale
distance des deux parties), mais un bon juge est la justice en personne ; par
conséquent la justice est un moyen.

    4. Qui sont égales : δίχα = εἰς ἴσα.

    5. Ou : entre *trop* et *trop peu*. *Quia quantum medium justitiae exceditur ab
eo qui habebat plus, tantum excedit illum qui habet minus* (St Thomas, 957,
p. 263-264). – Aristote va expliquer ci-dessous (l. 32 *sq.*), à l'aide d'une représentation figurée, le fonctionnement de la moyenne arithmétique, qu'il vient
seulement d'esquisser. L. 29, nous remplaçons, avec Rackham, τῆς par τοῦ. – À
la suite de Rassow, Rackham transpose les l. 29-30. Nous suivons rigoureusement Susemihl.

tique. C'est pour cette raison aussi que le moyen reçoit le nom de *juste* (δίκαιον), parce qu'il est une division en *deux parts égales* (δίχα), c'est comme si on disait δίχαιον, et le *juge* (δικαστής) est un homme qui *partage en deux* (διχαστής)[1]. Quand, en effet[2], de deux choses égales on enlève une partie de l'une pour l'ajouter à l'autre, cette autre chose excède la première de deux fois ladite partie, puisque si ce qui a été enlevé à l'une n'avait pas été ajouté à l'autre, cette seconde **1132b** chose excéderait la première d'une fois seulement la partie en question ; cette seconde chose, donc, excède le moyen d'une fois ladite partie, et le moyen excède la première, qui a fait l'objet du prélèvement, d'une fois la partie[3]. Ce processus[4] nous permettra ainsi de connaître à la fois quelle portion il faut enlever de ce qui a plus, et quelle portion il faut ajouter à ce qui a moins : nous apporterons à ce qui a moins la quantité dont le moyen le dépasse, et enlèverons à ce qui a le plus[5] la quantité **5** dont le moyen est dépassé. Soit les lignes AA', BB', ΓΓ',

---

1. Jeux de mots intraduisibles, mais fort clairs.

2. Preuve mathématique de la formule du δίκαιον. – Soit A l'auteur du dommage, et B la victime. Le δίκαιον exige que A paye et B reçoive la moyenne arithmétique entre le *gain* illicite de A et la *perte* de B. La formule est ainsi, pour A = B : (Rackham) :

(B + N) - (A - N) = 2 N,

et (B + N) - A = N,

et (B + N) - ± = N ± - (A - N).

Plus simplement :

Soit A l'auteur du délit, B la victime, Γ le gain, et Δ la perte. Si Γ = 7 et Δ = 3, la moyenne arithmétique sera ⌋ = 5, qui est ainsi μέσον et δίκαιον. On trouvera dans Sylv. Maurus un exemple concret très bien exposé (p. 128 [1]). Voir aussi St Thomas, 959, p. 264.

3. Les l. 1 et 2 sont d'une concision extrême. On doit comprendre comme s'il y avait : τοῦ μέσου ἄρα ἑνὶ <ὑπερέχει θάτερον>, καὶ τὸ μέσον <τοῦ> ἀφ' οὗ ἀφῃρέθη ἑνὶ <ὑπερέχει>.

4. Pour atteindre la moyenne arithmétique, laquelle est seule capable de réaliser τὸ δίκαιον.

5. L. 5, τοῦ μεγίστου a le sens comparatif.

égales entre elles; de la ligne AA' admettons qu'on enlève le
segment AE, et qu'on ajoute à la ligne ΓΓ' le segment ΓΔ,
de telle sorte que la ligne entière ΔΓΓ' dépasse la ligne EA'
des segments ΓΔ et ΓZ; c'est donc qu'elle dépasse BB' de la
longueur ΓΔ[1]. – Et cela s'applique aussi aux autres arts, car
10 ils seraient voués à la disparition si ce que l'élément actif
produisait et en quantité et en qualité n'entraînait pas de la part
de l'élément passif une prestation équivalente en quantité et
qualité[2].

    Les dénominations en question, à savoir la *perte* et le *gain*,
sont venues de la notion d'échange volontaire[3]. Dans ce
domaine, en effet, avoir plus que la part qui vous revient en
propre s'appelle *gagner*, et avoir moins que ce qu'on avait en
15 commençant, *perdre* : c'est ce qui se passe dans l'achat, la
vente et toutes autres transactions laissées par la loi à la liberté
des contractants[4]. Quand, au contraire, la transaction n'entraîne
pour eux ni enrichissement ni appauvrissement, mais qu'ils

---

1. La figure est la suivante :

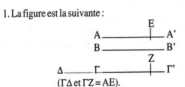

(ΓΔ et ΓZ = AE).

Le δίκαιον est représenté par BB', moyenne arithmétique entre AE et ΔΓΓ.

2. Les l. 9-11 (ἔστι δέ ... καὶ τοιοῦτον), que l'on retrouve textuellement
infra, 8, 1133a14-16, sont peut-être une interpolation, et beaucoup d'interprètes
n'en tiennent pas compte. Quoiqu'il en soit, Aristote paraît viser, d'une manière
générale, tout ce qui comporte facteur actif et sujet passif, qui sont toujours en
corrélation étroite et ne se conçoivent l'un sans l'autre ni dans l'ordre de la
quantité, ni dans celui de la qualité.

3. Aristote revient à ce qui a été dit *supra*, 1132a10-14, passage auquel
nous renvoyons ainsi qu'à notre note.

4. Dans les συναλλάγματα ἑκούσια, la justice corrective n'intervient pas
en principe, et laisse aux parties pleine liberté de traiter. Il n'en serait autrement
que si un dol [une ruse] ou une fraude viciait la convention.

reçoivent exactement ce qu'ils ont donné, ils disent qu'ils ont ce qui leur revient en propre et qu'il n'y a ni perte, ni gain[1]. Ainsi donc, le juste est moyen entre une sorte de gain et une sorte de perte[2] dans les transactions non volontaires : il consiste à posséder après, une quantité égale à ce qu'elle était 20 auparavant.

8
<La justice et la réciprocité. Rôle économique de la monnaie>

Dans l'opinion de certains, c'est la réciprocité qui constitue purement et simplement la justice : telle était la doctrine des Pythagoriciens, qui définissaient le juste simplement comme la réciprocité[3]. Mais la réciprocité ne coïncide ni avec la

---

1. Dans une vente, par exemple, où le prix est strictement égal à la valeur de l'objet : l'acheteur comme le vendeur sont également satisfaits. *Cf.* St Thomas, 963, p. 264 : *ipsa reportabant in aequali quantitate per commutationem eorum quae attulerant.*

2. κέρδος et ζημία qui sont seulement τι et τις, et ne sont pas pris au sens propre comme dans les συν. ἑκούσια.

3. *Cf.* Diels, *Vorsokr.*, 45 B 4. Voir aussi *Mag. Mor.*, I, 33, 1194a29. – Dans un passage bien connu de la *Met.* (A, 5, 985b26 *sq.*), Aristote nous dit que, dans leur système, suivant lequel les nombres sont les éléments de toutes choses, et le réel harmonie et nombre, les Pythagoriciens attribuaient à la justice un nombre déterminé (τὸ μὲν τοιονδὶ τῶν ἀριθμῶν πάθος δικαιοσύνη, 29). Quel était ce nombre ? Les commentateurs anciens ne sont pas d'accord. Suivant Alexandre (*in Met.*, 38, 12, Hayduck), la justice était le 4, ou le 9, équivalent au carré, car 4 ou 9 sont les deux premiers nombres obtenus par la multiplication par eux-mêmes du premier pair (2 x 2) ou du premier impair (3 x 3) ; or dans la justice il y a réciprocité de rémunération. Mais pour Asclepius (*in Met.*, 34, 17, Hayduck), Syrianus (*in Met.*, 130, 29, Kroll) et Philopon (*in Phys.*, 388, 30, Vitelli), c'était le 5 ; et pour Plutarque (*de Is. et Os.*, 75), le 3. Quoi qu'il en soit, la justice, selon les Pythagoriciens, s'exprimait par la loi du talion : si A a fait tel tort à B, A doit subir le même tort. C'était une opération complexe, composée de deux opérations dont l'une était l'inverse de l'autre. Aristote admet bien l'idée de récipro-

justice distributive[1], ni même avec la justice corrective (bien
25 qu'on veuille d'ordinaire donner ce sens à la justice de
Rhadamante :

> Subir ce qu'on a fait aux autres sera une justice équitable[2]),

car souvent réciprocité et justice corrective sont en désaccord :
par exemple, si un homme investi d'une magistrature a frappé
un particulier, il ne doit pas être frappé à son tour, et si un
particulier a frappé un magistrat, il ne doit pas seulement être
30 frappé mais recevoir une punition supplémentaire[3]. En outre,
entre l'acte volontaire et l'acte involontaire, il y a une grande
différence[4]. Mais[5] dans les relations d'échanges, le juste sous
sa forme de réciprocité est ce qui assure la cohésion des hommes

---

cité, mais κατ' ἀναλογίαν, et il reproche aux Pythagoriciens le caractère
simpliste (ἁπλῶς, l. 21 et 22) de leur définition.

　　1. La distribution faite selon la justice, et qui est définie, en *fonction du
mérite* des copartageants (κατ' ἀξίαν), par une proportion géométrique, est
étrangère à la loi du talion.

　　2. La justice corrective, dans laquelle la ζημία et le κέρδος doivent être
appréciés selon la diversité des cas en tenant compte de l'égalité fondamentale
des personnes, est également étrangère à la notion de réciprocité. Aristote va
y insister dans les lignes qui suivent (*cf.* Joachim, p. 148). Le vers cité l. 27
est d'Hésiode, frgmt 174, Rzach (Leipzig, 1902); *cf.* aussi *Mag. Mor.*, 1, 33,
1194a37.

　　3. Cf. *Probl.*, XXIX, 14 952b28. – Sur la conciliation du présent passage
avec le principe, affirmé *supra*, 7, 1132a1-6, d'après lequel la justice corrective
ne fait état que du caractère spécifique du dommage, sans égard à la qualité des
parties, *cf.* St Thomas, 969, p. 267 : quand c'est un magistrat qui est frappé, il ne
s'agit plus d'un simple dommage pécuniaire (lequel serait effectivement le
même pour tous), mais d'un dommage portant atteinte à la personne et, à travers
elle, à la cité tout entière. La simple réciprocité est ici inconcevable.

　　4. Suivant que l'acte est commis avec ou sans le consentement de l'autre
partie, l'appréciation du dommage est toute différente et échappe à la loi brutale
du talion.

　　5. Ce qui montre bien qu'Aristote n'est pas en principe hostile à l'idée de
réciprocité, à la condition qu'elle soit limitée et interprétée.

entre eux, réciprocité toutefois basée sur une proportion et non sur une stricte égalité[1]. C'est cette réciprocité-là qui fait subsister la cité : car les hommes cherchent soit à répondre au mal par le mal, faute de quoi ils se considèrent en état d'esclavage[2], **1133a** soit à répondre au bien par le bien, – sans quoi aucun échange n'a lieu, alors que c'est pourtant l'échange qui fait la cohésion des citoyens. Et c'est pourquoi un temple des Charites se dresse sur la place publique : on veut rappeler l'idée de reconnaissance, qui est effectivement un caractère propre de la grâce, puisque c'est un devoir non seulement de rendre service pour service à celui qui s'est montré aimable envers nous, mais encore à notre tour de prendre l'initiative d'être aimable[3].   5

Or la réciprocité, j'entends celle qui est proportionnelle, est réalisée par l'assemblage en diagonale[4]. Soit par exemple

---

1. La réciprocité, considérée non pas comme une simple réaction identique à l'action, mais comme un calcul de proportions, joue ainsi un rôle important dans la cité au point de vue politique et économique elle assure la cohésion des hommes entre eux et elle est le principe fondamental de tout échange de services ou de marchandises. Aristote va développer ces considérations.

2. Les hommes veulent que la cité leur assure une réciprocité proportionnelle, pour le mal comme pour le bien. Si les uns donnent trop et ne reçoivent pas assez, il n'y a plus de société politique, mais simple relation de maîtres à esclaves. – L. 1133a1, les mots εἰ μὴ ἀντιποιήσει sont considérés, depuis Muret, comme une redondance à supprimer, et Burnet tente vainement de les conserver.

3. Jeux de mots sur les Charites (ou les Grâces), la reconnaissance et la réciprocité à la fois (« rendre grâces », « action de grâces »). Voir les développements de St Thomas, 974, p. 267 et 268, et surtout Sylv. Maurus, 130[1] : ... *ut cives discerent reddendas gratias et beneficia pro beneficiis... hoc enim est proprium gratiarum. Oportet autem ut qui beneficium accepit... rursus ipse incipiat conferre beneficium. Si enim non incipiat, non par pari refert ei, qui incepit et primus contulit.*

4. Le *couplage en diagonale* (ἡ κατὰ διάμετρον σύζευξις, l. 6) est ainsi opposé à la σύζευξις (qu'on peut appeler, avec Burnet, κατὰ πλευράν) du δίκαιον διανεμητικόν (*supra*, 6, 1131b8 ; 7, 1131b9) et qui avait pour formule :
→ = ♦.

A un architecte, B un cordonnier, Γ une maison et Δ une chaussure : il faut faire en sorte que l'architecte reçoive du cordonnier le produit du travail de ce dernier, et lui donne en
10 contre-partie son propre travail[1]. Si donc[2] tout d'abord on a établi l'égalité proportionnelle des produits et qu'ensuite seulement l'échange réciproque ait lieu, la solution sera obtenue ; et faute d'agir ainsi, le marché n'est pas égal et ne tient pas, puisque rien n'empêche que le travail de l'un n'ait une valeur supérieure à celui de l'autre, et c'est là ce qui rend une péréquation préalable indispensable. – Il en est de même aussi dans
15 le cas des autres arts[3], car ils disparaîtraient si ce que l'élément actif produisait à la fois en quantité et qualité n'entraînait pas de la part de l'élément passif une prestation équivalente en quantité et en qualité. – En effet, ce n'est pas entre deux médecins que naît une communauté d'intérêts, mais entre un médecin par exemple et un cultivateur, et d'une manière générale

La présente formule est au contraire :

$$\begin{matrix} A & & B \\ & \times & \\ \Gamma & & \Delta \end{matrix}$$

(*cf.* Joachim, p. 149).

1. A et B exercent des professions différentes et effectuent une *œuvre* (ἔργον) de valeur différente. L'échange ne sera juste que si la proportion de ces valeurs est respectée. Ces valeurs seront fonction du temps employé à exécuter le travail, mais dépendront aussi (bien qu'Aristote n'en dise rien) de la qualité du travail. La somme des extrêmes (A + Δ) égalera la somme des moyens (B + Γ) par une ἀριθμητικὴ ἀναλογία.

2. On ne peut pas procéder d'emblée au couplage en diagonale A + Δ et B + Γ. Il faut *d'abord* (πρῶτον, l. 10) égaliser les valeurs de Γ et de Δ, en disant par exemple que 1Γ vaut nΔ. Ce n'est qu'*ensuite* (εἶτα, l. 11) qu'on effectue l'échange suivant les règles de la proportion arithmétique, et qu'on obtiendra alors la juste réciprocité des prestations A + (n - 1) - B = Γ - Δ. Ni A ni B ne se seront indûment enrichis et auront l'exact équivalent de ce qu'ils ont fourni.

3. Que ceux de l'architecte et du cordonnier. – Cette phrase (qui constitue une simple parenthèse), que nous avons déjà rencontrée *supra*, 7, 1132b8-11 (*cf.* notre note) est mieux à sa place dans le présent chapitre, et, contrairement à ce que croit Ross, ne semble pas ici une interpolation.

entre des contractants différents et inégaux qu'il faut pourtant
égaliser[1]. C'est pourquoi toutes les choses faisant objet de
transaction doivent être d'une façon quelconque commensurables entre elles[2]. C'est à cette fin que la monnaie a été introduite, devenant une sorte de moyen terme, car elle mesure 20
toutes choses et par suite l'excès et le défaut, par exemple
combien de chaussures équivalent à une maison ou à telle
quantité de nourriture. Il doit donc y avoir entre un architecte et
un cordonnier le même rapport qu'entre un nombre déterminé
de chaussures et une maison (ou telle quantité de nourriture),
faute de quoi il n'y aura ni échange ni communauté d'intérêts;
et ce rapport ne pourra être établi que si entre les biens à
échanger il existe une certaine égalité. Il est donc indispen- 25
sable que tous les biens soient mesurés au moyen d'un unique
étalon, comme nous l'avons dit plus haut[3]. Et cet étalon n'est
autre, en réalité, que le besoin[4], qui est le lien universel (car
si les hommes n'avaient besoin de rien, ou si leurs besoins
n'étaient pas pareils, il n'y aurait plus d'échange du tout, ou les
échanges seraient différents); mais la monnaie est devenue une

1. Égalité proportionnelle, bien entendu.

2. C'est-à-dire comparables d'une façon ou d'une autre, avoir une commune mesure (qui ne pourra être, nous allons le voir, que l'étalon monétaire).
– Pour le sens précis de συμβλητός (et son contraire ἀσύμβλητος), souvent
employé dans l'étude des unités numériques, on se reportera aux livres M et N
de la *Métaphysique* (*cf.* aussi la note de notre commentaire, II, 546, sous I, 4,
1055a7). *Cf.* encore, pour la commensurabilité dans l'ordre de la quantité, *de
Gen. et Corr.*, II, 6, 330a20 *sq.*

3. L. 19.

4. Ou la *demande*, au sens économique, sans qu'Aristote prenne en considération le coût de production. Cf. *Rep.*, II, 369c, où Platon fonde la société
civile sur le besoin que les hommes ont les uns des autres. Si l'architecte n'avait
pas besoin de chaussures, ni le cordonnier de maison, ils n'entreraient pas en
rapports et ne constitueraient pas cette unité économique qui résulte de la
communauté d'intérêts (κοινωνία).

sorte de substitut du besoin[1] et cela par convention, et c'est
30 d'ailleurs pour cette raison que la monnaie reçoit le nom de
νόμισμα, parce qu'elle existe non pas par nature, mais en vertu
de la *loi* (νόμος)[2], et qu'il est en notre pouvoir de la changer et
de la rendre inutilisable.

Il y aura dès lors réciprocité, quand les marchandises ont
été égalisées[3] de telle sorte que le rapport entre cultivateur et
cordonnier soit le même qu'entre l'œuvre du cordonnier et
celle du cultivateur. Mais on ne doit pas les faire entrer dans la
1133b forme d'une proportion[4] une fois qu'ils ont effectué l'échange

---

1. Le terme ὑπάλλαγμα, l. 29, est synonyme de ἐγγυητής, 1133b12 *infra*
la monnaie est un *gage* représentatif de la valeur. L'*échange* sous la forme
monétaire s'est substitué au *troc* primitif.

2. Ou de la *convention*, ou de la *coutume*, le terme νόμος ayant toutes ces
significations, car la loi est elle-même une *convention*, συνθήκη (*Rhet.*, I, 15,
1376b9). – Sur l'opposition de la *nature* et de la *loi*, cf. *supra*, I, 1, 1094b15,
note. Aux présentes analyses sur la monnaie, il faut joindre *Pol.*, I, 8 à 11. On
lira sur ce sujet avec intérêt, outre les ouvrages classiques de Babelon (*Les
monnaies grecques*, Paris, 1921), de Glotz (*Le travail dans la Grèce ancienne*,
Paris, 1920) et de Cavaignac (*Études sur l'histoire financière d'Athènes au Ve
siècle*, Paris, 1908), les pages consacrées à la monnaie par Toutain, *L'Économie
antique*, Paris, 1927, p. 91-98, ainsi que les brèves remarques de Defourny,
Études sur la Politique *d'Aristote*, p. 17-19.

3. En valeur de monnaie.

4. S'exprimant dans le couplage en diagonale. – Les l. 33-1133b3 sont
difficiles, et notamment la parenthèse εἰ δὲ μή ... ἄκρον, 1-2. L'idée d'Aristote
(qui y revient d'ailleurs IX, 1, 1164b20) est que le rapport des valeurs est altéré
par l'échange, chacune des parties s'imaginant alors la plupart du temps qu'elle
a fait une mauvaise opération et que c'est l'autre partie qui a gagné. Dans ce cas
l'une des parties (τὸ ἕτερον ἄκρον, l. 2, de la proportion en diagonale) aurait
double avantage sur l'autre, puisque (nous le savons : *cf.* 7, 1132a32-b1) quand
de deux choses supposées égales (Γ et Δ sont ici égales en valeur de monnaie) on
enlève une partie de l'une pour l'ajouter à l'autre, cette autre chose excède la
première de deux fois ladite partie. C'est donc *avant* l'échange qu'il convient
d'évaluer en monnaie les marchandises qu'on se propose d'échanger, car à ce
moment l'élément subjectif d'appréciation n'est pas intervenu. Cette interprétation d'un passage qui, de toute façon, demeure obscur, est celle qui est pro-

(autrement, l'un des deux extrêmes aurait les deux excédents à la fois), mais quand ils sont encore en possession de leur propre marchandise. C'est seulement de cette dernière façon[1] qu'ils sont en état d'égalité et en communauté d'intérêts, car alors l'égalité en question peut se réaliser pour eux (Appelons un cultivateur A, une certaine quantité de nourriture Γ, un cordon- 5 nier B, et le travail de ce dernier égalisé[2], Δ); si au contraire il n'avait pas été possible pour la réciprocité d'être établie de la façon que nous venons de dire, il n'y aurait pas communauté d'intérêts.

Que ce soit le besoin qui, jouant le rôle d'étalon unique, constitue le lien de cette communauté d'intérêts, c'est là une chose qui résulte clairement de ce fait que, en l'absence de tout besoin réciproque, soit de la part des deux contractants, soit seulement de l'un d'eux, aucun échange n'a lieu, comme c'est le cas si quelqu'un a besoin d'une marchandise qu'on possède soi-même, du vin par exemple, alors que les facilités d'exportation n'existent que pour le blé[3]. – Ainsi donc il convient de 10 réaliser la péréquation.

Mais pour les échanges éventuels, dans l'hypothèse où nous n'avons besoin de rien pour le moment, la monnaie

posée par Ross (note *ad loc.*). Il y a une autre explication de Burnet, p. 228, qui suppose un échange non plus entre deux contractants, mais entre trois (cordonnier, cultivateur, architecte).

1. C'est-à-dire avant l'échange.

2. Égalisé à Γ.

3. Les l. 8-10 (ὥσπερ … ἐξαγωγήν) sont placées entre crochets par Ramsauer et Rackham, qui les considèrent comme une interpolation. Tout en étant difficiles, elles ne sont pas cependant inintelligibles. Aristote veut dire que pour que l'échange puisse se réaliser, il faut que les coéchangistes offrent et demandent respectivement la même marchandise. Il y a des variantes. Muenscher, *Quaest. crit. et exeg. in Aristote Ethic. Nic.*, Marbourg, 1861, propose d'insérer la négation οὐ, l. 9, et de lire οὖ <οὐκ> ἔχει. Voir aussi Joachim, p. 151 et note.

est pour nous une sorte de gage[1], donnant l'assurance que
l'échange sera possible si jamais le besoin s'en fait sentir, car
on doit pouvoir en remettant l'argent obtenir ce dont on
manque[2]. La monnaie, il est vrai, est soumise aux mêmes fluctuations que les autres marchandises[3] (car elle n'a pas toujours
un égal pouvoir d'achat); elle tend toutefois à une plus grande
stabilité. De là vient que toutes les marchandises doivent
15 être préalablement estimées en argent, car de cette façon il y
aura toujours possibilité d'échange, et par suite communauté
d'intérêts entre les hommes. La monnaie, dès lors, jouant le
rôle de mesure, rend les choses commensurables entre elles et
les amène ainsi à l'égalité : car il ne saurait y avoir ni communauté d'intérêts sans échange, ni échange sans égalité, ni enfin
égalité sans commensurabilité. Si donc, en toute rigueur,
il n'est pas possible de rendre les choses par trop différentes
commensurables entre elles, du moins, pour nos besoins
courants, peut-on y parvenir d'une façon suffisante. Il doit
20 donc y avoir quelque unité de mesure, fixée par convention, et
qu'on appelle pour cette raison νόμισμα[4], car c'est cet étalon
qui rend toutes choses commensurables, puisque tout se
mesure en monnaie. Appelons par exemple une maison A, dix
mines B, un lit Γ. Alors A est moitié de B si la maison vaut cinq
25 mines, autrement dit est égale à cinq mines; et le lit Γ est la
dixième partie de B : on voit tout de suite combien de lits équivalent à une maison, à savoir cinq. Qu'ainsi l'échange ait

---

1. Sur ἐγγυητής, l. 12, cf. *supra* ὑπάλλαγμα, 1133a29 et la note.

2. *Oportet esse istam virtutem denarii, ut quando aliquis ipsum affert,
statim contingat accipere illud quod homo indiget* (St Thomas, 987, p. 271).

3. La monnaie est une marchandise, soumise à l'effet de la loi de l'offre et
de la demande. Mais en fait elle est relativement stable.

4. Cf. *supra*, 1133a30. – L. 21, ἐξ ὑποθέσεως = κατὰ συνθήκην, et
s'oppose à ἁπλῶς (cf. *Ind. arist.*, 797a34).

existé avant la création de la monnaie[1] cela est une chose manifeste, puisqu'il n'y a aucune différence entre échanger cinq lits
contre une maison ou payer la valeur en monnaie des cinq lits.

9
<La justice-médiété>

Nous avons ainsi déterminé la nature du juste et celle de
l'injuste. Des distinctions que nous avons établies il résulte 30
clairement que l'action juste[2] est un moyen entre l'injustice
commise et l'injustice subie, l'une consistant à avoir trop, et

---

1. La monnaie, selon Aristote, a pour objet de faciliter le troc, et non de le
supprimer (cf. Ross, Aristote, p. 297).

2. La δικαιοπραγία (l. 30) est l'action juste en exercice, en acte
(ἐνεργείᾳ), par opposition à la δικαιοσύνη, visée ensuite l. 33, qui est la vertu
de justice, une ἕξις, un habitus. Dans les lignes qui suivent, Aristote va montrer
de quelle façon l'acte juste et la justice peuvent être dits des médiétés (Sur les
difficultés que rencontre Aristote quand il veut appliquer à la justice sa doctrine
générale du juste milieu, cf. Robin, Aristote, p. 239). L'acte juste est effectivement un moyen terme impliquant que les deux parties reçoivent l'une et l'autre
leur compte strict de biens ou de maux ; par contre, l'acte injuste (ἀδίκημα) est
toujours à la fois excès et défaut, puisque ce qu'une partie a en trop l'autre l'a
en moins. Passant de l'acte à la puissance (ou ἕξις) qui est la δικαιοσύνη, la
vertu de justice, Aristote soutient qu'elle est aussi, comme les autres vertus, une
μεσότης, mais avec cette différence (elle est μεσότης τις, οὐ τὸν αὐτὸν δὲ
τρόπον, l. 32) qu'elle a, non pas deux contraires (comme le courage a pour
contraires la lâcheté et la témérité), mais un seul, qui est l'ἀδικία, laquelle unit
dans sa notion (comme précédemment l'ἀδίκημα qui y correspond) à la fois
le trop et le trop peu ; autrement dit, il n'y a pas une ἀδικία du trop opposée à
l'ἀδικία du trop peu. – L. 1134a1, ἡ δ' ἀδικία τῶν ἄκρων = ἡ δ' ἀδικία
ἀκρότης ὅτι τῶν ἄκρων ἐστί, et signifie que l'injustice est un extrême en ce
sens qu'elle se traduit en actions qui sont à la fois excès et défaut. Sur tous ces
points délicats, on consultera Joachim, p. 152, dont les explications sont très
claires. Sylv. Maurus, 133 [1,2] a également bien compris l'idée d'Aristote.

l'autre trop peu. La justice[1] est à son tour une sorte de médiété,
non pas de la même façon que les autres vertus, mais en ce sens
qu'elle relève du juste milieu, tandis que l'injustice relève des
extrêmes[2]. Et la justice est une disposition d'après laquelle
l'homme juste se définit celui qui est apte à accomplir, par
choix délibéré, ce qui est juste, celui qui, dans une répartition à
effectuer soit entre lui-même et un autre[3], soit entre deux
autres personnes, n'est pas homme à s'attribuer à lui-même,
dans le bien désiré, une part trop forte et à son voisin une part
trop faible (ou l'inverse, s'il s'agit d'un dommage à partager),
mais donne à chacun la part proportionnellement égale qui lui
revient, et qui agit de la même façon quand la répartition se fait
entre des tiers. L'injustice, en sens opposé, a pareillement
rapport à ce qui est injuste, et qui consiste dans un excès ou un
défaut disproportionné de ce qui est avantageux ou dommageable. C'est pourquoi[4] l'injustice est un excès et un défaut en
ce sens qu'elle est génératrice d'excès et de défaut : quand on
est soi-même partie à la distribution[5], elle aboutit à un excès de
ce qui est avantageux en soi et à un défaut de ce qui est dommageable ; s'agit-il d'une distribution entre des tiers, le résultat
dans son ensemble est bien le même que dans le cas précédent,
mais la proportion peut être dépassée indifféremment dans un
sens ou dans l'autre[6]. Et l'acte injuste[1] a deux faces : du côté

1134a

5

10

---

1. La vertu de justice.

2. Des deux extrêmes en même temps, puisqu'elle implique toujours, à la
fois excès et défaut.

3. Justice distributive, la justice corrective étant à son tour visée *infra*, l. 12
(Burnet, p. 231 ; en sens contraire, Joachim, p. 152).

4. De même que la justice est une médiété.

5. L. 9, ἐφ' αὑτοῦ μὲν se rapporte à la distribution αὐτῷ πρὸς ἄλλον de la
l. 3, et ἐπὶ δὲ τῶν ἄλλων, l. 11, à la distribution ἑτέρῳ πρὸς ἕτερον de la l. 2.

6. Comme dans le cas d'une répartition αὐτῷ πρὸς ἄλλον, le résultat reste
au total le même, puisque, là encore, l'une des parties a trop et l'autre trop peu.
Mais la proportion n'est pas toujours violée, comme elle l'était dans le cas

du trop peu, il y a injustice subie, et du côté du trop, injustice commise.

10

‹Justice sociale – Justice naturelle et justice positive›

Sur la justice et l'injustice, et sur la nature de chacune d'elles, voilà tout ce que nous avions à dire, aussi bien 15 d'ailleurs que sur le juste et l'injuste en général.

Mais étant donné[2] qu'on peut commettre une injustice sans être pour autant injuste[3], quelles sortes d'actes d'injustice doit-on dès lors accomplir pour être injuste dans chaque forme d'injustice, par exemple pour être un voleur, un adultère ou un brigand? Ne dirons-nous pas que la différence ne tient en rien à la nature de l'acte[4]? Un homme, en effet, pourrait avoir commerce avec une femme, sachant qui elle était[5], mais le 20 principe de son acte peut être, non pas un choix délibéré, mais la passion. Il commet bien une injustice, mais il n'est pas un homme injuste; de même on n'est pas non plus un voleur,

---

précédent, au bénéfice du même intéressé, mais elle l'est au bénéfice tantôt d'une partie, tantôt d'une autre.

1. Justice corrective, selon Burnet. Avec Joachim, p. 152, note 2, nous croyons plutôt que ἀδικήματος, l. 12, a ici son sens général d'*injustice*.

2. Les l. 16-23 (ἐπεί… τῶν ἄλλων) ont le caractère d'une simple parenthèse (*cf.* Joachim, 153), sans lien avec la suite du chapitre. Jackson, dans son édition du livre V, a proposé de les transposer *infra*, 1135b24, après βλάβη.

3. Qu'on se rappelle la rôle de la προαίρεσις dans l'analyse donnée de l'acte moral au livre III. Aristote va d'ailleurs y insister plus loin.

4. Lequel, de toute façon, est matériellement le même. – Il est inutile de supposer, avec Muret et Susemihl, une lacune après διοίσει, l. 19. Les mots ajoutés dans l'apparat critique ne sont pas nécessaires.

5. Sur les conditions générales de la moralité, *cf.* II, 3, 1105a31 *sq.*, et sur l'importance de la προαίρεσις, III, 5, 1113a9, note.

même si on a volé, ni un adultère, même si on a commis l'adultère ; et ainsi de suite.

La relation de la réciprocité et de la justice a été étudiée précédemment[1].

25   Mais nous ne devons pas oublier que l'objet de notre investigation est non seulement le juste au sens absolu[2], mais encore le juste politique. Cette forme du juste est celle qui doit régner entre des gens associés en vue d'une existence qui se suffise à elle-même, associés supposés libres et égaux en droits, d'une égalité soit proportionnelle, soit arithmétique, de telle sorte que, pour ceux ne remplissant pas cette condition[3], il n'y a pas dans leurs relations réciproques, justice politique proprement dite, mais seulement une sorte de justice prise en 30 un sens métaphorique. Le juste, en effet, n'existe qu'entre ceux dont les relations mutuelles sont sanctionnées par la loi, et il n'y a de loi que pour des hommes chez lesquels l'injustice peut se rencontrer[4], puisque la justice légale est une discrimination du juste et de l'injuste. Chez les hommes, donc, où l'injustice peut exister, des actions injustes peuvent aussi se commettre chez eux (bien que là où il y a action injuste il n'y ait pas

1. Chapitre 8, en entier.

2. Et abstrait, par opposition à la justice concrète, qui ne se réalise pleinement que dans la cité, entre citoyens libres et égaux (cette égalité pouvant être soit κατ' ἀναλογίαν, l. 18, comme dans les constitutions aristocratiques, soit κατ' ἀριθμόν, comme dans les démocraties). Cette justice *politique* (ou *sociale*, ou *civique*) est la forme supérieure de la justice, parce que, nous l'avons vu au début du traité, l'éthique est une branche de la politique. L'ensemble des droits, sanctionnés par la loi, qui régissent les rapports des citoyens entre eux ou avec l'État, constitue le droit politique, le droit proprement dit.

3. Cette condition d'égalité proportionnelle ou arithmétique. C'est le cas des cités où la constitution est imparfaite et a dégénéré ; c'est le cas aussi des κοινωνίαι entre maris et femmes, pères et enfants, maîtres et esclaves, où il existe supérieurs et inférieurs (cf. *infra*, l. 14).

4. L'injustice étant impossible à l'égard des inférieurs, femmes, enfants, esclaves : cf. *infra*, 1134b13.

toujours injustice)[1], actions qui consistent à s'attribuer à soi-même une part trop forte des choses en elles-mêmes bonnes[2], et une part trop faible des choses en elles-mêmes mauvaises. C'est la raison pour laquelle nous ne laissons pas un homme nous gouverner, nous voulons que ce soit la loi[3], parce qu'un homme ne le fait que dans son intérêt propre et devient un **1134b** tyran; mais le rôle de celui qui exerce l'autorité, est de garder la justice, et gardant la justice, de garder aussi l'égalité. Et puisqu'il est entendu qu'il n'a rien de plus que sa part s'il est juste (car il ne s'attribue pas à lui-même une part trop forte des choses en elles-mêmes bonnes, à moins qu'une telle part ne soit proportionnée à son mérite; aussi est-ce pour autrui qu'il **5** travaille, et c'est ce qui explique la maxime *la justice est un bien étranger*, comme nous l'avons dit précédemment)[4], on doit donc lui allouer un salaire sous forme d'honneurs et de prérogatives. Quant à ceux pour qui de tels avantages sont insuffisants, ceux-là deviennent des tyrans.

La justice du maître ou celle du père n'est pas la même que la justice entre citoyens, elle lui ressemble seulement. En effet, il n'existe pas d'injustice au sens absolu du mot, à l'égard de ce qui nous appartient en propre; mais ce qu'on possède en pleine **10**

---

1. Alors que l'ἐνεργεία (ici l'action injuste qui se réalise) est le déploiement naturel d'une ἕξις (l'ἀδικία), il peut y avoir cependant action injuste sans ἀδικία (*supra*, 1134a16).

2. Sur les choses bonnes ou mauvaises ἁπλῶς, cf. *supra*, 1, 1129b2 *sq.*, et notes.

3. Avec Burnet, p. 232, et Rackham, nous préférons, l. 35, νόμον au lieu de λόγον. Le sens n'est d'ailleurs pas tellement différent, la loi étant, selon l'expression de St Thomas (1009, p. 277), *dictamen rationis. Cf.* Burnet et Joachim, p. 154, qui ont une interprétation analogue (*General principle embodied in the law. – The written law, or the rule, to govern*).

4. 3, 1130a3. Tout ce développement a sa source dans *Rep.*, 345e *sq.*

propriété[1], aussi bien que l'enfant, jusqu'à ce qu'il ait atteint
un certain âge et soit devenu indépendant, sont pour ainsi dire
une partie de nous-mêmes[2], et nul ne choisit délibérément de
se causer à soi-même du tort, ni par suite de se montrer injuste
envers soi-même : il n'est donc pas non plus question ici de
justice ou d'injustice au sens politique, lesquelles, avons-nous
dit[3], dépendent de la loi et n'existent que pour ceux qui vivent
naturellement sous l'empire de la loi, à savoir, comme nous
l'avons dit encore, ceux à qui appartient une part égale dans le
15 droit de gouverner et d'être gouverné. De là vient que la justice
qui concerne l'épouse[4] se rapproche davantage de la justice
proprement dite que celle qui a rapport à l'enfant et aux propriétés, car il s'agit là de la justice domestique, mais même
celle-là est différente de la forme politique de la justice.

La justice politique elle-même est de deux espèces, l'une
naturelle et l'autre légale[5]. Est naturelle celle qui a partout la
20 même force et ne dépend pas de telle ou telle opinion ; légale,
celle qui à l'origine peut être indifféremment ceci ou cela, mais
qui une fois établie, s'impose : par exemple, que la rançon d'un
prisonnier est d'une mine, ou qu'on sacrifie une chèvre et non
deux moutons, et en outre toutes les dispositions législatives
portant sur des cas particuliers, comme par exemple le sacri-

---

1. Le κτῆμα (ici, en fait, l'esclave) est défini *Pol.*, I, 4, 1254a16, *un instrument pour agir, séparable de celui qui le possède* (ὄργανον πρακτικὸν καὶ χωριστόν).

2. Même idée *Pol.*, I, 4, 1254a9.

3. 1134a24 *sq.*

4. Cf. *Pol.*, I, 12, 1259a39. – La femme, participant à l'administration domestique, a plus de droits que l'enfant et surtout l'esclave, et, à ce titre, le droit « conjugal » se rapproche davantage du droit politique, tout en ne s'y confondant pas.

5. Cette distinction entre droit naturel et droit positif, qu'Aristote va développer, se retrouve *Rhet.*, I, 13, 1373b4-27, où la loi κοινός, *universelle*, est opposée à la loi ἴδιος, *particulière*.

fice en l'honneur de Brasidas[1] et les prescriptions prises sous
forme de décrets.

Certains sont d'avis[2] que toutes les prescriptions juridiques appartiennent à cette dernière catégorie, parce que, 25
disent-ils, ce qui est naturel est immuable et a partout la même
force (comme c'est le cas pour le feu, qui brûle également ici et
en Perse), tandis que le droit est visiblement sujet à variations.
Mais dire que le droit est essentiellement variable n'est pas
exact d'une façon absolue, mais seulement en un sens déterminé. Certes, chez les dieux, pareille assertion n'est peut-être
pas vraie du tout[3]; dans notre monde, du moins, bien qu'il

1. À Amphipolis. Brasidas était un général spartiate qui joua un rôle dans la
guerre du Péloponnèse (*cf.* Thucyd., V, 11). – L. 24, τὰ ψηφισματώδη : à la
différence de la *loi* proprement dite (νόμος), le *décret* (ψήφισμα) règle des cas
particuliers et n'a qu'une valeur temporaire.

2. Calliclès (*Gorgias*, 483b*sq.*), Antiphon (*Vors.*, 87 B 44), Thrasymaque
(*Rep.*, I et II), Lycophron (*Pol.*, III, 9, 1280b10) et autres Sophistes, soutenaient
que les prescriptions de la loi positive sont toujours contraires à la justice
naturelle, basée sur la force. L'injustice est la loi de la nature, et la justice le
résultat d'un contrat entre les hommes. L'opposition de la nature et de la loi était
devenue un lieu commun de la sophistique.

3. Car il règne chez eux une justice immuable. Les l. 28 *sq.* présentent un
certain désordre et H. Richards, approuvé par Rackham, a proposé quelques
amendements et quelques transpositions. Quoi qu'il en soit, la suite des idées
est celle-ci. Poser en principe, comme les Sophistes, que le droit est essentiellement variable, et que pour cette raison il n'existe pas de droit naturel, est une
exagération manifeste. Sans doute, chez les dieux seuls la justice est véritablement immuable, et ici-bas, nous devons reconnaître que le droit dans son entier
(τὰ δίκαια) est sujet au changement. Cependant il existe bien un droit naturel,
dont les prescriptions se distinguent aisément de celles du droit positif par une
stabilité relativement plus grande, et c'est là un caractère qui suffit à marquer
leur différence. Au surplus, les lois naturelles en général ne possèdent jamais
cette immutabilité qu'on se plaît à leur assigner : tout *ce qui est naturel* (τὰ
φύσει) a en soi-même un principe de mouvement aussi bien que de repos, et
toute loi physique comporte des exceptions (c'est la notion éminemment aristotélicienne de l'ἐπὶ τὸ πόλυ). Aristote donne en exemple (l. 34-35) la supériorité
de la main droite sur la main gauche, qui, toute naturelle qu'elle soit, peut

existe aussi une certaine justice naturelle, tout dans ce domaine
30 est cependant passible de changement; néanmoins on peut
distinguer ce qui est naturel et ce qui n'est pas naturel. Et parmi
les choses qui ont la possibilité d'être autrement qu'elles ne
sont, il est facile de voir quelles sortes de choses sont naturelles
et quelles sont celles qui ne le sont pas mais reposent sur la loi
et la convention, tout en étant les unes et les autres pareillement sujettes au changement[1]. Et dans les autres domaines,
la même distinction s'appliquera : par exemple, bien que par
nature la main droite soit supérieure à la gauche, il est cepen-
35 dant toujours possible de se rendre ambidextre. Et parmi les
règles de droit, celles qui dépendent de la convention et de l'uti-
1135a lité sont semblables aux unités de mesure : en effet, les mesures
de capacité pour le vin et le blé ne sont pas partout égales, mais
sont plus grandes là où on achète, et plus petites là où l'on
vend[2]. Pareillement les règles de droit qui ne sont pas fondées
sur la nature, mais sur la volonté de l'homme, ne sont pas partout
les mêmes, puisque la forme du gouvernement elle-même ne
5 l'est pas[3], alors que cependant il n'y a qu'une seule forme de
gouvernement qui soit partout naturellement la meilleure.

Les différentes prescriptions juridiques et légales sont, à
l'égard des actions qu'elles déterminent, dans le même rapport
que l'universel aux cas particuliers : en effet, les actions

---

cependant être modifiée par la volonté et l'exercice, tout homme étant capable
de devenir habile des deux mains.

1. Mais à des degrés divers. – L. 32, la virgule doit être placée après
ὁμοίως, et non avant.

2. C'est-à-dire respectivement dans le commerce de gros et dans le commerce de détail. *Cf.* St Thomas, 1030, p. 281 : *quae [mensurae vini et frumenti]
ubi emuntur propter majorem copiam sunt majores, ubi autem venduntur
propter minorem copiam sunt minores.*

3. *Omnes leges ponuntur secundum quod congruit fini politicae*
(St Thomas, 1030, p. 281).

accomplies sont multiples, et chacune de ces prescriptions est une, étant universelle.

Il existe une différence entre l'action injuste et ce qui est injuste, et entre l'action juste et ce qui est juste : car une chose est injuste par nature ou par une prescription de la loi, et cette 10 même chose, une fois faite, est une action injuste, tandis qu'avant d'être faite, elle n'est pas encore une action injuste, elle est seulement quelque chose d'injuste. Il en est de même aussi d'une action juste (bien que le terme général soit plutôt δικαιοπράγημα[1], le terme δικαίωμα étant réservé au redressement de l'action injuste). Quant aux différentes prescriptions juridiques et légales, ainsi que la nature et le nombre de leurs espèces et les sortes de choses sur lesquelles elles portent en fait, tout cela devra être examiné ultérieurement[2].   15

Les actions justes et injustes ayant été ainsi décrites, on agit justement ou injustement quand on les commet volontairement[3]. Mais quand c'est involontairement, l'action n'est ni juste ni injuste sinon par accident, car on accomplit alors des actes dont la qualité de justes ou d'injustes est purement accidentelle. La justice (ou l'injustice) d'une action est donc 20 déterminée par son caractère volontaire ou involontaire : est-elle volontaire, elle est objet de blâme, et elle est alors aussi en même temps un acte injuste ; par conséquent, il est possible pour une chose d'être injuste, tout en n'étant pas encore un acte injuste si la qualification de volontaire ne vient pas s'y ajouter. J'entends par volontaire, comme il a été dit précédemment[4],

1. Englobant ainsi justice distributive et justice corrective. Sur ce passage, *cf.* Joachim, p. 156.

2. Référence incertaine. Ross croit qu'il s'agit d'un livre perdu de la *Politique*.

3. Pour la distinction entre le volontaire et l'involontaire, *cf.* III, 1-3 ; pour la προαίρεσις, III, 4-6.

4. III, 1, 1109b35-2, 1111a24.

tout ce qui, parmi les choses qui sont au pouvoir de l'agent, est
accompli en connaissance de cause, c'est-à-dire sans ignorer ni
25 la personne subissant l'action, ni l'instrument employé, ni le
but à atteindre (par exemple, l'agent doit connaître qui il
frappe, avec quelle arme et en vue de quelle fin), chacune de
ces déterminations excluant au surplus toute idée d'accident ou
de contrainte (si, par exemple, prenant la main d'une personne
on s'en sert pour en frapper une autre, la personne à qui la main
appartient n'agit pas volontairement, puisque l'action ne
dépendait pas d'elle). Il peut se faire encore que la personne
frappée soit par exemple le père de l'agent et que celui-ci, tout
en sachant qu'il a affaire à un homme ou à l'une des personnes
30 présentes, ignore que c'est son père ; et une distinction de ce
genre peut également être faite en ce qui concerne la fin à
atteindre, et pour toutes les modalités de l'action en général.
Dès lors, l'acte fait dans l'ignorance, ou même fait en connaissance de cause mais ne dépendant pas de nous ou résultant
d'une contrainte, un tel acte est involontaire (il y a, en effet,
beaucoup de processus naturels que nous accomplissons ou
1135b subissons sciemment, dont aucun n'est ni volontaire, ni involontaire, comme par exemple vieillir ou mourir)[1]. Mais dans
les actes justes ou injustes, la justice ou l'injustice peuvent
pareillement être quelque chose d'accidentel : si un homme
restitue un dépôt malgré lui et par crainte, on ne doit pas dire
5 qu'il fait une action juste, ni qu'il agit justement, sinon par
accident. De même encore celui qui, sous la contrainte et
contre sa volonté, ne restitue pas le dépôt confié, on doit dire de
lui que c'est par accident qu'il agit injustement et accomplit
une action injuste.

---

1. Avec Ross, nous mettons cette phrase (πολλὰ γὰρ... ἀποθνῄσκειν)
entre parenthèses.

Les actes volontaires se divisent en actes qui sont faits par choix réfléchi[1] et en actes qui ne sont pas faits par choix : sont faits par choix ceux qui sont accomplis après délibération 10 préalable, et ne sont pas faits par choix ceux qui sont accomplis sans être précédés d'une délibération. Il y a dès lors trois sortes d'actes dommageables dans nos rapports avec autrui : les torts qui s'accompagnent d'ignorance[2] sont des *fautes*[3], quand la victime, ou l'acte, ou l'instrument, ou la fin à atteindre sont autres que ce que l'agent supposait (il ne pensait pas frapper, ou pas avec telle arme, ou pas telle personne, ou pas en vue de telle fin, mais l'événement a tourné dans un sens auquel il ne s'attendait pas : par exemple, ce n'était pas dans l'intention de 15 blesser, mais seulement de piquer, ou encore ce n'était pas la personne ou ce n'était pas l'instrument qu'il croyait). Quand alors le dommage a eu lieu contrairement à toute attente raisonnable, c'est une *méprise*, et quand on devait le prévoir raisonnablement, mais qu'on a agi sans méchanceté, c'est une simple *faute* (on commet une simple faute quand le principe de l'ignorance[4] réside en nous-mêmes, et une méprise quand la cause vient du dehors). Quand l'acte est fait en pleine connaissance, 20 mais sans délibération préalable, c'est un *acte injuste*, par exemple tout ce qu'on fait par colère, ou par quelque autre de

---

1. III, 4, 1112a14 *sq.*, et notes.

2. Ignorance des circonstances particulières.

3. Dans les lignes qui suivent, Aristote distingue les différents degrés de la faute dommageable : il y a ἁμάρτημα : c'est la *simple faute* (*culpa*), prise au sens large ; ἀτύχημα, *casus*, *méprise*, *malheur*, faute involontaire causée par une force majeure ; enfin ἀδίκημα, *dolus*, *délit*, *injustice*, qui peut être dû soit à la passion, soit (ce qui est le plus grave) au choix délibéré. Cf. *Rhet.*, I, 13, 1373b1 à 1374b26, et notamment 1374b6.

4. L. 19, avec Jackson, et conformément à III, 7, 1113b30-33, nous remplaçons αἰτίας par ἀγνοίας. Mais la leçon αἰτίας est acceptable, et la même expression ἡ ἀρχὴ τῆς αἰτίας (*l'origine de la cause*) se rencontre, cf. *Mechan.*, 847b16.

ces passions qui sont irrésistibles ou qui sont la conséquence de l'humaine nature[1] (car en commettant ces torts et ces fautes les hommes agissent injustement, et leurs actions sont des actions injustes, bien qu'ils ne soient pas pour autant des êtres injustes ni pervers, le tort n'étant pas causé par méchanceté). Mais quand l'acte procède d'un choix délibéré, c'est alors que l'agent est un homme injuste et méchant. – De là vient que les actes accomplis par colère sont jugés à bon droit comme faits sans préméditation, car ce n'est pas celui qui agit par colère qui est le véritable auteur du dommage, mais bien celui qui a provoqué sa colère. En outre[2], le débat ne porte pas sur la question

---

1. Les ἀναγκαῖα qualifient les passions concernant les nécessités corporelles et vitales (nourriture, appétit sexuel...); les passions qui sont la conséquence de la nature humaine sont par exemple la colère ou l'envie.

2. Le passage 1135b27-1136a1 (ἔτι δέ... ὁ δ' οὔ) est très difficile. La marche du raisonnement est la suivante. Aristote vient de dire que l'homme qui commet une injustice sous l'empire de la colère est excusable parce qu'il a agi οὐκ ἐκ προνοίας (l. 26), et que le vrai *responsable* (ἄρχει) est celui qui l'a *mis en colère* (ὁ ὀργίσας, l. 27). Il y a encore une *autre raison* (ἔτι δὲ, l. 27), ajoute Aristote, qui nous permet d'exclure toute préméditation et doit nous rendre indulgent envers l'homme en colère : c'est sa bonne foi. Le tort qu'il a causé est patent et ne souffre pas la discussion (οὐ... περὶ τοῦ γενέσθαι, l. 29); la question est seulement de savoir si l'acte dommageable a été commis justement (*controversia non est de facto*, dit très bien Lambin, *sed de jure*), et c'est la *représentation d'une injustice* (ἐπὶ φαινομένῃ ἀδικίᾳ, l. 28) réelle ou supposée dans l'esprit de l'agent en colère (conformément à un processus qui sera décrit VII, 7, 1149a32), qui est à l'origine de son acte. Il n'en est pas comme dans les *contrats* (ἐν τοῖς συναλλάγμασιν, l. 29), où c'est une question de fait de savoir si l'un des contractants est ou non lésé, et où l'auteur du dommage (sauf simple oubli de sa part, ἂν μὴ διὰ λήθην, l. 31; cf. *Rhet.*, III, 17, 1417b27) est nécessairement de mauvaise foi. Mais dans le cas de la colère, où le fait du tort est reconnu, la bonne foi de l'auteur et de la victime est égale de part et d'autre, l'une (ὁ μέν, l. 33, désigne l'homme en colère) se plaignant d'une injustice, et l'autre (ὁ δέ, l. 1136a1, est celui dont les agissements ont provoqué la colère du précédent) le contestant. Ces considérations sont évidemment de nature à exclure toute préméditation. – L. 33, ὁ δ' ἐπιβουλεύσας est *celui qui fait délibérément du tort* (ἐκ προνοίας), contrairement à l'homme en colère. Nous avons ajouté des parenthèses au texte de Susemihl. Ross propose des

de savoir s'il s'est produit ou non un fait dommageable, mais s'il a été causé justement (puisque c'est l'image d'une injustice qui déclenche la colère): le fait lui-même n'est pas mis en discussion (comme c'est le cas quand il s'agit des contrats, où 30 l'une des deux parties est forcément malhonnête, à moins que son acte ne soit dû à un oubli), mais tout en étant d'accord sur la chose, les intéressés discutent le point de savoir lequel des deux a la justice de son côté (tandis que celui qui a fait délibérément du tort n'ignore pas ce point), de telle sorte que l'un croit qu'il est victime d'une injustice et que l'autre le conteste.

Si, au contraire, c'est par mûre délibération qu'un homme a **1136a** causé un tort, il agit injustement, et dès lors les actes injustes qu'il commet impliquent que celui qui agit ainsi est un homme injuste quand son acte viole la proportion ou l'égalité[1]. Pareillement, un homme est juste quand, par choix réfléchi, il accomplit un acte juste, mais il accomplit un acte juste si seulement il le fait volontairement[2].

Des actions involontaires, enfin, les unes sont pardon- 5 nables, et les autres ne sont pas pardonnables. En effet, les fautes non seulement faites dans l'ignorance, mais qui encore sont dues à l'ignorance[3], sont pardonnables, tandis que celles qui ne sont pas dues à l'ignorance, mais qui, tout en étant faites dans l'ignorance, ont pour cause une passion qui n'est ni naturelle ni humaine, ne sont pas pardonnables[4].

---

modifications, qui donnent un sens nouveau et intéressant, mais qui ne nous semblent pas indispensables.

1. Suivant la forme du gouvernement (*supra*, 1134a27).

2. On notera une fois de plus l'opposition (bien soulignée par St Thomas, 1048, p. 287) entre l'*homme juste* (δίκαιος) et la *justice de l'acte* qu'il accomplit (δικαιοπραγεῖ).

3. *Quod accidit illis qui quando cognoscunt dolent* (St Thomas, 1049, p. 287).

4. Tout en étant ἀκούσια. Elles sont en effet, pires que des ἀδικήματα et relèvent de la brute : cf. *infra*, VII, 6, 1148b15- 1149a20.

11
<Examen de diverses apories relatives à la justice>[1]

10   On pourrait se poser la question de savoir si nos déterminations de l'injustice subie et de l'injustice commise sont
suffisantes, et, en premier lieu[2], si les choses se comportent
comme le dit Euripide[3] dans cette étrange parole :

> J'ai tué ma mère : tel est mon bref propos.
> – Est-ce de votre consentement et du sien ? Ou bien n'y avez-
> vous consenti ni l'un ni l'autre ?

15   Est-ce qu'il est, en effet, véritablement possible de subir
volontairement l'injustice, ou au contraire n'est-ce pas là
quelque chose de toujours involontaire, de même que commettre l'injustice est toujours volontaire ? En outre, est-ce que
subir l'injustice est toujours volontaire ou toujours involontaire, ou bien dans certains cas volontaire et dans certains
autres, involontaire[4] ? Même question en ce qui concerne le
fait d'être traité avec justice : agir justement est toujours volontaire, de sorte qu'il est raisonnable de supposer semblable
20   opposition dans les deux cas, entre être traité injustement et
être traité justement, d'une part, et être volontaire ou involontaire, d'autre part[5]. Pourtant il pourrait sembler étrange de

1. Pour ce difficile chapitre, on consultera surtout Joachim, p. 158-159.

2. *Première aporie*, exposée l. 11-23, et discutée et résolue 1136a31-b12 :
est-il possible de subir une injustice volontairement ?

3. Frgmt 68 Nauck, provenant de la tragédie d'*Alcméon*. C'est sans doute
un dialogue entre Alcméon et Phégeus.

4. L. 17, à la suite de Bywater (*Contrib. to the textual*..., p. 47) et de Burnet,
nous considérons l'incidente ὥσπερ... ἑκούσιον comme une simple répétition,
et nous n'en tenons pas compte.

5. Puisque τὸ ἀδικεῖν et τὸ δικαιοπραγεῖν sont *toujours* des actes volontaires, on pourrait s'attendre (εὔλογον, l. 19) à ce que les opposés τὸ ἀδικεῖσθαι et τὸ δικαιοῦσθαι soient aussi *toujours* ou bien volontaires ou bien
involontaires. *Cf.* St Thomas, 1053, p. 290 : *Omne quod est operari justum est*

soutenir que même le fait d'être traité justement est toujours volontaire, car on est parfois traité justement contre sa volonté.

Ensuite[1], on pourrait aussi se poser la question suivante : l'homme qui a subi ce qui est injuste est-il toujours traité injustement, ou bien en est-il du fait de supporter l'injustice comme il en est du fait de la commettre ? En effet, comme agent aussi bien que comme patient, on peut participer par accident à 25 une action juste, et il en est évidemment de même pour les actions injustes[2] : accomplir ce qui est injuste n'est pas la même chose qu'agir injustement, et subir ce qui est injuste n'est pas non plus la même chose qu'être traité injustement, et il en est de même du fait d'agir justement et d'être traité justement, car il est impossible d'être traité injustement si un autre

---

voluntarium... sed operari justum est oppositum ei quod est pati justum; rationabile igitur videtur quod justum vel injustum simili modo opponantur secundum utrumque, scilicet voluntarium et involuntarium, ita ut omne hoc sit voluntarium, vel omne hoc sit involuntarium. Voilà une première opinion. Mais, comme dans toute aporie (sur la méthode diaporématique chez Aristote, cf. *Met.*, B, 1, *init.*, et la note 2 de notre commentaire, I, p. 119-120), une thèse adverse succède aussitôt à la précédente. Dans l'espèce, le raisonnement qui vient d'être exposé, quelque εὔλογον qu'il soit, se heurte aux faits (l. 21, (ἄτοπον δ') : il y a des cas où on est traité justement contrairement à sa volonté. La *solution* de cette aporie (l'εὐπορία) est rejetée 1136a31.

1. *Seconde aporie*, exposée, discutée et résolue l. 23-1136b12 : est-ce que τὸ ἄδικα πάσχειν est toujours identique à τὸ ἀδικεῖσθαι, ou bien doit-on distinguer ces deux choses, comme on distingue au sens actif entre ἄδικον ποιεῖν et ἀδικεῖν ? Aristote se range à cette dernière opinion : la distinction qui vaut, nous le savons (10, 1135a15 *sq.*), pour l'agent, vaut pour le patient. L. 23, avec Burnet, nous lisons ἔπειτα καὶ τόδε (et non ἔπει καὶ τόδε), ce qui introduit une seconde aporie, entièrement différente de la première.

2. Sur l'action juste (ou injuste) accomplie κατὰ συμβεβηκός, cf. *supra*, 1135a16. On peut *commettre* une action injuste κατὰ συμβ. Est-il également possible de *subir* une action injuste κατὰ συμβ.? Aristote répond par l'affirmative. Il en résulte qu'il n'y a pas identité entre *pati injustum* et *pati injuriam*, pas plus qu'il n'y avait identité entre *facere injustum* et *facere injuriam*. La passivité est commandée par l'activité.

30 n'agit pas injustement, ou d'être traité justement si un autre
n'agit pas justement.

Mais si agir injustement consiste purement et simplement[1]
à causer du tort volontairement à quelqu'un, et si *volontairement* a le sens de *avoir pleine connaissance et de la personne
lésée, et de l'instrument, et de la manière*, et si l'homme intempérant se fait volontairement du tort à lui-même, il s'ensuivra
à la fois que volontairement il sera injustement traité et qu'il
lui sera possible d'agir envers lui-même injustement (c'est là
d'ailleurs aussi une des questions que nous avons à nous poser :
1136b peut-on agir injustement envers soi-même?)[2]. De plus, on
pourrait volontairement, par son intempérance, subir un dommage de la part d'une autre personne agissant volontairement,
de sorte qu'on pourrait être volontairement traité injustement[3].
Mais notre définition[4] n'est-elle pas incorrecte, et ne doit-on
pas ajouter à *causer du tort en ayant pleine connaissance et de*

1. Sans autre spécification. – Aristote va discuter et résoudre la première
aporie. Si τὸ ἀδικεῖν est défini ἁπλῶς (*simplement*, sans rien ajouter, l. 31)
comme une injustice causée volontairement à autrui, alors il est sûr que, inversement, on peut subir volontairement aussi l'injustice, et par suite un homme
intempérant (ἀκρατής, 32) pourra, se faisant volontairement du tort à lui-même
(problème au surplus réservé, l. 34-35), subir, volontairement aussi, le tort qu'il
se fait. Mais *la définition* de τὸ ἀδικεῖν que nous avons donnée est *insuffisante,
et demande à être complétée* (οὐκ ὀρθὸς ὁ διορισμός ... προσθετέον, l. 3) :
l'injustice n'est pleinement réalisée que si elle est contraire au *souhait raisonné*
du patient (παρὰ τὴν βούλησιν, l. 4). La solution de l'aporie est donc qu'il est
impossible de subir volontairement une injustice, car on ne peut vouloir que son
propre bien (ou tout au moins ce qui apparaît comme tel à chacun, οἴεται, l. 7,
ce qu'Aristote appelle encore τὸ φαινόμενον ἀγαθόν, III, 6, 1113a16 *sq.*),
et accepter bénévolement l'injustice serait se comporter contrairement à son
propre bien. Et ce qui est *praeter voluntatem* ne peut pas être *sponte*.

2. Problème qui sera traité *infra*, 15, 1138a4.

3. *Cf.* l'exemple donné par Sylv. Maurus, 142[1] : *incontinens sponte patitur
dammum, ut cum propter vehementiam amoris sinit se spoliari a meretrice.*

4. Notre définition ἁπλῶς de l'action commise injustement, donnée
supra, l. 31.

la personne lésée, et de l'instrument, et de la manière, la précision suivante : *contrairement au souhait réfléchi de la* 5 *dite personne* ? Ceci une fois admis, un homme peut assurément subir volontairement un dommage et supporter ce qui est injuste, mais il ne peut jamais consentir à être traité injustement, car personne ne souhaite cela, pas même l'homme intempérant, mais il agit contrairement à son propre souhait, puisque personne ne veut ce qu'il ne croit pas bon pour lui, et l'homme intempérant fait des choses qu'il pense lui-même n'être pas celles qu'il doit faire. D'ailleurs [1], celui qui donne ce qui lui appartient en propre, comme selon Homère, Glaucus donnait à Diomède :

> Des armes d'or pour des armes de bronze, la valeur de cent 10 bœufs pour neuf bœufs [2],

celui-là n'est pas injustement traité : car, bien que donner dépend de lui, être injustement traité n'est pas en son pouvoir, mais il faut qu'il y ait une autre personne qui le traite injustement.

12
<Autres apories relatives à la justice>

On voit donc qu'il n'est pas possible de subir volontairement l'injustice.

Des questions que nous nous étions proposé de discuter, il 15 en reste encore deux à examiner : est-ce, en fin de compte, celui

---

1. Ce qui se passe dans les contrats privés confirme la solution proposée : une partie qui consent de son plein gré à un marché désavantageux (comme Glaucus traitant avec Diomède) ne peut pas se plaindre d'une injustice : pour cela, il faudrait que l'autre partie commette l'injustice en agissant contrairement à la volonté de son partenaire.

2. *Iliade*, VI, 236.

qui a assigné à une personne[1] la part excédant son mérite qui commet une injustice, ou bien est-ce celui qui reçoit ladite part? Et peut-il se faire qu'on agisse envers soi-même injustement[2]?

Si on reconnaît la possibilité de la première solution[3], c'est-à-dire si c'est le distributeur de parts qui commet l'injustice, et non celui qui reçoit la part trop forte, alors, quand un homme, sciemment et volontairement, assigne à un autre une part plus grande qu'à lui-même, cet homme commet person-
20 nellement un acte injuste envers lui-même, ce que font précisément, semble-t-il, les gens honnêtes, puisque l'homme équitable est enclin à prendre moins que son dû. Mais cette explication n'est-elle pas non plus[4], dans sa simplicité, inexacte? Il peut arriver en effet, que l'homme en question possédait plus que sa part d'un autre bien, plus que sa part d'honneur, par exemple, ou de vertu proprement dite[5]. Il y a encore une solu-

---

1. ὁ νείμας, l. 15, et ὁ διανέμων, l. 17, inclut le διορθώτης, Aristote ayant dans l'esprit la justice distributive et la justice corrective. Les considérations du chapitre ont donc une portée générale et s'appliquent notamment au cas du juge ou d'un arbitre rendant une sentence injuste dans un procès (par exemple *infra*, l. 32 *sq.*).

2. Ce second problème, lié étroitement au précédent, sera traité en outre 15, 1138a4.

3. La première solution, et la plus naturelle, consiste à dire que c'est ὁ νείμας qui commet l'injustice. Mais alors, si, par délicatesse et souci de l'équité, un homme s'attribue une part inférieure à celle qui lui revient, on devra dire qu'il commet de la sorte une injustice envers lui-même, et l'homme μέτριος (ou ἐπιεικής) sera ainsi un homme injuste! Conclusion absurde (*cf.* Joachim, p. 160), mais objection à laquelle Aristote ne s'arrête pas, et il va développer les raisons pour lesquelles on doit admettre que l'auteur de l'acte injuste est bien celui qui distribue les parts.

4. Comme dans le cas de τὸ ἀδικεῖν, où la définition ἁπλῶς était également insuffisante et appelait une spécification (11, 1136a31, et note).

5. Ce qui entraîne une compensation, et fait que, dans l'ensemble, la justice est satisfaite.

tion : c'est d'appliquer notre définition de l'action injuste[1]. L'homme dont nous parlons, en effet, ne subit rien de contraire à sa propre volonté : par conséquent, il ne subit pas d'injustice, du fait tout au moins qu'il s'est attribué la plus petite part ; mais, le cas échéant, il supporte seulement un dommage.

Cependant il n'est pas douteux que c'est bien le distri- 25 buteur de parts qui commet l'injustice, tandis que celui qui reçoit la part excessive ne commet pas l'injustice[2]. En effet, ce n'est pas celui dans lequel réside ce qui est injuste[3] qui agit injustement, mais celui qui commet volontairement l'acte injuste, c'est-à-dire celui d'où l'action tire son origine, origine qui se trouve dans celui qui distribue et non dans celui qui reçoit. De plus, étant donné que le terme *faire* comporte de nombreuses acceptions et qu'en un sens on peut qualifier de 30 *meurtriers* les objets inanimés, ou la main, ou le serviteur agissant par ordre, celui qui reçoit une part excessive n'agit pas injustement, quoiqu'il *fasse* là ce qui est injuste[4].

En outre, si le distributeur de parts a décidé dans l'ignorance[5], il n'agit pas injustement au sens où on parle de

1. *Cf.* 11, 1136b3-5, où la définition complétée de τὸ ἀδικεῖν fait intervenir la notion de βούλησις.

2. Ou, si on lit, avec la plupart des commentateurs, l. 27, ἔχων ἀεί (au lieu de ἔχων ἀδικεῖ) : « ne commet pas toujours une injustice ».

3. Car alors, remarque judicieusement St Thomas, 1070, p. 293, *ille qui laeditur facit injustum.*

4. La pensée d'Aristote est très concise, et on peut se demander si le sujet de ἀδικεῖ et de ποιεῖ, l. 31, est *celui qui distribue,* ou *celui qui reçoit une part excessive,* ou même les deux. Nous acceptons l'explication courante, qui est notamment celle de Ross. Dans le même sens, *cf.* St Thòmas, 1071, p. 293 : *manifestum est quod in distributione distribuens se habet ut principale agens, recipiens autem se habet ut instrumentale per modum obedientis.* Ce dernier n'est donc pas la cause proprement dite de l'injustice, il est cause seulement d'une chose injuste, par son acceptation.

5. Des circonstances particulières. – Avec Ross, nous donnons pour sujet à ἔκρινεν, l. 32, ὁ διανέμων, mais nous admettons volontiers qu'il s'agit de considérations dépassant le cadre de la justice distributive, et s'appliquant à

justice légale, et sa décision n'est pas non plus injuste en ce
sens-là, mais elle est cependant en un certain sens injuste
(puisque la justice légale est autre que la justice première)[1] ;
mais si tout en le sachant il a jugé d'une manière injuste,
1137a il prend lui-même une part excessive soit de gratitude, soit
de vengeance[2]. Ainsi, tout comme s'il recevait une part du
produit de l'injustice, le juge qui, pour les raisons ci-dessus[3],
rend une décision injuste, obtient plus que son dû ; car, même
dans l'hypothèse d'une participation au butin, si par exemple il
attribue dans son jugement un fonds de terre, ce n'est pas de la
terre mais de l'argent qu'il reçoit.

13
<La justice est une disposition>

5   Les hommes s'imaginent qu'il est en leur pouvoir d'agir
injustement, et que par suite il est facile d'être juste. Mais cela
n'est pas exact. Avoir commerce avec la femme de son voisin,
frapper son prochain, glisser de l'argent dans la main[4], c'est là

tous les cas où un « jugement » est rendu (jugement proprement dit, décision
d'arbitrage, etc. ...).

1. La *justice légale* (τὸ νομικὸν δίκαιον, l. 32 et 34) est le droit positif ; la
justice première (τὸ πρῶτον, l. 34), le droit naturel.

2. Toute la fin du chapitre est assez difficile. Aristote veut dire que la
πλεονεξία ne consiste pas uniquement dans une participation matérielle de
celui (quel qu'il soit) qui juge d'une manière injuste, participation qui porterait
seulement sur l'objet même du litige, que juge et partie favorisée partageraient :
il suffit que la décision injuste provoque à l'égard du juge un excès de gratitude
de la part d'une des parties, ou un désir de vengeance de la part de l'autre, car
cette gratitude ou cette haine constituent pour lui quelque chose d'immérité. Au
surplus, ajoute Aristote, même quand le juge participe effectivement au butin
réalisé par la partie gagnante (ἐπ' ἐκείνῳ, l. 3), cette participation n'a pas lieu en
nature, mais en argent. La πλεονεξία revêt donc toute espèce de formes.

3. Pour aboutir à une répartition trop favorable à l'une des parties.

4. Pour corrompre. Nous dirions « graisser la patte ». – Il est aisé, dit
Aristote, de commettre une action injuste, mais beaucoup plus difficile d'être

assurément chose facile et en notre pouvoir, mais faire tout
cela en vertu de telle disposition déterminée du caractère, n'est
ni facile, ni en notre dépendance.

Pareillement, on croit que la connaissance du juste et de 10
l'injuste ne requiert pas une profonde sagesse, sous prétexte
qu'il n'est pas difficile de saisir le sens des diverses prescriptions de la loi (quoique, en réalité, les actions prescrites par la
loi ne soient justes que par accident)[1]. Mais savoir de quelle
façon doit être accomplie une action, de quelle façon doit être
effectuée une distribution pour être l'une et l'autre justes, c'est
là une étude qui demande plus de travail[2] que de connaître les
remèdes qui procurent la santé. Et même dans ce dernier
domaine, s'il est facile de savoir ce que c'est que du miel, du
vin, de l'ellébore, un cautère, un coup de lancette, par contre 15
savoir comment, à qui et à quel moment on doit les administrer
pour produire la santé, c'est une affaire aussi importante que
d'être médecin[3].

Et pour la même raison[4], les hommes pensent aussi que
l'homme juste est non moins apte que l'homme injuste à commettre l'injustice, parce que l'homme juste n'est en rien moins
capable, s'il ne l'est davantage, d'accomplir, le cas échéant,
quelqu'une des actions injustes dont nous avons parlé[5] : n'est-
il pas capable, en effet, d'avoir commerce avec une femme, ou 20

injuste et vicieux, ce qui suppose une ἕξις, un *habitus*, qui ne s'acquiert pas du
premier coup. Il en est de même, *a contrario*, de la justice.

1. Simple parenthèse (*cf.* Burnet, p. 241). – Nous savons déjà que le droit
naturel et le droit positif ne se confondent pas.

2. Travail d'adaptation à des cas particuliers.

3. Cf, *Met.*, A, 1, 981a13-23 : toute pratique porte sur l'individuel, et le
médecin guérit non pas l'homme, mais Callias. Voir aussi *An. post.*, I, 13, 79a5.

4. À savoir qu'on ignore que s'il est aisé de commettre un acte juste ou
un acte injuste, il est beaucoup plus difficile d'acquérir l'ἕξις qui fait qu'un
homme est véritablement juste ou injuste.

5. L. 6-8. – *Cf.* aussi le badinage de *Rep.*, I, 334a-b : le juste habile à
conserver de l'argent l'est aussi à en dérober.

de frapper quelqu'un ? Et l'homme courageux est capable aussi
de jeter son bouclier, de faire demi-tour et de s'enfuir dans
n'importe quelle direction. Mais, en réalité, se montrer lâche
ou injuste ne consiste pas à accomplir lesdites actions, sinon
par accident, mais à les accomplir en raison d'une certaine
disposition, tout comme exercer la médecine et l'art de guérir
25 ne consiste pas à faire emploi ou à ne pas faire emploi du
scalpel ou de drogues, mais à le faire d'une certaine façon.

Les actions justes n'existent qu'entre les êtres qui ont part
aux choses bonnes en elles-mêmes [1] et admettant en elles excès
et défaut. Il y a, en effet, des êtres pour lesquels un excès
de bien ne se conçoit pas (c'est le cas sans doute des dieux) ;
d'autres, au contraire, sont incapables de tirer profit d'aucune
portion de ces biens, ce sont ceux qui sont irrémédiablement
vicieux et à qui tout est nuisible ; d'autres, enfin, n'en tirent
avantage que jusqu'à un certain point. Et c'est la raison pour
30 laquelle la justice est quelque chose de purement humain.

14
<L'équité et l'équitable>

Nous avons ensuite à traiter de l'équité et de l'équitable, et
montrer leurs relations respectives avec la justice et avec le
juste [2]. En effet, à y regarder avec attention, il apparaît que la

---

1. Cf. *supra*, 2, 1129b3. – Sur le sens de ἔχουσι δ᾽ ὑπερβολὴν κ. τ. λ.,
cf. Burnet, p. 242. L'idée d'Aristote est celle-ci. Les notions du juste et de
l'injuste ne se conçoivent que pour des êtres capables de tirer parti des biens
dont ils peuvent jouir, et dont l'abondance ou le défaut sont à la source de leurs
actions bonnes ou mauvaises. C'est seulement le cas de l'homme normalement
constitué (ἀνθρώπινόν, l. 30), ce qui exclut à la fois les dieux et les hommes
irrémédiablement vicieux. Sur tout ce passage, qui s'inspire des *Lois*, II,
661b-d, *cf.* St Thomas, 1077, p. 294, et Joachim, p. 160.

2. Cf. *Rhet.*, I, 13, 1374a26-b23. La source est Platon, *Pol.*, 300c-d.

justice et l'équité ne sont ni absolument identiques, ni génériquement différentes : tantôt [1] nous louons ce qui est équitable et 35
l'homme équitable lui-même, au point que, par manière
d'approbation, nous transférons le terme *équitable* aux actions **1137b**
autres que les actions justes, et en faisons un équivalent de *bon*,
en signifiant par *plus équitable* qu'une chose est simplement
meilleure ; tantôt, par contre, en poursuivant le raisonnement, il
nous paraît étrange que l'équitable, s'il est une chose qui
s'écarte du juste, reçoive notre approbation. S'ils sont différents, en effet, ou bien le juste, ou bien l'équitable n'est pas
bon [2] ; ou si tous deux sont bons, c'est qu'ils sont identiques.   5

Le problème que soulève la notion d'équitable est plus ou
moins le résultat de ces diverses affirmations, lesquelles sont
cependant [3] toutes correctes d'une certaine façon, et ne s'opposent pas les unes aux autres. En effet, l'équitable, tout en étant
supérieur à une certaine justice, est lui-même juste [4], et ce n'est
pas comme appartenant à un genre différent qu'il est supérieur

---

1. La justice et l'équité ne sont ni identiques, ni pourtant différentes par le
genre. D'une part, nous approuvons et considérons comme bonnes des actions
qui ne rentrent pas dans la stricte notion de justice, à ce point que nous faisons de
ἐπιεικής un synonyme de ἀγαθός (comme d'ailleurs Aristote lui-même : *cf.* I,
13, 1102b10), ce qui montre bien que l'équitable ne se confond pas avec le juste.
Mais d'autre part (ὅτε δέ, l. 1137b2), il est paradoxal que nous approuvions ce
qui est équitable, en tant précisément qu'il s'écarte de la justice : il y a donc une
certaine affinité entre les deux notions, car comment approuverait-on ce qui
n'aurait rien de juste ? Nous dirons qu'il y a bien une distinction, mais qui ne va
pas jusqu'à la différence générique : en d'autres termes, l'équitable n'est pas le
juste, mais il est une certaine espèce de juste. St Thomas, 1080, p. 297, résume
bien l'aporie : *accidit dubitatio… quia ex una parte videtur quod non sit idem,
inquantum laudatur ut melius quam justum; ex alia parte videtur quod sit idem
cum justo, inquantum id quod est praeter justum non videtur esse bonum et
laudabile.*

2. Avec tous les éditeurs modernes, nous omettons, l. 4, οὐ δίκαιον.

3. Solution de l'aporie.

4. Est une espèce du juste, de sorte que la différence entre l'équitable et le
juste est spécifique et non générique.

10 au juste. Il y a donc bien identité du juste et de l'équitable, et tous deux sont bons, bien que l'équitable soit le meilleur des deux. Ce qui fait la difficulté, c'est que l'équitable, tout en étant juste, n'est pas le juste selon la loi, mais un correctif de la justice légale. La raison en est que la loi est toujours quelque chose de général[1], et qu'il y a des cas d'espèce pour lesquels il n'est pas possible de poser un énoncé général qui s'y applique avec rectitude. Dans les matières, donc, où on doit nécessai-

15 rement se borner à des généralités et où il est impossible de le faire correctement, la loi ne prend en considération que les cas les plus fréquents[2], sans ignorer d'ailleurs les erreurs que cela peut entraîner[3]. La loi n'en est pas moins sans reproche, car la faute n'est pas à la loi, ni au législateur, mais tient à la nature des choses, puisque par leur essence même[4] la matière des choses de l'ordre pratique revêt ce caractère d'irrégularité. Quand, par

20 suite, la loi pose une règle générale, et que là-dessus survient un cas en dehors de la règle générale, on est alors en droit, là où le législateur a omis de prévoir le cas et a péché par excès de simplification, de corriger l'omission et de se faire l'interprète

---

1. *Pol.*, III, 15, 1286a9. – *Cf.* déjà Platon, *Pol.*, 294a-b.

2. Sur la notion de ὡς ἐπὶ τὸ πολύ (ou πλέον), cf. *supra*, I, 1, 1094b21, note.

3. *Legislator accipit id quod est ut in pluribus, et tamen non ignorat quod in paucioribus contingit esse peccatum* (St Thomas, 1084, p. 297).

4. Sur le sens de εὐθύς, l. 19, cf. *Ind. arist.*, 296, 16 : *ad significandum id quod ὑπάρχει suapte natura, non intercedente alia causa*. Même ligne, ὕλη τῶν πρακτῶν, *materia agibilis*, a le sens de τὰ καθ' ἕκαστα (Burnet, p. 243) : ce sont les données concrètes, l'ensemble des actions morales, le *contenu* de la moralité, au sens où par exemple la *matière médicale* est l'ensemble des choses embrassées par l'art médical. On sait combien le terme ὕλη est vague et revêt des sens divers. En principe il y a ὕλη de tout ce qui est sujet au changement. *Cf.* Rivaud, *Le Problème du devenir et la nature de la matière*, *passim*, et notamment p. 372, 423 et 424. Sur la multiplicité des sens de ὕλη chez les anciens comme chez les modernes, consulter le *Vocabulaire de Philosophie*, « Matière », avec les observations de Lachelier et de Lalande.

de ce qu'eût dit le législateur lui-même s'il avait été présent à ce moment, et de ce qu'il aurait porté dans sa loi s'il avait connu le cas en question. De là vient que l'équitable est juste, et qu'il est supérieur à une certaine espèce de juste, non pas supérieur au juste absolu, mais seulement au juste où peut se rencontrer l'erreur due au caractère absolu de la règle[1]. Telle est la nature de l'équitable : c'est d'être un correctif de la loi, là où la loi a manqué de statuer à cause de sa généralité. En fait, la raison pour laquelle tout n'est pas défini par la loi, c'est qu'il y a des cas d'espèce pour lesquels il est impossible de poser une loi, de telle sorte qu'un décret[2] est indispensable. De ce qui est, en effet, indéterminé la règle aussi est indéterminée, à la façon de la règle de plomb utilisée dans les constructions de Lesbos[3] : de même que la règle épouse les contours de la pierre et n'est pas rigide, ainsi le décret est adapté aux faits.

On voit ainsi clairement ce qu'est l'équitable, que l'équitable est juste et qu'il est supérieur à une certaine sorte de juste. De là résulte nettement aussi la nature de l'homme équitable : celui qui a tendance à choisir et à accomplir les actions équitables et ne s'en tient pas rigoureusement à ses droits dans le sens du pire[4], mais qui a tendance à prendre moins que son dû, bien qu'il ait la loi de son côté, celui-là est un homme équitable, et cette disposition est l'équité, qui est une forme spéciale de la justice et non pas une disposition entièrement distincte.

---

1. Nous traduisons un peu largement les mots ἀλλὰ τοῦ διὰ τὸ ἁπλῶς ἁμαρτήματος. Le sens gagnerait assurément si on acceptait la correction de Jackson, ἁμαρτάνοντος.

2. Cf. *supra*, 10, 1134b24, note.

3. Aristote fait, selon Stewart, allusion à la *cimaise* (κύμα), employée à Lesbos en architecture, et qui comportait des incurvations qu'on ne pouvait mesurer qu'au moyen d'une règle s'y adaptant exactement.

4. *Ad deterius, idest ad puniendum* (St Thomas, 1089, p. 298)

15
<Dernière aporie : de l'injustice envers soi-même>

Mais est-il possible ou non de commettre l'injustice envers
5 soi-même ? La réponse à cette question résulte clairement de ce
que nous avons dit [1]. En effet, parmi les actions justes figurent
les actions conformes à quelque vertu, quelle qu'elle soit, qui
sont prescrites par la loi [2] : par exemple, la loi ne permet pas
expressément le suicide, et ce qu'elle ne permet pas expressément, elle le défend. En outre, quand, contrairement à la loi, un
homme cause du tort (autrement qu'à titre de représailles) et
cela volontairement, il agit injustement, – et agir volontairement c'est connaître à la fois et la personne qu'on lèse et
l'instrument dont on se sert ; or celui qui, dans un accès de
10 colère, se tranche à lui-même la gorge, accomplit cet acte

---

1. 2, 1129a32-b1 ; 11, 1136a10-12, 1137a4.

2. L'argument des l. 1138a4-14 est celui-ci. Aristote n'admet pas, nous le
verrons, qu'on puisse commettre une injustice envers soi-même, sinon en un
sens métaphorique. Mais pourtant le suicide n'est-il pas par excellence l'acte
injuste commis envers soi-même ? Non, répond Aristote. Le suicide n'est pas un
acte injuste en ce sens, parce qu'il est accompli volontairement, et que (nous
l'avons vu) personne ne subit volontairement une injustice. Il est injuste parce
qu'il est contraire à la loi positive, et qu'en violant la loi, son auteur commet un
acte d'injustice envers la société, qui le frappe d'une peine (à Athènes, on
coupait la main du suicidé et on l'enterrait à part du corps : cf. Eschine, *Ctes.*,
244). Les l. 6-7 (οἷον… ἀπαγορεύει) sont d'une interprétation difficile. Il
semble que Burnet (p. 244) ait raison, et qu'on ne puisse considérer ἃ δὲ μὴ
κελεύει, ἀπαγορεύει comme une explication (qui serait tautologique) de οὐ
κελεύει. Le sens est ainsi, selon Burnet : la loi interdit tout meurtre qui n'est pas
expressément autorisé, et comme le suicide n'est pas expressément autorisé, il
doit suivre la règle générale d'interdiction. C'est cette explication que nous
avons acceptée. Mais elle soulève des objections sérieuses. Joachim, p. 161, fait
notamment remarquer qu'il résulte des l. 12-14 que le suicide était défendu.
Seulement l'explication proposée par Joachim, d'après Cook Wilson exige une
modification du texte qu'il nous paraît, en fin de compte, préférable d'éviter.

contrairement à la droite règle[1], et cela la loi ne le permet pas ; aussi commet-il une injustice. Mais contre qui ? N'est-ce pas contre la cité, et non contre lui-même ? Car le rôle passif qu'il joue est volontaire, alors que personne ne subit volontairement une injustice. Telle est aussi la raison pour laquelle la cité inflige une peine ; et une certaine dégradation civique s'attache à celui qui s'est détruit lui-même, comme ayant agi injustement envers la cité.

En outre[2], au sens où celui qui agit injustement est injuste seulement et n'est pas d'une perversité totale, il n'est pas 15 possible de commettre une injustice envers soi-même (c'est là un cas distinct du précédent, parce que, en ce sens du terme, l'homme injuste est pervers de la même façon que le lâche, et non pas comme possédant la perversité totale, de sorte que son action injuste ne manifeste pas non plus une perversité totale). En effet, si cela était possible, la même chose pourrait en même temps être enlevée et être ajoutée à la même chose, ce qui est impossible, le juste et l'injuste se réalisant nécessairement toujours en plus d'une personne[3]. En outre, une action injuste 20 est non seulement à la fois volontaire et le résultat d'un libre

1. L. 10, certains manuscrits ont νόμον au lieu de λόγον. D'autres encore lisent αὐτὸν νόμον. Le sens général n'est pas, de toute façon, sensiblement altéré.

2. Second argument (14-26), qui a rapport, non plus à la justice *légale* comme tout à l'heure (ἄλλο ἐκείνου, l. 15), mais à la justice *particulière* (ἐν μέρει), distinction qui a fait l'objet du chap. 4 (1130a14-1130b5. Voir surtout 1130a28). Il s'agit donc ici du *sens spécial* (καθ' ὅ, l. 14) où l'injustice consiste dans une πλεονεξία, caractère d'un vice particulier et déterminé, comme la lâcheté. Or en ce sens restreint du terme *injustice*, une dualité de parties est nécessaire, et on ne peut être à la fois auteur et victime de l'injustice.

3. Si la personne lésée et l'auteur du tort se confondent, la πλεονεξία, source de l'ἀδικία particulière, n'est plus possible, puisque la πλεονεξία suppose que tel bien est injustement enlevé à la victime pour être ajouté au patrimoine de l'agent. La dualité agent-patient est donc indispensable.

choix, mais elle est encore quelque chose d'antérieur[1] (car l'homme qui, parce qu'il a été éprouvé lui-même, rend mal pour mal, n'est pas regardé comme agissant injustement); or quand on commet une injustice envers soi-même, on est pour les mêmes choses passif et actif, et cela en même temps. De plus, ce serait admettre qu'on peut subir volontairement l'injustice. Ajoutons à cela qu'on n'agit jamais injustement sans
25 accomplir des actes particuliers d'injustice[2]; or on ne peut jamais commettre d'adultère avec sa propre femme, ni pénétrer par effraction dans sa propre maison, ni voler ce qui est à soi.

D'une manière générale, la question de savoir si on peut agir injustement envers soi-même se résout à la lumière de la distinction que nous avons posée au sujet de la possibilité de subir volontairement l'injustice[3].

Il est manifeste aussi[4] que les deux choses sont également mauvaises, à savoir subir une injustice et commettre une injustice, puisque, dans le premier cas, on a moins, et, dans le
30 second, plus que la juste moyenne[5], laquelle joue ici le rôle du *sain* en médecine et du *bon état corporel* en gymnastique. Mais cependant le pire des deux, c'est commettre l'injustice, car

1. L'action injuste doit être *aggressive* (*unprovoked*) *act* (Joachim, p. 161), et non pas seulement une mesure de représailles qui fait disparaître toute injustice. La notion d'antériorité, qui caractérise l'action injuste, exige, là encore, la dualité agent-patient.

2. Et sans posséder ainsi un vice bien déterminé, rentrant dans la notion de ὅλη κακία πρὸς ἕτερον, qui caractérise cette injustice. Joachim, p. 162, trouve, avec raison, cet argument obscur, et difficilement conciliable avec ce qu'Aristote a dit, 3, 1130a28-32.

3. 11, 1136a31-1136b5. La solution est aussi négative dans un cas comme dans l'autre.

4. Les l. 28-1138b5 sont une digression, qui interrompt la suite du développement, et qu'on peut mettre, avec Ross et Rackham, entre parenthèses.

5. L. 30, entre τοῦ μέσου et καὶ ὥσπερ, Rassow propose d'intercaler τὸ δὲ δικαιοπραγεῖν μέσον, mais ce n'est pas strictement indispensable, et il est inutile de supposer, avec Burnet, p. 246, une lacune après μέσου. – Sur le bon état du corps (l. 31), *cf.* Hippocrate, *de Nat. hom.*, VI, 40, 4, Littré.

commettre l'injustice s'accompagne de vice et provoque notre désapprobation, – vice qui, au surplus, est d'une espèce achevée et atteint l'absolu ou presque (*presque*, car une action injuste commise volontairement ne s'accompagne pas toujours de vice)[1], tandis que subir l'injustice est indépendant de vice et d'injustice <chez la victime>. Ainsi, en soi, subir l'injustice est 35 un mal moins grand, quoique par accident rien n'empêche que **1138b** ce ne soit un plus grand mal. Mais l'art[2] se désintéresse de l'accident: il déclare qu'une pleurésie est une maladie plus grave qu'une foulure; cependant dans certains cas une foulure peut devenir accidentellement plus grave qu'une pleurésie, si par exemple la foulure provoque une chute qui vous fait tomber aux mains de l'ennemi ou cause votre mort. 5

Par extension de sens et simple similitude, il y a justice, non pas entre un homme et lui-même, mais entre certaines parties de lui-même: ce n'est pas d'ailleurs n'importe quelle justice, mais cette justice qui existe entre maître et esclave, ou entre mari et femme[3]. En effet, dans les discussions sur ces questions[4], on a établi une distinction entre la partie rationnelle de l'âme et sa partie irrationnelle; et dès lors c'est en fixant son attention sur ces diverses parties qu'on pense d'ordinaire qu'il 10 existe une injustice envers soi-même, parce que ces parties peuvent être affectées dans un sens contraire à leurs tendances respectives. Ainsi, il peut y avoir aussi entre elles une certaine forme de justice[5], analogue à celle qui existe entre gouvernant et gouverné.

1. Burnet, p. 246, lit ἀδικίας au lieu de κακίας, l. 34. – Seule la προαίρεσις rend ἄδικος.

2. Ou la science. L'exemple est emprunté à l'*art médical*.

3. Cf. *supra*, 10, 1134b8.

4. C'est-à-dire dans les écrits de Platon et de son école. *Cf.* notamment *Rep.*, *passim*, et surtout IV, 430e-431b, 441d-442d, 443c-444e.

5. De nature inférieure au juste πολιτικόν. – L. 11, ὥσπερ exprime une analogie, une simple ressemblance.

LIVRE VI

1

<Passage aux vertus intellectuelles. La « droite règle »>

Au sujet de la justice et des autres vertus morales, prenons- 15
les comme définies de la façon que nous avons indiquée.

Et puisque, en fait, nous avons dit plus haut[1] que nous
devons choisir le moyen terme, et non l'excès ou le défaut, et 20
que le moyen terme est conforme à ce qu'énonce la droite
règle[2], analysons maintenant ce dernier point.

Dans toutes les dispositions morales dont nous avons
parlé[3], aussi bien que dans les autres domaines[4], il y a un
certain but[5], sur lequel, fixant son regard, l'homme qui est en
possession de la droite règle intensifie ou relâche son effort[6], et

---

1. II, 2, 1104a11-27; II, 5, 1106a26-6, 1107a27.

2. Sur l'ὀρθὸς λόγος (*maxime, formule correcte* de l'action, *rectitude
morale*), cause formelle de la moralité (εἶδος), dont l'étude va occuper une
partie du livre VI, cf. *supra*, II, 2, 1103b31, note. Voir aussi II, 6, 1107a1 *sq.*

3. L'étude des vertus éthiques, qui font l'objet des livres III *sq.*

4. Par exemple, la vigueur corporelle et la santé (II, 2, 1104a11).

5. L'ὀρθὸς λόγος.

6. L. 23, les verbes ἐπιτείνειν et ἀνιέναι appartiennent au vocabulaire
musical : ἐπιτείνειν, c'est *tendre* la corde d'une lyre, la hausser, et ἐπίτασις,
intensio, est l'échelle ascendante du *grave* (βαρύ) à l'*aigu* (ὀξύ); au contraire,
ἀνιέναι, c'est *détendre* la corde, la baisser, et ἄνεσις, *remissio*, est l'échelle

il existe un certain principe de détermination des médiétés, lesquelles constituent, disons-nous, un état intermédiaire entre
25 l'excès et le défaut, du fait qu'elles sont en conformité avec la droite règle[1]. Mais une telle façon de s'exprimer, toute vraie qu'elle soit, manque de clarté. En effet, même en tout ce qui rentre par ailleurs dans les préoccupations de la science[2], on peut dire avec vérité assurément que nous ne devons déployer notre effort, ou le relâcher, ni trop ni trop peu, mais observer le juste milieu, et cela comme le demande la droite règle ; seule-
30 ment, la simple possession de cette vérité ne peut accroître en rien notre connaissance : nous ignorerions, par exemple, quelles sortes de remèdes il convient d'appliquer à notre corps si quelqu'un se contentait de nous dire : « Ce sont tous ceux que prescrit l'art médical et de la façon indiquée par l'homme de l'art ». Aussi faut-il également, en ce qui concerne les dispositions de l'âme[3], non seulement établir la vérité de ce que nous avons dit ci-dessus, mais encore déterminer quelle est la nature de la droite règle, et son principe de détermination[4].

2
<Objet de la vertu intellectuelle ; combinaison du désir et de l'intellect>

35 Nous avons divisé les vertus de l'âme, et distingué, d'une
1139a part les vertus du caractère, et d'autre part celles de l'intellect[5].

descendante de l'aigu au grave ; ἐπίτασις et ἄνεσις étant les espèces de ἀπότασις, *extensio, registre, étendue de l'échelle vocale.*

1. *Cf.* le passage parallèle de *E.E.*, VII, 3, 1249a21-1249b6.
2. Comme la politique ou la médecine.
3. Aussi bien que celles du corps, dont il vient d'être donné un exemple.
4. Sur τίς ἐστιν ὁ ὀρθὸς λόγος καὶ τούτου τίς ὅρος, l. 34, *cf.* Joachim, p. 165. St Thomas, 1112, p. 305, interprète : *quae sit ratio recta et quid sit terminus, idest definitio… ; vel etiam secundum quid ratio recta determinari possit.* C'est cette seconde explication que nous adoptons.
5. I, 13, 1103a3-7.

Nous avons traité en détail des vertus morales ; pour les autres restantes, après quelques remarques préalables au sujet de l'âme, voici ce que nous avons à dire.

Antérieurement[1] nous avons indiqué qu'il y avait deux parties de l'âme, à savoir la partie rationnelle et la partie irrationnelle[2]. Il nous faut maintenant établir, pour la partie 5 rationnelle elle-même, une division de même nature. Prenons pour base de discussion que les parties rationnelles sont au nombre de deux, l'une par laquelle nous contemplons ces sortes d'êtres dont les principes ne peuvent être autrement qu'ils ne sont[3], et l'autre par laquelle nous connaissons les choses contingentes : quand, en effet, les objets diffèrent par le genre[4], les parties de l'âme adaptées naturellement à la connaissance des uns et des autres doivent aussi différer par le genre, s'il est vrai que c'est sur une certaine ressemblance et 10 affinité entre le sujet et l'objet que la connaissance repose[5]. Appelons l'une de ces parties la partie *scientifique*, et l'autre la

---

1. I, 13, 1102a26-28, et les notes.

2. Il est inutile de supposer, avec Muret, une lacune après ἄλογον, l. 5.

3. Et excluent toute contingence. Aristote a en vue les ἀΐδια, les réalités métaphysiques séparées de la matière, et les notions mathématiques abstraites du sensible. Cf. III, 5, 1112a21.

4. Comme diffèrent manifestement les choses nécessaires et les choses contingentes. Voir notamment *Met.*, I, 10, 1059b26 *sq.*

5. Le principe que le semblable est connu par le semblable (*similia similibus*) remonte à Empédocle, qui en faisait le fondement de sa théorie des *effluves* (ἀπόρροιαι) : cf. *de Sensu*, 2, 437b24-438a4 (p. 7-8 de notre traduction des *Parva nat.*). Le *Timée*, 45b *sq.*, adopte aussi cette explication. Quant à Aristote, il remanie profondément la théorie en déclarant que la faculté de percevoir n'existe pas en acte, mais qu'elle est en puissance ce qu'est l'objet perceptible en entéléchie, et c'est cet objet qui l'actualise. Même rapport entre le νοῦς et les νοητά. C'est là un des thèmes essentiels de la psychologie aristotélicienne, et il a passé tout entier dans la philosophie scolastique. Cf. *de An.*, II, 5 (416b32-418a6, p. 95-102 de notre traduction), III, 8 (431b20-432a14, p. 196-198 de la traduction), etc.

calculative[1], délibérer et calculer étant une seule et même chose, et on ne délibère jamais sur les choses qui ne peuvent être autrement qu'elles ne sont[2]. Par conséquent, la partie
15 calculative est seulement une partie de la partie rationnelle de l'âme. Il faut par suite bien saisir quelle est pour chacune de ces deux parties sa meilleure disposition : on aura là la vertu de chacune d'elles, et la vertu d'une chose est relative à son œuvre propre[3].

Or il y a dans l'âme trois facteurs prédominants qui déterminent l'action et la vérité[4] : sensation, intellect et désir.

1. La même faculté qui est appelée *infra*, 5, 1140b26, δοξαστικόν : elle a pour règle le syllogisme pratique et pour objet les choses contingentes. Aristote apporte ici de profondes modifications à la conception platonicienne des parties de l'âme : chez Platon, τὸ λογιστικόν est la plus haute des trois parties de l'âme, et, loin de s'opposer à τὸ ἐπιστημονικόν, l'inclut et l'enveloppe.

2. *Cf.* III, 5, 1112a21 *sq.*, et notes. La délibération et le calcul sont l'un et l'autre le même élément intellectuel de l'acte moral.

3. Sur la notion δ' ἔργον, *œuvre, fonction, cf.* I, 6, 1097b24, note.

4. Aristote vient d'établir une division bipartite de la partie rationnelle de l'âme (τὸ ἐπιστημονικόν et τὸ λογιστικόν) et il s'agit de trouver pour chacune de ces parties sa *fonction* propre (ἔργον) et sa *vertu* (ἀρετή), l'une et l'autre parties ayant pour objet la recherche et la possession de la vérité. Pour y parvenir, Aristote fait appel aux données générales de sa propre psychologie (*cf.* notamment sur la fonction motrice de l'âme, *de An.*, III, 9-11, p. 198-210 de notre traduction), et établit une division nouvelle dans l'âme humaine, une partie ayant pour fin la *connaissance* (l. 18, ἀλήθεια a le sens de γνῶσις : cf. *Top.*, I, 11, 104b2 où les deux termes sont jumelés), et une autre partie, l'*action*, la *conduite morale* (πρᾶξις), chacune avec son ἔργον. Or l'âme renferme trois facultés : la *sensation* (αἴσθησις), l'*intellect* ou *pensée* (νοῦς est pris ici en un sens large et comprend à la fois la pensée intuitive et la pensée discursive ou διάνοια), et le *désir* (ὄρεξις). L'αἴσθησις et le νοῦς sont à l'origine de la connaissance théorique (sur le rôle de la sensation, cf. *de An.*, III, 8, 432a7 ; *cf.* aussi *An. post.*, I, 18, 88a38) ; le νοῦς et l'ὄρεξις sont l'un et l'autre à la source de la pratique, τὸ λογιστικόν étant le νοῦς en tant que facteur de la πρᾶξις. Le νοῦς joue donc un double rôle, et il intervient à la fois dans la connaissance pure et dans l'action morale : rien d'étonnant à cela, puisque le travail de l'intellect, son ἔργον propre, est d'atteindre la vérité dans le domaine

De ces facteurs, la sensation n'est principe d'aucune action[1], 20 comme on peut le voir par l'exemple des bêtes, qui possèdent bien la sensation mais n'ont pas l'action en partage. Et ce que l'affirmation et la négation sont dans la pensée, la recherche et l'aversion le sont dans l'ordre du désir; par conséquent, puisque la vertu morale est une disposition capable de choix, et que le choix est un désir délibératif, il faut par là même qu'à la

spéculatif et dans celui de la moralité. L'αἴσθησις une fois écartée, comme étrangère à la conduite (ce qui le prouve, c'est que les animaux, qui ont la sensation, ne participent d'aucune manière à l'action morale, l. 19-20: sur le caractère du mouvement des animaux, cf. *de An.* III, 10 et 11, 433a9-434a21, p. 203-210 de notre traduction, et *de Motu anim.*, 7, 701a7-36), restent le νοῦς et l'ὄρεξις, dont l'alliance et la collaboration étroites contribuent à la genèse de l'acte moral, car ces deux facultés ont une activité *analogue*, l'affirmation et la négation étant pour le νοῦς ce que la recherche et la fuite sont pour l'ὄρεξις (l. 21-22). De la combinaison de l'ἦθος, c'est-à-dire de nos tendances et prédispositions, avec l'intellect, naîtra une bonne πρᾶξις, fondée sur une bonne προαίρεσις, et qui sera une synthèse de l'ὀρθὴ ὄρεξις et de l'ἀληθὴς λόγος. Cette imbrication réciproque de l'intellect et du désir s'exprime dans les définitions des l. 22 et 23 : d'une part la vertu est une *disposition capable de choix* (ἕξις προαιρετική), donc imprégnée d'intelligence (*cf.* III, 5, 1113a10); et d'autre part, le choix, élément intellectuel, est un *désir délibératif* (ὄρεξις βουλευτική : *cf.* II, 6, 1106b36). La formule ramassée à laquelle vient aboutir toute cette analyse est plus saisissante encore (l. 1139b4-5) : « le choix (élément essentiel de la moralité) peut se définir indifféremment soit un *intellect désirant* (ὀρεκτικὸς νοῦς), soit un *désir raisonnant* (ὄρεξις διανοητική), et *la cause efficiente de cette sorte* (ἡ τοιαύτη ἀρχή) est un homme ». On voit que la fonction du νοῦς dans la moralité est semblable à celle qu'il remplit dans la recherche de la vérité spéculative : il dégage de l'ὄρεξις l'élément universel que celle-ci contient, pour ériger une *maxime droite*, de portée générale (ὀρθὸς λόγος), élément intellectuel par conséquent, qui sera la règle de la conduite et la majeure du syllogisme de l'action. La morale d'Aristote est essentiellement intellectualiste. Cette alliance de nos tendances avec l'intellect a été bien mise en lumière par les commentateurs. Voir notamment Sylv. Maurus, 152[1] et[2]. L. 18, τὰ κύρια. Sur κύριος, *cf.* I, 1, 1094a26, note.

1. πρᾶξις a ici le sens d'*action morale*, de conduite dans l'ordre de la pratique.

fois la règle soit vraie et le désir droit, si le choix est bon, et
25 qu'il y ait identité entre ce que la règle affirme et ce que le désir
poursuit. Cette pensée et cette vérité dont nous parlons ici sont
de l'ordre pratique ; quant à la pensée contemplative, qui n'est
ni pratique, ni poétique, son bon et son mauvais état consiste
dans le vrai et le faux auxquels son activité aboutit, puisque
c'est là l'œuvre de toute partie intellective, tandis que pour la
30 partie de l'intellect pratique, son bon état consiste dans la
vérité correspondant au désir, au désir correct[1].

Le principe de l'action morale est ainsi le libre choix
(*principe* étant ici le point d'origine du mouvement et non la
fin où il tend)[2], et celui du choix est le désir et la règle[3] dirigée
vers quelque fin. C'est pourquoi le choix ne peut exister ni sans
intellect et pensée, ni sans une disposition morale, la bonne
35 conduite et son contraire dans le domaine de l'action n'existant
pas sans pensée et sans caractère. La pensée par elle-même[4]

1. C'est-à-dire la vérité sur les moyens, pour atteindre la fin désirée avec
rectitude. – Par conséquent, l'οἰκεῖον ἔργον de la διάνοια (ou du νοῦς), qu'il
s'agisse de la pensée pure ou de la pensée pratique (c'est alors τὸ λογιστικόν)
est l'établissement de la vérité concernant les moyens de satisfaire le désir
correct.

2. Autrement dit, la προαίρεσις est la cause efficiente et non la cause
finale, laquelle est, pour la πρᾶξις, l'ὀρεκτόν, le *désirable*, c'est-à-dire le bien
apparent.

3. L'ὀρθὸς λόγος, la *maxime générale* de conduite. La pensée détermine
ainsi la fin à atteindre. Mais cf. *de An.*, III, 11, 434a16-21, où Aristote émet une
opinion plus nuancée, et insiste davantage sur le rôle de l'individuel, qui forme
la mineure du syllogisme pragmatique, dont la majeure est constituée par
l'ὀρθὸς λόγος.

4. La pensée pure, sans ὄρεξις. Le désir fixe le but à atteindre. Cf. *de An.*,
III, 10, 433a15-20. Le but donné par l'ὄρεξις sert de *point de départ* (ἀρχή) à
l'intellect pratique dont le travail est de découvrir les moyens pour atteindre
l'objet désiré. Une fois ces moyens découverts, la tâche de l'intellect pratique
est terminée et celle de la πρᾶξις commence. La dernière étape de la pensée discursive pratique (le dernier moyen découvert) est donc la première de l'action,
qui reprend en sens inverse le chemin parcouru. Sur ce processus, *cf.* aussi *Met.*,
Z, 7, 1032b6 *sq.*

cependant n'imprime aucun mouvement, mais seulement la pensée dirigée vers une fin et d'ordre pratique. Cette dernière sorte de pensée commande également l'intellect poétique[1], **1139b** puisque dans la production l'artiste agit toujours en vue d'une fin ; la production n'est pas une fin au sens absolu, mais est quelque chose de relatif et production d'une chose déterminée. Au contraire, dans l'action, ce qu'on fait <est une fin au sens absolu>, car la vie vertueuse est une fin, et le désir a cette fin pour objet.

Aussi peut-on dire indifféremment que le choix préférentiel est un intellect désirant ou un désir raisonnant, et 5 le principe qui est de cette sorte est un homme[2].

Le passé[3] ne peut jamais être objet de choix : personne ne choisit d'avoir saccagé Troie ; la délibération, en effet, porte, non sur le passé, mais sur le futur et le contingent, alors que le passé ne peut pas ne pas avoir été[4]. Aussi Agathon a-t-il raison de dire :

---

1. Sur la distinction entre l'activité *poétique* (ou *productive* ou *technique*), ποιητική, qui aboutit à la création d'une œuvre *extérieure* à l'*artiste*, et l'activité proprement *pratique*, πρακτική, dont le résultat est l'εὐπραξία, action *intérieure* et *immanente* à l'*agent*, cf. I, 1, 1094a1, note. – L. 3, nous croyons, avec Burnet, que τὸ ποιητόν signifie non pas le résultat de la production, le *produit*, mais le *processus* même de la production, lequel, dans la ποίησις, n'est pas une fin en lui-même, à la différence de ce qui a lieu dans l'activité immanente de la πρᾶξις. Mais cf. les objections de Joachim, p. 189. – Nous avons ajouté les mots entre crochets pour éclairer le sens.

2. Qui est ainsi une combinaison de désir et de raison. Cf. St Thomas, 1137, p. 311 : ...*consequens est quod electio sit intellectus appetitivus vel sit appetitus intellectivus.* Impossible donc de concevoir la vertu éthique sans la subordonner à la vertu intellectuelle comme à sa fin.

3. Les l. 6-11 sont une digression, qui interrompent le développement, et que plusieurs éditeurs mettent entre crochets.

4. Cf. III, 5. La délibération ne peut avoir pour objet que les choses contingentes, et non les choses nécessaires ; or le passé n'est pas contingent, et on ne peut exercer aucune action sur lui.

10   Car il y a une seule chose dont Dieu même est privé,
        C'est de faire que ce qui a été fait ne l'ait pas été [1].

Ainsi les deux parties intellectuelles de l'âme ont pour tâche la vérité. C'est pourquoi les dispositions qui permettent à chacune d'elles d'atteindre le mieux la vérité constituent les vertus respectives de l'une et de l'autre.

3
<Énumération des vertus intellectuelles. Étude de la science>

Reprenons donc depuis le début, et traitons à nouveau de ces dispositions [2].

15   Admettons [3] que les états par lesquels l'âme énonce ce qui est vrai sous une forme affirmative ou négative [4] sont au nombre de cinq : ce sont l'art, la science, la prudence, la sagesse et la raison intuitive, car par le jugement et l'opinion [5] il peut arriver que nous soyons induits en erreur.

---

1. Frgmt 5 Nauck. – Agathon, que cite à plusieurs reprises Aristote (cf. *Ind. arist.*, 4b5), est un tragique athénien du Vᵉ siècle. L'idée qu'il exprime dans les deux vers rapportés ci-dessus se retrouve chez Soph., *Ajax*, 378, et dans *Prot.*, 324b.

2. Les vertus dianoétiques.

3. À titre de prémisse dialectique. Comme le fait remarquer Burnet, p. 257, la liste des cinq vertus dianoétiques est empruntée à l'opinion courante ; Aristote, nous le verrons, réduit ces vertus à deux, la φρόνησις et la σοφία.

4. Cf. *Met.*, E, 4, 1027b20 (t. I, p. 343-344 et notes de notre commentaire), où Aristote définit le vrai comme l'affirmation de la composition réelle du sujet et du prédicat et la négation de leur séparation réelle.

5. Le *jugement* et l'*opinion* sont exclus des vertus dianoétiques, car ils ne conduisent pas toujours à la vérité et n'y parviennent qu'accidentellement. L'ὑπόληψις est la *croyance*, le *jugement*, présentant un caractère d'universalité. Elle est le genre, dont la *science*, la *prudence* et l'*opinion* sont les espèces. Mais elle se confond aussi parfois avec l'opinion (*Ind. arist.*, 800b5), et c'est précisément le cas dans le présent passage, où, l. 17, καὶ a le sens de *c'est-à-dire*, et où δόξα précise ὑπόληψις (cf. Joachim, p. 190-191).

La nature de la science (si nous employons ce terme dans
son sens rigoureux, et en négligeant les sens de pure similitude) [1], résulte clairement des considérations suivantes. Nous
concevons tous que les choses dont nous avons la science ne   20
peuvent être autrement qu'elles ne sont [2]; pour les choses qui
peuvent être autrement, dès qu'elles sont sorties du champ de
notre connaissance, nous ne voyons plus si elles existent ou
non. L'objet de la science existe donc nécessairement [3]; il est
par suite éternel, car les êtres qui existent d'une nécessité
absolue [4] sont tous éternels; et les êtres éternels sont inengen-
drés et incorruptibles [5]. De plus, on pense d'ordinaire que toute   25
science est susceptible d'être enseignée, et que l'objet de
science peut s'apprendre [6]. Mais tout enseignement donné
vient de connaissances préexistantes, comme nous l'établis-
sons aussi dans les *Analytiques* [7], puisqu'il procède soit par

1. Comme quand nous disons abusivement que la politique est une science.
Aristote a donc seulement en vue la science proprement dite, la science démonstrative, dont il a donné la théorie dans les *Seconds Analytiques*, auxquels il
renvoie dans ce chapitre. – Sur la conception du savoir chez Aristote, on lira
avec intérêt Robin, *Aristote*, p. 31-39.

2. Autrement dit, sont des choses nécessaires.

3. *An. post.*, I, 4, 73a21.

4. La nécessité ἁπλῶς s'oppose à la nécessité *conditionnelle*, ἐξ ὑποθέσεως. *Cf.* Le Blond, *Aristote, Traité sur les parties des Animaux, livre I*, p. 134-
136, avec les références, et surtout Mansion, *Introduction à la physique*, 2ᵉ éd.,
p. 283-285. On trouvera un exemple de nécessité ἐξ ὑποθ. dans *Phys.*, II, 9,
200a10-15 (la scie ne coupe que *si* elle est de fer).

5. *Cf. de Part. anim.*, I, 1, 639b23.

6. *Met.*, A, 1, 981b7.

7. Au début des *An. post.*, I, 1, 71a1-11 (p. 1 de notre traduction et notes);
cf. aussi Trendelenburg, *Elmenta*, § 18. Aristote est revenu sur cette idée à
plusieurs reprises, notamment *Top.*, VI, 4, 141a28-30; *Met.*, A, 9, 992b24-33
(I, p. 102 et note 1 de notre commentaire). L. 26, διδασκαλία (*doctrina*) et
μάθησις (*disciplina*) sont une seule et même chose, avec cette différence que le
premier terme est pris au sens actif, et le second au sens passif. – L. 27, ἡ μὲν
γὰρ, c'est-à-dire διδασκαλία et non ἐπιστήμη, laquelle au sens rigoureux. est
toujours apodictique et jamais inductive : cf. *An. post.*, I, 1, 71a6-9.

induction, soit par syllogisme. L'induction dès lors est principe aussi de l'universel[1], tandis que le syllogisme procède à
30 partir des universels. Il y a par conséquent des principes qui
servent de point de départ au syllogisme, principes dont il
n'y a pas de syllogisme possible, et qui par suite sont obtenus par induction[2]. Ainsi la science est une disposition
capable de démontrer, en ajoutant à cette définition toutes les
autres caractéristiques mentionnées dans nos *Analytiques*[3], car
lorsqu'un homme a sa conviction établie d'une certaine
façon[4] et que les principes lui sont familiers, c'est alors qu'il a

---

1. Cf. *Rhet.*, II, 20, 1393a26. – Les connaissances préexistantes sont nécessaires à l'enseignement aussi bien *inductif* (δι' ἐπαγωγῆς, l. 27) que *déductif*
(συλλογισμῷ). En ce qui concerne l'*induction* (sur sa nature, cf. *supra*, I, 7,
1098b3, note), ces connaissances préexistantes sont constituées par les καθ'
ἕκαστα à partir desquels on s'élève au καθόλου. Aristote a donc raison de dire
que l'induction est un *principe* (ἀρχή), principe de connaissance de l'universel,
tout comme (καί, l. 29) l'universel est principe de connaissance en ce qui
concerne la déduction syllogistique, laquelle part de l'universel. La même idée
est exprimée *An. post.*, I, 1, 71a6-9.

2. Cf. *An. post.*, I, 2, 72a5 ; 3, 72b18. Un principe de démonstration est une
proposition immédiate, c'est-à-dire à laquelle aucune autre n'est antérieure.
Elle n'est pas elle-même la conclusion d'un syllogisme, sinon on irait à l'infini.
Quelle est donc son origine ? Outre la science démonstrative, il y a une connaissance supérieure et antérieure à la démonstration, c'est la connaissance intuitive
des principes par le νοῦς, qui les dégage, au moyen de l'induction, suivant un
mécanisme décrit *An. post.*, II, 19, 100a15 *sq.* (p. 245-247 de notre traduction),
à partir des données sensibles. C'est donc bien à l'induction, aidée du νοῦς,
qu'est due la connaissance des principes universels, servant de majeures aux
syllogismes apodictiques.

3. *An. post.*, I, 2, 71b20-23. L'ensemble de ces conditions est ramassé dans
la définition de la science telle que la présente Sylv. Maurus (155[1]) : *habitus
cognoscens certo et evidenter conclusionem ex veris, primis, immediatis,
notioribus, prioribus et causis conclusionis.*

4. Répondant à toutes les conditions de la science, et notamment celle qui
exige que les principes soient l'objet d'une connaissance plus familière que la
conclusion.

la science, car si les principes ne lui sont pas plus connus que la conclusion il aura seulement la science par accident[1].

4
<Étude de l'art>

Telle est donc la façon dont nous pouvons définir la [35] science.

Les choses qui peuvent être autres qu'elles ne sont[2] [1140a] comprennent à la fois les choses qu'on fabrique et les actions qu'on accomplit. Production et action sont distinctes (sur leur nature nous pouvons faire confiance aux discours exotériques)[3]; il s'ensuit[4] que la disposition à agir accompagnée de règle est différente de la disposition à produire accompagnée de règle. De là vient encore qu'elles ne sont pas une partie l'une [5] de l'autre, car[5] ni l'action n'est une production, ni la production une action. Et puisque l'architecture est un art, et est essentiellement[6] une certaine disposition à produire, accompagnée de règle, et qu'il n'existe aucun art[7] qui ne soit une disposition à produire accompagnée de règle, ni aucune disposition de ce

1. Il connaîtra en fait, sans l'aide des principes, et sera incapable de justifier son savoir (cf. *An. post.*, I, 2, 71b28).

2. Aristote passe maintenant à l'étude de la τέχνη (au sens large, arts utiles et beaux-arts : *cf.* sur cette notion, I, 1, 1094a1, note), seconde des vertus dianoétiques énumérées 3, 1139b16. – Sur la distinction entre ποίησις et πρᾶξις, cf. *supra*, 2, 1139b1, note avec les références.

3. I, 3, 1096a3, note.

4. Car l'ἕξις a les mêmes caractères que les actions qui contribuent à sa formation.

5. Sur ce point, cf. *Top.*, VI, 6, 144a12.

6. L. 7, ὅπερ joint à εἶναι ou à l'un de ses modes, signifie *ce qui appartient à l'essence même de la chose*, indépendamment des qualités. Comme le dit Alex., *in Top.*, 227, 7, Wallies : τὸ ὅπερ... τοῦ κυρίως ἐστὶ δηλωτικόν. *Cf.* Waitz, *Organon*, I, 467 ; Bonitz, *Met.*, 176 et 177, et *Ind. arist.*, 533b55.

7. Aristote généralise pour établir sa définition, toute définition devant s'appliquer *omni definito*, selon la règle de *Top.*, VII, 5, 154a37.

10 genre qui ne soit un art, il y aura identité entre art et disposition
à produire accompagnée de règle exacte[1]. L'art concerne
toujours un devenir[2], et s'appliquer à un art, c'est considérer[3]
la façon d'amener à l'existence une de ces choses qui sont
susceptibles d'être ou de n'être pas, mais dont le principe
d'existence réside dans l'artiste et non dans la chose produite[4] :
l'art, en effet, ne concerne ni les choses qui existent ou devien-
15 nent nécessairement, ni non plus les êtres naturels, qui ont en
eux-mêmes leur principe. Mais puisque production et action
sont quelque chose de différent, il faut nécessairement que
l'art relève de la production et non de l'action[5]. Et en un
sens la fortune et l'art ont rapport aux mêmes objets[6], ainsi
qu'Agathon le dit :

L'art affectionne la fortune, et la fortune l'art[7].

20 Ainsi donc, l'art, comme nous l'avons dit[8], est une certaine
disposition, accompagnée de règle vraie, capable de produire ;
le défaut d'art, au contraire, est une disposition à produire
accompagnée de règle fausse ; dans un cas comme dans l'autre,
on se meut dans le domaine du contingent.

---

1. μετὰ λόγου ἀληθοῦς, car la vérité est l'ἔργον de la διανοία théorique
ou pratique : cf. *supra*, 2, 1139a16.

2. C'est-à-dire des êtres soumis à la génération et à la corruption : cf. *An.
post.*, II, 19, 100a6-9 (p. 244 de notre traduction, et note 5).

3. L. 11, avec Muret, nous supprimons καὶ après τεχνάζειν.

4. Comme dans le cas des choses naturelles (l. 15).

5. Dans les lignes qui précèdent, Aristote marque les différences qui séparent l'art, des sciences (Métaphysique et Mathématiques, qui ont pour objet les
necessaria ; Physique, dont l'objet a son principe en lui-même) et de la prudence, laquelle a pour objet la πρᾶξις et non la ποίησις. Cf. Sylv. Maurus, 156[1].

6. C'est ainsi que la santé peut être indifféremment le fruit du hasard ou de
l'art : cf. *de Part. anim.*, I, 1, 640a28. Voir aussi *Phys.*, II, 5, 197a5 ; *Rhet.*, I, 5,
1362a2. – Sur la notion de τύχη, cf. *supra*, II, 3, 1105a23, note.

7. Frgmt 6 Nauck.

8. L. 9.

5
<Étude de la prudence>

Une façon dont nous pourrions appréhender la nature de la prudence[1], c'est de considérer quelles sont les personnes que 25 nous appelons prudentes. De l'avis général, le propre d'un homme prudent c'est d'être capable de délibérer correctement sur ce qui est bon et avantageux pour lui-même, non pas sur un point partiel (comme par exemple quelles sortes de choses sont favorables à la santé ou à la vigueur du corps), mais d'une façon générale, quelles sortes de choses par exemple conduisent à la vie heureuse. Une preuve[2], c'est que nous appelons aussi prudents ceux qui le sont en un domaine déterminé, quand ils calculent avec justesse en vue d'atteindre une fin particulière digne de prix, dans des espèces où il n'est pas 30 question d'art; il en résulte que, en un sens général aussi, sera un homme prudent celui qui est capable de délibération[3].

Mais[4] on ne délibère jamais sur les choses qui ne peuvent pas être autrement qu'elles ne sont, ni sur celles qu'il nous est impossible d'accomplir[5]; par conséquent s'il est vrai qu'une

---

1. Sur la φρόνησις (*sagesse pratique, prudence*) *cf.* I, 13, 1103a5, et sur φρόνιμος, II, 6, 1107a2. Elle est la vertu de la *partie calculatrice* ou *opinative* de l'âme (τὸ λογιστικόν, τὸ δοξαστικόν). Sur l'idée de φρόνησις dans Platon et Xénocrate, *cf.* la note de Burnet, p. 261. Voir aussi la définition de la φρόνησις donnée *Rhet.*, I, 9, 1366b20.

2. Preuve par ἐπαγωγή : on passe de la vérité de plusieurs *exemples particuliers* (περί τι, l. 29) à une *vérité générale* (καὶ ὅλως, l. 30). *Cf.* St Thomas, 1163, 319 : *si ille qui est bene consiliativus ad aliquid particulare est prudens particulariter in aliquo negotio, consequens est quod ille sit totaliter et simpliciter etiam prudens qui est bene consiliativus de his quae pertinent ad totam vitam.*

3. De délibérer καλῶς, d'une façon générale.

4. Différence de la φρόνησις avec la science et l'art. Avant de dire ce qu'est la φρ., Aristote précise ce qu'elle n'est pas.

5. Autrement dit, qui ne dépendent pas de nous. Cf. *supra*, III, 5 en entier, le début notamment, avec notre note sous 1112a8.

science s'accompagne de démonstration, mais que les choses
dont les principes peuvent être autres qu'ils ne sont n'admet-
35 tent pas de démonstration (car toutes[1] sont également susceptibles d'être autrement qu'elles ne sont), et s'il n'est pas
1140b possible de délibérer sur les choses qui existent nécessairement, la prudence ne saurait être ni une science, ni un art : une
science, parce que l'objet de l'action peut être autrement qu'il
n'est ; un art, parce que le genre de l'action est autre que celui
de la production. Reste donc[2] que la prudence est une dispo-
5 sition, accompagnée de règle vraie, capable d'agir dans la
sphère de ce qui est bon ou mauvais pour un être humain.
Tandis que la production, en effet, a une fin autre qu'elle-
même, il n'en saurait être ainsi pour l'action, la bonne pratique
étant elle-même sa propre fin. C'est pourquoi[3] nous estimons
que Périclès et les gens comme lui sont des hommes prudents
en ce qu'ils possèdent la faculté d'apercevoir ce qui est bon
pour eux-mêmes et ce qui est bon pour l'homme en général, et
10 tels sont aussi, pensons-nous, les personnes qui s'entendent à
l'administration d'une maison ou d'une cité. – De là vient aussi
le nom par lequel nous désignons la *tempérance* (σωφροσύνη), pour signifier qu'elle *conserve la prudence* (σώζουσα
τὴν φρόνησιν)[4], et ce qu'elle conserve, c'est le jugement dont
nous indiquons la nature[5] : car le plaisir et la douleur ne
détruisent pas et ne faussent pas tout jugement quel qu'il soit,

---

1. Et non pas seulement leurs principes. La contingence des principes
entraîne celle des choses qui en découlent. La φρόνησις délibère sur le contingent et s'oppose ainsi à la science démonstrative ; d'autre part, elle ne produit
aucune œuvre extérieure à l'agent et n'est pas non plus un art.

2. Définition : *prudentia est habitus cum vera ratione activus circa ea quae
bona vel mala homini sunt, in quantum homo est* (Sylv. Maurus, 157[1])

3. Puisque la φρ. est relative au bien humain.

4. Jeu de mots sur une étymologie fantaisiste. Cf. *Crat.*, 411e. – Il est clair
que l'usage modéré des biens (la σωφροσύνη) est un facteur important pour la
possession et la conservation de la φρόνησις.

5. À savoir le jugement pratique de la φρόνησις.

par exemple le jugement que le triangle a ou n'a pas ses angles 15
égaux à deux droits, mais seulement les jugements ayant trait à
l'action[1]. En effet, les principes de nos actions consistent dans
la fin à laquelle tendent nos actes; mais à l'homme corrompu
par l'attrait du plaisir ou la crainte de la douleur, le principe[2]
n'apparaît pas immédiatement, et il est incapable de voir en
vue de quelle fin et pour quel motif il doit choisir et accomplir
tout ce qu'il fait, car le vice est destructif du principe[3]. Par
conséquent, la prudence est nécessairement une disposition, 20
accompagnée d'une règle exacte, capable d'agir, dans la
sphère des biens humains.

En outre, dans l'art on peut parler d'excellence, mais non
dans la prudence[4]. Et, dans le domaine de l'art, l'homme qui se
trompe volontairement est préférable à celui qui se trompe
involontairement[5], tandis que dans le domaine de la prudence

---

1. L'intempérance est sans effet sur l'intelligence spéculative, mais elle
déforme et fausse la sagesse pratique (cf. St Thomas, 1169, p. 320).

2. La fin. – Le φρόνιμος est ainsi celui qui jouit d'une bonne santé morale.

3. Cf. VII, 1151a15. Le vice détruit et affaiblit notre perception de la fin
véritable de la vie, fin qui constitue, en tant que ὀρθὸς λόγος, la majeure du
syllogisme pratique (Cf. Ross, Aristote, p. 302; Joachim, p. 211). St Thomas,
1170, p. 320, résume en ces termes la pensée d'Aristote : malitia corrumpit
principium inquantum corrumpit rectam existimationem de fine. Hanc autem
corruptionem maxime prohibet temperantia.

4. L'activité fabricatrice est en elle-même indifférente au bien et au mal, et
pour se tourner au bien elle a besoin de la vertu morale de justice. La φρόνησις
est au contraire en elle-même une ἀρετή, une excellence (Sylv. Maurus, 158[1]).

5. Célèbre paradoxe socratique, rapporté par Xénophon, Memor., IV, 2,
20, et aux termes duquel celui qui écrit mal à dessein est lettré et doit être préféré
à celui qui écrit mal involontairement, car le premier a la δύναμις d'écrire
correctement, et il le fera quand il le voudra (selon Aristote lui-même, Top., IV,
5, 126a32-b2 [p. 152-153 et notes de notre traduction], toute δύναμις fait partie
τῶν αἱρετῶν : cf. encore supra, IV, 13, 1127b14 et note). Cette thèse a été
reprise par Platon, dans son Hippias minor, 373-376 : cf. Met., Δ, 29, 1025a8 (I,
p. 320-321 et notes de notre commentaire). En matière d'art, une faute volontaire vaut mieux qu'une erreur due à l'ignorance, l'artiste ayant la δύναμις
d'agir correctement, mais c'est l'inverse dans la φρόνησις, où pécher volontai-

c'est l'inverse qui a lieu, tout comme dans le domaine des
vertus également. On voit donc que la prudence est une
excellence et non un art.

25   Des deux parties de l'âme, douées de raison, l'une des
deux, la faculté d'opiner[1], aura pour vertu la prudence : car
l'opinion a rapport à ce qui peut être autrement qu'il n'est, et la
prudence aussi. Mais cependant la prudence n'est pas simplement une disposition accompagnée de règle : une preuve, c'est
30   que l'oubli peut atteindre la disposition de ce genre, tandis que
pour la prudence il n'en est rien[2].

6
<*Étude de la raison intuitive*>

Puisque la science[3] consiste en un jugement portant sur les
universels et les êtres nécessaires, et qu'il existe des principes
d'où découlent les vérités démontrées et toute science en
général (puisque la science s'accompagne de raisonnement)[4],

---

rement est pire que pécher involontairement, la faute volontaire étant la négation même de la vertu considérée : *Cf.* les développements de St Thomas, 1173,
p. 320, et de Sylv. Maurus, 158 [1] et [2].

1. Appelée aussi τὸ λογιστικόν (*cf.* 2, 1139a12 et note).

2. *Cf.* I, 11, 1100b17. – La prudence, à la différence de la science et de l'art,
n'est pas un *habitus* purement *intellectuel* (ἕξις μετὰ λόγου μόνον, l. 28), mais
est *connexa cum perfectione appetitus*, dit Sylv. Maurus, 158[2]. Une *défail-
lance*, un oubli dans ce domaine (λήθη, l. 29) est une faute d'ordre moral, toute
différente d'une simple erreur intellectuelle, comme il s'en produit dans le
domaine de l'art et de la science.

3. La science, connaissance des vérités démontrables et universelles,
repose sur des principes indémontrables qu'elle est incapable d'appréhender, et
qui ne peuvent être saisis que par le νοῦς (*intellect, raison intuitive*).

4. Raisonnement qui s'appuie sur des principes : *scientia est cum ratione
demonstrativa procedente ex principiis in conclusiones* (St Thomas, 1176,
p. 322).

il en résulte que le principe de ce que la science connaît ne saurait être lui-même objet ni de science, ni d'art, ni de prudence : en effet, l'objet de la science est démontrable, et d'autre part l'art et la prudence se trouvent avoir rapport aux choses qui peuvent être autrement qu'elles ne sont. Mais la 35 sagesse[1] n'a pas non plus dès lors les principes pour objet, **1141a** puisque le propre du sage c'est d'avoir une démonstration pour certaines choses. Si donc les dispositions qui nous permettent d'atteindre la vérité et d'éviter toute erreur dans les choses qui ne peuvent être autrement qu'elles ne sont ou dans celles qui peuvent être autrement, si ces dispositions-là sont la science, la prudence, la sagesse et l'intellect, et si trois d'entre elles ne peuvent jouer aucun rôle dans l'appréhension des principes 5 (j'entends la prudence, la science et la sagesse), il reste que c'est la raison intuitive qui les saisit[2].

7
<La sagesse théorétique>

Le terme *sagesse* dans les arts est par nous appliqué[1] à ceux qui atteignent la plus exacte maîtrise dans l'art en question, 10

---

1. La *sagesse théorique* (σοφία) dont il va être parlé ci-après, chap. 7. La σοφία procède par voie de démonstration (comme la science), et ne saurait atteindre les principes, lesquels sont hors du domaine de toute démonstration.

2. Ayant éliminé la science, la prudence (la τέχνη est comprise dans la prudence, car l'une et l'autre ont également pour objet le contingent) et la sagesse théorique, Aristote conclut que le νοῦς seul est apte à saisir les principes. Le même processus se retrouve à la fin des *An. post.* (II, 19, 100b5 *sq.*, p. 246-247 de notre traduction, avec les notes. Voir encore Chevalier, *La notion du nécessaire*, p. 122-125). Les principes ne sont pas connaissables par la discursion, et échappent à l'emprise de la science et de la sagesse, qui font, l'une et l'autre, appel à la démonstration. Le νοῦς, qui seul les saisit, à l'aide de l'induction, est donc lui-même principe des principes.

par exemple à Phidias comme sculpteur habile et à Polyclète comme statuaire; et en ce premier sens, donc, nous ne signifions par sagesse rien d'autre qu'excellence dans un art. Mais[2] nous pensons aussi que certaines personnes sont sages d'une manière générale, et non sages dans un domaine particulier, ni sages *en quelque autre chose*, pour parler comme Homère dans *Margitès*:

> Celui-là les dieux ne l'avaient fait ni vigneron, ni laboureur,
> 15   Ni sage en quelque autre façon[3].

Il est clair, par conséquent, que la sagesse sera la plus achevée des formes du savoir. Le sage doit donc non seulement

1. En son sens courant et populaire. Il s'agit d'un simple rappel : la σοφία est ici l'*habileté* technique dans une τέχνη particulière.

2. Second sens de σοφία, prise cette fois en sa signification générale. On notera la similitude du procédé de généralisation par ἐπαγωγή, procédé déjà utilisé pour la définition de la φρόνησις (*supra*, 5, 1140a25 *sq.*, avec les notes) : *sicut dicimus aliquos esse sapientes secundum quid et in aliqua arte, sic dicimus aliquos esse simpliciter sapientes et non in aliqua particulari arte* (Sylv. Maurus, 160[1]). La notion de σοφία (prise dans son sens général), est difficile à préciser. Elle exprime à la fois l'idée de *sagesse* (*sapience*) et celle de *science* (un savant est pour les Grecs un sage). La σοφία est la *science* et la *philosophie* en général (par exemple *Met.*, A, 1, 981a27; Γ, 3, 1005b1), ou encore la *philosophie première*, la *métaphysique* (*Met.*, B, 1, 995b12; 2, 996b9; Δ, 10, 1075b20). En ce dernier sens, c'est la *sagesse proprement dite* (σοφία ἁπλῶς) capable de démontrer les principes de toutes les sciences. Si le νοῦς est la connaissance des vérités indémontrables, et l'ἐπιστήμη celle des vérités démontrables, la σοφία est l'entendement même tourné vers la connaissance des réalités les plus hautes et les plus divines. Dans le présent chapitre, σοφία a un sens très compréhensif et enveloppe les trois divisions de la sagesse énumérées *Met.*, E, 1, 1026a13, métaphysique, mathématiques, sciences de la nature; et elle répond à la vie idéale du sage, telle qu'elle est décrite au livre X de l'*Éthique à Nicomaque*.

3. Frgmt 2 (éd. Allen, *Homeri opera*, t. V) d'un poème badin attribué (faussement) à Homère. Aristote en parle *Poet.*, 4, 1448b30, pour signaler l'apparition du mètre iambique, qui servait à lancer des railleries. *Cf.* Eustrate, 320; Héliod., 121.

connaître les conclusions découlant des principes, mais encore posséder la vérité sur les principes eux-mêmes. La sagesse sera ainsi à la fois raison intuitive et science[1], science munie en quelque sorte d'une tête et portant sur les réalités les plus hautes. Il est absurde[2], en effet, de penser que l'art politique ou 20 la prudence soit la forme la plus élevée du savoir, s'il est vrai que l'homme n'est pas ce qu'il y a de plus excellent dans le Monde[3]. Si dès lors *sain* et *bon* est une chose différente pour des hommes et pour des poissons, tandis que *blanc* et *rectiligne* est toujours invariable, on reconnaîtra chez tous les hommes que ce qui est sage est la même chose, mais que ce qui est prudent est variable : car c'est l'être qui a une vue nette des 25 diverses choses qui l'intéressent personnellement, qu'on désigne du nom de *prudent*, et c'est à lui qu'on remettra la

---

1. La σοφία est νοῦς, en tant qu'appréhendant les principes, et ἐπιστήμη, car elle atteint par voie démonstrative les vérités découlant des principes : elle est ainsi la vertu complète spéculative. L. 20, l'expression ὥσπερ κεφαλὴν ἔχουσα, qu'on rencontre à plusieurs reprises dans Platon (*Gorgias*, 505d ; *Phil.*, 66d ; *Timée*, 69a) et qu'Aristote emploie encore *Rhet.*, III, 14, 1415b8, signifie que la σοφία, connaissant les principes en tant que νοῦς, est la *science* même (ἐπιστήμη) ayant reçu son couronnement et réalisant par là l'unité de toutes ses parties. Même ligne, τὰ τιμιώτατα : Dieu, le premier ciel, etc. (cf. *Met.*, E, 1, 1026a21 *sq.*). Sur le sens de τίμιος (ce qui a une valeur absolue) *cf.* I, 12, 1101b11, note. – Ramsauer croit à une lacune, l. 20, après τιμιωτάτων.

2. Distinction de la sagesse d'avec la prudence (l. 21-28) et l'art politique (29-1141b2), fondée sur la nature de leurs objets respectifs.

3. Et le degré hiérarchique d'une science se mesure à la valeur et à la dignité de son objet. Or (l. 23 *sq.*) l'objet le plus excellent est aussi le même pour tous (comme la notion de blanc ou de rectiligne), et doit tomber par suite sous la science la plus haute, à savoir la σοφία. Ce rôle ne saurait être rempli par la φρόνησις, par laquelle chacun se procure le bien qui lui est propre, bien essentiellement variable suivant les individus et même les espèces animales (comme le *sain* et le *bien* diffèrent suivant qu'il s'agit des hommes ou des poissons). La prudence, en raison de l'infériorité et de la relativité de son objet, n'est donc pas la connaissance suprême.

conduite de ces choses-là[1]. De là vient encore que certaines
bêtes sont qualifiées de prudentes : ce sont celles qui, en tout ce
qui touche à leur propre vie, possèdent manifestement une
capacité de prévoir[2].

Il est de toute évidence aussi que la sagesse ne saurait être
30 identifiée à l'art politique : car si on doit appeler la connaissance de ses propres intérêts une sagesse, il y aura multiplicité
de sagesses : il n'existe pas, en effet, une seule sagesse s'appliquant au bien de tous les êtres animés, mais il y a une sagesse
différente pour chaque espèce, de même qu'il n'y a pas non
plus un seul art médical pour tous les êtres. Et si on objecte
qu'un homme l'emporte en perfection sur les autres animaux[3],
cela n'importe ici en rien : il existe, en effet, d'autres êtres
1141b d'une nature beaucoup plus divine que l'homme, par exemple,
pour s'en tenir aux réalités les plus visibles, les Corps dont le
Monde est constitué[4].

Ces considérations montrent bien que la sagesse est à
la fois science et raison intuitive des choses qui ont par
nature la dignité la plus haute. C'est pourquoi nous disons
qu'Anaxagore, Thalès et ceux qui leur ressemblent, possèdent
5 la sagesse, mais non la prudence[5], quand nous les voyons
ignorer les choses qui leur sont profitables à eux-mêmes, et

---

1. Le texte des l. 25-27 comporte de nombreuses et importantes variantes
(*cf.* la note de Burnet, p. 267-268). Nous suivons strictement la leçon de
Susemihl. – Sur le sens, cf. *Apol. Socr.*, 20b.

2. La φρόνησις, que peuvent posséder même certains animaux, n'est donc
pas la connaissance la plus haute. – Sur les animaux doués de la faculté de
prévision (les abeilles, par exemple), cf. *Hist. anim.*, I, 1, 488b15 ; *de Gener. an.*,
III, 2, 753a7 ; *Met.*, A, 1, 980a27-980b27.

3. Ce qui aurait pour conséquence de considérer la φρόνησις humaine
comme la connaissance la plus élevée.

4. Ce sont les Corps célestes (cf. *Met.*, E, 1, 1026a18). – La prudence et la
politique, qui ont rapport aux choses humaines, ne peuvent donc prétendre au
rang de σοφία.

5. Comme c'est le cas pour Périclès (*supra*, 5, 1140b8).

nous reconnaissons qu'ils ont un savoir hors de pair, admirable, difficile et divin, mais sans utilité, du fait que ce ne sont pas les biens proprement humains qu'ils recherchent.

8
<La prudence et l'art politique>

Or la prudence[1] a rapport aux choses humaines et aux choses qui admettent la délibération : car le prudent, disons-nous, a pour œuvre principale de bien délibérer; mais on ne délibère jamais sur les choses qui ne peuvent être autrement qu'elles ne sont, ni sur celles qui[2] ne comportent pas quelque fin à atteindre, fin qui consiste en un bien réalisable. Le bon délibérateur au sens absolu[3] est l'homme qui s'efforce d'atteindre le meilleur des biens réalisables pour l'homme, et qui le fait par raisonnement[4].

La prudence n'a pas non plus seulement pour objet les universels[5], mais elle doit aussi avoir la connaissance des faits particuliers, car elle est de l'ordre de l'action, et l'action a rapport aux choses singulières[6]. C'est pourquoi aussi certaines personnes ignorantes sont plus qualifiées pour l'action que d'autres qui savent : c'est le cas notamment des gens d'expé-

---

1. Les considérations de la fin du chap. précédent se continuent sans interruption.

2. Tout en étant contingentes. *Cf.* III, 5, 1121a28 *sq.*

3. Et non κατὰ μέρος (cf. *supra*, 5, 1140a27). Le terme ἁπλῶς est ici synonyme de ὅλως.

4. Par calcul délibéré et réfléchi. *Cf.* 2, 1139a12 : τὸ βουλεύεσθαι καὶ λογίζεσθαι ταὐτόν.

5. Autre différence entre φρόνησις et σοφία. Les *vérités universelles* (τὰ καθόλου, l. 14) dont il est question, et que la prudence doit connaître, sont les règles générales de la conduite.

6. III, 1, 1110b6.

rience[1] : si, tout en sachant que les viandes légères sont faciles
à digérer et bonnes pour la santé, on ignore quelles sortes de
viandes sont légères, on ne produira pas la santé, tandis que si
20 on sait que la chair de volaille est légère, on sera plus capable
de produire la santé[2].

La prudence étant de l'ordre de l'action, il en résulte qu'on
doit posséder les deux sortes de connaissances[3], et de
préférence celle qui porte sur le singulier. Mais ici encore elle
dépendra d'un art architectonique[4].

La sagesse politique[5] et la prudence sont une seule et
même disposition, bien que leur essence ne soit cependant pas
25 la même. De la prudence appliquée à la cité, une première
espèce, en tant qu'elle a sous sa dépendance toutes les autres,
est législative ; l'autre espèce, en tant que portant sur les choses
particulières, reçoit le nom, qui lui est d'ailleurs commun avec

---

1. Les empiriques. Cf. *Met.*, A, 1, 981a12-23 (t. I, p. 5-7 et notes de notre
commentaire). L. 17, la virgule doit être mise après πρακτικώτεροι, et non
après ἄλλοις.

2. L. 20, nous lisons ὑγίειαν, au lieu de ὑγιεινά.

3. À savoir la connaissance de l'universel et celle du particulier.

4. Lequel est la politique. – Sur ἀρχιτεκτονική, *cf.* I, 1, 1094a14, note.
Voir aussi l'excellente définition du *Vocabulaire de la Philosophie*, I (1932),
p. 64, « Architectonique » : « une science est dite architectonique relativement à
une autre, lorsque les fins de la seconde sont subordonnées à celles de la
première, et par conséquent leur servent de moyens ».

5. Qui est une application spéciale de la φρόνησις, laquelle, tout au moins
dans l'opinion courante (cf. *infra*, l. 29), intéresse l'homme privé et ses intérêts
personnels. Mais, en fait, comme le montrera Aristote, il est impossible, à cause
de la nature sociale de l'homme, de séparer le bien de l'individu, du bien de la
famille et de celui de la cité. Ainsi donc, dans sa plus haute réalisation, la
sagesse pratique coïncide avec la sagesse politique. De cette identification il
résulte que l'éthique (partie de la politique) est une œuvre de sagesse pratique
(φρόνησις) et non de science théorique. *Prudentia et politica*, dit très bien
St Thomas, 1196, p. 329, *utraque est recta ratio rerum agibilium circa humana
bona vel mala.*

la précédente, de politique[1]. Cette dernière espèce[2] a rapport à l'action et à la délibération, puisque tout décret doit être rendu dans une forme strictement individuelle[3]. C'est pourquoi *administrer la cité* est une expression réservée pour ceux qui entrent dans la particularité des affaires, car ce sont les seuls qui accomplissent la besogne, semblables en cela aux artisans[4].

Dans l'opinion commune[5], la prudence aussi est prise 30 surtout sous la forme où elle ne concerne que la personne privée, c'est-à-dire un individu ; et cette forme particulière reçoit le nom général de prudence. Des autres espèces, l'une est appelée *économie domestique*, une autre *législation*, une autre enfin, *politique*, celle-ci se subdivisant en délibérative et judiciaire[6].

9

<La prudence et l'art politique, suite.
L'intuition des singuliers>

Une des formes de la connaissance sera assurément de savoir le bien qui est propre à soi-même, mais cette connaissance-là est très différente des autres espèces. Et on pense

---

1. De sorte que πολιτική englobe la fonction législatrice.

2. À la différence de la νομοθετική, qui porte sur les καθόλου et se contente de poser les principes généraux.

3. Sur le ψήφισμα et sa différence avec le νόμος, cf. *supra*, V, 10, 1134b24, note. Alors que la *loi* établit une règle générale et permanente, le *décret* statue sur un cas particulier et temporaire. L. 28, τὸ ἔσχατον est à peu près syn. de τὸ καθ' ἕκαστον, et signifie l'*ultime sujet individuel*, le dernier terme dans la série dont les premiers termes sont les genres les plus élevés. *Cf.* Waitz, *Organon*, I, p. 379 ; Bonitz, *in Met.*, p. 336 ; *Ind. arist.*, 289b39.

4. Qui « sont sur le tas » et accomplissent le travail sous les ordres d'un maître de l'œuvre.

5. Mais qui n'est pas celle d'Aristote

6. Cf. *Pol.*, IV, 14, 1297b40.

1142a d'ordinaire que celui qui connaît ses propres intérêts et qui y consacre sa vie, est un homme prudent, tandis que les politiques s'occupent d'une foule d'affaires. D'où les vers d'Euripide[1] :

> Mais comment serais-je sage, moi à qui il était possible de vivre à l'abri des affaires,
>
> Simple numéro perdu dans la foule des soldats,
>
> 5   Participant au sort commun ? ...
>
> Car les gens hors de pair et qui en font plus que les autres...

Ceux qui pensent ainsi ne recherchent que leur propre bien, et ils croient que c'est un devoir d'agir ainsi[2]. Cette opinion a fait naître l'idée que de pareils gens sont des hommes prudents ; peut-être cependant la poursuite par chacun de son bien propre 10 ne va-t-elle pas sans économie domestique ni politique[3]. En outre, la façon dont on doit administrer ses propres affaires n'apparaît pas nettement et demande examen.

Ce que nous avons dit[4] est d'ailleurs confirmé par ce fait que les jeunes gens peuvent devenir géomètres ou mathématiciens ou savants dans les disciplines de ce genre, alors qu'on n'admet pas communément qu'il puisse exister de jeune homme prudent. La cause en est que la prudence a rapport aussi[5] aux faits particuliers, qui ne nous deviennent familiers 15 que par l'expérience, dont un jeune homme est toujours dépourvu (car c'est à force de temps que l'expérience s'acquiert). On pourrait même se demander[6] pourquoi un

---

1. Prologue de *Philoctète*, frgmt 787, 782, 2, Nauck (= 785, 786, Dindorf). – Aristote ne donne que des fragments décousus. On a pu reconstituer les vers entiers, à l'aide de Stobée, Plutarque et Dion Chrysostome (*cf.* Burnet, p. 272).

2. Et de laisser de côté les devoirs de famille et de cité.

3. L'homme étant un animal politique.

4. Sur ce que la prudence a rapport aux cas singuliers.

5. Le φρόνιμος connaissant également les καθόλου, principes de la vie morale.

6. En élargissant la question.

enfant, qui peut faire un mathématicien, est incapable d'être philosophe ou même physicien[1]. Ne serait-ce pas que, parmi ces sciences, les premières s'acquièrent par abstraction[2], tandis que les autres ont leurs principes dérivés de l'expérience, et que, dans ce dernier cas, les jeunes gens ne se sont formés aucune conviction et se contentent de paroles, tandis que les notions mathématiques, au contraire, ont une essence 20 dégagée de toute obscurité? – Ajoutons que l'erreur dans la délibération peut porter soit sur l'universel, soit sur le singulier[3], si on soutient par exemple que toutes les eaux pesantes sont pernicieuses, ou bien que telle eau déterminée est pesante.

Et que la prudence ne soit pas science, c'est là une chose manifeste : elle porte, en effet, sur ce qu'il y a de plus particulier, comme nous l'avons dit[4], car l'action à accomplir est

---

1. Cf. *Met.*, Γ 3, 1005b1 : la physique (la science de la nature) est une philosophie seconde. Le *sage* (σοφός, l. 17) est le métaphysicien.

2. Aristote entend par τὰ ἐξ ἀφαιρέσεως (ou δι' ἀφαρέσεώς, l. 18) les *abstractions*, les *résultats de l'abstraction*, à savoir les *mathematica*. À ces notions s'opposent τὰ ἐκ προσθέσεως, les *résultats de l'addition*, qui sont les êtres *physiques*, la πρόσθεσις étant un *apport*, une *adjonction* due *à l'expérience* (ἐξ ἐμπειρίας, l. 19) et à l'ἐπαγωγή. On distinguera ainsi les sciences qui partent de principes plus abstraits et qui par suite sont plus exactes et plus claires, et les sciences (par exemple la physique) qui reposent sur des principes plus complexes ἐκ προσθέσεως. – Sur cette terminologie, cf. *An. post.*, I, 27, 87a34; *de Coelo*, III, 1, 299a16; Trendelenburg, *de Anima*, p. 393-395; Waitz, *Org.*, II, p. 346-347; Bonitz, *in Met.*, p. 49-50, et *Ind. arist.*, 126b16 et 646a9; Hamelin, *Physique* II, p. 64; Mansion, *Introduction à la Physique*, 2ᵉ éd., p. 147-150. Dans le présent passage, Aristote soutient que les sciences abstraites, en raison de la simplicité de leurs définitions, sont plus assimilables que les sciences du réel, dont les ἀρχαί sont le fruit de l'expérience. La célèbre distinction de l'*esprit de géométrie* et de l'*esprit de finesse* est à rapprocher de celle d'Aristote. L. 19, le sens de οὐ πιστεύουσιν est bien indiqué par St Thomas (1210, p. 330) : « *non credunt* », *idest non attingunt mente, licet dicant ore*.

3. Tandis qu'en mathématique la seconde sorte d'erreur n'existe pas.

4. 8, 1141b14-22. Or il n'y a de science que du général.

25 elle-même particulière. La prudence dès lors s'oppose à la
raison intuitive : la raison intuitive, en effet, appréhende les
définitions[1], pour lesquelles on ne peut donner aucune raison,
tandis que la prudence est la connaissance de ce qu'il y a de
plus individuel, lequel n'est pas objet de science, mais de
perception : non pas la perception des sensibles propres[2], mais

1. Les principes immédiats, qui ne sont pas susceptibles de *démonstration*
(λόγος, l. 26).

2. Le fin du présent chapitre (l. 25-30) est l'un des passages les plus difficiles de l'*E.N.*, et les commentateurs sont loin de s'accorder sur son interprétation. Voici celle qu'en fin de compte nous croyons devoir adopter. L'idée cen-
trale développée par Aristote est de rappeler que la φρόνησις est une intuition
pratique immédiate, et, dans les cas privilégiés, infaillible, des réalités morales
particulières. Cette intuition du singulier ressemble, par la singularité même de
son objet, à l'αἴσθησις, sensation ou perception qui appréhende les ultimes
données du réel, et il s'agit de marquer quelles différences les séparent. À cet
effet, Aristote fait appel à une distinction capitale de sa noétique (*cf.* notamment
de An., II, 6, 418a7 *sq.*; III, 1 et 2; *Met.*, Γ, 5, 1010b14 *sq.*) entre les *sensibles
propres* (τῶν ἰδίων, l. 27, *ibid.* αἰσθητῶν) qui ne sont connus que par le sens
spécialisé correspondant (les couleurs sont appréhendées par la vue, les sons
par l'ouie, etc.), et les *sensibles communs* (κοινὰ αἰσθητά), tels que le mouvement, la forme, le nombre, lesquels sont saisis, non pas par un sixième sens
(solution écartée *de An.*, III, 1, *init.*), mais par le *sens commun*, sorte de discursion élémentaire à caractère plutôt intellectuel, contemporaine de toute représentation, supérieure comme telle à la sensation, et qui est le point de départ de
l'organisation de l'expérience ; sa fonction est en somme d'opérer l'unité de la
conscience. Or Aristote déclare dans le présent passage que la φρόνησις n'est
pas la perception des sensibles propres ; c'est donc qu'elle est comparable (bien
qu'Aristote ne le dise pas expressément) à la perception des sensibles communs
(en ce sens, Burnet, note, p. 274, et *Introduction*, p. XXXVIII, note ; *contra*,
Joachim, p. 212), laquelle n'appartient à aucun sens spécial et relève plutôt de
l'intellect, comme par exemple la saisie du σχῆμα par le *sensus communis*. On
peut voir ainsi dans la φρόνησις une appréhension immédiate, analogue à celle
par laquelle nous percevons intuitivement que telle figure mathématique particulière est un triangle. (Tel est le sens que nous donnons, avec Ross, à οἵα
αἰσθανόμεθα ὅτι τὸ ἐν τοῖς μαθηματικοῖς ἔσχατον τρίγωνον, l. 28-29.
Disons que ce sens, qui nous semble le plus obvie, est contesté, et que Burnet,
Rachkam et Joachim, s'accordent pour attribuer à cette phrase une portée toute
différente). Cette comparaison montre que l'objet de l'intuition morale est fort

une perception de la nature de celle par laquelle nous percevons que telle figure mathématique particulière est un triangle ;
car dans cette direction aussi on devra s'arrêter. Mais cette
intuition mathématique est plutôt perception que prudence, et 30
de la prudence l'intuition est spécifiquement différente.

10
<Les vertus intellectuelles mineures.
La bonne délibération>

La recherche et la délibération diffèrent[1], car la délibération est une recherche s'appliquant à une certaine chose[2]. –
Nous devons aussi appréhender quelle est la nature de la bonne

---

éloigné de l'αἰσθητόν, et ressemble (mais dans une direction opposée) à l'intuition qui nous fait appréhender les principes moraux formant la majeure du
syllogisme pratique. Ayant ainsi déterminé la véritable nature de la φρόνησις,
Aristote ajoute que *là aussi* (κἀκεῖ, l. 29) *il faudra s'arrêter* (στήσεται) : en
d'autres termes, de même qu'on ne peut *remonter* au-delà des *principes immédiats* (ἀρχαί, πρῶτοι ὅροι), qui sont inanalysables, on ne peut non plus, dans le
sens opposé (κἀκεῖ), *descendre* plus bas que les individus, qui se tiennent également hors de toute analyse. Aristote termine son exposé en faisant remarquer
que l'*intuition mathématique* du triangle (αὕτη, l. 29), qui lui a servi de terme de
comparaison, se rapproche davantage de la perception proprement dite que de
la φρόνησις, laquelle est une intuition intellectuelle et non sensible et relève
d'une autre espèce.

1. Les chap. 10 et suivants ont pour objet l'étude de certaines vertus
dianoétiques de second ordre relatives à l'action, et qui sont plus ou moins
apparentées à la φρόνησις à laquelle elles apportent leur concours. – Susemihl
croit, mais peut-être à tort, que la fin du chap. 9 et le commencement du chap. 10
font défaut.

2. À savoir aux choses de la moralité (III, 5, 1112b21). La délibération est
donc une *espèce* de la recherche, qui l'enferme comme son *genre*. – Rackham
est d'avis que les l. 31-32 (τὸ ζητεῖν ... τι ἐστίν) ne sont pas à leur place et
doivent être transposées après λογίζεται, 1142b2. Nous suivons le texte
traditionnel.

délibération, si elle est une forme de science[1], ou opinion, ou justesse de coup d'œil[2], ou quelque autre genre différent.

1142b   Or elle n'est pas science (on ne cherche pas les choses qu'on sait, alors que la bonne délibération est une forme de délibération, et que celui qui délibère cherche et calcule). – Mais elle n'est pas davantage justesse de coup d'œil, car la justesse de coup d'œil a lieu indépendamment de tout calcul conscient, et d'une manière rapide, tandis que la délibération exige beaucoup de temps, et on dit[3] que s'il faut exécuter avec 5 rapidité ce qu'on a délibéré de faire, la délibération elle-même doit être lente. Autre raison : la vivacité d'esprit[4] est une chose différente de la bonne délibération ; or la vivacité d'esprit est une sorte de justesse de coup d'œil. – La bonne délibération n'est pas non plus une forme quelconque d'opinion. Mais[5]

1. Comme le soutient Platon, *Rep.*, IV, 428b. – Il s'agit pour Aristote d'établir que l'εὐβουλία est ὀρθότης de la pensée. Il y parvient en critiquant la doctrine platonicienne suivant laquelle l'εὐβουλία est *une forme de science* (ἐπιστήμη τις, l. 33) et en adaptant la terminologie de l'Académie à son propre point de vue. Burnet (p. 275 et 276) et Joachim (p. 215) ont justement insisté sur ce point.

2. L. 33, εὐστοχία est le fait de *viser juste*, la *sagacité* dans la conjecture, la *sûreté de coup d'œil*, une sorte de divination. Cf. *de Part. anim.*, I, 1, 639a5, où κρῖναι εὐστόχως veut dire *porter un jugement qui tombe juste*, un jugement *pertinent* (P. Louis).

3. En manière de proverbe.

4. Sur ἀγχίνοια (*vivacité d'esprit*), cf. *An. post.*, I, 34, 89b10, où elle est décrite comme une découverte instantanée des moyens termes, sorte de divination qui se passe du raisonnement.

5. L'argumentation des l. 6-15 est fort délicate. L'εὐβουλιά ne saurait être une *espèce, quelle qu'elle soit* (οὐδεμία, l. 7) de la δόξα. En effet, si *mal* délibérer entraîne à l'erreur, et si *bien* délibérer (εὖ, l. 8) est l'équivalent de délibérer *correctement* (ὀρθῶς), c'est donc que toute εὐβουλία est une ὀρθότης. Or (l. 9-11) on ne peut pas dire d'une connaissance scientifique qu'elle est *correcte*, car cela va de soi, la science étant par définition toujours sûre ; on ne peut pas dire non plus que l'opinion est *correcte*, car une opinion correcte cesse d'être opinion pour devenir vérité. De plus (l. 11, ἅμα marque la liaison des

puisque celui qui délibère mal se trompe et que celui qui délibère bien délibère correctement, il est clair que la bonne délibération est une certaine rectitude. Mais on ne peut affirmer la
rectitude ni de la science, ni de l'opinion : pour la science, en
effet, on ne peut pas parler de rectitude (pas plus que d'erreur),   10
et pour l'opinion sa rectitude est vérité ; et en même temps, tout
ce qui est objet d'opinion est déjà déterminé. Mais la bonne
délibération ne va pas non plus sans calcul conscient. Il reste
donc qu'elle est rectitude de pensée, car ce n'est pas encore une
assertion, puisque l'opinion n'est pas une recherche mais est
déjà une certaine assertion, tandis que l'homme qui délibère   15
bien ou mal, recherche quelque chose et calcule.

preuves), l'opinion porte toujours sur quelque chose de déterminé dans l'esprit
de l'opinant, et ce quelque chose est telle proposition ou sa contradictoire,
tandis que la βουλή, en raison de son « balancement » même et de l'indécision
de toute recherche, a pour objet une chose qui n'est pas encore déterminée, un
ἀόριστον. En outre (ἀλλὰ μὴν, 1. 12), comme toute bonne délibération
implique raisonnement (οὐδ' ἄνευ λόγου), il suit que la rectitude qui la définit a
rapport à la *pensée* (διάνοια), et qu'elle sera une ὀρθότης διανοίας (l. 12).
Comme l'a bien vu Burnet, p. 276, dont les commentaires éclairent singulièrement ce difficile passage, le procédé éliminatoire consistant à rejeter successivement l'ἐπιστήμη et la δόξα pour s'arrêter finalement à la διάνοια, a pour
point de départ la division tripartite de Platon, de sorte que la nature de la
διάνοια doit être comprise à la lumière de la doctrine platonicienne. Or le
Théétète (189e) et le *Sophiste* (263e) définissent la διάνοια comme le dialogue
intérieur et silencieux de l'âme avec elle-même, et le *Philèbe* (38c-e) nous en
décrit le mécanisme. Le discours qui extériorise ce dialogue intérieur, cette
διάνοια, est, en plus de cette dernière, *affirmation et négation* (φάσιν τε καὶ
ἀπόφασιν, *Soph.*, 263e). Aristote reproduit cette doctrine quand il indique,
l. 13, que la διάνοια n'est *pas encore* une φάσις, alors que la δόξα a déjà atteint,
par le parti auquel elle s'est arrêtée à tort ou à raison, le stade de la φάσις. Et la
délibération, bonne ou mauvaise (l. 14-15), est ainsi une pensée consciente, qui
enquête et calcule, et qui devient εὐβουλία quand elle est faite correctement.
Toute cette discussion est assurément assez difficile à suivre, mais il est
excessif, pensons-nous, de vouloir, avec Rackham, distraire, comme étrangères
à l'argumentation, les l. 12-13 (ἀλλὰ μήν... φάσις), qui en sont au contraire
une pièce essentielle.

Mais la bonne délibération étant une certaine rectitude de délibération, nous devons donc d'abord rechercher ce qu'est la délibération en général et sur quel objet elle porte. Et *rectitude* étant un terme à sens multiples, il est clair qu'il ne s'agit pas ici de toute rectitude quelle qu'elle soit[1]. En effet, l'homme intempérant ou pervers[2], s'il est habile, atteindra ce qu'il se propose à l'aide du calcul, de sorte qu'il aura délibéré correc-

20   tement, alors que c'est un mal considérable qu'il s'est procuré : or on admet couramment qu'avoir bien délibéré est en soi-même un bien, car c'est cette sorte de rectitude de délibération qui est bonne délibération, à savoir celle qui tend à atteindre un bien[3]. – Mais il est possible[4] d'atteindre même le bien par un faux syllogisme, et d'atteindre ce qu'il est de notre devoir de faire, mais en se servant non pas du moyen qui convient, mais à l'aide d'un moyen terme erroné[5]. Par conséquent, cet état, en

25   vertu duquel on atteint ce que le devoir prescrit mais non cependant par la voie requise, n'est toujours pas bonne délibé-ration. – On peut aussi arriver au but[6] par une délibération de longue durée, alors qu'un autre l'atteindra rapidement : dans le premier cas, ce n'est donc pas encore une bonne délibération, laquelle est rectitude eu égard à ce qui est utile, portant à la fois

---

1. Mais elle exige d'autres conditions qu'Aristote va examiner sous *quatre* chefs distincts.

2. *Premier chef* (l. 18-22 : ὁ γὰρ ἀκρατὴς ... τευκτική) : il faut en outre la rectitude de la fin. – L. 19, ἰδεῖν paraît corrompu, et nous acceptons, avec Ross, l'intéressante suggestion d'Apelt, εἰ δεινός (*cf.* d'ailleurs *infra*, 13, 1144a23).

3. L'εὐβουλία est en elle-même un bien et ne saurait tendre qu'au bien. L'accomplissement d'une bonne action est quelque chose d'indivisible où l'adoption des moyens se confond avec la réalisation de la fin.

4. *Deuxième chef* (l. 22-26 : ἀλλ' ἔστι... οὗ ἔδει) : si la fin doit être correcte, les moyens pour l'atteindre doivent l'être aussi.

5. *Puta cum aliquis furatur ut subveniat pauperi* (St Thomas, 1230, p. 335).

6. *Troisième chef* (l. 26-28 : ἔτι ἔστι ... καὶ ὅτε) : rectitude quant au temps.

sur la fin à atteindre, la manière et le temps[1]. – En outre, on peut
avoir bien délibéré[2] soit au sens absolu, soit par rapport à une
fin déterminée. La bonne délibération au sens absolu est dès 30
lors celle qui mène à un résultat correct par rapport à la fin prise
absolument, alors que la bonne délibération en un sens déterminé est celle qui n'aboutit à un résultat correct que par rapport
à une fin elle-même déterminée[3]. Si donc les hommes prudents
ont pour caractère propre le fait d'avoir bien délibéré, la bonne
délibération sera une rectitude en ce qui concerne ce qui est utile
à la réalisation d'une fin, utilité dont la véritable conception est
la prudence elle-même[4].

11
<Les vertus intellectuelles mineures, suite.
L'intelligence et le jugement>

L'intelligence aussi[5] et la perspicacité, qui nous font dire
des gens qu'ils sont intelligents et perspicaces, ne sont pas **1143a**
absolument la même chose que la science ou l'opinion (car,

1. Il doit y avoir à la fois fin correcte, moyens corrects et temps correct (ni
trop long, ni trop court), pour délibérer. *Sed talis rectitudo consilii quae attendit
quod est utile ad finem ad quem oportet, et modum et tempus* (St Thomas, 1232,
p. 335).

2. *Quatrième chef* (l. 28 *sq.* : ἔτι ἔστι…) : la fin doit être *la* fin au sens
absolu (l'εὐδαιμονία), et non *une* fin particulière (la beauté ou la force).

3. Nous avons dû paraphraser légèrement cette phrase, qui est extrêmement concise dans le texte.

4. L'antécédent de εὖ, l. 33, est τὸ συμφέρον, et non τὸ τέλος (nous lisons
τό et non τι : dans le même sens, Burnet et Rackham). – On aboutit ainsi à la
définition de l'εὐβουλία : *eubulia est rectitudo consilii ad finem bonum
simpliciter per vias congruas et tempore convenienti* (St Thomas, 1234, p. 335,
définition reprise textuellement par Sylv. Maurus, 166[2]).

5. Le terme σύνεσις, déjà employé dans le *Philèbe*, 19d, a le sens de *intelligence, compréhension, jugement*. L'εὐσυνεσία est l'*intelligence ouverte*, nous
traduisons par *perspicacité*.

dans ce dernier cas, tout le monde serait intelligent)[1], et ne sont
pas davantage quelqu'une des sciences particulières, comme la
médecine, science des choses relatives à la santé, ou la géo-
5 métrie, science des grandeurs. Car l'intelligence[2] ne roule ni
sur les êtres éternels et immobiles, ni sur rien de ce qui devient,
mais seulement sur les choses pouvant être objet de doute et de
délibération. Aussi porte-t-elle sur les mêmes objets que la
prudence, bien qu'intelligence et prudence ne soient pas
identiques. La prudence est, en effet, directive (car elle a pour
fin de déterminer ce qu'il est de notre devoir de faire ou de ne
10 pas faire)[3], tandis que l'intelligence est seulement judicative
(car il y a identité entre intelligence et perspicacité, entre un
homme intelligent et un homme perspicace).

　　L'intelligence ne consiste ni à posséder la prudence, ni à
l'acquérir. Mais de même que *apprendre* s'appelle *comprendre*
quand on exerce la faculté de connaître scientifiquement[4],

---

　　1. Tout le monde ayant une opinion. Cette parenthèse se rapporte
seulement à l'opinion.

　　2. La σύνεσις, qui est de l'ordre pratique, ne se confond ni avec la métaphysique (qui porte sur les êtres éternels), ni avec la physique (qui porte sur le
devenir).

　　3. *Prudentia est praeceptiva, inquantum scilicet est finis ejus determinare
quid oporteat agere* (St Thomas, 1240, p. 337, qui étudie également, 1239-
1240, les rapports entre σύνεσις, φρόνησις et εὐβουλία).

　　4. Cf. *de Soph.*, 4, 165b32 (p. 8 de notre traduction), qui, à propos des
sophismes παρ'ὁμωνυμίαν, distingue les deux sens de μανθάνειν: *acquérir la
science* (*discere*), *apprendre en étudiant*, et, d'autre part, *comprendre* ce qu'un
autre dit (*intelligere*). Voir aussi la discussion de l'*Euthyd.*, 275d-276c: οἱ
μανθάνοντες pouvant signifier *ceux qui apprennent* ou *ceux qui comprennent*,
et οἱ σοφοί les *savants* ou les *gens intelligents*. La σύνεσις consiste ainsi dans
un certain usage de la prudence, à laquelle elle demeure subordonnée: elle est la
vertu du πολιτικός, et la φρόνησις celle du νομοθέτης, d'où l'importance, dans
ce passage, de l'incidente ἄλλου λέγοντος, l. 15: le συνετός affirme seulement, par un jugement bien fondé, ce qu'un φρόνιμος propose dans les matières
rentrant dans sa sphère.

ainsi *comprendre* s'applique à l'exercice de la faculté d'opinion, quand il s'agit de porter un jugement sur ce qu'une autre personne énonce dans des matières relevant de la prudence, et par *jugement* j'entends un *jugement fondé*, car *bien* est la 15 même chose que *fondé*. Et l'emploi du terme *intelligence* pour désigner la qualité des gens perspicaces est venu de l'*intelligence* au sens d'*apprendre*, car nous prenons souvent *apprendre* au sens de *comprendre*[1].

Ce qu'on appelle enfin *jugement*[2], qualité d'après laquelle nous disons des gens qu'ils ont un *bon jugement* ou qu'ils ont 20 *du jugement*, est la correcte discrimination de ce qui est équitable. Ce qui le montre bien, c'est le fait que nous disons que l'homme équitable est surtout favorablement disposé pour autrui[3], et que montrer dans certains cas de la largeur d'esprit est équitable. Et dans la largeur d'esprit on fait preuve de jugement en appréciant correctement ce qui est équitable ; et juger correctement c'est juger ce qui est vraiment équitable[4].

---

1. La difficulté de ce paragraphe (l. 11-18) consiste en grande partie dans l'équivalence parfaite en grec de σύνεσις et de συνιέναι, qu'il est impossible de rendre en français, à moins d'employer les mots *compréhension* et *comprendre*. Mais la correction est facile à faire.

2. L. 19, γνώμη est le *sens*, le *jugement*, la *manière de voir*, la *droite raison*. – Sur la notion d'ἐπιείκεια, opposée à celle de justice légale, et dont la γνώμη est la *saine appréciation* (κρίσις ὀρθή, l. 20), cf. *supra*, V, 14, 1137a31-1138a3.

3. La συγγνώμη est la qualité qui nous fait comprendre les raisons d'agir d'une autre personne, la *largeur d'esprit* et par suite l'*indulgence* et le *pardon*.

4. L. 24, τοῦ ἀληθοῦς = τοῦ ὡς ἀληθῶς ἐπιεικοῦς (Burnet, p. 279). La définition de la γνώμη sera donc celle-ci : *judicium recti aequi ac boni viri, per quod judicat quid sit faciendum in quibus lex deficit, ac benigne interpretatur legem* (Sylv. Maurus, 167[2]).

12

<Relations des vertus dianoétiques entre elles et avec la prudence>

25   Toutes les dispositions dont il a été question convergent, comme cela est normal, vers la même chose[1]. En effet, nous attribuons jugement, intelligence, prudence et raison intuitive indifféremment aux mêmes individus quand nous disons qu'ils ont atteint l'âge du jugement et de la raison[2], et qu'ils sont prudents et intelligents. Car toutes ces facultés portent sur les choses ultimes et particulières[3] ; et c'est en étant capable de juger des choses rentrant dans le domaine de l'homme prudent
30 qu'on est intelligent, bienveillant et favorablement disposé pour les autres, les actions équitables[4] étant communes à tous les gens de bien dans leurs rapports avec autrui. Or toutes les actions que nous devons accomplir rentrent dans les choses particulières et ultimes, car l'homme prudent doit connaître les faits particuliers, et de leur côté l'intelligence et le jugement roulent sur les actions à accomplir, lesquelles sont des choses
35 ultimes. La raison intuitive s'applique aussi aux choses particulières, dans les deux sens à la fois, puisque les termes

---

1. Ces ἕξεις sont décrites plus bas comme étant celles qui appréhendent leur objet ἄνευ λόγου : il s'agit donc du νοῦς, de la γνώμη et de la σύνεσις, qui ont été étudiés dans les chapitres précédents, à l'exclusion de l'εὐβουλία, laquelle est au contraire μετὰ λόγου. Ces différentes dispositions sont en quelque façon équivalentes et interchangeables, en ce qu'elles ont rapport εἰς ταὐτό (l. 25), c'est-à-dire à la φρόνησις (*cf.* Burnet, p. 279). En d'autres termes ce sont des πρὸς ἓν λεγόμενα, pour lesquels la φρόνησις joue le rôle d'*analogum princeps* (*cf.* sur ce point, *supra*, I, 4, 1096b27, note).

2. L. 27, νοῦν ἤδη doit être compris à l'aide de l'expression ἥδε ἡ ἡλικία νοῦν ἔχει, 1143b8, *infra*.

3. Cf. *passim*, et notamment 8, 1141b8 *sq.*

4. Objet, nous le savons, de la γνώμη, dont le domaine s'étend ainsi aussi loin que celui de la φρόνησις.

premiers[1] aussi bien que les derniers sont du domaine de la raison intuitive et non de la discursion : dans les démons- **1143b** trations, la raison intuitive appréhende les termes immobiles et premiers, et dans les raisonnements d'ordre pratique, elle appréhende le fait dernier et contingent, c'est-à-dire la prémisse mineure[2], puisque ces faits-là sont principes de la fin à atteindre[3], les cas particuliers servant de point de départ pour atteindre les universels. Nous devons donc avoir une perception 5 des cas particuliers, et cette perception est raison intuitive[4].

C'est pourquoi on pense d'ordinaire que ces états sont des qualités naturelles, et, bien que personne ne soit philosophe naturellement, qu'on possède naturellement jugement, intelligence et raison intuitive. Une preuve, c'est que nous croyons que ces dispositions accompagnent les différents âges de la vie, et que tel âge déterminé apporte avec lui raison intuitive et jugement, convaincus que nous sommes que la nature en est la cause. – Voilà pourquoi encore la raison intuitive est à la fois 10 principe et fin, choses qui sont en même temps l'origine et l'objet des démonstrations[5]. – Par conséquent, les paroles et les opinions indémontrées des gens d'expérience, des vieillards et des personnes douées de sagesse pratique sont tout aussi

---

1. Les principes universels et indémontrables, par opposition aux choses particulières. Sur l'appréhension par le νοῦς des principes de la connaissance, cf. *supra*, chap. 6, avec les notes.

2. Du syllogisme pratique.

3. Cf. *supra*, 3, 1139b28, et la note sur le rôle de l'ἐπαγωγή.

4. Voir 9, 1142a25-30 et les notes.

5. Des démonstrations pratiques. *Cf.* St Thomas, 1253, p. 339 : *intellectus, qui est bene discretivus singularium in practicis, non solum se habet circa principia, sicut in speculativis, sed etiam sicut finis... In operativis, demonstrationes et procedunt ex his singularibus et dantur de his singularibus. Oportet in syllogismo operativo... esse minorem singularem et etiam conclusionem quae concludit ipsum operabile, quod est singulare.* Cette phrase, qui est étrangère à l'argumentation (laquelle reprend, l. 11, avec ὥστε, qui est la conséquence des l. 7-9), est mise entre crochets par Burnet et Rackham.

dignes d'attention que celles qui s'appuient sur des démonstrations, car l'expérience leur a donné une vue exercée qui leur
permet de voir correctement les choses.

13
*<Utilité de la sagesse théorique et de la sagesse pratique
(ou prudence) – Rapports des deux sagesses>*

15   Nous avons donc établi quelle est la nature de la prudence
et de la sagesse théorique[1], et quelles sont en fait leurs sphères
respectives; et nous avons montré que chacune d'elles est
vertu d'une partie différente de l'âme.

Mais on peut se poser la question de savoir quelle est
l'utilité de ces vertus. La sagesse théorique, en effet[2], n'étudie
20 aucun des moyens qui peuvent rendre un homme heureux
(puisqu'elle ne porte en aucun cas sur un devenir)[3]; la
prudence, par contre, remplit bien ce rôle[4], mais en vue de quoi
avons-nous besoin d'elle? La prudence a sans doute pour objet
les choses justes, belles et bonnes pour l'homme, mais ce sont
là des choses qu'un homme de bien accomplit naturellement.
Notre action n'est en rien facilitée par la connaissance que
nous avons de ces choses[5], s'il est vrai que les vertus sont des
25 dispositions du caractère, pas plus que ne nous sert la connais-

1. Qui sont en définitive les seules vertus dianoétiques.

2. *Première aporie* (l. 18-28 : ἡ μὲν γὰρ σοφία … ἔσμεν).

3. Mais sur les réalités éternelles et immuables. Elle ne saurait ainsi
enseigner les moyens de *devenir* heureux (*cf.* Joachim, p. 216, note 1).

4. *Considerativa operationum humanarum ex quibus homo fit felix*
(St Thomas, 1259, p. 342).

5. Qui se réaliseront de toute façon, comme une conséquence de l'ἕξις,
indépendamment de la connaissance *post eventum* que nous en aurons. C'est
ainsi que le savant n'a que faire de la logique pour ses découvertes, et l'homme
bien portant ou l'athlète n'ont pas besoin de connaissances théoriques sur la
médecine ou la gymnastique (*cf.* Joachim, p. 216).

sance des *choses saines* ou des *choses en bon état*, en prenant ces expressions non pas au sens de *productrices de santé*, mais comme un résultat de l'état de santé[1], car nous ne sommes rendus en rien plus aptes à nous bien porter ou à être en bon état, par le fait de posséder l'art médical ou celui de la gymnastique.

Mais si, d'un autre côté[2], on doit poser qu'un homme est prudent non pas afin de connaître les vérités morales, mais afin de devenir vertueux, alors, pour ceux qui le sont déjà, la prudence ne saurait servir à rien. Bien plus, elle ne servira pas 30 davantage à ceux qui ne le sont pas, car peu importera qu'on possède soi-même la prudence ou qu'on suive seulement les conseils d'autres qui la possèdent : il nous suffirait de faire ce que nous faisons en ce qui concerne notre santé, car tout en souhaitant de nous bien porter, nous n'apprenons pas pour autant l'art médical.

Ajoutons à cela[3] qu'on peut trouver étrange que la prudence, bien qu'inférieure à la sagesse théorique ait une autorité supérieure à celle de cette dernière, puisque l'art qui

---

1. Sur les sens divers d'un terme se rapportant à un *analogum princeps*, πρὸς ἓν καὶ μίαν φύσιν, cf. *Met.*, Γ, 2, 1003a34 *sq*. (I, 176-177 et notes, de notre commentaire). Dans l'exemple présent, τὰ ὑγιεινά et τὰ εὐεκτικά, l. 25, sont employés comme des *signes* de la santé, et non comme des *facteurs* de santé.

2. *Seconde aporie* (l. 28-33 : εἰ δὲ μή... ἰατρικήν). Si l'objet de la φρόνησις est de nous permettre de *devenir* bons (et non pas de réfléchir sur les bonnes actions, τούτων χάριν, l. 28), à quoi sert-elle ? Ceux qui sont déjà vertueux n'en ont pas besoin, et ceux qui ne le sont pas encore n'ont pas besoin de la posséder en personne : il suffira qu'ils consultent quelqu'un qui la possède, comme on consulte un médecin quand on est malade, sans pour cela apprendre soi-même la médecine (*cf.* St Thomas, 1263, p. 342).

3. *Troisième aporie* (l. 33-35 : πρὸς δὲ τούτοις ... ἕκαστον) : comment concilier le caractère impératif de la φρ. avec son infériorité par rapport à la σοφία ? (Sur cette infériorité, cf. *supra*, 7, 1141a21 *sq*.).

35 produit une chose quelconque gouverne et régit tout ce qui
concerne cette chose [1].

Telles sont donc les questions que nous devons discuter,
car jusqu'ici nous n'avons fait que poser des problèmes [2].

1144a D'abord [3] nous soutenons que la sagesse et la prudence sont
nécessairement désirables en elles-mêmes, en tant du moins
qu'elles sont vertus respectives de chacune des deux parties
de l'âme, et cela même si ni l'une ni l'autre ne produisent rien.
– Secondement [4], ces vertus produisent en réalité quelque
chose, non pas au sens où la médecine produit la santé, mais au
5 sens où l'état de santé est cause de la santé : c'est de cette façon
que la sagesse produit le bonheur, car étant une partie de la
vertu totale [5], par sa simple possession et par son exercice elle
rend un homme heureux.

En outre [6], l'œuvre propre de l'homme n'est complètement
achevée qu'en conformité avec la prudence aussi bien qu'avec

1. Cf. *Top.*, III, 5, 119a17-19.

2. Il s'agit maintenant, non plus de *poser des problèmes* (ἀπορεῖν), mais de
trouver leur solution (εὐπορεῖν) : ce sera l'objet de toute la fin du chapitre. Sur
la notion d'ἀπορία et sur la méthode *diaporématique* dans Aristote, cf. *infra*,
VII, 1, 1145b7, note.

3. *Première* λύσις : la σοφία et la φρ., en supposant qu'elles soient
incapables de produire le bonheur, ont une valeur intrinsèque et sont en elles-
mêmes les plus hautes vertus (*cf.* II. Joachim, p. 216-217).

4. *Deuxième* λύσις : mais en réalité elles sont facteur du bonheur. La
σοφία notamment le produit non pas à titre de cause efficiente, mais à titre de
cause formelle : c'est ainsi que l'état de santé engendre les activités saines (*sicut
sanitas ad opera sana*, St Thomas, 1257, p. 243).

5. La vie vertueuse étant un tout organisé dont les parties sont solidaires.
Tout ce qui est dit ici de la σοφία doit s'étendre à la φρόνησις.

6. *Troisième* λύσις : la vertu morale est insuffisante pour remplir l'œuvre
proprement humaine et assurer le bonheur de l'homme. Il y faut ajouter les
vertus dianoétiques. La vertu éthique fournit le but, mais la prudence ou sagesse
pratique, de caractère intellectuel, renseigne sur les moyens. Ainsi que nous le
verrons *infra* (1144b30), il n'y a pas de prudence sans vertu éthique ni de vertu
éthique sans prudence, tous les éléments qui composent la vertu totale étant au
surplus inséparables et ne pouvant être distingués que par analyse.

la vertu morale : la vertu morale, en effet, assure la rectitude du
but que nous poursuivons, et la prudence celle des moyens
pour parvenir à ce but. – Quant à la quatrième partie de l'âme[1],
la nutritive, elle n'a aucune vertu de cette sorte, car son action 10
ou son inaction n'est nullement en son pouvoir.

En ce qui regarde enfin le fait[2] que la prudence ne nous
rend en rien plus aptes à accomplir les actions nobles et justes,
il nous faut reprendre d'un peu plus haut en partant d'un
principe qui est le suivant. De même que nous disons de
certains qui accomplissent des actions justes, qu'ils ne sont pas
encore des hommes justes, ceux qui font, par exemple, ce qui
est prescrit par les lois, soit malgré eux, soit par ignorance, 15
soit pour tout autre motif, mais non pas simplement en vue
d'accomplir l'action[3] (bien qu'ils fassent assurément ce qu'il
faut faire, et tout ce que l'homme vertueux est tenu de faire),
ainsi, semble-t-il bien, il existe un certain état d'esprit dans
lequel on accomplit ces différentes actions de façon à être
homme de bien, je veux dire qu'on les fait par choix délibéré et
en vue des actions mêmes qu'on accomplit. Or la vertu morale 20
assure bien la rectitude du choix, mais accomplir les actes
tendant naturellement à la réalisation de la fin que nous avons

1. Les *parties* de l'âme sont, nous le savons, les suivantes : τὸ ἐπιστημονικόν, dont la vertu est la σοφία; τὸ λογιστικόν, qui a pour vertu la φρόνησις;
τὸ ὀρεκτικόν, dont la vertu est l'ensemble des vertus morales. Mais τὸ
θρεπτικόν ne possède pas de vertu correspondante (τοιαύτη, l. 10, c'est-à-dire,
apportant sa contribution à l'ἔργον propre de l'homme) : les fonctions naturelles du corps échappent à la volonté (οὐδὲν γὰρ ἐπ᾽ αὐτῷ, l. 10) et sont
communes à l'homme et aux autres êtres animés; elles sont étrangères à la
moralité.

2. *Quatrième* λύσις (et dernière), qui enveloppe les trois précédentes.
Aristote reprend et résume ses analyses antérieures de V, 10, 1135a16-1136a9.

3. *Propter amorem ipsorum operum justitiae* (St Thomas, 1271, p. 343).
– Nous approchons ici du *rigorisme* de la morale kantienne qui définit la
bonne volonté, la volonté d'agir par devoir : cf. notamment les *Fondements de
la Métaphysique des mœurs*, Delbos (éd.), p. 99 *sq.*

choisie, c'est là une chose qui ne relève plus de la vertu, mais
d'une autre potentialité. – Mais il nous faut insister sur ce point
et parler plus clairement. Il existe une certaine puissance,
25 appelée *habileté*[1], et celle-ci est telle qu'elle est capable de
faire les choses tendant au but que nous nous proposons et de
les atteindre[2]. Si le but est noble, c'est une puissance digne
d'éloges, mais s'il est pervers, elle n'est que rouerie[3], et c'est
pourquoi nous appelons *habiles* les hommes prudents aussi
bien que les roués. La prudence n'est pas la puissance dont
nous parlons, mais elle n'existe pas sans cette puissance. Mais
30 ladite disposition ne se réalise pas pour cet « œil de l'âme »
sans l'aide de la vertu[4] : nous l'avons dit[5], et cela est d'ailleurs
évident. En effet, les syllogismes de l'action ont comme
principe[6] : « Puisque la fin, c'est-à-dire le Souverain Bien, est
de telle nature », (quoi que ce puisse être d'ailleurs, et nous
pouvons prendre à titre d'exemple la première chose venue) ;
mais ce Souverain Bien ne se manifeste qu'aux yeux de
35 l'homme de bien : car la méchanceté fausse l'esprit et nous
induit en erreur sur les principes de la conduite[7]. La consé-

---

1. Et opposée par sa nature à l'ἕξις, disposition permanente.

2. Bywater (suivi par Rackham et Ross) lit, sans doute avec raison, αὐτοῦ
(le *but*), au lieu de αὐτῶν, l. 26.

3. Cf. *Rep.*, VII, 518e-519a. – L. 28, nous acceptons τούς, inséré par Klein
avant πανούργους.

4. Phrase difficile. Aristote veut dire que « cet œil de l'âme » (à savoir
l'*habileté*, qui est la δύναμις du νοῦς) ne devient la disposition constituant la
prudence (ἡ δὲ ἕξις, l. 29) qu'avec le secours de la vertu. *Habitus autem huic
quasi animi oculo ingeneratur non sins virtute* (Lambin). Voir aussi Burnet,
p. 284.

5. L. 6-26.

6. Prémisse immédiate majeure (c'est la définition de l'εὐδαιμονία). – Sur
les ἀρχαί comme points de départ de la démonstration pragmatique, cf. *supra*,
3, 1139b28 *sq.*, et nos notes.

7. L'argumentation finale est clairement résumée par Sylv. Maurus
(172[1]) : *pravitas pervertit judicium... ergo solus vir probus potest judicare de
ultimo fine adeoque de agendis in ordine ad ultimum finem; sed prudentia est*

quence évidente, c'est l'impossibilité d'être prudent sans être vertueux[1].

Examinons donc de nouveau encore la nature de la vertu. **1144b**

Le cas de la vertu est, en effet, voisin de celui de la prudence dans ses rapports avec l'habileté[2]. Sans qu'il y ait à cet égard identité, il y a du moins ressemblance, et la vertu naturelle entretient un rapport de même sorte avec la vertu au sens strict. Tout le monde admet, en effet, que chaque type de caractère appartient à son possesseur en quelque sorte par nature (car nous sommes justes, ou enclins à la tempérance, ou 5 braves, et ainsi de suite, dès le moment de notre naissance). Mais pourtant nous cherchons quelque chose d'autre, à savoir le bien au sens strict[3], et voulons que de telles qualités nous appartiennent d'une autre façon. En effet, même les enfants et les bêtes possèdent les dispositions naturelles, mais, faute d'être accompagnées de raison, ces dispositions nous apparaissent comme nocives. De toute façon, il y a une chose qui tombe 10 semble-t-il sous le sens, c'est que, tout comme il arrive à un

---

per quam judicamus de ultimo fine ac de agendis in ordine ad ipsum : ergo prudentia potest inesse soli viro probo, adeoque prudentia non potest esse sine virtute morali.

1. Aristote va maintenant prouver qu'il est impossible d'être vertueux sans être prudent. – On voit dès lors l'espèce d'imbrication réciproque de toutes les notions intervenant dans la conception de la moralité, et qui sont inséparables dans l'unité de la vie morale. Mais Aristote met partout l'accent sur l'élément intellectuel apporté par la prudence.

2. *Cf.* Burnet, p. 285. Aristote va établir que, de même que la δύναμις qu'est la δεινότης ne peut devenir l'ἕξις qu'est la φρόνησις sans la *vertu morale* (ἀ. ἠθική), de même la δύναμις qu'est la *vertu naturelle* (ἀ. φυσική) ne peut devenir *vertu morale* (ἀ. ἠθική), vertu *au sens strict* (τὴν κυρίαν, l. 4 ; κυρίως, l. 14 ; κυρία, l. 16, etc. ...) sans φρόνησις. On a ainsi la proportion :

$$\frac{\varphi\rho\acute{o}\nu\eta\sigma\iota\varsigma}{\delta\varepsilon\iota\nu\acute{o}\tau\eta\varsigma} = \frac{\mathring{\alpha}\rho\varepsilon\tau\grave{\eta}\,\mathring{\eta}\theta\iota\kappa\acute{\eta}}{\mathring{\alpha}\rho\varepsilon\tau\grave{\eta}\,\varphi\upsilon\sigma\iota\kappa\acute{\eta}}$$

Sur la vertu φυσική, cf. *Hist. Anim.*, VIII, 1, 588a18-588b3 (II, p. 491-492) et notes de notre traduction).

3. La vertu morale.

organisme vigoureux mais privé de la vue, de tomber lourde-
ment quand il se meut, parce qu'il n'y voit pas, ainsi en est-il
dans le cas des dispositions dont nous parlons; une fois au
contraire que la raison est venue[1], alors dans le domaine de
l'action morale c'est un changement radical, et la disposition
qui n'avait jusqu'ici qu'une ressemblance avec la vertu sera
alors vertu au sens strict. Par conséquent, de même que pour la
15 partie opinante[2] on distingue deux sortes de qualités, l'habileté
et la prudence, ainsi aussi pour la partie morale de l'âme[3] il
existe deux types de vertus, la vertu naturelle et la vertu proprement dite, et de ces deux vertus la vertu proprement dite ne se
produit pas sans être accompagnée de prudence. C'est pourquoi
certains prétendent que toutes les vertus sont des formes de
prudence, et Socrate, dans sa méthode d'investigation[4], avait
raison en un sens et tort en un autre : en pensant que toutes les
20 vertus sont des formes de la prudence, il commettait une erreur,
mais en disant qu'elles ne pouvaient exister sans la prudence, il
avait entièrement raison. Et la preuve, c'est que tout le monde
aujourd'hui[5], en définissant la vertu[6], après avoir indiqué la
disposition qu'elle est et précisé les choses qu'elle a pour objet,
ajoute qu'elle est une disposition *conforme à la droite règle*, et
la droite règle est celle qui est selon la prudence. Il apparaît dès
lors que tous les hommes pressentent en quelque sorte obscuré-

1. Le terme νοῦς est pratiquement l'équivalent de φρόνησις
(*cf.* Rackham).

2. Ou *calculatrice* (λογιστικόν) : cf. *supra*, 2, 1139a12 et note.

3. τὸ ἠθικόν est syn. de τὸ ὀρεκτικόν, source des vertus éthiques.

4. En identifiant le bien et la science. Sur l'utilitarisme intellectualiste de
Socrate, dont tous les historiens de la philosophie ont parlé, *cf.* notamment
Rodier, *Études*, p. 11-14, et Deman, *Le témoignage*, p. 90-92.

5. C'est-à-dire les philosophes de l'Académie, disciples immédiats de
Platon et contemporains d'Aristote (par exemple Xénocrate). La même expression est employée *Met.*, A, 9, 992a33 (I, 98 et note de notre commentaire).

6. Voir cette définition de la vertu morale II, 6, 1106b36-1107a2.

ment que la disposition présentant ce caractère est vertu, je 25
veux dire la disposition selon la prudence.

Mais il nous faut aller un peu plus loin : ce n'est pas
seulement la disposition *conforme* à la droite règle qui est
vertu, il faut encore que la disposition soit intimement *unie* à la
droite règle[1] : or dans ce domaine la prudence est une droite
règle[2]. – Ainsi donc, Socrate pensait que les vertus sont
des règles (puisqu'elles sont toutes selon lui des formes de
science), tandis que, à notre avis à nous, les vertus sont
intimement unies à une règle[3].

On voit ainsi clairement, d'après ce que nous venons de 30
dire, qu'il n'est pas possible d'être homme de bien au sens
strict, sans prudence, ni prudent sans la vertu morale. Mais en
outre on pourrait de cette façon réfuter l'argument dialectique
qui tendrait à établir que les vertus existent séparément les unes
des autres, sous prétexte que le même homme n'est pas naturellement le plus apte à les pratiquer toutes, de sorte qu'il aura 35
déjà acquis l'une et n'aura pas encore acquis l'autre. Cela est
assurément possible pour ce qui concerne les vertus naturelles ;
par contre, en ce qui regarde celles auxquelles nous devons le
nom d'homme de bien proprement dit, c'est une chose impos- **1145a**
sible, car en même temps que la prudence, qui est une seule

---

1. Un rapport *extérieur* (κατὰ) ne suffit pas. Il faut que la droite règle
réside d'une façon intime et inséparable dans la φρόνησις elle-même.

2. La prudence est la connaissance de la droite règle, la présence de la
droite règle dans l'âme du sage (Rackham).

3. Dans l'opinion d'Aristote lui-même, opposée à celle de Socrate, les
vertus sont à la fois *secundum rationem et cum ratione* (St Thomas, 1284,
p. 347). – La position d'Aristote est donc intermédiaire entre la thèse de Socrate,
pour qui la vertu est exclusivement d'ordre intellectuel, et celle des disciples de
Platon, qui estiment qu'un simple rapport extrinsèque rattache la vertu à son
élément rationnel. Aristote se rapproche plutôt de Socrate, en exigeant que la
vertu soit intimement unie à la *droite règle*, à la raison (μετὰ λόγου, l. 30), sans
cependant lui être identique.

vertu, toutes les autres seront données. – Et il est clair[1] que,
même si la prudence n'avait pas de portée pratique, on aurait
tout de même besoin d'elle, parce qu'elle est la vertu de cette
partie de l'intellect à laquelle elle appartient; et aussi, que le
choix délibéré ne sera pas correct sans prudence, pas plus que
5 sans vertu morale, car la vertu morale est ordonnée à la fin, et la
prudence nous fait accomplir les actions conduisant à la fin[2].

Il n'en est pas moins vrai que la prudence ne détient pas la
suprématie sur la sagesse théorique[3], c'est-à-dire sur la partie
meilleure de l'intellect, pas plus que l'art médical n'a la suprématie sur la santé : l'art médical ne dispose pas de la santé, mais
veille à la faire naître; il formule donc des prescriptions *en vue*
10 *de* la santé, mais non *à* elle. En outre, on pourrait aussi bien
dire[4] que la politique gouverne les dieux, sous prétexte que ses
prescriptions s'appliquent à toutes les affaires de la cité[5].

1. Récapitulation de ce qui a été dit *supra*, 1144a1.
2. C'est-à-dire les moyens destinés à atteindre la fin.
3. Solution de la difficulté soulevée *supra*, 1143b33-1144a6. Cf. *Mag.
Mor.*, I, 34, 1198b9-20, et le fragmt de Théophraste cité dans Burnet, p. 287. La
φρόνησις est à l'égard de la σοφία, dit Théophraste, comme l'intendant à
l'égard de son maître, qui ne s'occupe des affaires de ce dernier que pour lui
ménager les loisirs qu'exigent les occupations libérales (*cf.* aussi Joachim,
p. 216). La comparaison avec la Médecine est bien développée par Sylv.
Maurus : *sicut medicina, licet praecipiat quae sunt facienda ad sanitatem
acquirendam, adhuc non praeest sanitati neque utitur sanitate ad suum finem,
sed habet sanitatem pro fine, adeoque servit sanitati* (174²).
4. Dans l'hypothèse où l'on voudrait maintenir la suprématie de la
φρόνησις.
5. Y compris les affaires religieuses, pour régler la façon d'honorer les
dieux et les détails de leur culte.

LIVRE VII

1
<Vice, intempérance, bestialité, et leurs contraires>

Après cela, il nous faut établir, en prenant un autre point 15
de départ[1], qu'en matière de moralité les attitudes à éviter
sont de trois espèces : vice, intempérance[2], bestialité. Les états

1. Plus concret. – Après avoir étudié les vertus éthiques et les vertus
dianoétiques, et les relations entre l'élément proprement affectif et l'élément
intellectuel de la moralité, il reste à examiner certaines ἕξεις, qui ne sont ni des
vertus ni des vices, mais qui favorisent la vie morale ou y font obstacle, et, dans
ce dernier cas, quel *dérangement* (ἔκστασις) en est le résultat. Sur la liaison
du présent livre avec les précédents, *cf.* Burnet, p. 288 (note introductive) et
Joachim, p. 219. Le livre VII se divise lui-même en deux parties bien tranchées :
les chap. 1 à 11 contiennent la théorie de l'ἀκρασία, et les chap. 12-15 traitent
du plaisir et se rattachent au livre X.

2. L'ἀκρασία (qui fait l'objet des chap. 1 à 11) est l'*incontinence*, l'*intempérance*. Elle est caractérisée par la faiblesse de la volonté à l'égard des
passions. Le sujet sait où est le bien, mais il fait le mal par manque d'empire sur
lui-même. L'acrasie n'est pas un vice, mais elle est la porte ouverte à tous les
vices. Son opposé est l'ἐγκράτεια, la *force du caractère*. « L'ἐγκρατής est
l'homme qui agit bien après avoir vaincu en lui les mauvais instincts, tandis que
l'ἀκρατής est celui qui agit mal, vaincu dans la lutte contre les désirs » (Souilhé,
L'Éthique, I et II, p. 40, note). – Une notion voisine, mais distincte, que nous
rencontrerons *infra* à plusieurs reprises (Aristote y reviendra à satiété), est la
σωφροσύνη, la *modération* dans les désirs : est σώφρων celui qui a pris l'habitude du bien sans effort, et qui est naturellement bon, ne ressentant plus ou

contraires aux deux premiers sautent aux yeux (nous appelons l'un vertu, et l'autre tempérance); mais à la bestialité on
pourrait le plus justement faire correspondre la vertu sur-
20 humaine, sorte de vertu héroïque et divine[1], comme Homère a
représenté Priam qualifiant Hector de parfaitement vertueux,

> Et il ne semblait pas
> Être enfant d'un homme mortel, mais d'un dieu[2].

Par conséquent, si, comme on le dit, les hommes deviennent des dieux par excès de vertu, c'est ce caractère que
25 revêtira évidemment la disposition opposée à la bestialité : de
même, en effet, qu'une bête brute n'a ni vice ni vertu, ainsi en
est-il d'un dieu : son état est quelque chose de plus haut que la
vertu[3], et celui de la brute est d'un genre tout différent du vice.
Et puisqu'il est rare d'être un homme *divin*, au sens habituel
donné à ce terme par les Lacédémoniens quand ils admirent
profondément quelqu'un (un *homme divin* disent-ils)[4], ainsi
30 également la bestialité est rare dans l'espèce humaine : c'est
principalement chez les barbares qu'on la rencontre, mais elle

---

ressentant à peine la concupiscence. Au σώφρων est opposé l'ἀκόλαστος, le
déréglé, le *débauché*, à qui le vice est une seconde nature, et qui est moralement
très inférieur à l'ἀκρατής. Sur l'*acrasie*, on consultera le récent article de
Robinson, signalé dans notre bibliographie.

1. Cette vertu héroïque, de caractère mystique, est en quelque sorte la
sainteté ou l'une de ses formes. Elle est contraire à la θηριότης, qui est la
monstruosité dans le vice. On opposerait ainsi, si l'on veut, le parfait détache-
ment d'un saint Benoît Labre à la diabolique immoralité d'un marquis de Sade.
– Sur la θηριότης et sur la vertu qui lui est opposée (et qui, disons-le en passant,
ne trouve pas place dans l'éthique d'Aristote), on se reportera au *Pol.* de Platon,
301d, et sa conception du régime du royal tisserand (308c *sq.* ; *cf.* aussi *Lois*, IX,
875e); Aristote en parle encore *infra*, 6, 1148b19 et 7, 1150a1 ; *Mag. Mor.*, II, 4,
1200b9-19, et *Pol.*, III, 13, 1284a3 ; VII, 14, 1332b16.

2. *Iliade*, XXIV, 258.

3. *Cf.* I, 12, 1101b18 *sq.* et notes; et sur le sens de τίμιος, opposé à
ἐπαινετός, la note sous 1101b11. Les dieux sont au-dessus de toute louange.

4. Cf. *Ménon*, 99d. – L. 29, σεῖος est la forme laconienne de θεῖος.

se montre aussi parfois[1] comme le résultat de maladies ou de difformités ; et nous appelons encore de ce terme outrageant les hommes qui surpassent les autres en vice. Mais la disposition dont nous parlons doit faire ultérieurement[2] l'objet d'une mention de notre part, et le vice, de son côté, a été étudié plus haut[3] ; nous devons pour le moment parler de l'intempérance et 35 de la mollesse ou sensualité, ainsi que de la tempérance et de l'endurance[4] : aucune de ces deux classes de dispositions ne **1145b** doit en effet être conçue comme identique à la vertu ou au vice, ni pourtant comme étant d'un genre différent[5]. Et nous devons, comme dans les autres matières, poser devant nous les faits tels qu'ils apparaissent[6], et après avoir d'abord exploré les problèmes, arriver ainsi à prouver le mieux possible la vérité de toutes les opinions communes concernant ces affections de 5 l'âme, ou tout au moins des opinions qui sont les plus répandues et les plus importantes, car si les objections soulevées sont résolues pour ne laisser subsister que les opinions communes, notre preuve aura suffisamment rempli son objet[7].

---

1. Dans les nations civilisées. – Sur πήρωσις (ou πήρωμα), *arrêt de développement* caractérisant l'être incomplet, manqué, *cf.* I, 10, 1099b18, note.

2. 6, 1148b19 *sq.*

3. Livre II à V concernant la vertu éthique.

4. Ou force de caractère.

5. Il n'en est pas comme de la θηριότης et de la vertu opposée qui diffèrent en genre, et totalement, du vice et de la vertu proprement dits : l'acrasie et le vice, l'encrasie et la vertu diffèrent seulement *specie*.

6. Les φαινόμενα dont parle ici Aristote sont en fait les ἔνδοξα, les *opinions courantes* (cf. *An. prior*, I, 1, 24b11, où ces deux termes sont liés). Sur les ἔνδοξα, *cf.* I, 9, 1098b27, note. Joachim les définit : *matters of common opinions or facts as they appear to the ordinary moral consciousness of this time* (219). Nous savons déjà qu'Aristote attribue une grande valeur aux ἔνδοξα dans le domaine de la moralité. Il considère que les opinions communes, surtout celles des sages, sont vraies en substance, et qu'elles ont seulement besoin d'être expliquées et dégagées.

7. Application de la méthode *diaporématique* : *cf.* I, 9, 1098b27 *sq.* et notes. Dans la terminologie d'Aristote, le mot ἀπορία (plus rarement ἀπόρημα) a le

2
<Énumération des opinions communes à vérifier>

On est généralement d'accord[1] sur les points suivants :
<1> la tempérance comme l'endurance font partie des états

sens de *difficulté* à résoudre, *problème*. Étymologiquement, c'est l'*encombrement du passage* (α, πόρος). Sur la définition de l'ἀπορία, cf. *Top.*, VI, 6, 145b17. Waitz, II, p. 381-382, a caractérisé en ces termes la méthode diaporématique : *solet* Aristote, *antequam quid ipse sentiat accuratius exponat, quaestionem incipere a difficultatibus, quibus via, qua procedendum sit, obstruatur, vel etiam ab eo quod alii de eadem re statuerint et quod primo aspectu maxime placere videatur... quare verbum* διαπορεῖν *explorandi notionem habet.* «L'ἀπορία, dit de son côté Hamelin (*Le Système*, p. 233), est la mise en présence de deux opinions, contraires et également raisonnées, en réponse à une même question». Le verbe ἀπορεῖν signifie *soulever une difficulté, poser un problème*; διαπορεῖν, c'est *développer* l'ἀπορία, διέρχεσθαι τὰς ἀπορίας (*Ind. arist.*, 187b11), *chercher son chemin* parmi les difficultés, les *explorer en tous sens, présenter les arguments pour et contre*. Cet état prend fin par l'εὐπορία (εὐπορεῖν), qui est *résoudre* l'aporie, *trouver un passage facile* (εὖ πόρος). La solution de l'aporie est la vérité même. Les grandes lignes de la méthode diaporématique sont clairement indiquées dans les l. 1145b2-7, et Aristote va l'appliquer dans les chapitres qui suivent. Comme *dans les autres matières* où la *démonstration* proprement dite (ἀπόδειξις) est impossible, et qui sont du domaine dialectique (ἐπὶ τῶν ἄλλων, l. 3), on prendra comme point de départ, à titre de *faits* (φαινόμενα, l. 3) un certain nombre d'ἔνδοξα, dont l'énumération forme le chapitre 2. Ces ἔνδοξα sont des *propositions* (λεγόμενα, 3, l. 21) généralement acceptées, hautement probables et qui ont toutes les chances d'exprimer la vérité morale. Mais elles donnent lieu à des apories qu'il faudra *d'abord examiner à fond* (πρῶτον διαπορήσαντας, l. 3) : ce sera l'objet du chap. 3, dont les divisions, nous le verrons, correspondent aux ἔνδοξα du chap. 2. Puis les apories seront résolues aux chap. 4 et suivants. Nous aurons ainsi établi la vérité des opinions communes, non pas assurément par voie de démonstration, mais dialectiquement et *d'une façon suffisante* pour entraîner l'adhésion (ἱκανῶς, l. 7).

1. Sur le sens de δοκεῖ, *cf.* I, 1, 1094a2 ; 9, 1098b27. – L. 8, δὴ marque la liaison avec la fin du chapitre précédent. Aristote, dans ce chapitre, énumère *six* ἔνδοξα, que, pour plus de commodité, nous avons séparées par des tirets et numérotées. Ces *opinions plausibles* expriment la vérité dans l'ordre moral,

vertueux et louables, et, d'autre part, l'intempérance aussi bien
que la mollesse rentrent dans les états à la fois pervers et
blâmables. – <2> L'homme tempérant se confond avec celui   10
qui s'en tient fermement à son raisonnement, et l'homme intempérant est celui qui est enclin à s'en écarter. – <3> L'intempérant, sachant que ce qu'il fait est mal, le fait par passion,

mais elles ont besoin d'être éprouvées par la méthode diaporématique. L'examen des objections occupera tout le chapitre 3. Les chap. 4 à 11 contiendront la
solution (λύσις) des différentes apories et confirmeront ainsi le bien-fondé des
thèses posées dans le chap. 2.

Voici le plan général adopté par Aristote Au fur et à mesure de l'exposé et
des discussions qui suivront, nous indiquerons les correspondances entre les
textes.

OPINION n° 1 (1145b9-10).

Examen diapor. (commun à 1 et 2) : 3, 1146a16-21 ; (commun à 1 et 3) : 3,
1146a21-31.

Cette opinion ne fait pas l'objet d'une λύσις spéciale.

OPINION n° 2 (1145b10-12).

Examen diapor. (commun à 2 et à 1) : 3, 1146a16-21 ; (commun à 2 et à 4) : 3,
1146a31-1146b2.

Solution : 10, 1151a29-11, 1151b32.

OPINION n° 3 (1145b12-14).

Examen diapor. : 3, 1145b21-1146a5, et 3, 1146a21-31 (commun à 3 et 1).

Solution : 5, 1146b24-6, 1147b19.

OPINION n° 4 (1145b14-17).

Examen diapor. : 3, 1146a9-16 ; 3, 1146a31-1146b2 (commun à 4 et 2) ;
1146b11-13.

Solutions : 7, 1150a9-8, 1150b28 ; 9, 1150b29-1151a29 ; 11, 1151b29-1152a6.

OPINION n° 5 (1145b17-19)

Examen diapor. : 3, 1146a4-9 (contient aussi l'esquisse de la solution).

Solution : 11, 1152a7-14.

OPINION n° 6 (1145b19-20).

Examen diapor. : 3, 1146b2-5.

Solution : 6, 1147b20-7, 1150a8.

Ce plan est relativement rigoureux, et en règle générale Aristote s'y tient
sans trop de confusion. On voudra bien se reporter aussi au début du chap. 4, où
Aristote donne lui-même des indications générales sur le cadre de son exposé,
indications que nous avons nous-mêmes tenté de préciser.

tandis que le tempérant, sachant que ses appétits sont
pervers, refuse de les suivre, par la règle qu'il s'est donnée. –
15 <4> L'homme modéré est toujours un homme tempérant et
endurant, tandis que l'homme tempérant et endurant n'est
toujours modéré qu'au sentiment de certains à l'exclusion des
autres : les uns identifient l'homme déréglé avec l'intempérant, et l'intempérant avec l'homme déréglé, en les confondant
ensemble, tandis que les autres les distinguent. – <5> Quant à
l'homme prudent, tantôt on prétend qu'il ne lui est pas possible
d'être intempérant, tantôt au contraire que certains hommes,
tout en étant prudents et habiles, sont intempérants. – <6> De
20 plus, on dit qu'il y a des hommes intempérants même en ce qui
concerne colère, honneur et gain[1].

3
<Examen des apories>

Voilà donc les propositions que l'on pose d'ordinaire.

Mais on peut se demander comment un homme jugeant
avec rectitude verse dans l'intempérance[2]. Quand on a la

1. Et non seulement *circa voluptates*. La faiblesse de caractère se traduit
dans tous les domaines : cf. *Lois*, IX, 869a (ἀκρατεῖς θυμοῦ), et aussi *supra*,
IV, 14, 1128a24, pour la plaisanterie.
2. *Première aporie* (l. 21-1146a9 : ἀπορήσειε … ἀρετάς), répondant à 2,
1145b12-14 : καὶ ὁ μὲν ἀκρατὴς … τὸν λόγον. Discussion de la thèse de
Socrate sur la vertu-science. Cf. *Prot.*, 352b-c, et Xénophon, *Mem.*, III, 9, 4-5 ;
IV, 6, 2-6, et *passim*. Pour Xénophon, on se reportera à l'étude de Simeterre, *La
Théorie socratique de la vertu*, Paris, 1938, surtout p. 24-26. La science, prétendait Socrate, est invincible, et on n'agit mal que par ignorance. « Si l'on sait, on
ne cède pas ; si l'on cède, c'est qu'on ne savait pas » (Deman, *op. cit.*, p. 113).
Comment écarter cette difficulté ? L. 22, ὑπολαμβάνων est employé à dessein,
car l'ὑπόληψις se divise en ἐπιστήμη, δόξα et φρόνησις (*cf.* VI, 3, 1139b17,
note). Chacune de ces attitudes mentales sera examinée (pour la science, l. 23-
31 ; pour l'opinion, l. 31-1146a4 ; pour la prudence, l. 4-9) : en quelque sens que

science, cela n'est pas possible, au dire de certains, car il serait
étrange, ainsi que Socrate le pensait, qu'une science résidant
en quelqu'un pût se trouver sous le pouvoir d'une autre force et
tirée en tous sens à sa suite comme une esclave[1]. Socrate, en 25
effet, combattait à fond cette façon de penser, dans l'idée qu'il
n'existe pas d'intempérance[2], puisque personne, selon lui,
exerçant son jugement, n'agit contrairement à ce qu'il croit
être le meilleur parti ; ce serait seulement par ignorance qu'on
agit ainsi. – Or la théorie socratique est visiblement en désaccord avec les faits, et nous devons nous livrer à des recherches
sur l'attitude en question[3]. Si on agit ainsi par ignorance, il faut
voir quelle sorte d'ignorance est en jeu (que l'homme, en effet, 30
qui tombe dans l'intempérance ne croie pas, avant de se livrer
à sa passion, qu'il devrait agir ainsi, c'est là une chose évidente)[4]. – Mais il y a des auteurs qui n'acceptent la doctrine
socratique que sur certains points, et rejettent les autres. Que
rien ne soit plus fort que la science, ils l'accordent volontiers,
mais qu'un homme n'agisse jamais à l'encontre de ce que
l'opinion lui présente comme meilleur, ils refusent de
l'admettre[5], et pour cette raison prétendent que l'intempérant
n'est pas en possession d'un véritable savoir quand il est 35
asservi à ses plaisirs, mais seulement d'une opinion. Nous

soit prise l'ὑπόληψις, le problème se pose de savoir comment on peut être
ἀκρατής quand l'ὑπόληψις est correcte.

1. L. 24, αὐτὴν est la seule leçon possible, et il faut rejeter αὐτόν (cf. en
effet, Prot., 352c) : c'est la science qui est tiraillée, et non l'homme en qui elle
réside.

2. Cf. Mag. Mor., II, 6, 1200b25-29.

3. L'état d'esprit de l'homme qui agit mal tout en jugeant sainement.

4. Cf. supra, V, 11, 1136b8. – La phrase est difficile (Burnet, p. 293), mais
le sens n'est pas douteux, et il est bien indiqué par St Thomas (1314, p. 355) :
manifestum enim quod incontinens, antequam passio superveniat, non existi-
mat faciendum id quod per passionem postea facit.

5. L'ὑπόληψις n'est plus ici ἐπιστήμη, mais δόξα. Voir la note suivante.

répondons que si c'est bien une opinion et non une science, si ce n'est pas une forte conviction qui oppose de la résistance, mais seulement une conviction débile, semblable à celle de l'homme qui hésite entre deux partis, nous ne pouvons que nous montrer indulgent envers celui qui sent fléchir ses opinions en face de puissants appétits ; et pourtant, en fait, la méchanceté ne rencontre chez nous aucune indulgence, pas plus qu'aucun autre état digne de blâme[1]. – Est-ce alors quand c'est la prudence qui oppose de la résistance[2] ? car c'est elle le plus fort de tous les états dont nous parlons. Mais cela est absurde : le même homme serait en même temps prudent et intempérant, alors que personne ne saurait prétendre qu'un homme prudent est propre à commettre volontairement les actions les plus viles. En outre, nous avons montré plus haut[3] que l'homme prudent est celui qui est apte à agir (puisque c'est

1146a

5

---

1. Les l. 31-1146a4 présentent l'objection qui suit : si l'ὑπόληψις est non plus une science, mais une simple δόξα, une opinion vague et mal assise, qui n'a pas la fermeté de l'intense conviction que seule donne la science (et peut-être aussi l'opinion bien fondée et réfléchie, car il y a des degrés dans l'opinion), alors, sans aucun doute, la passion remporte facilement la victoire. Mais alors à quoi bon blâmer l'ἀκρατής ? Il a suffisamment d'excuses pour faire le mal. Et pourtant nous n'hésitons pas, même dans ce cas, à condamner l'ἀκρασία (cf. Burnet, p. 294 ; Joachim, p. 220).

2. Nous arrivons à la troisième forme de l'ὑπόληψις, forme qui, dans la sphère de la moralité, constitue le facteur le plus puissant (cf. sur ce point, E.E., VII, 1, 1246b34). – Les l. 4-9 répondent à 2, 1145b17-19 (5e ἔνδοξον). Si l'ὑπόληψις n'est ni science, ni opinion, mais φρόνησις (prudence, sagesse pratique), alors le même homme sera à la fois ἀκρατής et φρόνιμος, ce qui est absurde. Outre que la φρόνησις n'est autre chose qu'une ἀληθὴς ὑπόληψις (VI, 10, 1142b33), le φρόνιμος est caractérisé par les actions qu'il accomplit (actions ayant rapport au singulier, VI, 8, 1141b16 ; 9, 1142a24) et par la possession de toutes les vertus éthiques (cf. VI, 13, 1144b30-1145a2). On ne peut donc pas à la fois être prudent et manquer de prudence. – Aristote reviendra sur ce sujet, 11, 1152a7-14.

3. VI, 5, 1140b4-6.

un homme engagé dans les faits particuliers) et qui possède les autres vertus.

De plus[1], si la tempérance implique la possession d'appé- 10 tits puissants et pervers, l'homme modéré ne sera pas tempérant, ni l'homme tempérant modéré, car le propre d'un homme modéré c'est de n'avoir ni appétits excessifs, ni appétits pervers. Mais l'homme tempérant, lui, doit en avoir, car si ses appétits sont bons, la disposition qui le détourne de les suivre sera mauvaise, et ainsi la tempérance ne sera pas toujours elle- 15 même bonne ; si, au contraire, les appétits sont débiles sans être pervers, il n'y aura rien de glorieux à les vaincre, ni s'ils sont pervers et débiles, rien de remarquable.

De plus[2], si la tempérance rend capable de demeurer ferme dans toute opinion quelle qu'elle soit, elle est mauvaise dans le cas par exemple où elle fait persister même dans une opinion erronée ; et si l'intempérance, par contre, rend apte à se dégager de toute opinion quelle qu'elle soit, il y aura une intempé-

---

1. *Deuxième aporie* (l. 9-16 : ἔτι εἰ μὲν ἐν τῷ ... οὐδὲν μέγα) répondant à 2, 1145b14-17 : καὶ τὸν σώφ ... φασίν. – Le σώφρων est celui qui est « installé » sans effort dans le bien, et qui ne ressent plus de désirs excessifs ou dépravés. On ne saurait le confondre avec l'ἐγκρατής, dont la vie est une lutte perpétuelle contre ses désirs. Aristote critique ici la conception exposée dans *Rep.*, IV, 8, 430e. Les l. 12-16 montrent qu'il est nécessaire de supposer à l'ἐγκρατής des appétits *excessifs* et *pervers* à l'encontre desquels il exercera sa vertu de résistance (l. 12, ἀλλὰ μὴν δεῖ γε, à savoir ἐπιθυμίας ἔχειν φαύλας καὶ ἰσχυρὰς τὸν ἐγκρατῆ, Burnet, p. 295). Admettons, en effet, qu'il ait des appétits honnêtes : sa force de résistance se déploiera contre eux, ce qui renverse toute vertu. S'il a des appétits débiles, qu'ils soient bons ou mauvais, l'ἐγκρατής n'a aucun mérite à leur résister. La vertu de l'ἐγκρατής exige donc des conditions spéciales étrangères à la vertu du σώφρων, et il y a entre les deux dispositions hétérogénéité absolue. Bon exposé dans St Thomas, 1320, p. 356.

2. *Troisième aporie* (l. 16-21 : ἔτι εἰ πάσῃ ... ψευδόμενος), répondant aux deux premières ἔνδοξα, 2, 1145b8-12 : δοκεῖ ... τοῦ λογισμοῦ. L'aporie souligne la contradiction de vouloir ranger l'ἐγκράτεια parmi les biens et de la définir par sa fermeté à s'attacher à un raisonnement, sans autre précision. Cf. *infra*, 10, 1151a29-11, 1151b32.

rance vertueuse, dont le Néoptolème de Sophocle, dans le
20 *Philoctète*[1], est un exemple : on doit l'approuver, en effet,
de ne pas persister dans une résolution inspirée par Ulysse, à
cause de sa répugnance pour le mensonge.

En outre[2], il y a l'aporie provenant de l'argument sophistique que voici. – Du fait que les Sophistes veulent enfermer

---

1. 895-916. Cf. *infra*, 10, 1151b18. – Dans la pièce de Sophocle,
Néoptolème, fils d'Achille, est soudoyé par Ulysse pour amener Philoctète,
déporté à Lemnos, à se rendre à Troie. Voir l'analyse de Masqueray, dans son
édition de Soph., II, Paris, 1924, p. 67-79.

2. *Quatrième aporie* (l. 21-31 : ἔτι ὁ σοφ. … πράξει), répondant aux deux
ἔνδοξα, 2, 1145b8-10 (δοκεῖ … ψεκτῶν) et 12-14 (καὶ ὁ μὲν ἀκρ. … λόγον).
L'aporie consiste à contester que l'ἀκρασία soit un mal, et qu'elle agit en
sachant ce qu'elle fait. Cette aporie appelle un certain nombre de remarques :

a) Tous les critiques, depuis Coray, qui fit paraître à Paris, en 1822, une
édition de l'*Éthique à Nicomaque*, sont d'accord pour supprimer ψευδόμενος,
l. 22, et il est surprenant que Susemihl l'ait conservé. Il ne s'agit donc pas, dans
ce passage, du célèbre argument sophistique du *Menteur*, qui a pour responsable Eubulide de Mégare, l'adversaire acharné d'Aristote (sur le *Menteur*,
cf. Diogène Laërce, II, 108 [trad. Genaille, I, 124, et note 261], et Cicéron,
Acad., II, 29).

b) Aristote commence par exposer brièvement et en général la méthode
sophistique (l. 21-27, qui ont le caractère d'une parenthèse, indiquée dans les
éditions Burnet et Rackham ; nous avons nous-mêmes employé à cet effet des
tirets). On connaît le sens précis des termes ἔλεγχος et ἐλέγχειν dans la terminologie d'Aristote, qui caractérisent l'emploi de la méthode dialectique. À la
différence de la *démonstration proprement dite* (ἀπόδειξις, ἀπ. ἀπλῶς), qui
part de prémisses nécessaires pour aboutir à une conclusion nécessaire, et qui
est l'instrument de la science, l'ἔλεγχος est une preuve de second ordre qui
atteint non la vérité, mais le vraisemblable ; il s'agit *non de re ipsa demons-
tranda, sed de adigendo et convincendo adversario* (*Ind. arist.*, 235b20). C'est
une démonstration *ad hominem, redargutiva*, qui ne fournit pas la raison de
l'erreur de l'adversaire, mais montre seulement son existence. Aristote en a
donné la théorie dans *de Soph.*, 5, 167a23-27 (p. 17-18 de notre traduction).
C'est à l'*elenchus* que les Sophistes ont recours pour mettre leurs contradicteurs
dans l'embarras. Ceci rappelé, le procédé sophistique, tel qu'il est décrit dans
le présent passage, consistera à réduire l'adversaire à énoncer une *conclusion
contraire aux opinions communes* (παράδοξα ἐλέγχειν), et amener ainsi le

leur adversaire dans des propositions contraires aux opinions communes, de façon à montrer leur habileté en cas de succès, le syllogisme qui en résulte aboutit à une aporie : la pensée, en effet, est enchaînée quand, d'une part, elle ne veut pas 25 demeurer où elle est parce que la conclusion ne la satisfait pas, et que, d'autre part, elle est incapable d'aller de l'avant parce qu'elle ne peut résoudre l'argument qui lui est opposé. – Or de l'un de ces arguments il suit que la folie combinée avec de l'intempérance est une vertu : on accomplit le contraire de ce qu'on juge devoir faire, grâce à l'intempérance, et, d'un autre côté, on juge que ce qui est bon est mauvais et qu'on ne doit pas le faire ; et le résultat sera ainsi qu'on accomplira ce qui est bon 30 et non ce qui est mauvais.

En outre[1], l'homme qui, par conviction, accomplit et poursuit ce qui est agréable et le choisit librement, peut être considéré comme meilleur que celui qui agit de même, non pas

raisonnement dans une impasse (une ἀπορία), où la pensée se trouve *enchantée* (δέδεται, l. 24 ; même comparaison *Met.*, B, 1, 995a31), car elle est à la fois incapable de demeurer où on l'a conduite et incapable d'aller de l'avant (προϊέναι, l. 26).

c) Cette parenthèse fermée, l. 27, l'argument sophistique conduisant à une conclusion absurde consiste à dire que l'union de deux vices, la *folie* accompagnée d'*intempérance* (ἀφροσύνη μετ' ἀκρασίας, l. 27) constitue une vertu (ce type de définition τόδε μετὰ τόδε est discuté *Top.*, VI, 13, 150b27-151a20, p. 125-128 de notre traduction). D'une part, en effet, la folie fait juger de travers et trouver mauvais ce qui est bon, et bon ce qui est mauvais (l. 29, ὑπολαμβάνει, *sc.* διὰ τὴν ἀφροσύνην), et, d'autre part, l'intempérance fait accomplir le contraire de ce qu'on croit bon. Le résultat est une ἀρετή, puisqu'on accomplit en définitive le bien et non le mal.

1. *Cinquième aporie* (l. 31-1146b2 : ἔτι ὁ τῷ π..... πράττει), répondant à 2, 1145b10-12 (καὶ ὁ αὐτός ... λογισμοῦ) et 14-17 (καὶ τὸν σώφ.... φάσιν). Ici encore nous sommes en présence d'un paradoxe sophistique : l'homme qui accomplit le mal en étant convaincu qu'il est de son devoir de le faire, sera supérieur à celui qui l'accomplit par intempérance et faiblesse de caractère, car il se guérira facilement dès qu'on l'aura fait changer de conviction, alors qu'il n'y a rien à tenter avec l'intempérant, qui sait déjà qu'il fait mal et le fait quand même.

par calcul mais par intempérance. Il est plus facile, en effet, de
guérir le premier, du fait qu'on peut le persuader de changer
de conviction ; au contraire, l'intempérant se verra appliquer le
35 proverbe qui dit : *Quand l'eau vous étouffe, que faut-il boire
par-dessus*[1]? Car si l'intempérant avait la conviction qu'il doit
1146b faire ce qu'il fait, assurément sa conviction une fois modifiée,
il cesserait de le faire, mais, en réalité, tout en étant convaincu,
il n'en fait pas moins des choses toutes différentes.

Enfin[2], si l'intempérance a rapport à toutes sortes d'objets,
et la tempérance également, quel homme est intempérant
purement et simplement ? Personne, en effet, n'a toutes les
formes d'intempérance, et pourtant nous disons que certains
5 sont intempérants d'une façon absolue.

4

<Solution des apories – Tempérance et connaissance>

Les apories se présentent donc sous les différentes formes
que nous venons d'indiquer : certains de ces points doivent être
résolus, et les autres laissés debout[3], car résoudre l'aporie c'est
découvrir le vrai.

---

1. En d'autres termes : il n'y a rien à faire, l'eau servant déjà à « faire
passer » ce qu'on a absorbé (*cf.* Leutsch et Schneidewin, *Paroemiog. gr.*, 1839-
1851, I, 441, et II, 195). Il est impossible de guérir l'intempérant en lui donnant
une conviction droite, car il l'a déjà.

2. *Sixième et dernière aporie* (l. 2-5 : ἔτι εἰ περὶ … ἁπλῶς), répondant à 2,
1145b19-20 (ἔτι ἀκρατεῖς … κέρδους). Elle ne présente aucune difficulté
d'interprétation. Les différentes apories ayant été ainsi *développées* (διαπορεῖν), il s'agit maintenant de les *résoudre* (εὐπορεῖν) : les ἔνδοξα seront ainsi
confirmées.

3. Cf. *supra*, 1, 1145b6. Voir aussi St Thomas, 1327, p. 357 : *quaedam
harum dubitationum oportet interimere, quasi falsum intendentes, et quasdam
relinquere quasi concludentes verum. Haec est enim vera solutio dubitationis,*

En premier lieu¹ il faut examiner si l'homme intempérant
agit sciemment ou non, et, si c'est sciemment, en quel sens
il sait²; ensuite, quelles sortes d'objets devons-nous poser 10

cum invenitur quid sit verum circa id quod dubitatur. La λύσις des apories
correspondant aux six ἔνδοξα se continuera jusqu'au chap. 11 inclus.

1. Plan général du présent chapitre et des chapitres suivants, jusqu'au
chap. 11 inclus, qui marque la fin de la première partie du livre VII. Ce plan
recoupe à peu près celui que nous avons nous-même établi au début du chap. 2.

Première division (l. 8-9 : πρῶτον … εἰδότες), qui intéresse l'ἔνδοξον n° 3
posé 2, 1145b12-14. La λύσις s'étend de 5, 1146b24 à 6, 1147b19. C'est
l'ἀπορία principale, née de la doctrine socratique de la vertu-science.

Deuxième division (l. 9-11 : εἶτα … ἀφωρισμένας), relative au 6ᵉ
ἔνδοξον, 2, 1145b19-20. Solution : 6, 1147b20-7, 1150a8.

Troisième division (l. 11-13 : καὶ τὸν ἐγκρατῆ … ἐστίν), ἔνδοξον n° 4,
2, 1145b14-17, avec trois solutions (du fait de la complexité de l'ἀπορία, qui
embrasse les rapports de la tempérance, de l'endurance et de la modération,
ainsi que ceux de leurs contraires) : 7, 1150a9-8, 1150b28; 9, 1150b29-
1151a29; 11, 1151b29-1152a6.

Quatrième division (l. 13-14 : ὁμοίως … ταύτης), qui embrasse *six*
questions *annexes* (ὅσα συγγενῆ, l. 13) qui sont les suivantes :

1) Distinction du tempérant et du modéré et de leurs contraires (9,
1150b29-1151a29) : concerne l'opinion n° 4 (2, 1145b14-17), mais seulement
en ce qui concerne le parallèle tempérant-modéré.

2) La persistance du λόγος chez l'homme tempérant (10, 1151a29-11,
1151b32) : c'est l'ἔνδοξον n° 2 (2, 1145b10-12).

3) Reprise de la distinction tempérant-modéré (11, 1151b29-1152a6) :
c'est encore l'opinion n° 4.

4) Incompatibilité de la prudence et de l'intempérance (11, 1152a7-14) :
solution de l'ἔνδοξον n° 5 (2, 1145b17-19).

5) L'intempérance distincte du vice (11, 1152a15-28).

6) Caractère curable ou incurable de l'intempérance et de ses formes (11,
1152a28-33).

2. Les l. 8 et 9 sont très concises, et c'est à bon droit que Spengel voulait
insérer ἀκρατεύονται après εἰδότες. Il faut comprendre : si l'homme intempérant agit en sachant qu'il ne faut pas faire ce qu'il fait, ou en l'ignorant. Il ne
s'agit donc pas de la conscience de sa propre action, mais de sa connaissance
de l'ὀρθὸς λόγος. L. 9, πῶς εἰδότες : cf. *supra*, 3, 1145b29 (ὁ τρόπος … τῆς
ἀγνοίας).

comme rentrant dans la sphère de l'homme intempérant et de
l'homme tempérant, je veux dire s'il s'agit de toute espèce de
plaisirs et de peines, ou seulement de certaines espèces déterminées ; et si l'homme tempérant est identique à l'homme
endurant, ou s'il est autre ; et pareillement en ce qui concerne
les autres questions de même espèce que la présente étude.

Un point de départ[1] pour notre examen est de savoir si
15 l'homme tempérant, ainsi que l'homme intempérant, sont
différenciés par leurs objets ou par leur façon de se comporter,
autrement dit si l'homme intempérant est intempérant simplement par rapport à tels ou tels objets, ou si ce n'est pas plutôt
parce qu'il se comporte de telle manière, ou si ce n'est pas
plutôt encore pour ces deux raisons à la fois. Ensuite, nous
nous demanderons si l'intempérance et la tempérance s'étendent à la conduite tout entière, ou seulement à certaine partie de
celle-ci. L'homme, en effet[2], qui est intempérant au sens

---

1. Ce paragraphe est, aux yeux de plusieurs commentateurs (Rackham, par
exemple), un simple doublet du précédent. En réalité, comme l'ont bien vu
Burnet, p. 297, et Joachim, p. 222, Aristote marque ici l'ordre et la méthode
qu'il entend suivre pour la λύσις des ἀπορίαι énumérées après εἶτα, l. 9 ci-
dessus. Il se pose la question suivante : qu'est-ce qui caractérise, *différencie*
(l. 16, ἔχοντες τὴν διαφοράν) des autres *habitus* qui y ressemblent, l'ἐγκράτεια et l'ἀκρασία ? Est-ce *les choses qu'elles ont pour objet* (περὶ ἅ), ou *la
façon de les faire* (τῷ πῶς), ou *les deux à la fois* (ἐξ ἀμφοῖν) ? *Cf.* le bon résumé
de Sylv. Maurus : *an continentia et incontinentia ab aliis habitibus ratione
solius materiae, circa quam versantur, an ratione solius modi quo versantur, an
ratione utriusque materiae nimirum et modi* (181[1,2]).

2. Aristote répond ici immédiatement à la seconde question qui vient d'être
posée : l'intempérance a rapport seulement aux objets où se montre l'homme
déréglé (ces *voluptates* sont celles indiquées *supra*, III, 13, 1117b23, à 14,
1119a20). En d'autres termes le champ de l'ἀκρασία est celui de l'ἀκολασία,
ce qui ne veut pas dire que ces notions soient identiques. Nous le savons déjà
(cf. *supra*, 1, 1145a17), mais Aristote rappelle ici que l'ἀκρατής est celui qui
est incapable de résister aux tentations de ces plaisirs où se complaît l'ἀκολά-
στος : ce dernier agit en vertu d'un *choix délibéré* (προαιρούμενος, l. 22),
impliquant perversité d'esprit, tandis que le jugement de l'ἀκρατής demeure

absolu n'est pas tel par rapport à tout objet quel qu'il soit, mais seulement par rapport aux choses où se révèle l'homme 20 déréglé. Il n'est pas non plus caractérisé par le fait d'avoir simplement rapport à ces choses (car alors son état se confondrait avec le dérèglement) mais par le fait d'être avec elles dans un rapport d'une certaine espèce : l'homme déréglé, en effet, est conduit à satisfaire ses appétits par un choix délibéré, pensant que son devoir est de toujours poursuivre le plaisir présent; l'homme intempérant, au contraire, n'a aucune pensée de ce genre, mais poursuit néanmoins le plaisir.

5
<Solution de l'aporie sur les rapports de la science et de la tempérance>

La doctrine d'après laquelle c'est en réalité à l'encontre d'une opinion vraie et non d'un savoir véritablement scienti- 25 fique que nous agissons dans l'intempérance[1], cette doctrine ne présente aucun intérêt pour notre raisonnement. (Certains, en effet, de ceux qui professent une opinion n'ont aucune hésitation et croient posséder une connaissance exacte; si donc on prétend que c'est grâce à la faiblesse de leur conviction que ceux qui ont une simple opinion sont plus portés à agir à l'encontre de leur conception du bien que ceux qui possèdent la

---

sain (l. 22-23). L'ensemble de la discussion est embrouillé, et Aristote reviendra à plusieurs reprises sur la question.

1. Cf. *supra*, 3, 1145b31, où Aristote signale cette variante de l'opinion de Socrate sur la vertu-science. Aristote déclare ici qu'il n'est pas vrai de dire que la δόξα soit une *croyance faible* (ἠρεμαία ὑπόληψις); par suite la distinction δόξα ἐπιστήμη n'a aucune importance. La λύσις de l'aporie πότερον εἰδότες ἢ οὔ commence à ce chapitre pour se terminer à 6, 1147b19 (*cf.* Joachim, p. 222). Comme nous l'avons signalé. Aristote y attache une importance particulière, en raison de la thèse socratique adoptée par l'Académie.

science, il n'y aura aucune différence à cet égard entre science et opinion[1], puisque certains hommes ne sont pas moins
30 convaincus des choses dont ils ont l'opinion que d'autres des choses dont ils ont la science, et on peut le voir par l'exemple d'Héraclite)[2].

Mais, puisque[3] le terme *avoir la science* se prend en un double sens (car celui qui possède la science, mais ne l'utilise pas, et celui qui l'utilise actuellement, sont dits l'un et l'autre, avoir la science), il y aura une différence entre un homme qui, possédant la science mais ne l'exerçant pas, fait ce qu'il ne faut pas faire, et un autre qui fait de même en possédant la science et
35 en l'exerçant : ce dernier cas paraît inexplicable, mais il n'en est plus de même s'il s'agit d'une science ne s'exerçant pas[4].

1. En d'autres termes, la science, en ce qui concerne la force de la πίστις, n'aura aucune supériorité sur la δόξα. – On peut admettre, avec Burnet, p. 299, que διοίσει, l. 29, a le sens de *will surpass*.

2. Qui emploie un ton tranchant et dogmatique dans des matières où il ne peut s'agir d'une connaissance scientifique véritable.

3. Aristote va maintenant tenter quatre λύσεις, en quelque sorte secondaires, qui serviront à la solution de l'aporie née de la thèse socratique, et expliqueront, par une marche progressive, comment l'intempérance peut se dresser contre le savoir. La première de ces λύσεις repose sur la distinction entre la science *en puissance* et la science *en acte*. Cette distinction, qui a son origine dans le *Théétète* (197b *sq.*), permet d'établir une différence entre l'intempérant qui manque à son devoir sachant bien au fond qu'il a tort, mais qui n'a pas cette pensée explicitement réalisée dans son esprit (ἔχοντα μὲν μὴ θεωροῦντα, l. 33), et l'intempérant qui est pleinement et actuellement conscient qu'il fait mal (ἔχοντα καὶ θεωροῦντα, l. 34). La χρῆσις, *utilisation hic et nunc* de la science, est synonyme de ἐνέργεια, et s'oppose à la simple ἕξις, qui est δύναμις (*cf.* I, 9, 1098b33). Le verbe θεωρεῖν exprime l'ἐνέργεια de l'ἐπιστήμη (cf. *de An.*, II, 1, 412a11, p. 66 et note 1 de notre traduction, et *Ind. arist.*, 328a54 *sq.*).

4. On peut trouver extraordinaire (δεινόν, l. 35), avec Socrate, qu'on agisse mal à l'encontre d'une connaissance pleinement consciente et actuelle de ce qu'on ne doit pas faire. Mais si l'intempérant sait vaguement qu'il a tort, sans avoir cette conviction présente à l'esprit, on comprend qu'il peut mal agir.

En outre[1], puisqu'il y a deux sortes de prémisses, rien **1147a** n'empêche qu'un homme en possession des deux prémisses ensemble, n'agisse contrairement à la science qu'il a, pourvu toutefois qu'il utilise la prémisse universelle et non la prémisse particulière : car ce qui est l'objet de l'action, ce sont les actes singuliers. – Il y a aussi une distinction à établir[2] pour le terme

1. *Seconde* λύσις (*cf.* déjà sur la mineure du syllogisme pratique, *supra*, VI, 12, 1143b3). L'argument est celui-ci. Si on possède une science en acte de la majeure, et une science en puissance de la mineure, on s'explique aisément que l'ἀκρατής puisse agir παρὰ τὴν ἐπιστήμην : il ne songe pas, en effet, à faire application de la règle générale contenue dans la majeure au cas particulier exprimé par la mineure, dont la connaissance reste ainsi en quelque sorte latente et ne permet pas de tirer une conclusion correcte. A-t-il, au contraire, une science en acte de la mineure : comme la mineure a rapport aux actions particulières, l'acte suivra nécessairement.

2. L'interprétation des lignes qui suivent est des plus difficiles. L. 4, τὸ καθόλου est le terme universel constituant le moyen du syllogisme pratique. La majeure (dans l'exemple d'Aristote : *les aliments secs sont bons pour tout homme*) contient ainsi deux universels, dont l'un est affirmé de l'*agent* lui-même (ἐφ᾽ ἑαυτοῦ, l. 4), et l'autre, de la *chose* (ἐπὶ τοῦ πράγματός, l. 5). Pour être correct, le raisonnement devra donc revêtir la forme de deux syllogismes, ou de préférence d'un polysyllogisme avec pluralité de mineures. Le polysyllogisme sera celui-ci :

Majeure : *Les aliments secs sont bons pour tout homme*.

1re mineure : *Je suis un homme* (universel affirmé de l'agent).

2e mineure : *Telle espèce de nourriture est sèche* (universel affirmé de la chose).

3e mineure : *Cette nourriture-ci est de cette espèce*.

Conclusion : *Cette nourriture-ci est bonne pour moi*.

Ceci posé, on peut posséder le science actuelle de la majeure, de la première mineure et de la seconde mineure. Mais si on n'a pas la science actuelle de la troisième mineure, si, en d'autres termes, on n'est pas capable d'appliquer la majeure à la chose particulière objet de l'action, on ne pourra pas tirer la conclusion correcte et on agira de façon intempérante, παρὰ τὴν ἐπιστήμην. L'intempérance résultera ainsi d'un déséquilibre de notre savoir, qui manque d'homogénéité dans les diverses parties du raisonnement, la mineure dernière, dont la connaissance en acte déclancherait l'action, étant soustraite à notre

5 universel : un universel est prédicable de l'agent lui-même,
et l'autre de l'objet. Par exemple : *les aliments secs sont bons
pour tout homme*, et : *je suis un homme*, ou : *telle espèce d'aliments est sèche*. Mais si c'est : *cette nourriture que voici est de
telle sorte*, l'homme intempérant n'en possède pas la science,
ou n'en a pas la science en exercice. Dès lors, entre ces deux
modes de savoir, il y aura une différence tellement considérable qu'on ne verra rien de surprenant à ce que l'homme
intempérant connaisse d'une certaine façon, tandis que
connaître d'une autre façon serait extraordinaire.

10   De plus[1], la possession de la science en un autre sens
encore que ceux dont nous avons parlé, peut se rencontrer
chez l'homme : car même dans la possession de la science

appréhension. L'ἀκρατής se trouve ainsi dans la situation du médecin, déjà
signalée par Aristote (VI, 8, 1141b19), qui sait qu'une nourriture légère est
facile à digérer, mais qui ignore quelle nourriture est légère. Cette interprétation, qui est dans son ensemble celle de Burnet, 300, a soulevé les critiques de
Joachim, p. 224-225. D'autre part, Ross (*Aristote*, p. 309) fait justement remarquer la faiblesse de la solution proposée par Aristote, qui fait dépendre l'intempérance de l'ignorance de la mineure dernière, mineure qui est cependant
l'énoncé d'un pur fait, complètement en dehors du domaine de la moralité.

1. *Troisième* λύσις. La science *en puissance* comporte elle-même deux
degrés (ou, si l'on veut, il y a deux degrés dans l'ἕξις) : ou bien, on possède la
science sans l'exercer *hic et nunc* (c'est le sens dont il a été question plus haut),
ou bien (et c'est ici un nouveau sens) on est seulement apte à recevoir la
science : c'est l'état de ceux qui commencent l'étude d'une science sans la
posséder encore (οἱ πρῶτον μαθόντες, l. 21), ou même qui la possèdent et sont
incapables de s'en servir (comme dans le sommeil, la folie ou l'ivresse, l. 13-
14). Or l'état de l'ἀκρατής sous l'influence de la passion, est assimilable à celui
de ces gens-là (τούτοις, l. 18), et il n'est pas étonnant que, dans ces conditions,
l'intempérant agisse παρὰ ἐπιστήμην. Sur les différents degrés de la puissance,
on se reportera à *Phys.*, VIII, 4, 255a33, et surtout *de Gen. anim.*, II, 1, 735a9.
Prenons pour exemple un géomètre. Il peut passer par les états suivants : il est
éveillé et fait *hic et nunc* de la géométrie (ἐπιστήμη ὡς θεωρία); il est éveillé et
ne fait pas de géométrie (ἕξις ἐπιστήμης); il dort (ἕξις ἐπιστήμης, mais ἕξις a

indépendamment de son utilisation, nous observons une différence de disposition, de sorte qu'on peut avoir la science en un sens et ne pas l'avoir, comme dans le cas de l'homme en sommeil, ou fou, ou pris de vin. Or c'est là précisément la condition de ceux qui sont sous l'influence de la passion, puisque les 15 accès de colère, les appétits sexuels et quelques autres passions de ce genre, de toute évidence altèrent également l'état corporel [1], et même dans certains cas produisent la folie. Il est clair, par conséquent, que la possession de la science chez l'homme intempérant doit être déclarée de même nature que pour ces gens-là. Le fait pour les intempérants de parler le langage découlant de la science [2] n'est nullement un signe qu'ils la possèdent : car même ceux qui se trouvent dans les états affectifs que nous avons indiqués [3] répètent machinalement des démonstrations de géométrie ou des vers d'Empédocle, et 20 ceux qui ont commencé à apprendre une science débitent tout d'une haleine ses formules, quoiqu'ils n'en connaissent pas encore la signification : la science, en effet, doit s'intégrer à leur nature, mais cela demande du temps. Par suite c'est par comparaison avec le langage des histrions que nous devons apprécier celui qu'emploient les hommes qui versent dans l'intempérance [4].

---

le simple sens de δύναμις) et son état est alors le plus éloigné possible de l'ἐνέργεια. Cf. Joachim, p. 225-226.

    1. L'état du corps de l'ἀκρατής subit les mêmes modifications que les gens qui dorment, ou sont fous, ou ivres (τούτοις, l. 18) : cf. de Motu anim., 7, 701b29.

    2. Quand l'ἀκρατής emploie de belles maximes morales en accomplissant le mal.

    3. Le dormeur, le fou, l'ivrogne.

    4. Et ne pas y attacher plus d'importance, car histriones plurima dicunt recitative (Sylv. Maurus, 183 [2]).

De plus, voici encore de quelle façon[1], en nous plaçant
25 sur le terrain des faits, nous pouvons considérer la cause de
l'intempérance. La prémisse universelle est une opinion, et
l'autre a rapport aux faits particuliers, où la perception dès lors
est maîtresse. Or quand les deux prémisses engendrent une
seule proposition, il faut nécessairement que, dans certains cas,
l'âme affirme la conclusion, et que dans le cas de prémisses
relatives à la production, l'action suive immédiatement. Soit,
par exemple les prémisses : *il faut goûter à tout ce qui est doux*,
et : *ceci est doux* (au sens d'être une chose douce particulière) :
30 il faut nécessairement que l'homme capable d'agir et qui ne
rencontre aucun empêchement, dans le même temps accom-
plisse aussi l'acte. Quand donc[2], d'un côté, réside dans l'esprit

---

1. *Quatrième* λύσις, envisageant le problème non plus διαλεκτικῶς,
comme Aristote l'a fait jusqu'ici, mais φυσικῶς, c'est-à-dire en portant l'attention sur la réalité psychologique – Sur φυσικῶς, cf. *supra*, II, 7, 1107a30, note.
Les l. 25-31 sont difficiles et doivent être comprises comme suit. Dans le syllogisme pratique, la majeure universelle (*Tout ce qui est doux doit être goûté*) est
non pas science, mais *opinion* (δόξα, la seconde forme de l'ὑπόληψις :
cf. *supra*, 3, 1145b22, note, et tout le chapitre 3), et dans l'espèce c'est une
opinion fausse. La mineure se réfère toujours, comme nous le savons, aux faits
particuliers et relève par conséquent de la *sensation* (ὧν αἴσθησις, l. 26). Or, il
y a parallélisme entre syllogisme scientifique et syllogisme pratique, comme il
y a parallélisme entre affirmation et désir, négation et aversion. Par l'effet de ce
parallélisme, deux prémisses mises en présence, qu'il s'agisse de prémisses
théoriques (ἔνθα μέν, l. 27) ou de prémisses pratiques, engendrent *nécessairement* une conclusion de l'ordre théorique ou de l'ordre pratique : dans l'ordre
théorique, elles entraînent l'assentiment de l'esprit, et dans l'ordre pratique,
l'accomplissement de l'acte (cf. *infra*, l'exemple des aliments sucrés). Dans ces
conditions, on voit mal jusqu'ici comment il est possible de parler d'intempérance, puisque l'acte accompli est la conclusion rigoureuse d'un syllogisme et
l'application d'une règle générale. On peut seulement parler de *dérèglement*,
d'ἀκολασία (sur ce dernier point, *cf.* Joachim, p. 228-229). L. 25, il faut sous-
entendre πρότασις après ἢ μὲν γὰρ καθόλου, et après ἡ δ' ἑτέρα.
2. L. 31-1147b5. Admettons à présent que nous ayons dans l'esprit deux
majeures universelles se contredisant expressément, la première, de caractère

l'opinion universelle nous défendant de goûter, et que, d'autre part, est présente aussi l'opinion que *tout ce qui est doux est agréable* et que *ceci est doux* (cette dernière opinion déterminant l'acte), et que l'appétit se trouve également présent en nous, alors, si la première opinion universelle nous invite bien à fuir l'objet, par contre l'appétit nous y conduit (puisqu'il est capable de mettre en mouvement chaque partie du corps) : il en 35 résulte, par conséquent, que c'est sous l'influence d'une règle en quelque sorte ou d'une opinion qu'on devient intempérant, **1147b** opinion qui est contraire, non pas en elle-même mais seulement par accident (car c'est l'appétit qui est réellement contraire, et non l'opinion), à la droite règle. Une autre conséquence en découle encore : la raison pour laquelle on ne peut parler

théorique et vraie (l'ὀρθὸς λόγος), qui interdit de manger des choses douces (l. 32. On peut l'énoncer : *Tout ce qui est doux ne vaut rien pour la santé*), et la seconde, celle de tout à l'heure, de caractère impératif et fausse (*Il faut goûter à tout ce qui est doux*). Mais la majeure théorique et vraie n'est nullement contredite par cette autre proposition théorique : *Tout ce qui est doux est agréable* (l. 32), et ce dernier couple peut, tout comme le premier, coexister dans l'esprit, qui hésite ainsi entre deux thèses. D'autre part, la mineure de fait (*Ceci est doux*, l. 29 et 31), purement empirique, demeure la même. Si à ce moment, un appétit, une concupiscence, est présent à la conscience, la mineure « introduit dans le raisonnement un facteur d'actualité » (Robin), les mécanismes corporels sont mis en branle par le désir, et la balance penche du côté de la proposition la plus séduisante. Tout mû qu'il soit par la passion, le sujet n'en agit pas moins *sous l'influence d'une règle* (ὑπὸ λόγου, l. 1147b1), contraire à l'ὀρθος λόγος non pas *essentiellement* (καθ' αὑτήν, l. 2) mais *accidentellement* (κατὰ συμβεβηκός), puisque seul le désir est moteur et qu'il nous pousse seulement à la conviction que tout aliment sucré est agréable. On voit aussi que l'intempérance reste une erreur de l'ordre intellectuel, une ignorance, inaccessible par suite aux animaux inférieurs (*cf.* VI, 2, 1139a20 ; *de Mem.*, 1, 450a12-25, p. 59 et 60 de notre traduction des *Parva Naturalia*). Comme il le dira plus loin (l. 14-15), Aristote accepte en définitive la théorie socratique de la vertu-science et se refuse à l'idée que l'intempérance pourrait se réaliser à l'encontre du savoir. Dans ce qu'elle a de spécifique et d'essentiel, la morale se réduit à ses éléments intellectuels.

d'intempérance pour les bêtes, c'est qu'elles ne possèdent pas de jugement portant sur les universels, mais qu'elles ont
5 seulement image et souvenir des choses particulières.

Quant à dire comment l'ignorance de l'homme intempérant se résout pour faire place de nouveau à l'état de savoir[1], l'explication est la même que pour un homme pris de vin ou en sommeil, et n'est pas spéciale à l'état dont nous traitons : nous devons nous renseigner à cet effet auprès de ceux qui sont versés dans la science de la nature.

Mais la dernière prémisse[2] étant une opinion qui à la fois
10 porte sur un objet sensible et détermine souverainement nos actes, cette opinion-là, un homme sous l'empire de la passion, ou bien ne la possède pas du tout, ou bien ne la possède qu'au sens où, comme nous l'avons dit, posséder la science veut dire seulement parler machinalement, à la façon dont l'homme pris de vin récite les vers d'Empédocle[3]. Et du fait que le dernier

---

1. La question qui se pose est de savoir comment l'appétit du plaisir arrive à être remplacé par la volonté raisonnée du bien. La situation, déclare Aristote, est la même que pour le dormeur qui se réveille ou pour l'homme ivre qui a cuvé son vin : c'est un problème qui relève de la science de la nature, autrement dit, l'explication est d'ordre physiologique. On trouvera des indications dans le *de Somno*, 3, 458a10-25 (p. 91 et 92 de notre traduction des *Parva nat.*).

2. Aristote va montrer, dans les lignes qui suivent, de quelle façon le paradoxe socratique (cf. *supra*, 3, 1145b22 *sq.*) est en somme l'expression de la vérité. On doit admettre, en effet, que la mineure (l. 9, ἡ τελευταία πρότασις est la *dernière mineure* du polysyllogisme, qui précède immédiatement la conclusion; l. 14, ἔσχατον ὅρον est le *petit terme*, qui exprime la chose individuelle), faute de généralité, n'a pas le caractère d'une connaissance scientifique. Il est dès lors explicable que l'agent, mû par la passion, qui déclenche même des mécanismes corporels (cf. 1147a35, *supra*), ne sache pas subsumer la chose désirée sous sa véritable espèce, et confonde ainsi l'utile et le nuisible. La thèse de Socrate est exacte quand on oppose à l'intempérance la *vraie science* (κυρίως ἐπιστήμης, l. 15); mais elle n'est plus vraie quand l'intempérance lutte seulement contre la connaissance du particulier (τῆς αἰσθητικῆς, l. 17). *Cf.* les remarques de Deman, *op. cit.*, 114.

3. *Supra*, 1047a20.

terme n'est pas un universel, ni considéré comme étant un
objet de science semblablement à un universel, on est, semble-
t-il, amené logiquement à la conclusion que Socrate cherchait
à établir : en effet, ce n'est pas en la présence de ce qui est 15
considéré comme la science au sens propre que se produit la
passion dont il s'agit[1], pas plus que ce n'est la vraie science qui
est tiraillée par la passion, mais c'est lorsque est présente la
connaissance sensible.

6
<Domaine de l'intempérance. Les diverses formes : l'intempérance simpliciter *et l'intempérance* secundum quid>*

Si l'intempérance peut ou non s'accompagner de savoir, et,
le cas échéant, de quel genre de savoir, c'est là une question qui
a été suffisamment traitée.

Mais peut-on être intempérant purement et simplement[2], 20
ou doit-on toujours l'être par rapport à certaines choses
particulières, et, dans l'affirmative, à quelles sortes de choses ?
C'est une question à discuter maintenant.

Que les plaisirs et les peines rentrent dans la sphère
d'action à la fois des hommes tempérants et des hommes

---

1. L'intempérance. – Ligne suivante, πάθος désigne sans doute
l'ἐπιθυμία en général (Rackham).

2. Seconde division, annoncée *supra*, 4, 1146b9, et concernant l'ἔνδοξον
posé précédemment 2, 1145b19-20. Aristote va étudier le *domaine* de l'ἀκρασία. La marche générale du chapitre est celle-ci. L'intempérance *simpliciter*
(ἀπλῶς) n'a rapport qu'aux appétits corporels, dans la sphère de nos besoins
élémentaires, sphère qui est aussi celle du *dérèglement* ou *débauche* (ἀκολασία). Mais elle s'étend *par analogie* (καθ' ὁμοιότητα, *secundum quid*), d'abord
à tous les plaisirs bons en eux-mêmes mais susceptibles d'excès (jusqu'à 1148
b14), et ensuite aux choses qui dépassent l'humaine nature et rentrent dans la
bestialité ou la maladie (1148b15-1149a20).

endurants ainsi que des hommes intempérants et des hommes
adonnés à la mollesse, c'est là une chose évidente[1]. Or, parmi
les choses qui donnent du plaisir[2], les unes sont nécessaires, et
25 les autres sont souhaitables en elles-mêmes mais susceptibles
d'excès. Sont nécessaires les causes corporelles de plaisir
(j'entends par là, à la fois celles qui intéressent la nutrition et
les besoins sexuels, en d'autres termes ces fonctions corporelles que nous avons posées comme étant celles qui constituent la sphère du dérèglement et de la modération)[3] ; les autres
causes de plaisirs ne sont pas nécessaires, mais sont souhai-
30 tables en elles-mêmes (par exemple, la victoire, l'honneur, la
richesse, et autres biens et plaisirs de même sorte). Ceci posé,
les hommes qui tombent dans l'excès en ce qui concerne ce
dernier groupe de plaisirs, contrairement à la droite règle qui
est en eux, nous ne les appelons pas des intempérants au sens
strict, mais nous ajoutons une spécification et disons qu'ils
sont intempérants *en matière d'argent, de gain, d'honneur*
ou *de colère*, et non simplement intempérants, attendu qu'ils
sont différents des gens intempérants proprement dits et qu'ils
35 ne reçoivent ce nom que par similitude (comme dans le cas
d'Anthropos, vainqueur aux Jeux olympiques : la définition
1148a générale de l'homme différait peu de la notion qui lui était
propre, mais elle était néanmoins autre)[4]. – En voici une

1. Aristote s'exprime d'une façon concise, mais sa pensée n'est pas douteuse. La tempérance ou l'endurance consiste à résister aux plaisirs illégitimes
et à accepter les peines légitimes ; l'intempérance ou la mollesse, au contraire,
se laisse aller au plaisir et refuse les peines. Ces plaisirs et ces peines sont les
mêmes pour la tempérance et l'endurance, et pour l'intempérance et la
mollesse. Nous allons les déterminer.

2. Longue phrase, semée d'incidentes et de parenthèses, dont l'apodose est
rejetée l. 31, τοὺς μὲν οὖν. Nous avons dû la couper.

3. III, 13, 1117b27 *sq.*

4. Anthropos, dont l'existence est bien attestée (*cf.* la note de Burnet,
p. 306-307), était un pugiliste qui fut vainqueur aux Jeux Olympiques en 456.

preuve[1] : nous blâmons l'intempérance non comme une erreur seulement, mais comme une sorte de vice, qu'il s'agisse de l'intempérance pure et simple ou de l'intempérance portant sur quelque plaisir <corporel> particulier, tandis que nous ne blâmons aucun intempérant de l'autre classe. – Mais parmi les hommes dont l'intempérance a rapport aux jouissances corporelles, jouissances qui, disons-nous, rentrent dans la sphère de 5 l'homme modéré et de l'homme déréglé, celui qui, à la fois, poursuit les plaisirs excessifs et évite les peines du corps comme la pauvreté, la soif, la chaleur, le froid et toutes les sensations pénibles du toucher et du goût, et cela non pas par choix réfléchi[2] mais contrairement à son choix et à sa raison, celui-là est appelé intempérant, non pas avec la spécification 10 qu'il est intempérant en telle chose, la colère par exemple, mais intempérant au sens strict seulement. Et une preuve[3], c'est

---

Anthropos, comme son nom l'indique, était un *homme*, mais il est clair que la définition de l'homme en général (ὁ κοινὸς λόγος, 1148a1 : *animal raisonnable*) ne recouvre pas complètement la définition de l'individu Anthropos, et que des spécifications sont nécessaires (*animal raisonnable + pugiliste + vainqueur olympique*, etc) : on sait que, strictement parlant (mais Aristote veut seulement donner un exemple), l'individu est indéfinissable. – Les imparfaits διέφερεν et ἦν (l. 1 et 2) marquent, selon Burnet, une référence à une précédente ἀκρόασις. Il est probable que le nom d'Anthropos devait être pris comme exemple courant d'homonymie (cf. *Cat.*, 1, 1a1-5), comme, dans d'autres cas, Callias ou Coriscus.

1. La preuve qu'on peut être appelé intempérant seulement par analogie. En effet, ajoute Aristote, l'ἀκρασία soit ἁπλῶς, soit κατὰ μέρος, qui a pour objet les plaisirs du corps, appartient au même genre que le vice, à la différence de l'ἀκρασία χρημάτων, κέρδους, τιμῆς et θυμοῦ (τούτων, l. 4), qui n'est jamais l'objet d'une désapprobation comme celle du vice.

2. Car ce ne serait plus intempérance, mais dérèglement, débauche (cf. *infra*, l. 16 et 17).

3. Une preuve que la dénomination d'intempérant *simpliciter* s'applique bien à ceux qui recherchent les plaisirs du corps. Ce σημεῖον fait état du langage courant : on ne dit pas qu'un homme est *mou* quand il est ἀκρατὴς θυμοῦ (*cf.* Burnet, p. 308).

qu'on parle de *mollesse*, seulement en ce qui regarde ces plaisirs et jamais en ce qui regarde les autres. Et c'est pour cette raison que nous plaçons dans le même groupe l'intempérant et le déréglé, le tempérant et le modéré, à l'exclusion de tous les autres, parce qu'ils ont pour sphère d'activité, en quelque sorte 15 les mêmes plaisirs et les mêmes peines[1]. Mais, tout en s'intéressant aux mêmes objets, leur comportement à l'égard de ces objets n'est pas le même, les uns[2] agissant par choix délibéré, et les autres en dehors de tout choix. Aussi donnerions-nous le nom de déréglé à l'homme qui, sans concupiscence ou n'en éprouvant qu'une légère, poursuit les plaisirs excessifs et évite les peines modérées plutôt qu'à celui qui en fait autant sous 20 l'empire de violents appétits : car que ne ferait pas le premier si un appétit juvénile ou un chagrin violent venait s'ajouter en lui quand il se verrait privé des plaisirs nécessaires[3] ?

Parmi les appétits et les plaisirs[4], les uns appartiennent à la classe des choses génériquement nobles et bonnes (car certaines choses agréables sont naturellement dignes de choix,

---

1. Les plaisirs et les peines tenant au corps.

2. Le modéré et le déréglé, par opposition au tempérant et à l'intempérant. Nous savons déjà, et Aristote le répète ici, que ces derniers font le mal par faiblesse de caractère, tout en ayant conscience de mal faire, ce qui n'est nullement le cas des premiers.

3. Et corporels. *Cf.* St Thomas, 1362, p. 367 : *qui enim sine concupiscentia peccat, quid faceret si adesset ei fortis concupiscentia et fortis tristitia circa indigentiam necessariorum* ?

4. Aristote reprend sa division précédente des plaisirs et des peines (l. 25, πρότερον renvoie à 1147b23-31), en la précisant par l'adjonction d'une nouvelle classe, celle des ἐναντία τούτων, l. 25, qui sont les *choses génériquement honteuses et naturellement à éviter*. L. 25, les μεταξύ sont les *plaisirs corporels et nécessaires* (= 1147b25), qui sont indifférents en eux-mêmes et ne sont bons ou mauvais qu'en raison de la fin que nous visons. La phrase, l. 22 *sq.*, est très enchevêtrée et coupée d'incidentes; l'apodose est rejetée 1148b2 (μοχθηρία μὲν οὖν). – À ὅσοι, l. 28, ne répond aucun verbe; nous avons complété la pensée par les mots entre crochets (l. 31).

tandis que d'autres leur sont contraires, et les autres, enfin, sont intermédiaires, conformément à nos distinctions antérieures)[1] : tels sont l'argent, le gain, la victoire, l'honneur. Et en ce qui 25 concerne toutes ces choses-là et celles de même sorte, ainsi que celles qui sont intermédiaires, ce n'est pas le fait d'être affecté par elles, ou de les désirer, ou de les aimer, qui rend l'homme blâmable, mais c'est le fait de les aimer d'une certaine façon, autrement dit avec excès. C'est pourquoi tous ceux qui, en violation de la règle, ou bien se laissent dominer par l'une des choses naturellement nobles et bonnes, ou bien les recherchent trop, par exemple ceux qui montrent plus d'ardeur qu'il ne 30 faudrait pour l'honneur, ou pour leurs enfants ou leurs parents, <ne sont pas des hommes pervers> (car ces objets font partie des biens, et on approuve ceux qui s'y attachent avec zèle ; mais cependant il y a un excès même dans ce domaine, si par exemple comme Niobé[2] on luttait contre les dieux eux-mêmes, ou si on avait pour son père une affection semblable à celle de Satyros, surnommé Philopator[3], dont l'exagération sur ce **1148b** point passait pour de la folie). – Il n'y a donc aucune perversité en ce qui regarde ces objets de notre attachement, pour la raison que nous avons indiquée, à savoir que chacun d'eux est naturellement digne de choix en lui-même, bien que l'excès soit ici condamnable et doive être évité. Et pareillement, il ne saurait y avoir non plus d'intempérance à leur sujet (car 5 l'intempérance n'est pas seulement une chose qu'on doit

---

1. Nous modifions la disposition des parenthèses de l'édition Susemihl.

2. Exemple de ὑπερβολὴ περὶ τέκνα. Niobé, fière de ses douze enfants, avait outragé Latone qui n'en avait que deux ; elle périt sous les flèches d'Apollon.

3. Exemple de ὑπερβολὴ περὶ γονεῖς. Sur Satyros, *cf.* les commentateurs grecs, Aspasius, 158, 16, et surtout Anonyme, 426, 24. D'après une suggestion de Burnet, p. 310, retenue par Rackham et Ross, Satyros serait un roi du Bosphore, qui déifia son père (il faudrait lire alors ἐπικαλούμενος [au sens moyen d'*invoquer*] τὸν πατέρα, l. 1148b1, en supprimant περὶ).

éviter, c'est aussi une chose qui fait partie des actions blâmables[1]); seulement, par similitude, on emploie le terme *intempérance* en y ajoutant une spécification dans chaque cas[2], tout
comme on qualifie de mauvais médecin ou de mauvais acteur
celui qu'on ne pourrait pas appeler mauvais au sens propre[3].
De même donc que dans ces exemples nous n'appliquons pas
le terme *mauvais* sans spécification, parce que l'insuffisance
10 du médecin ou de l'acteur n'est pas un vice mais lui ressemble
seulement par analogie, ainsi il est clair que, dans l'autre cas
également, seule doit être considérée comme étant véritablement intempérance ou tempérance celle qui a rapport aux
mêmes objets que la modération et le dérèglement, et que nous
n'appliquons à la colère que par similitude ; et c'est pourquoi,
ajoutant une spécification, nous disons *intempérant dans
la colère*, comme nous disons *intempérant dans l'honneur* ou
le gain[4].
15   Certaines choses[5] sont agréables par leur nature, les unes
d'une façon absolue, et les autres pour telle classe d'animaux

1. Ce qui n'est pas le cas pour ces sentiments bons en eux-mêmes : un excès
dans ce domaine n'est pas κακία, mais ἁμαρτία (*cf.* 1148a3).

2. En disant *de quoi* il y a intempérance (intempérance *secundum quid*).

3. Cf. *de Soph.*, 20, 177b13 : on peut être bon cordonnier et mauvais homme.

4. Bon résumé de Sylv. Maurus, 187[2] : *aliud esse incontinentem simpliciter, hoc est circa delectationes pravas, circa quae versantur temperantia et
intemperantia* [= σωφροσύνη et ἀκολασία], *aliud est esse incontinentem
secundum quid, puta in materia irae, honoris*, etc., *hoc est circa delectabilia
non prava.*

5. Aristote va procéder à un remaniement de sa classification des plaisirs
sur la base de leur caractère naturel ou de leur caractère contre nature. Ainsi,
après avoir distingué entre l'ἀκρασία *simpliciter* et l'ἀκρασία *secundum quid*,
l'une et l'autre dans le plan humain, on distinguera l'ἀκρασία humaine et
l'ἀκρασία bestiale. Cette dernière sera appelée aussi ἀκρασία καθ' ὁμοιότητα
(ou *secundum quid*).

ou d'hommes; d'autres choses, par contre, ne sont pas agréables par nature, mais le deviennent soit comme conséquence d'une difformité, soit par habitude; d'autres enfin le sont par dépravation naturelle. Ceci posé, il est possible, pour chacune de ces dernières espèces de plaisirs[1], d'observer des dispositions du caractère correspondantes. J'entends par là les dispositions bestiales[2], comme dans l'exemple de la femme qui, dit-on, éventre de haut en bas les femmes enceintes et dévore leur fruit[3], ou encore ces horreurs où se complaisent, à ce qu'on raconte, certaines tribus sauvages des côtes du Pont[4], qui mangent des viandes crues ou de la chair humaine, ou échangent mutuellement leurs enfants pour s'en repaître dans leurs festins, ou enfin ce qu'on rapporte de Phalaris[5].

20

La classification indiquée dans les l. 15-18 est dès lors la suivante :

1) ἡδέα φύσει (l. 15-16), qui sont les φύσει αἱρετά de 1148a24, et se subdivisent en :

   a) ἁπλῶς.

   b) κατὰ γένη.

2) τὰ δ' οὐκ ἔστιν (l. 17-19), qui sont les ἐναντία τούτων de 1148a24. Ces plaisirs non naturels se subdivisent en trois, d'après leurs causes :

   a) διὰ πηρώσεις.

   b) δι' ἔθη.

   c) διὰ μοχθηρὰς φύσεις.

Aristote ajoute, l. 18 et 19, que ces plaisirs non naturels correspondent à des ἕξεις également non naturelles. Ces *habitus* ne sont plus des vertus ou des vices, mais des états surhumains ou infra-humains. Aristote a déjà brièvement parlé de la θηριότης, 1, 1145a20 (*cf.* la note). Sur cette classification un peu confuse, *cf.* Joachim, p. 230-231.

1. Les plaisirs non naturels avec leurs trois subdivisions.

2. Répondant à 2c.

3. Sans doute quelque sorcière des traditions populaires.

4. Cf. *Pol.*, VIII, 4, 1338b19; Hérod., IV, 106.

5. Le tyran d'Agrigente au taureau d'airain.

25 Ce sont là des états de bestialité, mais d'autres ont pour origine la maladie[1] (ou parfois la folie, comme dans le cas de l'homme qui offrit sa mère en sacrifice aux dieux et la mangea, ou celui de l'esclave qui dévora le foie de son compagnon); d'autres encore sont des propensions morbides résultant de l'habitude[2], comme par exemple s'arracher les cheveux, ronger ses ongles ou mêmes du charbon et de la terre, sans oublier l'homosexualité. Ces pratiques sont le résultat, dans certains cas de dispositions naturelles, et dans d'autres de l'habitude, 30 comme chez ceux dont on a abusé dès leur enfance[3].

Ceux chez qui la nature[4] est la cause de ces dépravations, on ne saurait les appeler intempérants, pas plus qu'on ne qualifierait ainsi les femmes, sous le prétexte que dans la copulation leur rôle est passif et non actif; il en va de même pour ceux qui sont dans un état morbide sous l'effet de l'habitude.

1149a La possession de ces diverses dispositions se situe hors des limites du vice, comme c'est aussi le cas pour la bestialité; et quand on les a, s'en rendre maître ou s'y laisser asservir ne constitue pas <la tempérance ou> l'intempérance proprement dites[5], mais seulement ce qu'on appelle de ce nom par similitude, tout comme celui qui se comporte de cette façon dans ses colères[6] doit être appelé *intempérant dans* ladite passion, et non intempérant au sens strict.

---

1. Répond à 2a. Nous passons des états de bestialité proprement dits aux états morbides.

2. Répond à 2b.

3. Sur le sens de οἱ ὑβριζόμενοι, l. 30, cf. *Ind. arist.*, 781a16 (*cinaedi*).

4. Cas de πήρωσις. – Sur la distinction des sexes et la nature de la femme, cf. *de Gen. anim.*, II, 3, 737a27; IV, 3, 767b9; 6, 775a15. On pourra aussi se reporter aux indications sommaires de notre note *Hist. Anim.*, V, 1, 539a21 (I, p. 280-281 de notre traduction) – Sur la notion de πήρωσις, cf. *supra*, I, 10, 1099b18, note.

5. Aristote parle seulement, par pure négligence, de l'ἀκρασία. Nous complétons pour l'ἐγκράτεια.

6. Cf. *supra*, 1148b10-14. – L. 14, τοῦ πάθους, c'est-à-dire θυμοῦ.

En effet[1], tous excès d'insanité ou de lâcheté ou d'intem- 5
pérance ou d'humeur difficile, sont soit des traits de bestialité,
soit des états morbides. L'homme constitué naturellement de
façon à avoir peur de tout, même du bruit d'une souris[2], est
lâche d'une lâcheté tout animale, et celui qui avait la phobie
des belettes était sous l'influence d'une maladie; et parmi les
insensés, ceux qui sont naturellement privés de raison et vivent 10
seulement par les sens, comme certaines tribus barbares éloignées, sont assimilables aux brutes, tandis que ceux qui ont
perdu la raison à la suite de maladies, de l'épilepsie par
exemple, ou par un accès de folie, sont des êtres morbides.
Avec des penchants de ce genre, il peut se faire que l'on n'ait
parfois qu'une simple disposition à les suivre, sans s'y laisser
asservir, si, par exemple, Phalaris[3] avait réprimé son désir de
manger un jeune enfant ou de se livrer à des plaisirs sexuels
contre nature; mais il est possible également de s'abandonner à
ces penchants et ne pas se contenter de les avoir. De même 15
donc que, dans le cas de la perversité, celle qui est sur le plan
humain est appelée perversité au sens strict, tandis que l'autre
espèce[4] se voit ajouter la spécification de *bestiale* ou de
morbide, mais n'est pas appelée perversité proprement dite, de
la même façon il est évident que, dans le cas de l'intempérance,
il y a celle qui est bestiale et celle qui est morbide, et que

1. *Omne vitium, cum excedit modum vitii humani, degenerat vel in
feritatem vel in quemdam morbum et insaniam* (Sylv. Maurus, 189[1]).

2. Cf. *Pol.*, VII, 1, 1323a29.

3. La raison donnée par Burnet, p. 313, pour rejeter Φάλαρις comme sujet,
ne nous semble pas convaincante.

4. Le vice extra-humain (le terme μοχθηρία est ici synonyme d'ἀκολασία
et de κακία). La conclusion est donc (Burnet, p. 313) que l'ἀκρασία *simpliciter* a pour domaine celui de l'ἀκολασία, mais sur le plan humain. Si on
dépasse les limites de la nature humaine, ce n'est plus qu'une ἀκρασία κατὰ
πρόσθεσιν, *secundum quibid.*

20 l'intempérance au sens strict est seulement celle qui correspond au dérèglement proprement humain[1].

7
<Intempérance dans la colère et intempérance
des appétits – La bestialité>

Ainsi donc l'intempérance et la tempérance portent
exclusivement sur les mêmes objets que le dérèglement et la
modération, et, d'autre part, l'intempérance qui porte sur les
autres objets[2] est d'une espèce différente, appelée seulement
ainsi par extension de sens et non au sens strict : tout cela est
maintenant clair.

Que l'intempérance dans la colère soit moins déshonorante
25 que l'intempérance des appétits, c'est cette vérité que nous
allons à présent considérer[3]. – La colère, en effet[4], semble bien
prêter jusqu'à un certain point l'oreille à la raison, mais elle
entend de travers, à la façon de ces serviteurs pressés qui
sortent en courant avant d'avoir écouté jusqu'au bout ce qu'on
leur dit, et puis se trompent dans l'exécution de l'ordre, ou
encore à la façon des chiens, qui avant même d'observer
si c'est un ami, au moindre bruit qui se produit se mettent à
30 aboyer. Pareillement la colère, par sa chaleur et sa précipitation
naturelles, tout en entendant n'entend pas un ordre[5], et s'élance
pour assouvir sa vengeance. La raison ou l'imagination, en

---

1. Et lui est ainsi coextensive.

2. À savoir les φύσει αἱρετά et les θηριώδη καὶ νοσηματώδη.

3. Aristote va donner *quatre* raisons pour prouver que l'ἀκρασία τοῦ
θυμοῦ est moins choquante que l'ἀκρασία ἁπλῶς, *i.e.* τῶν ἐπιθυμιῶν.

4. *Premier argument.* – Sur le sens de παρακούειν, l. 26, cf. *de Somno*, 1,
458b31 (p. 96 de notre traduction des *Parva nat.*).

5. La colère entend bien quelque chose de réel, mais elle *croit* entendre un
ordre de se venger qui n'existe pas.

effet[1], présente à nos regards une insulte ou une marque de dédain ressenties, et la colère, après avoir conclu par une sorte de raisonnement que notre devoir est d'engager les hostilités contre un pareil insulteur[2], éclate alors brusquement ; l'appétit, au contraire, dès que la raison[3] ou la sensation a seulement dit 35 qu'une chose est agréable, s'élance pour en jouir. Par consé- **1149b** quent, la colère obéit à la raison en un sens, alors que l'appétit n'y obéit pas. La honte est donc plus grande dans ce dernier cas, puisque l'homme intempérant dans la colère est en un sens vaincu par la raison, tandis que l'autre l'est par l'appétit et non par la raison[4].

En outre[5], on pardonne plus aisément de suivre les désirs 5 naturels, puisque, même dans le cas des appétits on pardonne plus facilement de les suivre quand ils sont communs à tous les hommes, et cela dans la mesure même où ils sont communs. Or la colère et l'humeur difficile sont une chose plus naturelle que les appétits portant sur des plaisirs excessifs et qui n'ont rien de nécessaire. Donnons comme exemple[6] l'homme qui,

1. Cf. *Probl.*, XXVIII, 3, 949b13-19. – Sur ὀλιγωρία l. 32, qui a le sens de *dédain*, et sa différence avec καταφρόνησις, *mépris*, l'une de ses espèces, cf. *Rhet.*, II, 2, 1378b10 : « ce qui, *à notre sentiment*, ne vaut rien, on le *méprise*, ce qui, *en réalité*, ne vaut rien, on le *dédaigne* ».

2. L. 33, τῷ τοιούτῳ πολεμεῖν : *huic tali qui contumelia effecerit vel contempserit bellum inferre* (Lambin).

3. C'est à tort que Rackham considère λόγος comme une interpolation. Rien ne s'oppose à ce que la raison (*ratio depravata*, précise Lambin) fournisse le motif d'une ἐπιθυμία.

4. Sylv. Maurus, 190[2], résume bien la pensée d'Aristote : *qui operatur ex concupiscentia operatur magis irrationabiliter, ac proinde pejor ac reprehensibilior est quam qui operatur ex ira*.

5. *Second argument.*

6. Exemple du caractère naturel de la colère. Ces anecdotes ont un côté humoristique évident, et appartiennent au folklore universel. L'auteur de *Mag. Mor.*, II, 6, 1202a23-29, semble pourtant les prendre au sérieux, quand il déclare que le moyen de défense de l'homme accusé de battre son père fut accepté par les juges, qui prononcèrent un *verdict d'acquittement* (ἀποφυγεῖν δή).

en réponse à l'accusation de frapper son père, disait : « Mais lui
aussi a frappé le sien, et le père de mon père aussi ! », et dési-
10 gnant son petit garçon : « Et celui-ci, dit-il, en fera autant quand
il sera devenu un homme ! car c'est inné dans notre famille ».
C'est encore l'histoire de l'homme qui, traîné par son fils hors
de sa maison, lui demandait de s'arrêter à la porte, car lui-
même n'avait traîné son père que jusque-là.

De plus [1], on est d'autant plus injuste qu'on use davantage
de manœuvres perfides. Or l'homme violent n'a aucune perfi-
15 die, ni non plus la colère, qui agit à visage découvert ; l'appétit,
au contraire, est comme l'Aphrodite dont on dit :

> Cyprogeneia qui ourdit des embûches [2],

et Homère, décrivant la ceinture brodée de la déesse :

> Un conseil perfide, qui s'emparait de l'esprit du sage, si sensé
> fût-il [3].

Par conséquent, si cette forme d'intempérance est plus
injuste, elle est aussi plus honteuse que celle qui est relative à la
colère, et elle est intempérance proprement dite, et vice en un
sens [4].

20 De plus [5], si nul ne fait subir un outrage avec un sentiment
d'affliction, par contre tout homme agissant par colère agit en

---

1. *Troisième argument.*

2. Sur l'épithète d'Aphrodite Cyprogeneia (*née à Chypre*), *cf.* Hésiode,
Theog., 199. Le terme δολοπλόκος se rencontre dans Sapho, I, 2.

3. *Iliade*, XIV, 214, 217.

4. En un sens seulement, et non ἁπλῶς, car l'ἀκρασία est sans choix
délibéré.

5. *Quatrième argument.* – Burnet, p. 316, s'élève contre l'idée que l'ὕβρις
dont il est ici question soit l'outrage au sens de *stuprum*. Malgré le sentiment
contraire de Rackham et de Ross, nous croyons que Burnet a raison, et qu'il
suffit pour le raisonnement d'un outrage ou d'une injure quelconque. Pour
l'argument d'Aristote, on se reportera à *Rhet.*, II, 3, 1380a34-36. La colère,
sentiment pénible, ne montre aucune insolence envers la personne qui en est

ressentant de la peine, alors que celui qui commet un outrage le fait avec accompagnement de plaisir. Si donc les actes contre lesquels une victime se met le plus justement en colère sont plus injustes que d'autres, l'intempérance causée par l'appétit est aussi plus injuste que l'intempérance de la colère, car il n'y a dans la colère aucun outrage.

Qu'ainsi donc l'intempérance relative à l'appétit soit plus déshonorante que celle qui a rapport à la colère, et que la 25 tempérance et l'intempérance aient rapport aux appétits et plaisirs du corps, c'est clair.

Mais parmi ces appétits et ces plaisirs eux-mêmes nous devons établir des distinctions. Ainsi, en effet, que nous l'avons dit en commençant [1], certains d'entre eux sont sur le plan humain et sont naturels à la fois en genre et en grandeur [2], d'autres ont un caractère bestial, et d'autres sont dus à des difformités ou des maladies. Or c'est seulement aux plaisirs 30 que nous avons nommés en premier lieu [3] que la modération et le dérèglement ont rapport; et c'est pourquoi nous ne disons pas des bêtes qu'elles sont modérées ou déréglées, sinon par extension de sens et seulement dans le cas où en totalité quelque espèce d'animaux [4] l'emporte sur une autre en lasci-

l'objet, puisque l'insolence s'accompagne toujours de satisfaction. Le ressentiment est moindre chez la victime que s'il s'agit d'un outrage ayant pour cause l'intempérance proprement dite. Le passage de *Rhet.* ci-dessus s'exprime de la même façon, sauf qu'il parle d'ὀλιγωρία (*dédain*) au lieu d'ὕβρις, mais on sait que l'ὕβρις n'est qu'une espèce de l'ὀλιγωρία.

1. 6, 1148b15-31.

2. C'est-à-dire sans dépasser la mesure humaine, sans excès morbide ou bestial.

3. Ceux de l'ordre humain et qui sont naturels.

4. Nous acceptons la correction de Bywater, suivi par Burnet, Rackham et Ross, et lisons, l. 32, τι au lieu de τινι – Aristote veut parler de ces animaux dont les instincts de violence ou de destruction passent toute mesure : pour l'ὕβρις, c'est sans doute l'âne; pour la σιναμωρία, le sanglier (*de Part. anim.*, II, 4, 651a4); et pour la voracité, le porc (*Hist. anim.*, VIII, 6, 595a18).

vité, en instincts destructeurs ou en voracité (les animaux, en
effet, n'ont ni faculté de choisir, ni raisonnement) [1] : ce sont là
35 des aberrations de la nature, tout comme les déments chez
1150a les hommes. La bestialité [2] est un moindre mal que le vice,
quoique plus redoutable : non pas que la partie supérieure ait
été dépravée, comme dans l'homme, mais elle est totalement absente. Par suite, c'est comme si, comparant une chose
inanimée avec un être animé, on demandait lequel des deux
l'emporte en méchanceté : car la perversité d'une chose qui n'a
5 pas en elle de principe d'action est toujours moins pernicieuse,
et l'intellect est un principe de ce genre (c'est donc à peu près

---

1. Avec Burnet, p. 317, nous considérons la phrase οὐ γὰρ … λογισμόν
(l. 34-35) comme une parenthèse qui interrompt le développement, lequel
reprend à ἀλλ' ἐξέστηκε. Aristote rappelle que les animaux en général (et non
seulement les brutes exceptionnelles) n'ont ni raison, ni volonté réfléchie.

2. Toute la fin du chapitre est d'une interprétation très difficile, et sur
laquelle les commentateurs ne s'accordent pas. Il s'agit, dans l'esprit d'Aristote,
d'établir une comparaison entre la bestialité de l'animal et celle de l'homme. À
cet égard, la bestialité, moralement *moins mauvaise* que le vice (l. 1150a1,
ἔλαττον, *ibid.* κακόν), est plus horrible chez l'homme. Pourquoi? Parce que,
chez la brute, la *partie supérieure* de l'âme (τὸ βέλτιστον ou βέλτιον, l. 2),
c'est-à-dire le νοῦς, n'existe pas du tout, alors que chez l'homme elle est
dépravée. L'homme se sert ainsi de son intelligence pour faire le mal, et il peut
être comparé à une chose vivante, pourvue d'une ἀρχὴ κινήσεως, tandis que la
bête n'est à cet égard qu'une machine sans vie. L'homme est donc, dans la
bestialité, infiniment plus dangereux que l'animal (l. 1150a1-5). Aristote établit
ensuite une seconde comparaison (beaucoup plus forcée) entre l'*injustice* au
sens abstrait (ἀδικία) et un *homme injuste* (πρὸς ἄνθρωπον ἄδικον, l. 6).
L'injustice est en un sens pire que l'homme injuste, parce qu'elle est essentiellement ce qui est mal et que l'homme où elle se réalise est seulement ἄδικος
κατὰ συμβεβηκός (*cf.* pour ce raisonnement *Top.*, III, 1, 116a23-27, p. 97 et
note de notre traduction); mais en un autre sens elle est moins mauvaise que
l'homme injuste, car elle ne peut faire le mal que réalisée en lui : tout comme τὸ
ποιητικὸν ἀγαθοῦ est meilleur que τὸ μὴ ποιητικὸν ἀγαθου, τὸ ποιητικὸν
κακοῦ est pire que τὸ μὴ ποιητικὸν κακοῦ. Cette seconde comparaison
constitue, croyons-nous avec Rackham, une parenthèse (παραπλήσιον …
ἄδικον, l. 6-7), et le développement reprend ensuite.

comme si on comparait l'injustice avec un homme injuste : chacun de ces deux termes est en un sens pire que l'autre) : car un homme mauvais peut causer infiniment plus de maux qu'une bête brute.

8

<Intempérance et mollesse, tempérance et endurance. L'impétuosité et la faiblesse>

À l'égard des plaisirs et des peines dues au toucher et au goût[1], ainsi que des appétits et des aversions correspondants, toutes choses que nous avons définies plus haut[2] comme 10 rentrant dans la sphère à la fois du dérèglement et de la modération, il est possible de se comporter des deux façons suivantes : ou bien nous succombons même à des tentations que la majorité des hommes peut vaincre, ou bien, au contraire, nous triomphons même de celles où la plupart des hommes

---

1. Dans ce chapitre, Aristote continue à examiner la question περὶ ποῖα, examen commencé 6, 1147b20. Mais nous passons des plaisirs aux peines nées d'appétits corporels insatisfaits (sur les affections causées par le toucher et le goût, cf. *supra*, 6, 1148a9). L'*endurance* (καρτερία) et la *mollesse* (μαλακία) ont rapport aux peines, comme la tempérance et l'intempérance ont rapport aux plaisirs. Mollesse et endurance, intempérance et tempérance ont le même domaine de plaisirs et de peines que le *dérèglement* (ἀκολασία) et la *modération* (σωφροσύνη). L'intempérance succombe aux tentations de *plaisirs* auxquelles tout homme doit être capable de résister, et la mollesse est impuissante à endurer des *peines* que le vulgaire supporte aisément. Tout au long de son exposé, Aristote insistera sur la différence qui sépare la recherche *positive* du plaisir et la fuite *négative* de la peine, et opposera ainsi intempérance et mollesse (*cf.* Joachim, p. 232). On remarquera que la solution de l'aporie de 2, 1145b19-20, relative à la sphère de l'ἀκρασία, et qui est en cours, interfère avec celle de l'aporie de 2, 1145b14-17 (examinée 3, 1146a9-16, et 1146a31-1146b2).

2. III, 13, 1117b23 *sq.*

succombent. De ces deux dispositions, celle qui a rapport aux plaisirs est tempérance et intempérance, et celle qui a rapport
15 aux peines, mollesse et endurance. La disposition de la plupart des hommes tient le milieu entre les deux, même si, en fait, ils penchent davantage vers les états moralement plus mauvais.

Puisque parmi les plaisirs les uns sont nécessaires et les autres ne le sont pas, les premiers étant nécessaires seulement jusqu'à un certain point, alors que ni l'excès en ce qui les concerne, ni le défaut ne sont soumis à cette nécessité (et on peut en dire autant des appétits et des peines) : dans ces conditions, l'homme qui poursuit ceux des plaisirs qui dépassent la mesure, ou qui poursuit à l'excès des plaisirs nécessaires, et
20 cela par choix délibéré[1], et qui les poursuit pour eux-mêmes et nullement en vue d'un résultat distinct du plaisir[2], celui-là est un homme déréglé : car cet homme est nécessairement incapable de se repentir, et par suite il est incurable, puisque pour qui est impuissant à se repentir il n'y a pas de remède[3]. – L'homme déficient dans la recherche du plaisir est l'opposé du précédent, et celui qui occupe la position moyenne un

---

1. Tout ce passage (l. 19-21 : ὁ μὲν τὰς ὑπερβολὰς ... ἀκόλαστος) est vraisemblablement corrompu. L. 19 et 20, nous lisons, avec Aspasius, suivi par Burnet et Ross, ἢ καθ' ὑπερβολὴν (ou, si l'on veut, ὑπερβολάς) καί, et adoptons l'interprétation de Burnet, qui renvoie avec raison à III, 13, 1118b25. Nous comprenons donc comme s'il y avait : ὁ διωκῶν τῶν ἡδέων τὰ ὑπερβάλλοντα (les plaisirs non nécessaires, αἱ δ' οὔ, l. 17) ἢ τὰ ἀναγκαῖα καθ' ὑπερβολήν. Nous avons traduit en conséquence. L. 20, διὰ προαίρεσιν, car la προαίρεσις constitue, nous le savons déjà (et Aristote va le répéter à satiété), l'ἀκολασία (dérèglement, débauche), par opposition à l'ἀκρασία, qui manifeste seulement la faiblesse de la volonté.

2. Cf. II, 3, 1105a32, et note.

3. Le mot ἀκόλαστος (cf. III, 15, 1119a34 et la note) a le sens étymologique de non-châtié, incorrigible. Aristote joue ici sur le mot et déclare incurable l'incorrigible ou le déréglé. C'est qu'en effet l'ἀκόλαστος, en faisant du plaisir le but réfléchi et délibéré de toute sa vie, se montre d'une perversion morale telle qu'on n'entrevoit pour lui aucun moyen de salut.

homme modéré. Pareillement encore est un homme déréglé celui qui évite les peines du corps, non pas parce qu'il est sous l'empire de la passion mais par choix délibéré. (De ceux qui 25 agissent sans choix délibéré, les uns sont menés par le plaisir, les autres parce qu'ils veulent fuir la peine provenant de l'appétit insatisfait, ce qui entraîne une différence entre eux[1]. Mais, au jugement de tout homme, si quelqu'un, sans aucune concupiscence ou n'en ressentant qu'une légère, commet quelque action honteuse, il est pire que s'il est poussé par de violents appétits, et s'il frappe sans colère, il est pire que s'il frappe avec colère : que ne ferait pas, en effet, le premier, s'il 30 était sous l'empire de la passion ? C'est pourquoi le déréglé est pire que l'intempérant). Des états donc décrits ci-dessus[2], le dernier est plutôt une espèce de la mollesse, et l'autre est l'intempérance. – À l'homme intempérant est opposé l'homme tempérant, et à l'homme mou l'homme endurant : car l'endurance consiste dans le fait de résister, et la tempérance dans le fait de maîtriser ses passions, et résister et maîtriser sont des 35 notions différentes, tout comme éviter la défaite est différent de remporter la victoire ; et c'est pourquoi la tempérance est une chose préférable à l'endurance[3]. – L'homme qui manque **1150b**

---

1. C'est-à-dire, croyons-nous, entre les deux types d'hommes, agissant l'un et l'autre par impulsion et sans προαίρεσις, dont il vient d'être parlé (celui qui agit sous l'attrait du plaisir et celui qui agit par crainte de la peine). Burnet, p. 319, qui juge évidemment la différence un peu mince, pense que la distinction est plutôt celle qui sépare ceux qui agissent par choix et ceux qui agissent par impulsion. Les l. 25-31 sont une simple parenthèse, où Aristote rappelle une fois de plus sa distinction entre ἀκόλαστος et ἀκρατής. – L. 28, la formule εἰ τις μὴ ἐπιθυμῶν ἢ ἠρέμα a déjà été employée *supra*, 6, 1148a18.

2. L. 19-25. Le développement reprend après la parenthèse. L. 31, τὸ μέν, c'est-à-dire τὸ φεύγειν τὰς λύπας διὰ προαίρεσιν, et ὁ δέ, celui qui poursuit les plaisirs διὰ προαίρεσιν. – Même ligne, μαλακίας εἶδος, et non μαλακία ἁπλῶς, qui suppose un choix délibéré.

3. La tempérance, qui *domine* l'attrait des *plaisirs*, a un côté positif et actif (κρατεῖν, νικᾶν) qui la rend moralement supérieure à la simple *endurance*

de résistance à l'égard des tentations où la plupart des hommes à la fois tiennent bon et le peuvent[1], celui-là est un homme mou et voluptueux (et, en effet, la volupté est une sorte de mollesse), lequel laisse traîner son manteau pour éviter la peine de le relever, ou feint d'être malade, ne s'imaginant pas qu'étant
5 semblable à un malheureux il est lui-même malheureux[2].

Même observation pour la tempérance et l'intempérance. Qu'un homme, en effet, succombe sous le poids de plaisirs ou de peines violents et excessifs, il n'y a là rien de surprenant, et il est même excusable s'il a succombé en résistant, à l'exemple de Philoctète dans Théodecte[3], quand il est mordu par la
10 vipère, ou de Cercyon dans l'*Alope* de Carcinos[4], ou encore de ceux qui, essayant de réprimer leur rire, éclatent d'un seul coup, mésaventure qui arriva à Xénophantos[5]; mais ce qui est

(καρτερία), laquelle se contente de *résister* passivement (ἀντέχειν, μὴ ἡττᾶσθαι) à la douleur. *Cf.* Joachim, p. 233.

1. L'objet des l. 1150b1-5 (ὁ δ' ἐλλείπων ... ὤν) est de montrer que la τρυφή (*volupté*, caractère de ce qui est *efféminé*) est une simple espèce de la μαλακία. L. 1150b1-2 : οἱ πολλοὶ καὶ ἀντιτείνουσι καὶ δύνανται : *obsistunt et obsistere possunt* (Lambin). St Thomas comprend, en un sens légèrement différent : *multi etiam contendunt resistendo et possunt vincendo* (1414, p. 379).

2. Il ne s'aperçoit pas que contrefaire la misère est être soi-même misérable (Rackham). *Cf.* Sylv. Maurus, 194[1] : *miserum est vivere more miserorum; sed mollis vivit more aegrotorum, qui profecto sunt miseri; ergo molles sunt miseri, et mollities est quaedam miseria.*

3. *Cf.* Nauck, *Fragm. trag. poet.*, 803. – Théodecte de Phaselis, disciple d'Isocrate puis d'Aristote, auteur de tragédies et de discours fictifs, est cité à plusieurs reprises *Rhet.*, II, 23, 1397b3, 1398b6, etc. (*cf.* les références *Ind. arist.*, 324b27-36).

4. Nauck, 797. – Carcinos, poète tragique du IVe siècle, est mentionné *Poet.*, 16, 1454b23; 17, 1455a27; *Rhet.*, II, 23, 1400b11; III, 16, 1417b18. – Dans la tragédie d'*Alopé*, Cercyon, ayant su que sa fille avait commis un adultère, ne put supporter le déshonneur et se tua.

5. Peut-être le musicien de la cour d'Alexandre, dont parle Sénèque, *de Ira*, II, 2.

surprenant, c'est qu'à l'égard de plaisirs ou de peines auxquels la plupart des gens sont capables de résister, un homme ait le dessous et ne puisse pas tenir bon quand cette faiblesse n'est pas due à l'hérédité ou à une maladie, comme c'est le cas chez les rois scythes[1], où la mollesse tient à la race, ou encore pour 15 l'infériorité physique qui distingue le sexe féminin du sexe masculin.

L'homme passionné pour l'amusement[2] est considéré également comme un homme déréglé, mais c'est en réalité chez lui de la mollesse : car le jeu est une détente puisque c'est un repos, et c'est dans la classe de ceux qui pèchent par excès à cet égard que rentre l'amateur de jeu.

La première forme de l'intempérance est l'impétuosité, et l'autre la faiblesse. Certains hommes[3], en effet, après qu'ils 20 ont délibéré, ne persistent pas dans le résultat de leur délibération, et cela sous l'effet de la passion; pour d'autres[4], au contraire, c'est grâce à leur manque de délibération qu'ils sont menés par la passion : certains, en effet (pareils en cela à ceux qui ayant pris les devants pour chatouiller ne sont pas eux-mêmes chatouillés)[5], s'ils ont préalablement senti et vu ce qui

---

1. *Cf.* Hérodote, I, 105; Hippocrate, Περὶ ἀέρων, 106, raconte que les Scythes se livrent aux travaux féminins et ont le son de la voix et le langage des femmes, et qu'on les appelle ἀνανδριεῖς.

2. Application nouvelle de la même idée. Le παιδιώδης est un homme passif, qui cherche à éviter toute peine et à conserver son repos, plutôt qu'à poursuivre le plaisir. Le jeu est une forme de la détente. Sur ἀνάπαυσις, l. 17, *cf.* IV, 14, 1127b33 et la note.

3. Les ἀσθενεῖς, qui, à défaut de βούλησις, ont du moins la βούλευσις.

4. Les προπετεῖς, qui eux, n'ont ni βούλησις ni βούλευσις.

5. Incidente obscure, dont le texte est peu sûr et comporte des variantes. Tout compte fait, nous acceptons l'interprétation de Burnet (p. 321, 322), qui renvoie avec raison à *Probl.*, XXXV, 6, 965a11-13. Aristote veut dire sans doute que les impétueux sont semblables à ceux qu'on chatouille sans prévenir, et à qui le chatouillement n'aurait donné aucune sensation désagréable s'ils s'y fussent attendu. Selon Stewart, il s'agirait d'une allusion à une sorte de combat

va leur arriver, et s'ils ont auparavant pu donner l'éveil à eux-
mêmes et à leur faculté de raisonner, ne succombent pas alors
25 sous l'effet de la passion, que ce soit un plaisir ou une peine.
Ce sont surtout les hommes d'humeur vive et les hommes de
tempérament excitable [1] qui sont sujets à l'intempérance sous
sa forme d'impétuosité : les premiers par leur précipitation, et
les seconds par leur violence n'ont pas la patience d'attendre la
raison, enclins qu'ils sont à suivre leur imagination.

9

<Intempérance et dérèglement>

L'homme déréglé, comme nous l'avons dit [2], n'est pas
30 sujet au repentir (car il persiste dans son état par son libre
choix), alors que l'homme intempérant est toujours susceptible de regretter ce qu'il fait. C'est pourquoi la position adoptée
dans l'énoncé que nous avons donné du problème [3] n'est pas

pour rire, consistant pour deux adversaires à se chatouiller mutuellement, et
dans lequel celui qui prend l'initiative l'emporte. Lambin, dans sa traduction
latine, donne une explication légèrement différente, mais plus conforme au
texte des *Probl.* cité ci-dessus : *ut ii qui se ipsi ante titillarint, non titillantur ab
alio.* (Dans le même sens, St Thomas, 1420, p. 370; Sylv. Maurus, 194-195;
Voilquin, p. 325).

1. Sur le sens de μελαγχολικός (tempérament *atrabilaire, excitable,
nerveux*, un peu *fou*), cf. *de Mem.*, 2, 453a19, où Aristote note, comme dans le
présent passage (l. 28), le grand pouvoir moteur des images; *Probl.*, XXX, 1,
953a10 *sq.* où l'auteur range parmi les μελαγχ. Empédocle, Socrate et Platon.
Voir aussi Cic., *Tuscul.*, I, 33, et les remarques de Burnet, p. 322.

2. 8, 1150a21.

3. 3, 1146a31-1146b2, où on aboutissait au paradoxe de soutenir que le
débauché vaut mieux que l'intempérant, car, agissant suivant une conviction
qui peut changer sous l'effet d'un traitement approprié, il est susceptible de
s'améliorer, ce qui n'est pas possible avec l'intempérant, qui agit sans système
et par faiblesse. Mais en réalité, comme Aristote va le montrer dans le présent

exacte : au contraire, c'est l'homme déréglé qui est incurable, et l'homme intempérant qui est guérissable : car la perversité est semblable à ces maladies comme l'hydropisie ou la consomption, tandis que l'intempérance ressemble à l'épilepsie, la perversité étant un mal continu et l'intempérance un mal intermittent[1]. Effectivement l'intempérance et le vice sont 35 d'un genre totalement différent : le vice est inconscient, alors que l'intempérance ne l'est pas.

Parmi les intempérants eux-mêmes, les impulsifs[2] valent **1151a** mieux que ceux qui possèdent la règle mais n'y persistent pas : car ces derniers[3] succombent sous une passion moins pressante, et en outre ne s'y abandonnent pas sans délibération préalable, comme le font les impulsifs : l'intempérant[4], en effet, est semblable à ceux qui s'enivrent rapidement et avec

passage, c'est le contraire qui est vrai : le débauché est pire que l'intempérant, et il est inguérissable, parce que sa perversité est liée à sa nature même. Le chap. 9, comme nous l'avons relevé, concerne l'ἔνδοξον 4 (2, 1145b14-17), mais seulement en ce qui concerne le parallèle tempérant-modéré.

1. L'intempérance est une *crise*, dont l'intempérant *s'aperçoit* fort bien (οὐ λανθάνει, l. 36), et qui cesse quand l'ἐπιθυμία est calmée. Le débauché au contraire a le vice tellement incorporé à son être même qu'il ne s'en rend même plus compte (λανθάνει).

2. L. 1151a1, οἱ ἐκστατικοί sont ceux qui sont *hors d'eux-mêmes*, qui perdent le contrôle de leurs actes sous l'effet d'une passion très vive ; ce terme est ici synonyme de προπετεῖς, employé plus haut. Même ligne, αὐτῶν δὲ τούτων, c'est-à-dire τῶν ἀκρατῶν. Aristote reprend la distinction entre les différents types d'intempérants qu'il a posée 8, 1150b19-28 : il y a les *impulsifs* et les *faibles* (qu'il désigne ici par une périphrase : οἱ τὸν λόγον ἔχοντες μέν, μὴ ἐμμένοντες δέ). Cf. aussi 2, 1145b10-12. – L'enchaînement de l'exposé ne laisse rien à désirer, et il est inutile, comme le fait Ross, de considérer les l. 1151a1-3 (αὐτῶν δὲ … ἄτεροι) comme une parenthèse interrompant l'argumentation.

3. N'ont aucune excuse, car ils succombent, etc. …

4. En fait le *faible*, qui est le véritable intempérant, et non le προπετῆς. – Voir un bon résumé de Sylv. Maurus, 196.

une faible quantité de vin, moindre qu'il n'en faut à la plupart des hommes.

5   Qu'ainsi l'intempérance ne soit pas un vice, voilà qui est clair (quoiqu'elle le soit peut-être en un sens)[1] ; car l'intempérance agit contrairement à son choix, et le vice conformément au sien. Mais cependant il y a ressemblance du moins dans leurs actions respectives, et comme disait Démodocos[2] aux Milésiens :

> Les Milésiens ne sont pas dénués d'intelligence, mais ils agissent tout à fait comme les imbéciles,

10 pareillement, les hommes intempérants ne sont pas des hommes injustes, mais ils commettent des actions injustes.

Puisque l'homme intempérant est constitué de telle sorte qu'il poursuit, sans croire pour autant qu'il a raison de le faire, les plaisirs corporels excessifs et contraires à la droite règle, tandis que l'homme déréglé est convaincu qu'il doit agir ainsi, et cela parce qu'il est constitué de façon à poursuivre ces plaisirs : il en résulte que c'est au contraire[3] le premier qu'on peut aisément persuader de changer de conduite, alors que 15 pour le second ce n'est pas possible. En effet, la vertu et le vice, respectivement conservent et détruisent le principe, et dans le domaine de la pratique c'est la cause finale qui est principe,

---

1. Cf. *supra*, 7, 1149b19 et la note. La προαίρεσις qui accompagne toujours le vice, fait défaut dans l'acrasie.

2. On ne sait rien de ce personnage.

3. L. 14, μὲν οὖν (sur le sens de cette particule, qui, dans les réponses, signifie souvent « bien au contraire », *cf.* la *Syntaxe grecque* de Riemann, Paris, 1932, p. 241, et l'exemple tiré d'*Euthydème*, 304e) : *au contraire* de ce que soutenait l'aporie déjà visée 1150b31. L'intempérance est affaire de faiblesse : on peut amener l'ἀκρατής à changer de conduite, mais on ne peut pas modifier l'ἦθος du débauché. – Voir le passage parallèle de *E.E.*, II, 11, 1227b12-1228a11.

comme les hypothèses en mathématiques[1]; dès lors, pas plus
dans les matières que nous traitons ici que dans les mathématiques, le raisonnement n'est apte à nous instruire des
principes, mais c'est une vertu soit naturelle, soit acquise par
l'habitude, qui nous fait avoir une opinion correcte au sujet du
principe. L'homme répondant à cette description est par suite
un homme modéré, et son contraire un homme déréglé.

Mais il y a un genre d'hommes[2] qui, sous l'influence de 20
la passion, abandonne les voies de la droite règle; c'est un
homme que la passion domine au point de l'empêcher d'agir
conformément à la droite règle, mais cette domination ne va
cependant pas jusqu'à le rendre naturellement capable de

---

1. Le *point de départ*, le *principe* de nos actions (ἀρχή), la *fin* qui oriente
notre conduite (τὸ οὗ ἕνεκα, l. 16), et dont la rectitude de choix est l'œuvre de la
vertu *naturelle* (φυσική, l. 18) exercée et fixée par *l'habitude* (ἐθιστὴ, l. 19;
cf. VI, 13, 1144b31 *sq.*), est indémontrable et ne peut être saisi que par une
intuition rationnelle, par le νοῦς (cf. *supra*, VI, 6, en entier, 1140b31-1141a8,
avec nos notes). Ce principe, en tant qu'il échappe à l'emprise de la science
démonstrative et qu'il constitue le premier anneau de la chaîne déductive, joue
le même rôle en morale que les ὑποθέσεις en mathématiques; l'ὑπόθεσις est
une *position de base*, un jugement posant le sens d'un terme et en outre l'existence de la chose (par exemple les lignes et les figures en géométrie), qui sert de
fondement à la démonstration : cf. *An. post.*, I, 2, 72a18-24 (p. 11-12 de notre
traduction); 10, 76a33. Il paraît difficile (et sur ce point nous sommes d'accord
avec Poste, *Posteriors Analytics*, p. 105, note, et avec Joachim, p. 233) de dire,
comme le fait Burnet, p. 324, que ὑπόθεσις a dans le présent passage le sens du
Quod Erat Demonstrandum des géomètres, car le Q.E.D. est ce que le géomètre
se propose de prouver (τὸ πρόβλημα), et non pas le point de départ indémontrable de la démonstration. Sur les l. 15 *sq.*, cf. *E.E.*, II, 10, 1227a8-10, et aussi
les claires explications de St Thomas (1431, p. 383) : *sicut in mathematicis
principia non docentur per rationem, sic neque in operabilibus finis docetur
per rationem. Sed homo per habitum virtutis sive naturalis sive per assuetudinem acquisitae, consequitur rectam aestimationem circa principium agibilium,
quod est finis.*

2. Après l'homme déréglé et l'homme modéré, Aristote passe à l'homme
intempérant et à l'homme tempérant.

croire que son devoir est de poursuivre en toute liberté les plaisirs dont nous parlons : c'est là l'homme intempérant, qui est meilleur que l'homme déréglé et qui n'est même pas
25 vicieux à proprement parler, puisque en lui est sauvegardé ce qu'il y a de plus excellent, je veux dire le principe. Opposé enfin à l'intempérant est un autre genre d'hommes[1] : c'est celui qui demeure ferme et ne s'écarte pas du principe, sous l'effet du moins de la passion. Ces considérations montrent donc clairement que cette dernière disposition du caractère est bonne et que l'autre ne vaut rien.

10
<Tempérance et obstination>

Est-ce donc qu'est tempérant[2] celui qui demeure ferme
30 dans n'importe quelle règle et n'importe quel choix, ou seulement celui qui demeure ferme dans la droite règle, et, d'autre part, est-ce qu'est intempérant celui qui ne persiste pas dans n'importe quel choix et n'importe quelle règle, ou celui qui fait seulement abandon de la règle exempte de fausseté et du choix correct ? Telle était la façon dont le problème a été posé précédemment. – Ne serait-ce pas que, par accident, ce peut être une règle ou un choix quelconque[3], mais que, en soi,

---

1. L'homme tempérant.

2. Solution de la *seconde opinion*, posée 2, 1145b10-12, et examinée 3, 1146a16-21 et 1146a31-b2. Cette λύσις se termine seulement 11, 1151b32 (*cf.* notre note au début du chap. 4).

3. Les l. 33-1151b4 (ἢ κατὰ μὲν ... τῇ ἀληθεῖ) sont difficiles. Aristote veut dire ceci. Il peut se faire que l'ἐγκρατής persiste dans un λόγος (une règle de conduite librement choisie) qu'il croit vrai, mais qui en fait se trouve faux. Pour emprunter l'exemple de St Thomas (1437, p. 386), si on prend du fiel pour du miel à cause de la ressemblance de couleur, par soi c'est le miel qu'on recherche (*ratio recta*), mais par accident c'est le fiel (*ratio falsa*). Or le miel est la fin ultime qui est recherchée pour elle-même et *simpliciter* (ἁπλῶς, l. 4), et ce

c'est seulement la règle vraie et le choix correct où le tempérant persiste et où l'intempérant ne persiste pas ? Si, en effet, on 35
choisit ou poursuit telle chose en vue de telle autre chose, c'est **1151b**
cette dernière que par soi on poursuit et choisit, mais par
accident c'est la première. Or *d'une façon absolue* a pour nous
le sens de *par soi*. Par conséquent, en un sens c'est n'importe
quelle opinion à laquelle le tempérant s'attache fermement et
que l'intempérant abandonne, mais absolument parlant c'est
seulement à celle qui est vraie.

Mais il y a des personnes capables de persister dans leur 5
opinion[1], qu'on appelle des *opiniâtres*, c'est-à-dire qui sont
difficiles à convaincre et qu'on ne fait pas facilement changer
de conviction. Ces gens-là présentent une certaine ressemblance avec l'homme tempérant, comme le prodigue ressemble
à l'homme libéral, et le téméraire à l'homme sûr de lui : mais en
réalité ils diffèrent de lui sous bien des aspects. L'homme tempérant, en effet, sous l'assaut de la passion et de la concupiscence demeure inébranlable, mais il sera prêt, le cas échéant, à 10
céder à la persuasion ; l'homme opiniâtre, au contraire, refuse
de céder à la raison, car de telles gens ressentent des appétits et
beaucoup d'entre eux sont menés par leurs plaisirs[2]. Or parmi

qui est recherché par accident intéresse seulement les moyens d'atteindre la fin
et est *secundum quid* (ἔστι μὲν ὥς, l. 3). Par suite, on peut dire qu'en un sens le
tempérant est celui qui persiste dans une opinion quelconque même fausse ;
mais *simpliciter*, c'est celui qui persiste seulement dans l'opinion vraie, et c'est
la considération de la fin qui dicte cette dernière. Même raisonnement en sens
inverse, pour l'intempérant. Sur le sens de ἤ, l. 33, *cf.* I, 4, 1096b28, note.

1. Pour serrer davantage la notion de tempérance, Aristote distingue les
cas où la simple persistance dans une opinion ou un principe, n'est pas une
ἐγκράτεια.

2. *Pertinax non mutatur a sua opinione propter aliquam rationem
inductam, sed recipit concupiscentias et multi eorum ducuntur a delectatio-
nibus contra rationem* (St Thomas, 1443, p. 386). L. 9, nous supprimons, à la
suite de Scaliger et Burnet, ὁ ἐγκρατής, mais on peut conserver ces mots à la
ligne suivante. – L. 11, Lambin lit, peut-être avec raison, ἔπειτ᾽, au lieu de ἐπεί.

les opiniâtres on distingue les entêtés, les ignorants et les
rustres[1] : l'entêtement des premiers tient au plaisir ou à la peine
15 que leur propre attitude leur cause : ils se plaisent à chanter
victoire quand on ne réussit pas à les faire changer d'opinion, et
ils s'affligent quand leurs propres décisions deviennent nulles
et non avenues, comme cela arrive pour des décrets ; aussi
ressemblent-ils davantage à l'homme intempérant qu'à
l'homme tempérant.

D'autre part, il y a des gens[2] qui ne persistent pas dans leurs
opinions pour une cause étrangère à l'intempérance, par
exemple Néoptolème dans le *Philoctète* de Sophocle[3]. Il est
vrai que c'est au plaisir que fut dû son changement de résolution, mais c'était un noble plaisir : car dire la vérité était pour
20 lui quelque chose de noble, et il n'avait consenti à mentir qu'à
l'instigation d'Ulysse. En effet, celui qui accomplit une action
par plaisir n'est pas toujours un homme déréglé ou pervers ou
intempérant ; mais c'est celui qui l'accomplit par un plaisir
honteux.

11
<Insensibilité – Intempérance et prudence>

Puisqu'il existe aussi un genre d'homme constitué de telle
façon qu'il ressent moins de joie qu'il ne devrait des plaisirs
corporels[4], et qu'il ne demeure pas fermement attaché à la

1. Sur les ἄγροικοι, cf. *Rhet.*, II, 21, 1395a6.

2. Cas inverse du précédent : tout changement d'opinion n'est pas
forcément dû à l'intempérance.

3. Cf. *supra*, 3, 1146a19. – L. 20, la suggestion de Ramsauer tendant à
remplacer καλόν par ἡδύ est intéressante, mais cette modification n'est pas
indispensable.

4. Non pas en vue du bien, mais par dégoût et par fatigue, et c'est la raison
pour laquelle aussi il ne persiste pas dans la voie droite. L. 24, au lieu de ἤ

règle, celui qui occupe la position intermédiaire entre lui et 25
l'homme intempérant est l'homme tempérant. En effet,
l'homme intempérant ne demeure pas dans la règle parce
qu'il aime trop les plaisirs du corps, et cet autre dont nous
parlons, parce qu'il ne les aime pas assez ; l'homme tempérant,
au contraire, persiste dans la règle et ne change sous l'effet
d'aucune de ces deux causes. Mais il faut bien, si la tempérance
est une chose bonne, que les deux dispositions qui y sont
contraires soient l'une et l'autre mauvaises, et c'est d'ailleurs
bien ainsi qu'elles apparaissent. Mais du fait que l'une d'elles [1] 30
ne se manifeste que dans un petit nombre d'individus et rarement, on croit d'ordinaire que la tempérance est le seul
contraire de l'intempérance, tout comme on admet que la
modération est le seul contraire du dérèglement.

Étant donné, d'autre part, qu'un grand nombre d'expressions sont employées par similitude [2], c'est par similitude
que nous venons naturellement à parler de la *tempérance* de
l'homme modéré, parce que l'homme tempérant et l'homme
modéré sont l'un et l'autre constitués de façon à ne rien faire à
l'encontre de la règle sous l'impulsion des plaisirs corporels. 35
Mais tandis que le premier a des appétits pervers, le second **1152a**
n'en a pas, et sa nature est telle qu'il ne ressent aucun plaisir
dans les choses qui sont contraires à la règle, alors que
l'homme tempérant est naturellement apte à goûter le plaisir

τοιοῦτος, qui n'a guère de sens, nous suivons le texte de Bywater, accepté par
Burnet, p. 327, et Ross, et lisons ὁ [τοιοῦτο] τούτου …

1. L'amour insuffisant des plaisirs corporels.

2. Par analogie. Les l. 1151b33-1152a6 constituent la λύσις de la
quatrième opinion, posée 2, 1145b14-17, examinée 3, 1146a9-16, 1146a31-b2,
et déjà résolue 7, 1150a9-1150b28, mais seulement en ce qui concerne l'*endurance*, καρτερία (toutes ces notions sont assez voisines et interfèrent les unes
avec les autres, ainsi que le montre l'énoncé même de l'ἔνδοξον, 2, 1145b
14-17). La présente λύσις constitue un complément à 9, 1150b29-1151a29
(*cf.* notre note au début du chap. 4).

dans ces choses-là mais à ne pas s'y abandonner. – Il y a également une ressemblance entre l'homme intempérant et l'homme
5 déréglé, bien qu'ils soient en réalité différents : tous deux
poursuivent les plaisirs du corps, mais l'homme déréglé pense
qu'il doit le faire, et l'homme intempérant ne le pense pas.

Il n'est pas possible non plus que la même personne soit en
même temps prudente et intempérante, car nous avons montré[1]
que la prudence et le caractère vertueux vont toujours
ensemble. Ajoutons que la prudence ne consiste pas seulement
dans la connaissance purement théorique du bien, mais encore
dans la capacité de le faire, capacité d'agir que l'homme intem-
10 pérant ne possède pas. – Rien n'empêche au surplus que
l'homme habile[2] soit intempérant (et c'est la raison pour
laquelle on pense parfois qu'il y a des gens qui tout en étant
prudents cependant intempérants), parce que si l'habileté
et la prudence diffèrent, c'est de la façon indiquée dans nos
premières discussions[3] : en tant que se rapportant à la raison ce
sont des notions voisines, mais elles diffèrent pour ce qui est du
choix[4]. – On ne doit dès lors pas comparer non plus l'homme

---

1. VI, 13, 1144a11-b32. Les l. 7-14 sont la λύσις se rapportant à la
cinquième opinion, posée 2, 1145b17-19, et examinée (cet examen étant aussi
une esquisse de la solution) 3, 1146a4-9. Rappelons que la φρόνησις, que nous
traduisons par *prudence*, est la *sagesse pratique*.

2. Les l. 10-14 (τὸν δὲ δεινὸν … προαίρεσιν), bien que renfermant la
λύσις de l'aporie, ont le caractère d'une digression, le développement reprenant ensuite. L'incidente, l. 11-12 (διὸ καὶ … ἀκρατεῖς δέ), est elle-même une
parenthèse qu'à l'exemple de Rackham nous avons marquée.

3. VI, 13, 1144a23-b4, passage qui traite de la nature de l'habileté.

4. L'habileté est une pure δύναμις, étrangère à la moralité, capable à la fois
de bien et de mal, alors que la φρόνησις s'accompagne toujours de προαίρεσις,
et c'est cette dernière qui lui donne son caractère moral. *Cf.* IV, 13, 1127b14,
note. L. 13, κατὰ μὲν τὸν λόγον : nous adoptons l'interprétation de Rackham
(*as being intellectual faculties*), qui nous paraît plus naturelle que celle de
Burnet, p. 328.

intempérant à celui qui sait et contemple, mais seulement à
celui qui est en état de sommeil ou d'ivresse[1]. Et il agit certes
volontairement (puisqu'il sait, d'une certaine manière[2], à la
fois ce qu'il fait et en vue de quoi il le fait), mais il n'est pas
pervers, parce que son choix est équitable[3], de telle sorte qu'il
n'est qu'à demi pervers. Et il n'est pas injuste, car il n'a aucune
malice[4], puisque des deux types d'hommes intempérants, l'un
ne persiste pas dans le résultat de ses délibérations, et que
l'autre, l'homme d'humeur excitable, ne délibère pas du tout[5].
Dès lors, l'homme intempérant est semblable à une cité qui
rend toujours les décrets qu'il faut[6] et possède des lois sages,
mais qui n'en fait aucun usage, comme le remarque en raillant
Anaxandride[7] :

> La cité le souhaitait, elle qui n'a aucun souci des lois.

L'homme vicieux, au contraire, ressemblc à une cité qui se
sert de ses lois, mais ces lois ne valent rien à l'usage.

Tempérance et intempérance ont rapport à ce qui dépasse
l'état habituel de la majorité des hommes : l'homme tempé-

---

1. La connaissance de la droite règle que possède l'homme intempérant
n'est pas une connaissance en acte, *hic et nunc*, mais elle est latente et ne se
réveille qu'au départ de l'ἐπιθυμία : *cf.* 5, 1147b6-9.

2. *Quodammodo, scilicet in universali* (St Thomas, 1461, p. 390).

3. Sa προαίρεσις, d'une manière générale (sa ἕξις προαιρετική, dit
Burnet), est bonne quand elle n'est pas empêchée de s'exercer, dans une situation donnée, par la concupiscence. *Cum non perturbatur a passione habet
electionem rectam, licet cum perturbatur a passione recedat a recta electione*
(Sylv. Maurus, 199[2]).

4. Sur ἐπίβουλος, *cf.* 7, 1149b14.

5. Sur les deux formes de l'intempérance (les *faibles*, ὃ μὲν, l. 18, et les
impulsifs, ὃ δὲ μελαγχολικὸς, l. 19), *cf.* 8, 1150b19-28.

6. V, 10, 1134b24, note.

7. Poète de la moyenne comédie. Le fragment cité figure sous le n° 67 dans
le recueil de Kock (Leipzig, 1880-1888).

rant, en effet, montre une fermeté plus grande, et l'homme intempérant une fermeté moindre que ne sont capables d'en montrer la plupart des hommes.

De toutes les formes d'intempérance, celle dont les hommes à humeur excitable sont atteints est plus facile à guérir que celle des hommes qui délibèrent sans persister ensuite dans leur décision[1], et ceux qui sont intempérants par habitude se guérissent plus aisément que ceux qui le sont par nature, car on change d'habitude plus facilement que de 30 nature ; même l'habitude est difficile à changer, précisément pour cette raison qu'elle ressemble à la nature[2], suivant la parole d'Evenus :

> Je dis que l'habitude[3] n'est qu'un exercice de longue haleine, mon ami, et dès lors
> Elle finit par devenir chez les hommes une nature.

12
<Théories sur le plaisir : leurs arguments>

Nous avons traité de la nature de la tempérance et de 35 l'intempérance, de celle de l'endurance et de la mollesse, et montré comment ces états se comportent les uns envers les autres.

---

1. Les faibles.

2. C'est une seconde nature. Cf. *de Mem.*, 2, 452a27.

3. Frgmt 9, dans le recueil de Diehl, *Anthologia*, Leipzig, 1922-1925 (fasc. I). Le sujet de ἔμεναι, l. 32, est probablement ἔθος. Evenus de Paros était un sophiste et un poète élégiaque du temps de Socrate. Aristote le cite à deux ou trois reprises (*cf.* notamment *Rhet.* I, 11, 1370a10 ; *Met.*, Δ, 5, 1015a29).

L'étude du plaisir et de la peine [1] est l'affaire du philosophe **1152b**
politique [2] : c'est lui, en effet, dont l'art architectonique [3] détermine la fin sur laquelle nous fixons les yeux pour appeler
chaque chose bonne ou mauvaise au sens absolu. En outre,

1. Pour la théorie aristotélicienne du plaisir on se reportera à la belle étude
de Festugière, *Le Plaisir*, Paris, 1936, ainsi qu'à celle de Léonard, *Le Bonheur
chez Aristote*, Bruxelles, 1948. Les textes principaux, réunis et traduits par
Festugière, sont au nombre de trois : *E.N.*, VII, 12, 1152a34-15, 1154b34; X, 1,
1172a15 à 5, 1176a29; *Mag. Mor.*, II, 7, 1204a19-1206a35. Ce dernier texte,
d'une authenticité incertaine, n'est qu'un commentaire de *E.N.*, VII, 12-15.
Restent donc en présence les deux traités des livres VII et X. Le livre X, 1-5, de
composition probablement plus récente, contient une doctrine plus élaborée, et
ne fait pas double emploi avec VII, 12-15 (*cf.* sur ce point Michel d'Éphèse,
529, 7, qui signale une différence de perspective). Pendant longtemps, à la suite
de L. Spengel et d'autres (*cf.* la préface de Susemihl, à son édition de *E.N.*,
p. XI), on a contesté l'authenticité de VII, 12-15, pour rattacher ce texte à *E.E.*,
dont par ailleurs on refusait d'attribuer la paternité à Aristote. Aujourd'hui on
admet généralement que *E.E.* est une première rédaction de *E.N.*, et que d'autre
part les deux traités du plaisir, VII, 12-15, et X, 1-5, sont l'un et l'autre l'œuvre
d'Aristote, tout en n'appartenant peut-être pas au même ouvrage. Les autres
passages de *E.N.* qui parlent du plaisir sont moins importants (*cf.* la liste dans
Festugière, p. 47-48). Aristote traite encore du même sujet dans un long chapitre de la *Rhet.*, I, 11, 1369b33-1372a3, qui n'a aucun caractère dogmatique. Il
renferme une énumération des ἡδέα. La définition du plaisir donnée au début du
chapitre (κίνησις τῆς ψυχῆς) est en contradiction avec les analyses de *E.N.*, et
doit être considérée comme un simple *postulat* (ὑποκείσθω), conforme aux
opinions courantes et suffisant pour établir les règles de la persuasion, qui sont
l'objet de l'art rhétorique. Les chap. 12-15 apparaissent comme à peu près indépendants des chapitres précédents. On peut cependant, avec Burnet, p. 329,
marquer comme suit la transition des idées : l'ἀκρασία et l'ἀκολασία sont
mauvaises parce qu'elles sont la satisfaction des appétits, lesquels ont le seul
plaisir pour objet. Qu'est-ce donc que le plaisir ? Est-il mauvais ?

2. L'Éthique, nous le savons, n'est qu'un chapitre de la Politique (I, 1).
Aristote entend par *philosophe politique*, à la fois le théoricien de la politique et
l'homme d'État qui met la main à la pâte. C'est lui qui établit la fin suprême,
l'ultime valeur servant d'étalon aux activités subordonnées, qui ne sont bonnes
en elles-mêmes que si elles tendent vers cette fin.

3. *Cf.* I, 1, 1094a14 *sq.*

cette investigation est l'une de nos tâches indispensables : car
5 non seulement nous avons posé[1] que la vertu morale et le vice
ont rapport à des plaisirs et à des peines, mais encore, au dire de
la plupart des hommes, le bonheur ne va pas sans le plaisir, et
c'est la raison pour laquelle l'homme *bienheureux* est désigné
par un nom dérivé de *se réjouir*[2].

Certains sont d'avis[3] qu'aucun plaisir n'est un bien, ni en
10 lui-même ni par accident (car il n'y a pas identité, disent-ils,
entre bien et plaisir). Pour d'autres, certains plaisirs seulement

---

1. II, 2, 1104b8 *sq.*

2. Aristote, qui n'est pas difficile en matière d'étymologie (*cf.* par exemple, *supra*, V, 7, 1132a30), dérive μακάριος (*heureux, bienheureux*) de χαίρειν (plus exactement de μάλα χαίρειν : *cf.* Asp., 142, 7).

3. Aristote va maintenant exposer, puis critiquer les différentes opinions sur le plaisir. Il y reviendra, avec plus d'abondance, dans le livre X. Les arguments antihédonistes d'Aristote sont empruntés à Platon, et les textes relatifs au plaisir sont en étroite dépendance du *Philèbe*. Dans ce dialogue célèbre et souvent obscur, Platon, on le sait, a traité *ex professo* de la nature du plaisir et de ses diverses espèces, en faisant état d'objections et de controverses nées à l'intérieur même de son École. Pour une analyse et une interprétation fidèles, on se reportera à l'admirable introduction de Diès à son édition du *Philèbe* (Paris, Les Belles Lettres, 1941). Dans le présent passage, Aristote distingue trois opinions sur le plaisir :

I) L. 8-10 (τοῖς μὲν … ἡδονήν). Condamnation radicale du plaisir, lequel n'est un bien, ni en lui-même, ni par accident. C'est l'opinion de Speusippe et des *gens distingués* du *Philèbe* (κομψοί, 53c), par opposition à celle d'Eudoxe qui, nous le savons déjà (I, 12, 1101b27; *cf.* aussi X, 2, 1172b9 *sq.*), considérait le plaisir comme le Souverain Bien. D'après Speusippe (*cf.* frgmt 60-61 Lang, et Aulu-Gèle, *Noct. atticae*, IX, 5, 4), le plaisir et la douleur sont deux maux opposés l'un à l'autre ainsi qu'au bien, lequel tient le milieu entre les deux.

II) L. 10 (τοῖς δ'ἔνιαι … φαῦλαι). Opinion suivant laquelle quelques plaisirs sont bons, mais la plupart ne valent rien. On reconnaît la thèse du *Philèbe*, où Platon distingue les plaisirs purs et sans mélange de peine, et les plaisirs impurs ou mélangés de peine (64e; *cf.* Diès, p. LXXX).

III) L. 11-12 (ἔτι … ἡδονήν), qui exprime l'opinion d'Aristote lui-même, opinion qu'on retrouvera au livre X et qui est en accord avec les conclusions du *Philèbe*.

sont bons, mais la plupart sont mauvais. Selon une troisième opinion, enfin, même en supposant que tous les plaisirs soient un bien, il n'est cependant pas possible que le plaisir soit le Souverain Bien.

<I> Le plaisir n'est pas du tout un bien, dit-on[1], parce que : <1> tout plaisir est un devenir senti, vers un état naturel, et qu'un devenir n'est jamais du même genre que sa fin[2] : par exemple un processus de construction n'est jamais du même genre qu'une maison. <2> De plus, l'homme modéré évite les plaisirs. <3> De plus, l'homme prudent poursuit ce qui est exempt de peine[3], non l'agréable. <4> De plus, les plaisirs sont un obstacle à la prudence[4], et cela d'autant plus que la jouissance ressentie est plus intense, comme dans le cas du plaisir sexuel, où nul n'est capable de penser quoi que ce soit en l'éprouvant. <5> De plus, il n'existe aucun art productif du

1. Exposé de l'opinion de Speusippe et de l'Académie. Les arguments, au nombre de 6, commencent par le mot ἔτι, et nous les avons numérotés. Le premier argument (l. 12-14) se trouve dans le *Philèbe* (32a, 32b), où le plaisir est défini comme une γένεσις (*génération, genèse, processus, devenir*) quand il est mixte ou impur (*cf.* aussi *Rhet.*, I, 11, 1369b33, où la définition du plaisir comme κίνησις est prise comme postulat).

2. Sur l'opposition γένεσις-τέλος, cf. *Philèbe*, 54c. La fin appartient à la classe du bien, et ce qui tend seulement vers la fin ne peut être un bien. L'exemple, qui suit, de l'οἰκοδόμησις et de l'οἰκία est fréquent chez Aristote : *cf.* notamment *Phys.*, III, 1, 201b9-13 [= *Met.*, K, 9, 1065b17-1066a5, avec les notes de notre commentaire, II, p. 615-616] ; *de Part. anim.*, I, 1, 640a18, etc. ... Il y a dans le *Philèbe*, 54e, une comparaison analogue (ναυπηγία-πλοῖα).

3. Clément, dans les *Strom.*, II, 22, p. 186, 19, Stählin, nous apprend qu'au dire de Speusippe, le but du sage est l'ἀοχλησία, la *tranquillité*, terme emprunté au vocabulaire habituel d'Épicure (*Ep.* III, à Ménécée, 127, 11, p. 86 C. Bailey).

4. Cf. *Phédon*, 65a, 66c. – L. 16, φρονεῖν est, croyons-nous, l'exercice de la *pensée pratique* ou *prudence* (φρόνησις), et non de la *pensée en général* (rendue par νοῆσαι, l. 18).

plaisir; cependant toute chose bonne est l'œuvre d'un art[1].
<6> De plus, enfants et bêtes pour-suivent les plaisirs.

20   <II> Tous les plaisirs ne sont pas bons, dit-on d'autre part[2],
parce que : <1> il y en a de honteux et de répréhensibles et
qu'en outre <2> il y en a de nuisibles, puisque certaines choses
qui plaisent sont funestes à la santé.

        <III> Enfin[3], que le plaisir ne soit pas le Souverain Bien est
prouvé par ce fait qu'il n'est pas une fin mais un devenir.

13
<Discussion de la théorie que le plaisir n'est pas un bien>

Telles sont donc, à peu près, les opinions qui ont cours.

25   Qu'il ne résulte pas de ces arguments que le plaisir ne soit
pas un bien, ni même le Souverain Bien, les considérations
suivantes le font voir[4].

        En premier lieu[5], puisque le bien est pris en un double sens
(il y a le bien au sens absolu et le bien pour telle personne), il

1. La source de cet argument est *Gorgias*, 462b.

2. Seconde opinion.

3. Troisième opinion, celle d'Aristote lui-même.

4. Tout le chap. 13 est consacré à l'examen de la doctrine de Speusippe,
mais Aristote y reviendra au L. X, 3, 1174a13-4, 1175a21. C'est à cette théorie
que les développements les plus considérables sont réservés.

5. La λύσις de la théorie de Speusippe sur le plaisir-genèse fait appel à
trois arguments (l. 26-33, l. 33-1153a7, l. 7-17). Le *premier argument* répond
à I, 1, et à III, du chap. 12, conformément aux distinctions que nous avons
marquées. Il est le suivant. Pour refuser au plaisir le caractère de bien,
Speusippe part de cette idée que le plaisir est une γένεσις. Mais son raisonnement n'est pas exact. Si on admet que le bien peut être *absolu* ou relatif à telle
personne ou à *telle circonstance donnée* (ἁπλῶς, τινί, ποτέ, etc.), – et il faut en
dire autant du mal, – cette distinction doit s'appliquer à tout ce qu'on appelle
bon, que ce soit une *nature* (φύσις), une *disposition* du caractère (ἕξις), ou (et
voilà le centre de la réfutation) à un *mouvement* et à une *genèse* (κίνησις,

s'ensuivra que les états naturels et les dispositions seront aussi appelés bons en un double sens, et par suite également les mouvements et les devenirs correspondants. Et de ces mouvements et devenirs considérés comme mauvais, les uns seront mauvais au sens absolu, <les autres, mauvais pour une personne déterminée> et non pour une autre, mais au contraire désirables pour tel individu; certains autres ne seront même pas désirables en général pour tel individu, mais seulement à un moment 30 donné et pour peu de temps et non <toujours>; les autres devenirs, enfin, ne sont pas même des plaisirs[1], mais le paraissent seulement, ce sont tous ceux qui s'accompagnent de peine et ont pour fin une guérison, par exemple les processus des maladies.

En outre[2], puisqu'une sorte de bien est activité, et une autre sorte, disposition, les processus qui nous restaurent dans

γένεσις). Le plaisir-γένεσις ne sera donc pas intrinsèquement mauvais, mais il y aura des plaisirs bons ou mauvais ἁπλῶς, des plaisirs bons ou mauvais τινί, ποτέ, etc. (*cf.* St Thomas, 1484-1485, p. 396; Joachim, p. 235). – Le texte des l. 29-31 est en partie incertain, et comporte des variantes. Nous suivons la leçon de Susemihl-Apelt, en respectant ses crochets.

1. Dans l'état de maladie, en raison des dispositions morbides de l'organisme, certaines γένεσεις, qui ne sont en rien des plaisirs, peuvent cependant le paraître aux yeux du malade.

2. *Deuxième argument* (l. 33-1153a7). Il est fort difficile et se rattache à la vieille notion du plaisir-réplétion et de la douleur-déperdition, provenant de l'ancienne médecine (*cf.* Hippocrate, *Aphor.*, II, 22; IV, 476 Littré: ἀπὸ πλησμονῆς ὁκόσα ἂν νουσήματα γένηται, κένωσις ἰῆται. καὶ ὁκόσα ἀπο κενώσιως, πλησμονή). Aristote fait appel à une nouvelle distinction. Le bien peut être soit celui d'un *état permanent* (une ἕξις: on parle d'un *homme bon*), soit celui des *actes* par lesquels cet état se traduit (ἐνέργειαι: les *bonnes actions*). Or la γένεσις par laquelle on passe d'un état déficient (la maladie par exemple) à l'état normal (et qui est pour Speusippe le plaisir type) est agréable en tant qu'elle est une activité et non en tant qu'elle est un processus, et le plaisir ressenti a un caractère *accidentel*. Qu'est-ce à dire? C'est que l'activité en question provient seulement de cette partie de notre nature qui, au sein de la maladie, est demeurée saine, et elle n'est pas l'activité de l'organisme tout

notre état naturel sont agréables seulement par accident, l'acti-
35 vité en travail dans nos appétits [1] étant celle de cette partie de
nous-mêmes demeurée dans son état naturel : c'est qu'il existe
1153a aussi [2] des plaisirs sans accompagnement de peine ou d'appétit,
par exemple l'activité contemplative, où la nature ne souffre
d'aucun manque. Et ce qui indique <que les plaisirs liés à un
processus sont seulement accidentels> [3], c'est qu'on ne se
réjouit pas du même objet agréable au moment où la nature
remplit ses vides et après qu'elle est restaurée : dans la nature
restaurée, on se plaît aux choses qui sont agréables au sens
absolu ; dans la nature en train de se refaire, on se plaît même à
5 leurs contraires [4] : car on aimera même les substances piquantes
et amères dont aucune n'est naturellement agréable ni absolument agréable, de sorte que les plaisirs que nous en ressentons
ne sont non plus ni naturellement ni absolument agréables, la
distinction qui sépare les différents objets plaisants l'un de
l'autre s'étendant aux plaisirs qui en découlent.

---

entier (cf. *infra*, 15, 1154b17). Ainsi c'est en tant qu'activités saines que ces
processus donnent du plaisir, et elles ne sont liées à une restauration de l'état
normal que d'une façon accidentelle. Au plaisir accidentel en dépendance de la
γένεσις il faut ajouter une autre forme supérieure à la première, liée à
l'ἐνέργεια d'une ἕξις sans déficience : ce sera *l'exercice de la pensée pure* (αἱ
τοῦ θεωρεῖν ἐνέργειαι), qui n'implique nullement un état de manque ou un
processus de restauration. Sur ce passage délicat, on se reportera à *Mag. mor.*,
II, 7, 1204b20-1205a5 ; le commentaire de Festugière, p. 17-18 ; et surtout
Joachim, p. 236.

1. « L'activité qui se manifeste dans ces désirs de restauration »
(Festugière, p. 8).

2. Sur la portée de cette réserve (ἐπεὶ καὶ, l. 36), *cf.* Joachim, p. 236 : il
n'y a pas que les plaisirs résultant d'un appétit à satisfaire, il y a aussi les
plaisirs purs.

3. Nous ajoutons les mots entre crochets.

4. Ce ne sont plus les ἡδέα véritables qui plaisent à un organisme malade,
mais des ἡδέα de caractère illusoire, pouvant satisfaire des fonctions corporelles perverties.

En outre[1], il ne s'ensuit pas qu'on doive nécessairement poser quelque chose de meilleur que le plaisir, pour la raison qu'au dire de certains la fin est meilleure que le devenir. Les plaisirs, en effet, ne sont pas réellement des devenirs, ni ne sont pas tous liés à un devenir : ils sont activités et fin ; ils ne se produisent pas non plus au cours de nos devenirs mais quand nous faisons usage de nos puissances[2] ; tous enfin n'ont pas une fin différente d'eux-mêmes, cela n'est vrai que des plaisirs de ceux qui reviennent à la perfection de leur nature. Et c'est pourquoi il n'est pas exact de dire que le plaisir est un devenir *senti*, il faut plutôt le définir comme une activité de la manière d'être qui est selon la nature, et, au lieu de *senti*, mettre *non empêché*[3]. – Il y a aussi les gens[4] qui regardent le plaisir comme un devenir, parce que c'est pour eux un bien au sens

1. *Troisième argument*, le plus décisif. Aristote prend nettement position contre Speusippe et va plus au fond des choses. En réalité, nombre de plaisirs ne sont pas liés à un mouvement vers quelque fin distincte d'eux-mêmes : ils sont par eux-mêmes actes et fin. Le plaisir doit être défini par l'activité et non par la passivité. Le livre X apportera une correction essentielle à la théorie du plaisir-activité : le plaisir n'est pas en soi une ἐνέργεια, il est lié à une ἐνέργεια. Sylv. Maurus, 203[2], expose d'une façon remarquable la pensée d'Aristote : *non valet ratio qua contra sententiam probobatur, delectationem non posse esse optimam, quia semper finis ac terminus generationis est melior ipsa generatione. Supponit enim haec ratio quod omnis voluptas est generatio*, ce qui n'est pas.

2. Nous savons que χρῆσις est opposé à ἕξις et a le sens d'ἐνέργεια (*cf.* 5, 1146b31, note).

3. Le plaisir est ainsi une activité qui s'exerce librement ; il n'est pas la conscience d'un processus, mais l'activité non entravée de nos facultés naturelles.

4. Simple additif destiné à montrer le caractère ambigu de la doctrine du plaisir-genèse, puisque les Cyrénaïques, hédonistes absolus, admettent, tout comme Speusippe, que le plaisir est une γένεσις. La référence d'Aristote à l'École d'Aristippe est certaine : c'est l'opinion de Grant et Burnet, et elle est entièrement partagée par Diès (p. LXIV-LXX de son *Introduction* au *Philèbe*) : *cf.* au surplus Diogène Laërce, II, 65 *sq.* (dans C.J. de Vogel, *Greek phil.*, I, 254-257, p. 166-168).

absolu, car à leurs yeux l'activité est un devenir, alors qu'en fait elle est tout autre chose.

L'opinion suivant laquelle[1] les plaisirs sont mauvais parce que certaines choses agréables sont nuisibles à la santé, revient à dire que la santé est mauvaise parce que certaines choses utiles à la santé ne valent rien pour gagner de l'argent. À cet égard assurément les choses agréables comme les choses utiles à la santé sont mauvaises, mais elles ne sont pas mauvaises du moins pour cette raison-là[2], puisque même la contemplation
20 peut parfois être nuisible à la santé.

D'autre part[3], ni la prudence, ni aucune disposition en général n'est entravée par le plaisir découlant d'elle-même, mais seulement par les plaisirs étrangers[4], puisque les plaisirs nés du fait de contempler et d'apprendre nous feront contempler et apprendre davantage.

Qu'aucun plaisir ne soit l'œuvre d'un art[5], c'est là un fait
25 assez naturel : aucune autre activité non plus n'est le produit d'un art, mais l'art se contente de donner la capacité, bien qu'en fait l'art du parfumeur et celui du cuisinier soient généralement considérés comme des arts productifs de plaisir.

Les arguments[6] qui s'appuient sur le fait que l'homme modéré évite le plaisir et que l'homme prudent poursuit la vie exempte de peine seulement, et que d'autre part les enfants et les bêtes poursuivent le plaisir, ces arguments-là sont réfutés

1. Réponse à II, 2 (12, 1152b21-22). Voir cependant Festugière, p. X et 9.
2. Autrement dit : cela ne prouve pas qu'elles soient mauvaises en elles-mêmes.
3. Réponse à I, 4 (12, 1152b16-18).
4. Les plaisirs qui proviennent de l'exercice d'autres dispositions. Quand le plaisir est l'acte de sa puissance, il n'est jamais un mal.
5. Réponse à I, 5 (12, 1152b18-19).
6. Réponse à I, 2, 3 et 6 (12, 1152b15, 15-16, 19-20).

tous à la fois par la même considération : nous avons indiqué[1], 30
en effet, comment les plaisirs sont bons au sens absolu, et
comment certains plaisirs ne sont pas bons ; or ce sont ces
derniers plaisirs que les bêtes et les enfants poursuivent (et
c'est l'absence de la peine causée par la privation des plaisirs
de ce genre que recherche l'homme prudent), c'est-à-dire les
plaisirs qui impliquent appétit et peine, en d'autres termes les
plaisirs corporels (qui sont bien de cette sorte-là) et leurs formes
excessives, plaisirs qui rendent précisément déréglé l'homme
déréglé. Telle est la raison pour laquelle l'homme modéré fuit
ces plaisirs, car même l'homme modéré a des plaisirs[2].   35

14
<Le plaisir et le Souverain Bien.
Plaisirs bons et plaisirs mauvais>

En outre[3], que la peine aussi soit un mal et doive être **1153b**
évitée, c'est ce que tout le monde reconnaît : car la peine est
tantôt un mal au sens absolu[4], tantôt un mal en ce qu'elle
est propre à entraver de quelque façon notre activité. Or le
contraire d'une chose qu'on doit éviter, en tant qu'elle est à

1. 1152b26-1153a7. La réponse d'Aristote revient à savoir faire la
distinction élémentaire entre bons et mauvais plaisirs. – L. 31-32, nous avons
accepté la parenthèse de Ross.

2. *Sunt autem quaedam delectationes propriae temperati... et has non fugit
sed quaerit* (St Thomas, 1497, p. 397). Le σώφρων évite les plaisirs en question,
ce qui ne veut pas dire qu'il n'en a pas d'autres, d'un ordre plus élevé.

3. *Cf.* aussi X, 2, 1173a5-13, qui contient la même argumentation. Aristote
continue à réfuter la doctrine de Speusippe, suivant laquelle plaisir et douleur
sont deux maux opposés à la fois l'un à l'autre et au bien, terme moyen entre
les deux (*cf.* 12, 1152b8, note ; se reporter surtout au passage d'Aulu-Gelle,
IX, 5, 4).

4. Et c'est ce qu'elle est en réalité, quoique une peine déterminée puisse
être seulement un mal par accident.

éviter et est un mal, ce contraire est un bien[1]. Le plaisir est donc
5 nécessairement un bien. Speusippe tentait de réfuter cet argument en s'appuyant sur cette comparaison que *plus grand* est
contraire à la fois à *plus petit* et à *égal*[2], mais sa réfutation est
inopérante, car on ne saurait prétendre que le plaisir est dans
son essence quelque espèce de mal[3].

D'autre part[4], rien ne s'oppose à ce que le Souverain Bien
ne soit lui-même un plaisir déterminé, même si on accorde que
certains plaisirs sont mauvais : tout comme le Souverain Bien
pourrait consister en une science déterminée, même si certaines
sciences sont mauvaises. Peut-être même[5] est-ce une néces-

---

1. Cf. *Top.*, IV, 3, 123b5.

2. Comprendre : Sp. disait que le bien est contraire à la fois à la peine et au
plaisir, de la même façon que ce qui est *plus grand* est contraire à *plus petit* et à
égal (sur cette sorte d'opposition, cf. *Met.*, I, 5, 1055b30-1056b3, et les notes
de notre commentaire, II, 553-557). La comparaison de Sp. ne vaut rien, car
l'opposition *égal-plus grand-plus petit* n'est pas une opposition de contrariété,
une chose ne pouvant avoir plus d'un contraire (*Met.*, I, 4, 1055a19). En réalité
l'égal n'est opposé au plus grand et au plus petit qu'à titre de *négation privative*
(ἀπόφασις στερητική) de tous les deux.

3. Dont il serait le genre. L'argument de Speusippe revient à dire que
plaisir et douleur sont deux *espèces* du *genre* mal, ce qui est impossible à
admettre, tout au moins pour d'autres que Sp. lui-même. C'est ainsi que nous
comprenons, avec Aspasius et Joachim (p. 238) les l. 6-7 (οὐ γὰρ ἂν...
ἡδονήν); nous donnons en conséquence, comme sujet sous-entendu de φαίη, le
pronom οὐδείς et non Speusippe (voir cependant Burnet, p. 336). Sur ὅπερ, l. 6,
cf. VI, 4, 1140a7, note.

4. Réponse à III (12, 1152b11-12 et 22-23) et à II, 1 (12, 1152b21). Aristote
va réfuter, au moyen de *trois* arguments, l'opinion suivant laquelle le plaisir ne
peut pas être le Souverain Bien. Cette opinion est d'ailleurs la sienne, mais elle
est fondée sur des considérations différentes (livre X).

5. *Premier argument*. Il peut se résumer dans le syllogisme suivant : le
bonheur est une activité sans entraves; tous les plaisirs consistent dans une
activité sans entraves; donc le bonheur est un plaisir. Si on dit que le bonheur
consiste en une ἐνέργεια plutôt qu'en une ἕξις (*cf.* I, 6, 1089a5 *sq.*, et les notes),
et si d'autre part on définit le plaisir une ἐνέργεια et non une γένεσις (13,

sité, si chacune de nos dispositions a son activité correspondante s'exerçant sans entraves (qu'on fasse consister le 10
bonheur soit dans l'activité de l'ensemble de nos dispositions,
soit dans l'activité de l'une d'entre elles, cette activité <sous
l'une ou l'autre forme> étant supposée sans entraves), que
l'activité en question soit la plus digne de notre choix : or cette
activité est plaisir. Ainsi le Souverain Bien serait un certain
plaisir, bien que la plupart des plaisirs soient mauvais, et
même, le cas échéant, mauvais absolument. – Et c'est pourquoi
tous les hommes pensent que la vie heureuse est une vie
agréable, et qu'ils entrelacent étroitement le plaisir au bonheur. 15
En cela ils ont raison, aucune activité n'étant parfaite quand
elle est empêchée, alors que le bonheur rentre dans la classe des
activités parfaites[1]. Aussi l'homme heureux a-t-il besoin, en
sus du reste, des biens du corps, des biens extérieurs et des dons
de la fortune, de façon que son activité ne soit pas entravée de
ce côté-là. Et ceux qui prétendent que l'homme attaché à la
roue ou tombant dans les plus grandes infortunes est un homme 20
heureux à la condition qu'il soit bon[2], profèrent, volontairement ou non, un non-sens. À l'opposé, sous prétexte que l'on a
besoin, en sus du reste, du secours de la fortune, on identifie
parfois la fortune favorable au bonheur ; or ce sont des choses
toutes différentes, car la fortune favorable elle-même, quand
elle excède la mesure, constitue un empêchement à l'activité,
et peut-être n'est-il plus juste de l'appeler alors fortune favorable, sa limite étant déterminée par sa relation au bonheur.

1153a13 *sq.*), on aboutit forcément à la conclusion que l'εὐδαιμονία est ἡδονή
τις. L. 10-12, nous avons dégagé le texte par une parenthèse.

　　1. Le bonheur est une activité parfaite ; une activité parfaite est une activité
sans entraves, c'est-à-dire un plaisir ; donc le bonheur est un plaisir.

　　2. Paradoxe d'origine probablement cynique. Cf. *Gorgias*, 473c ; *Rep.*, IX,
580c.

25   Et le fait que tous les êtres[1], bêtes et hommes, poursuivent
le plaisir est un signe que le plaisir est en quelque façon le
Souverain Bien :

> Nulle rumeur ne meurt tout entière, que tant de gens[2]…

Mais[3], comme ce n'est ni la même nature, ni la même
disposition qui est la meilleure pour tout le monde, ou qui du
moins apparaît telle à chacun, tous les hommes ne poursuivent
30 pas non plus le même plaisir, bien que tous poursuivent le
plaisir. Peut-être aussi poursuivent-ils non pas le plaisir qu'ils
s'imaginent ou qu'ils voudraient dire qu'ils recherchent, mais
un plaisir le même pour tous, car tous les êtres ont naturellement en eux quelque chose de divin[4]. Mais les plaisirs corporels ont accaparé l'héritage du nom de plaisir, parce que c'est
vers eux que nous dirigeons le plus fréquemment notre course
35 et qu'ils sont le partage de tout le monde ; et ainsi, du fait qu'ils
sont les seuls qui nous soient familiers, nous croyons que ce
sont les seuls qui existent.

1154a   Il est manifeste aussi[5] que si le plaisir, autrement dit
l'activité, n'est pas un bien, la vie de l'homme heureux ne sera

---

1. *Deuxième argument* de la réponse à III. Cet argument était celui
d'Eudoxe (*cf.* l. X), et Aristote l'admet lui-même πως (l. 26).

2. Hésiode, *Op.* 763. On sait l'importance qu'attache lui-même Aristote à
l'opinion commune.

3. Aristote répond ici à une objection implicite : si tel plaisir déterminé est
le Souverain Bien, comment se fait-il que tous les hommes ne recherchent pas
ce plaisir, et comment expliquer les différences à ce sujet ?

4. Sur cette vue platonicienne (*Philèbe*, 20b), *cf.* aussi X, 2, 1172b36-
1173a5. Dieu est l'attraction unique et universelle : *the instinctive impulse of
the creature towards its true good is the working in it of the divine force which
initiates all change in the universe* (Joachim, p. 238) ; *cf.* aussi St Thomas, 1511,
p. 401. On se reportera aux célèbres analyses de *Met.*, Λ, 7. L. 34, παραβάλλειν
appartient au vocabulaire nautique.

5. *Troisième argument.*

pas une vie agréable[1] : pour quelle fin aurait-il besoin du plaisir si le plaisir n'est pas un bien ? Au contraire sa vie peut même être chargée de peine : car la peine n'est ni un bien ni un mal, si le plaisir n'est non plus ni l'un ni l'autre : dans ces conditions 5 pourquoi fuirait-on la peine ? Dès lors aussi la vie de l'homme vertueux ne sera pas plus agréable qu'une autre, si ses activités ne le sont pas non plus davantage.

Au sujet des plaisirs du corps[2], il faut examiner la doctrine de ceux qui disent qu'assurément certains plaisirs sont hautement désirables, par exemple les plaisirs nobles, mais qu'il n'en est pas ainsi des plaisirs corporels et de ceux qui sont le domaine de l'homme déréglé. S'il en est ainsi, pourquoi les 10 peines contraires sont-elles mauvaises ? car le contraire d'un mal est un bien[3]. Ne serait-ce pas[4] que les plaisirs qui sont nécessaires sont bons au sens où ce qui n'est pas mauvais est bon ? Ou encore[5] que ces plaisirs sont bons jusqu'à un certain

1. Alors que la vie heureuse ne peut être qu'une vie agréable. Et si le plaisir n'est pas un bien, la peine n'est pas non plus un mal, et l'homme sage n'aura aucune raison de l'éviter. On en arrive à cette absurdité que la vie heureuse est une vie pénible. L. 2, ἐνέργεια, l'activité non-entravée.

2. Réponse à II (12, 1152b10 et 20).

3. Si tel plaisir corporel est mauvais *simpliciter*, comment expliquer que la peine corporelle opposée soit également mauvaise, puisque l'opposé d'un mal ne peut être qu'un bien ? Aristote va présenter *deux* solutions (ἢ οὕτως, l. 11 ; ἢ μέχρι, l. 13).

4. *Première* λύσις. Les plaisirs du corps qui sont nécessaires à la vie sont bons, non pas absolument, mais en ce sens qu'ils sont une absence de mal, qu'ils servent à éloigner le mal. Il n'y a donc pas de véritable contrariété entre plaisir corporel et peine corporelle.

5. *Seconde* λύσις. Les plaisirs corporels sont bons par soi, mais tant qu'ils demeurent dans la mesure normale (μέχρι του, l. 13) ; ils deviennent mauvais au-delà. Cette solution a la préférence d'Aristote, et il l'explique dans les lignes qui suivent.

point ? En effet [1], si dans les dispositions et les mouvements qui n'admettent pas d'excès du mieux il n'y a pas non plus d'excès possible du plaisir correspondant, dans les états admettant au
15 contraire cette sorte d'excès il y aura aussi excès du plaisir. Or les biens du corps admettent l'excès, et c'est la poursuite de cet excès qui rend l'homme pervers, et non pas celle des plaisirs nécessaires : car si tous les hommes jouissent d'une façon quelconque des mets, des vins et des plaisirs sexuels, tous n'en jouissent pas dans la mesure qu'il faut. C'est tout le contraire pour la peine : on n'en évite pas seulement l'excès, mais on la
20 fuit complètement ; c'est que ce n'est pas au plaisir excessif qu'une peine est contraire, excepté pour l'homme qui poursuit l'excès de plaisir [2].

15
<Le plaisir – Les plaisirs corporels>

Puisqu'il faut [3] non seulement énoncer le vrai, mais encore montrer la cause de l'erreur contraire (car c'est renforcer la

---

1. Une ἕξις qui consiste dans un *medium* (la vertu, par exemple) n'est pas susceptible d'excès ou de défaut, le *medium* étant alors en quelque sorte un extrême (*cf.* sur ce point, II, 6, 1107a20-26, et nos notes) : l'activité hédonique qui en découle ne peut non plus être excessive. Mais les plaisirs du corps admettent au contraire l'excès, et c'est cet excès qui est le vice.

2. La pensée d'Aristote est ici elliptique et doit être entendue de la façon suivante. Alors que le plaisir corporel est bon quand il est modéré et mauvais quand il est excessif, toute peine au contraire est mauvaise, – ce qui ne veut pas dire (οὐ γάρ ἐστι, l. 20) que l'absence de plaisir excessif soit un mal pour l'homme de bien : en réalité cette absence n'est un mal que pour le méchant, qui n'a de choix qu'entre la peine, d'une part, et le plaisir immodéré, de l'autre. Ainsi pour l'homme vertueux, le plaisir modéré est un bien positif, et la peine opposée un mal positif ; pour le méchant, l'excès de plaisir est un mal positif, et la peine opposée n'est que la négation de ce plaisir, et non un mal proprement dit (*cf.* Burnet, p. 340).

3. Nous avons établi que, contrairement à l'opinion de Speusippe, tous les plaisirs ne sont pas condamnables ; que, d'autre part, la thèse de Speusippe

croyance au vrai : quand, en effet, on a fourni une explication plausible de la raison pour laquelle ce qui apparaît comme vrai ne l'est pas en réalité, on rend plus forte la croyance au vrai), il en résulte que nous devons indiquer pourquoi les plaisirs du corps apparaissent comme plus désirables que d'autres. 25

La première raison, donc[1], est que le plaisir détourne la peine ; l'excès de la peine pousse les hommes à rechercher, en guise de remède, le plaisir lui-même excessif, et, d'une manière générale, le plaisir corporel. Et ces plaisirs curatifs revêtent eux-mêmes une grande intensité (et c'est pourquoi on les poursuit) parce qu'ils apparaissent en contraste avec la peine opposée. L'opinion, dès lors, suivant laquelle le plaisir n'est pas un bien tient aussi à ces deux faits que nous avons signalés[2], à savoir : que certains plaisirs sont des actes relevant 30

n'apparaît plausible que parce qu'elle considère exclusivement les plaisirs du corps ; qu'enfin (14, 1153b29 *sq.*) cette exclusivité s'explique elle-même par le fait que la majorité des hommes ne connaît pas d'autres plaisirs que ceux du corps. D'où vient donc une opinion si répandue ? Si nous parvenions à rendre compte de l'origine de l'erreur sur laquelle elle repose, nous renforcerions par là même notre propre thèse que le plaisir n'est pas un mal et nous aurions définitivement réfuté Sp. (*cf.* Burnet, p. 340 note, et surtout Joachim, p. 239). Aristote va donner deux raisons de cette précellence du plaisir corporel (1re raison : 26-1154b2 ; 2e raison : 2-20). Voir aussi le bon résumé de Sylv. Maurus, 208[2].

1. *Première raison* pour laquelle on regarde généralement le plaisir corporel comme le plaisir par excellence : c'est qu'il est un dérivatif de la peine : à excès de peine, excès de plaisir (cf. *Probl.*, I, 2, 859a3). L'intensité du plaisir corporel par rapport aux autres plaisirs est d'ailleurs plus apparente que réelle, car elle est le résultat d'un effet de contraste avec la peine que le plaisir corporel fait oublier et qui réagit sur lui. *Mensurantur*, dit très bien St Thomas, 1524, p. 405, parlant de ces plaisirs qu'avive le contraste, *non solum ex sui natura, sed etiam ex contrario quod expellunt* : à celui qui souffre violemment de la soif, le plaisir de boire paraît plus grand. Ces fines notations sont empruntées à Platon, *Rep.*, IX, 585a ; *Philèbe*, 42b, c, 43e *sq.*

2. Probablement 13, 1152b26-33, mais les deux passages ne se recouvrent pas entièrement. Aristote (l. 31, οὐ σπουδαῖον) ajoute qu'une *conséquence* (δὴ) de l'opinion qui considère le plaisir corporel comme le seul plaisir, c'est la

d'une nature perverse (qu'elle le soit dès la naissance, comme chez la brute, ou par l'effet de l'habitude, comme les plaisirs des hommes vicieux); que les autres qui agissent comme remèdes supposent un manque, et qu'il est préférable d'être en **1154b** bon état que d'être en voie de guérison; mais ces plaisirs curatifs accompagnent en fait des processus de restauration d'un état parfait, et sont donc bons par accident.

En outre[1], les plaisirs corporels sont poursuivis, en raison même de leur intensité, par les gens qui ne sont pas capables d'en goûter d'autres : ainsi il y en a qui vont jusqu'à provoquer en eux la soif[2]. Quand ces plaisirs n'entraînent aucun dom- 5 mage, il n'y a rien à redire, mais s'ils sont pernicieux, c'est un mal. Le fait est que ces gens-là n'ont pas d'autres sources de

---

condamnation sans appel de tout plaisir quel qu'il soit (th. de Speusippe). Il rappelle les deux faits qui motivent cette condamnation du plaisir corporel : qu'il s'agisse soit de plaisirs manifestant une *nature dépravée* (αἱ μὲν φαύλης φύσεώς, l. 32), et qui sont toujours mauvais, soit de plaisirs accompagnant le processus de restauration de l'organisme déficient (αἱ δ'ἰατρεῖαι, l. 34), qui, tout en étant debiens par accident, sont cependant des maux en eux-mêmes, de toute façon les plaisirs corporels ne valent rien. Nous voyons ainsi les raisons pour lesquelles la doctrine de Sp. a une apparence de vérité, et cette connaissance, comme il a été dit plus haut, renforce notre propre thèse. Les l. 31-1154b2 sont donc la suite logique (indiquée par la particule δὴ) du développement qui précède, et n'ont pas le caractère d'une simple parenthèse, que Rackham et Ross ont le tort de marquer. L. 34, ἔχειν βέλτιον ἢ γίνεσθαι : il est mieux de se trouver dans l'état naturel de santé et de perfection physique, que d'être en train de le redevenir (*melius est habere aliquem jam perfectum quam fieri*, St Thomas, 1526, p. 405).

1. *Seconde raison* qui fait considérer le plaisir corporel comme étant le seul, ce qui entraîne la condamnation de tout plaisir.

2. L'exemple d'Aristote n'a rien de métaphorique. Comme l'explique Aspasius, la soif résultant de la saine activité du corps est un plaisir innocent; si elle est provoquée par l'ingestion de poisson salé, elle devient un plaisir coupable. L. 4, nous lisons avec Burnet et Rackham, τινές au lieu de τινὰς.

jouissance, et l'état qui n'est ni agréable ni pénible[1] est pour beaucoup d'entre eux une chose difficile à supporter, en raison de leur constitution naturelle. L'être animé vit, en effet, dans un état perpétuel d'effort, au témoignage même des physiologues[2], d'après lesquels la vision et l'audition sont quelque chose de pénible; il est vrai que depuis longtemps, disent-ils, nous y sommes accoutumés. Dans le même ordre d'idées, les jeunes gens, à cause de la croissance[3], sont dans un état sem- 10 blable à celui de l'homme pris de vin, et c'est même là le charme de la jeunesse; d'autre part, les gens d'humeur naturellement excitable ont un perpétuel besoin de remède, car même leur corps vit dans un continuel état d'irritation dû à leur tempérament[4], et ils sont toujours en proie à un désir violent; mais le plaisir chasse la peine, aussi bien le plaisir qui y est contraire que n'importe quel autre, à la condition qu'il soit fort, et c'est ce qui fait que l'homme d'humeur excitable devient déréglé et pervers.

D'autre part, les plaisirs non accompagnés de peine[5] 15 n'admettent pas l'excès, et ces plaisirs sont ceux qui découlent

1. τὸ μηδέτερον, l. 6, est l'*état d'indifférence*, qui n'est ni agréable ni pénible, et que beaucoup de personnes ont de la peine à supporter.

2. L. 7, nous lisons, à la suite de la plupart des commentateurs, φυσιολόγοι, au lieu de φυσικοὶ λόγοι. – Asp., 156, 14, cite Anaxagore lequel effectivement, au dire de Théophraste (*de Sensu*, 29; 59 A 92 Diels; cité par Vogel, *Greek philo.*, I, 132-A, p. 70), faisait dépendre la sensation de l'excitation par les contraires, et la liait à la peine.

3. Lambin : *propterea quod ea aetate corpus magnitudinem et vires colligit.* Cf. *Probl.*, XXX, 1, 954b39. – Sur les μελαγχολικοί, l. 11, *cf.* 8, 1150b26, note.

4. L. 13, κρᾶσις (qui est une espèce de la μῖξις : cf. *de Gen. et Corr.*, I, 10, p. 84-93 de notre traduction) marque la proportion qui doit être observée, pour assurer l'existence de l'être vivant, dans la composition des humeurs. Sur la κρᾶσις en biologie, on consultera une note érudite de Peck, dans son *Introduction* au *de Gener. anim.*, p. LVI, n. 39 et 40.

5. Les plaisirs purs (*cf.* le livre X), *qui circa ea quae sunt delectabilia secundum sui naturam et non secundum accidens* (St Thomas, 1532, p. 406).

des choses agréables par nature et non par accident. Par *choses agréables par accident*, j'entends celles qui agissent comme remèdes (il se trouve, en effet, que leur vertu curative vient d'une certaine activité de la partie de nous-mêmes demeurée saine, ce qui fait que le remède lui-même semble agréable)[1], et
20 par *choses agréables par nature*, celles qui stimulent l'activité d'une nature donnée[2].

Il n'y a aucune chose cependant qui soit pour nous toujours agréable[3] : cela tient à ce que notre nature n'est pas simple, mais qu'elle renferme aussi un second élément, en vertu de quoi nous sommes des êtres corruptibles, de sorte que si le premier élément fait une chose, cette chose est pour l'autre élément naturel quelque chose de contraire à sa nature, et quand les deux éléments sont en état d'équilibre, l'action accomplie n'est ressentie ni comme pénible ni comme agréable[4]; car
25 supposé qu'il existe un être quelconque possesseur d'une nature simple, la même activité serait pour lui toujours le plus haut degré de plaisir. C'est pourquoi Dieu jouit perpétuelle-

---

1. Cf. *supra*, notamment 13, 1152b33 *sq.*, avec nos notes.

2. C'est-à-dire les choses qui stimulent l'activité d'une ἕξις ou φύσις, dans son état naturel et sain et non en voie de restauration. Ainsi, la musique est plaisante naturellement à une nature musicale.

3. Aristote répond à une objection sous-entendue. Pourquoi donc ne persévère-t-on pas toujours dans le même plaisir, quand notre nature est apte aux φύσει ἡδέα?

4. L'exemple donné par St Thomas, 1534, p. 406, est excellent : *Contemplari est naturale homini ratione intellectus, sed praeter naturale homini ratione organorum imaginationis... Cum homo appropinquat ad contrariam dispositionem, tunc illud quod prius erat delectabile secundum praecedentem dispositionem, neque adhuc videtur triste, quia nondum contraria dispositio totaliter advenit, neque videtur delectabile, quia jam fere alia dispositio recessit.*

ment d'un plaisir un et simple[1]; car il y a non seulement une activité de mouvement, mais encore une activité d'immobilité[2], et le plaisir consiste plutôt dans le repos que dans le mouvement. Mais :

Le changement en toutes choses est bien doux,

suivant le poète[3], en raison d'une certaine imperfection de notre nature : car de même que l'homme pervers est un homme versatile, ainsi est perverse la nature qui a besoin de changement, car elle n'est ni simple, ni bonne.

La tempérance et l'intempérance, le plaisir et la peine ont fait jusqu'ici l'objet de nos discussions, et nous avons établi la nature de chacune de ces notions et en quel sens les unes sont bonnes et les autres mauvaises. Il nous reste à parler de l'amitié.

---

1. *Cf.* le livre X, et *Met.*, Λ, 7, sur Dieu acte pur et pensée de la pensée, et particulièrement 1072b25 sur la béatitude parfaite et souveraine de Dieu. Nous renvoyons à notre commentaire de la *Met.*, II, p. 672-686.

2. Activité immanente, qui atteint sa fin à tout moment, et qui est l'activité parfaite, par opposition à l'activité de mouvement, action transitive et fabricatrice. Cf. *Met.*, Θ, 6, 1048b18-35 (commentaire, II, 501-502); 8, 1050a23-1050b2 (II, p. 512-514, avec nos références et notamment Le Blond, *Logique et Méthode*, p. 369-370).

3. Euripide, dans *Oreste*, 234.

LIVRE VIII

1
<L'amitié – Sa nécessité>

Après ces considérations, nous pouvons passer à la 1155a discussion sur l'amitié[1]. L'amitié est en effet une certaine vertu, ou ne va pas sans vertu ; de plus, elle est ce qu'il y a de

1. Outre les livres VIII et IX de l'*E.N.*, qui sont exclusivement consacrés à la théorie de l'amitié, on se reportera à *E.E.*, VII, 1, 1234b18 *sq.*, et *Rhet.*, II, 4, 1380b34-1382a19 : ce dernier texte traite à la fois de la φιλία et de l'ἔχθρα. Aristote a donné des développements importants à l'étude de l'amitié, parce qu'elle est la condition du bonheur, dont la définition même constitue le couronnement de l'éthique. On sait que les Anciens ont toujours réservé un rôle considérable à l'amitié dans la description et l'établissement des règles de la moralité. Conformément à l'usage, et sauf en quelques endroits, nous traduirons φιλία par *amitié*. Mais ce terme exprime, d'une façon plus générale, tout sentiment d'affection et d'attachement pour les autres, qu'il soit spontané ou réfléchi, dû aux circonstances ou au libre choix : amitié proprement dite, amour, bienveillance, bienfaisance, philanthropie. C'est en somme l'*altruisme*, la *sociabilité*. L'amitié est le *lien social* par excellence, qui maintient l'unité entre les citoyens d'une même cité, ou entre les camarades d'un groupe, ou les associés d'une affaire. L'adjectif φίλος est à la fois actif et passif : c'est *celui qui aime* et *celui qui est aimé* de retour (φίλος ... ἐστὶν ὁ φιλῶν καὶ ἀντιφιλούμενος, *Rhet.*, II, 4, 1381a1) ; il est distinct d'ἑταῖρος, qui signifie surtout *camarade*. D'autre part, φίλησις n'est pas tout à fait syn. de φιλία : elle désigne plutôt le genre d'attachement que nous pouvons avoir pour une chose inanimée (*infra*, 2, 1155b27).

plus nécessaire pour vivre[1]. Car sans amis personne ne choi-
5 sirait de vivre, eût-il tous les autres biens (et de fait les gens
riches, et ceux qui possèdent autorité et pouvoir semblent bien
avoir plus que quiconque besoin d'amis : à quoi servirait une
pareille prospérité, une fois ôtée la possibilité de répandre des
bienfaits, laquelle se manifeste principalement et de la façon la
plus digne d'éloge, à l'égard des amis ? Ou encore, comment
10 cette prospérité serait-elle gardée et préservée sans amis ? car
plus elle est grande, plus elle est exposée au risque). Et dans la
pauvreté comme dans tout autre infortune, les hommes pensent
que les amis sont l'unique refuge. L'amitié d'ailleurs est un
secours aux jeunes gens, pour les préserver de l'erreur ; aux
vieillards, pour leur assurer des soins et suppléer à leur manque
d'activité dû à la faiblesse ; à ceux enfin qui sont dans la fleur de
l'âge, pour les inciter aux nobles actions :

15   Quand deux vont de compagnie[2],

car on est alors plus capable à la fois de penser et d'agir.

De plus, l'affection est, semble-t-il, un sentiment naturel[3]
du père pour sa progéniture et de celle-ci pour le père, non seulement chez l'homme mais encore chez les oiseaux et la plupart
des animaux ; les individus de même race[4] ressentent aussi une
20 amitié mutuelle, principalement dans l'espèce humaine, et
c'est pourquoi nous louons les hommes qui sont bons pour les
autres. Même au cours de nos voyages au loin, nous pouvons

---

1. L'amitié est une vertu, autrement dit un *bien* (καλόν), ou, plus précisément, ne peut exister qu'entre gens vertueux (μετ' ἀρετῆς, l. 2) ; elle est d'autre
part la condition *sine qua non* du bonheur dans la vie. Aristote commence par
examiner ce dernier point. – La distinction entre καλόν et ἀναγκαῖον figure
déjà dans la *Rep.* (VI, 493c).

2. Sous-entendre : « comme dit Homère » (*Iliade*, X, 224). L'expression
était proverbiale.

3. Et par conséquent nécessaire et bon, car la nature ne fait rien en vain.

4. Cf. *Rhet.*, I, 11, 1371b12.

constater à quel point l'homme ressent toujours de l'affinité et de l'amitié pour l'homme. L'amitié semble aussi constituer le lien des cités, et les législateurs paraissent y attacher un plus grand prix qu'à la justice même : en effet, la concorde, qui paraît bien être un sentiment voisin de l'amitié, est ce que 25 recherchent avant tout les législateurs, alors que l'esprit de faction, qui est son ennemie, est ce qu'ils pourchassent avec le plus d'énergie. Et quand les hommes sont amis il n'y a plus besoin de justice, tandis que s'ils se contentent d'être justes ils ont en outre besoin d'amitié, et la plus haute expression de la justice est, dans l'opinion générale, de la nature de l'amitié.

Non seulement l'amitié est une chose nécessaire, mais elle est aussi une chose noble [1] : nous louons ceux qui aiment leurs amis, et la possession d'un grand nombre d'amis est regardée 30 comme un bel avantage ; certains pensent même qu'il n'y a aucune différence entre un homme bon et un véritable ami [2].

2
<Les diverses théories sur la nature de l'amitié>

Les divergences d'opinion au sujet de l'amitié sont nombreuses [3]. Les uns la définissent comme une sorte de ressemblance, et disent que ceux qui sont semblables sont amis, d'où les dictons : *le semblable va à son semblable* [4], *le choucas va au*

---

1. Une fin en soi, une vertu (cf. *supra*, 1155a2 et la note).

2. Même idée dans *Lysis*, 214e (*cf.* note suivante).

3. Cf. *E.E.*, VII, 1, 1235a4-29 ; *Rhet.*, I, 11, 1371b12-17. On se reportera surtout au *Lysis*, 214a *sq.*, dont Aristote s'inspire visiblement dans son exposé.

4. *Odyssée*, XVII, 218. Le vers complet est : *comme toujours, un dieu mène le semblable vers son semblable* (ὡς αἰεί τὸν ὁμοῖον ἄγει θεὸς ὡς τὸν ὁμοῖον). Nous dirions en français : « qui se ressemble s'assemble ». Ce vers est déjà cité *Lysis*, 214a. *Cf.* aussi Théophraste, *Caract.*, XXIX.

35 *choucas*[1], et ainsi de suite. D'autres au contraire, prétendent
    que les hommes qui se ressemblent ainsi sont toujours comme
1155b *des potiers l'un envers l'autre*[2]. Sur ces mêmes sujets, certains
    recherchent une explication plus relevée et s'appuyant davan-
    tage sur des considérations d'ordre physique[3] : pour Euripide,
    la terre, quand elle est desséchée, est éprise de pluie, et le ciel
    majestueux, saturé de pluie, aime à tomber sur la terre[4]; pour
 5 Héraclite, *c'est ce qui est opposé qui est utile*[5], et *des disso-*
    nances résulte la plus belle harmonie, et *toutes choses sont*
    engendrées par discorde. Mais l'opinion contraire est soute-
    nue par d'autres auteurs et notamment par Empédocle, suivant
    lequel *le semblable tend vers le semblable*[6].

    Laissons de côté les problèmes d'ordre physique (qui
    n'ont rien à voir avec la présente enquête)[7]; examinons
10 seulement les problèmes proprement humains et qui
    concernent les mœurs et les passions : par exemple, si l'ami-
    tié se rencontre chez tous les hommes, ou si au contraire
    il est impossible que des méchants soient amis; et s'il n'y
    a qu'une seule espèce d'amitié ou s'il y en a plusieurs.
    Ceux qui pensent que l'amitié est d'une seule espèce pour

    1. Source inconnue. Cf. *Mag. Mor.*, II, 11, 1208b9.
    2. Allusion à Hésiode, *Trav. et J.*, 25 : *le potier en veut au potier, le*
    charpentier au charpentier.
    3. Sur le sens de ἀνώτερον, l. 2, cf. *Ind. arist.*, 68b50 et 379b39 : *in serie*
    notionum ἄνω *dicuntur quae magis sunt universalia*, par opposition à κάτω.
    Cf. aussi Waitz, *Aristote Organon*, I, 143. – Sur φυσικώτερον, *cf.* II, 7,
    1107a30, note, *supra.*
    4. 890 Dindorf, ou 898, 7-10, Nauck. Œuvre inconnue. Le fragment a été
    reconstitué d'après Ath., XII, 600a.
    5. Trois citations d'Héraclite, empruntées au frgmt 8 Diels (= 45 Byw.).
    Selon Burnet (*L'Aurore*, p. 153, note), la première citation aurait une portée
    médicale (cf. *supra*, II, 2, 1104b16).
    6. Par exemple frgmt B. 90 Diels : doux et doux, amer et amer, acide et
    acide, chaud et chaud. C'était là une conséquence de la théorie des effluves.
    7. *Cf.* le passage parallèle de *E.E.*, VII, 1, 1235a29-1235b12.

la raison qu'elle admet le plus et le moins, ajoutent foi à une indication insuffisante, puisque même les choses qui diffèrent en espèce sont susceptibles de plus et de moins[1]. 15

---

1. Des deux problèmes posés l. 10-13, Aristote examine ici le second. Son argumentation, très ramassée, ne va pas sans difficultés. L'amitié, selon certains, serait essentiellement une en espèce puisqu'elle admet des différences de degré. Déjà Platon, dans le *Philèbe* (24e), énumérant les cinq genres de l'Être, rangeait sous l'unité d'une même nature (en fait l'ἄπειρον) « tout ce qui nous apparaît comme passant par le plus et le moins et comme susceptible du violemment, du doucement, de l'excessivement, etc. » (trad. Diès), en un mot tout *continuum*. Aristote déclare lui-même à plusieurs reprises (par exemple *Pol.*, I, 13, 1259b36) que les variations de degré sont insuffisantes pour constituer une différence spécifique, et n'empêchent pas une chose de demeurer ce qu'elle est. Il fait application de cette idée en biologie quand il classe sous une même forme la peau, les vaisseaux sanguins, les membranes, tous éléments anatomiques qui diffèrent seulement par leur viscosité plus ou moins grande (*de Gen. anim.*, II, 3, 737b4 ; *cf.* aussi *de Part. anim.*, I, 4, 644a17, pour les parties des animaux). La doctrine d'Aristote paraît ainsi bien ferme. Et cependant, en ce qui regarde l'amitié, il n'hésite pas à renoncer à la distinction entre différence spécifique et différence de degré, et il admet expressément (l. 14-15) que les choses qui diffèrent en espèce (excluant ainsi celles qui diffèrent par le genre) peuvent varier selon le plus et le moins. S'il est vrai, en effet, que les variations de degré ne peuvent jamais entraîner une différence générique, il peut se faire toutefois, qu'à l'intérieur même du genre et sous certaines conditions, le *plus* constitue une espèce, et le *moins* une autre. Prenons la couleur, où les diverses couleurs, rouge, jaune, bleu, etc. forment des espèces distinctes tombant sous l'unité générique de la couleur. On sait que, pour Aristote, les couleurs intermédiaires entre le blanc et le noir (le rouge, le jaune, etc.) sont constituées par une combinaison des deux couleurs extrêmes (le blanc et le noir) selon des *proportions* (λόγοι) variables (*de Sensu*, 3, 440b1-25, p. 19-21 de notre traduction des *Parva natur.*), analogues à celles qui régissent la combinaison des sons composés. Au sein du *continuum* des couleurs il se crée donc des espèces déterminées ; en d'autres termes, pour reprendre la terminologie du *Philèbe*, le πέρας est mélangé à l'ἄπειρον, et de ce mélange naît le λόγος déterminatif qui donne à chaque couleur son εἶδος. Cette discontinuité introduite dans le *continuum* s'explique par les nécessités de notre *perception* (αἴσθησις), qui est incapable de distinguer un nombre infini de couleurs entre le blanc et le noir, et qui

Mais nous avons discuté ce point antérieurement[1].

Peut-être ces matières gagneraient-elles en clarté si nous connaissions préalablement ce qui est objet de l'amitié[2]. Il semble, en effet, que tout ne provoque pas l'amitié, mais seulement ce qui est aimable, c'est-à-dire ce qui est bon, agréable ou utile[3]. On peut d'ailleurs admettre qu'est utile ce par quoi est
20 obtenu un certain bien ou un certain plaisir, de sorte que c'est seulement le bien et l'agréable qui seraient aimables, comme des fins[4]. Dans ces conditions, est-ce que les hommes aiment le bien réel, ou ce qui est bien pour eux[5]? car il y a parfois

n'appréhende que des espèces aux contours nettement délimités par leurs λόγοι (*de Sensu*, 6, 445b27 *sq.*). Ainsi donc, il n'y a pas, en définitive, incompatibilité entre la pluralité des espèces de φιλίαι et le fait que la φιλία est susceptible de degré. Aristote reconnaîtra, nous le verrons, trois espèces d'amitié répondant à des notions et à des définitions séparées. Il établira toutefois entre elles une hiérarchie, la première étant la plus parfaite, dont les deux autres ne sont que des approximations. Il en est à cet égard de l'amitié comme de l'âme humaine, laquelle, n'étant pas un genre, n'est pas susceptible de définition commune, et ne peut être définie que dans ses espèces. Sur toutes ces difficultés, *cf.* surtout Joachim, p. 244-246.

1. En fait Aristote n'a jamais traité cette question. Aussi Grant met-il cette phrase entre crochets.

2. En d'autres termes, quelles sortes de choses donnent naissance à l'amitié? La multiplicité des φιλικά entraînera celle de la φιλία. Aristote se tourne vers l'objet, comme il l'a déjà fait pour la προαίρεσις, définie en fonction du προαιρετόν, et pour la βούλευσις, définie par le βουλευτόν (*cf.* aussi *Top.*, I, 15, 106b28-107a3, et aussi *Lysis*, 219b *sq.*).

3. *Cf.* II, 2, 1104b30. C'est là l'opinion commune, qui servira de point de départ.

4. Les φιλικά ne comprennent plus ainsi que le bien et l'agréable, qui seuls sont des fins, puisque l'utile n'est qu'un moyen pour les atteindre (*cf.*, sur le rôle de l'utile, I, 4, 1097a7).

5. La même question s'est posée à propos de la βούλησις (III, 6, 1113 a15 *sq.*). C'est le bien apparent qui doit être pris en considération (l. 26, *infra*), mais le bien apparent ne se confond avec le bien réel que chez l'homme de bien. – Les développements de l'*E.E.* (VII, 2, 1235b13-1236a6) sont particulièrement intéressants : *cf.* notamment 1236a1-6.

désaccord entre ces deux choses. Même question en ce qui concerne aussi l'agréable. Or on admet d'ordinaire que chacun aime ce qui est bon pour soi-même, et que ce qui est réellement un bien est aimable d'une façon absolue tandis que ce qui est bon pour un homme déterminé est aimable seulement pour lui. 25 Et chaque homme aime non pas ce qui est réellement un bien pour lui, mais ce qui lui apparaît tel ; cette remarque n'a du reste ici aucune importance[1] : nous dirons que l'aimable est l'aimable apparent.

Il y a donc trois objets[2] qui font naître l'amitié. L'attachement pour les choses inanimées ne se nomme pas amitié, puisqu'il n'y a pas attachement en retour, ni possibilité pour nous de leur désirer du bien (il serait ridicule sans doute de vouloir du bien au vin par exemple ; tout au plus souhaite-t-on 30 sa conservation, de façon à l'avoir en notre possession)[3] ; s'agit-il au contraire d'un ami, nous disons qu'il est de notre devoir de lui souhaiter ce qui est bon pour lui. Mais ceux qui veulent ainsi du bien à un autre, on les appelle bienveillants quand le même souhait ne se produit pas de la part de ce dernier, car ce n'est que si la bienveillance est réciproque qu'elle est amitié[4]. Ne faut-il pas ajouter encore que cette bienveillance mutuelle ne doit pas demeurer inaperçue ? 35 Beaucoup de gens ont de la bienveillance pour des personnes qu'ils n'ont jamais vues mais qu'ils jugent honnêtes ou utiles, **1156a** et l'une de ces personnes peut éprouver ce même sentiment à l'égard de l'autre partie. Quoiqu'il y ait manifestement alors bienveillance mutuelle, comment pourrait-on les qualifier

1. En ce qui concerne le problème de la pluralité de φιλίαι conséquence de la pluralité de φιλητά.

2. À savoir le bien, l'agréable et l'utile. Cf. *E.E.*, VII, 2, 1236a7-15. – L. 27, à ἐπὶ μὲν correspond τῷ δὲ φίλῳ, l. 31.

3. *Sed hoc bonum quod est vinum homo vult sibi... non benevolus vino sed sibiipsi* (St Thomas, 1557, p. 413).

4. L'εὔνοια sera étudiée *infra*, IX, 5, 1166b30-1167a21.

d'amis, alors que chacun d'eux n'a pas connaissance des sentiments personnels de l'autre? Il faut donc[1] qu'il y ait bienveillance mutuelle, chacun souhaitant le bien de l'autre; que
cette bienveillance ne reste pas ignorée des intéressés; et
5 qu'elle ait pour cause l'un des objets dont nous avons parlé.

3

*\<Les espèces de l'amitié : l'amitié fondée sur l'utilité
et l'amitié fondée sur le plaisir\>*

Or ces objets aimables[2] diffèrent l'un de l'autre en espèce,
et par suite aussi les attachements et les amitiés correspondantes. On aura dès lors trois espèces d'amitiés, en nombre
égal à leurs objets, car répondant à chaque espèce il y a un attachement réciproque ne demeurant pas inaperçu des intéressés[3]. Or quand les hommes ont l'un pour l'autre une amitié
partagée, ils se souhaitent réciproquement du bien d'après
10 l'objet qui est à l'origine de leur amitié[4]. Ainsi donc, ceux dont
l'amitié réciproque a pour source l'utilité ne s'aiment pas l'un
l'autre pour eux-mêmes[5], mais en tant qu'il y a quelque bien

---

1. Définition de l'amitié, ainsi résumée par Sylv. Maurus, 214[2]: *mutua
benevolentia non latens, per quam aliqui bene sibi volunt ad invicem gratia
ipsorum propter honestatem, jucunditatem vel utilitatem.* – L. 4, ἕν τι τῶν
εἰρημένων, le bien, l'agréable ou l'utile. *Cf.* aussi la définition de *Rhet.*, II, 4,
1380b35.
   2. C'est-à-dire le bien, l'agréable et l'utile qui sont les sources (ou les
objets) de l'amitié, les φιλητά (*cf.* 2, 1155b19). De la diversité spécifique des
φιλητά Aristote conclut à une diversité correspondante des φιλίαι. Voir le
passage parallèle de *E.E.*, VII, 2, 1236a16-1236b26.
   3. Sur cette condition, *cf.* 2, 1155b34.
   4. Chacun, dans chaque espèce d'amitié, souhaite que l'autre devienne ou
plus vertueux, ou plus plaisant, ou plus utile, suivant la différence des φιλητά.
St Thomas, 1564, p. 417, a fort bien expliqué ce point.
   5. C'est-à-dire dans leur essence même, dans leur personnalité tout entière.
– L. 12, ἀγαθόν a le sens d'*avantage*, d'*intérêt personnel*. Même sens, l. 19 et
30, *infra*.

qu'ils retirent l'un de l'autre. De même encore ceux dont
l'amitié repose sur le plaisir : ce n'est pas en raison de ce que
les gens d'esprit sont ce qu'ils sont en eux-mêmes qu'ils les
chérissent, mais parce qu'ils les trouvent agréables personnellement. Par suite ceux dont l'amitié est fondée sur l'utilité
aiment pour leur propre bien, et ceux qui aiment en raison du 15
plaisir, pour leur propre agrément, et non pas dans l'un et
l'autre cas en tant ce qu'est en elle-même la personne aimée[1],
mais en tant qu'elle est utile ou agréable. Dès lors ces amitiés
ont un caractère accidentel, puisque ce n'est pas en tant ce
qu'elle est essentiellement que la personne aimée est aimée,
mais en tant qu'elle procure quelque bien ou quelque plaisir,
suivant le cas. Les amitiés de ce genre sont par suite fragiles,
dès que les deux amis ne demeurent pas pareils à ce qu'ils 20
étaient : s'ils ne sont plus agréables ou utiles l'un à l'autre, ils
cessent d'être amis. Or l'utilité n'est pas une chose durable,
mais elle varie suivant les époques. Aussi, quand la cause qui
faisait l'amitié a disparu, l'amitié elle-même est-elle rompue,
attendu que l'amitié n'existe qu'en vue de la fin en question.

C'est surtout chez les vieillards que cette sorte d'amitié se 25
rencontre[2] (car les personnes de cet âge ne poursuivent pas
l'agrément mais le profit), et aussi chez ceux des hommes faits
et des jeunes gens qui recherchent leur intérêt. Les amis de
cette sorte ne se plaisent guère à vivre ensemble, car parfois ils
ne sont pas même agréables l'un à l'autre ; ils n'ont dès lors

1. Sur le texte de ce passage difficile, cf. Burnet, p. 367. Nous suivons la
lecture courante, acceptée par tous les commentateurs, et rejetons l'addition de
Bonitz, ὅπερ ἐστίν, après ὁ φιλούμενός ἐστιν, l. 16. – Cf. Joachim, p. 247 :
the main characteristic of ideal friendship (celle qui repose sur la vertu, dont il
sera traité au chapitre suivant) is its inclusiveness : each friend loves the other
because that other is what he is, i. e. the whole character or personality of each
friend is comprehended in the union. Aristote reviendra constamment sur cette
idée, qui sert en effet de critère pour apprécier les différentes espèces de φιλία.

2. Sur l'égoïsme des vieillards, cf. aussi Rhet., II, 13, 1389b36.

nullement besoin d'une telle fréquentation, à moins qu'ils n'y trouvent leur intérêt, puisqu'ils ne se plaisent l'un avec l'autre
30 que dans la mesure où ils ont l'espérance de quelque bien. – À ces amitiés on rattache aussi celle envers les hôtes.

D'autre part, l'amitié chez les jeunes gens semble avoir pour fondement le plaisir[1]; car les jeunes gens vivent sous l'empire de la passion, et ils poursuivent surtout ce qui leur plaît personnellement et le plaisir du moment; mais en avançant en âge, les choses qui leur plaisent ne demeurent pas les mêmes.
35 C'est pourquoi ils forment rapidement des amitiés et les abandonnent avec la même facilité, car leur amitié change avec
1156b l'objet qui leur donne du plaisir, et les plaisirs de cet âge sont sujets à de brusques variations. Les jeunes gens ont aussi un penchant à l'amour, car une grande part de l'émotion amoureuse relève de la passion et a pour source le plaisir. De là vient qu'ils aiment et cessent d'aimer avec la même rapidité, changeant plusieurs fois dans la même journée. Ils souhaitent aussi
5 passer leur temps et leur vie en compagnie de leurs amis, car c'est de cette façon que se présente pour eux ce qui a trait à l'amitié[2].

4
<L'amitié fondée sur la vertu>

Mais la parfaite amitié est celle des hommes vertueux et qui sont semblables en vertu[3]: car ces amis-là se souhaitent pareillement du bien les uns aux autres en tant qu'ils sont bons, et ils sont bons par eux-mêmes[4]. Mais ceux qui souhaitent du

---

1. *Cf.* les analyses de *Rhet.*, II, 12, 1389a2 *sq.*
2. *Isto enim modo* (la fréquentation et la vie en commun) *disponitur in eis amicitia* (St Thomas, 1573, p. 418).
3. *E.E.*, VII, 2, 1236b27-1237a9.
4. Essentiellement, et non par accident.

bien à leurs amis pour l'amour de ces derniers sont des amis par 10
excellence (puisqu'ils se comportent ainsi l'un envers l'autre
en raison de la propre nature de chacun d'eux, et non par accident); aussi leur amitié persiste-t-elle aussi longtemps qu'ils
sont eux-mêmes bons, et la vertu est une disposition stable. Et
chacun d'eux est bon à la fois absolument et pour son ami,
puisque les hommes bons sont en même temps bons absolument et utiles les uns aux autres. Et de la même façon qu'ils
sont bons[1], ils sont agréables aussi l'un pour l'autre : les 15
hommes bons sont à la fois agréables absolument et agréables
les uns pour les autres, puisque chacun fait résider son plaisir
dans les actions qui expriment son caractère propre, et par suite
dans celles qui sont de même nature, et que, d'autre part, les
actions des gens de bien sont identiques ou semblables à celles
des autres gens de bien. Il est normal qu'une amitié de ce genre
soit stable, car en elle sont réunies toutes les qualités qui
doivent appartenir aux amis. Toute amitié, en effet, a pour
source le bien ou le plaisir, bien ou plaisir envisagés soit au 20
sens absolu, soit seulement pour celui qui aime, c'est-à-dire en
raison d'une certaine ressemblance[2]; mais dans le cas de cette

1. C'est-à-dire à la fois ἁπλῶς et τῷ φίλῳ. La φιλία étant τελεία doit avoir
toutes les qualités désirables, y compris l'agrément réciproque. Sur la notion de
τέλειον, définie comme ce en dehors de quoi il n'y a plus rien, cf. *Met.*, Δ, 16,
1021b12-1022a3.

2. Passage difficile. Nous suivons l'interprétation de Burnet, p. 361, et
supprimons la virgule après φιλοῦντι, l. 20, en donnant à καὶ qui suit, le sens
(fréquent) de *c'est-à-dire*. – L'amitié peut être fondée soit sur le bien (l. 19,
ἀγαθόν reprend ici son sens habituel de *bien moral*), soit sur le plaisir (Aristote
ne parle pas ici de l'utilité : *cf.* 2, 1155b19, et la note) : le bien et le plaisir
peuvent être considérés soit en eux-mêmes, dans l'abstrait (ἁπλῶς), et exister
alors entre personnes dissemblables, soit d'une façon relative par rapport à la
personne aimée. Dans ce dernier cas l'amitié est basée sur le plaisir ou le bien
que l'ami peut lui-même ressentir, parce que l'acte qui le produit est semblable
aux actes qu'il accomplit lui-même. – *Cf.* aussi l'intéressante note de Rackham.
Cf. à partir de la l. 18, le passage parallèle de *E.E.*, VII, 2, 1237a10-1237b7.

amitié, toutes les qualités que nous avons indiquées appartiennent aux amis par eux-mêmes[1] (car en cette amitié les amis sont semblables aussi pour les autres qualités)[2], et ce qui est bon absolument est aussi agréable absolument. Or ce sont là[3] les principaux objets de l'amitié, et dès lors l'affection et l'amitié existent chez ces amis au plus haut degré et en la forme la plus excellente.

25   Il est naturel que les amitiés de cette espèce soient rares, car de tels hommes sont en petit nombre. En outre elles exigent comme condition supplémentaire, du temps et des habitudes communes, car, selon le proverbe, il n'est pas possible de se connaître l'un l'autre avant d'avoir *consommé ensemble la mesure de sel* dont parle le dicton[4], ni d'admettre quelqu'un dans son amitié, ou d'être réellement amis, avant que chacun des intéressés se soit montré à l'autre comme un digne objet d'amitié et lui ait inspiré de la confiance. Et ceux qui s'engagent rapidement dans les liens d'une amitié réciproque ont

30   assurément la volonté d'être amis, mais ils ne le sont pas en réalité, à moins qu'ils ne soient aussi dignes d'être aimés l'un et l'autre, et qu'ils aient connaissance de leurs sentiments :

---

1. Dans leur nature essentielle et non par accident.

2. Parenthèse obscure, dont le texte est d'ailleurs incertain. Burnet, p. 362, a proposé une nouvelle interprétation, en apportant à la leçon de Susemihl de profondes modifications. Nous estimons que le texte traditionnel n'est pas inintelligible, et comprenons avec St Thomas, 1579, p. 419 : *Illi enim qui sunt similes secundum hanc amicitiam virtutis, et reliqua bona habent, quia quod est simpliciter bonum, etiam est delectabile.* Ainsi, les amis parfaits sont non seulement bons au sens absolu, mais encore bons pour leur ami, plaisants au sens absolu et plaisants pour leur ami.

3. À savoir, l'absolument bon et l'absolument plaisant.

4. Cf. *E.E.*, VII, 2, 1238a2, qui parle du « médimne de sel » (ὁ μέδιμνος τῶν ἁλῶν).

car si la volonté de contracter une amitié est prompte[1], l'amitié ne l'est pas.

5

<Comparaison entre l'amitié parfaite et les autres amitiés>

Cette amitié, donc, est parfaite aussi bien en raison de sa durée que pour le reste[2]; et à tous ces points de vue, chaque partie reçoit de l'autre les mêmes avantages ou des avantages semblables, ce qui est précisément la règle entre amis. 35

L'amitié fondée sur le plaisir a de la ressemblance avec la **1157a** précédente (puisque les hommes bons sont aussi des gens agréables les uns aux autres); et il en est encore de même pour celle qui est basée sur l'utilité (puisque les hommes de bien sont utiles aussi les uns aux autres). Dans ces deux derniers cas[3], l'amitié atteint son maximum de durée quand l'avantage que retirent réciproquement les deux parties est le même, par exemple le plaisir, et non seulement cela, mais encore quand sa 5 source est la même[4], comme c'est le cas d'une amitié entre personnes d'esprit, alors qu'il en est tout différemment dans le commerce de l'amant et de l'aimé. Ces derniers, en effet, ne trouvent pas leur plaisir dans les mêmes choses : pour l'un, le plaisir consiste dans la vue de l'aimé, et pour l'autre, dans le fait de recevoir les petits soins de l'amant; et la fleur de la jeunesse venant à se faner, l'amour se fane aussi[5] (à celui qui

1. Et qui n'est alors que de la bienveillance sans efficacité (cf. *supra*, 2, 1155b33).

2. C'est-à-dire pour ses autres qualités : elle est bonne et plaisante à la fois ἁπλῶς et τῷ φιλοῦντι (cf. *supra*, 4, 1156b24-25).

3. Dans les deux formes inférieures de l'amitié.

4. Quand il y a réciprocité non seulement de plaisir, mais du *même* plaisir (Burnet, p. 364).

5. *Banquet*, 183e.

aime, la vue de l'aimé ne cause pas de plaisir, et à l'être aimé on
10 ne rend plus de soins); dans beaucoup de cas, en revanche,
l'amour persiste quand l'intimité a rendu cher à chacun d'eux
le caractère de l'autre, étant tous les deux d'un caractère semblable. Mais ceux dont les relations amoureuses reposent sur
une réciprocité non pas même de plaisir mais seulement d'utilité, ressentent aussi une amitié moins vive et moins durable.
Et l'amitié basée sur l'utilité disparaît en même temps que
15 le profit : car ces amis-là ne s'aimaient pas l'un l'autre, mais
n'aimaient que leur intérêt.

Ainsi donc[1], l'amitié fondée sur le plaisir ou sur l'utilité
peut exister entre deux hommes vicieux, ou entre un homme
vicieux et un homme de bien, ou enfin entre un homme ni bon
ni mauvais et n'importe quel autre[2]; mais il est clair que seuls
les hommes vertueux peuvent être amis pour ce qu'ils sont en
eux-mêmes[3] : les méchants, en effet, ne ressentent aucune joie
l'un de l'autre s'il n'y a pas quelque intérêt en jeu.

20 Seule encore l'amitié entre gens de bien est à l'abri des
traverses : on ajoute difficilement foi à un propos concernant
une personne qu'on a soi-même pendant longtemps mise à
l'épreuve; et c'est parmi les gens vertueux qu'on rencontre la
confiance, l'incapacité de se faire jamais du tort, et toutes
autres qualités qu'exige la véritable amitié. Dans les autres
formes d'amitié, rien n'empêche les maux opposés de se
produire.

25 Mais étant donné[4] que les hommes appellent aussi amis à
la fois ceux qui ne recherchent que leur utilité, comme cela

1. *E.E.*, VII, 2, 1237b8-1238a10.

2. Bon, ou mauvais, ou ni bon ni mauvais.

3. Et non pas accidentellement. C'est une idée sur laquelle Aristote aime à
revenir : *cf.* déjà 4, 1156b27.

4. L. 25, avec Rackham, nous remplaçons γὰρ par δὲ. La liaison de ce
paragraphe avec le précédent n'est pas aussi évidente qu'elle le semble à
Burnet, p. 365.

arrive pour les cités (car on admet généralement que les
alliances entre cités se forment en vue de l'intérêt), et ceux dont
la tendresse réciproque repose sur le plaisir, comme c'est le cas
chez les enfants : dans ces conditions, peut-être nous aussi
devrions-nous désigner du nom d'amis ceux qui entretiennent
des relations de ce genre, et dire qu'il existe plusieurs espèces 30
d'amitié, dont l'une, prise au sens premier et fondamental, est
l'amitié des gens vertueux en tant que vertueux, tandis que
les deux autres ne sont des amitiés que par ressemblance[1] : en
effet, dans ces derniers cas, on n'est amis que sous l'angle de
quelque bien[2] ou de quelque chose de semblable, puisque
même le plaisir est un bien pour ceux qui aiment le plaisir.
Mais[3] ces deux formes inférieures de l'amitié sont loin de
coïncider entre elles, et les hommes ne deviennent pas amis à la
fois par intérêt et par plaisir, car on ne trouve pas souvent unies 35
ensemble les choses liées d'une façon accidentelle[4].

6
<L'habitus et l'activité dans l'amitié>

Telles étant les différentes espèces entre lesquelles se **1157b**
distribue l'amitié, les hommes pervers seront amis par plaisir
ou par intérêt, étant sous cet aspect semblables entre eux[5],

---

1. Avec la véritable amitié.

2. Comme il est expliqué l. 33, ce « quelque bien » est le plaisir, qui est un
φαινόμενον ἀγαθόν pour les φιληδεῖς. – L. 32, ὅμοιόν τι, quelque chose de
semblable à ce qu'on trouve dans la véritable amitié, c'est-à-dire au bien.
Rackham pense que ces derniers mots sont interpolés.

3. Tandis que l'amitié τελεία est en même temps plaisante et utile.

4. Règle générale des accidents : cf. *Met.*, E, 2, 1027a11. Plaisir et utilité
sont liés essentiellement à la véritable amitié, mais le lien plaisir-profit est
accidentel et se réalise rarement dans un sujet.

5. Tous deux aimant leur plaisir ou leur intérêt.

tandis que les hommes vertueux seront amis par ce qu'ils
sont en eux-mêmes, c'est-à-dire en tant qu'ils sont bons.
Ces derniers sont ainsi des amis au sens propre, alors que les
précédents ne le sont que par accident et par ressemblance avec
les véritables amis.

5   De même que, dans la sphère des vertus [1], les hommes sont
appelés bons soit d'après une disposition, soit d'après une
activité, ainsi en est-il pour l'amitié : les uns mettent leur plaisir
à partager leur existence et à se procurer l'un à l'autre du bien,
tandis que ceux qui sont endormis ou habitent des lieux séparés
ne sont pas des amis en acte, mais sont cependant dans une
10 disposition de nature à exercer leur activité d'amis. Car les
distances ne détruisent pas l'amitié absolument, mais empêchent son exercice. Si cependant l'absence se prolonge, elle
semble bien entraîner l'oubli de l'amitié elle-même [2]. D'où le
proverbe :

Un long silence a mis fin à de nombreuses amitiés [3].

On ne voit d'ailleurs ni les vieillards ni les gens moroses
15 êtres enclins à l'amitié : médiocre est en eux le côté plaisant [4],
et personne n'est capable de passer son temps en compagnie
d'un être chagrin et sans agrément, la nature paraissant par-
dessus tout fuir ce qui est pénible et tendre à ce qui est agréable.
– Quant à ceux qui se reçoivent dans leur amitié [5] tout en ne

---

1. *Cf.* I, 9, 1098b33 *sq.*, et *passim*. Les notions d'ἕξις et d'ἐνέργεια, dont
nous connaissons l'application aux différentes vertus, jouent aussi leur rôle
dans l'amitié.

2. Prise comme ἕξις.

3. Origine inconnue de ce proverbe, qui revient à notre « Loin des yeux,
loin du cœur ». Burnet, p. 368, remarque la rareté du terme ἀπροσηγορία, que
Lambin rend heureusement par *neglectum alloquium*.

4. *Parum enim invenitur in eis de delectatione* (St Thomas, 1598, p. 425).

5. Sur le sens de ἀποδέχεσθαι (οἱ ἀποδεχόμενοι, l. 18), cf. *Ind. arist.*, 80,
5 : *probare hominem, in amicitiam accipere*. Voir aussi St Thomas, 1599,
p. 425 : *qui recipiunt se adinvicem in hoc scilicet quod unus accepiat mores et*

vivant pas ensemble, ils sont plutôt semblables à des gens
bienveillants[1] qu'à des amis. Rien, en effet, ne caractérise
mieux l'amitié que la vie en commun : ceux qui sont dans le
besoin aspirent à l'aide de leurs amis, et même les gens 20
comblés souhaitent passer leur temps ensemble, car la solitude
leur convient moins qu'à tous autres. Mais il n'est pas possible
de vivre les uns avec les autres si on n'en retire aucun agrément
et s'il n'y a pas communauté de goûts, ce qui, semble-t-il, est le
lien de l'amitié entre camarades[2].

7
<Étude de rapports particuliers entre les diverses amitiés>

L'amitié est donc surtout celle des gens vertueux[3], comme 25
nous l'avons dit à plusieurs reprises[4]. On admet, en effet, que
ce qui est bon, ou plaisant, au sens absolu, est digne d'amitié
et de choix[5], tandis que ce qui est bon ou plaisant pour telle
personne déterminée n'est digne d'amitié et de choix que
pour elle. Et l'homme vertueux l'est pour l'homme vertueux
pour ces deux raisons à la fois[6]. (L'attachement semble être

---

*conversationem alterius, et tamen propter aliquam causam nunquam convivunt
adinvicem.*

1. Sur l'εὔνοια, simple désir sans efficacité, cf. *infra*, IX, 5, 1166b30-
1167a21.

2. L'ἑταιρεία est, suivant *Rhet.*, II, 4, 1381b34, l'une des espèces de
l'amitié. Au temps d'Aristote c'était une sorte d'association qui groupait les
personnes professant des goûts communs et mettant une partie de leurs
ressources à la disposition des co-associés (*cf.* la note de Rackham).

3. *E.E.*, VII, 2, 1238a11-29.

4. 4, 1156b7, 23 ; 5, 1157a30 ; etc.

5. Pour renforcer et éclairer la pensée d'Aristote, Asp. intercale ἁπλῶς
après αἱρετόν, l. 26.

6. *Quia uterque est bonus et delectabilis simpliciter, et uterque est bonus et
delectabilis alteri* (St Thomas, 1601, p. 425).

une émotion, et l'amitié une disposition, car l'attachement
30 s'adresse même aux êtres inanimés, mais l'amour réciproque
s'accompagne de choix délibéré, et le choix provient d'une
disposition)[1]. Et quand les hommes souhaitent du bien à ceux
qu'ils aiment pour l'amour même de ceux-ci, ce sentiment
relève non pas d'une émotion, mais d'une disposition. Et en
aimant leur ami ils aiment ce qui est bon pour eux-mêmes,
puisque l'homme bon, en devenant un ami devient un bien
pour celui qui est son ami. Ainsi chacun des deux amis, à la fois
35 aime son propre bien et rend exactement à l'autre ce qu'il en
reçoit, en souhait et en plaisir : on dit, en effet, que *l'amitié est*
1158a *une égalité*[2], et c'est principalement dans l'amitié entre gens
de bien que ces caractères se rencontrent.

Chez les personnes moroses ou âgées[3] l'amitié naît moins
fréquemment en tant qu'elles ont l'humeur trop chagrine et se

---

1. Sur la distinction entre φίλησις et φιλία, cf. *supra*, 1, 1155a1 et note *in
fine*, et surtout 2, 1155b27 *sq*. Aristote rattache ici la φίλησις à la simple
émotion fugitive (πάθος), tandis que la φιλία est une *disposition permanente*
(ἕξις); il note, en outre, que c'est la προαίρεσις qui distingue l'ἕξις du πάθος
(*cf.* sur ce point, II, 4, 1106a3). Rassow, approuvé par Rackham, estime que
les l. 28-31 (ἔοικε ... ἀφ' ἕξεως), qu'à la suite de Susemihl nous mettons
entre parenthèses, devraient être transposées après καθ' ἕξιν, l. 32. Le sens y
gagnerait assurément. Quoi qu'il en soit, dans ce paragraphe, qui présente une
certaine confusion, Aristote revient sur la nature d'ἕξις de la φιλία τελεία. Il en
donne pour preuve son caractère désintéressé, qui l'oppose au πάθος, lequel se
rattache à l'appétit sensible et égoïste de l'être (l. 31-32). Aristote ajoute que le
caractère désintéressé de la φιλία n'exclut pas que l'amitié et le choix portent
sur ce est bon pour l'être aimant lui-même : en vertu de la réciprocité parfaite
des sentiments, chacun des amis en aimant l'autre s'aime lui-même.

2. Formule d'origine probablement pythagoricienne. – L. 36, contrairement à Burnet, p. 370, dont nous écartons l'interprétation, nous maintenons la
leçon de Susemihl, ἠδεῖ.

3. *E.E.*, VII, 2, 1238a30-1238b14. Sylv. Maurus, 221[1], a bien vu l'enchaînement de ce paragraphe avec le précédent. L'amitié véritable est une ἕξις. Or,
nous le savons, l'ἕξις s'acquiert (comme elle se déploie une fois formée) par

plaisent médiocrement aux fréquentations, alors que les qualités opposées sont considérées comme les marques les plus
caractéristiques de l'amitié et les plus favorables à sa production. Aussi, tandis que les jeunes gens deviennent rapidement 5
amis, pour les vieillards il en est tout différemment : car on ne
devient pas amis de gens avec lesquels on n'éprouve aucun
sentiment de joie. Même observation pour les personnes de
caractère morose. Il est vrai que ces deux sortes de gens
peuvent ressentir de la bienveillance les uns pour les autres (ils
se souhaitent du bien, et vont au secours l'un de l'autre dans
leurs besoins) ; mais on peut difficilement les appeler des amis,
pour la raison qu'ils ne vivent pas ensemble, ni ne se plaisent
les uns avec les autres : or ce sont là les deux principaux 10
caractères qu'on reconnaît à l'amitié.

On ne peut pas être un ami pour plusieurs personnes, dans
l'amitié parfaite, pas plus qu'on ne peut être amoureux de
plusieurs personnes en même temps (car l'amour[1] est une
sorte d'excès, et un état de ce genre n'est naturellement
ressenti qu'envers un seul) ; et peut-être même n'est-il pas aisé
de trouver un grand nombre de gens de bien. On doit aussi
acquérir[2] quelque expérience de son ami et entrer dans son
intimité, ce qui est d'une extrême difficulté. Par contre, si 15
on recherche l'utilité ou le plaisir, il est possible de plaire à
beaucoup de personnes, car nombreux sont les gens de cette

des actes d'amitié. Par suite, les personnes que l'âge ou le caractère rend
incapables de ces actes ne sauraient non plus acquérir l'ἕξις.

1. L'*amor venereus*, auquel l'amitié ressemble à cet égard. Dans les deux
cas, il y a τέλειον, qui est un état maximum, ne pouvant être dépassé (cf. *Met.*,
Δ, 16, 1021b15).

2. Pour réaliser la φιλία τελεία, la connaissance de son ami et l'intimité
sont nécessaires, mais difficiles à acquérir. À plus forte raison si nous avons une
multitude d'amis.

sorte, et les services qu'on en reçoit ne se font pas attendre longtemps[1].

De ces deux dernières formes d'amitié[2], celle qui repose sur le plaisir ressemble davantage à la véritable amitié, quand les deux parties retirent à la fois les mêmes satisfactions l'une de l'autre[3] et qu'elles ressentent une joie mutuelle ou se plaisent
20 aux mêmes choses : telles sont les amitiés entre jeunes gens, car il y a en elles plus de générosité; au contraire, l'amitié basée sur l'utilité est celle d'âmes mercantiles. Quand à ceux qui sont comblés par la vie[4], ils ont besoin non pas d'amis utiles, mais d'amis agréables, parce qu'ils souhaitent vivre en compagnie de quelques personnes; et bien qu'ils puissent supporter un court temps ce qui leur est pénible, ils ne pourraient jamais l'endurer d'une façon continue, pas plus qu'ils ne le pourraient
25 même pour le Bien en soi[5], s'il leur était à charge. C'est pourquoi les gens heureux recherchent les amis agréables. Sans doute devraient-ils aussi rechercher des amis qui, tout en ayant cette dernière qualité, soient aussi gens de bien, et en outre bons et plaisants pour eux, possédant ainsi tous les caractères exigés de l'amitié[6].

Les hommes appartenant aux classes dirigeantes ont, c'est un fait, leurs amis séparés en groupes distincts : les uns leur sont utiles, et d'autres agréables, mais ce sont rarement les mêmes à
30 la fois. Ils ne recherchent pour amis ni ceux dont l'agrément s'accompagne de vertu, ni ceux dont l'utilité servirait de

---

1. À la différence de l'amitié parfaite, qui demande du temps pour se former (*cf.* 4, 1156b31-32): *et brevi tempore duo illa* [l'utilité et le plaisir] *suppeditari possunt* (Lambin).

2. Comparaison entre l'amitié d'utilité et l'amitié de plaisir.

3. *Cf.* 5, 1157a4-6.

4. *Supra*, 6, 1157b20.

5. Aristote vise ici l'Académie.

6. Bons *simpliciter*; agréables *simpliciter*; bons pour l'ami, agréables pour l'ami.

nobles desseins, mais ils veulent des gens d'esprit quand ils ont envie de s'amuser, et quant aux autres ils les veulent habiles à exécuter leurs ordres, toutes exigences qui se rencontrent rarement dans la même personne. Nous avons dit [1] que l'homme de bien est en même temps utile et agréable, mais un tel homme ne devient pas ami d'un autre occupant une position sociale plus élevée, à moins que cet autre ne le surpasse aussi en vertu : 35 sinon, l'homme de bien, surpassé par le supérieur, ne peut réaliser une égalité proportionnelle [2]. Mais on n'est pas habitué à rencontrer fréquemment des hommes puissants de cette espèce.

8
<L'égalité et l'inégalité dans l'amitié>

Quoi qu'il en soit [3], les amitiés dont nous avons parlé impliquent égalité : les deux parties retirent les mêmes avantages l'une de l'autre et se souhaitent réciproquement les mêmes **1158b**

---

1. 4, 1156b13-15 ; 5, 1157a1-3.

2. La phrase οὐκ ἰσάζει ἀνάλογον ὑπερεχόμενος, l. 35, est très difficile. Nous acceptons l'ingénieuse interprétation de Rackham, et, à la différence de Burnet et de Ross, nous construisons : <ὁ σπουδαῖος>, ὑπερεχόμενος, οὐκ ἰσάζει ἀνάλογον, donnant ainsi à ἰσάζει son sens actif ordinaire, et qui a pour complément ἀνάλογον. L'amitié, dit Aristote, est égalité (*supra*, 1157b36) : entre un homme de bien et un homme puissant, la partie n'est pas égale si l'homme de bien n'aime pas l'homme puissant plus que celui-ci ne l'aime, de façon à compenser l'excès d'avantages qu'il retire de cette amitié. L'égalité n'est rétablie que si l'homme puissant est aussi un homme vertueux : alors l'homme de bien peut l'aimer à ce titre plus que l'homme puissant ne l'aime. Cf. *infra*, 8, 1158b27.

3. *E.E.*, VII, 3, 1238b15-39. Dans l'esprit d'Aristote, l'amitié entre égaux, dont il a été question jusqu'ici, ressemble à la *justice rectificative* (διορθωτικὸν δίκαιον), et l'amitié entre inégaux, à la *justice distributive* (διανεμητικὸν δίκαιον), fondée sur le κατ' ἀξίαν. Cette ressemblance ne va pas jusqu'à l'identité complète, et Aristote marquera les différences.

biens, ou encore échangent une chose contre une autre[1],
par exemple plaisir contre profit. Nous avons dit[2] que ces
dernières formes de l'amitié sont d'un ordre inférieur et durent
5 moins longtemps. Mais du fait qu'à la fois elles ressemblent et
ne ressemblent pas à la même chose, on peut aussi bien penser
qu'elles sont des amitiés et qu'elles n'en sont pas[3] : par leur
ressemblance, en effet, avec l'amitié fondée sur la vertu, elles
paraissent bien être des amitiés (car l'une comporte le plaisir et
l'autre l'utilité, et ces caractères appartiennent aussi à l'amitié
fondée sur la vertu)[4] ; par contre, du fait que l'amitié basée sur
la vertu est à l'abri des traverses et demeure stable, tandis que
les autres amitiés changent rapidement et diffèrent en outre de
10 la première sur beaucoup d'autres points, ces amitiés-là ne
semblent pas être des amitiés, à cause de leur dissemblance
avec l'amitié véritable.

Mais il existe une autre espèce d'amitié, c'est celle qui
comporte une supériorité d'une partie sur l'autre, par exemple
l'affection d'un père à l'égard de son fils, et, d'une manière
générale, d'une personne plus âgée à l'égard d'une autre
plus jeune, ou encore celle du mari envers sa femme, ou d'une
personne exerçant une autorité quelconque envers un inférieur.
Ces diverses amitiés diffèrent aussi entre elles[5] : l'affection
15 des parents pour leurs enfants n'est pas la même que celle des
chefs pour leurs inférieurs ; bien plus, celle du père pour son
fils n'est pas la même que celle du fils pour son père, ni celle du

---

1. Dans les choses qui ne sont pas de même espèce.

2. 3, 1156a16-24 ; 5, 1157a20-33. – L. 4, αὗται φιλίαι, les amitiés basées
sur le plaisir et l'utilité, comparées à l'amitié basée sur la vertu.

3. En d'autres termes, les opinions peuvent différer au sujet des amitiés
basées sur le plaisir ou l'intérêt, du fait qu'elles ressemblent et diffèrent à la fois
de l'amitié véritable, qui sert de point de comparaison (ταὐτοῦ, l. 6).

4. 4, 1156b13-15 ; 5, 1157a1-3 ; 7, 1158a33. C'est là une idée chère à
Aristote

5. Aussi bien que de l'amitié entre égaux.

mari pour sa femme la même que celle de la femme pour son
mari. En effet, chacune de ces personnes a une vertu et une
fonction différentes, et différentes sont aussi les raisons qui les
font s'aimer : il en résulte une différence dans les attachements
et les amitiés. Dès lors[1] il n'y a pas identité dans les avantages   20
que chacune des parties retire de l'autre, et elles ne doivent pas
non plus y prétendre ; mais quand les enfants rendent à leurs
parents ce qu'ils doivent aux auteurs de leurs jours et que les
parents rendent à leurs enfants ce qu'ils doivent à leur progéniture, l'amitié entre de telles personnes sera stable et équitable. Et dans toutes les amitiés comportant supériorité, il faut
aussi que l'attachement soit proportionnel[2] : ainsi, celui qui est   25
meilleur que l'autre doit être aimé plus qu'il n'aime ; il en sera
de même pour celui qui est plus utile, et pareillement dans
chacun des autres cas. Quand, en effet, l'affection est fonction
du mérite des parties, alors il se produit une sorte d'égalité[3],
égalité qui est considérée comme un caractère propre de
l'amitié.

9

<L'égalité dans la justice et dans l'amitié.
Amitié donnée et amitié rendue>

Mais l'égalité ne semble pas revêtir la même forme dans le
domaine des actions justes et dans l'amitié[4]. Dans le cas des   30

1. Cf. *E.E.*, VII, 4, 1239a1-21.

2. Et non égal. Il doit être proportionné aux avantages reçus par l'une des
parties.

3. Une égalité de proportion. *Cf.* St Thomas, 1630, p. 432 : *cum enim
uterque amatur secundum dignitatem* [= κατ' ἀξίαν], *tunc fiet quaedam
aequalitas, scilicet proportionis, quae videtur ad amicitiam pertinere.*

4. L'amitié entre inégaux, qui repose sur une ὑπεροχή, ressemble nous
l'avons vu (*supra*, 8, 1158b1, note), à la *justice distributive* (διανεμητικὸν
δίκαιον), mais il y a aussi des différences sur lesquelles Aristote appelle main-

actions justes, l'égal au sens premier est ce qui est proportionné au mérite, tandis que l'égal en quantité n'est qu'un sens dérivé ; au contraire, dans l'amitié l'égal en quantité est le sens premier, et l'égal proportionné au mérite, le sens secondaire. Ce que nous disons là saute aux yeux, quand une disparité considérable se produit sous le rapport de la vertu, ou du vice, ou des ressources matérielles, ou de quelque autre chose : les amis ne sont plus longtemps amis, et ils ne prétendent même 35 pas à le rester. Mais le cas le plus frappant est celui des dieux, chez qui la supériorité en toute espèce de biens est la plus 1159a indiscutable. Mais on le voit aussi quand il s'agit des rois : en ce qui les concerne, les hommes d'une situation par trop inférieure ne peuvent non plus prétendre à leur amitié, pas plus d'ailleurs que les gens dépourvus de tout mérite ne songent à se lier avec les hommes les plus distingués par leur excellence ou leur sagesse. Il est vrai qu'en pareil cas on ne peut déterminer avec précision jusqu'à quel point des amis sont encore des amis : les motifs sur lesquels elle repose disparaissant en grande partie, l'amitié persiste encore. Toutefois si l'un des amis est séparé par un intervalle considérable, comme par

tenant l'attention. La justice distributive repose sur une égalité κατ' ἀξίαν, et ne se réalise que si elle est proportionnée au mérite des deux parties (cf. V, 6, 1131a15 sq.), en d'autres termes si des personnes inégales sont inégalement traitées ; l'égalité quantitative ou arithmétique n'intervient qu'à titre secondaire et par accident. L'amitié, tout au contraire, repose sur une égalisation quantitative et arithmétique, et la considération du mérite de chacun (κατ' ἀξίαν) n'a lieu qu'à titre dérivé. La raison de cette différence réside dans ce fait que l'amitié est une association qui ne peut exister entre personnes d'un rang par trop inégal, et qui exige ainsi une stricte égalité, de caractère mathématique, laquelle faute de se réaliser empêche la formation de l'amitié. Dans la justice il en est tout autrement et la situation est inversée : la justice doit se réaliser quelle que soit la différence de rang des parties. St Thomas, 1631, p. 432, a bien exprimé la pensée d'Aristote en disant que l'égalité, qui est *principium* dans l'amitié, est *ultimum* dans la justice.

exemple Dieu est éloigné de l'homme, il n'y a plus d'amitié [5]
possible. C'est même ce qui a donné lieu à la question de savoir
si, en fin de compte, les amis souhaitent vraiment pour leurs
amis les biens les plus grands, comme par exemple d'être des
dieux, car alors ce ne seront plus des amis pour eux, ni par suite
des biens, puisque les amis sont des biens [1]. Si donc nous avons
eu raison de dire [2] que l'ami désire du bien à son ami en vue de
cet ami même, celui-ci devrait demeurer ce qu'il est, quel qu'il
puisse être, tandis que l'autre souhaitera à son ami seulement
les plus grands biens compatibles avec la persistance de sa [10]
nature d'homme. Peut-être même ne lui souhaitera-t-il pas tous
les plus grands biens, car c'est surtout pour soi-même que tout
homme souhaite les choses qui sont bonnes [3].

La plupart des hommes [4], poussés par le désir de l'honneur [5],
paraissent souhaiter être aimés plutôt qu'aimer (de là vient
qu'on aime généralement les flatteurs, car le flatteur est un ami
en état d'infériorité ou qui fait du moins semblant d'être tel et [15]
d'aimer plus qu'il n'est aimé); or être aimé et être honoré sont,
semble-t-il, des notions très rapprochées, et c'est à être honorés
que la majorité des hommes aspirent. Mais il apparaît qu'on

1. Il y a contradiction à souhaiter à un ami un bien qui le place à une telle
distance de nous qu'il ne peut plus être notre ami, et qui nous fait perdre son
amitié, laquelle est un bien pour celui qui la possède. *Cf.* St Thomas, 1636,
p. 433 : *non remanebunt eis amici, et ita perdent ipsi magna bona, scilicet ipsos amicos.*

2. 2, 1155b31.

3. Et ainsi il ne voudra pas se priver d'un ami, en augmentant d'une façon
par trop considérable la distance qui les sépare. La φιλία a ainsi pour fondement, dans l'éthique aristotélicienne, l'amour de l'homme bon pour lui-même :
l'égoïsme de l'homme de bien se confond avec l'altruisme. Nous retrouverons
le problème de la φιλαυτία au livre suivant.

4. *E.E.*, VII, 4, 1239a21-1239b2.

5. Le désir de l'estime, de la considération d'autrui.

ne choisit pas l'honneur pour lui-même, mais seulement par
accident[1]. En effet, on se plaît la plupart du temps à recevoir
des marques de considération de la part des hommes en place,
20 en raison des espérances qu'ils font naître (car on pense obtenir
d'eux ce dont on peut avoir besoin, quoi que ce soit; dès lors,
c'est comme signe d'un bienfait à recevoir qu'on se réjouit de
l'honneur qu'ils vous rendent). Ceux qui, d'autre part, désirent
être honorés par les gens de bien et de savoir, aspirent, ce
faisant, à renforcer leur propre opinion sur eux-mêmes. Ils se
réjouissent dès lors de l'honneur qu'ils reçoivent, parce qu'ils
sont assurés de leur propre valeur morale sur la foi du jugement
25 porté par ceux qui la répandent. D'un autre côté, on se réjouit
d'être aimé par cela même. Il résulte de tout cela qu'être aimé
peut sembler préférable à être honoré, et que l'amitié est
désirable par elle-même.

Mais il paraît bien que l'amitié consiste plutôt à aimer qu'à
être aimé. Ce qui le montre bien, c'est la joie que les mères
ressentent à aimer leurs enfants. Certaines les mettent en nourrice, et elles les aiment en sachant qu'ils sont leurs enfants[2],
30 mais ne cherchent pas à être aimées en retour, si les deux
choses à la fois ne sont pas possibles, mais il leur paraît suffisant de les voir prospérer; et elles-mêmes aiment leurs enfants
même si ces derniers ne leur rendent rien de qui est dû à une
mère, à cause de l'ignorance où ils se trouvent.

1. Pour les avantages qu'il peut procurer, ainsi qu'Aristote va l'expliquer.
Aussi l'amitié est elle préférable à l'estime.

2. Bien qu'elles soient éloignées d'eux. Le mot εἰδυῖαι, l. 29, est embar-
rassant. Ross comprend : *and so long as they know their fate*. Nous préférons
cependant l'interprétation courante, parce que, l. 33, διὰ τὴν ἄγνοιαν signifie
manifestement l'ignorance où les enfants envoyés en nourrice se trouvent en ce
qui concerne la personne de leur mère.

10
<Amitié active et amitié passive, suite.
Amitiés entre inégaux>

Étant donné[1] que l'amitié consiste plutôt dans le fait d'aimer, et qu'on loue ceux qui aiment leurs amis[2], il semble bien qu'aimer soit la vertu des amis, de sorte que ceux dans lesquels ce sentiment se rencontre proportionné au mérite de leur ami, sont des amis constants, et leur amitié l'est aussi. 35 – C'est de cette façon surtout[3] que même les hommes de condition inégale peuvent être amis, car ils seront ainsi rendus égaux. **1159b** Or l'égalité et la ressemblance constituent l'affection, particulièrement la ressemblance de ceux qui sont semblables en vertu : car étant stables en eux-mêmes, ils le demeurent aussi dans leurs rapports mutuels[4], et ils ne demandent ni ne rendent des services dégradants, mais on peut même dire qu'ils y mettent obstacle : car le propre des gens vertueux c'est à la fois 5 d'éviter l'erreur pour eux-mêmes et de ne pas la tolérer chez leurs amis. Les méchants, au contraire, n'ont pas la stabilité[5], car ils ne demeurent même pas semblables à eux-mêmes ; mais ils ne deviennent amis que pour un temps fort court, se délectant à leur méchanceté réciproque. Ceux dont l'amitié repose sur l'utilité ou le plaisir demeurent amis plus longtemps que les précédents, à savoir aussi longtemps qu'ils se procurent 10 réciproquement des plaisirs ou des profits.

1. Cf. *E.E.*, VII, 5, 1239b3-1240a4.

2. Et non ceux qui sont aimés.

3. En aimant κατ' ἀξίαν : l'ami de condition inférieure arrive à compenser son infériorité par l'intensité de son affection (*cf.* St Thomas, 1650, p. 436).

4. *Ipsi enim et permanent similes in seipsis, quia non de facili mutantur ab uno in aliud, et permanent etiam in amicitia adinvicem* (St Thomas, 1650, p. 436).

5. Dans l'amitié.

C'est l'amitié basée sur l'utilité qui, semble-t-il, se forme le plus fréquemment à partir de personnes de conditions opposées : par exemple l'amitié d'un pauvre pour un riche, d'un ignorant pour un savant ; car quand on se trouve dépourvu d'une chose dont on a envie, on donne une autre chose en retour pour l'obtenir[1]. On peut encore ranger sous ce chef[2] le lien qui unit un amant et son aimé, un homme beau et un homme laid. C'est pourquoi l'amant apparaît parfois ridicule, quand il a la prétention d'être aimé comme il aime : s'il était pareillement aimable, sans doute sa prétention serait-elle justifiée, mais s'il n'a rien de tel à offrir, elle est ridicule.

20   Mais peut-être[3] le contraire ne tend-il pas au contraire par sa propre nature, mais seulement par accident, le désir ayant en réalité pour objet le moyen[4], car le moyen est ce qui est bon : ainsi il est bon pour le sec non pas de devenir humide, mais d'atteindre à l'état intermédiaire, et pour le chaud et les autres qualités il en est de même.

11
<Amitié et justice. Les types d'amitié.
Associations particulières et cité>

Mais laissons de côté ces dernières considérations (et de fait elles sont par trop étrangères à notre sujet)[5].

---

1. Le pauvre, par exemple, multipliera les témoignages d'obséquiosité envers le riche, pour en obtenir de l'argent.

2. Sur ἄν τις ἕλκοι, l. 5, cf. *Ind. arist.*, 237b56 : *huc referat quispiam.*

3. Correction d'Aristote En fait l'attraction des opposés entre eux est quelque chose d'accidentel, et les gens de conditions contraires ne se sentent pas attirés l'un vers l'autre par cette contrariété même.

4. Et non l'extrême. Nous connaissons l'importance de la μεσότης dans la définition de la vertu.

5. Et relèvent de la physique et non de la morale.

Il semble bien, comme nous l'avons dit au début[1], que 25
l'amitié et la justice ont rapport aux mêmes objets et intervien-
nent entre les mêmes personnes. En effet, en toute communauté, on trouve, semble-t-il, quelque forme de justice et aussi
d'amitié coextensive : aussi les hommes appellent-ils du nom
d'amis leurs compagnons de navigation et leurs compagnons
d'armes, ainsi que ceux qui leur sont associés dans les autres
genres de communauté[2]. Et l'étendue de leur association est la 30
mesure de l'étendue de leurs droits[3]. En outre, le proverbe *ce
que possèdent des amis est commun*[4]. est bien exact, car c'est
dans une mise en commun que consiste l'amitié[5]. Il y a entre

---

1. 1, 1155a22-26 : la *concorde* (ὁμόνοια) est une sorte d'amitié. – Aristote
va examiner la φιλία ἐν κοινωνίᾳ, et surtout dans la cité, qui est la κοινωνία
par excellence. Il y a correspondance évidente entre φιλία et δικαιοσύνη (la
δικ. étant l'ensemble des rapports juridiques entre les citoyens). Cf. *E.E.*, VII,
9, 1241b11-17.

2. Tout groupement, toute association, même temporaire et accidentelle,
poursuivant un intérêt commun, donne naissance à des *rapports de droit*
(δίκαιον) comme à des sentiments d'amitié. Cf. *Rep.*, I, 351c *sq.* – L. 28, nous
lisons οὖν au lieu de γοῦν.

3. L'amitié qui unit les membres d'un groupe quelconque *est mesurée* par
ce groupe lui-même et *dure autant* (καθ' ὅσον … ἐπὶ τοσοῦτον, l. 29) que lui, ni
plus ni moins. Elle suit à cet égard les liens juridiques déterminant les droits de
chacun. *Cf.* la traduction de Lambin : *quanta porro communis est, tam late patet
et amicitia; nam tam late jus quoque patet.*

4. Maxime pythagoricienne, citée souvent par Platon (*cf.* par exemple,
Gorgias, 507e). C'est l'équivalent de notre « Tout est commun entre amis ».
entendant par « tout » non seulement les biens corporels mais aussi les pensées
et les sentiments.

5. Mise en commun qui porte sur les biens comme sur les sentiments et les
idées. Plus cette mise en commun est complète, plus l'amitié est parfaite. Elle
se réalise entre frères et entre camarades (l. 32, sur l'ἑταιρεία, *camaraderie*,
cf. *infra*, 6, 1157b24, note), mais surtout dans la cité, qui absorbe tous les intérêts
particuliers. Les *autres formes* d'amitié (τοῖς δ' ἄλλοις, l. 33), moins parfaites
et plus fragiles, sont par exemple celles des compagnons de navigation et des
compagnons d'armes (l. 28, *supra*) : elles ne mettent en commun qu'un certain
nombre de choses; l'amitié ressentie est elle-même plus ou moins intense, et
varie en fonction du nombre et de l'importance des choses mises en commun.

frères ainsi qu'entre camarades communauté totale, mais pour
les autres amis la mise en commun ne porte que sur des choses
déterminées, plus ou moins nombreuses suivant les cas : car les
amitiés aussi suivent les mêmes variations en plus ou en moins.
35 Les rapports de droit admettent aussi des différences[1] : les
1160a droits des parents et des enfants ne sont pas les mêmes que ceux
des frères entre eux, ni ceux des camarades les mêmes que ceux
des citoyens ; et il en est de même pour les autres formes d'amitié. Il y a par suite aussi des différences en ce qui concerne les
injustices commises dans chacune de ces différentes classes
d'associés, et l'injustice acquiert un surcroît de gravité quand
elle s'adresse davantage à des amis : par exemple, il est plus
5 choquant de dépouiller de son argent un camarade qu'un
concitoyen, plus choquant de refuser son assistance à un frère
qu'à un étranger, plus choquant enfin de frapper son père
qu'une autre personne quelconque. Et il est naturel aussi que la
justice croisse en même temps que l'amitié, attendu que l'une
et l'autre existent entre les mêmes personnes et possèdent une
égale extension[2].

Mais toutes les communautés ne sont, pour ainsi dire, que
des fractions de la communauté politique. On se réunit, par
10 exemple, pour voyager ensemble en vue de s'assurer quelque
avantage déterminé, et de se procurer quelqu'une des choses
nécessaires à la vie ; et c'est aussi en vue de l'avantage de ses
membres[3], pense-t-on généralement, que la communauté politique s'est constituée à l'origine et continue à se maintenir. Et

---

1. Suivant les différentes sortes d'associations.

2. Autrement dit, s'appliquent aux mêmes objets : l. 8, ἐπ' ἴσον διήκοντα
= περὶ ταὐτά, 1159b25.

3. L'intérêt général. Cf. *Pol.*, III, 6, 1287b23 : la fin de la société politique
est le εὖ ζῆν de tous. Voir aussi Joachim, 250. Les communautés particulières
ne sont que des fractions de la communauté politique, car les intérêts privés et
particuliers qu'elles défendent sont absorbés dans l'intérêt général qui est
l'objet de la cité.

cette utilité commune est le but visé par les législateurs, qui
appellent juste ce qui est à l'avantage de tous[1]. Ainsi les autres
communautés[2] recherchent leur avantage particulier : par 15
exemple les navigateurs, en naviguant ensemble, ont en vue
l'avantage d'acquérir de l'argent ou quelque chose d'analogue ; pour les compagnons d'armes, c'est le butin, que ce soit
richesses, ou victoire, ou prise d'une ville[3] qu'ils désirent ; et
c'est le cas également des membres d'une tribu ou d'un dème[4]
[Certaines communautés[5] semblent avoir pour origine l'agrément, par exemple celles qui unissent les membres d'un thiase
ou d'un cercle dans lequel chacun paye son écot[6], associations
constituées respectivement en vue d'offrir un sacrifice ou 20
d'entretenir des relations de société. Mais toutes ces communautés semblent bien être subordonnées à la communauté
politique, car la communauté politique n'a pas pour but l'avantage présent, mais ce qui est utile à la vie tout entière], qui
offrent des sacrifices et tiennent des réunions à cet effet,
rendant ainsi des honneurs aux dieux et se procurant en même

1. La *Rep.*, II, 369c, fondait la société politique sur les *besoins matériels* (ἡ
ἡμετέρα χρεία) des citoyens, qui ne peuvent être satisfaits que par l'association. Aristote a sur ce point corrigé Platon, en donnant pour but à la société
τὸ καλόν et non plus τὰ ἀναγκαῖα (cf. *Pol.*, III, 6, 1279a17 ; IV, 4, 1281a
10-19 ; etc.).

2. *E.E.*, VII, 9, 1241b24-26.

3. Le sens de ἢ πόλεως, l. 17, est incertain. *Cf.* Burnet, p. 382, et la note de
Rackham.

4. La population de l'Attique était divisée en dix *tribus* (φυλαί), chaque
tribu en trois *trittyes* (τριττύες), et chaque trittye en *dèmes*. Il y avait environ
190 dèmes.

5. Les l. 19-23 (ἔνιαι ... τὸν βίον) interrompent le développement, lequel
reprend à θυσίας τε ποιοῦντες, l. 23. Ross, à la suite de Cook Wilson
(*Classical Review*, XVI [1902], p. 28), considère ces lignes *as an insertion from
an alternative version*.

6. Les *thiases* étaient des confréries religieuses. Sur les *repas par
cotisations* (ἔρανος, ἐρανιστῶν, l. 20), *cf.* IV, 6, 1123a22, et note.

25 temps pour eux-mêmes des distractions agréables. En effet[1],
les sacrifices et les réunions d'ancienne origine ont lieu, c'est
un fait, après la récolte des fruits et présentent le caractère
d'une offrande des prémices : car c'est la saison de l'année
où le peuple avait le plus de loisir. Toutes ces communautés
sont donc manifestement des fractions de la communauté
politique, et les espèces particulières d'amitiés correspondent
30 aux espèces particulières de communautés.

12
<Constitutions politiques et amitiés correspondantes>

Il y a trois espèces de constitutions[2] et aussi un
nombre égal de déviations, c'est-à-dire de corruptions

---

1. Ce qui montre bien que ces κοινωνίαι ont pour objet une ἀνάπαυσις
autant qu'un objet religieux. – Ces diverses associations, étant toutes en fait
constituées pour le divertissement et le loisir des citoyens, libérés des travaux
de la moisson, servent l'intérêt général et peuvent être ainsi considérées comme
des fractions de la communauté politique (l. 28-30).

2. Dans le *Politique* (301a *sq.*; *cf.* Diès, *Introduction*, Budé (éd.), 1935,
p. LVIII-LIX) et surtout au livre VIII de la *République* (544c *sq.*; *cf.* Diès, *Introduction*, Budé (éd.), 1932, I, p. LXXXIX-CVIII), Platon, s'inspirant sans doute de
travaux antérieurs (*cf.* par exemple Hérodote, III, 80-82), s'était appliqué à une
étude comparée des diverses sortes de constitutions, en vue de l'établissement
de sa cité idéale. Aristote, dans sa propre classification des πολιτεῖαι, tout en
critiquant les vues platoniciennes, s'est manifestement inspiré de la division
adoptée par son maître. Sa théorie n'en est pas moins originale et profonde. La
présente analyse de l'*Éthique à Nic.* demande à être complétée par les chapitres
de la *Politique* où la question des constitutions est traitée *ex professo* (notamment, III, 6-18; IV, 1-10; VI, 1-8, etc.; on s'arrêtera plus particulièrement à III,
7, 1279a22-1270b10, qui est un texte essentiel). Sur la classification aristoté-
cienne des constitutions, on peut consulter les importants commentaires de
Newman dans son édition monumentale de la *Politique*, et notamment : I, 214-
225; II, 385-401 (*Appendix A : the Relation of the teaching of the* Nicomachean
Ethica *to that of the* Politics, dissertation qui intéresse directement notre sujet);
III, p. XXVII-XXVIII. On verra aussi les exposés substantiels de Robin, *La Pensée
grecque*, p. 329-331, *Aristote*, p. 282-283, et de Joachim, p. 251-253.

auxquelles elles sont sujettes. Les constitutions sont la royauté, l'aristocratie et en troisième lieu celle qui est fondée sur le

La *Politique* (III, 7) distingue trois πολιτεῖαι normales (πολιτεία ayant d'abord le sens général de *constitution, organisation politique*) auxquelles correspondent trois *déviations* (παρεκβάσεις) :

Monarchie, qui dégénère en *tyrannie* ;

Aristocratie, qui dégénère en *oligarchie* ;

πολιτεία (au sens étroit), qui dégénère en *démocratie*.

La *monarchie* est le gouvernement désintéressé d'un seul. L'*E.N.* préfère la désignation de *royauté* (βασιλεία, 1160a32), et effectivement, ainsi que Aristote l'indique lui-même (1160b1), royauté et tyrannie sont toutes deux des μοναρχίαι. – La *tyrannie* a pour fin la conservation de la personne du tyran et de ses intérêts personnels. L'*aristocratie* repose, tout au moins en droit, sur la valeur personnelle des individus et a pour idéal le maintien des institutions. – L'*oligarchie* est caractérisée par une distribution des magistratures (ce que nous appelons le *pouvoir exécutif*) fondée sur la fortune, et elle accorde la prépondérance à la richesse. La πολιτεία au sens étroit est le *gouvernement constitutionnel* proprement dit, la démocratie saine et limitée en nombre (à peu près ce que nous entendons par régime censitaire, et que nous opposons à *démagogie*). Cette *politie* constitue, selon Aristote, la forme la plus parfaite de l'organisation politique. Elle est désignée dans *E.N.* du nom de *timocratie*, parce qu'elle est fondée sur la propriété et le *cens*, le revenu (ἀπὸ τιμημάτων, 1160a33). Elle dégénère en *démocratie* (que Polybe appelle plus justement peut-être ὀχλοκρατία, réservant le nom de δημοκρατία à la πολιτεία), laquelle consiste dans une répartition des magistratures réglée par le sort, au profit exclusif de la classe la plus nombreuse et la plus pauvre. Un bref passage de *Rhet.*, I, 8, 1365b29-1366a8, de portée restreinte, ne retient que quatre formes : démocratie, oligarchie, aristocratie, monarchie. Remarquons seulement qu'Aristote y qualifie de régime *censitaire* (ἀπὸ τιμημάτων), non plus la πολιτεία, comme dans notre *E.N.*, mais l'oligarchie (1365b33). Ce qui différencie essentiellement les formes normales des formes aberrantes, c'est que les premières ont le souci du bien public, de l'*utilité générale* (τὸ κοινῇ συμφέρον), tandis que les autres n'ont en vue que les intérêts particuliers et égoïstes d'un seul, soit de la classe riche, soit de l'ensemble des indigents (cf. *Pol.*, III, 7, 1279a35). En introduisant dans son analyse de la φιλία ces considérations qui se rattachent de toute évidence à la politique, Aristote a voulu montrer que les associations qui naissent naturellement entre les membres d'une οἰκία, avec les formes d'amitié qu'elles traduisent, sont semblables aux sociétés politiques de forme diverse et aux amitiés qui y correspondent. Le parallélisme est exposé *infra*, l. 1160b22 *sq.*, où Aristote

cens[1] et qui, semble-t-il, peut recevoir le qualificatif approprié
de *timocratie*[2], quoique en fait on a coutume de l'appeler la
35 plupart du temps *république*. La meilleure de ces constitutions
est la royauté[3], et la plus mauvaise la timocratie[4]. La déviation
1160b de la royauté est la tyrannie. Toutes deux sont des monarchies,
mais elles diffèrent du tout au tout : le tyran n'a en vue que son
avantage personnel, tandis que le roi a en vue celui de ses
sujets[5]. En effet, n'est pas réellement roi celui qui ne se suffit
pas à lui-même, c'est-à-dire ne possède pas la supériorité en
5 toutes sortes de biens[6]; mais le roi tel que nous le supposons,
n'ayant besoin de rien de plus qu'il n'a, n'aura pas en vue ses
propres intérêts mais ceux de ses sujets, car le roi ne possédant
pas ces caractères ne serait qu'un roi désigné par le sort[7]. La
tyrannie est tout le contraire de la royauté, car le tyran poursuit
son bien propre. Et on aperçoit plus clairement dans le cas de la

---

souligne les *ressemblances* (ὁμοιώματα) et même le *paradigmatisme* (παρα-
δείγματα) existant entre l'organisation politique et l'organisation familiale.
Toutes les associations naturelles particulières se rangent sous la société politique dont elles ne sont que des fractions. Il faut donc, suivant Aristote, analyser
préalablement ces diverses sortes d'organisation politique et les φιλίαι qui en
dérivent pour connaître les différentes espèces d'amitié.

   1. Pour Platon, *Rep.*, VIII, 550c (et pour Aristote lui-même dans la *Rhet.* :
cf. la note précédente), c'est l'*oligarchie*.

   2. Dans la *Rep.*, VIII, 545b-550c, la timocratie est le gouvernement qui
repose sur l'honneur. Pour Aristote c'est le régime où le pouvoir appartient à
ceux qui possèdent un certain revenu (le cens).

   3. Cf. *Pol.*, III, 14-18.

   4. Raison indiquée *Pol.*, III, 7, 1279a39-b3 (il s'agit des formes normales).

   5. Cf. *Pol.*, III, 7, 1279b6; IV, 10, 1295a19; V, 10, 1311a2.

   6. L'αὐτάρκεια (l. 4) du roi est donc *l'indépendance économique*, qui lui
permet de s'occuper exclusivement des intérêts de ses sujets.

   7. En d'autres termes, un roi honorifique, sans pouvoir réel, analogue à
l'archonte-roi athénien, qui était tiré au sort, et qui de l'ancienne royauté ne
conservait plus que le titre et certaines attributions religieuses (cf. *Pol.*, VI, 2,
1318a2).

tyrannie[1] qu'elle est la pire des déviations, le contraire de ce qu'il y a de mieux étant ce qu'il y a de plus mauvais[2].

De la royauté on passe à la tyrannie, car la tyrannie est une [10] perversion de monarchie, et dès lors le mauvais roi devient tyran. De l'aristocratie on passe à l'oligarchie[3] par le vice des gouvernants, qui distribuent ce qui appartient à la cité sans tenir compte du mérite, et s'attribuent à eux-mêmes tous les biens ou la plupart d'entre eux, et réservent les magistratures toujours aux mêmes personnes, ne faisant cas que de la [15] richesse ; dès lors le gouvernement est aux mains d'un petit nombre d'hommes pervers au lieu d'appartenir aux plus capables. De la timocratie on passe à la démocratie[4] : elles sont en effet limitrophes, puisque la timocratie a aussi pour idéal le règne de la majorité, et que sont égaux tous ceux qui répondent aux conditions du cens. La démocratie est la moins mauvaise <des gouvernements corrompus>[5], car elle n'est qu'une légère [20] déviation de la forme du gouvernement républicain[6]. – Telles sont donc les transformations auxquelles les constitutions sont surtout exposées (car ce sont là des changements minimes et qui se produisent le plus facilement).

On peut trouver des ressemblances à ces constitutions, des modèles en quelque sorte, jusque dans l'organisation domestique. En effet, la communauté existant entre un père et ses

1. Que dans le cas de la timocratie (*supra*, 1160a36).

2. Cf. *Top.*, III, 2, 117b2 ; *Pol.*, IV, 2, 1289a39.

3. *Pol.*, IV, 4, 1290b19, définit l'oligarchie le régime dans lequel un petit nombre de riches et de nobles exercent le pouvoir.

4. Il y a démocratie quand les hommes libres et indigents, qui sont la majorité, possèdent le pouvoir (*Pol.*, IV, 4, 1290b17).

5. Et vient après la tyrannie et l'oligarchie (*Pol.*, IV, 2, 1289b2). – Nous avons ajouté les mots entre crochets.

6. Autrement dit de la timocratie, de la démocratie sainement comprise. *Cf.* Sylv. Maurus, 230[1] : *quia vero democratia parum distat a timocratia quae est gubernatio recta, ideo non multum est prava.*

25 enfants est de type royal (puisque le père prend soin de ses
enfants [1] ; de là vient qu'Homère désigne Zeus du nom de *père*,
car la royauté a pour idéal d'être un gouvernement paternel).
Chez les Perses, l'autorité paternelle est tyrannique (car ils se
servent de leurs enfants comme d'esclaves). Tyrannique aussi
est l'autorité du maître sur ses esclaves (l'avantage du maître
30 s'y trouvant seul engagé ; or si cette dernière sorte d'autorité
apparaît comme légitime, l'autorité paternelle de type perse est
au contraire fautive, car des relations différentes appellent des
formes de commandement différentes) [2]. La communauté du
mari et de sa femme semblent être de type aristocratique (le
mari exerçant l'autorité en raison de la dignité de son sexe, et
dans des matières où la main d'un homme doit se faire sentir ;
35 mais les travaux qui conviennent à une femme, il les lui abandonne). Quand le mari étend sa domination sur toutes choses, il
transforme la communauté conjugale en oligarchie (puisqu'il
1161a agit ainsi en violation de ce qui sied à chaque époux, et non en
vertu de sa supériorité). Parfois cependant ce sont les femmes
qui gouvernent quand elles sont héritières [3], mais alors leur
autorité ne s'exerce pas en raison de l'excellence de la personne,
mais elle est due à la richesse et au pouvoir, tout comme dans
les oligarchies. La communauté entre frères est semblable à
une timocratie (il y a égalité entre eux, sauf dans la mesure où
5 ils diffèrent par l'âge ; et c'est ce qui fait précisément que si la
différence d'âge est considérable, l'affection qui les unit n'a
plus rien de fraternel). La démocratie se rencontre principale-

1. Comme le roi, de ses sujets (*supra*, l. 6). Cf. *Pol.*, I, 12, 1259b10-17, où
Aristote se réfère aussi à Homère. Passage parallèle, *E.E.*, VII, 9, 1241b27-32 ;
10, 1242a1-18.
2. Cf. *Pol.*, I, 13, 1260a9-14.
3. L'*épiclérat* est une institution (qui semble avoir été étendue à la Grèce
entière) en vertu de laquelle si un *de cujus* laisse une fille unique, elle est
épousée par le plus proche parent, qui recueille à la fois la fille et la succession
(*cf.* Gernet, *Introduction* aux *Lois*, Les Belles Lettres, I, p. CLX).

ment dans les demeures sans maîtres[1] (car là tous les individus sont sur un pied d'égalité), et dans celles où le chef est faible et où chacun a licence de faire ce qui lui plaît.

13
<Formes de l'amitié correspondant aux constitutions politiques>

Pour chaque forme[2] de constitution on voit apparaître une 10 amitié, laquelle est coextensive aussi aux rapports de justice. L'affection d'un roi pour ses sujets réside dans une supériorité de bienfaisance[3], car un roi fait du bien à ses sujets si, étant lui-même bon, il prend soin d'eux en vue d'assurer leur prospérité, comme un berger le fait pour son troupeau[4]. De là vient qu'Homère a appelé Agamemnon *pasteur des peuples*[5]. 15 De même nature est aussi l'amour paternel, lequel cependant l'emporte ici par la grandeur des services rendus, puisque le père est l'auteur de l'existence de son enfant (ce qui de l'avis général est le plus grand des dons), ainsi que de son entretien et de son éducation[6]; et ces bienfaits sont attribués également

1. *Sicut cum socii morantur in hospitio* (St Thomas, 1687, p. 444).

2. Normale ou déviée.

3. Le roi *dépasse* ses sujets en bienfaisance, du fait que ceux-ci sont incapables de lui rendre l'équivalent de ce qu'ils reçoivent.

4. Cf. *Pol.*, 267a *sq.*, sur la définition platonicienne du roi comme pasteur d'hommes.

5. Par exemple, *Iliade*, IV, 413.

6. Sur le système d'éducation de l'État idéal selon Aristote, cf. *Pol.*, VII, 13-17. Aristote distingue, dans ce chapitre et le suivant, trois périodes au cours de l'éducation de l'enfant : la τεκνοποιία, jusqu'à la naissance, la τροφή, de la naissance à sept ans, et la παιδεία proprement dite, de sept à vingt et un ans; cette dernière se divise elle-même en deux époques, l'une avant et l'autre après la puberté (*Pol.*, VII, 17, 1336b37-40). – Sur cette question, on se reportera avec intérêt aux analyses de Defourny, *Aristote. Études sur la Politique*, p. 227.

aux ancêtres. Et, de fait, c'est une chose naturelle qu'un père gouverne ses enfants, des ancêtres leurs descendants, et un roi ses sujets. Ces diverses amitiés impliquent supériorité <de
20 bienfaits de la part d'une des parties>, et c'est pourquoi encore les parents sont honorés par leurs enfants[1]. Dès lors, les rapports de justice entre les personnes dont nous parlons ne sont pas identiques des deux côtés, mais sont proportionnés au mérite de chacun, comme c'est le cas aussi de l'affection qui les unit.

L'affection entre mari et femme est la même que celle qu'on trouve dans le régime aristocratique, puisqu'elle est proportionnée à l'excellence personnelle, et qu'au meilleur[2] revient une plus large part de biens, chaque époux recevant ce qui lui est exactement approprié; et il en est ainsi encore pour les rapports de justice.

25 L'affection entre frères ressemble à celle des camarades[3] : ils sont, en effet, égaux et de même âge, et tous ceux qui remplissent cette double condition ont la plupart du temps mêmes sentiments et même caractère. Pareille à l'affection fraternelle est celle qui existe dans le régime timocratique, car ce gouvernement a pour idéal l'égalité et la vertu des citoyens, de sorte que le commandement appartient à ces derniers à tour de rôle et que tous y participent sur un pied d'égalité. Cette égalité caractérise aussi l'amitié correspondante.

30 Dans les formes déviées de constitutions, de même que la justice n'y tient qu'une place restreinte, ainsi en est-il de

1. Qui comblent ainsi par leurs égards la différence qui subsiste toujours entre les bienfaits reçus et les bienfaits rendus. *Cf.* Joachim, p. 251 : « It is impossible for the child to requite this "superiority of beneficence" (ὑπεροχὴ εὐεργεσίας); he must do his utmost to repay it with gratitude, affection and honour ». – L. 20, nous avons ajouté les mots entre crochets.

2. C'est-à-dire au mari. D'où l'inégalité, qui est la caractéristique du régime aristocratique (*cf.* Joachim, p. 252).

3. Dans l'un et l'autre cas, ils sont liés par une commune sympathie et une similitude de goûts, d'habitudes et de caractère.

l'amitié, et elle est réduite à un rôle insignifiant dans la forme
la plus pervertie, je veux dire dans la tyrannie, où l'amitié[1]
est nulle ou faible. En effet, là où il n'y a rien de commun
entre gouvernant et gouverné, il n'y a non plus aucune amitié,
puisqu'il n'y a pas même de justice : il en est comme dans la
relation d'un artisan avec son outil, de l'âme avec le corps, 35
d'un maître avec son esclave : tous ces instruments sans **1161b**
doute peuvent être l'objet de soins de la part de ceux qui les
emploient, mais il n'y a pas d'amitié ni de justice envers les
choses inanimées[2]. Mais il n'y en a pas non plus envers un
cheval ou un bœuf, ni envers un esclave en tant qu'esclave.
Dans ce dernier cas, les deux parties n'ont en effet rien de
commun : l'esclave est un outil animé, et l'outil un esclave
inanimé[3]. En tant donc qu'il est esclave on ne peut pas avoir 5
d'amitié pour lui, mais seulement en tant qu'il est homme[4], car
de l'avis général il existe certains rapports de justice entre
un homme, quel qu'il soit, et tout autre homme susceptible
d'avoir participation à la loi ou d'être partie à un contrat ; dès
lors il peut y avoir aussi amitié avec lui, dans la mesure où il est
homme. Par suite encore, tandis que dans les tyrannies l'amitié
et la justice ne jouent qu'un faible rôle, dans les démocraties au

1. Entre le tyran et ses inférieurs. – Sur la comparaison avec la relation de
l'âme et du corps, l. 35, *cf.* la conclusion qu'en tire Nuyens (*L'Évolution*, p. 192)
pour le problème de la chronologie de l'*E.N.* L'âme et le corps n'ayant ici rien
de commun, contrairement à l'enseignement du *de Anima*, il est clair que l'*E.N.*
est antérieure à ce dernier traité.

2. *Cf.* la traduction de Lambin : *His enim prosunt et consulunt ii qui
utuntur ; verum nec amicitia, nec jus* [autrement dit, ni droits ni devoirs] *in nobis
cum rebus inanimis.*

3. Même idée, *Pol.*, I, 4, 1253b27-32. – Sur la condition de l'esclave,
cf. notamment Defourny, *op. cit.*, p. 27-38 ; *cf.* Genet, *Introduction* aux *Lois*,
p. CXIX-CXXVIII.

4. Cf. *Pol.*, I, 6, 1255b12.

10 contraire leur importance est extrême : car il y a beaucoup de
choses communes là où les citoyens sont égaux[1].

14
<L'affection entre parents et entre époux>

C'est donc au sein d'une communauté que toute amitié se
réalise, ainsi que nous l'avons dit[2]. On peut cependant mettre à
part du reste, à la fois l'affection entre parents et celle entre
camarades. L'amitié qui unit les membres d'une cité ou d'une
tribu ou celle contractée au cours d'une traversée commune,
et tous autres liens de ce genre[3], se rapprochent davantage
15 des amitiés caractérisant les membres d'une communauté,
car elles semblent reposer pour ainsi dire sur une convention
déterminée. Dans ce dernier groupe on peut ranger l'amitié à
l'égard des étrangers[4].

L'affection entre parents apparaît revêtir plusieurs formes,
mais toutes semblent se rattacher à l'amour paternel. Les

1. Et l'amitié, nous le savons (11, 1159b34-35), est fonction du nombre et
de l'importance des choses mises en commun.

2. 11, 1159b29-32 : toute amitié implique une communauté, et une espèce
déterminée de communauté donne naissance à une espèce déterminée d'amitié.

3. Celle qui existe par exemple entre compagnons d'armes. Toutes ces
φιλίαι ont été mentionnées déjà : πολιτικαί, 13, 1161a10 *sq.* ; φυλετικαί, 11,
1160a18 ; συμπλοïκαί, 11, 1159b28. – À la différence des communautés *naturelles*, qui groupent les diverses parentés et la camaraderie, et qui constituent
une *classe à part* (ἀφορίσειε δ᾽ ἄν, l. 12), les communautés dont nous parlons
en dernier lieu ont un caractère *artificiel*, en ce sens qu'elles reposent sur une
convention (καθ᾽ ὁμολογίαν, l. 15) expresse ou tacite, et sont formées en vue
d'un but déterminé. *Cf.* St Thomas, 1704, p. 450 : *in his enim amicitiis* [celles
qui reposent sur une convention] *manifeste confiteri potest quod ratio amicitiae
sit communicatio… Sed in amicitia cognata et etairica, non est aliquid praesens
et permanens in quo communicatur. Unde magis latet.*

4. 3, 1156a31.

parents, en effet, chérissent leurs enfants comme étant quelque chose d'eux-mêmes, et les enfants leurs parents comme étant quelque chose d'où ils procèdent. Or, d'une part, les parents savent mieux que leur progéniture vient d'eux-mêmes que les 20 enfants ne savent qu'ils viennent de leurs parents[1], et, d'autre part, il y a communauté plus étroite du principe d'existence à l'égard de l'être engendré que de l'être engendré à l'égard de la cause fabricatrice[2] : car ce qui procède d'une chose appartient proprement à la chose dont il sort (une dent, par exemple, un cheveu, n'importe quoi, à son possesseur), tandis que le principe d'existence n'appartient nullement à ce qu'il a produit, ou du moins lui appartient à un plus faible degré. Et l'affection des parents l'emporte encore en longueur de temps : les parents chérissent leurs enfants aussitôt nés, alors que ceux-ci n'aiment 25 leurs parents qu'au bout d'un certain temps, quand ils ont acquis intelligence[3] ou du moins perception. Ces considérations montrent clairement aussi pour quelles raisons l'amour de la mère est plus fort que celui du père. Ainsi les parents aiment leurs enfants comme eux-mêmes (les êtres qui procèdent d'eux sont comme d'autres eux-mêmes, « autres » du fait qu'ils sont séparés du père)[4], et les enfants aiment leurs parents comme étant nés d'eux ; les frères s'aiment entre eux comme 30

1. *Tanto aliquod rationabile est magis amare quanto magis cognoscit dilectionis causas... Causa quare parentes amant filios est quia sunt aliquid ipsorum. Causa autem quare filii diligunt est quia sunt parentibus. Magis autem possunt scire patres qui sint ex eis nati quam filii ex quibus parentibus sint orti* (St Thomas, 1707, p. 450).

2. D'une façon générale, dit Aristote, ce qui donne l'existence à un autre être (τὸ ἀφ' οὗ, l. 21) a davantage conscience de la dépendance de cet être envers lui que l'être engendré n'a conscience d'appartenir à son auteur (sur ce difficile passage, *cf.* Robin, *Aristote*, p. 244).

3. C'est l'âge de discrétion.

4. « Ce qui donne naissance à l'altruisme, remarque avec raison Robin, *op. cit.*, p. 244, [on sait que tel est le sens véritable de φιλία], c'est donc bien une sorte de rayonnement par lequel l'égoïsme s'étend hors de soi ».

étant nés des mêmes parents, car leur identité avec ces derniers les rend identiques entre eux, et de là viennent les expressions *être du même sang, de la même souche*[1], et autres semblables. Les frères sont par suite la même chose en un sens, mais dans des individus distincts. Ce qui contribue grandement aussi à l'affection entre eux, c'est l'éducation commune et la similitude d'âge : *les jeunes se plaisent avec ceux de leur âge*[2]; et
35 *des habitudes communes engendrent la camaraderie*, et c'est pourquoi l'amitié entre frères est semblable à celle entre cama-
1162a rades. La communauté de sentiments entre cousins ou entre les autres parents dérive de celle des frères entre eux, parce qu'ils descendent des mêmes ancêtres. Mais ils se sentent plus étroitement unis ou plus étrangers l'un à l'autre suivant la proximité ou l'éloignement de l'ancêtre originel.

L'amour des enfants pour leurs parents, comme l'amour
5 des hommes pour les dieux, est celui qu'on ressent pour un être bon et qui nous est supérieur : car les parents ont concédé à leurs enfants les plus grands des bienfaits en leur donnant la vie, en les élevant, et en assurant une fois nés leur éducation. Et cet amour entre parents et enfants possède encore en agrément et en utilité une supériorité par rapport à l'affection qui unit des personnes étrangères, supériorité qui est d'autant plus grande que leur communauté de vie est plus étroite. On trouve
10 aussi dans l'amitié entre frères tout ce qui caractérise l'amitié soit entre camarades (et à un plus haut degré entre camarades vertueux), soit, d'une façon générale, entre personnes

---

1. L. 32, ῥίζαν, sous-entendre τὴν αὐτήν.

2. L. 34, ἧλιξ γὰρ ἥλικα, *sc.* τέρπει : cf. *Phèdre*, 240c; *E.E.*, VII, 2, 1238a34; *Rhet.*, I, 11, 1371b15. Le proverbe complet (de source inconnue) est ἧλιξ ἥλικα τέρπει, γέρων δέ τε τέρπει γέροντα (*jeune, plais-toi avec qui a ton âge, et vieux plais-toi avec les vieux*). Il figure au répertoire de Leutsch et Schneidewin, I, p. 253, 350 *sq.*; II, p. 33.

semblables l'une à l'autre[1] ; cette amitié est d'autant plus forte que les frères sont plus intimement unis et que leur affection réciproque remonte à la naissance ; d'autant plus forte encore, qu'une plus grande conformité de caractère existe entre les individus nés des mêmes parents, élevés ensemble et ayant reçu la même éducation ; et c'est dans leur cas que l'épreuve du temps se montre la plus décisive et la plus sûre. Entre les autres parents les degrés de l'amitié varient proportionnellement[2]. 15

L'amour entre mari et femme semble bien être conforme à la nature, car l'homme est un être naturellement enclin à former un couple, plus même qu'à former une société politique[3], dans la mesure où la famille est quelque chose d'antérieur à la cité et de plus nécessaire qu'elle, et la procréation des enfants une chose plus commune aux êtres vivants[4]. Quoi qu'il en soit, chez les animaux la communauté ne va pas au-delà de 20 la procréation[5], tandis que dans l'espèce humaine la cohabitation de l'homme et de la femme n'a pas seulement pour objet la reproduction, mais s'étend à tous les besoins de la vie : car la division des tâches entre l'homme et la femme[6] a lieu dès l'origine, et leurs fonctions ne sont pas les mêmes ; ainsi, ils se portent une aide mutuelle, mettant leurs capacités propres au service de l'œuvre commune. C'est pour ces raisons que l'utilité et l'agrément semblent se rencontrer à la fois dans l'amour conjugal. Mais cet amour peut aussi être fondé sur la vertu, 25 quand les époux sont gens de bien : car chacun d'eux a sa vertu

---

1. Nous rejetons l'interprétation de Rackham, et pensons, avec Ross, que l'incidente καὶ μᾶλλον ἐν τοῖς ἐπιεικέσι, l. 10, a le caractère d'une parenthèse.

2. En proportion de l'intimité de leurs relations.

3. Cf. *Pol.*, I, 2, 1252a26.

4. Et plus universelle même que l'instinct grégaire.

5. *Cf.* aussi *de Gener. anim.*, III, 2, 753a7-14 ; *Eco.*, I, 3, 1343b13-19. – L. 20, ἐπὶ τοσοῦτον, *sc.* ἐφ᾽ ὅσον ἡ τεκνοποιία (Burnet, p. 391).

6. Cf. *Eco.*, I, 3, 1343b26 *sq.*

propre, et tous deux mettront leur joie en la vertu de l'autre[1].
Les enfants aussi, semble-t-il, constituent un trait d'union, et
c'est pourquoi les époux sans enfants se détachent plus
rapidement l'un de l'autre : les enfants, en effet, sont un bien
commun aux deux, et ce qui est commun maintient l'union.

30 La question de savoir[2] quelles sont les règles qui président
aux relations mutuelles du mari et de la femme, et, d'une
manière générale, des amis entre eux, apparaît comme n'étant
rien d'autre que de rechercher les règles concernant les rapports
de justice entre ces mêmes personnes : car la justice ne se manifeste pas de la même manière à l'égard d'un ami, d'un étranger,
d'un camarade ou d'un condisciple.

15
<Règles pratiques relatives à l'amitié entre égaux.
L'amitié utilitaire>

Il existe donc trois espèces d'amitié, ainsi que nous l'avons
35 dit au début[3], et pour chaque espèce il y a à la fois les amis qui
vivent sur un pied d'égalité, et ceux où l'une des parties
l'emporte sur l'autre (car non seulement deux hommes également vertueux peuvent devenir amis, mais encore un homme
plus vertueux peut se lier avec un moins vertueux; pareille-
1162b ment pour l'amitié basée sur le plaisir ou l'utilité il peut y avoir

---

1. Cette vertu spéciale au mari et à la femme peut être le fondement de leur
amour mutuel. Comme le dit bien Sylv. Maurus, 235[2], *mulier delectabitur
virtute viri, et vir delectabitur virtute mulieris.*

2. *E.E.*, VII, 10, 1242a19-1242b1, déclare plus simplement : τὸ δὴ ζητεῖν
πῶς δεῖ τῷ φίλῳ ὁμιλεῖν, τὸ ζητεῖν δικαιόν τι ἐστίν. La façon de pratiquer
l'amitié sous toutes ses formes se ramène en somme à une question de justice,
en vertu de la coextension maintes fois affirmée entre l'amitié et la justice.

3. 3, 1156a7.

égalité ou disparité dans les avantages qui en découlent[1] :
dans ces conditions, les amis qui sont égaux doivent réaliser
l'égalité dans une égalité d'affection et du reste[2], et chez ceux
qui sont inégaux, <la partie défavorisée réalisera cette égalité>
en fournissant en retour un avantage proportionné à la
supériorité, quelle qu'elle soit, de l'autre partie[3].

Les griefs et les récriminations se produisent uniquement, 5
ou du moins principalement, dans l'amitié fondée sur l'utilité,
et il n'y a rien là que de naturel. En effet, ceux dont l'amitié
repose sur la vertu s'efforcent de se faire réciproquement du
bien (car c'est le propre de la vertu et de l'amitié), et entre gens
qui rivalisent ainsi pour le bien, il ne peut y avoir ni plaintes
ni querelles (nul, en effet, n'éprouve d'indignation envers la
personne qui l'aime et qui lui fait du bien, mais au contraire, si 10
on a soi-même quelque délicatesse, on lui rend la pareille en
bons offices. Et celui qui l'emporte décidément sur l'autre en
bien-faits, atteignant ainsi le but qu'il se propose, ne saurait se
plaindre de son ami, puisque chacun des deux aspire à ce qui
est bien)[4]. Les récriminations ne sont pas non plus fréquentes
entre amis dont l'affection repose sur le plaisir (tous deux, en

---

1. L'un des deux amis pouvant l'emporter en agrément ou en utilité. – L. 2,
ὠφελείαις désigne à la fois l'avantage retiré du plaisir aussi bien que
l'avantage retiré de l'utilité.

2. C'est-à-dire τῷ ἀγαθῷ, τῷ ἡδεῖ ou τῷ χρησίμῳ.

3. L'ami en état d'infériorité doit compenser l'insuffisance du plaisir ou
de l'utilité qu'il peut apporter à l'autre, par une déférence et une affection
plus vives (cf. *supra*, 13, 1161a21 et note). – Nous avons ajouté les mots entre
crochets pour compléter la pensée d'Aristote, qui est extrêmement concise.

4. Les mots ἑκάτερος … ὀρέγεται, l. 12, semblent suspects à Ramsauer,
peut-être avec raison. Certains commentateurs (Rackham, Ross, par exemple)
lisent ἕκαστος et donnent ainsi à la phrase une portée générale. – Le sens des
l. 11-13 a été bien dégagé par Sylv. Maurus, 236[2] : *si vero quis exsuperet
in conferendis beneficiis, non conqueretur de amico, si non reddat aequala.
Cum enim uterque conetur alterum superare in beneficiis conferendis, ut quid
conqueratur, si voti compos fiat?*

effet, atteignent en même temps l'objet de leur désir, puisqu'ils
15 se plaisent à vivre ensemble; et même on paraîtrait ridicule de
reprocher à son ami de ne pas vous causer de plaisir, étant donné
qu'il vous est loisible de ne pas passer vos journées avec lui).

Au contraire l'amitié basée sur l'utilité a toujours tendance
à se plaindre : les amis de cette sorte se fréquentent par intérêt,
ils demandent toujours davantage, s'imaginent avoir moins
que leur dû et en veulent à leur ami parce qu'ils n'obtiennent
20 pas autant qu'ils demandent, eux qui en sont dignes ! De son
côté, le bienfaiteur est dans l'incapacité de satisfaire à toutes
les demandes de son obligé.

De même que la justice est de deux espèces[1], la justice non-
écrite et la justice selon la loi, de même il apparaît que l'amitié
utilitaire peut être soit morale soit légale[2]. Et ainsi les griefs
ont cours principalement quand les intéressés ont passé une
convention et s'en acquittent en se réclamant d'un type
25 d'amitié qui n'est pas le même[3]. Or l'amitié utilitaire de type

---

1. Aristote va maintenant exposer pour quelles raisons l'amitié utilitaire est
une source de contestations. Cf. *E.E.*, VII, 10, 1242b22-1243b14. Sur la justice
légale ou *écrite* (κατὰ νόμον, l. 22 : c'est le droit *positif*) et la justice *non-écrite*
(ἄγραφον) ou droit *naturel*, cf. *Rhet.* I, 13, 1374a18-26. On se reportera aussi à
la théorie aristotélicienne de l'*équité* (ἐπιείκεια) *supra*, V, 14, 1137a31 *sq.*

2. Correspondant ainsi au droit non-écrit et au droit positif. Une obligation
morale (ou *de bonne foi*, κατὰ πίστιν, l. 30) reposant sur l'équité et le droit
naturel, est différente d'une obligation *légale* (obligation de *droit strict*),
résultant de pactes et de *conditions définies* (ἐπὶ ῥητοῖς, l. 25) et sanctionnée
par la loi, qui accorde une *action en justice* (δίκη : *cf.* τούτων δίκαι, l. 29) pour
en assurer l'exécution. Il est remarquable, dit justement Rackham, que le
terme φιλία s'applique même au lien purement commercial et intéressé des
co-contractants de cette dernière catégorie de conventions. – L. 25 et *passim*,
διαλύειν (et διαλύεσθαι) a le sens de *paiement*, *exécution d'une obligation*, et
nullement de *dissolution* du contrat. Le contrat s'éteint, prend fin, par son
exécution, et c'est alors que les difficultés surgissent.

3. L'une des parties se référant, au moment de l'*exécution* (διάλυσις), à
l'amitié *morale* (ἠθική), et demandant une interprétation large et équitable de
l'accord passé de bonne foi, l'autre partie, au contraire, exigeant l'exécution

légal est celle qui se réfère à des clauses déterminées[1] ; l'une de ses variétés est purement mercantile, avec paiement de la main à la main[2] ; l'autre variété est plus libérale pour l'époque du paiement, tout en conservant son caractère de contrat, obligeant à remettre une chose déterminée contre une autre chose (dans cette dernière variété, l'obligation est claire et sans ambiguïté, mais renferme cependant un élément affectif, à savoir le délai octroyé ; c'est pourquoi chez certains peuples il n'existe pas d'actions en justice pour sanctionner ces obligations, mais on estime que ceux qui ont traité sous le signe de la confiance 30 doivent en supporter les conséquences)[3]. Le type moral, d'autre

---

stricte de la convention et se référant à l'amitié *légale* (νομική). La première est ainsi amenée à réclamer une prestation dépassant celle qui résulte des *termes mêmes* du contrat (ἐπὶ ῥητοῖς), termes que l'autre partie invoque pour effectuer une prestation moins importante. Ce *malentendu* (ὡς δὴ διαμαρτόντα, 1163 a3), qui remonte *à la formation du contrat* (ἐν τῇ ἀρχῇ), a pour cause le caractère ambigu de l'amitié utilitaire, qui n'est ni une véritable amitié, ni un lien totalement intéressé (sauf dans sa variété extrême d'obligation au comptant, qui est πάμπαν ἀγοραία, l. 26). Pour éviter ces contestations, Aristote conseillera de procéder dans tous les cas comme s'il s'agissait de conventions strictement légales, où le facteur *affectif* et amical (φιλικόν, l. 20) est inexistant ou réduit au minimum, et de rendre l'équivalent de ce qu'on a reçu.

1. Comme dans les contrats de droit strict. *Cf.* la traduction de Lambin : *est autem legitima ea quae lege dicta certaque mercede praestituta constat.*

2. C'est-à-dire au comptant. – On conçoit qu'un semblable contrat ne crée entre les intéressés qu'un lien strictement commercial. L'autre variété (ἡ δὲ ἐλευθερωτέρα, l. 26) contient, en raison du délai consenti, un élément *désintéressé* et reposant sur la *confiance* (φιλικόν, l. 29 ; κατὰ πίστιν, l. 30), qui fait du contrat une convention de bonne foi et l'apparente au contrat où l'amitié est ἠθική. Cette parenté s'accuse encore davantage si, dans les deux cas, la loi refuse toute action contraignante ; on ne peut alors que s'en remettre à l'équité des contractants.

3. Ils ont traité à leurs risques et périls. – Théophraste (frgmt 97, 5, Wimmer) cite une loi de Charondas où il était dit que « c'est celui qui a accordé sa confiance qui est responsable de l'injustice commise » (ἐὰν δέ τις πιστεύσῃ, μὴ εἶναι δίκην · αὐτὸν γὰρ αἴτιον εἶναι τῆς ἀδικίας). Même préoccupation chez Platon, qui voudrait voir les citoyens s'inquiéter de l'honnêteté des

part, ne se réfère pas à des conditions déterminées, mais le don ou tout autre avantage quelconque est consenti à titre amical, bien que celui qui en est l'auteur s'attende à recevoir en retour une valeur égale ou même supérieure[1], comme s'il n'avait pas fait un don mais un prêt ; et du fait qu'à l'expiration du contrat il n'est pas dans une situation aussi favorable qu'au moment où il a traité[2], il fera entendre des récriminations. La raison de cet 35 état de choses vient de ce que tous les hommes ou la plupart d'entre eux, souhaitent assurément ce qui est noble, mais choisissent ce qui est profitable[3] ; et s'il est beau de faire du bien sans espoir d'être payé de retour, il est profitable d'être 1163a soi-même l'objet de la faveur d'autrui.

Dès lors[4], quand on le peut, il faut rendre l'équivalent de ce qu'on a reçu, et cela sans se faire prier[5] : car on ne doit pas faire de quelqu'un son ami contre son gré[6]. Reconnaissant par suite que nous avons commis une erreur au début[7] en recevant un bienfait d'une personne qui n'avait pas à nous l'octroyer, puisqu'elle n'était pas notre ami et qu'elle n'agissait pas pour

personnes avec qui ils traitent : cf. *Rep.*, VIII, 556a ; *Lois*, V, 742c ; VIII, 849e ; XI, 915e. Voir aussi Gernet, *Introduction* aux *Lois*, p. CLXXVI.

1. Car nous sommes sur le terrain de l'amitié utilitaire.

2. Et où il espérait retirer de son geste davantage de profit.

3. *Plerique, licet appetant honesta, ideoque velint apparenter operari secundum honestatem, adhuc tamen re ipsa praeferunt utilia* (Sylv. Maurus, 237[2]).

4. Aristote passe à l'étude des moyens à employer pour éviter les contestations inhérentes à l'amitié utilitaire. Ces moyens se résument dans l'obligation de rendre l'équivalent de ce qu'on a reçu.

5. Les objections de Burnet (p. 395) contre les mots καὶ ἑκόντι, l. 2 (omis, il est vrai, par Aspasius et rejetés par Byw.) ne sont pas décisives, et nous préférons les conserver.

6. Or il serait notre ami, s'il agissait sans espoir d'une compensation équivalente.

7. Au moment de la formation du contrat.

le plaisir de donner[1], nous devons nous libérer comme si la 5
prestation dont nous avons bénéficié résultait de clauses strictement déterminées. Effectivement, nous aurions à ce moment[2]
consenti à rendre, dans la mesure de nos moyens, une prestation équivalente, et, en cas d'impossibilité, celui qui nous a
avantagé n'aurait pas compté sur cette réciprocité[3]. Ainsi
donc, si nous le pouvons, nous devons rendre l'équivalent.
Mais dès le début[4] nous ferons bien de considérer de quelle
personne nous recevons les bons offices, et en quels termes
l'accord est passé, de façon qu'on puisse en accepter le
bénéfice sur les bases fixées, ou à défaut le décliner.

Il y a discussion[5] sur le point suivant : doit-on mesurer un 10
service par l'utilité qu'en retire celui qui le reçoit et calculer sur
cette base la rémunération à fournir en retour, ou bien faut-il
considérer le prix qu'il coûte au bienfaiteur ? L'obligé dira que
ce qu'il a reçu de son bienfaiteur était peu de chose pour ce
dernier et qu'il aurait pu le recevoir d'autres personnes, mini-
misant ainsi l'importance du service qui lui est rendu. Le bienfaiteur, en revanche, prétendra que ce qu'il a donné était la 15
chose la plus importante de toutes celles dont il disposait, que
personne d'autre n'était capable de la fournir, et qu'au surplus
elle était concédée à un moment critique ou pour parer à un

---

1. Mais dans le but intéressé que comporte toute amitié utilitaire.

2. Au début, quand la convention s'est formée, nous aurions volontiers
admis le principe d'une contre-partie si on nous l'avait demandée. Corrigeons
donc nous-mêmes les insuffisances du contrat en acquittant une prestation
équivalant à ce que nous avons reçu.

3. Car ce n'était pas une pure transaction commerciale, et on peut supposer
que, dans l'amitié même utilitaire, *celui qui a consenti l'avantage* (ὁ διδοὺς,
l. 7) n'exigerait pas le paiement d'une valeur strictement équivalente, si l'autre
partie était incapable de la fournir.

4. À la formation du contrat.

5. Autre problème : comment calculer la valeur équivalente que doit rendre
celui qui a été l'objet de la bienfaisance d'autrui ?

besoin urgent. Ne devons-nous pas dire[1] que, dans l'amitié de type utilitaire, c'est l'avantage de l'obligé qui est la mesure ? C'est, en effet, l'obligé qui demande, tandis que l'autre vient à son aide dans l'idée qu'il recevra l'équivalent en retour ; ainsi l'assistance consentie a été à la mesure de l'avantage reçu par 20 l'obligé, et dès lors ce dernier doit rendre à l'autre autant qu'il en a reçu, ou même, ce qui est mieux, davantage[2]. – Dans les amitiés fondées sur la vertu, les griefs sont inexistants, et c'est le choix délibéré[3] du bienfaiteur qui joue le rôle de mesure, car le choix est le facteur déterminant de la vertu et du caractère[4].

16
<Règles de conduite pour l'amitié entre personnes inégales>

Des différends se produisent aussi[5] au sein des amitiés où existe une supériorité[6] : car chacun des deux amis a la préten- 25 tion de recevoir une part plus grande que l'autre, mais cette prétention, quand elle se fait jour, entraîne la ruine de l'amitié. Le plus vertueux estime que c'est à lui que doit revenir la plus large part (puisque à l'homme vertueux on assigne d'ordinaire

1. Réponse d'Aristote – Sur le sens habituel de ἄρα, l. 16 (ἆρ' οὖν), cf. *Ind. arist.*, 90b38-40 : *in interrogationibus simplicibus* [= sans ἤ corrélatif] *non raro ita usurpatur ut interrogatio vim habeat enunciati modeste vel dubitanter affirmantis.*

2. *Cf.* Hésiode, *Trav. et J.*, 349-350 : « Mesure exactement ce que tu empruntes à ton voisin et rends-le lui exactement, à mesure égale, et plus large encore si tu peux » (trad. Mazon).

3. L'intention.

4. Et que, dans chaque genre, la mesure est de même nature que l'objet mesuré, et *ce qui est principal* (τὸ κύριον) dans le genre (cf. *Met.*, I, 1, 1052 b18 *sq.*, t. II, p. 530-537 de notre commentaire). On sait, d'autre part, l'importance décisive de la προαίρεσις dans la définition de la vertu.

5. *Quaedam differentia et discordia* (St Thomas, 1744, p. 458).

6. Comme dans la famille ou la cité.

une part plus considérable); même état d'esprit chez celui qui rend plus de services, car un homme bon à rien n'a pas droit, disent ces gens-là, à une part égale : c'est une charge gratuite [1] que l'on supporte et ce n'est plus de l'amitié, dès lors que les avantages qu'on retire de l'amitié ne sont pas en rapport avec 30 l'importance du travail qu'on accomplit. Ils pensent, en effet, qu'il doit en être de l'amitié comme d'une société de capitaux où les associés dont l'apport est plus considérable reçoivent une plus grosse part de bénéfices [2]. Mais, d'un autre côté, l'ami dénué de ressources ou en état d'infériorité quelconque, tient un raisonnement tout opposé : à son avis, c'est le rôle d'un véritable ami que d'aider ceux qui ont besoin de lui. À quoi sert, dira-t-il, d'être l'ami d'un homme de bien ou d'un homme 35 puissant, si on n'a rien d'avantageux à en attendre ?

Il semble bien [3] que les deux parties aient des prétentions **1163b** également justifiées, et que chacun des amis soit en droit de se faire attribuer en vertu de l'amitié une part plus forte que l'autre; seulement ce ne sera pas une part de la même chose : à celui qui l'emporte en mérite on donnera plus d'honneur, et à celui qui a besoin d'assistance plus de profit matériel : car la vertu et la bienfaisance ont l'honneur pour récompense, et l'indigence, pour lui venir en aide, a le profit.

Qu'il en soit encore ainsi dans les diverses organisations 5 politiques, c'est là un fait notoire [4]. On n'honore pas le citoyen qui ne procure aucun bien à la communauté : car ce qui appartient au patrimoine de la communauté [5] est donné à celui qui sert les intérêts communs, et l'honneur est une de ces choses

---

1. Sur les λητουργίαι (*charges gratuites*), cf. *supra* IV, 4, 1122a26, note.
2. *Cf.* V, 8, 1133a5 *sq.*, sur la justice distributive.
3. Solution d'Aristote, qui fait appel aux règles de la justice commutative.
4. *Supra*, V, 5, 1130b30 *sq.*
5. Les places, les charges publiques, qui apportent de la considération à ceux qui les exercent.

qui font partie du patrimoine commun. On ne peut pas, en effet,
tirer à la fois de la communauté argent et honneur. De fait,
personne ne supporte d'être dans une situation défavorisée en
10 toutes choses en même temps : par suite, celui qui amoindrit
son patrimoine[1] est payé en honneur, et celui qui accepte
volontiers des présents, en argent, puisque la proportionnalité
au mérite rétablit l'égalité et conserve l'amitié, ainsi que nous
l'avons dit[2].

   Telle est donc aussi la façon dont les amis de condition
inégale doivent régler leurs relations : celui qui retire un avantage en argent ou en vertu doit s'acquitter envers l'autre en
15 honneur, payant avec ce qu'il peut. L'amitié, en effet[3], ne
réclame que ce qui rentre dans les possibilités de chacun, et non
ce que le mérite exigerait, chose qui, au surplus, n'est même pas
toujours possible, comme par exemple dans le cas des honneurs
que nous rendons aux dieux ou à nos parents : personne ne
saurait avoir pour eux la reconnaissance qu'ils méritent, mais
quand on les sert dans la mesure de son pouvoir on est regardé
comme un homme de bien. Aussi ne saurait-on admettre qu'il
fût permis à un fils de renier son père, bien qu'un père puisse
20 renier son fils[4] : quand on doit, il faut s'acquitter, mais il n'est
rien de tout ce qu'un fils ait pu faire qui soit à la hauteur des
bienfaits qu'il a reçus de son père, de sorte qu'il reste toujours

---

1. En raison des dépenses qu'il a engagées dans l'intérêt public.
Cf. St Thomas, 1750, p. 459 : *qui diminutus est in pecuniis propter expensas
quas in servitium communitatis fecit.*

2. 15, 1162a34-b4. *Cf.* 7, 1158a26 ; 10, 1159a35-b3. Voir aussi St Thomas,
1751, p. 459 : *quod est secundum dignitatem observatum et exhibitum facit
aequalitatem proportionaliter in amicis, et sic amicitius conservat.*

3. À la différence de la justice.

4. Sur l'ἀποκήρυξις, *déclaration publique* du père entraînant l'exhéré-
dation de son fils, cf. *Lois*, XI, 928e. L'*abdicatio filii*, sur laquelle on est mal
renseigné, sanctionnait le manque de respect pour les parents.

son débiteur[1]. Cependant ceux envers qui on a des obligations ont la faculté de vous en décharger, et par suite un père peut le faire. En même temps[2], aucun père sans doute, de l'avis général, ne voudrait jamais faire abandon d'un enfant qui ne serait pas un monstre de perversité (car l'affection naturelle mise à part, il n'est pas dans l'humaine nature de repousser l'assistance éventuelle d'un fils)[3]. Un fils au contraire, quand 25 il est vicieux, évitera de venir en aide à son père ou du moins n'y mettra pas d'empressement : c'est que la plupart des gens souhaitent qu'on leur fasse du bien, mais se gardent d'en faire eux-mêmes aux autres, comme une chose qui ne rapporte rien.

1. *Cf.* Joachim, p. 252. – L. 21, ὑπηργμένων, *sc.* τῷ υἱεῖ παρὰ τοῦ πατρός (Burnet, p. 399).

2. L. 22, ἅμα marque ici, comme dans d'autres passages, la *liaison* d'un argument avec celui qui précède.

3. L. 24, ἐπικουρία a le sens de γηροτροφία (Burnet, p. 399).

LIVRE IX

1
<Les amitiés d'espèces différentes.
Fixation de la rémunération>

Les matières qui précèdent ont été suffisamment étudiées. 30
Dans toutes les amitiés d'espèce différente, c'est la proportionnalité qui établit l'égalité entre les parties et qui préserve l'amitié, ainsi que nous l'avons indiqué[1] : ainsi, dans la communauté politique[2], le cordonnier reçoit pour ses chaussures une rémunération proportionnée à la valeur fournie, et de 35 même le tisserand et les autres artisans. Dans ce secteur[3], on **1164a** a institué une commune mesure, la monnaie, et c'est l'étalon

---

1. Mais non d'une façon expresse : V, 8, 1132b31-33 ; VIII, 8, 1158b27 ; 10, 1159a35-b3 ; 15, 1162a34-b4 ; 16, 1163b11 (réf. Ross). – Aristote a en vue les amitiés *hétérogènes* (ἐν ... ταῖς ἀνομοιοειδέσι, l. 32), qui, selon l'expression de l'*E.E.*, VII, 10, 1243b17, μὴ κατ᾽ εὐθυωρίαν : par exemple, si l'un des deux amis poursuit son plaisir, et l'autre son intérêt. Il en résulte que les avantages recueillis par l'un et par l'autre sont eux-mêmes différents en espèce. *Cf.* le passage parallèle *E.E.*, VII, 10, 1243b15-38.

2. Dans la forme politique de l'amitié, dans le sentiment qui unit les citoyens d'une même cité. L. 33, ἐν τῇ πολιτικῇ, sous-entendu κοινωνίᾳ (cf. *E.E.*, 1243b30). – Sur l'exemple du cordonnier, cf. *supra*, V, 8, 1133a8-11.

3. L. 1164a1, ἐνταῦθα, c'est-à-dire, la société politique. – La monnaie a déjà été étudiée V, 8, 1133a19 *sq.*

auquel dès lors on rapporte toutes choses et avec lequel on les mesure. – Dans les relations amoureuses[1], l'amant se plaint parfois que son amour passionné ne soit pas payé de retour, quoique, le cas échéant, il n'y ait en lui rien d'aimable ; de son
5 côté, l'aimé se plaint fréquemment que l'autre, qui lui avait précédemment fait toutes sortes de promesses, n'en remplisse à présent aucune. Pareils dissentiments se produisent lorsque l'amant aime l'aimé pour le plaisir, tandis que l'aimé aime l'amant pour l'utilité, et que les avantages attendus ne se rencontrent ni dans l'un ni dans l'autre[2]. Dans l'amitié basée sur ces motifs, une rupture a lieu quand les deux amis n'obtiennent pas les satisfactions[3] en vue desquelles leur amitié s'était
10 formée : ce n'est pas, en effet, la personne en elle-même qu'ils chérissaient, mais bien les avantages qu'ils en attendaient, et qui n'ont rien de stable ; et c'est ce qui fait que de telles amitiés ne sont pas non plus durables. Au contraire, celle qui repose sur la similitude des caractères, n'ayant pas d'autre objet qu'elle-même, est durable, ainsi que nous l'avons dit[4].

Des dissentiments éclatent encore quand les amis obtiennent des choses autres que celles qu'ils désirent : car c'est en somme ne rien obtenir du tout que de ne pas obtenir ce qu'on a
15 en vue. On connaît l'histoire de cet amateur[5] qui avait promis à

---

1. *Cf.* VIII, 5, 1157a7 *sq.* Cette κοινωνία est bien ἀνομοιοειδής, puisque l'amant recherche la vue de l'aimé, et l'aimé les soins de l'amant.

2. *Cf.* St Thomas, 1761, p. 464 : *contingii autem quandoque, quod ista* [*delectatio, utile,* ταῦτα, 1. 8] *non existunt : quia scilicet nec amatori amatus exhibet delectationem, nec amator amato utilitatem.*

3. L. 10, ὧν, et 11, τὰ ὑπάρχοντα, désignent le plaisir et l'intérêt (comme ταῦτα, l. 8).

4. *Cf.* VIII, 4, 1156b9-12 ; VIII, 5, 1157a10. – L. 12, καθ' αὑτὴν, amitié qui s'adresse à la personne même de l'ami et non à ses qualités instables, autrement dit qui est désintéressée.

5. Selon Plutarque (*de Alex. fortuna*, 333), c'est Denys le Tyran qui répondit au musicien, qu'il l'avait déjà payé en plaisir, – le plaisir de lui avoir fait

un joueur de cithare de le payer d'autant plus cher que son jeu serait meilleur : au matin, quand le citharisste réclama l'exécution de la promesse, l'autre répondit qu'il avait déjà rendu plaisir pour plaisir. Certes, si tous deux avaient souhaité du plaisir, pareille solution eût été satisfaisante ; mais quand l'un veut de l'amusement et l'autre un gain matériel, si le premier obtient ce qu'il veut, et l'autre non, les conditions de leur accord mutuel ne sauraient être remplies comme il faut : car la chose dont en fait on a besoin, c'est elle aussi qui intéresse, et c'est pour l'obtenir, elle, qu'on est prêt à donner soi-même ce qu'on a.

Mais auquel des deux appartient-il de fixer le prix ? Est-ce à celui dont le service émane ? Ne serait-ce pas plutôt à celui qui a bénéficié le premier de l'opération[1] ? car, enfin, celui qui rend d'abord service paraît bien s'en remettre sur ce point à l'autre partie. Telle était, dit-on, la façon de faire de Protagoras[2] : quand il donnait des leçons sur un sujet quelconque, il invitait son élève à évaluer lui-même le prix des connaissances qu'il avait acquises, et il recevait le salaire ainsi fixé. Cependant, dans des circonstances de ce genre, certains préfèrent s'en tenir à l'adage *Que le salaire convenu avec un ami <lui soit assuré>*[3]. Mais ceux qui commencent par prendre l'argent, et qui ensuite ne font rien de ce qu'ils disaient, à cause de

espérer un bon salaire (εὔφρανα κἀγὼ σὲ ταῖς ἐλπίσιν). Il est clair que le musicien voulait être payé en bon argent, et non en plaisir.

1. L. 23, τοῦ προϊεμένου et ὁ προϊέμενος désignent *celui qui rend service* ou *cède* quelque chose, ὁ δούς (VIII, 15, 1163a7), contre une rémunération à venir. Au contraire, τοῦ προλαβόντος est celui qui *reçoit le service le premier*, c'est-à-dire qui, dans l'opération, *commence* (προ) par en avoir le bénéfice, mais qui ultérieurement doit s'en acquitter.

2. Cf. *Prot.*, 328b-c.

3. Fragment d'un vers d'Hésiode, *Op. et D.*, 370 (trad. Mazon), dont le sens général est : qu'un homme fixe lui-même son salaire, même quand il s'agit d'un ami.

l'exagération de leurs promesses, sont l'objet de plaintes
30 bien naturelles, puisqu'ils n'accomplissent pas ce qu'ils ont
accepté de faire. Cette façon de procéder[1] est peut-être pour
les Sophistes une nécessité, parce que personne ne voudrait
donner de l'argent en échange de leurs connaissances[2]. Ainsi
donc, ces gens qu'on paie d'avance, s'ils ne remplissent pas les
services pour lesquels ils ont reçu leur salaire, soulèvent à juste
titre des récriminations.

Dans les cas où il n'existe pas de convention fixant la
rémunération du service rendu, et où on agit par pure bienveillance pour son ami, aucune récrimination, avons-nous dit[3],
35 n'est à redouter (et, de fait, cette absence de tout dissentiment
caractérise l'amitié fondée sur la vertu), et le montant de la
1164b rémunération donnée en retour doit être fixé conformément
au choix délibéré[4] du bienfaiteur (puisque le choix délibéré
est le fait d'un ami et en général de la vertu). Telle est encore,
semble-t-il, la façon de nous acquitter envers ceux qui nous ont
dispensé leur enseignement philosophique ; car sa valeur n'est
pas mesurable en argent, et aucune marque de considération ne
saurait non plus entrer en balance avec le service rendu, mais
5 sans doute suffit-il, comme dans nos rapports avec les dieux et
avec nos parents[5], de nous acquitter dans la mesure où nous le
pouvons. Quand, au contraire[6], le service accordé ne présente
pas ce caractère de gratuité mais qu'il est fait pour quelque
avantage corrélatif, la meilleure solution sera sans doute que la

---

1. Se faire payer d'avance.

2. On sait qu'Aristote ne pense aucun bien de la Sophistique, qui n'est
qu'une *sagesse apparente* et sans réalité (φαινομένη σοφία) : *cf.* notamment *de
Soph. el.*, 1, 165a22-23 ; 11, 171b28-30, 34 ; *Met.*, Γ, 2, 1004b18 ; etc.

3. VIII, 15, 1162b6-13. On agit alors d'une façon désintéressée, sans espoir
de réciprocité.

4. C'est-à-dire l'intention. *Cf.* VIII, 15, 1163a21.

5. VIII, 16, 1163b16-18.

6. L. 6, δ' répond à μὲν l. 34, ci-dessus.

rémunération payée en retour soit celle qui semble aux deux
parties conforme à la valeur du service; et si l'accord des
parties ne peut se réaliser, il semblera non seulement nécessaire, mais juste, que ce soit la partie ayant bénéficié d'abord 10
du service[1] qui fixe le montant de la rémunération, puisque
l'autre partie, en recevant en compensation l'équivalent de
l'avantage conféré au bénéficiaire ou le prix librement consenti
par ce dernier en échange du plaisir, recouvrera ainsi du bénéficiaire le prix justement dû. Pour les marchandises mises en
vente, en effet, c'est manifestement encore de cette façon-là
qu'on procède[2]; et dans certains pays[3] il existe même des lois
refusant toute action en justice pour les transactions de gré à gré,
en vertu de cette idée qu'il convient, quand on fait confiance à
quelqu'un, de s'acquitter envers lui dans le même esprit qui a
présidé à la formation du contrat. Dans la pensée du législa- 15
teur[4], en effet, il est plus juste d'abandonner la fixation du prix
à la personne en qui on a mis sa confiance qu'à celle qui s'est

1. L. 9, τὸν προέχοντα a le même sens et désigne la même personne que
τοῦ προλαβόντος, 1164a23 (*cf.* la note) : c'est celui qui a bénéficié du service
rendu par ὁ προϊέμενος, et qui doit ensuite une rémunération. C'est encore le
bénéficiaire que représente οὗτος, l. 10, tandis que le *benefactor* est désigné par
ἀντιλαβών, l. 11. – Sur le sens du texte, *cf.* St Thomas, 1770, p. 465 : *quantum
aliquis est adjutus per beneficium amici in amicitia utili, aut quantum acceptat
delectationem in amicitia delectabilitatum, dignum est quod recompenset.*

2. Ce qui est une première preuve de ce que la rémunération doit être fixée
par ὁ προέχων. – Le prix est ainsi déterminé, suivant Aristote, par l'acheteur et
non par le vendeur, le besoin étant la seule mesure de la valeur. Burnet, p. 403-
404, remarque justement qu'Aristote sacrifie délibérément tout un côté de la
réalité. La valeur d'un produit résulte aussi du coût de production, car si le
vendeur ne rentre pas dans ses dépenses et ne réalise aucun bénéfice, il retirera
sa marchandise et préférera que la vente n'ait pas lieu.

3. Autre preuve que la rémunération est fixée par le bénéficiaire. Cf. *supra*,
VIII, 15, 1162b29 et note.

4. On peut prendre ὁ νομοθέτης comme sujet sous-entendu de οἴεται,
l. 15.

confiée[1]. C'est que, la plupart du temps, le possesseur d'une chose ne lui attribue pas la même valeur que celui qui souhaite l'acquérir : chacun, c'est là un fait notoire, estime à haut prix les choses qui lui appartiennent en propre et celles qu'il donne. Il n'en est pas moins vrai[2] que la rémunération fournie en
20 retour est évaluée au taux fixé par celui qui reçoit la chose. Mais sans doute faut-il que ce dernier apprécie la chose non pas à la valeur qu'elle présente pour lui quand il l'a en sa possession, mais bien à la valeur qu'il lui attribuait avant de la posséder[3].

2
<Conflits entre les diverses formes de l'amitié>

Une difficulté est également soulevée[4] par des questions telles que celle-ci : doit-on tout concéder à son père et lui obéir en toutes choses, ou bien quand on est malade doit-on plutôt faire confiance à son médecin, et, dans le choix d'un stratège, faut-il plutôt voter pour l'homme apte à la guerre[5] ? Pareille-
25 ment, doit-on rendre service à un ami plutôt qu'à un homme de bien, doit-on montrer sa reconnaissance à un bienfaiteur plutôt

1. Et qui peut ainsi être victime de son imprudence.

2. Bien que l'appréciation du vendeur (ou du donateur) ne soit pas négligeable.

3. Correction apportée par Aristote au danger que peut présenter l'estimation de l'acquéreur, qui risquerait d'être trop faible, car une chose qu'on a déjà en possession perd pour nous de son prix. *Solent enim homines bona externa minoris aestimare quando jam illa possident, quam antequam illa possideant* (Sylv. Maurus, 244[1]).

4. *E.E.*, VII, 11, 1244a1-36. – *Cf.* Burnet, p. 404 note, sur la « casuistique » de l'amitié.

5. Plutôt que pour son père ou le candidat de ce dernier.

que faire un don à un camarade, si on ne peut pas accomplir les deux choses à la fois ?

N'est-il pas vrai que[1], pour toutes les questions de ce genre, il n'est pas facile de déterminer une règle précise ? (Elles comportent, en effet, une foule de distinctions de toutes sortes, d'après l'importance plus ou moins grande du service rendu, et la noblesse ou la nécessité d'agir). Mais que nous ne soyons 30 pas tenus de tout concéder à la même personne, c'est un point qui n'est pas douteux. D'autre part, nous devons, la plupart du temps, rendre les bienfaits que nous avons reçus plutôt que de faire plaisir à nos camarades, tout comme[2] nous avons l'obligation de rembourser un prêt à notre créancier avant de donner de l'argent à un camarade. Et même ces règles ne sont-elles pas sans doute applicables dans tous les cas. Supposons, par exemple, un homme délivré, moyennant rançon, des mains des brigands : doit-il à son tour payer rançon pour délivrer son propre libérateur, quel qu'il soit (ou même dans l'hypothèse où 35 ce dernier n'a pas été enlevé par les brigands, mais demande seulement à être rémunéré du service rendu, doit-il payer ?), ou **1165a** ne doit-il pas plutôt racheter contre rançon son propre père ? Car on pensera qu'il doit faire passer l'intérêt de son père avant même le sien propre. Ainsi donc que nous venons de le dire[3], en règle générale on doit rembourser la dette contractée ; mais si cependant un don pur et simple l'emporte en noblesse morale ou en nécessité, c'est en faveur de ce don qu'il faut faire pencher la balance. Il existe, en effet, des circonstances où il n'est même 5 pas équitable de rendre l'équivalent de ce qu'on a d'abord reçu : quand, par exemple, un homme a fait du bien à un autre homme qu'il sait vertueux, et qu'à son tour ce dernier est

---

1. Solution nuancée d'Aristote, qui évite une réponse trop péremptoire.

2. L. 32, nous pensons qu'il faut supprimer καὶ devant ὥσπερ, ou lire ὥσπερ καὶ, comme Argyropoulos.

3. 1164b31-1165a2.

appelé à rendre son bienfait au premier, qu'il estime être un malhonnête homme. Car même si une personne vous a prêté de l'argent, vous n'êtes pas toujours tenu de lui en prêter à votre tour : cette personne peut, en effet, vous avoir prêté à vous, qui êtes honnête, pensant qu'elle rentrera dans son argent, alors
10 que vous-même n'avez aucun espoir de vous faire rembourser par un coquin de son espèce. Si donc on se trouve réellement dans cette situation, la prétention de l'autre partie[1] n'est pas équitable ; et même si on n'a pas affaire à un coquin, mais qu'il en ait la réputation, personne ne saurait trouver étrange que vous agissiez de la sorte.

La conclusion est celle que nous avons indiquée à plusieurs reprises[2] : nos raisonnements concernant les passions et les actions humaines ne sont pas autrement définis que les objets dont ils traitent.

Que nous ne soyons pas tenus d'acquitter à tous indistinctement les mêmes rémunérations en retour de leurs services, ni
15 de déférer en toutes choses aux désirs d'un père, pas plus qu'on n'offre à Zeus tous les sacrifices, c'est ce qui ne fait pas de doute. Mais puisque ce sont des satisfactions différentes que réclament parents, frères, camarades ou bienfaiteurs, il faut attribuer à chacun de ces groupes les avantages qui lui sont appropriés et qui sont à sa mesure. C'est d'ailleurs ainsi qu'en fait on procède : aux noces, par exemple, on invite les personnes de sa parenté (car elles font partie de la famille, et par suite
20 participent aux actes qui la concernent) ; pour les funérailles aussi on estime qu'avant tout le monde les gens de la famille

---

1. À obtenir un avantage équivalent.
2. I, 1, 1094b11-27 ; 7, 1098a26-29 ; II, 2, 1103b34-1104a5. – Nos raisonnements doivent s'adapter aux cas d'espèce, la moralité étant une matière mouvante pour laquelle il n'est pas possible d'établir des lois invariables. Sur le texte, *cf.* la traduction de Lambin : *oratio… nihilo magis certa aut definita est quam ea in quibus versatur.*

doivent s'y présenter et cela pour la même raison. On pensera encore que l'assistance due à nos parents pour assurer leur subsistance passe avant tout autre devoir, puisque c'est une dette que nous acquittons, et que l'aide que nous apportons à cet égard aux auteurs de nos jours est quelque chose de plus honorable encore que le souci de notre propre conservation. L'honneur aussi est dû à nos parents, comme il l'est aux dieux, mais ce n'est pas n'importe quel honneur dans tous les cas : l'honneur n'est pas le même pour un père ou pour une mère, ni 25 non plus pour le philosophe ou pour le stratège, mais on doit rendre au père l'honneur dû à un père, et pareillement à la mère l'honneur dû à une mère. À tout vieillard aussi nous devons rendre l'honneur dû à son âge, en nous levant à son approche, en le faisant asseoir, et ainsi de suite. En revanche, à l'égard de camarades ou de frères on usera d'un langage plus libre, et on mettra tout en commun avec eux. Aux membres de notre 30 famille, de notre tribu, de notre cité, ou d'autres groupements, à tous nous devons toujours nous efforcer d'attribuer ce qui leur revient en propre, et de comparer ce que chacune de ces catégories d'individus est en droit de prétendre, eu égard à leur degré de parenté, à leur vertu ou à leur utilité. Entre personnes appartenant à une même classe, la discrimination est relative-ment aisée, mais entre personnes de groupements différents, elle est plus laborieuse. Ce n'est pourtant pas une raison pour y renoncer, mais, dans la mesure du possible, il convient 35 d'observer toutes ces distinctions.

3
<De la rupture de l'amitié>

On se pose encore la question de savoir si l'amitié sera rompue ou non à l'égard des amis ne demeurant pas ce qu'ils **1165ᵇ** étaient. Ne devons-nous pas répondre que dans le cas des

amitiés reposant sur l'utilité ou le plaisir, dès que les intéressés ne possèdent plus ces avantages, il n'y a rien d'étonnant à ce qu'elles se rompent? (Car c'était de ces avantages qu'on était épris; une fois qu'ils ont disparu, il est normal que l'amitié cesse). Mais on se plaindrait à juste titre de celui qui ne recher-
5 chant en réalité dans l'amitié que l'utilité ou le plaisir qu'elle procure, ferait semblant d'y être poussé par des raisons morales[1]. Comme nous l'avons dit au début[2], des conflits entre amis se produisent le plus souvent lorsqu'ils ne sont pas amis de la façon qu'ils croient l'être. Quand donc on a commis une erreur sur ce point et qu'on a supposé être aimé pour des raisons morales, si l'autre ne fait rien pour accréditer cette
10 supposition on ne saurait s'en prendre qu'à soi-même; si, au contraire, ce sont ses feintes qui nous ont induits en erreur, il est juste d'adresser des reproches à celui qui nous a dupés, et qui les mérite davantage que s'il avait falsifié la monnaie, d'autant que sa perfidie porte sur un objet plus précieux encore[3].

Mais si on reçoit dans son amitié quelqu'un comme étant un homme de bien et qu'il devienne ensuite un homme pervers et nous apparaisse tel, est-ce que nous devons encore l'aimer? N'est-ce pas plutôt là une chose impossible, s'il est vrai que
15 rien n'est aimable que ce qui est bon, et que, d'autre part, nous ne pouvons, ni ne devons aimer ce qui est pervers[4]? Car notre devoir est de ne pas être un amateur de vice, et de ne pas

---

1. L. 5 et 9, διὰ τὸ ἦθος, textuellement: *pour le caractère* de l'autre. *Cf.* Lambin: *simulet se moribus et virtute ad hoc ipsum* [sc. *ad amandum*] *excitari.*

2. VIII, 15, 1162b23-25.

3. Que la monnaie.

4. Texte incertain et comportant des variantes. Nous acceptons la leçon de Susemihl, mais il serait peut-être préférable de supprimer les mots οὔτε δὲ φιλητέον, πονηρόν, l. 15. *Cf.* Burnet, p. 408 note.

ressembler à ce qui est vil ; et nous avons dit [1] que le semblable est ami du semblable. Est-ce donc que nous devions rompre sur-le-champ ? N'est-ce pas là plutôt une solution qui n'est pas applicable à tous les cas, mais seulement quand il s'agit d'amis dont la perversité est incurable ? Nos amis sont-ils, au contraire, susceptibles de s'amender, nous avons alors le devoir de leur venir moralement en aide, bien plus même que s'il s'agissait de les aider pécuniairement, et cela dans la mesure où les choses d'ordre moral l'emportent sur l'argent et se rapprochent davantage de l'amitié [2]. On admettra cependant que celui qui rompt une amitié de ce genre ne fait rien là que de naturel : car ce n'était pas à un homme de cette sorte que s'adressait notre amitié ; si donc son caractère s'est altéré et qu'on soit impuissant à le remettre dans la bonne voie, on n'a plus qu'à se séparer de lui.

Si, d'autre part, l'un des deux amis demeurait ce qu'il était et que l'autre eût progressé dans le bien et l'emportât grandement en vertu, celui-ci doit-il garder le premier pour ami ? N'y a-t-il pas plutôt là une impossibilité ? Quand l'intervalle qui sépare les deux amis est considérable, cette impossibilité apparaît au grand jour, comme dans le cas des amitiés entre enfants : si, en effet, l'un restait enfant par l'esprit, tandis que l'autre serait devenu un homme de haute valeur, comment pourraient-ils être amis, n'ayant ni les mêmes goûts, ni les mêmes plaisirs, ni les mêmes peines ? Même dans leurs rapports mutuels, cette communauté de sentiments leur fera défaut ; or c'est là une condition sans laquelle, nous le savons [3], ils ne peuvent être

---

1. VIII, 4, 1156b19-21 ; 10, 1159b1. – Sur la φιλοπονηρία (le *goût du vice*), *cf.* Théophraste, *Caract.*, XXIX, principalement *in fine*.

2. À l'exemple de Rackham, nous lions, l. 19, μᾶλλον … ἤ. Ross fait tomber au contraire μᾶλλον sur βοηθητέον et traduit simplement : *one should rather come to the assistance of their caracter or their property, inasmuch as this is better and more characteristic of friendship.*

3. VIII, 6, 1157b22-24. – Sur le sens de ἦν, l. 30, *cf.* III, 7, 1113b12, note.

amis, puisqu'il ne leur est pas possible de vivre l'un avec l'autre. Mais nous avons déjà traité cette question[1].

Devons-nous donc nous comporter envers un ancien ami exactement de la même façon[2] que s'il n'avait jamais été notre ami? Ne doit-on pas plutôt conserver le souvenir de l'intimité passée, et de même que nous pensons qu'il est de notre devoir de nous montrer plus aimable pour des amis que pour des étrangers, ainsi également à ceux qui ont été nos amis ne
35 devons-nous pas garder encore quelque sentiment d'affection en faveur de notre amitié d'antan, du moment que la rupture n'a pas eu pour cause un excès de perversité de leur part?

4
<Analyse de l'amitié. Altruisme et égoïsme>

1166a   Les sentiments affectifs que nous ressentons à l'égard de nos amis[3], et les caractères qui servent à définir les diverses

1. VIII, 6, 1157b17-26; 9, 1158b33-35.
2. L. 31, οὐθὲν ἀλλοιότερον... ἤ équivaut à ἄλλο ... ἤ (*Ind. arist.*, 34a32). Même tournure *de Coelo*, I, 10, 280a12.
3. Aristote examine dans le présent chapitre la nature intime de la φιλία, et c'est là le point le plus important de sa théorie. L'amitié trouve son fondement et son explication dans l'amour de *l'homme de bien* (ὁ ἐπιεικής ou ὁ ἀγαθός) pour lui-même; l'égoïsme (mais l'égoïsme de l'individu vertueux) n'est pas essentiellement différent de l'altruisme, qui n'est qu'un déploiement et un transfert de l'amour de soi bien compris, le bien-être d'autrui devenant ainsi un objet d'intérêt aussi direct que l'amour de soi. Toutes les *marques* qui *caracté-risent l'amitié* à ses différents stades (τὰ φιλικά) se retrouvent dans le sentiment que l'honnête homme éprouve pour sa propre personne, ou, plus précisé-ment, pour la partie la plus excellente de sa nature, à savoir la partie intellective de son âme, le νοῦς. L'intellectualisme d'Aristote se manifeste ici une fois encore, et on peut considérer la φιλία comme l'utilisation sociale de la φρονή-σις. On comprend dès lors la place que la φιλία occupe dans le traité : elle est un passage de la sagesse *pratique* à la sagesse *théorétique* (la σοφία), qui fera

amitiés semblent bien dériver des relations de l'individu avec lui-même. En effet[1], on définit un ami : celui qui souhaite et

l'objet du livre X (*cf.* sur ce point, Burnet, p. 345). La conception aristotélicienne de l'amitié, qui donne l'égoïsme pour principe aux sentiments désintéressés, soulève (en dépit de l'importante correction qu'y apporte lui-même Aristote en précisant qu'il s'agit de l'égoïsme de l'homme vertueux) des objections et des difficultés d'interprétation considérables. On en trouvera un bon résumé dans Robin, *Aristote*, p. 241-247. Les développements des chap. 4 et suivants du livre IX se concilient mal avec les critiques adressées, à la fin du livre V, à la conception platonicienne des parties de l'âme ; d'autre part, la légitime importance accordée dans le livre VIII aux sentiments désintéressés paraît bien opposée à l'idée que l'amitié n'est qu'un dérivé de l'égoïsme. Joachim a donné une brève mais décisive analyse du présent chapitre (p. 254-255). *Cf.* aussi le passage parallèle de *E.E.*, VII, 6, 1240a5-1240b37.

1. Aristote va établir un parallélisme entre les caractères de l'amitié πρὸς ἕτερον et les caractères de l'amitié πρὸς ἑαυτόν. Ces *caractéristiques* (φιλικά) sont au nombre de cinq, et on peut les grouper dans le tableau suivant :

φ. πρὸς ἕτερον	φ. πρὸς ἑαυτόν
1) Souhaiter et faire du bien à son ami d'une façon désintéressée (1166a3-4 : τὸν βουλόμενον... ἕνεκα)	1) Se souhaiter et se faire du bien à soi-même d'une façon désintéressée (1166a14-17 : καὶ βούλεται ... δοκεῖ. 1166b10-11 : οἳ δ'... εἶναι)
2) Souhaiter longue vie à son ami (1166a4-6 : τὸν βουλόμενον... προσκεκρουκότες)	2) Se souhaiter longue vie à soi-même (1164a17-23 : καὶ ζῆν... ἢ μάλιστα. 1166b11-13 : οἷς δὲ ... ἑαυτούς)
3) Vivre en compagnie de son ami (1166a6-7 : οἳ δὲ ... συνδιάγοντα)	3) Vivre avec soi-même (1166a23-27 : συνδιάγειν ... τῇ διανοίᾳ. 1166b13-17 : ζητοῦσίν τε ... ἐπιλανθάνονται)
4) Partager les mêmes opinions et les mêmes goûts que son ami (1166a7 : ταὐτὰ ... αἱρούμενον)	4) L'homme de bien désire la même chose dans toutes les parties de son âme (1166a13-14 : οὗτος γάρ ... τὴν ψυχήν. 1166b7-10 : διαφέρονται ... ὄντα)
5) Partager les joies et les tristesses de son ami (1166a7-8 : τὸν συναλγοῦντα καὶ συγχαίροντα)	5) Compatir à ses propres joies et tristesses (1166a27-29 : συναλγεῖ ... ὡς εἰπεῖν. 1166b18-22 : οὐδὲ δὲ ... διασπῶντα)

fait ce qui est bon en réalité ou lui semble tel, en vue de son ami
même ; ou encore, celui qui souhaite que son ami ait l'existence
5 et la vie, pour l'amour de son ami même (c'est précisément ce
sentiment que ressentent les mères à l'égard de leurs enfants,
ainsi que les amis qui se sont querellés)[1]. D'autres définissent
un ami : celui qui passe sa vie avec un autre et qui a les mêmes
goûts que lui ; ou celui qui partage les joies et les tristesses de
son ami (sentiment que l'on rencontre aussi tout particulièrement chez les mères). L'amitié se définit enfin par l'un ou
l'autre de ces caractères.

10 Or chacune de ces caractéristiques se rencontre aussi dans
la relation de l'homme de bien avec lui-même (comme aussi
chez les autres hommes, en tant qu'ils se croient eux-mêmes
des hommes de bien ; or, de l'avis général, ainsi que nous
l'avons dit[2], la vertu et l'homme vertueux sont mesure de
toutes choses). En effet, les opinions sont chez lui en complet
accord entre elles, et il aspire aux mêmes choses avec son âme
tout entière[3]. Il se souhaite aussi à lui-même ce qui est bon
15 en réalité et lui semble tel, et il le fait (car c'est le propre de
l'homme bon de travailler activement pour le bien), et tout cela
en vue de lui-même (car il agit en vue de la partie intellective
qui est en lui et qui paraît constituer l'intime réalité de chacun

1. L. 6, τῶν φίλων οἱ προσκεκρουκότες vise les amis qu'une légère
querelle a séparés et qui ont cessé de se voir, mais qui cependant conservent
des sentiments amicaux l'un pour l'autre (Lambin : *amici ii inter quos aliqua
offensiuncula nata est*) : *cf.* St Thomas 1799, p. 476. Même idée *Pol.*, II, 5,
1263a18.

2. III, 6, 1113a22-33. – Les l. 11-13 (τοῖς δὲ λοιποῖς … εἶναι) forment une
parenthèse, que nous avons marquée. Aristote reviendra sur le cas des « autres
hommes » *infra*, 1166b2. – Sur le sens, *cf.* St Thomas, 1803, p. 476.

3. L'homme de bien désire les mêmes choses dans toutes les parties de son
âme. En d'autres termes, l'ἐπιθυμία, le θυμός et la βούλησις (les trois espèces
de l'ὄρεξις : *cf.* I, 1, 1094a2, note) ont les mêmes objets et ne se contrarient pas ;
l'harmonie règne entre les diverses facultés.

de nous)[1]. Il souhaite encore que lui-même vive et soit conservé, et spécialement cette partie par laquelle il pense[2]. L'existence est, en effet, un bien pour l'homme vertueux, et chaque homme souhaite à soi-même ce qui est bon : et nul ne choisirait de posséder le monde entier en devenant d'abord 20 quelqu'un d'autre que ce qu'il est devenu (car Dieu possède déjà tout le bien existant[3]), mais seulement en restant ce qu'il est, quel qu'il soit. Or il apparaîtra que l'intellect constitue l'être même de chaque homme, ou du moins sa partie principale. En outre, l'homme vertueux souhaite de passer sa vie avec lui-même : il est tout aise de le faire, car les souvenirs que 25 lui laissent ses actions passées ont pour lui du charme, et en ce qui concerne les actes à venir, ses espérances sont celles d'un homme de bien et en cette qualité lui sont également agréables. Sa pensée enfin abonde en sujets de contemplation. Et avec

1. Le νοῦς constitue le fondement de notre personnalité morale. Cette conception intellectualiste est affirmée encore, presque dans les mêmes termes, *infra*, l. 18-19 et 22-23.

2. L. 18, τοῦτο ᾧ φρονεῖ, le *principe pensant*, au sens où Platon employait le terme φρόνησις (*raison, pensée pure, réflexion, sagesse*) : *cf.*, par exemple, *Phédon*, 79d.

3. Les l. 19-22 sont très difficiles et sont peut-être altérées (les mots ἔχει γὰρ καὶ νῦν ὁ θεὸς τἀγαθόν notamment paraissent suspects, ont un sens incertain et pourraient être supprimés). Quoi qu'il en soit, nous conservons la leçon traditionnelle, acceptée par Susemihl et adoptée par Burnet, p. 411, lequel juge notamment inutile (contrairement à l'opinion de M. Vermehren, *Arist. Schriftst.*, Leipzig, 1864, suivie par Byw. et Rackham) de mettre entre crochets ἐκεῖνο τὸ γενόμενον, l. 21, mots qui complètent le sens. La pensée d'Aristote est d'ailleurs suffisamment claire. L'homme de bien veut persévérer dans son être, l'existence étant pour lui, comme pour tout homme, un bien. Mais encore faut-il que sa personnalité, qui lui paraît plus précieuse que tout, reste la même, et il n'accepterait pas de devenir même un dieu à la condition de la perdre (cf. *supra*, VIII, 9, 1159a5 *sq.*). Dans une parenthèse, assez obscure, Aristote ajoute que dès à présent cette condition est réalisée : Dieu possède le bien dans son entier et nous ne possédons pas plus ce bien que si nous le possédions ayant perdu notre personnalité (*cf.* Burnet, p. 411, et la note de Ross, *ad loc.*).

cela, il sympathise par-dessus tout avec ses propres joies et ses propres peines, car toujours les mêmes choses sont pour lui pénibles ou agréables, et non telle chose à tel moment et telle autre à tel autre, car on peut dire qu'il ne regrette jamais rien[1].

30   Dès lors[2], du fait que chacun de ces caractères appartient à l'homme de bien dans sa relation avec lui-même, et qu'il est avec son ami dans une relation semblable à celle qu'il entretient avec lui-même (car l'ami est un autre soi-même) il en résulte que l'amitié semble consister elle aussi en l'un ou l'autre de ces caractères, et que ceux qui les possèdent sont liés d'amitié. – Quant à la question de savoir s'il peut ou non y avoir amitié entre un homme et lui-même, nous pouvons la laisser de côté pour le moment[3]; on admettra cependant qu'il peut y
35 avoir amitié en tant que chacun de nous est un être composé de deux parties ou davantage[4], à en juger d'après les caractères
1166b mentionnés plus haut, et aussi parce que l'excès dans l'amitié ressemble à celle qu'on se porte à soi-même.

C'est un fait d'expérience que les caractères que nous avons décrits[5] appartiennent aussi à la plupart des hommes, si

1. *Cum (pens dicam) nihil agat cujus eum paenitere possit* (Lambin).

2. Conclusion : l'altruisme dérive de l'égoïsme (mais de l'égoïsme de l'homme vertueux).

3. Cf. *infra*, 8, 1168a28-1169b2.

4. Les mots ἢ ἐστι δύο ἢ πλείω, l. 35, sont embarrassants, mais les commentateurs récents sont d'accord pour y voir une allusion à la théorie platonicienne des parties de l'âme, dont Aristote fait d'ailleurs dans ce passage un usage purement dialectique (sur sa propre théorie, cf. *supra*, I, 13, 1102a27, note). Le texte de *E.E.*, VII, 6, 1240a12-21, impose cette interprétation (*cf.* Burnet, p. 413 note). L. 35, contrairement à Burnet et à Rackham, mais conformément à la leçon de Byw., acceptée par Ross, nous conservons ἐκ τῶν εἰρημένων en le faisant précéder d'une virgule.

5. Et qui intéressent la relation πρὸς ἑαυτόν. Ces φιλικά appartiennent non seulement aux hommes vertueux, mais encore aux gens dépravés, dans la mesure où il reste en eux des traces d'honnêteté (même idée, *supra*, 1166a11 : τοῖς δὲ λοιποῖς ... εἶναι). D'où, dans les lignes qui suivent, la distinction entre

pervers qu'ils puissent être. Ne pouvons-nous alors dire que, en tant qu'ils se complaisent en eux-mêmes et se croient des hommes de bien, ils participent réellement à ces caractères ? Car enfin aucun homme d'une perversité ou d'une scélératesse achevée n'est en possession de ces qualités, et il ne donne 5 même pas l'impression de les avoir. On peut même à peu près assurer qu'elles ne se rencontrent pas chez les individus d'une perversité courante : ces gens-là sont en désaccord avec eux-mêmes, leur concupiscence les poussant à telles choses, et leurs désirs rationnels à telles autres : c'est par exemple le cas des intempérants[1], qui, au lieu de ce qui, à leurs propres yeux, est bon, choisissent ce qui est agréable mais nuisible. D'autres, 10 à leur tour, par lâcheté et par fainéantise, renoncent à faire ce qu'ils estiment eux-mêmes le plus favorable à leurs propres intérêts. Et ceux qui ont commis de nombreux et effrayants forfaits et sont détestés pour leur perversité en arrivent à dire adieu à l'existence et à se détruire eux-mêmes. De même encore, les méchants recherchent la société d'autres personnes avec lesquelles ils passeront leurs journées, mais ils se fuient eux-mêmes, car seuls avec eux-mêmes ils se ressouviennent d'une foule d'actions qui les accablent et prévoient qu'ils 15 en commettront à l'avenir d'autres semblables, tandis qu'au contraire la présence de compagnons leur permet d'oublier. De plus, n'ayant en eux rien d'aimable, ils n'éprouvent aucun sentiment d'affection pour eux-mêmes. Par suite, de tels hommes demeurent étrangers à leurs propres joies et à leurs propres peines, car leur âme est déchirée par les factions : l'une de ses parties, en raison de sa dépravation, souffre quand l'individu s'abstient de certains actes, tandis que l'autre partie 20 s'en réjouit ; l'une tire dans un sens et l'autre dans un autre,

---

les hommes pervers κομιδῇ (l. 5) et les hommes pervers proprement dits (τοῖς φαύλοις, l. 6), ces derniers seuls pouvant posséder des φιλικά.

1. Sur l'ἀκρασία et ses caractères, *cf.* VII, 1, 1145a17, note.

mettant ces malheureux pour ainsi dire en pièces. Et s'il n'est pas strictement possible qu'ils ressentent dans un même moment du plaisir et de la peine, du moins leur faut-il peu de temps pour s'affliger d'avoir cédé au plaisir et pour souhaiter que ces jouissances ne leur eussent jamais été agréables : car les hommes vicieux sont chargés de regrets.

25   Ainsi donc, il est manifeste que l'homme pervers n'a même pas envers lui-même de dispositions affectueuses, parce qu'il n'a en lui rien qui soit aimable. Si dès lors un pareil état d'esprit est le comble de la misère morale, nous devons fuir la perversité de toutes nos forces et essayer d'être d'honnêtes gens : ainsi pourrons-nous à la fois nous comporter en ami avec nous-mêmes et devenir un ami pour un autre.

5
<Analyse de la bienveillance>

30   La bienveillance est une sorte de sentiment affectif, tout en n'étant pas cependant amitié. La bienveillance, en effet, est ressentie même à l'égard de gens qu'on ne connaît pas, et elle peut demeurer inaperçue, ce qui n'est pas le cas de l'amitié. Nous avons précédemment discuté ce point[1].

Mais la bienveillance n'est pas non plus amour proprement dit[2]. Elle n'enveloppe, en effet, ni distension, ni désir, caractères qui au contraire accompagnent toujours l'amour ; et

---

1. VIII, 2, 1155b32-1156a5. Cf. *E.E.*, VII, 7, 1240b38-1241a14. – L. 30, nous lisons, avec Susemihl, φιλικῷ, et non la vulgate φιλία (suivie par Burnet).

2. Sur φίλησις, l. 32 (*attachement, affection*), *cf.* VIII, 1, 1155a1, note. Dans le présent passage, l'*amatio* est plutôt l'amour sensuel et passionné, *in appetitu sensitivo*, et le terme ὄρεξις signifie ici ἐπιθυμία, qui, on l'a vu (I, 1, 1094a2, note ; 13, 1102b30), est l'une des espèces de l'ὄρεξις. L. 33, διάτασις (*tensio, contentio, distentio*) est un terme d'origine médicale, qui exprime une violence de l'âme pour atteindre l'objet aimé (*cf.* St Thomas, 1822, p. 480).

l'amour ne va pas sans fréquentation habituelle [1], tandis que la
bienveillance prend naissance même d'une façon soudaine, 35
comme celle qu'il nous arrive d'éprouver en faveur de ceux qui
prennent part à une compétition sportive : nous ressentons de la **1167a**
bienveillance pour eux, notre volonté s'associe à la leur, mais
nous ne les seconderions en rien : ainsi que nous venons de le
dire, notre bienveillance pour eux s'éveille d'une façon
soudaine et notre affection est superficielle [2].

La bienveillance semble dès lors un commencement
d'amitié, tout comme le plaisir causé par la vue de l'être aimé
est le commencement de l'amour : nul, en effet, n'est amoureux sans avoir été auparavant charmé par l'extérieur de la
personne aimée, mais celui qui éprouve du plaisir à l'aspect 5
d'un autre n'en est pas pour autant amoureux [3], mais c'est seulement quand on regrette son absence et qu'on désire passion-
nément sa présence [4]. Ainsi également, il n'est pas possible
d'être amis sans avoir d'abord éprouvé de la bienveillance l'un
pour l'autre, tandis que les gens bienveillants ne sont pas pour
autant liés d'amitié : car ils se contentent de souhaiter du bien
à ceux qui sont l'objet de leur bienveillance, et ne voudraient
les seconder en rien ni se donner du tracas à leur sujet. Aussi 10
pourrait-on dire, en étendant le sens du terme amitié, que la

1. *Paulatim ad majus perducitur, et ideo per quamdam consuetudinem
amatio crescit* (St Thomas, 1823, p. 481, qui nuance ici la pensée d'Aristote
[*crescit*], lequel ne semble guère croire au « coup de foudre » [προσπαίως]).
2. Lambin traduit élégamment : *neque admodum altas amor eorum radices
agit. Cf.* Robin, *Aristote*, p. 244 : la bienveillance est une sorte d'émotion-choc,
soudaine et superficielle.
3. L. 5, ἰδέα et εἶδος (pris en un sens non technique) ont pratiquement la
même signification : *externa figura ac species* (*Ind. arist.*, 217b58). La joie que
l'on ressent à la vue de la beauté n'est donc qu'un commencement d'amour, et
non l'amour même. De même, poursuit Aristote, la bienveillance réciproque est
un commencement d'amitié, mais il arrive qu'on en reste à ce stade.
4. Souvenir du *Cratyle*, 420a-b.

bienveillance est une amitié paresseuse, mais avec le temps et
une fois parvenue à une certaine intimité elle devient amitié,
<amitié véritable>, et non pas cette sorte d'amitié basée sur
l'utilité ou le plaisir, car la bienveillance non plus ne prend
pas naissance sur ces bases. L'homme qui en effet[1], a reçu un
bienfait, et qui, en échange des faveurs dont il a été gratifié,
15 répond par de la bienveillance, ne fait là que ce qui est juste,
et, d'autre part, celui qui souhaite la prospérité d'autrui dans
l'espoir d'en tirer amplement profit, paraît bien avoir de la
bienveillance, non pas pour cet autre, mais plutôt pour lui-
même, pas plus qu'on n'est ami de quelqu'un si les soins dont
on l'entoure s'expliquent par quelque motif intéressé. En
somme, la bienveillance est suscitée par une certaine excellence et une certaine valeur morale : quand, par exemple, une
personne se montre à une autre, noble, ou brave, ou douée de
20 quelque qualité analogue[2], comme nous l'avons indiqué pour
le cas des compétiteurs sportifs.

6
<Analyse de la concorde>

La concorde[3] est, elle aussi, l'expérience le montre, un
sentiment affectif. Pour cette raison elle n'est pas simple

1. Aristote veut démontrer que la bienveillance est ἀρχή (l. 3) de la seule
amitié fondée sur la vertu (φιλίαν, l. 12 : nous avons ajouté les mots entre
crochets pour bien préciser la pensée d'Aristote), et non de celle qui repose sur
la volupté ou l'intérêt. Si, en effet, la bienveillance s'exerce en retour d'un
service donné, ce n'est plus de la bienveillance, mais de la stricte justice (τὰ
δίκαια δρῶν, l. 15) ; si, d'autre part, elle a en vue un *enrichissement* (εὐπορίας,
l. 16) futur, ce n'est pas à autrui qu'on souhaite du bien, mais à soi-même.
2. Caractères exclusifs de toute idée de plaisir ou d'intérêt, et qui sont les
notes de la véritable amitié.
3. *Cf.* VIII, 1, 1055a24 *sq.* ; *E.E.*, VII, 7, 1241a15-33.

conformité d'opinion, qui pourrait exister même entre personnes inconnues les unes aux autres. Pas davantage, on ne dit des gens qui ont la même manière de voir sur une question quelconque que la concorde règne entre eux : par exemple, ceux qui sont du même avis sur les phénomènes célestes[1] (car 25 la façon de penser commune sur ces matières n'a rien d'affectif). Au contraire, nous disons que la concorde prévaut dans les cités, quand les citoyens sont unanimes sur leurs intérêts, choisissent la même ligne de conduite et exécutent les décisions prises en commun. C'est donc aux fins d'ordre pratique que la concorde se rapporte, mais à des fins pratiques d'importance[2] et susceptibles d'intéresser les deux parties à la fois ou même 30 toutes les parties en cause : c'est le cas pour les cités, quand tous les citoyens décident que les magistratures seront électives, ou qu'une alliance sera conclue avec les Lacédémoniens, ou que Pittacos exercera le pouvoir, à l'époque où lui-même y consentait de son côté[3]. Quand au contraire chacun des deux partis rivaux souhaite pour lui-même la chose débattue, comme les chefs dans *les Phéniciennes*[4], c'est le règne des factions : car la concorde ne consiste pas pour chacun des deux compé-

1. Problèmes qui n'intéressent que la spéculation, et n'ont aucun caractère pratique.

2. Qui tendent, précise l'*E.E.*, 1241a17, εἰς τὸ συζῆν. Il faut en outre, ajoute Aristote, que les aspirations de toutes les parties en cause aient la possibilité d'être satisfaites. *Cf.* St Thomas, 1833, p. 483… : *illa circa quae est concordia sint talia quae possint convenire utrique concordantium, vel etiam omnibus sive hominibus sive civibus unius civitatis. Si enim aliquis consentiat alicui quod habeat id quod nullus potest habere, non multum pertinet ad concordiam.*

3. Pittacos, l'un des Sept Sages, tyran de Mytilène, avait été élu par ses concitoyens, et il résigna sa dictature malgré l'opposition de ceux-ci. Par conséquent il y avait concorde *durant toute la période* (ὅτε, l. 32) où il consentit à gouverner. Aristote parle de Pittacos avec sympathie à plusieurs reprises (cf. *supra*, III, 7, 1113b31 et la note ; *Ind. arist.*, 596a32-37).

4. Tragédie d'Euripide, 588 *sq.*, où il était question de la rivalité d'Étéocle et de Polynice.

titeurs à penser la même chose, quelle que soit au surplus la
35 chose, mais à penser la même chose réalisée dans les mêmes
1167b mains[1], quand, par exemple, le peuple et les classes dirigeantes
sont d'accord pour remettre le pouvoir au parti aristocratique,
car c'est seulement ainsi que *tous* les intéressés voient se
réaliser ce qu'ils avaient en vue. Il apparaît dès lors manifeste
que la concorde est une amitié politique[2], conformément
d'ailleurs au sens ordinaire du terme[3] : car elle roule sur les
intérêts et les choses se rapportant à la vie[4].

5   La concorde prise en ce sens n'existe qu'entre les gens de
bien, puisqu'ils sont en accord à la fois avec eux-mêmes et les
uns à l'égard des autres[5], se tenant pour ainsi dire sur le même
terrain[6]. Chez les gens de cette sorte, en effet, les volontés
demeurent stables et ne sont pas le jouet du reflux comme
les eaux d'un détroit ; et ils souhaitent à la fois ce qui est juste
et ce qui est avantageux, toutes choses pour lesquelles leurs
aspirations aussi sont communes. Les hommes pervers, au
contraire, sont impuissants à faire régner entre eux la concorde,
10 sinon dans une faible mesure, tout comme ils sont incapables
d'amitié, du fait qu'ils visent à obtenir plus que leur part dans
les profits, et moins que leur part dans les travaux et dans les
charges publiques. Et comme chacun souhaite ces avantages
pour lui personnellement, il surveille jalousement son voisin et
l'empêche d'en bénéficier : faute d'y veiller, l'intérêt général
court à sa ruine. Le résultat est que des dissensions éclatent

1. *In volendo idem eidem* (Sylv. Maurus, 252[2]).

2. Où les aspirations de tous peuvent recevoir satisfaction.

3. Qui ne s'applique qu'à l'accord des citoyens dans la cité : *cf.* par exemple
Thucydide, VIII, 93.

4. Plus précisément à la vie en société (*supra*, l. 29 et note).

5. C'est tout l'objet du chap. 4.

6. Lambin paraphrase : *cum in iisdem, pene dicam, consiliis et factis
versantur ac perseverent.* Suivant la remarque de Burnet, p. 418, l'expression
ἐπὶ τοῖς αὐτοῖς εἶναι, l. 6, est l'équivalent de ἐπὶ τῆς αὐτῆς γνώμης εἶναι.

entre les citoyens, chacun contraignant l'autre à faire ce qui est 15
juste, mais ne voulant pas s'y plier lui-même.

7
<Analyse de la bienfaisance>

Les bienfaiteurs [1] aiment ceux auxquels ils ont fait du bien,
semble-t-il, plus que ceux auxquels on a fait du bien n'aiment
ceux qui leur en ont fait ; et comme c'est là une constatation
contraire à toute raison, on en recherche l'explication.

Aux yeux de la plupart, la cause est que les obligés sont 20
dans la position de débiteurs, et les bienfaiteurs dans celle de
créanciers : il en est donc comme dans le cas du prêt d'argent,
où l'emprunteur verrait d'un bon œil son prêteur disparaître,
tandis que le prêteur veille au contraire avec soin à la conservation de son débiteur : ainsi également, pense-t-on, le bienfaiteur souhaite que son obligé demeure bien vivant afin d'en
recueillir de la reconnaissance, alors que l'obligé se soucie 25
peu de s'acquitter de sa dette. Epicharme dirait peut-être de
ceux qui donnent cette explication qu'*ils voient les choses
par leur mauvais côté* [2] ; elle paraît bien cependant conforme à
l'humaine nature, tant la plupart des hommes ont la mémoire
courte, et aspirent plutôt à recevoir qu'à donner.

Mais on peut penser que la cause tient davantage à la nature
même des choses, et qu'il n'y a aucune ressemblance avec ce
qui se passe dans le cas du prêt. Le prêteur n'a, en effet, en lui 30

1. Cf. *E.E.*, VII, 8, 1214a34-1241b9. – La solution de cette première
difficulté servira encore à préciser la nature de la φιλία (1167b17-1168a27).

2. Frgmt 146 Kaibel (*Com. gr. fragm.*, Berlin, 1909). – Épicharme (vers
565-450), poète comique, disciple d'Héraclite et contemporain de Xénophane.
Il est cité à plusieurs reprises par Aristote (*cf.* notamment *Met.*, Γ, 5, 1010a6
(I, 223, et note, de notre commentaire). Diogène Laërce, III, 10-17, donne un
certain nombre de vers de ce poète, mais leur authenticité est douteuse.

aucune affection pour son emprunteur, il désire seulement sa
conservation afin de recouvrer ce qu'il lui a prêté; au contraire,
le bienfaiteur ressent de l'amitié et de l'attachement pour la
personne de son obligé, même si ce dernier ne lui est d'aucune
utilité et ne peut lui rendre dans l'avenir aucun service[1].

En fait, le cas est exactement le même chez les artistes[2] : ils
35 ont tous plus d'amour pour l'œuvre de leurs mains qu'ils n'en
recevraient de celle-ci si elle devenait animée. Peut-être ce
1168a sentiment se rencontre-t-il surtout chez les poètes[3], qui ont
une affection excessive pour leurs propres productions et les
chérissent comme leurs enfants. La position du bienfaiteur
ressemble ainsi à celle de l'artiste : l'être qui a reçu du bien de
lui est son ouvrage, et par suite il l'aime plus que l'ouvrage
5 n'aime celui qui l'a fait. La raison en est[4] que l'existence est

---

1. La raison alléguée en premier lieu (et qui a un côté cynique) est donc à
rejeter. Aristote va maintenant exposer sa propre solution, au moyen de cinq
arguments.

2. *Premier argument* : on aime ce qu'on a créé soi-même (l. 33-1168a9).

3. *Cf.* IV, 2, 1120b14, et note. – Et effectivement, remarque profondément
St Thomas, 1845, p. 485, *poemata magis ad rationem pertinent secundum quam
homo est homo* [Aristote insistera plus loin sur cette idée] *quam alia mechanica
opera.*

4. Le raisonnement des l. 5-9 (τούτου δ' αἴτιον ... μηνύει), qui est
difficile, peut être mis sous forme de syllogisme :

Ce qui est en acte (notre existence, par exemple) est φιλητόν.

Or l'œuvre (τὸ ἔργον) est ce qui est en acte (l'actualisation de son auteur).

Donc l'œuvre est φιλητόν pour son auteur (nous aimons ce que nous avons
créé).

Dans l'explication d'Aristote, τὸ ἔργον représente l'obligé lui-même, qui
n'est que l'actualisation de l'être de son bienfaiteur. Le bienfaiteur aime donc
son obligé, comme l'artiste aime son œuvre, laquelle n'est autre que lui-même
(*en un sens*, toutefois, πως, car leurs quiddités sont pourtant différentes),
puisque l'œuvre réalise les puissances qu'il porte en lui. C'est là une application
aux rapports du bienfaiteur et de l'obligé de la doctrine constante d'Aristote sur
le mouvement, doctrine à laquelle il confère une portée universelle. L'agent est
en puissance le patient, et le patient est l'acte de l'agent. L'œuvre (l'obligé) est

pour tout être objet de préférence et d'amour, et que nous existons par notre acte (puisque nous existons par le fait de vivre et d'agir), et que l'œuvre est en un sens son producteur en acte ; et dès lors, le producteur chérit son œuvre parce qu'il chérit aussi l'existence. Et c'est là un fait qui prend son origine dans la nature même des choses, car ce que l'agent est en puissance, son œuvre l'exprime en acte.

En même temps aussi[1], pour le bienfaiteur il y a quelque 10 chose de noble dans son action, de sorte qu'il se réjouit dans ce en quoi son action réside ; par contre, pour le patient il n'y a rien de noble dans l'agent, mais tout au plus quelque chose de profitable, et cela est moins agréable et moins digne d'amour que ce qui est noble.

Trois choses donnent du plaisir[2] : l'activité du présent, l'espoir du futur et le souvenir du passé, mais le plus agréable

le prolongement de son créateur (le bienfaiteur), qui l'aime comme il s'aime lui-même, de telle sorte que l'amour qu'il a pour son œuvre est une forme de l'amour de soi. Sur la théorie générale de la puissance et de l'acte, et des rapports du moteur (agent) et du mobile (patient), on se reportera à *Phys.*, III, 3, 202a13-202b22, où Aristote démontre que le mouvement est dans le mobile, parce qu'il est l'entéléchie du mobile sous l'action du moteur. *Cf.* aussi *Met.*, K, 9, 1065b5-1066a34 : dans ce chapitre se trouvent groupés, en vue de l'analyse du mouvement, plusieurs extraits du livre III de la *Physique* (voir notre commentaire de la *Met.*, II, p. 613-620, et spécialement la dernière note, p. 620).

1. *Deuxième argument* destiné à montrer pourquoi le bienfaiteur aime davantage (l. 9-12). L'acte par lequel le bienfaiteur fait du bien à son obligé est un acte noble, bon (καλόν), qui est désirable en soi, et qui lui fait ressentir du plaisir, et donc de l'amour pour son obligé, dans lequel sa noble action est insérée (ἐν ᾧ τοῦτο, l. 11). En ce qui concerne, au contraire, l'obligé, qui joue le rôle passif (τῷ δὲ παθόντι, l. 11), il ne sent, dans sa relation avec l'auteur du bienfait et avec le bienfait reçu, rien de noble en soi ; il y sent tout au plus un rapport d'utilité. Or τὸ συμφέρον est un motif plus faible de plaisir et d'amour que τὸ καλόν, et par suite il aimera moins que n'aime son bienfaiteur. L. 9, sur le sens de ἅμα, *cf.* VIII, 16, 1163b22, note.

2. *Troisième argument* (l. 13-19). Le plus grand plaisir est attaché à l'action présente (le plaisir accompagnant toujours la perfection de l'acte), et

des trois est ce qui est attaché à l'activité, et c'est pareillement
15 ce qui est aimable. Or pour l'agent qui a concédé le bienfait,
son œuvre demeure (car ce qui est noble a une longue durée),
alors que pour celui qui l'a reçu, l'utilité passe vite. Et le souvenir des choses nobles est agréable, tandis que celui des choses
utiles ne l'est pas du tout ou l'est moins. Quant à l'attente, c'est
au contraire l'inverse qui semble avoir lieu.

20   En outre [1], aimer est semblable à un processus de production, et être aimé à une passivité ; et par suite ce sont ceux qui
ont la supériorité dans l'action que l'amour et les sentiments
affectifs accompagnent naturellement.

De plus [2], tout homme chérit davantage les choses qu'il a
obtenues à force de travail : ainsi ceux qui ont acquis leur
argent y tiennent plus que ceux qui l'ont reçu par héritage. Or
recevoir un bienfait semble n'impliquer aucun travail pénible,
tandis que faire du bien à autrui demande un effort. – C'est
également pour ces raisons que les mères ont pour leurs enfants

c'est l'agent, le bienfaiteur qui le goûte. Il y a aussi un plaisir attaché au souvenir
du passé, et ce plaisir dure plus longtemps pour une action noble, réalisée dans
une œuvre qui demeure ; à ce titre, le plaisir du souvenir ressenti par le bienfaiteur doit être préféré au plaisir moins durable ressenti par l'obligé (*cf.* sur le *lieu*
du durable, *Top.*, III, 1, 116a13), et qui repose sur une utilité vite épuisée. Seul le
plaisir de l'attente (l. 18, προσδοκία = τοῦ δὲ μέλλοντος ἡ ἐλπίς, l. 13) suit la
règle inverse (ἀνάπαλιν) et est réservé à l'obligé et non au bienfaiteur. La
conclusion est que l'action présente et la mémoire du passé sont associées au
plaisir uniquement dans la personne de l'agent, et non (ou à un moindre degré,
ἢ ἧττον, l. 18) dans celle du patient, lequel, malgré la προσδοκία, se trouve
ainsi dans une situation défavorisée. Et comme plaisir et amour vont de pair
(φιλητὸν ὁμοίως, l. 15), c'est le bienfaiteur qui aimera davantage.

    1. *Quatrième argument* (l. 19-21). Dans l'action, et d'une façon générale,
l'agent l'emporte en excellence sur le patient (cf. *de An.*, III, 5, 430a18), et le
bienfaiteur sur l'obligé. Le présent argument se rattache à la théorie exposée
supra, VIII, 9, 1159a27-10, 1159b1, sur la supériorité du φιλεῖν sur le
φιλεῖσθαι. L. 19, ποιήσει : la ποίησις est le processus de *création* ; c'est une
activité qui s'oppose τῷ πάσχειν de la l. suivante.

    2. *Cinquième et dernier argument* (l. 21-27).

un amour plus grand que celui du père, car elles ont peiné 25
davantage pour les mettre au monde et savent mieux que lui
que l'enfant est leur propre enfant. Ce dernier point paraît bien
être aussi un caractère propre aux bienfaiteurs.

8
<L'égoïsme, son rôle et ses formes>

On se pose aussi la question de savoir[1] si on doit faire
passer avant tout l'amour de soi-même ou l'amour de
quelqu'un d'autre. On critique, en effet, ceux qui s'aiment eux-
mêmes par-dessus tout, et on leur donne le nom d'égoïstes, en 30
un sens péjoratif. Et on pense à la fois que l'homme pervers a
pour caractère de faire tout ce qu'il fait en vue de son propre
intérêt, et qu'il est d'autant plus enfoncé dans sa perversité
qu'il agit davantage en égoïste (ainsi, on l'accuse de ne rien
faire de lui-même)[2], et qu'au contraire l'homme de bien[3] a

1. Le présent chapitre est la suite naturelle du chap. 4, où le problème de la
φιλαυτία a déjà été posé et traité. Mais il se rattache tout autant au chapitre qui
précède immédiatement. Le bienfaiteur aime dans l'obligé son propre ouvrage :
devons-nous donc nous aimer nous-mêmes et encourir ainsi le reproche
d'égoïsme ? Aristote n'hésite pas à répondre par l'affirmative ; mais c'est à la
condition de prendre l'amour de soi, non au sens péjoratif où on l'entend
généralement (l'égoïsme n'est alors que la complaisance envers les appétits les
plus bas), mais en son sens véritable, qui rapporte tout à ce qu'il y a de meilleur
et de plus haut dans l'âme, à savoir à la partie intellective. En fin de chapitre
(l. 1169a18), Aristote montrera que cet égoïsme de l'homme vertueux n'est en
rien incompatible avec l'idée de sacrifice de soi-même pour ses amis ou son
pays (*cf.* Robin, *Aristote*, p. 245-246).

2. C'est-à-dire, sans y être obligé d'une façon quelconque. L'égoïste se
renferme en lui-même, *cf.* la traduction de Lambin : ... *quod nihil agat a suis
rationibus et commodis alienum.*

3. L. 33, ὁ δέ répond à ὁ μὲν, l. 31, et sont l'un et l'autre dans la dépendance
de δοκεῖ, l. 30 (τε). Nous avons essayé, malgré la longueur de la phrase, de
marquer cette dépendance.

pour caractère de faire une chose parce qu'elle est noble, et que sa valeur morale est d'autant plus grande qu'il agit davantage pour de nobles motifs et dans l'intérêt même de son ami, laissant de côté tout avantage personnel.

35　Mais à ces arguments les faits opposent un démenti, et ce
1168b n'est pas sans raison. On admet, en effet, qu'on doit aimer le mieux son meilleur ami, le meilleur ami étant celui qui, quand il souhaite du bien à une personne, le souhaite pour l'amour de cette personne[1], même si nul ne doit jamais le savoir. Or ces caractères se rencontrent à leur plus haut degré, dans la relation
5　du sujet avec lui-même, ainsi que tous les autres attributs par lesquels on définit un ami : nous l'avons dit en effet[2], c'est en partant de cette relation de soi-même à soi-même que tous les sentiments qui constituent l'amitié se sont par la suite étendus aux autres hommes. Ajoutons que les proverbes confirment tous cette manière de voir : par exemple, *une seule âme*[3], *ce que possèdent des amis est commun*[4], *amitié est égalité*[5], *le genou est plus près que la jambe*[6], – toutes réflexions qui ne sauraient s'appliquer avec plus d'à-propos à la relation de l'homme avec lui-même, car un homme est à lui-même son
10　meilleur ami, et par suite il doit s'aimer lui-même par-dessus tout. Et il est raisonnable de se demander laquelle des deux opinions[7] nous devons suivre, attendu que l'une comme l'autre ont quelque chose de plausible.

1. D'une façon désintéressée. *Cf.* VIII, 2, 1155b31.

2. Voir le chap. 4.

3. Euripide, *Or.*, 1046.

4. Déjà cité VIII, 11, 1159b31 (et note).

5. VIII, 7, 1157b36.

6. *Cf.* Théocr., XVI, 18. Voir aussi le répertoire de Leutsch et Schneidewin, I, p. 391 ; II, 19, p. 750. Ce proverbe signifie qu'il faut d'abord aller au plus près. Or le plus près de moi, c'est moi : « charité bien ordonnée commence par soi-même ».

7. Indiquées au début, 1168a28-29.

Peut-être, en présence d'opinions ainsi en conflit[1], devons-nous les distinguer nettement l'une de l'autre, et déterminer dans quelle mesure et sous quel aspect chacune des deux thèses est vraie. Si dès lors nous parvenions à saisir quel sens chacune d'elles attache au terme *égoïste*[2], nous pourrions probablement y voir clair.

Ceux qui en font un terme de réprobation appellent 15 égoïstes ceux qui s'attribuent à eux-mêmes une part trop large dans les richesses, les honneurs ou les plaisirs du corps, tous avantages que la plupart des hommes désirent et au sujet desquels ils déploient tout leur zèle, dans l'idée que ce sont là les plus grands biens et par là-même les plus disputés. Ainsi, ceux qui prennent une part excessive de ces divers avantages s'abandonnent à leurs appétits sensuels, et en général à leurs 20 passions et à la partie irrationnelle de leur âme. Tel est d'ailleurs l'état d'esprit de la majorité des hommes, et c'est la raison pour laquelle l'épithète égoïste a été prise au sens où elle l'est : elle tire sa signification du type le plus répandu, et qui n'a rien que de vil. C'est donc à juste titre qu'on réprouve les hommes qui sont égoïstes de cette façon. Que, d'autre part, ce soit seulement ceux qui s'attribuent à eux-mêmes les biens de ce genre[3] qui sont habituellement et généralement désignés du nom d'égoïstes, c'est là un fait qui n'est pas douteux : car si un 25 homme mettait toujours son zèle à n'accomplir lui-même et avant toutes choses que les actions conformes à la justice, à la tempérance, ou à n'importe quelle autre vertu, et, en général, s'appliquait toujours à revendiquer pour lui-même ce qui est honnête, nul assurément ne qualifierait cet homme d'égoïste, ni ne songerait à le blâmer. Et pourtant un tel homme peut

---

1. Deux thèses étant en conflit, il convient de les examiner d'abord séparément l'une et l'autre, et de peser leurs raisons respectives.

2. *Top.*, II, 3, 110a23, sur les expressions à sens multiples.

3. Les biens extérieurs visés l. 16 et 17 *supra*.

sembler, plus que le précédent, être un égoïste : du moins
s'attribue-t-il à lui-même les avantages qui sont les plus nobles
et le plus véritablement des biens ; et il met ses complaisances
30 dans la partie de lui-même qui a l'autorité suprême et à laquelle
tout le reste obéit [1]. Et de même que dans une cité la partie qui a
le plus d'autorité est considérée comme *étant*, au sens le plus
plein, la cité elle-même (et on doit en dire autant de n'importe
quelle autre organisation), ainsi en est-il pour un homme [2] ; et
par suite est égoïste par excellence celui qui aime cette partie
supérieure et s'y complaît. En outre, un homme est dit tempérant ou intempérant suivant que son intellect possède ou non
35 la domination [3], ce qui implique que chacun de nous est son
propre intellect. Et les actions qui nous semblent le plus pro-
1169a prement nôtres, nos actions vraiment volontaires, sont celles
qui s'accompagnent de raison [4]. Qu'ainsi donc chaque homme
soit cette partie dominante même, ou qu'il soit tout au moins
principalement cette partie, c'est là une chose qui ne souffre
aucune obscurité, comme il est évident aussi que l'homme de
bien aime plus que tout cette partie qui est en lui. D'où il suit
que l'homme de bien sera suprêmement égoïste, quoique d'un
autre type que celui auquel nous réservons notre réprobation,
5 et dont il diffère dans toute la mesure où vivre conformément
à un principe diffère de vivre sous l'empire de la passion, ou
encore dans toute la mesure où désirer le bien est autre que

---

1. L. 30, τὸ κυριώτατον, la partie intellective, le νοῦς (cf. *supra*, 4,
1166a15 *sq.*, et les notes).

2. Qui s'identifie ainsi avec la plus noble part de lui-même, le νοῦς, qui est
la pointe de l'âme.

3. Nous renvoyons encore une fois à la théorie de l'acrasie (cf. notamment
la note sous VII, 1, 1145a17).

4. Cf. Lambin : *videntur homines ea ipsi suaque sponte egisse maxime
quae cum ratione egerunt*. Les actes accomplis rationnellement, *en vertu d'un
principe* (μετὰ λόγου, 1169a1), sont appelés τὰ προβεβουλευμένα, III, 4,
1112a15 : *actes prédélibérés*, impliquant délibération et raisonnement.

désirer ce qui semble seulement avantageux[1]. Ceux donc qui s'appliquent avec une ardeur exceptionnelle à mener une conduite conforme au bien sont l'objet d'une approbation et d'une louange unanimes; et si tous les hommes rivalisaient en noblesse morale et tendaient leurs efforts pour accomplir les actions les plus parfaites, en même temps que la communauté trouverait tous ses besoins satisfaits, dans sa vie privée chacun 10 s'assurerait les plus grands des biens, puisque la vertu est précisément un bien de ce genre[2].

Nous concluons que l'homme vertueux a le devoir de s'aimer lui-même (car il trouvera lui-même profit en pratiquant le bien, et en fera en même temps bénéficier les autres), alors que l'homme vicieux ne le doit pas (car il causera du tort à la fois à lui-même et à ses proches, en suivant comme il fait ses mauvaises passions). Chez l'homme vicieux, donc, il y a 15 désaccord entre ce qu'il doit faire et ce qu'il fait, alors que l'homme de bien, ce qu'il doit faire il le fait aussi, puisque toujours l'intellect choisit ce qu'il y a de plus excellent pour lui-même[3], et que l'homme de bien obéit au commandement de son intellect.

Mais il est vrai également de l'homme vertueux[4] qu'il agit souvent dans l'intérêt de ses amis et de son pays, et même, s'il en est besoin, donne sa vie pour eux : car il sacrifiera argent, 20

---

1. L. 6, contrairement à Burnet, p. 423, nous suivons Susemihl et acceptons la suppression de ἢ avant καλοῦ.

2. *There would be a rivalry in honourable action – a competition in doing good – which would lead to the complete satisfaction of the wants of the communauty, and to the individual perfection of each member. The best life would be realized extensively – in all the members of the* πόλις –, *and intensively, i.e. as the most complete and harmonious development of each individual* (Joachim, p. 256-257).

3. *Rhet.*, I, 6, 1362a24.

4. Conciliation de l'égoïsme de l'homme vertueux avec l'esprit de sacrifice.

honneurs et généralement tous les biens que les hommes se
disputent, conservant pour lui la beauté morale de l'action[1] : il
ne saurait, en effet, que préférer un bref moment d'intense joie
à une longue période de satisfaction tranquille, une année de
vie exaltante à de nombreuses années d'existence terre à terre,
une seule action, mais grande et belle, à une multitude d'actions
25 mesquines. Ceux qui font le sacrifice de leur vie atteignent
probablement ce résultat ; et par là ils choisissent pour leur part
un bien de grand prix. Ils prodigueront aussi leur argent si leurs
amis doivent en retirer un accroissement de profit : aux amis
l'argent, mais à eux la noblesse morale, et ils s'attribuent ainsi
à eux-mêmes la meilleure part. Et en ce qui concerne honneurs
30 et charges publiques, l'homme de bien agira de la même façon :
tous ces avantages il les abandonnera à son ami, car pareil
abandon est pour lui-même quelque chose de noble et qui attire
la louange. C'est dès lors à bon droit qu'on le considère comme
un homme vertueux, puisque à toutes choses il préfère le bien.
Il peut même arriver qu'il laisse à son ami l'occasion d'agir en
son lieu et place ; il peut être plus beau pour lui de devenir la
cause de l'action accomplie par son ami que de l'accomplir
lui-même.
35   Par suite, dans toute la sphère d'une activité digne
d'éloges, l'homme vertueux, on le voit, s'attribue à lui-même
1169b la plus forte part de noblesse morale. En ce sens, donc, on a le
devoir de s'aimer soi-même, ainsi que nous l'avons dit ; mais
au sens où la plupart des hommes sont égoïstes, nous ne devons
pas l'être.

---

1. En quoi il s'aime lui-même, puisque τὸ καλόν lui demeure acquis. En
mourant pour sa patrie ou ses amis, l'homme vertueux choisit le bien, qui
consiste plutôt dans l'héroïsme d'un instant que dans une existence paisible
(voir St Thomas, 1879, p. 492).

9
<Si l'homme heureux a besoin d'amis>

On discute également[1], au sujet de l'homme heureux, s'il aura ou non besoin d'amis.

On prétend que ceux qui sont parfaitement heureux et se suffisent à eux-mêmes n'ont aucun besoin d'amis : ils sont déjà en possession des biens de la vie, et par suite se suffisant à eux-mêmes n'ont besoin de rien de plus; or l'ami, qui est un autre 5 soi-même, a pour rôle de fournir ce qu'on est incapable de se procurer par soi-même. D'où l'adage :

Quand la fortune est favorable, à quoi bon des amis[2] ?

Pourtant[3] il semble étrange qu'en attribuant tous les biens à l'homme heureux on ne lui assigne pas des amis, dont la possession est considérée d'ordinaire comme le plus grand des 10 biens extérieurs. De plus, si le propre d'un ami est plutôt de

1. *E.E.*, VII, 12, 1244b1-1245a26. Ce nouveau problème (le troisième) se rattache toujours à la question de savoir en quel sens la φιλία dépend de la relation du sujet avec lui-même. On devra donc déterminer ce qu'il faut entendre par αὐτάρκεια, et la place de l'amitié dans la vie de l'homme de bien. Le chapitre 9 se divise en deux parties sensiblement égales : 1) Discussion dialectique (1169b3 à 1170a13); 2) Solution s'appuyant sur des considérations tenant à la nature même des choses (de 1170a13, φυσικώτερον, à la fin). – Sur la différence entre un raisonnement λογικός (ou διαλεκτικός) et un raisonnement φυσικός, *cf.* II, 7, 1107a30, note. Pour tout ce difficile chapitre, ou se reportera aux remarquables analyses de Joachim, p. 257-261.

2. Euripide, *Or.*, 667. – Sur δαίμων et sa relation avec εὐδαιμονία (qui en dérive visiblement), cf. *supra*, I, 2, 1095a18, note. Le δαίμων est en somme le bon génie des traditions populaires et désigne par suite le destin, la fortune. « Est δαιμόνιον tout ce qui témoigne d'une puissance surhumaine, les δαίμονες étant proprement ceux qui donnent en partage aux hommes un bien que ceux-ci ne pouvaient attendre de leur propre force » (Festugière, *Contemplation et vie*, p. 40, note 6).

3. Aristote passe à l'antithèse et à ses arguments (c'est évidemment cette opinion qui a les préférences d'Aristote).

faire du bien que d'en recevoir[1], et le propre de l'homme de
bien et de la vertu de répandre des bienfaits, et si enfin il vaut
mieux faire du bien à des amis qu'à des étrangers, l'homme
vertueux aura besoin d'amis qui recevront de lui des témoignages de sa bienfaisance. Et c'est pour cette raison qu'on se
pose encore la question de savoir si le besoin d'amis se fait
sentir davantage dans la prospérité ou dans l'adversité, attendu
15 que si le malheureux a besoin de gens qui lui rendront des
services, les hommes dont le sort est heureux ont besoin eux-
mêmes de gens auxquels s'adresseront leurs bienfaits. – Et
sans doute[2] est-il étrange aussi de faire de l'homme parfaitement heureux un solitaire : personne, en effet, ne choisirait de
posséder tous les biens de ce monde pour en jouir seul, car
l'homme est un être politique et naturellement fait pour vivre
en société. Par suite, même à l'homme heureux cette caracté-
20 ristique appartient, puisqu'il est en possession des avantages
qui sont bons par nature. Et il est évidemment préférable de
passer son temps avec des amis et des hommes de bien qu'avec
des étrangers ou des compagnons de hasard. Il faut donc à
l'homme heureux des amis.

Que veulent donc dire les partisans de la première opinion
et sous quel angle sont-ils dans la vérité[3] ? Ne serait-ce pas que
la plupart des hommes considèrent comme des amis les gens qui
sont seulement utiles ? Certes l'homme parfaitement heureux
n'aura nullement besoin d'amis de cette dernière sorte,
25 puisqu'il possède déjà tous les biens; par suite, il n'aura pas
besoin non plus, ou très peu, des amis qu'on recherche pour le
plaisir (sa vie étant en soi agréable, il n'a besoin en rien d'un

1. *Cf.* 7, 1167b17 *sq.*
2. Autre argument en faveur de l'antithèse.
3. Une opinion, même fausse, repose toujours sur des considérations qui
sont vraies par un certain côté. Une réfutation dialectique complète doit donc
expliquer la raison de l'erreur commise.

plaisir apporté du dehors) : et comme il n'a besoin d'aucune de ces deux sortes d'amis[1], on pense d'ordinaire qu'il n'a pas besoin d'amis du tout.

Mais c'est là une vue qui n'est sans doute pas exacte[2]. Au début, en effet, nous avons dit que le bonheur est une certaine activité ; et l'activité est évidemment un devenir et non une chose qui existe une fois pour toutes comme quelque chose qu'on a en sa possession[3]. Or, si le bonheur consiste dans la 30 vie et dans l'activité, et si l'activité de l'homme de bien est vertueuse et agréable en elle-même, ainsi que nous l'avons dit en commençant ; si, d'autre part, le fait qu'une chose est proprement nôtre est au nombre des attributs qui nous la rendent

1. Amis utiles et amis agréables.

2. Toute l'argumentation dialectique qui suit (et qui est la « pièce de résistance » de toute cette première partie) fait appel à des notions que nous connaissions déjà et auxquelles Aristote renvoie à trois reprises : a) ἐν ἀρχῇ, l. 29 = I, 6, 1098a16, et 9, 1098b31-1099a7, passage où est marquée l'opposition entre χρῆσις (synonyme de ἐνέργεια, *usage effectif d'une chose*) et κτῆσις (*possession sans exercice*, simple *possibilité d'agir*, syn. de δύναμις). – b) ἐν ἀρχῇ, l. 32 = I, 9, 1099a14, 21. – c) enfin le caractère agréable de τὸ οἰκεῖον : VIII, 14, 1156b15. Tout ceci rappelé, le raisonnement d'Aristote est celui-ci. Le bonheur réside dans l'ἐνέργεια, et non dans une κτῆσις, qui n'est qu'une simple δύναμις. Or l'activité la plus haute, et par suite la plus agréable (puisque le plaisir accompagne toujours l'acte), consiste dans la *contemplation* désintéressée (θεωρεῖν), laquelle, exigeant un dédoublement du sujet en spectateur et agent, s'exerce plus facilement sur des objets extérieurs, distincts de lui-même et qui ne l'absorbent pas tout entier. Pour l'homme vertueux, ces objets de contemplation, qui exprimeront ses propres sentiments et ses propres aspirations, ne peuvent être que des amis vertueux et leurs actions vertueuses. Il en résultera une véritable identification des personnes et des actes, qui sera un enrichissement de la personnalité, et la justification même de la φιλία (*cf.* Joachim, p. 258).

3. *Operatio* [ἐνέργεια] *consistit in fieri, et non est quoddam existens ad modum rerum permanentium, sicut si esset aliqua possessio, qua habita, esset homo felix, ita quod non oporteret eum aliquid operari* (St Thomas, 1895, p. 495).

agréables; si enfin nous pouvons contempler ceux qui nous
35 entourent mieux que nous-mêmes, et leurs actions mieux que
les nôtres, et si les actions des hommes vertueux qui sont leurs
1170a amis, sont agréables aux gens de bien (puisque ces actions
possèdent ces deux attributs qui sont agréables par leur
nature)[1], dans ces conditions l'homme parfaitement heureux
aura besoin d'amis de ce genre, puisque ses préférences vont à
contempler des actions vertueuses et qui lui sont propres, deux
qualités que revêtent précisément les actions de l'homme de
bien qui est son ami[2].

En outre, on pense que l'homme heureux doit mener une
5 vie agréable. Or pour un homme solitaire la vie est lourde à
porter, car il n'est pas facile, laissé à soi-même, d'exercer continuellement une activité, tandis que, en compagnie d'autrui et
en rapports avec d'autres, c'est une chose plus aisée. Ainsi
donc l'activité de l'homme heureux sera plus continue <exer-
cée avec d'autres>, activité qui est au surplus agréable par soi,
et ce sont là les caractères qu'elle doit revêtir chez l'homme
parfaitement heureux[3]. (Car l'homme vertueux, en tant que
vertueux, se réjouit des actions conformes à la vertu et s'afflige
10 de celles dont le vice est la source, pareil en cela au musicien
qui ressent du plaisir aux airs agréables, et qui souffre à écouter
de la mauvaise musique). – Ajoutons qu'un certain entraînement à la vertu peut résulter de la vie en commun avec les
honnêtes gens, suivant la remarque de Théognis[4].

---

1. À savoir τὸ σπουδαῖον et τὸ οἰκεῖον, d'abord à l'ami qui les accomplit
et par suite à nous-mêmes, en raison de l'identité de nos caractères et des
réactions qui en résultent.

2. Très longue phrase, dont l'apodose est seulement 1170a2, ὁ μακάριος
δή.

3. Elle doit être à la fois continue et agréable (δ, l. 7). – La vie de l'homme
vertueux, continuellement active en actions vertueuses, sera ainsi stimulée par
le plaisir que le sujet trouvera dans les bonnes actions de son ami.

4. Théognis, 35. Cf. *infra*, 12, 1172a14.

En outre, à examiner de plus près la nature même des choses[1], il apparaît que l'ami vertueux est naturellement

1. L'argument φυσικός s'ajoute maintenant à l'argument διαλεκτικός. Les raisons précédemment fournies sont suffisantes pour montrer la nécessité de l'amitié, mais il reste à établir, d'une façon positive et scientifique, le lien causal entre le bonheur et l'amitié, à montrer comment le besoin d'amis découle de la nature même du bonheur (Joachim, p. 258-259). L'argumentation de cette seconde partie est extrêmement complexe. Elle se décompose en une suite de syllogismes, soit exprimés ou sous-entendus, soit complets ou fragmentaires. Après Burnet, Ross a bien mis en lumière et soigneusement analysé cette longue chaîne de raisonnements : c'est son exposé dont nous nous inspirons, avec quelques modifications (les explications de Joachim ont un caractère plus synthétique). Les l. 1070a14-1070b19 peuvent donc s'analyser de la façon suivante :

Prosyllogisme A (1070a16-19) :

La vie humaine est différenciée par une δύναμις *de perception et de pensée;*

Toute δύναμις *se définit par référence à son* ἐνέργεια *et ne prend son plein sens que dans l'acte où elle se réalise;*

La vie humaine est définie par l'activité de la perception ou de la pensée.

Prosyllogisme B (19-21) :

Le déterminé (le limité, le défini) est bon par nature;

La vie est quelque chose de déterminé (dont la forme est complètement réalisée);

La vie est bonne par nature.

Prosyllogisme C (esquissé seulement) :

Ce qui est bon par nature est bon et agréable pour l'homme de bien (14-16, répété 21-22);

La vie est bonne par nature (conclusion de B);

La vie est bonne et agréable pour l'homme de bien.

Prosyllogisme D (sous-entendu) :

La vie est sensation et pensée (conclusion de A);

La vie est bonne et agréable pour l'homme de bien (conclusion de C);

La perception et la pensée sont bonnes et agréables pour l'homme de bien.

[Les l. 25-1070b8, qui suivent, forment une seule phrase, dont l'apodose est seulement *b* 8, οὕτω. Aristote veut prouver avant tout que la vie est intrinsèquement bonne et agréable.]

Prosyllogisme E (25-29) :

Ce qui est désiré par tous, et surtout par les hommes vertueux, est bon en soi;

La vie est désirée de cette façon;

La vie est bonne en soi.

15 désirable pour l'homme vertueux. Car ce qui est bon par
nature, nous l'avons dit[1], est pour l'homme vertueux bon et

Lemme (29-32) :
> *La perception et la pensée s'accompagnent de la conscience d'elles-
> mêmes.*

Argument F (32-1170b1) :
> *La vie humaine est définie par la perception et la pensée* (conclusion de
> A) ;
> *La conscience de la perception et de la pensée est la conscience de la vie.*

Argument G (1-3) :
> *La conscience de posséder un bien est agréable* ;
> *La vie est bonne en elle-même* (conclusion de B et de E) ;
> *La conscience de la vie est agréable.*

Argument H (sous-entendu) :
> *La conscience de la vie est agréable* (conclusion de G) ;
> *La conscience de la perception et de la pensée est la conscience de la vie*
> (conclusion de F) ;
> *La conscience de la perception et de la pensée est agréable.*

Lemme (3-5) :
> *La vie de l'homme de bien est spécialement désirable parce que les
> activités dont il a conscience sont bonnes.*

Argument I (5-8) :
> *L'homme de bien se comporte envers son ami comme envers lui-même*
> (conclusion du chap. 4, 1166a1 *sq.*) ;
> *Sa propre existence est pour lui désirable* (conclusion de C) ;
> *L'existence de son ami est pour lui désirable.*

Argument K (8-11) :
> *Sa propre existence est désirable à cause de la conscience qu'il a de ses
> propres activités* (lemme de 3-5) ;
> *La conscience des activités bonnes de son ami est également désirable
> pour lui.*
> [Suit, l. 14-17, un résumé de toute l'argumentation].

Argument L (17-19) :
> *Si un homme doit être heureux, il doit posséder tout ce qui est désirable
> pour lui* ;
> *Des amis sont désirables pour l'homme* (conclusion de I) ;
> *Si un homme doit être heureux, il doit avoir des amis.*

1. I, 9, 1099a7-11 ; III, 6, 1113a25-33. Même indication *infra*, l. 21-22.

agréable en soi. Or la vie se définit[1], dans le cas des animaux
par une capacité de sensation, et chez l'homme par une capacité de sensation ou de pensée[2]; mais la capacité se conçoit par
référence à l'acte[3], et l'élément principal réside dans l'acte. Il
apparaît par suite que la vie humaine consiste principalement
dans l'acte de sentir ou de penser. Mais la vie fait partie des
choses bonnes et agréables en elles-mêmes, puisqu'elle est 20
quelque chose de déterminé, et que le déterminé relève de la
nature du bien[4]; et ce qui est bon par nature l'est aussi pour
l'homme de bien (et c'est pourquoi la vie apparaît agréable à
tous les hommes)[5]. Mais nous ne devons pas entendre par là
une vie dépravée et corrompue, ni une vie qui s'écoule dans la
peine, car une telle vie est indéterminée, comme le sont ses
attributs[6]. – Dans la suite de ce travail[7], cette question de la 25
peine deviendra plus claire. – Mais si la vie elle-même est une
chose bonne et agréable (comme elle semble bien l'être, à en
juger par l'attrait qu'elle inspire à tout homme et particuliè-

1. Cf. *de An.*, II, 2, 413b1 (pour les animaux), et II, 3, 414b18 (pour
l'homme).

2. Sur la question de savoir s'il faut lire ἢ ou καὶ νοήσεως, l. 17,
cf. Joachim, p. 259, note 4.

3. L'une des thèses capitales de l'Aristotélisme : *cf.* son exposé dogmatique dans *Met.*, Θ, 8, 1049b4-1051a3 (t. II, p. 507-517 de notre commentaire),
où Aristote démontre les différentes façons dont l'acte est antérieur à la
puissance. – La vie consiste donc dans l'acte et non dans la simple δύναμις :
*dormiens enim, quia non actu sentit vel intelligit, non perfecte vivit, sed habet
dimidium vitae* (St Thomas, 1902, p. 498).

4. La *Limite* (πέρας) vient en tête de la colonne positive des contraires dans
la liste des oppositions pythagoriciennes (*cf.* I, 4, 1096b6, note ; II, 5, 1106b29-
30). D'autre part, Aristote a pu se souvenir de la thèse du *Philèbe*, 64d-65d, 66a-
b, suivant laquelle la mesure et la proportion constituent l'essence du bien.
Cf. *E.E.*, VII, 12, 1245a26-1254b9.

5. La vie est agréable à tous les hommes parce qu'elle est naturellement
bonne.

6. Le vie et la peine.

7. X, 1-5.

rement aux hommes vertueux et parfaitement heureux, car à
ceux-ci la vie est désirable au suprême degré, et leur existence
est la plus parfaitement heureuse), et si celui qui voit a
30 conscience qu'il voit[1], celui qui entend, conscience qu'il
entend, celui qui marche, qu'il marche, et si pareillement
pour les autres formes d'activité il y a quelque chose qui a
conscience que nous sommes actifs, de sorte que nous aurions
conscience que nous percevons, et que nous penserions que
nous pensons, et si avoir conscience que nous percevons ou
pensons est avoir conscience que nous existons (puisque
1170b exister, avons-nous dit[2], est percevoir ou penser), et si avoir
conscience qu'on vit est au nombre des plaisirs agréables par
soi (car la vie est quelque chose de bon par nature, et avoir
conscience qu'on possède en soi-même ce qui est bon est une
chose agréable); et si la vie est désirable, et désirable surtout
pour les bons, parce que l'existence est une chose bonne pour
5 eux et une chose agréable (car la conscience[3] qu'ils ont de
posséder en eux ce qui est bon par soi est pour eux un sujet de
joie); et si l'homme vertueux est envers son ami comme il est
envers lui-même (son ami étant un autre lui-même), – dans ces
conditions, de même que pour chacun de nous sa propre

---

1. Cf. *de An.*, III, 2, 425b12-25; *de Somno*, 2, 455a15. – Le verbe αἰσθάνεσθαι, qui signifie ordinairement *percevoir*, *sentir* par les sens, signifie aussi
avoir conscience de (en français, *sentir* a ces deux sens): cette conscience est
l'une des fonctions du *sensus communis*.

2. Sur le sens de l'imparfait ἦν, *cf.* III, 7, 1113b12, note.

3. L. 4, nous croyons, avec Rackham, qu'il faut lire αἰσθανόμενοι, et non
συναισθανόμενοι. Il s'agit, en effet, ici de la *conscience* personnelle de l'individu pour ses propres déterminations, et non pas (comme l. 10, *infra*, où le terme
συναισθάνεσθαι s'impose) d'une conscience s'étendant par sympathie aux
sentiments et souhaits d'un autre. En définitive (Burnet, p. 430), la possibilité
de la sympathie dépend de la présence en nous d'un moi conscient, distinct de
ses propres pensées et perceptions, et qui peut entrer ainsi librement en relation
avec les pensées et les perceptions d'un ami, de la même façon qu'envers nous-
mêmes.

existence est une chose désirable, de même est désirable pour
lui au même degré, ou à peu de chose près, l'existence de son
ami. Mais nous avons dit que ce qui rend son existence désirable c'est la conscience qu'il a de sa propre bonté, et une telle
conscience est agréable par elle-même. Il a besoin, par consé- 10
quent, de participer aussi à la conscience qu'a son ami de sa
propre existence, ce qui ne saurait se réaliser qu'en vivant avec
lui et en mettant en commun discussions et pensées : car c'est
en ce sens-là [1], semblera-t-il, qu'on doit parler de vie en société
quand il s'agit des hommes, et il n'en est pas pour eux comme
pour les bestiaux où elle consiste seulement à paître dans le
même lieu.

Si donc pour l'homme parfaitement heureux l'existence
est une chose désirable en soi, puisqu'elle est par nature bonne 15
et agréable, et si l'existence de son ami est aussi presque autant
désirable pour lui, il s'ensuit que l'ami sera au nombre des
choses désirables. Mais ce qui est désirable pour lui, il faut bien
qu'il l'ait en sa possession, sinon sur ce point particulier il
souffrira d'un manque. Nous concluons que l'homme heureux
aura besoin d'amis vertueux [2].

10
<Sur le nombre des amis>

Est-ce que nous devons nous faire le plus grand nombre 20
d'amis possible [3], ou bien (de même que, dans le cas de
l'hospitalité, on estime qu'il est judicieux de dire :

1. Cf. *E.E.*, VII, 12, 1245b9-19.
2. L'amitié, communion des pensées et des sentiments nobles et bons, est
ainsi une condition nécessaire de l'αὐτάρκεια et du bonheur. Sans elle,
l'homme heureux manque de quelque chose d'intrinsèquement désirable.
3. *E.E.*, VII, 12, 1245b20-25.

Ni un homme de beaucoup d'hôtes, ni un homme sans hôtes)[1]

appliquerons-nous à l'amitié la formule : n'être ni sans amis, ni non plus avec des amis en nombre excessif?

S'agit-il d'amis qu'on recherche pour leur utilité, ce propos paraîtra certainement applicable (car s'acquitter de 25 services rendus[2] envers un grand nombre de gens est une lourde charge, et la vie n'est pas suffisante pour l'accomplir. Par suite, les amis dont le nombre excède les besoins normaux de notre propre existence sont superflus et constituent un obstacle à la vie heureuse; on n'a donc nullement besoin d'eux). Quant aux amis qu'on recherche pour le plaisir, un petit nombre doit suffire, comme dans la nourriture il faut peu d'assaisonnement.

Mais en ce qui regarde les amis vertueux, doit-on en avoir 30 le plus grand nombre possible, ou bien existe-t-il aussi une limite au nombre des amis, comme il y en a une pour la population d'une cité[3]? Si dix hommes, en effet, ne sauraient constituer une cité, cent mille hommes ne sauraient non plus en former encore une. Mais la quantité à observer n'est sans doute pas un nombre nettement déterminé, mais un nombre quel-1171a conque compris entre certaines limites[4]. Ainsi, le nombre des amis est-il également déterminé, et sans doute doit-il tout au plus atteindre le nombre de personnes avec lesquelles une vie en commun soit encore possible (car, nous l'avons dit[5], la vie

1. Hésiode, *Op. et D.*, 715.

2. L. 25, ἀνθυπηρετεῖν. *Si*, explique St Thomas (1914, p. 501), *homo habeat multos amicos a quibus recipiat obsequia, oportet quod etiam e converso multis obsequatur.*

3. Cf. *Pol.*, VII, 4, 1326a35 *sq.* Il y a une limite à observer dans le nombre des habitants d'une cité. Si elle est dépassée, il n'y a plus πόλις, mais ἔθνος (*nation*) : c'est par exemple le cas de Babylone (*Pol.*, III, 3, 1276a28).

4. C'est la loi de toute μεσότης en général.

5. VIII, 6, 1157b19; 7, 1158a3, 10. – L'imparfait ἐδόκει, l. 2, s'explique comme l'imparfait ἦν (*Cf.* III, 7, 1113b12).

en commun est d'ordinaire regardée comme ce qui caractérise le mieux l'amitié) : or qu'il ne soit pas possible de mener une vie commune avec un grand nombre de personnes et de se partager soi-même entre toutes, c'est là une chose qui n'est pas douteuse. De plus, il faut encore que nos amis soit amis les uns des autres, s'ils doivent tous passer leurs jours en compagnie 5 les uns des autres : or c'est là une condition laborieuse à remplir pour des amis nombreux. On arrive difficilement aussi à compatir intimement aux joies et aux douleurs d'un grand nombre, car on sera vraisemblablement amené dans un même moment à se réjouir avec l'un et à s'affliger avec un autre.

Peut-être, par conséquent, est-il bon de ne pas chercher à avoir le plus grand nombre d'amis possible, mais seulement une quantité suffisante pour la vie en commun ; car il apparaîtra 10 qu'il n'est pas possible d'entretenir une amitié solide avec beaucoup de gens. Telle est précisément la raison pour laquelle l'amour sensuel ne peut pas non plus avoir plusieurs personnes pour objet : l'amour, en effet, n'est pas loin d'être une sorte d'exagération d'amitié[1], sentiment qui ne s'adresse qu'à un seul : par suite, l'amitié solide ne s'adresse aussi qu'à un petit nombre.

Ce que nous disons semble également confirmé par les faits. Ainsi, l'amitié entre camarades[2] ne rassemble qu'un petit nombre d'amis, et les amitiés célébrées par les poètes ne se produisent qu'entre deux amis[3]. Ceux qui ont beaucoup 15 d'amis et se lient intimement avec tout le monde passent pour n'être réellement amis de personne (excepté quand il s'agit du lien qui unit entre eux des concitoyens), et on leur donne aussi

1. *Cf.* VIII, 7, 1058a12.
2. *Cf.* VIII, 6, 1157b24, note.
3. Oreste et Pylade, etc.

l'épithète de complaisants[1]. Pour l'amitié entre concitoyens, il est assurément possible d'être lié avec un grand nombre d'entre eux sans être pour autant complaisant et en restant un véritable homme de bien. Toujours est-il qu'on ne peut pas avoir pour une multitude de gens cette sorte d'amitié basée sur la vertu et sur la considération de la personne elle-même, et il
20 faut même se montrer satisfait quand on a découvert un petit nombre d'amis de ce genre.

11
<Le besoin d'amis dans la prospérité et dans l'adversité>

Est-ce dans la prospérité que nous avons davantage besoin d'amis, ou dans l'adversité[2]? Dans un cas comme dans l'autre, en effet, on est à leur recherche : d'une part, les hommes défavorisés par le sort ont besoin d'assistance, et, d'autre part, ceux à qui la fortune sourit ont besoin de compagnons et de gens auxquels ils feront du bien, puisqu'ils souhaitent pratiquer la bienfaisance[3]. L'amitié, par suite, est une chose plus néces-
25 saire dans la mauvaise fortune, et c'est pourquoi on a besoin d'amis utiles dans cette circonstance, mais l'amitié est une chose plus belle dans la prospérité, et c'est pourquoi alors on recherche aussi les gens de bien, puisqu'il est préférable de pratiquer la bienfaisance envers eux et de vivre en leur compagnie. En effet[4], la présence même des amis est agréable à la fois dans la bonne et la mauvaise fortune. Car les personnes

1. Sur l'ἀρέσκεια, *cf.* IV, 12, 1126b12, note. L'ἄρεσκος est celui qui cherche à faire plaisir à tout le monde.

2. *E.E.*, VII, 12, 1245b26-1246a25.

3. S'ils sont vertueux. *Cf.* la traduction de Lambin : *volunt enim de aliquibus bene mereri.*

4. Aristote va prouver la nécessité des amis, d'abord dans la mauvaise fortune (27-1171b12), puis dans la prospérité (12-15).

affligées éprouvent du soulagement quand leurs amis compatissent à leurs souffrances. Et de là vient qu'on peut se demander 30
si ces amis ne reçoivent pas en quelque sorte une part de notre
fardeau, ou si, sans qu'il y ait rien de tel, leur seule présence,
par le plaisir qu'elle nous cause, et la pensée qu'ils compatissent à nos souffrances, n'ont pas pour effet de rendre notre
peine moins vive. Que ce soit pour ces raisons ou pour quelque
autre qu'on éprouve du soulagement, laissons cela : de toute
façon, l'expérience montre que ce que nous venons de dire a
réellement lieu.

Mais la présence d'amis semble bien procurer un plaisir 35
qui n'est pas sans mélange [1]. La simple vue de nos amis est, il
est vrai, une chose agréable, surtout quand on se trouve dans **1171b**
l'infortune, et devient une sorte de secours contre l'affliction
(car un ami est propre à nous consoler à la fois par sa vue et ses
paroles, si c'est un homme de tact, car il connaît notre caractère
et les choses qui nous causent du plaisir ou de la peine). Mais,
d'un autre côté, s'apercevoir que l'ami ressent lui-même de
l'affliction de notre propre infortune est quelque chose de 5
pénible, car tout le monde évite d'être une cause de peine pour
ses amis. C'est pourquoi les natures viriles se gardent bien
d'associer leurs amis à leurs propres peines, et, à moins d'être
d'une insensibilité portée à l'excès, un homme de cette trempe
ne supporte pas la peine que sa propre peine fait naître chez ses
amis, et en général il n'admet pas que d'autres se lamentent
avec lui, pour la raison qu'il n'est pas lui-même [2] enclin aux 10
lamentations. Des femmelettes, au contraire, et les hommes
qui leur ressemblent, se plaisent avec ceux qui s'associent à
leurs gémissements, et les aiment comme des amis et des

---

1. L. 34-35, nous acceptons l'interprétation de Rackham, qui insère ἡδονή
après αὐτῶν. Autrement, la pensée d'Aristote est véritablement par trop
elliptique.

2. Puisqu'il est ἀνδρώδης (l. 6).

compagnons de souffrance. Mais en tout cela nous devons
évidemment prendre pour modèle l'homme de nature plus
virile[1].

D'un autre côté[2], la présence des amis dans la prospérité
non seulement est une agréable façon de passer le temps, mais
encore nous donne la pensée qu'ils se réjouissent de ce qui
nous arrive personnellement de bon.

15   C'est pourquoi[3] il peut sembler que notre devoir est de
convier nos amis à partager notre heureux sort (puisqu'il est
noble de vouloir faire du bien), et dans la mauvaise fortune, au
contraire, d'hésiter à faire appel à eux (puisqu'on doit associer
les autres le moins possible à nos maux, d'où l'expression :
C'est assez de ma propre infortune)[4]. Mais là où il nous faut
principalement appeler à l'aide nos amis, c'est lorsque, au prix
d'un léger désagrément pour eux-mêmes, ils sont en situation
20 de nous rendre de grands services. – Inversement, il convient
sans doute que nous allions au secours de nos amis malheureux
sans attendre d'y être appelés, et de tout cœur (car c'est le
propre d'un ami de faire du bien, et surtout à ceux qui sont dans
le besoin et sans qu'ils l'aient demandé[5] : pour les deux parties
l'assistance ainsi rendue est plus conforme au bien et plus
agréable)[6] ; mais quand ils sont dans la prospérité, tout en leur
apportant notre coopération avec empressement (car même

---

1. L'ἀνδρώδης, et non la femmelette.

2. Nécessité des amis dans la prospérité.

3. Aristote termine le chapitre par certains enseignements pratiques sur le
comportement à l'égard des amis.

4. Proverbe d'origine inconnue, qui provient peut-être d'un poète tragique
(fgmt 76, Nauck) : cf. *Ind. arist.*, 32b36.

5. L. 22, avec Byw., Burnet et Rackham, nous lisons καὶ μὴ ἀξιώσαντας,
au lieu de καὶ τὸ μὴ ἀξιώσαντος (Susemihl).

6. *Dum auxilium praestatur non requirenti, ambobus, scilicet praestanti et
requirenti, fit melius* (St Thomas, 1950, p. 506).

pour cela ils ont besoin d'amis)[1], nous ne mettrons aucune hâte
à recevoir leurs bons offices (car il est peu honorable de 25
montrer trop d'ardeur à se faire assister). Mais sans doute
faut-il éviter une apparence même de grossièreté en repoussant
leurs avances, chose qui arrive parfois.

La présence d'amis apparaît donc désirable en toutes
circonstances.

12
<La vie commune dans l'amitié>

Ne doit-on pas le dire ? De même que pour les amoureux la
vue de l'aimé est ce qui les réjouit par-dessus tout, et qu'ils 30
préfèrent le sens de la vue à tous les autres, dans la pensée
que c'est de lui que dépendent principalement l'existence et la
naissance de leur amour[2], pareillement aussi pour les amis la
vie en commun n'est-elle pas ce qu'il y a de plus désirable[3] ?

L'amitié, en effet, est une communauté[4]. Et ce qu'un
homme est à soi-même, ainsi l'est-il pour son ami[5] ; or en ce
qui le concerne personnellement, la conscience de son existence est désirable, et dès lors l'est aussi la conscience de
l'existence de son ami ; mais cette conscience s'actualise[6] dans 35

---

1. Même dans la prospérité, on ne peut pas se passer de l'aide de ses amis
(*cf.* VIII, 1, 1155a6 *sq.*).

2. Cf. *supra*, 5, 1167a3 *sq.*

3. Aristote va donner trois arguments, dont le troisième est tiré de
l'expérience : 1ᵉʳ argument : κοινωνία ... φιλία (l. 32-33) ; 2ᵉ argument : καὶ
ὡς πρὸς ἑαυτόν ... ἐφίενται (33-1172a1) ; 3ᵉ argument : καὶ ὅ ποτ' ἐστιν ...
συζῆν (1-8).

4. VIII, 11, 1159b29-32 ; 14, 1161b15.

5. C'est le leitmotiv du chap. 4 qui reparaît. Pour le raisonnement,
cf. *supra*, 9, 1170a14 *sq.*, dont les développements sont plus importants.

6. L. 35, αὐτῆς *ibid.* τῆς συναισθήσεως.

1172a la vie en commun, de sorte que c'est avec raison que les amis
aspirent à cette vie commune. En outre, tout ce que l'existence
peut représenter pour une classe déterminée d'individus, tout
ce qui rend la vie désirable pour eux, c'est à cela qu'ils souhaitent passer leur vie avec leurs amis. De là vient que les
uns se réunissent pour boire, d'autres pour jouer aux dés,
d'autres encore pour s'exercer à la gymnastique, chasser,
5 étudier la philosophie, tous, dans chaque groupement, se
livrant ensemble à longueur de journée au genre d'activité qui
leur plaît au-dessus de toutes les autres occupations de la vie :
souhaitant, en effet, vivre avec leurs amis, ils s'adonnent et
participent de concert à ces activités, qui leur procurent le
sentiment d'une vie en commun [1].

Quoi qu'il en soit [2], l'amitié qui unit les gens pervers est
mauvaise (car en raison de leur instabilité ils se livrent en
commun à des activités coupables, et en outre deviennent
10 méchants en se rendant semblables les uns aux autres), tandis
que l'amitié entre les gens de bien est bonne et s'accroît par
leur liaison même. Et ils semblent aussi devenir meilleurs en
agissant et en se corrigeant mutuellement, car ils s'impriment
réciproquement les qualités où ils se complaisent, d'où le
proverbe :

Des gens de bien viennent les bonnes leçons [3].

---

1. L. 7 et 8, nous suivons strictement Susemihl, mais le texte est peu sûr et
présente des variantes (*cf.* la note de Burnet, p. 436).

2. Conclusion générale. – L. 9, ἀβέβαιοι ὄντες est supprimé, mais à tort,
par Rackham. On doit comprendre, avec St Thomas, 1950, p. 508 : *et cum sint
instabiles, semper de malo in pejus procedunt.*

3. Theog., 35. Aristote a supprimé le mot final μαθήσεαι.

LIVRE X

1
<Introduction à la théorie du plaisir : les thèses en présence>

En ce qui concerne l'amitié, restons-en là. Nous pourrons ensuite traiter du plaisir. Après les considérations qui précèdent 15 suit sans doute naturellement une discussion sur le plaisir[1]. On admet, en effet, d'ordinaire que le plaisir est ce qui touche le plus près à notre humaine nature; et c'est pourquoi dans 20 l'éducation des jeunes gens, c'est par le plaisir et la peine qu'on les gouverne[2]. On est également d'avis que pour former l'excellence du caractère, le facteur le plus important est de se

---

1. La plupart des éditeurs rattachent les deux premières phrases (l. 15-16) au livre IX. Aristote a déjà traité du plaisir, livre VII, 12-14, et dans les notes relatives à ces chapitres, nous avons indiqué quels rapports il existait entre les deux exposés. Rappelons seulement ici que l'objet du livre X est nouveau : Aristote y étudie l'essence du plaisir et la place qu'il occupe dans le domaine de la moralité. Mais il n'y fait aucune allusion aux analyses du livre VII. On notera aussi la dépendance manifeste du livre X au *Philèbe*. Nous renvoyons d'une manière générale et une fois pour toutes, aux notes de VII, 12-14. Nous utiliserons comme précédemment les ouvrages de Festugière et de Léonard, et nous aurons constamment sous les yeux l'excellente édition de Rodier (Paris, 1897).

2. *Cf.* II, 2, 1104b *sq.*, et la référence aux *Lois* donnée dans notre note, l. 12. On peut ajouter *Rep.*, III, 401e, et *Lois*, I, 644d *sq.* – Le verbe οἰακίζειν, l. 21, est un terme de marine équivalant à κυβερνεῖν (*diriger à l'aide du gouvernail*) et qui a été appliqué à la vie morale (*cf.* Michel, 530, 24).

plaire aux choses qu'il faut et de détester celles qui doivent
l'être. En effet, plaisir et peine[1] s'étendent tout au long de la
25 vie, et sont d'un grand poids et d'une grande force pour la vertu
comme pour la vie heureuse, puisqu'on élit ce qui est agréable
et qu'on évite ce qui est pénible. Et les facteurs de cette importance ne doivent d'aucune façon, semblera-t-il, être passés
sous silence, étant donné surtout le grand débat qui s'élève
à leur sujet. Les uns[2], en effet, prétendent que le plaisir est
le bien ; d'autres, au contraire, qu'il est entièrement mauvais ;
parmi ces derniers, certains sont sans doute persuadés qu'il en
est réellement ainsi, tandis que d'autres pensent qu'il est préfé-
30 rable dans l'intérêt de notre vie morale de placer ouvertement
le plaisir au nombre des choses mauvaises, même s'il n'en est
rien : car la plupart des hommes ayant pour lui une forte inclination et étant esclaves de leurs plaisirs, il convient, disent-ils,
de les mener dans la direction contraire[3], car ils atteindront
ainsi le juste milieu.

Mais il est à craindre que cette manière de voir ne soit pas
exacte[4]. En effet, quand il s'agit des sentiments et des actions,
35 les arguments sont d'une crédibilité moindre que les faits, et
ainsi lorsqu'ils sont en désaccord avec les données de la perception[5] ils sont rejetés avec mépris et entraînent la vérité dans
1172b leur ruine. Car, une fois qu'on s'est aperçu que le contempteur
du plaisir y a lui-même tendance, son inclination au plaisir

---

1. L. 23, ταῦτα, c'est-à-dire le plaisir et la peine.

2. Eudoxe, et peut-être Aristippe. – Sur Eudoxe, cf. I, 21, 1101b27, note, et
Rodier, p. 70. L. 28, οἳ δ᾽ désigne Speusippe (cf. I, 4, 1096b7, note).

3. II, 9, 1109b4.

4. La thèse que le plaisir est mauvais en principe est tellement para-
doxale qu'Aristote est entraîné à critiquer dès maintenant cette façon de voir, en
opposant *l'expérience* (τοῖς κατὰ τὴν αἴσθησιν, l. 36) au raisonnement
(cf. Joachim, p. 263).

5. Comme c'est le cas en l'espèce, car il est contraire à l'expérience de
soutenir que tout plaisir est un mal.

semble bien indiquer que tout plaisir est digne d'être poursuivi[1], les distinctions à faire n'étant pas à la portée du grand
public. Il apparaît ainsi[2] que ce sont les arguments conformes à
la vérité qui sont les plus utiles, et cela non seulement pour la
connaissance pure, mais encore pour la vie pratique : car, étant 5
en harmonie avec les faits, ils emportent la conviction, et de
cette façon incitent ceux qui les comprennent à y conformer
leur vie. – Mais en voilà assez sur ces questions ; passons maintenant en revue les opinions qu'on a avancées sur le plaisir.

2
<Critique des théories d'Eudoxe et de Speusippe>

Eudoxe, donc[3], pensait que le plaisir est le bien, du fait 10
qu'il voyait tous les êtres, raisonnables ou irraisonnables,
tendre au plaisir[4] ; or chez tous les êtres, ce qui est désiré est ce
qui leur convient équitablement, et ce qui est désiré au plus
haut degré est le Bien par excellence ; et le fait que tous les êtres
sont portés[5] vers le même objet est le signe que cet objet est
pour tous ce qu'il y a de mieux (puisque chaque être découvre

---

1. L. 2, τοιαύτην = ἐφετήν. – Tout homme, même celui qui critique systé-
matiquement le plaisir (ὁ ψέγων, 1172b1), est tôt ou tard amené à rechercher
parfois le plaisir. Il se déconsidère lui et ses théories, car la multitude n'est pas
apte à faire en cette matière les distinctions qui s'imposent.

2. *Ergo melius est circa voluptates dicere veritatem et operari conformiter
ad dicta* (Sylv. Maurus, 268[2]).

3. Les arguments d'Eudoxe s'étendent de 1172b9 à 35, et ceux de
Speusippe, de 1172b35 à 1174a10.

4. *Premier argument* d'Eudoxe (9-18) : toutes les créatures recherchent le
plaisir.

5. L. 12, φέρεσθαι (*se mouvoir localement, graviter autour*) est, comme le
remarque Burnet, un terme d'astronomie, naturel dans la bouche d'Eudoxe.
– Sur le raisonnement d'Eudoxe, repris plus tard par les Épicuriens (Cicéron, *de
Fin.*, I, 9), *cf.* aussi *Top.*, III, 1, 116a17, et *Philèbe*, 20b.

ce qui est bon pour lui, comme il trouve aussi la nourriture qui lui est appropriée); dès lors ce qui est bon pour tous les êtres et vers quoi ils tendent tous est le Souverain Bien.

15   Si cependant ces arguments entraînaient la conviction, c'était plutôt à cause de la gravité du caractère de leur auteur qu'en raison de leur valeur intrinsèque. Eudoxe avait, en effet, la réputation d'un homme exceptionnellement tempérant, et par suite on admettait que s'il soutenait cette théorie, ce n'était pas par amour du plaisir, mais parce qu'il en est ainsi dans la réalité.

Il croyait encore que sa doctrine résultait non moins manifestement de cet argument *a contrario*[1] : la peine étant en soi un objet d'aversion pour tous les êtres, il suit que son contraire doit pareillement être en soi un objet de désir pour

20 tous. – En outre, selon lui, est désirable au plus haut point ce que nous ne choisissons pas à cause d'une autre chose, ni en vue d'une autre chose[2] : tel est précisément, de l'aveu unanime, le caractère du plaisir, car on ne demande jamais à quelqu'un en vue de quelle fin il se livre au plaisir, ce qui implique bien que le plaisir est désirable par lui-même. – De plus[3], le plaisir, ajouté à un bien quelconque, par exemple à une activité juste

25 ou tempérante, rend ce bien plus désirable : or le bien ne peut être augmenté que par le bien lui-même.

Ce dernier argument, en tout cas, montre seulement, semble-t-il, que le plaisir est l'*un* des biens, et nullement qu'il

---

1. *Second argument* d'Eudoxe (18-20): toutes les créatures fuient la souffrance. – Sur l'argument *a contrario* en général, cf. *Top.*, III, 2, 117b3-9.

2. *Troisième argument* d'Eudoxe (20-23): le plaisir est une fin en soi. Cf. *Top.*, III, 1, 116a29-31, qui donne pour exemple la santé, laquelle est plus désirable que la gymnastique, car elle est désirable par soi, tandis que la gymnastique n'est désirable que pour la santé.

3. *Quatrième argument* d'Eudoxe (23-25): le plaisir augmente ce à quoi il s'ajoute. Cf. *Top.*, II, 11, 115a28 *sq.*

est meilleur qu'un autre bien [1], car tout bien, uni à un autre bien, est plus désirable que s'il est seul. Aussi, est-ce par un argument de ce genre que Platon ruine l'identification du bien au plaisir [2] : la vie de plaisir, selon lui, est plus désirable unie à la 30 prudence que séparée d'elle, et si la vie mixte [3] est meilleure, c'est que le plaisir n'est pas le bien, car aucun complément ajouté au bien ne peut rendre celui-ci plus désirable [4]. Il est clair aussi [5] qu'aucune autre chose non plus ne saurait être le bien, si, par l'adjonction de quelqu'une des choses qui sont bonnes en elles-mêmes, elle devient plus désirable. Quelle est donc la chose qui répond à la condition posée [6] et à laquelle nous puissions avoir part ? Car c'est un bien de ce genre que nous 35 recherchons.

---

1. Il est *un* bien, et non *le* bien.

2. Cf. *Philèbe*, 20e-22e, 60b-61b.

3. C'est-à-dire le plaisir combiné avec quelque autre chose. Le raisonnement d'Aristote est celui-ci. L'argument d'Eudoxe est sans valeur, car Platon s'en servait pour prouver exactement le contraire : si la *vie mixte* (τὸ μικτὸν, l. 30), qui adjoint au plaisir la sagesse, est préférable au plaisir sans sagesse, c'est que le plaisir n'est pas le bien, car le bien par soi c'est ce qu'aucune addition ne peut rendre plus digne d'être recherché. *Cf.* St Thomas, 1971, p. 515, qui a très bien exposé l'argument : *Plato, qui erat contrariae opinionis, ... ostendendo quod delectatio non est per se bonum. Manifestum est enim quod delectatio est eligibilior si adjungatur prudentiae. Quia igitur delectatio commixta alteri melior est, concludebat quod delectatio non sit per se bonum. Illud enim quod est per se bonum non fit eligibilius per appositionem alterius.*

4. Cf. *supra*, I, 5, 1097b16-20. Voir aussi *Top.*, III, 2, 117a18.

5. Aristote généralise ce qu'il vient de dire : aucune autre chose, pas plus que le plaisir, n'est le bien par excellence, si, jointe à une autre, elle devient plus désirable.

6. C'est-à-dire : qui n'est pas susceptible d'être accrue par l'adjonction d'un autre bien (tel est le sens de τοιοῦτον, l. 34). – Même l., οὗ καὶ ἡμεῖς κοινωνοῦμεν : il faut aussi que ce bien désiré soit accessible à l'homme, et ne présente pas, comme l'Idée platonicienne du Bien, un caractère transcendant (*cf.* Rodier, p. 76).

Ceux, d'autre part, qui objectent[1] que ce à quoi tous les
êtres tendent n'est pas forcément un bien, il est à craindre qu'ils
ne parlent pour ne rien dire. Les choses, en effet, que tous les
1173a hommes reconnaissent comme bonnes[2], nous disons qu'elles
sont telles en réalité : et celui qui s'attaque à cette conviction
trouvera lui-même difficilement des vérités plus croyables[3]. Si
encore les êtres dépourvus de raison étaient seuls à aspirer aux

1. Nous passons à l'examen des arguments de Speusippe et de l'Académie
(1172b35-1174a10), arguments qui sont au nombre de six. – Aristote va
prendre la défense d'Eudoxe, contre l'opinion extrême de Speusippe : sans
doute Eudoxe a eu tort de soutenir que le plaisir est le Souverain Bien, mais il
n'en résulte pas que le plaisir ne soit pas un bien, et la thèse de Speusippe
est insoutenable. Sur l'ἔνστασις (ἐνιστάμενοι, l. 35), cf. *An. prior*, I, 26,
69a37 *sq*. Sur μὴ οὐδὲν λέγωσι, l. 36, cf. *Ind. arist.*, 464b36, 50-51. *Premier
argument* de Speusippe (1172b35-1173a5).

2. L. 1173a1, nous pensons, avec Burnet, p. 443, qu'il faut après δοκεῖ
sous-entendre ἀγαθὸν εἶναι.

3. La critique d'Aristote est la suivante. L'argument de Speusippe
s'attaque à la première raison donnée par Eudoxe, aux termes de laquelle toutes
les créatures, raisonnables ou irraisonnables, tendent au plaisir. Mais Speusippe
a tort. C'est là, en effet, une croyance universelle et indéracinable, que ce qui
apparaît à tous les êtres comme un bien est un bien en réalité. Une pareille
croyance ne pourrait être détruite que si on pouvait faire admettre que la tendance au plaisir n'est pas vraiment générale, que par exemple les êtres raisonnables y échappent. Mais s'il est évident que même les φρόνιμα (l. 3) aspirent
au plaisir, l'argument de Speusippe ne signifie rien. Dira-t-on que, chez les
ἄλογα (ἴσως δὲ, l. 4 ; même ligne, ἐν τοῖς φαύλοις s'applique soit aux hommes,
soit plutôt aux ἄλογα ou ἀνόητα), la recherche spontanée du plaisir par chacun
des individus se traduit en manifestations désordonnées et anarchiques, exclu-
sives de toute idée de bien ? Ce serait méconnaître le « génie de l'espèce »,
facteur naturel et bon (φυσικὸν ἀγαθὸν, l. 4), qualifié ailleurs de τι θεῖον (VII,
12, 1153b32, et note), qui veille en chacun des représentants de l'espèce, et qui
les pousse à leur insu à réaliser le bien spécifique, c'est-à-dire le bien tout court.
Le plaisir est donc, ici encore comme partout, un bien, et l'assertion d'Eudoxe
ne cesse pas d'être vraie. L. 4, contrairement à Rodier, p 77, et à Burnet, p. 444,
mais d'accord avec Festugière, p. 40, nous conservons ἀγαθὸν comme épithète
de φυσικὸν. L'apparat critique de l'édition Susemihl suggère la correction
séduisante ἀθάνατον (cf. *de An.*, II, 4, 415a25 *sq*.).

plaisirs, ce que disent ces contradicteurs pourrait présenter un certain sens ; mais si les êtres doués d'intelligence manifestent aussi la même tendance, quel sens pourront bien présenter leurs allégations ? Et peut-être même, chez les êtres inférieurs existe-t-il quelque principe naturel et bon, supérieur à ce que ces êtres sont par eux-mêmes, et qui tend à réaliser leur bien 5 propre.

Il ne semble pas non plus que leur critique de l'argument *a contrario* soit exacte[1]. Ils prétendent, en effet, que si la peine est un mal, il ne s'ensuit pas que le plaisir soit un bien : car un mal peut être opposé aussi à un mal, et ce qui est à la fois bien et mal peut être opposé à ce qui n'est ni bien ni mal. Ce raisonnement n'est pas sans valeur, mais il n'est pas conforme à la vérité, du moins dans le présent cas. Si, en effet, plaisir et peine sont tous deux des maux, ils devraient aussi tous deux être 10 objet d'aversion, et s'ils ne sont tous deux ni bien ni mal ils ne devraient être ni l'un ni l'autre objet d'aversion ou devraient l'être tous deux pareillement. Mais ce qu'en réalité on

---

1. *Second argument* de Speusippe (6-13), dirigé contre l'argument *a contrario* d'Eudoxe : *cf.* VII, 12, 1152b8, et note ; 14, 1153b1 *sq.*, et note. Speusippe prétend que plaisir et douleur sont deux maux opposés à la fois l'un à l'autre ainsi qu'au bien, terme moyen entre les deux ; d'où il suit qu'on ne peut pas dire avec Eudoxe que si la peine est un mal, le plaisir est nécessairement un bien. Sans doute, réplique Aristote, cet argument possède une valeur *in abstracto* : il est légitime de dire qu'un mal peut avoir pour contraire un autre mal, et que l'un et l'autre peuvent aussi être opposés à un état neutre. Mais *dans ce qui est en question* présentement (ἐπὶ τῶν εἰρημένων, l. 9), il n'aurait de valeur que si le plaisir et la peine étaient, à titre de maux, φευκτὰ l'un comme l'autre (l. 10). Or l'expérience montre qu'en réalité la peine est opposée au plaisir comme un mal à un bien, et non comme un mal à un mal. Dira-t-on que tout au moins le plaisir et la peine font partie des états neutres, ni bons ni mauvais (τῶν μηδετέρων, l. 11) ? Alors ils devraient être *tous deux* soit objet de désir, soit objet d'aversion, ce que l'expérience contredit également. – Sur cette argumentation, *cf.* Rodier, p 77 ; St Thomas, 1978, 1979, p. 516, en donne un exposé remarquable.

constate, c'est que l'on fuit l'une comme un mal, et que l'on
préfère l'autre comme un bien : c'est donc comme bien et mal
que le plaisir et la peine sont opposés l'un à l'autre.

Mais il ne s'ensuit pas non plus[1], dans l'hypothèse où le
plaisir n'est pas au nombre des qualités, qu'il ne soit pas pour
autant au nombre des biens, car les activités vertueuses ne sont
15 pas davantage des qualités, ni le bonheur non plus. – Ils disent
encore[2] que le bien est déterminé, tandis que le plaisir est

---

1. *Troisième argument* de Speusippe (13-15), fondé sur cette idée, d'origine platonicienne, que le plaisir, pour être un bien, devrait être quelque chose
de fixe et de permanent comme une qualité (c'est-à-dire une forme, une Idée),
alors qu'il est une pure γένεσις, relevant de l'illimité et de l'infini (cf. *Rep.*, IV,
583e; *Philèbe*, 27e, 41d, 54d, etc.). Cet argument, qui figure aussi au livre VII,
12, 1152b33-1158a2 (*cf.* notre note), est sans valeur aux yeux d'Aristote, pour
qui le bien, comme l'être et l'un, est affirmé de toutes les catégories (I, 4, 1096a
23-29), et non pas seulement de la qualité. En admettant même que le plaisir ne
soit pas une qualité, on n'en saurait conclure qu'il n'est pas un bien, car les
ἐνέργειαι vertueuses et le bonheur lui-même, qui sont des κινήσεις, n'en sont
pas moins des biens. *Cf.* sur cette délicate argumentation, la savante note de
Rodier, p. 78-79, et (pour le présent argument et pour le suivant) l'exposé de
Robin, p. 218-219.

2. *Quatrième argument* de Speusippe et sa réfutation par Aristote (15-28).
L'argumentation est fort difficile. Selon la doctrine platonicienne, le déterminé
appartient à l'ordre du bien (cf. *Phil.*, 24e, 31a; *cf.* aussi, IX, 9, 1179a20 et la
note); or le plaisir est de l'indéterminé, car il admet, comme tout ἀόριστον, le
plus et le moins, autrement dit varie d'intensité; il ne peut donc être un bien.
Aristote répond qu'on peut interpréter cette doctrine de deux façons:

a) Si on veut dire que le plaisir est un ἀόριστον, parce que l'*expérience
montre* (ἐκ τοῦ ἥδεσθαι, l. 17) qu'on peut ressentir un plaisir plus ou moins vif,
plus ou moins grand, il est clair qu'on peut en dire autant des vertus (on peut être
plus ou moins brave, plus ou moins juste), lesquelles sont pourtant incontesta-
blement des biens. Pourquoi n'en serait-il pas ainsi du plaisir? (22-23).

b) Veut-on dire que le plaisir, considéré non plus dans les individus qui
l'éprouvent, mais dans sa nature même, admet le plus et le moins? Alors l'indétermination attribuée au plaisir n'est pas la cause de sa perversité essentielle; la
véritable cause doit être cherchée dans la distinction posée dans le *Philèbe*, 52e,
entre les plaisirs purs et les plaisirs mixtes, les premiers étant susceptibles de

indéterminé, parce qu'il est susceptible de plus et de moins. Si c'est sur l'expérience même du plaisir qu'ils appuient ce jugement, quand il s'agira de la justice et des autres vertus (à propos desquelles on dit ouvertement que leurs possesseurs sont plus ou moins dans cet état, et leurs actions plus ou moins conformes à ces vertus) on pourra en dire autant (car il est possible 20 d'être plus juste ou plus brave que d'autres, et il est possible de pratiquer aussi la justice ou la tempérance mieux que d'autres). Mais si leur jugement se fonde sur la nature même des plaisirs, je crains qu'ils n'indiquent pas la véritable cause, s'il est vrai qu'il existe d'une part les plaisirs sans mélange, et d'autre part les plaisirs mixtes. Qui empêche, au surplus, qu'il n'en soit du plaisir comme de la santé, laquelle, tout en étant déterminée, admet cependant le plus et le moins ? La même proportion, en 25 effet, ne se rencontre pas en tous les individus, et dans le même individu elle n'est pas non plus toujours identique, mais elle peut se relâcher et cependant persister jusqu'à un certain point, et différer ainsi selon le plus et le moins. Tel peut être aussi, par conséquent, le cas du plaisir.

---

détermination et de mesure (et par conséquent étant des biens), et les seconds étant rejetés dans le domaine de l'indétermination et de l'illimité (et étant seuls à être des maux) (l. 22-23).

Enfin Aristote invoque un nouvel argument : pourquoi le plaisir ne serait-il pas, après tout, quelque chose de déterminé, bien qu'admettant, comme la santé, des degrés d'individu à individu, ou dans le même individu ? La santé consiste, en effet, dans une συμμετρία du chaud et du froid (notion provenant d'Alcméon de Crotone, qui définissait la santé une ἰσονομία : cf. Burnet, L'Aurore, p. 228, et notre note du commentaire de la Met., A, 5, 986a28, t. I, p. 46), laquelle, comme toute μεσότης, manifeste une certaine élasticité dans des limites définies (διαμένει ἕως τινός, l. 27 : cf. IV, 10, 1170b32) (l. 23-28). Sur toute cette argumentation on consultera principalement Rodier, p. 80-81, et Joachim, p. 265-266.

De plus, ils posent en principe[1] à la fois que le bien est
parfait, et les mouvements et les devenirs imparfaits, puis ils
30 s'efforcent de montrer que le plaisir est un mouvement et un
devenir. Mais ils ne semblent pas s'exprimer exactement,
même quand ils soutiennent que le plaisir est un mouvement :
tout mouvement, admet-on couramment, a pour propriétés
vitesse ou lenteur, et si un mouvement, celui du Ciel par
exemple[2], n'a pas ces propriétés par lui-même, il les possède
du moins relativement à un autre mouvement. Or au plaisir
n'appartiennent ni l'une ni l'autre de ces sortes de mouvements. Il est assurément possible d'être *amené* vers le plaisir
plus ou moins rapidement, comme aussi de se mettre en colère,
1173b mais on ne peut pas *être* dans l'état de plaisir rapidement[3],
pas même par rapport à une autre personne, alors que nous
pouvons marcher, croître, et ainsi de suite, plus ou moins
rapidement. Ainsi donc, il est possible de passer à l'état de

---

1. *Cinquième argument* de Speusippe, et sa critique par Aristote (1173a28-
1173b20). Sur le plaisir-genèse, cf. *supra*, VII, 12, 1152b13-15, et notes, et 13,
1153a7-15, notes. Voir aussi la notice de Diès à son édition du *Philèbe*,
p. LXII *sq.*

2. Cf. *de Caelo*, II, 6, 288a13 (p. 82 et notes de notre traduction). Le
mouvement du premier Ciel est uniforme et non irrégulier, il n'a ni *accélération*
(ἐπίτασις, *intensio*), ni *summa velocitas* (ἀκμή), ni *ralentissement* (ἄνεσις,
remissio). Pareil mouvement n'est donc en lui-même ni rapide ni lent, mais
seulement par comparaison πρὸς ἄλλο (l. 33), c'est-à-dire avec les mouvements dérivés, comme par exemple ceux des planètes. En d'autres termes, le
premier Ciel a seulement une vitesse relative et non une vitesse absolue. Le
plaisir n'a ni l'une, ni l'autre.

3. Opposition entre le *passage* d'un état à un autre, le *devenir* (marqué par
l'aoriste ἡσθῆναι, l. 34 : c'est l'un des sens de l'aoriste grec, *cf.* Riemann,
Syntaxe grecque, 1932, p. 113, et les exemples donnés), et *l'état stable* (au
présent ἥδεσθαι) où l'on est. Nous pouvons *nous mettre* rapidement en
colère, mais non *être* rapidement en colère : ainsi en est-il pour le plaisir. Le
plaisir et la colère sont en eux-mêmes des états intemporels. – L. 3, ἐνεργεῖν
a le sens de *voluptatis munere fungi* (Lambin), « nous dirions la *conscience* »
(Festugière, p. 41).

plaisir rapidement ou lentement, mais il n'est pas possible d'être en acte dans cet état (je veux dire être dans l'état de plaisir) plus ou moins rapidement. De plus, en quel sens le plaisir serait-il un devenir[1]? Car on n'admet pas d'ordinaire 5 que n'importe quoi naisse de n'importe quoi, mais bien qu'une chose se résout en ce dont elle provient; et la peine est la destruction de ce dont le plaisir est la génération.

Ils disent encore[2] que la peine est un processus de déficience de notre état naturel, et le plaisir un processus de

---

1. Aristote vient de montrer que le plaisir n'est pas un mouvement (ni donc un devenir, puisque le devenir est un mouvement). Mais le plaisir n'est pas un devenir pour une autre raison encore. Dans la γένεσις et la φθορά, qui sont les deux faces d'un seul et même processus, il y a corrélation entre la δύναμις et l'ἐνέργεια (ou entre la ὕλη et l'εἶδος) : une chose peut seulement devenir en acte ce qu'elle est en puissance, et inversement se résoudre dans les éléments d'où elle provient. De quoi donc le plaisir serait-il le processus et la réalisation? Quelle ὕλη servira à la fois de point de départ à la génération (plaisir) et de résultat à la destruction (peine)? Le plaisir n'est donc pas le produit d'une génération. Le principe suivant lequel toute matière ne reçoit pas toute forme, et que matière et forme sont des corrélatifs qui s'appellent l'un l'autre, a une importance considérable dans la physique et la métaphysique aristotéliciennes. On le trouve énoncé à maintes reprises, notamment *Phys.*, I, 5, 188b12; II, 2, 194b9; *de An.*, I, 3, 407b25 (l'art du charpentier ne descend pas dans des flûtes); etc. Il a pour conséquence, d'une part la négation de la réalité propre de la matière, et, d'autre part, l'unité de la matière et de la forme, du corps et de l'âme.

2. Cf. *Phil.*, 31e-32b, 42c-d; VII, 13, 1152b35-1153a2, et les notes. Cet argument nouveau est en étroite connexion avec le précédent. Quelle est, demandait Aristote, la matière dont proviendrait le plaisir et dans laquelle se résoudrait la peine? À cette question on pourrait répondre, semble-t-il, que cette matière est l'*état normal, naturel* (τοῦ κατὰ φύσιν, l. 8), dont le plaisir est la *réplétion*, le *remplissage* (ἀναπλήρωσις), et la peine, le *manque*, la *déperdition* (ἔνδεια) [*cf.* Ramsauer : *dicunt enim* τοῦ κατὰ φύσιν *esse quo amisso doleamus, suppleto gaudeamus*]. Mais pareille explication n'est pas recevable, déclare Aristote. C'est confondre le plaisir et la peine avec les états organiques qui en sont seulement la condition, et personne ne soutiendra que le plaisir est ressenti par le corps, *sujet* (ἐν ᾧ, l. 10) du processus de réplétion (οὐ δοκεῖ δέ, l. 11 : *cf.* I, 9, 1099a8, qui range le plaisir parmi les états de l'âme). Le plaisir

réplétion. Mais ce sont là des affections intéressant le corps. Si
dès lors le plaisir est une réplétion de l'état naturel, c'est le
10 sujet en lequel s'accomplit la réplétion qui ressentira le plaisir;
ce sera donc le corps. Mais c'est là une opinion qu'on n'accepte
pas d'ordinaire; le plaisir n'est donc pas non plus un processus
de réplétion; tout ce qu'on peut dire, c'est qu'au cours d'un
processus de réplétion on ressentira du plaisir, comme au cours
d'une opération chirurgicale on ressentira de la souffrance. En
fait, cette opinion[1] semble avoir pour origine les souffrances
et les plaisirs ayant rapport à la nutrition: quand, en effet, le
manque de nourriture nous a d'abord fait ressentir de la souf-
15 france, nous éprouvons ensuite du plaisir en assouvissant notre
appétit. Mais cela ne se produit pas pour tous les plaisirs: par
exemple les plaisirs apportés par l'étude ne supposent pas
de peine antécédente, ni parmi les plaisirs des sens ceux qui
ont l'odorat pour cause, et aussi un grand nombre de sons et
d'images, ainsi que des souvenirs ou des attentes[2]. De quoi
donc ces plaisirs-là seront-ils des processus de génération?
20 Aucun manque de quoi que ce soit ne s'est produit dont ils
seraient une réplétion.

À ceux qui mettent en avant les plaisirs répréhensibles[3], on
pourrait répliquer que ces plaisirs ne sont pas agréables en
soi[4]: car en supposant même qu'ils soient agréables aux gens
de constitution vicieuse, il ne faut pas croire qu'ils soient

n'est donc pas en lui-même une ἀναπλήρωσις, et la douleur en elle-même une
ἔνδεια, mais ils peuvent seulement *accompagner* (parallélisme psycho-
physiologique) des processus de réplétion et de déficience: ainsi une opération
chirurgicale n'est pas une peine, elle s'accompagne d'une peine.

1. Que le plaisir est ἀναπλήρωσις, et la peine, ἔνδεια.

2. *Rep.*, VIII, 584b-c; *Phil.*, 51b.

3. Pour prouver que le plaisir n'est pas un bien. C'est le *sixième et dernier
argument* de Speusippe qu'Aristote va critiquer (1173b20-1174a10): *cf.* VII,
12, 1152b20; 13, 1152b29-33. Les réponses d'Aristote sont au nombre de trois.

4. *Première réponse* d'Aristote.

agréables aussi à d'autres qu'à eux, pas plus qu'on ne doit penser que les choses qui sont salutaires, ou douces, ou amères aux malades soient réellement telles, ou que les choses qui paraissent blanches à ceux qui souffrent des yeux soient réelle- 25 ment blanches[1]. On pourrait encore répondre ainsi[2] : les plaisirs sont assurément désirables, mais non pas du moins quand ils proviennent de ces sources-là[3], de même que la richesse est désirable, mais non comme salaire d'une trahison, ou la santé, mais non au prix de n'importe quelle nourriture[4]. Ou peut-être encore[5] les plaisirs sont-ils spécifiquement différents : ceux, en effet, qui proviennent de sources nobles sont autres que ceux qui proviennent de sources honteuses, et il n'est pas possible de ressentir le plaisir de l'homme juste sans être soi-même juste, ni le plaisir du musicien sans être musicien, et 30 ainsi pour tous les autres plaisirs. Et de plus[6], le fait que l'ami

---

1. III, 6, 1113a26-31.

2. *Seconde réponse* d'Aristote. En principe les plaisirs sont bons, mais il faut tenir compte de leur origine (ἀπὸ γε τούτων, l. 26).

3. Les sources d'où proviennent les plaisirs répréhensibles allégués par les Platoniciens.

4. *Cf.* VII, 6, 1148b21 : par exemple manger des viandes crues ou de la chair humaine.

5. *Troisième réponse* d'Aristote (qui comprend elle-même cinq raisons). Cette réponse, de nature dialectique, sera reprise *infra*, 5, 1175a21, d'une façon φυσικώτερον. – La *première raison* (28-31) est que les plaisirs eux-mêmes sont différents εἴδει, suivant leurs sources et leurs conditions, en d'autres termes suivant les ἐνέργειαι qui sont à l'origine : le plaisir comme tel est une abstraction, et c'est la qualité de l'activité qui en est la source qui introduit entre les plaisirs une différence qui rend les uns préférables aux autres (*cf.* Joachim, p. 268).

6. *Deuxième raison* destinée à faire admettre qu'il y a des plaisirs spécifiquement différents (31-1174a1) : l'ami nous fréquente pour notre bien, et le flatteur pour notre plaisir. Cette opposition entre bien et plaisir semble indiquer : ou que le plaisir n'est pas un bien (ce qui confirmerait la thèse de Speusippe), ou plutôt (car il a déjà été démontré que le plaisir est un bien et qu'il existe un plaisir de l'amitié : *cf.* VIII, 3, 1156b13) qu'il y a effectivement plusieurs espèces de plaisirs (*cf.* Festugière, p. 42).

est autre que le flatteur semble montrer clairement que le
plaisir n'est pas un bien, ou qu'il y a des plaisirs spécifiquement différents. L'ami, en effet, paraît rechercher notre
compagnie pour notre bien, et le flatteur pour notre plaisir, et à
ce dernier on adresse des reproches et à l'autre des éloges, en
1174a raison des fins différentes pour lesquelles ils nous fréquentent.
En outre[1], nul homme ne choisirait de vivre en conservant
durant toute son existence l'intelligence d'un petit enfant,
même s'il continuait à jouir le plus possible des plaisirs de
l'enfance ; nul ne choisirait non plus[2] de ressentir du plaisir en
accomplissant un acte particulièrement déshonorant, même
s'il n'en devait jamais en résulter pour lui de conséquence
pénible. Et il y a aussi[3] bien des avantages que nous mettrions
5 tout notre empressement à obtenir, même s'ils ne nous appor-
taient aucun plaisir, comme voir, se souvenir, savoir, posséder
les vertus. Qu'en fait des plaisirs accompagnent nécessairement ces avantages ne fait pour nous aucune différence[4],
puisque nous les choisirions quand bien même ils ne seraient
pour nous la source d'aucun plaisir.

Qu'ainsi donc[5] le plaisir ne soit pas le bien, ni que tout
10 plaisir soit désirable, c'est là une chose, semble-t-il, bien
évidente, et il est non moins évident que certains plaisirs sont

---

1. *Troisième raison* (1174a1-3), qui montre que, là encore, il y a des
plaisirs spécifiquement différents (cf. *E.E.*, I, 5, 1215b22 ; III, 1, 1228b19).

2. *Quatrième raison* (3-4).

3. Inversement. *Cinquième et dernière raison* (4-8).

4. Ce n'est pas le plaisir comme tel qui dicte notre choix, mais la qualité de
l'activité que nous déployons.

5. Conclusion. Aristote combat donc à la fois Eudoxe (le plaisir n'est pas le
Souverain Bien), Speusippe (le plaisir n'est pas en lui-même un mal), et même
Platon (qui n'attribue pas au plaisir la place qui lui revient). La partie diaporématique étant terminée, dans les chapitres qui suivent Aristote dégagera sa
propre position.

désirables par eux-mêmes, parce qu'ils sont différents des autres par leur espèce ou par les sources d'où ils proviennent.

3
<La nature du plaisir>

Les opinions relatives au plaisir et à la peine ont été suffisamment étudiées.

Qu'est-ce que le plaisir et quelle sorte de chose est-il[1]? Cela deviendra plus clair si nous reprenons le sujet à son début[2].

1. En d'autres termes : quel est son genre et sa différence spécifique (même formule *supra*, III, 4, 1112a13, et Burnet, p. 126 note). Mais on peut comprendre encore, avec Michel d'Éphèse, 550, 18, que τί, l. 12, signifie plutôt la *forme* et la *quiddité* (τὸ εἶδος καὶ τὸ τί ἦν εἶναι) et que ποῖόν τι pose la question de savoir si le plaisir est bon ou mauvais. Le sens serait alors : quelle est la nature et la qualité du plaisir ? *Cf.* Festugière, p. 42 note.

2. Aristote reprend le sujet à partir des principes de sa propre philosophie, dans l'espèce la distinction capitale entre l'acte et le mouvement. Telle est l'explication de Rodier, p. 86-87, acceptée par Festugière, p. 42-43. En un sens différent, *cf.* Héliod., 214, 37, et Burnet, p. 449. Quoi qu'il en soit, la marche générale du raisonnement est la suivante. Aristote pose d'abord que le plaisir, à l'exemple de l'*acte de vision* (ὅρασις), est un *acte* (ἐνέργεια) complet en lui-même, à chaque moment de son existence. Semblable à cet égard aux entités mathématiques (*infra*, 1174b12; cf. *Met.*, B, 5, 1002a32), aux accidents (*Met.*, E, 2, 1026b22; 3, 1027a29), aux formes enfin (*Met.*, Z, 8, 1033b5; 15, 1039b26; H, 3, 1043b15; 5, 1044b22), il survient et disparaît sans génération ou corruption, en dehors de la catégorie du temps, et se réalise dans l'instant (*cf.* Ps. Alex., *in Met.*, 495, 23 Hayduck : ἀχρόνως, ἐν ἀτόμῳ νῦν). – Sur le caractère parfait de l'acte de vision et de toute entéléchie en général, cf. *de Soph.*, 22, 178a9, mais surtout *Met.*, Θ, 6, 1048b18-35 (II, 501-503 et les notes de notre commentaire); 8, 1050a23-1051b2 (II, 512-514 et notes). – Le plaisir, continue Aristote, n'étant pas quelque chose d'ἀτελές, quelque chose d'inachevé et d'incomplet, n'est pas non plus par la suite un *mouvement* (κίνησις), le terme κίνησις devant être pris ici au sens plus général de *changement* (μεταβολή). En effet, tout l'être du changement et du mouvement est dans la transition, le passage, à travers le

On admet d'ordinaire que l'acte de vision est parfait à
15 n'importe quel moment de sa durée (car il n'a besoin d'aucun
complément qui surviendrait plus tard et achèverait sa forme).
Or telle semble bien être aussi la nature du plaisir : il est, en
effet, un tout, et on ne saurait à aucun moment appréhender un
plaisir dont la prolongation dans le temps conduirait la forme à
sa perfection. C'est la raison pour laquelle il n'est pas non plus
un mouvement. Tout mouvement, en effet, se déroule dans
20 le temps, et en vue d'une certaine fin, comme par exemple le
processus de construction d'une maison, et il est parfait quand

temps, de la puissance à l'entéléchie correspondante ; une fois achevé, le mouvement cesse d'être, et fait place au repos et à la forme enfin atteinte ; il est par
suite un continu, qui enveloppe l'infini. Aristote donne comme exemple de
changement le *processus de construction* d'une maison (l. 20, οἰκοδομική, qui
signifie habituellement *art de bâtir*, est ici synonyme de οἰκοδόμησις, *action
de construire, processus de construction*). L'ensemble des briques, du bois et
de la pierre constitue ce qui est en puissance la maison, le *constructible* (τὸ
οἰκοδομητόν) ; le processus de construction est l'actualisation du constructible
en tant que tel, et prend fin quand la maison est construite, pour faire place à
l'*acte*, structure de l'ensemble, qui apparaît soudainement et ne comporte ni
devenir, ni progrès. Chacun des mouvements partiels en lesquels se décompose
le mouvement total est incomplet et diffère spécifiquement à la fois des autres
mouvements partiels et du mouvement total (l. 22-23) : ainsi, dans le processus
de construction, l'établissement des fondations diffère *specie* du cannelage des
colonnes, ainsi que de la construction du temple dans sa totalité ; et ces opérations partielles sont incomplètes, car elles ne se suffisent pas à elles-mêmes et
sont dans l'attente d'un complément (sur le mouvement incomplet, cf. *Phys.*,
III, 1, 200b25-201b15 ; 2, 201b16-202a3 ; 3, 202a13-20, passages repris *Met.*,
K, 9, 1065b5-1066a34 (II, 613-620, et les notes de notre commentaire). Un
processus de ce genre n'est dès lors complet (l. 21, 27-29) que si on le considère
dans la totalité du temps qu'il occupe, ou encore au moment où il atteint sa fin,
mais son achèvement coïncide avec sa disparition même. Sur les ressemblances
et les différences qu'on peut relever entre la théorie platonicienne du plaisir,
telle qu'elle s'exprime dans le *Philèbe*, et la théorie du plaisir chez Aristote, on
se reportera à la dissertation de Joachim, p. 284-286. Pour ce qui concerne plus
particulièrement la doctrine du *Philèbe*, on relira les pages si pénétrantes de
Festugière, *Contemplation et vie*, p. 293 *sq.*

il a accompli ce vers quoi il tend; dès lors il est parfait soit quand il est pris dans la totalité du temps qu'il occupe, soit à son moment final. Et dans les parties du temps qu'ils occupent tous les mouvements sont imparfaits, et diffèrent spécifiquement du mouvement total comme ils diffèrent aussi l'un de l'autre. Ainsi, l'assemblage des pierres est autre que le travail de cannelure de la colonne, et ces deux opérations sont elles-mêmes autres que la construction du temple comme un tout. Et tandis que la construction du temple est un processus parfait 25 (car elle n'a besoin de rien d'autre pour atteindre la fin proposée), le travail du soubassement et celui du triglyphe sont des processus imparfaits (chacune de ces opérations ne produisant qu'une partie du tout). Elles diffèrent donc spécifiquement, et il n'est pas possible, à un moment quelconque de sa durée, de saisir un mouvement qui soit parfait selon sa forme, mais s'il apparaît tel, c'est seulement dans la totalité de sa durée. On peut en dire autant de la marche et des autres formes de locomotion [1]. Si, en effet, la translation est un mouvement d'un 30 point à un autre, et si on relève en elle des différences spécifiques, le vol, la marche, le saut [2], et ainsi de suite, ce sont cependant pas les seules, mais il en existe aussi dans la marche elle-même par exemple [3], car le mouvement qui consiste à aller

---

1. Aristote applique plus particulièrement ce qu'il vient de dire du changement et du mouvement au *mouvement local* (φορά, κίνησις κατὰ τόπον, *latio*, *translation*, *locomotion*). Dans la terminologie aristotélicienne, le *changement* en général (μεταβολή) est le genre, dont la γένεσις (*génération, devenir*, κατ' οὐσίαν, *simpliciter*) et la κίνησις (*mouvement, génération secundum quid*) sont les espèces. La κίνησις, à son tour, comprend l'αὔξησις et la φθίσις (*accroissement* et *décroissement* κατὰ πόσον), l'ἀλλοίωσις (*altération* κατὰ ποίον) et enfin la φορά (*translation* κατὰ τόπον). Aristote a étudié d'une façon détaillée ces différentes sortes de μεταβολή dans le *de Gener. et corr.*

2. Cf. *de Part. anim.*, I, 1, 639b1; *de Motu an.*, I, 1, 698a5.

3. L'une des subdivisions de la φορά, au même titre que le vol et le saut, qui comportent également des différences spécifiques.

survenue par surcroît, de même qu'aux hommes dans la force
de l'âge vient s'ajouter la fleur de la jeunesse. Aussi longtemps
donc que l'objet intelligible ou sensible est tel qu'il doit être,
1175a ainsi que le sujet discernant [1] ou contemplant, le plaisir résidera
dans l'acte : car l'élément passif et l'élément actif restant tous
deux ce qu'ils sont [2] et leurs relations mutuelles demeurant
dans le même état, le même résultat se produit naturellement.

Comment se fait-il alors que personne ne ressente le plaisir
d'une façon continue [3] ? La cause n'en est-elle pas la fatigue ?
En effet, toutes les choses humaines sont incapables d'être
5 dans une continuelle activité, et par suite le plaisir non plus
ne l'est pas, puisqu'il est un accompagnement de l'acte. C'est
pour la même raison [4] que certaines choses nous réjouissent
quand elles sont nouvelles, et que plus tard elles ne nous
plaisent plus autant : au début, en effet, la pensée se trouve dans
un état d'excitation et d'intense activité à l'égard de ces objets,
comme pour la vue quand on regarde avec attention [5] ; mais par
la suite l'activité n'est plus ce qu'elle était, mais elle se relâche,
10 ce qui fait que le plaisir aussi s'émousse.

---

complète et rend plus désirable l'acte réalisé : il s'y ajoute, suivant la célèbre
comparaison de la l. 33, « comme à la jeunesse sa fleur » (οἷον τοῖς ἀκμαίοις ἡ
ὥρα). Aristote entend par là signifier que le plaisir n'est pas la fin de la vie et la
cause finale de l'ἐνέργεια (qui est parfaite sans avoir besoin de plaisir), mais
seulement une cause finale supplémentaire qui accompagne l'acte, lequel
demeure la fin véritable : comme le dit très bien Michel, 562, 30, le plaisir n'est
pas une fin, mais *une sorte de fin* (οἷον τέλος).

1. Le sujet *qui discrimine* (τὸ κρῖνον), c'est-à-dire le sujet sentant.
Cf. *An. post.*, II, 19, 99b35, qui définit la sensation « une puissance innée de
discrimination ».

2. Dans la sensation ou dans l'intellection.

3. Étant donné que l'intellection est, par sa nature, l'acte qui de tous
est le plus susceptible de continuation, comment se fait-il que le plaisir qui
l'accompagne cesse rapidement ? Cf. *Met.*, Θ, 8, 1050b22 ; Λ, 7, 1072b14.

4. Notre impuissance à goûter continuellement le plaisir.

5. βλέπειν, *voir* ; ἐμβλέπειν, *regarder*.

On peut croire que si tous les hommes sans exception aspirent au plaisir[1], c'est qu'ils ont tous tendance à vivre. La vie est une certaine activité, et chaque homme exerce son activité dans le domaine et avec les facultés qui ont pour lui le plus d'attrait[2] : par exemple, le musicien exerce son activité, au moyen de l'ouïe, sur les mélodies, l'homme d'étude, au moyen de la pensée, sur les spéculations de la science, et ainsi de suite dans chaque cas. Et le plaisir vient parachever les activités, et par suite la vie à laquelle on aspire. Il est donc normal que les hommes tendent aussi au plaisir, puisque pour chacun d'eux le plaisir achève la vie, qui est une chose désirable.

5
<La diversité spécifique des plaisirs>

Quant à savoir si nous choisissons la vie à cause du plaisir, ou le plaisir à cause de la vie, c'est une question que nous pouvons laisser de côté pour le moment[3]. En fait, ces deux

---

1. L'attrait universel du plaisir, qui servait d'argument à Eudoxe pour montrer que le plaisir est le Souverain Bien, est en réalité l'amour de la vie et de l'activité (deux notions qui se recouvrent : *cf.* IX, 7, 1168a5), dont le plaisir est seulement le couronnement. *Omnes appetunt delectationem,* dit St Thomas, 2036, p. 529, *quia omnes naturaliter appetunt vivere. Vita autem secundum suam ultimam perfectionem in quadam operatione consistit... Unde, cum delectatio perficiat operationem... consequens est quod perficiat ipsum vivere, quod omnes appetunt.*

2. Cette activité n'est pas quelconque.

3. Mais Aristote n'a traité ce problème nulle part. Toutefois il résulte de tout l'exposé qui précède que l'amour du plaisir est conditionné par l'amour de l'activité, et non *vice versa* : si le plaisir occupait le premier rang, il serait le Souverain Bien et la thèse d'Eudoxe serait fondée. En réalité, comme Aristote le rappelle dans les lignes qui suivent, le plaisir n'est pas une fin distincte et il y a simultanéité du plaisir et de l'acte. À ce point de vue, on peut donc dire indifféremment que nous désirons l'activité parce qu'elle est agréable, ou le plaisir

20 tendances sont, de toute évidence, intimement associées et n'admettent aucune séparation : sans activité, en effet, il ne naît pas de plaisir, et toute activité reçoit son achèvement du plaisir.

De là vient aussi qu'on reconnaît une différence spécifique entre les plaisirs. En effet[1], nous pensons que les choses différentes en espèce reçoivent leur achèvement de causes elles-mêmes différentes (tel est manifestement ce qui se passe pour les êtres naturels et les produits de l'art, comme par exemple les animaux et les arbres, d'une part, et, d'autre part, un tableau, 25 une statue, une maison, un ustensile)[2] ; de même nous pensons aussi que les activités qui diffèrent spécifiquement sont achevées par des causes spécifiquement différentes. Or les activités de la pensée diffèrent spécifiquement des activités sensibles, et toutes ces activités diffèrent à leur tour spécifiquement entre elles[3] : et par suite les plaisirs qui complètent ces activités diffèrent de la même façon.

parce qu'il accompagne toujours l'activité. L. 21, πᾶσάν ἐνέργειαν : il faut entendre l'activité *parfaite* (*cf.* III, 12, 1117b15). Tout ce premier § se rattache plutôt au chapitre précédent.

1. *Premier argument* destiné à prouver la diversité spécifique des plaisirs : les plaisirs se divisent de la même manière que les activités dont ils sont le couronnement.

2. Les choses qui sont diverses en espèce sont achevées par des perfections différant elles-mêmes en espèce : pour les *naturalia*, les animaux ou les arbres sont τέλεια quand ils ont atteint leur forme et leur plein développement ; les *artificialia*, de leur côté, sont τέλεια quand ils atteignent la fin que s'est proposé leur auteur. Comme le dit Michel, 564, 11, la fin de la génération de la plante c'est la plante elle-même, et la fin de la génération de l'animal, l'animal lui-même. Cette perfection obtenue s'accompagne du plaisir correspondant, et qui est différent dans chaque cas. L. 25, au lieu du pluriel ἀγάλματα, nous lisons ἄγαλμα.

3. Il existe des différences spécifiques entre les diverses fonctions de la pensée (l. 27, διάνοια englobe toutes les opérations de la pensée tant discursive qu'intuitive), et il en existe aussi entre les fonctions sensibles.

Cette différence entre les plaisirs peut encore être rendue manifeste[1] au moyen de l'indissoluble union existant entre chacun des plaisirs et l'activité qu'il complète. Une activité est, en effet, accrue par le plaisir qui lui est approprié, car dans tous 30 les domaines on agit avec plus de discernement et de précision quand on exerce son activité avec plaisir : ainsi ceux qui aiment la géométrie deviennent meilleurs géomètres[2] et comprennent mieux les diverses propositions qui s'y rapportent ; et de même ce sont les passionnés de musique, d'architecture et autres arts qui font des progrès dans leur tâche propre, parce qu'ils y 35 trouvent leur plaisir. Les plaisirs accroissent les activités qu'ils accompagnent, et ce qui accroît une chose doit être approprié à cette chose[3]. Mais à des choses différentes en espèce les choses 1175b qui leur sont propres doivent elles-mêmes différer en espèce[4].

Une autre confirmation plus claire encore[5] peut être tirée du fait que les plaisirs provenant d'autres activités constituent une gêne pour les activités en jeu : par exemple, les amateurs de flûte sont incapables d'appliquer leur esprit à une argumentation dès qu'ils écoutent un joueur de flûte, car ils se plaisent

---

1. *Second argument* en faveur de la diversité spécifique des plaisirs. Chaque activité possède son plaisir propre, qui lui est adapté. Le plaisir n'est pas seulement l'achèvement de l'acte, avec lequel il est simultané ; il accroît encore l'activité et cet accroissement peut être postérieur au plaisir. Les différences spécifiques entre les plaisirs tiennent donc non seulement aux différences spécifiques des activités correspondantes, mais encore à la nature propre du plaisir.

2. L. 32, γεωμετρικοὶ γίνονται, c'est-à-dire μᾶλλον γεωμ. (Michel, 564, 30).

3. En d'autres termes, il doit y avoir adaptation entre *ce qui accroît* (τὸ αὐξητικόν) et *ce qui est accru* (αὐξανόμενον) : cf. *de Gen. et Corr.*, I, 5, 322a3 *sq*.

4. *Cf.* St Thomas, 2043, p. 532 : *Oportet quod diversa diversa augeantur. Si igitur operationes specie differunt, consequens est quod et ipsae delectationes augentes specie differant.*

5. *Troisième argument.*

1176a   En outre, la vue l'emporte sur le toucher en pureté[1], et
l'ouïe et l'odorat sur le goût; il y a dès lors une différence de
même nature entre les plaisirs correspondants; et les plaisirs de
la pensée sont supérieurs aux plaisirs sensibles, et dans chacun
de ces deux groupes il y a des plaisirs qui l'emportent sur
d'autres[2].

De plus, on admet d'ordinaire[3] que chaque espèce animale
a son plaisir propre, tout comme elle a une fonction propre, à
savoir le plaisir qui correspond à son activité. Et à considérer
5 chacune des espèces animales, on ne saurait manquer d'en être
frappé : cheval, chien et homme ont des plaisirs différents :
comme le dit Héraclite, *un âne préférera la paille à l'or*[4], car la
nourriture est pour des ânes une chose plus agréable que l'or.
Ainsi donc, les êtres spécifiquement différents ont aussi des
plaisirs spécifiquement distincts. D'un autre côté on s'atten-
drait à ce que les plaisirs des êtres spécifiquement identiques

---

1. *Cinquième argument* : les sens eux-mêmes diffèrent en pureté, ce qui
entraîne des différences correspondantes dans les plaisirs qu'ils nous procurent.
Qu'entend au juste Aristote par la *pureté* (καθαρειότης) d'un sens, et notamment de la vue, qui est le plus pur de tous ? Selon Héliod., 219, 3, c'est parce que
la vue appréhende les formes sensibles sans leur matière. Cette explication, qui
est acceptée par Rackham, est à bon droit rejetée par Rodier, p. 102-103, qui fait
remarquer que la sensation quelle qu'elle soit, a pour objet la forme seule (cf. *de
An.*, III, 8, 432a2). En réalité, à la différence du goût et du toucher, la vue, l'ouïe
et l'odorat sont « purs » parce qu'ils sont indépendants de tout contact entre le
sentant et le senti (*de An.*, III, 12, 434b14-24). Rappelons, d'autre part, que c'est
surtout aux plaisirs du goût et du toucher que se rattachent l'ἀκρασία et
l'ἀκολασία (III, 13, 1118a23).

2. Nous venons de voir qu'il existe des différences entre les plaisirs sensibles. Mais il en existe également entre les plaisirs de l'intellect, et on peut établir
entre eux une hiérarchie : la *contemplation* (νοήσις, θεωρία) est supérieure à la
pensée discursive (διάνοια), et l'intellection théorique à l'intellection pratique.

3. *Sixième argument*. Chaque espèce animale a son plaisir spécifique,
tenant à la spécificité de sa fonction. La classification des plaisirs suivra donc
celle des espèces.

4. Frgmt 9 Diels, 51 Byw.

fussent eux-mêmes identiques. En fait, les plaisirs accusent 10
une extrême diversité, tout au moins chez l'homme : les mêmes
choses charment certaines personnes et affligent les autres, et
ce qui pour les uns est pénible et haïssable est pour les autres
agréable et attrayant. Pour les saveurs douces il en va aussi de
même [1] : la même chose ne semble pas douce au fiévreux et à
l'homme bien portant, ni pareillement chaude à l'homme
chétif et à l'homme robuste. Et ce phénomène arrive encore 15
dans d'autres cas. Mais dans tous les faits de ce genre [2] on
regarde comme existant réellement ce qui apparaît à l'homme
vertueux. Et si cette règle est exacte, comme elle semble bien
l'être, et si la vertu et l'homme de bien, en tant que tel, sont
mesure de chaque chose, alors seront des plaisirs les plaisirs
qui à cet homme apparaissent tels, et seront plaisantes en
réalité les choses auxquelles il se plaît [3]. Et si les objets qui sont
pour lui ennuyeux paraissent plaisants à quelqu'autre, cela n'a 20
rien de surprenant, car il y a beaucoup de corruptions et de
perversions dans l'homme [4] ; et de tels objets ne sont pas réellement plaisants, mais le sont seulement pour les gens dont nous
parlons et pour ceux qui sont dans leur état [5].

---

1. III, 6, 1113a25 *sq.*

2. Aristote, tout en reconnaissant la diversité des plaisirs humains, va
cependant essayer d'établir qu'il existe pour l'homme, comme pour les espèces
animales, un plaisir spécifique, objectif et répondant à sa fonction propre : c'est
le plaisir ressenti par l'homme vertueux, lequel demeure la mesure et la règle du
plaisir véritablement humain.

3. Sur l'homme vertueux, norme de ce qui est bien et, par suite, de ce qui est
authentiquement agréable, *cf.* III, 6, 1113a29 *sq.* ; IV, 14, 1128a31.

4. *Ex quibus* [des corruptions et perversions de la nature humaine]
pervertitur ratio et appetitus (St Thomas, 2063, p. 536). *Cf.* Ramsauer, *ad loc.* :
*quo enim magis dotibus naturae genus humanum excellit, eo plura sunt quae
corruptelae vel morborum varietati obnoxia esse possint.*

5. L. 22, malgré les objections de Festugière, p. 46, nous suivons le texte de
Susemihl et lisons ἀλλὰ τούτοις καὶ τοῖς οὕτω διακειμένοις.

Les plaisirs qu'on s'accorde à reconnaître pour honteux, on voit donc[1] qu'ils ne doivent pas être appelés des plaisirs, sinon pour les gens corrompus. Mais parmi les plaisirs considérés comme honnêtes, de quelle classe de plaisirs ou de quel plaisir
25 déterminé[2] doit-on dire qu'il est proprement celui de l'homme? La réponse ne résulte-t-elle pas avec évidence des activités humaines? Les plaisirs, en effet, en sont l'accompagnement obligé. Qu'ainsi donc l'activité de l'homme parfait et jouissant de la béatitude soit une ou multiple, les plaisirs qui complètent ces activités seront appelés au sens absolu plaisirs propres de l'homme, et les autres ne seront des plaisirs qu'à titre secondaire et à un moindre degré, comme le sont les activités correspondantes.

6
<Bonheur, activité et jeu>

30 Après avoir parlé des différentes sortes de vertus, d'amitiés et de plaisirs, il reste à tracer une esquisse du bonheur, puisque c'est ce dernier que nous posons comme fin des affaires

1. Conclusion de la théorie du plaisir. Une fois éliminés d'office les plaisirs mauvais, il s'agit d'établir parmi les plaisirs honnêtes celui ou ceux qui sont l'apanage de l'homme. Pour cela, on se référera aux activités correspondantes, et l'activité distinctive de l'homme étant accompagnée de son plaisir propre, c'est ce plaisir qui devra être choisi. La suite du livre X montrera que la théorie du plaisir est une des pièces maîtresses de la morale aristotélicienne, qui est un eudémonisme. La fin de la moralité est le bonheur, qui résulte lui-même de la perfection naturelle de l'acte. L'acte demeure antérieur et supérieur au plaisir, qui n'est que le signe de la perfection enfin atteinte. *Voluptas est sensus perfectionis.*

2. L. 24, ποίαν ἢ τίνα, formule rappelant celle de 3, 1174a12. Nous adoptons l'interprétation de Rackham (qui est aussi celle de Ross, et qui se justifie par l. 26, *infra*: εἴτε μία ... εἴτε πλείους): *which class of pleasures or which particular pleasure.*

humaines. Mais si nous reprenons nos précédentes analyses, notre discussion y gagnera en concision.

Nous avons dit[1] que le bonheur n'est pas une disposition, car alors il pourrait appartenir même à l'homme qui passe sa vie à dormir, menant une vie de végétal, ou à celui qui subit les plus grandes infortunes[2]. Si ces conséquences ne donnent pas satisfaction, mais si nous devons plutôt placer le bonheur dans **1176b** une certaine activité, ainsi que nous l'avons antérieurement indiqué[3], et si les activités sont les unes nécessaires et désirables en vue d'autres choses, et les autres désirables en elles-mêmes, il est clair qu'on doit mettre le bonheur au nombre des activités désirables en elles-mêmes et non de celles qui ne sont désirables qu'en vue d'autre chose : car le bonheur n'a besoin 5 de rien, mais se suffit pleinement à lui-même[4].

Or sont désirables en elles-mêmes les activités qui ne recherchent rien en dehors de leur pur exercice. Telles apparaissent être les actions conformes à la vertu, car accomplir de nobles et honnêtes actions est l'une de ces choses désirables en elles-mêmes.

Mais[5] parmi les jeux ceux qui sont agréables font aussi partie des choses désirables en soi : nous ne les choisissons pas 10

1. I, 3, 1095b31-1096a2 ; 9, 1098b31-1099a7 ; 11, 1101a6 ; *E.E.*, I, 5, 1216a3. – Premier point : le bonheur n'est pas une ἕξις, mais une ἐνέργεια. Deuxième point : c'est une ἐνέργεια désirable par soi et non en vue d'une autre fin. Or à cette définition correspondent les activités de l'homme vertueux ; le bonheur sera donc l'acte conforme à la vertu (l. 33-1176b9). Voir un bon résumé de l'argumentation dans Rodier, p. 106.

2. Sur ce dernier point, *cf.* St Thomas, 2067, p. 539 : *in infortunatis manent habitus virtutum ; operationes autem virtutum impediuntur in eis propter infortunia. Si igitur felicitas sit habitus, sequeretur quod infortunati essent vere felices.*

3. I, 1, 1094a3 *sq.* ; 4, 1096b16. *Cf.* aussi *Met.*, Θ, 8, 1050a23 *sq.*

4. Il est parfait. *Cf.* I, 5, 1097a30.

5. L'activité de jeu sous toutes ses formes, ne poursuit, elle aussi, que sa propre fin, tout comme la vertu : pourquoi ne serait-elle pas le bonheur ? C'est à

en vue d'autres choses, car ils sont pour nous plus nuisibles qu'utiles, nous faisant négliger le soin de notre corps et de nos biens[1]. Pourtant la plupart des hommes qui sont réputés heureux ont recours à des distractions de cette sorte, ce qui fait qu'à la cour des tyrans on estime fort les gens d'esprit[2] qui s'adonnent à de tels passe-temps, car en satisfaisant les désirs
15 de leurs maîtres ils se montrent eux-mêmes agréables à leurs yeux, et c'est de ce genre de complaisants dont les tyrans ont besoin. Quoi qu'il en soit, on pense d'ordinaire que les amusements procurent le bonheur pour la raison que les puissants de ce monde y consacrent leurs loisirs, – quoique sans doute la conduite de tels personnages n'ait en l'espèce aucune signification[3]. Ce n'est pas, en effet, dans le pouvoir absolu que résident la vertu et l'intelligence, d'où découlent les activités vertueuses, et si les gens dont nous parlons, qui ne ressentent
20 aucun goût pour un plaisir pur et digne d'un homme libre, s'évadent vers les plaisirs corporels, nous ne devons pas croire pour cela que ces plaisirs sont plus souhaitables : car les enfants, aussi, s'imaginent que les choses qui ont pour eux-mêmes du prix sont d'une valeur incomparable. Il en découle logiquement que les appréciations des gens pervers et des gens

cette objection que répond Aristote. Il existe, en somme, trois sortes d'activités qui sont des fins *per se* : l'activité vertueuse de l'homme de bien en tant qu'homme, c'est-à-dire en tant que *composé* (σύνθετον) d'une âme et d'un corps : c'est l'exercice des vertus morales ; l'activité de jeu, qui est éliminée dans le présent passage ; enfin la θεωρία, l'exercice des vertus intellectuelles, qui fera l'objet du chapitre suivant.

1. Les amusements et les jeux sont des fins en soi, au point qu'on n'hésite pas à les rechercher pour eux-mêmes, souvent au détriment de sa santé et de sa fortune.

2. Sur l'εὐτραπελία, *cf.* IV, 14, 1128a10. – L. 14, le sujet de ἐφίενται est οἱ τύραννοι.

3. *Ex hujusmodi hominum vita fortasse hujus rei argumentum sumi non debet* (Lambin) : c'est le *premier argument*, pour montrer que le bonheur ne consiste pas dans l'activité de jeu.

de bien sont tout aussi différentes les unes des autres que sont
visiblement différentes celles des enfants et des adultes. Par
conséquent, ainsi que nous l'avons dit à maintes reprises[1], sont 25
à la fois dignes de prix et agréables les choses qui sont telles
pour l'homme de bien; et pour tout homme l'activité la plus
désirable étant celle qui est en accord avec sa disposition
propre, il en résulte que pour l'homme de bien c'est l'activité
conforme à la vertu. Ce n'est donc pas dans le jeu que consiste
le bonheur[2]. Il serait en effet étrange[3] que la fin de l'homme fût
le jeu, et qu'on dût se donner du tracas et du mal pendant toute
sa vie afin de pouvoir s'amuser! Car[4] pour le dire en un mot, 30
tout ce que nous choisissons est choisi en vue d'une autre
chose, à l'exception du bonheur, qui est une fin en soi. Mais se
dépenser avec tant d'ardeur et de peine en vue de s'amuser
ensuite est, de toute évidence, quelque chose d'insensé et de
puéril à l'excès; au contraire, s'amuser en vue d'exercer une
activité sérieuse, suivant le mot d'Anacharsis[5], voilà, semble-
t-il, la règle à suivre. Le jeu est, en effet, une sorte de délassement[6], du fait que nous sommes incapables de travailler d'une 35
façon ininterrompue et que nous avons besoin de relâche. Le
délassement n'est donc pas une fin, car il n'a lieu qu'en vue de **1177a**

---

1. I, 9, 1099a33; III, 6, 1113a23; IX, 4, 1166a12; 9, 1170a14; X, 5,
1176a15.

2. Mais bien dans l'activité vertueuse (cf. *Pol.*, VIII, 3, 1337b33).

3. *Second argument* contre le bonheur-activité de jeu.

4. Les l. 30-33 ont pour objet de prouver que le bonheur ne consiste pas
dans le jeu. Le bonheur étant une fin en soi (et la seule), il en résulterait que le jeu
serait l'ultime fin de la vie et que tout le reste lui serait subordonné, ce qui est
absurde et enfantin (*cf.* St Thomas, 2076, p. 540).

5. Le jeu n'est qu'un moyen (*cf.* IV, 13, 1128b3, sur la nécessité de
l'ἀνάπαυσις et de la παιδιά). Anacharsis, prince de Scythie et l'un des Sept
Sages, est l'auteur d'aphorismes dont plusieurs sont rapportés par Diogène
Laërce, I, 101-105. Il est cité par Platon (*Rep.*, X, 600a) et *An. post.*, I, 13,
87b30.

6. Sur ἀνάπαυσις (*pause, délassement, détente*), *cf.* IV, 14, 1127b33.

continue[1], car nous sommes capables de nous livrer à la contemplation d'une manière plus continue qu'en accomplissant n'importe quelle action. Nous pensons encore[2] que du plaisir doit être mélangé au bonheur; or l'activité selon la sagesse est, tout le monde le reconnaît, la plus plaisante des
25 activités conformes à la vertu; de toute façon, on admet que la philosophie renferme de merveilleux plaisirs sous le rapport de la pureté et de la stabilité, et il est normal que la joie de connaître soit une occupation plus agréable que la poursuite du savoir[3]. De plus, ce qu'on appelle la pleine suffisance[4] appartiendra au plus haut point à l'activité de contemplation : car s'il est vrai qu'un homme sage, un homme juste, ou tout autre
30 possédant une autre vertu, ont besoin des choses nécessaires à la vie, cependant, une fois suffisamment pourvu des biens de ce genre, tandis que l'homme juste a encore besoin de ses semblables, envers lesquels ou avec l'aide desquels il agira avec justice (et il en est encore de même pour l'homme tempéré, l'homme courageux et chacun des autres), l'homme sage, au

notes de notre commentaire) Bien entendu, dans la hiérarchie des sciences théorétiques, c'est la métaphysique qui occupe le premier rang, en raison de l'absolue réalité de son objet, qui est la forme pure, éternelle et séparée (en d'autres termes Dieu, et la Métaphysique est ainsi Théologie).

1. *Deuxième argument* : la vie théorétique est la seule qui puisse se continuer longtemps sans fatigue (sur cette continuité, qui est aussi, à un degré plus éminent, celle de l'activité du premier Moteur, ἡ νόησις νοήσεως νόησις, *cf.* les célèbres analyses de la *Met.*, Λ, 7, 1072b14 *sq.* ; II, 681 et notes de notre commentaire ; 9, 1074b28 *sq.*, II, 700-701).

2. *Troisième argument* : c'est l'activité la plus agréable.

3. St Thomas, 2092, p. 543 : *speculatio veritatis... quae consistit in contemplatione veritatis jam inventae et cognitae : hoc perfectius est, cum sit terminus et finis inquisitionis.*

4. *Quatrième argument* : l'αὐταρκεία, la *suffisance*, *l'indépendance*, *l'inconditionnalité* (*cf.* I, 5, 1097b8, note ; III, 5, 1112b1, note). On sait qu'il en est différemment du bonheur dû aux vertus morales, car il a besoin notamment de la possession des biens extérieurs (*cf. passim*, et surtout I, 11, 1101a15).

contraire, fût-il laissé à lui-même, garde la capacité de contempler, et il est même d'autant plus sage qu'il contemple dans cet état davantage[1]. Sans doute est-il préférable pour lui d'avoir des collaborateurs[2], mais il n'en est pas moins l'homme qui se suffit le plus pleinement à lui-même. Et cette activité[3] paraîtra **1177b** la seule à être aimée pour elle-même : elle ne produit, en effet, rien en dehors de l'acte même de contempler, alors que des activités pratiques nous retirons un avantage plus ou moins considérable à part de l'action elle-même[4]. De plus, le bonheur semble consister dans le loisir[5] : car nous ne nous adonnons à une vie active qu'en vue d'atteindre le loisir, et ne faisons la 5 guerre qu'afin de vivre en paix. Or l'activité des vertus pratiques s'exerce dans la sphère de la politique ou de la guerre ; mais les actions qui s'y rapportent paraissent bien être étrangères à toute idée de loisir, et, dans le domaine de la guerre elles

1. *Et tanto aliquis magis poterit solus existens speculari veritatem quanto fuerit magis perfectus in sapientia* (St Thomas, 2095, p. 544).

2. Nous savons que l'amitié est le plus précieux des biens extérieurs (*cf.* par exemple, IX, 9, 1169b9). D'autre part, le « travail en équipe », que pratiquaient les Écoles grecques, est plus productif que le travail isolé. Mais le sage peut se passer de ces adjuvants.

3. *Cinquième argument* : l'activité théorétique est une fin en soi et désintéressée, parce qu'elle est le but suprême (cf. *Met.*, A, 2, 982b24).

4. Les activités pratiques (notamment celles de l'homme d'État et du guerrier, comme nous le verrons) visent des fins qui les dépassent et ne sont pas exercées pour elles-mêmes.

5. *Sixième argument* : la vie de loisir, la vie *scolastique* est la seule qui soit compatible avec la vie contemplative. Aristote a cependant, dans le chapitre précédent, condamné l'activité de jeu parce qu'elle est un loisir (une ἀνάπαυσις). Comment donc expliquer que la vie théorétique consiste dans le loisir ? St Thomas a parfaitement saisi la difficulté, et il la résout ainsi (2099, p. 545, 546) : *supra dicit quod requies sit gratia operationis. Sed ibi locutus fuit de requie qua intermittitur operatio ante consequutionem finis propter impossibilitatem continuationis operandi... Vacatio autem* [la σχολή dont il est ici question] *est requies in fine ad quam operatio ordinatur. Et sic felicitati, quae est ultimus finis, maxime competit vacatio.*

revêtent même entièrement ce caractère, puisque personne ne
10 choisit de faire la guerre pour la guerre, ni ne prépare délibérément une guerre : on passerait pour un buveur de sang accompli,
si de ses propres amis on se faisait des ennemis en vue de
susciter des batailles et des tueries. Et l'activité de l'homme
d'État est, elle aussi, étrangère au loisir, et, en dehors de
l'administration proprement dite des intérêts de la cité, elle
s'assure la possession du pouvoir et des honneurs, ou du moins
le bonheur pour l'homme d'État lui-même et pour ses concitoyens, bonheur qui est différent de l'activité politique, et
15 qu'en fait nous recherchons ouvertement comme constituant
un avantage distinct[1]. Si dès lors[2], parmi les actions conformes
à la vertu, les actions relevant de l'art politique ou de la guerre
viennent en tête par leur noblesse et leur grandeur, et sont
cependant étrangères au loisir et dirigées vers une fin distincte
et ne sont pas désirables par elles-mêmes ; si, d'autre part,
l'activité de l'intellect, activité contemplative, paraît bien
20 à la fois l'emporter sous le rapport du sérieux[3] et n'aspirer à
aucune autre fin qu'elle-même, et posséder un plaisir achevé
qui lui est propre (et qui accroît au surplus son activité)[4] ; si
enfin la pleine suffisance, la vie de loisir, l'absence de fatigue
(dans les limites de l'humaine nature), et tous les autres caractères qu'on attribue à l'homme jouissant de la félicité, sont les
manifestations rattachées à cette activité : il en résulte que c'est

---

1. Les l. 12-15 développent l'idée esquissée l. 2-4. La fin proprement dite
de l'art politique, c'est d'assurer l'*administration des intérêts généraux* (τὸ
πολιτεύεσθαι, l. 13), c'est-à-dire la conservation et le salut de la cité. En fait,
les hommes politiques savent fort bien rechercher, et cela ouvertement (δῆλον,
l. 15), pour eux-mêmes et leurs amis, des avantages particuliers d'honneurs et
d'argent, qui n'ont rien à voir avec le gouvernement de la cité.

2. Longue phrase à protases multiples (εἰ, l. 15 ; ἡ δὲ τοῦ νοῦ, l. 19 ; καὶ τὸ,
l. 21), l'apodose étant rejetée l. 24, ἡ τελεία δὴ.

3. L'emporter, par conséquent, sur l'activité de jeu.

4. Rappel de 5, 1175a30.

cette dernière qui sera le parfait bonheur de l'homme, – quand elle est prolongée pendant une vie complète[1], puisque aucun des éléments du bonheur ne doit être inachevé.

Mais une vie de ce genre[2] sera trop élevée pour la condition humaine : car ce n'est pas en tant qu'homme qu'on vivra de cette façon, mais en tant que quelque élément divin est présent en nous. Et autant cet élément est supérieur au composé humain[3], autant son activité est elle-même supérieure à celle de l'autre sorte de vertu[4]. Si donc l'intellect est quelque chose de divin par comparaison avec l'homme, la vie selon l'intellect est également divine comparée à la vie humaine. Il ne faut donc pas écouter ceux qui[5] conseillent à l'homme, parce qu'il est homme, de borner sa pensée aux choses humaines[6], et, mortel, aux choses mortelles, mais l'homme doit, dans la mesure du possible, s'immortaliser[7], et tout faire pour vivre selon la

---

1. Sur cette condition, cf. I, 7, 1098a15, et la note.

2. *Septième argument* : l'activité théorétique est celle de ce qu'il y a de divin en l'homme. Cf. *Met.*, Λ, 7, 1072b14, où il est précisé que la vie contemplative, à la fois activité noble et béatitude, est continue et éternelle chez le premier Principe, tandis que nous ne pouvons la vivre que μικρὸν χρόνον, c'est-à-dire aux rares moments où notre intellect devient en acte, dans l'intuition, les intelligibles mêmes (cf. notre commentaire de ce passage capital, II, 681 *sq.*, notes).

3. Composé d'une âme et d'un corps (cf. Michel, 591, 6).

4. C'est-à-dire aux vertus éthiques, qui sont les vertus de l'homme en tant que composé d'une âme et d'un corps.

5. Comme Simonide (cité *Met.*, A, 2, 982b30), ainsi que le rappelle opportunément St Thomas, 2107, p. 546.

6. Cf. *Rhet.*, II, 21, 1394b24, où est cité un vers (qui est peut-être d'Épicharme) renfermant une pensée analogue. D'autres poètes aussi ont exprimé la même idée : cf. Burnet, p. 463, et Ross, *ad loc.*

7. Peu de formules sont aussi célèbres que celle-là. Mais nulle n'est plus obscure. Aristote entend-il parler d'une immortalité personnelle du νοῦς ? La réponse à cette question (qui relève plus de la Métaphysique que de l'Éthique, et que nous n'avons pas à traiter en détail) suppose résolu le difficile problème, posé dans le 3e livre du *de An.*, de la nature de l'intellect agent et sa destinée. Le νοῦς proprement dit (que les interprètes ont appelé νοῦς ποιητικός) étant un

1178a partie la plus noble qui est en lui; car même si cette partie est petite par sa masse [1], par sa puissance et sa valeur elle dépasse de beaucoup tout le reste. On peut même penser [2] que chaque

élément séparé, d'origine divine, qui vient *du dehors* (θύραθέν) par une sorte d'épigénèse (*de Gen. anim.*, II, 3, 736b27), et n'étant pas soumis aux causes de corruption des puissances inférieures de l'âme, rien ne s'oppose, semble-t-il, à ce qu'il survive à la dissolution du composé humain et soit doué de l'immortalité. Mais quelle sorte d'immortalité doit-on lui reconnaître? Il est difficile d'admettre qu'Aristote ait jamais cru à l'immortalité de la personne, et les textes réunis par Rodier, p. 117-118, paraissent décisifs : la nature transcendante du νοῦς, identique sans doute dans tous les individus, suggère, conformément à l'interprétation alexandriste et averroïste, acceptée par Zabarella, qu'à la mort de l'individu l'intellect va se perdre au sein de l'intellect universel et divin, dont il n'est qu'une parcelle. Mais cette explication, de caractère panthéiste, se heurte à de graves objections. Il devient notamment impossible de comprendre l'individualisation de l'intellection, et, d'autre part, la thèse panthéistique est formellement rejetée, au livre Λ de la *Métaphysique*. La solution est donc loin d'être trouvée, et la pensée d'Aristote demeure et demeurera longtemps encore livrée à la discussion. On a relevé avec raison l'influence du *Timée*, 90b-c, où Platon explique comment, par l'exercice des facultés supérieures, l'homme peut participer à l'immortalité. *Cf.* aussi *Théét.*, 176b, où il est déclaré que «l'évasion c'est de s'assimiler à Dieu dans la mesure du possible» (trad. Diès, p. 208). Sur le problème soulevé, et ses résonances d'ordre psychologique et métaphysique, il existe une littérature considérable. Bornons-nous à signaler la longue note de Rodier et la dissertation sur le νοῦς de Joachim, l'une et l'autre déjà citées. On se reportera enfin avec intérêt à l'ouvrage de Barbotin, *La théorie aristolélicienne de l'Intellect d'après Théophraste*, Paris, 1954, dans lequel les rapports entre la ψυχή et le νοῦς, ainsi que l'origine divine de l'intellect, sont étudiés à la lumière des fragments de Théophraste, fidèle dépositaire de la doctrine d'Aristote Le livre posthume de Hamelin *La théorie de l'Intellect d'après Aristote et ses commentateurs*, Paris, 1953 (Barbotin (éd.)), renferme aussi de précieuses indications.

1. Le terme ὄγκός, l. 1178a1, employé ici au sens figuré, appartient au vocabulaire de la physique et signifie *poids, masse, volume*. Il est souvent synonyme de σῶμα et de μέγεθος.

2. *Huitième argument*: la contemplation est la véritable vie de l'homme. Tout être, en effet, se définit par sa quiddité, et, par suite, l'homme se définit par son âme; et la fonction de l'âme étant l'activité selon le νοῦς, c'est dans ce genre de vie qu'il convient de placer l'essence de l'homme. Cf. *supra*, IX, 8, 1169a2; Rodier, p. 119. – En définissant ainsi l'homme par sa forme spécifique

homme s'identifie avec cette partie même, puisqu'elle est la
partie fondamentale de son être, et la meilleure. Il serait alors
étrange que l'homme accordât la préférence non pas à la vie
qui lui est propre, mais à la vie de quelque chose autre que lui [1].
Et ce que nous avons dit plus haut [2] s'appliquera également ici : 5
ce qui est propre à chaque chose est par nature ce qu'il y a de
plus excellent et de plus agréable pour cette chose. Et pour
l'homme, par suite, ce sera la vie selon l'intellect, s'il est vrai
que l'intellect est au plus haut degré l'homme même. Cette
vie-là est donc aussi la plus heureuse.

8
<Prééminence de la vie contemplative>

  C'est d'une façon secondaire qu'est heureuse la vie selon
l'autre sorte de vertu [3] : car les activités qui y sont conformes 10

seule et sa fonction propre, Aristote encourt-il le reproche que lui adresse Rodier
dans sa note précitée, et tombe-t-il réellement dans le défaut qu'il condamne
lui-même (*de An.*, I, 1, 403a29) de définir une chose par sa forme indépendamment de sa matière? Nous ne le pensons pas. Au livre Z de la *Métaphysique*,
chap. 4 et 5 (I, p. 367-370 de notre commentaire), Aristote établit une hiérarchie
entre les définitions : au *sens premier et fondamental* (κυρίως, ἁπλῶς), il n'y a
définition que de la substance et de la quiddité; en un *sens dérivé* seulement
(δευτέρως), il peut y avoir définition des autres catégories, puis des σύνθετα,
(substance + autre catégorie : par exemple *homme blanc*), et enfin des *natures
exprimant une dualité* (συνδεδυασμένα), composées d'un attribut καθ' αὑτό
avec son sujet (Sur l'extension de la définition du concept simple au « concept-
fonction », *cf.* Hamelin, *Le Système*, p. 120 *sq.*).

  1. *Cf.* Sylv. Maurus, 286 [1] : *absurdum est si homo magis expeteret vitam et
perfectionem aliarum partium, quae non sunt principaliter homo, quam vitam
et perfectionem intellectus, qui principaliter est homo.*

  2. IX, 9, 1169b33; X, 5, 1176a26. – La conclusion générale est donc : le
bonheur consiste dans la vie de contemplation.

  3. Aristote va présenter d'autres arguments, au nombre de quatre, en faveur
de l'excellence de la vie théorétique. *Premier argument.* La vie conforme aux
vertus éthiques ne procure qu'un bonheur *de second ordre* (δευτέρως, l. 9) :

sont purement humaines : les actes justes, en effet, ou courageux, et tous les autres actes de vertu, nous les pratiquons dans
nos relations les uns avec les autres, quand, dans les contrats,
les services rendus et les actions les plus variées ainsi que dans
nos passions [1], nous observons fidèlement ce qui doit revenir
à chacun, et toutes ces manifestations sont choses simplement humaines. Certaines mêmes d'entre elles sont regardées
comme résultant de la constitution physique, et la vertu éthique
15 comme ayant, à beaucoup d'égards, des rapports étroits avec
les passions [2]. Bien plus, la prudence elle-même [3] est intimement liée à la vertu morale, et cette dernière à la prudence,
puisque les principes de la prudence dépendent des vertus
morales, et la rectitude des vertus morales de la prudence. Mais
20 les vertus morales étant aussi rattachées aux passions [4], auront

c'est la fin de la vie de l'homme pris en tant que σύνθετον. Dans les lignes suivantes, il sera établi que les vertus éthiques et même la prudence entretiennent
une certaine solidarité entre elles et ne sont pas inséparables du σύνθετον. À ce
titre, elles constituent des vertus simplement *humaines* (ἀνθρωπικαί, l. 10), et
ne sauraient être placées sur le plan supérieur de l'activité théorétique.

1. Que les vertus éthiques ont pour effet de modérer (*cf.* II, 2, 1104b9 *sq.*).

2. En ce qui concerne l'influence des dispositions naturelles et de la constitution physique, du *tempérament* (σῶμα, l. 15), sur l'existence même de la
vertu, *cf.* VI, 13, 1144b3 ; *cf.* aussi un important passage de *Hist. anim.*, VII, 1,
588a17 (II, 491, de notre traduction). En outre, comme nous l'avons vu l. 12
supra (*cf.* la note précédente), il existe des rapports entre les vertus éthiques et
les passions, liées elles-mêmes à un état corporel.

3. La prudence, ou sagesse pratique, tout en étant une vertu proprement
dianoétique, est en connexion avec les vertus éthiques : la vertu morale détermine la fin de l'activité, et la prudence les moyens de réalisation. Pas de prudence véritable sans vertu, et pas de vertu sans prudence : *cf.* VI, 13, 1144a6-9,
et 1144b30.

4. Sur les mots συνηρτημέναι δ' αὗται, l. 19, *cf.* la note de Rodier, 121,
dont nous acceptons l'interprétation (inspirée de Michel, 595, 15) : les vertus
morales (αὗται) sont liées à la prudence, et la prudence aux vertus morales ;
et d'autre part, elles sont liées aux passions, car prudence et vertus morales
s'appliquent également à les modifier et à les modérer. Par conséquent, toutes

rapport au composé; or les vertus du composé sont des vertus simplement humaines; et par suite le sont aussi, à la fois la vie selon ces vertus et le bonheur qui en résulte. Le bonheur de l'intellect est, au contraire, séparé[1] : qu'il nous suffise de cette brève indication à son sujet, car une discussion détaillée dépasse le but que nous nous proposons[2].

Le bonheur de l'intellect semblerait aussi avoir besoin du cortège des biens extérieurs, mais seulement à un faible degré ou à un degré moindre que la vertu éthique[3]. On peut admettre, en effet, que les deux sortes de vertus aient l'une et l'autre besoin, et cela à titre égal, des biens nécessaires à la vie (quoique, en fait, l'homme en société se donne plus de tracas[4] pour les nécessités corporelles et autres de même nature) : car il ne saurait y avoir à cet égard qu'une légère différence entre elles. Par contre, en ce qui concerne leurs activités propres, la différence sera considérable[5]. L'homme libéral, en effet, aura

---

ces vertus, y compris la prudence, sont réellement des vertus du composé humain.

1. L. 22, ἡ δὲ τοῦ νοῦ κεχωρισμένη, c'est-à-dire εὐδαιμονία (cf. Joachim, p. 287, et note 4) : c'est un bonheur divin, complet en lui-même et indépendant de toute condition corporelle ou autre. *Sed vita et felicitas speculativa, quae est propria intellectus, est separata et divina* (St Thomas, 2115, p. 550).

2. La question de savoir si le νοῦς est ou non séparé est étrangère à l'Éthique; elle est traitée *de An.*, III, 5.

3. *Second argument.* La contemplation n'a pas besoin des biens extérieurs. Aristote reprend ici un développement déjà traité *supra*, 7 en entier (1177a12-1178a8). L'authenticité du présent passage n'est cependant pas douteuse (Burnet, p. 464).

4. Que le contemplateur. – Nous croyons que ὁ πολιτικός, l. 27, signifie non pas l'homme d'État (Ross, Rackham), mais l'homme en tant que vivant en société, et qui mène une existence proprement active, par opposition au σοφός.

5. Les nécessités matérielles de l'existence s'imposent ἐξ ἴσου (l. 26) aussi bien à la vie contemplative qu'à la vie active. Mais il n'en est plus de même pour ce qu'exige, dans son domaine propre, chacune de ces façons de vivre : la vie active (la vie selon les diverses vertus morales) a besoin de ressources extérieures beaucoup plus importantes et nombreuses que la vie contemplative.

besoin d'argent pour répandre ses libéralités, et par suite
30 l'homme juste pour rétribuer les services qu'on lui rend (car les
volontés demeurent cachées, et même les gens injustes prétendent avoir la volonté d'agir avec justice)[1] ; de son côté l'homme
courageux aura besoin de force[2], s'il accomplit quelqu'une des
actions conformes à sa vertu, et l'homme tempérant a besoin
d'une possibilité de se livrer à l'intempérance. Autrement,
comment ce dernier, ou l'un des autres dont nous parlons,
pourra-t-il manifester sa vertu ? On discute aussi le point de
savoir quel est l'élément le plus important de la vertu, si c'est le
35 choix délibéré ou la réalisation de l'acte[3], attendu que la vertu
1178b consiste dans ces deux éléments. La perfection de la vertu
résidera évidemment dans la réunion de l'un et de l'autre,
mais l'exécution de l'acte requiert le secours de multiples
facteurs, et plus les actions sont grandes et nobles, plus ces
conditions sont nombreuses. Au contraire, l'homme livré à la
contemplation n'a besoin d'aucun concours de cette sorte, en
vue du moins d'exercer son activité : ce sont même là plutôt,
5 pour ainsi dire, des obstacles, tout au moins à la contemplation ;
mais en tant qu'il est homme et qu'il vit en société, il s'engage
délibérément dans des actions conformes à la vertu : il aura
donc besoin des moyens extérieurs en question pour mener sa
vie d'homme[4].

1. Ce qui compte, dans la vertu de justice, c'est moins l'*intention* (βούλησις, l. 30), qui est incontrôlable, que l'action elle-même. Les gens injustes
peuvent toujours alléguer que leur intention est bonne, mais que les moyens leur
font défaut.

2. Il aura besoin de vigueur, de force corporelle, de la force des armes. Pour
Michel, 596, 18, la force dont il s'agit est la *présence d'ennemis* (δεῖται
παρουσίας πολεμίων).

3. Il est nécessaire de manifester sa vertu par des actes. Cf. *E.E.*, II, 11, 1228
a15 : l'*intention* étant cachée (προαίρεσις, l. 35), il faut s'en rapporter aux actes.

4. En tant que σύνθετον. *Cf.* la traduction de Lambin : *ut cum hominibus
versetur et humaniter vivet.*

Que le parfait bonheur soit une certaine activité théorétique, les considérations suivantes le montreront encore avec
clarté[1]. Nous concevons les dieux comme jouissant de la
suprême félicité et du souverain bonheur. Mais quelles sortes
d'actions devons-nous leur attribuer ? Est-ce les actions justes ? 10
Mais ne leur donnerons-nous pas un aspect ridicule en les
faisant contracter des engagements, restituer des dépôts et
autres opérations analogues ? Sera-ce les actions courageuses,
et les dieux affronteront-ils les dangers et courront-ils des
risques pour la beauté de la chose ? Ou bien alors ce sera des
actes de libéralité ? Mais à qui donneront-ils ? Il serait étrange
aussi qu'ils eussent à leur disposition de la monnaie ou quelque
autre moyen de paiement analogue ! Et les actes de tempé- 15
rance, qu'est-ce que cela peut signifier dans leur cas ? N'est-ce
pas une grossièreté de les louer de n'avoir pas d'appétits
dépravés ? Si nous passons en revue toutes ces actions, les
circonstances dont elles sont entourées nous apparaîtront
mesquines et indignes de dieux.

Et pourtant on se représente toujours les dieux comme
possédant la vie et par suite l'activité, car nous ne pouvons pas
supposer qu'ils dorment, comme Endymion[2]. Or, pour l'être 20
vivant, une fois qu'on lui a ôté l'action et à plus forte raison la
production[3], que lui laisse-t-on d'autre que la contemplation ?
Par conséquent, l'activité de Dieu, qui en félicité surpasse
toutes les autres, ne saurait être que théorétique. Et par suite, de
toutes les activités humaines celle qui est la plus apparentée à
l'activité divine sera aussi la plus grande source de bonheur.

---

1. *Troisième argument*: l'activité théorétique est la seule activité
concevable pour la divinité.

2. Cf. *Met.*, Λ, 9, 1074b17 (tout le chap. 9 doit d'ailleurs être comparé avec
le présent texte).

3. Sur la πρᾶξις et la ποίησις, *cf.* I, 1, 1094a1, note.

De pareilles considérations entraînent ainsi la conviction dans une certaine mesure, mais, dans le domaine de la conduite, la vérité se discerne aussi d'après les faits et la manière de vivre, car c'est sur l'expérience que repose la décision finale. 20 Nous devons dès lors examiner les conclusions qui précèdent en les confrontant avec les faits et la vie : si elles sont en harmonie avec les faits, il faut les accepter, mais si elles sont en désaccord avec eux, les considérer comme de simples vues de l'esprit[1].

L'homme qui exerce son intellect[2] et le cultive semble être à la fois dans la plus parfaite disposition et le plus cher aux

1. Des propos vides de sens (Héliod., 226, 29).

2. Conclusion finale. Toute la fin du chapitre (l. 23-32), d'une part, rompt l'enchaînement des idées, et, d'autre part, est en désaccord avec la conception habituelle d'Aristote sur les rapports de Dieu (ou des dieux) avec le monde. On sait que l'impassibilité divine est une des thèses capitales de l'Aristotélisme : Dieu, qui se connaît lui-même, ignore tout ce qui n'est pas lui. Malgré les textes en sens contraire qu'on a invoqués (par exemple, *de Philos.*, frgmt 11 Rose ; *Top.*, I, 14, 105b31-34 ; *de An.*, I, 5, 420b4 ; *Met.*, B, 4, 1000b3 ; Λ, 10, 1075a11-15, etc.) et qui ont entraîné la conviction d'un certain nombre d'interprètes anciens et modernes, depuis Alexandre, Averroès et St Thomas (*in Met.*, Pirotta (éd.), 2614, p. 736), jusqu'à Brentano, Werner (*Aristote et l'Idéalisme platonicien*, p. 367) et Maritain (*La Philosophie bergsonienne*, 2ᵉ éd., p. 420), nous pensons, avec la majorité des commentateurs, que les déclarations expresses d'Aristote (*de Caelo*, II, 12, 292a22 ; *E.N.*, VIII, 8, 1158b34, 1159a4 ; X, 8, 1178b10 ; *Pol.*, VII, 3, 1325b28), en accord avec les positions essentielles du système (absence de toute notion de création *ex nihilo*, éternité de la matière et de la forme), constituent un obstacle invincible à ces prolongements chrétiens de la pensée du Stagirite. – Voir ce que nous avons déjà dit à ce sujet dans notre commentaire de la *Métaphysique*, II, 702-704 (sous Λ, 9, 1074b35). On aurait tort d'en conclure, avec Ramsauer, à l'interpolation du présent passage. Burnet, p. 467, et Rodier, p. 129-130, estiment, avec raison selon nous, que son authenticité ne saurait être mise en doute. Aristote expose ici une opinion qui n'est pas la sienne, et qui a un caractère exotérique et conjectural, marqué au surplus par l'emploi de formules dubitatives (δοκεῖ, εὔλογον, l. 25). Ce n'est pas la seule fois où il arrive à Aristote de faire appel aux opinions courantes, et il est sûr que l'idée d'une providence qui veille sur le monde a toujours été une idée populaire

dieux. Si, en effet, les dieux prennent quelque souci des affaires 25
humaines, ainsi qu'on l'admet d'ordinaire, il sera également
raisonnable de penser, d'une part qu'ils mettent leur complaisance dans la partie de l'homme qui est la plus parfaite et
qui présente le plus d'affinité avec eux (ce ne saurait être que
l'intellect), et, d'autre part, qu'ils récompensent généreuse-
ment les hommes qui chérissent et honorent le mieux cette
partie, voyant que ces hommes ont le souci des choses qui leur
sont chères à eux-mêmes, et se conduisent avec droiture et
noblesse. Or que tous ces caractères soient au plus haut degré 30
l'apanage du sage, cela n'est pas douteux. Il est donc l'homme
le plus chéri des dieux. Et ce même homme est vraisemblablement aussi le plus heureux de tous. Par conséquent, de cette
façon encore [1], le sage sera heureux au plus haut point.

10
<Éthique et Politique>

Une question se pose [2] : si ces matières et les vertus, en y
ajoutant l'amitié et le plaisir, ont été suffisamment traitées

avec laquelle une doctrine de la moralité devait compter. Elle avait d'ailleurs
d'illustres répondants : Socrate et Platon lui assurent un rôle privilégié dans leur
philosophie (*cf.* Xénophon, *Memor.*, I, 19 ; *Lois*, X, 904a-905b). On peut même
supposer (*cf.* en ce sens Vogel, *Greek Philo.*, II, n° 427, note 2, p. 32) que la
pensée d'Aristote a subi sur ce point une évolution caractéristique. Dans les
ouvrages de jeunesse ou de date relativement ancienne (le *de Philo.*, frgmt 11
cité *supra* ; *de Caelo*, I, 4, 271a33), où l'influence platonicienne demeure sensible, l'activité ordonnatrice du Démiurge sert de preuve à l'existence de Dieu,
alors que les écrits de la période finale (et notamment les derniers chapitres du
livre Λ de la *Métaphysique*) n'offrent plus aucune trace de cette conception.

    1. C'est-à-dire : c'est là une nouvelle preuve en faveur de notre thèse sur le
bonheur parfait qui accompagne la contemplation.

    2. Transition de l'Éthique à la Politique. L'Éthique n'étant qu'un chapitre
de la Politique, il reste à savoir comment le législateur doit produire le bonheur

dans leurs grandes lignes, devons-nous croire que notre dessein
35 a été totalement rempli? Ou plutôt, comme nous l'assurons[1],
ne doit-on pas dire que dans le domaine de la pratique, la fin ne
1179b consiste pas dans l'étude et la connaissance purement théoriques des différentes actions, mais plutôt dans leur exécution?
Dès lors, en ce qui concerne également la vertu, il n'est pas non
plus suffisant de savoir ce qu'elle est, mais on doit s'efforcer
aussi de la posséder et de la mettre en pratique[2], ou alors tenter
par quelque autre moyen, s'il en existe, de devenir des hommes
de bien.

Quoi qu'il en soit, si les raisonnements étaient en eux-
5 mêmes suffisants pour rendre les gens honnêtes, *ils rece-*
vraient de nombreux et importants honoraires, pour employer
l'expression de Théognis[3], et cela à bon droit, et nous devrions
en faire une ample provision. Mais en réalité, et c'est là un fait
d'expérience, si les arguments ont assurément la force de
stimuler et d'encourager les jeunes gens doués d'un esprit généreux, comme de rendre un caractère bien né et véritablement
épris de noblesse morale, perméable à la vertu, ils sont cepen-
10 dant impuissants à inciter la grande majorité des hommes à une
vie noble et honnête : la foule, en effet, n'obéit pas naturellement au sentiment de l'honneur, mais seulement à la crainte, ni
ne s'abstient des actes honteux à cause de leur bassesse, mais
par peur des châtiments ; car, vivant sous l'empire de la passion,
les hommes poursuivent leurs propres satisfactions et les

dans la cité. L. 33, περὶ τούτων, *ce qui concerne les conditions du bonheur.*
L. 35, προαίρεσις signifie ici *id quod disputationi alicui propositum est* (*Ind.*
arist., 634a41) : ce terme est à peu près synonyme de μέθοδος

1. II, 2, 1103b26.

2. L. 3, ἔχειν καὶ χρῆσθαι, c'est-à-dire avoir l'ἕξις et l'ἐνέργεια.
Cf. St Thomas, 2138, p. 557 : *...quod aliquis habeat eam, scilicet secundum*
habitum, et utatur ea, scilicet secundum actum.

3. 432-434. Cf. *Ménon*, 95e, dont Aristote s'inspire manifestement dans
tout ce chapitre.

moyens de les réaliser, et évitent les peines qui y sont opposées, et ils n'ont même aucune idée de ce qui est noble et véri- 15
tablement agréable, pour ne l'avoir jamais goûté. Des gens de
cette espèce, quel argument pourrait transformer leur nature ?
Il est sinon impossible, du moins fort difficile d'extirper par un
raisonnement les habitudes invétérées de longue date dans le
caractère. Nous devons sans doute nous estimer heureux si, en
possession de tous les moyens [1] qui peuvent, à notre sentiment,
nous rendre honnêtes, nous arrivons à participer en quelque
mesure à la vertu.

Certains pensent [2] qu'on devient bon par nature, d'autres 20
disent que c'est par habitude, d'autres enfin par enseignement.
Les dons de la nature ne dépendent évidemment pas de nous,
mais c'est par l'effet de certaines causes divines qu'ils sont
l'apanage de ceux qui, au véritable sens du mot, sont des
hommes fortunés. Le raisonnement et l'enseignement, de leur
côté, ne sont pas, je le crains, également puissants chez tous les
hommes, mais il faut cultiver auparavant, au moyen d'habi- 25
tudes, l'âme de l'auditeur [3], en vue de lui faire chérir ou
détester ce qui doit l'être, comme pour une terre appelée à faire
fructifier la semence. Car l'homme qui vit sous l'empire de la
passion ne saurait écouter un raisonnement qui cherche à le
détourner de son vice, et ne le comprendrait même pas [4]. Mais
l'homme qui est en cet état, comment est-il possible de le faire
changer de sentiment ? Et, en général, ce n'est pas, semble-t-il,
au raisonnement que cède la passion, c'est à la contrainte. Il
faut donc que le caractère ait déjà une certaine disposition 30

1. Et non pas seulement du raisonnement seul. Il faut y ajouter la nature,
l'habitude et l'exercice. Et encore tous ces moyens réunis ne nous assurent-ils
qu'une *participation* (μεταλάβοιμεν, l. 19) imparfaite à la vertu.

2. I, 10, 1099b9 (notamment pour le sens de διά τινας θείας αἰτίας, l. 22).

3. *Cf.* la traduction de Lambin : *sed oportet animum auditoris, ut humum
quae seminis atendi facultatem habitura est, consuetudine ante subigi et excoli.*

4. Si par hasard il l'écoutait.

propre à la vertu, chérissant ce qui est noble et ne supportant pas ce qui est honteux.

Mais recevoir en partage, dès la jeunesse, une éducation tournée avec rectitude vers la vertu est une chose difficile à imaginer quand on n'a pas été élevé sous de justes lois[1] : car vivre dans la tempérance et la constance n'a rien d'agréable pour la plupart des hommes, surtout quand ils sont jeunes. Aussi convient-il de régler au moyen de lois la façon de les

35 élever, ainsi que leur genre de vie, qui cessera d'être pénible en

1180a devenant habituel[2]. Mais sans doute n'est-ce pas assez que pendant leur jeunesse des hommes reçoivent une éducation et des soins également éclairés; puisqu'ils doivent, même parvenus à l'âge d'homme, mettre en pratique les choses qu'ils ont apprises et les tourner en habitudes[3], nous aurons besoin de lois pour cet âge aussi, et, d'une manière générale, pour toute la durée de la vie : la plupart des gens, en effet, obéissent à la nécessité plutôt qu'au raisonnement, et aux châtiments plutôt

5 qu'au sens du bien.

Telle est la raison pour laquelle certains pensent[4] que le législateur a le devoir, d'une part, d'inviter les hommes à la vertu et de les exhorter en vue du bien, dans l'espoir d'être

---

1. L'enseignement et l'appel à la raison sont impuissants quand le sol est insuffisamment préparé. Il faut de bonnes habitudes, qui ne peuvent résulter que d'une discipline que seule l'autorité publique est en mesure d'appliquer.

2. Cf. *Rhet.*, I, 10, 1369b16.

3. L. 3, αὐτὰ est douteux, mais nous le préférons à ἄλλα, proposé par Rodier, p. 134, d'après Michel, 607, 29. Nous comprenons : τὰ ὑπὸ τῆς ὀρθῆς τροφῆς προδεδιδαγμένα. – Même ligne, περὶ ταῦτα : *to regulate the discipline of adults* (Rackham).

4. Platon, qui, dans les *Lois* (IV, 723a*sq.*), insiste sur l'intérêt que présenterait en législation l'emploi d'un *prélude*, d'un *préambule* (προοίμιον) à toute mesure législative. Ce prélude, analogue aux préludes musicaux, expliquerait les motifs de la loi, et ferait ainsi précéder toute mesure de contrainte par un avertissement faisant appel à la persuasion (*cf.* Diès, *Introduction* aux *Lois*, 1951, I, p. XXXIX-XL).

entendu de ceux qui, grâce aux habitudes acquises, ont déjà été amenés à la vertu ; et, d'autre part, d'imposer à ceux qui sont désobéissants et d'une nature par trop ingrate, des punitions et des châtiments, et de rejeter totalement les incorrigibles hors de la cité[1]. L'homme de bien, ajoutent-ils, et qui vit pour 10 la vertu, se soumettra au raisonnement, tandis que l'homme pervers, qui n'aspire qu'au plaisir, sera châtié par une peine, comme une bête de somme. C'est pourquoi ils disent encore[2] que les peines infligées aux coupables doivent être de telle nature qu'elles soient diamétralement opposées aux plaisirs qu'ils ont goûtés.

Si donc, comme nous l'avons dit[3], l'homme appelé à être 15 bon doit recevoir une éducation et des habitudes d'homme de bien, et ensuite passer son temps dans des occupations honnêtes et ne rien faire de vil, soit volontairement, soit même involontairement[4], et si ces effets ne peuvent se réaliser que dans une vie soumise à une règle intelligente et à un ordre parfait, disposant de la force : dans ces conditions, l'autorité paternelle ne possède ni la force, ni la puissance coercitive (et il en est de même, dès lors, de tout particulier pris individuel- 20 lement, s'il n'est roi ou quelqu'un d'approchant), alors que la loi, elle, dispose d'un pouvoir contraignant, étant une règle qui émane d'une certaine prudence et d'une certaine intelligence[5]. Et tandis que nous détestons les individus qui s'opposent à nos impulsions, même s'ils agissent ainsi à bon droit, la loi n'est à

1. Sur ce dernier point, cf. *Prot.*, 325a.

2. Avec Aristote lui-même (cf. *supra*, II, 2, 1104b16).

3. 1179b31-1180a5. À l'exemple de Ross, nous considérons les l. 14-22 comme une seule phrase, dont l'apodose est l. 18, ἡ μὲν οὖν πατρική.

4. C'est-à-dire d'une façon absolue, la loi refusant d'envisager même l'hypothèse d'une faute involontaire.

5. La *prudence législative* (νομοθετικὴ φρόνησις) indique la fin et les moyens, à la différence de la politique en action, qui est toute d'application aux cas concrets et relève de l'expérience. Cf. *Pol.*, III, 16, 1287a28.

charge à personne en prescrivant ce qui est honnête. Mais ce
25 n'est qu'à Lacédémone et dans un petit nombre de cités [1] qu'on
voit le législateur accorder son attention à la fois à l'éducation
et au genre de vie des citoyens ; dans la plupart des cités, on a
complètement négligé les problèmes de ce genre, et chacun vit
comme il l'entend, *dictant*, à la manière des Cyclopes [2], *la loi
aux enfants et à l'épouse*. La meilleure solution est donc de
30 s'en remettre à la juste sollicitude de l'autorité publique et
d'être capable de le faire [3]. Mais si l'autorité publique s'en
désintéresse, on estimera que c'est à chaque individu qu'il
appartient d'aider ses propres enfants et ses amis à mener une
vie vertueuse, ou du moins d'avoir la volonté de le faire. Mais il
résultera, semble-t-il, de notre exposé qu'on sera particulièrement apte à s'acquitter de cette tâche, si on s'est pénétré de
la science du législateur [4]. Car l'éducation publique s'exerce
35 évidemment au moyen de lois, et seulement de bonnes lois
produisent une bonne éducation : que ces lois soient écrites ou
1180b non écrites [5], on jugera ce point sans importance ; peu importe
encore qu'elles pourvoient à l'éducation d'un seul ou de tout

---

1. Chez les crétois et les carthaginois. Cf. *Pol.*, VIII, 1, 1337a31.

2. *Odyssée*, IX, 114 *sq.* – Le verbe θεμιστεύειν, l. 28, signifie au sens strict
rendre la justice, et par extension *gouverner*. En l'absence de tribunaux publics,
comme dans l'état patriarcal, chaque père de famille juge les membres de sa
maison.

3. Les mots καὶ δρᾶν αὐτὸ δύνασθαι présentent un sens obscur. Burnet,
p. 471, les place entre crochets comme interpolés. Bywater, suivi par Rackham
et Ross, les transpose après συμβάλλεσθαι, l. 32. *Cf.* la note de Rodier, p. 137.
L'explication d'Héliod., 229, 32 (καὶ πάντας ζῆν δύνασθαι τεταγμένως καὶ
ὡς ὁ ὀρθὸς ἀπαιτεῖ λόγος) n'est pas conforme au texte. Nous traduisons
littéralement.

4. Avoir l'esprit et les intentions du législateur, dont la tâche n'est pas
essentiellement différente : qu'il s'agisse de cités ou de familles, il y faut des
règles et des sanctions. Aristote va montrer l'identité foncière des situations
dans les lignes qui suivent.

5. Comme sont les lois de la famille.

un groupe, et à cet égard il en est comme pour la musique, la
gymnastique et autres disciplines. De même, en effet, que dans
les cités, les dispositions légales et les coutumes ont la force
pour les sanctionner, ainsi en est-il dans les familles pour les
injonctions du père et les usages privés, et même dans ce cas la 5
puissance coercitive est-elle plus forte en raison du lien qui
unit le père aux enfants et des bienfaits qui en découlent : car
chez les enfants préexistent une affection et une docilité naturelles. En outre, l'éducation individuelle est supérieure à l'éducation publique : il en est comme en médecine, où le repos et la
diète sont en général indiqués pour le fiévreux, mais ne le sont
peut-être pas pour tel fiévreux déterminé ; et sans doute encore
le maître de pugilat ne propose pas [1] à tous ses élèves la même 10
façon de combattre. On jugera alors qu'il est tenu un compte
plus exact des particularités individuelles quand on a affaire à
l'éducation privée, chaque sujet trouvant alors plus facilement
ce qui répond à ses besoins.

Toutefois, les soins les plus éclairés seront ceux donnés
à un homme pris individuellement [2], par un médecin ou un
maître de gymnastique ou tout autre ayant la connaissance
de l'universel, et sachant ce qui convient à tous ou à ceux qui
rentrent dans telle catégorie [3] : car la science a pour objet le 15
général, comme on le dit et comme cela est en réalité, non pas
qu'il ne soit possible sans doute qu'un individu déterminé ne
soit traité avec succès par une personne qui ne possède pas la
connaissance scientifique, mais a observé avec soin, à l'aide de

1. Avec Stewart, nous lisons, l. 11, παρατίθησιν, au lieu de περιτίθησιν,
qui n'a pas grand sens.

2. L. 13, nous préférons καθ' ἕνα (Rackham) à καθ' ἕν. – Pour tout le
passage, on comparera avec *Met.*, A, 1, 981a6-981b7 (I, p. 5-7 de notre
commentaire), où les mêmes idées sont développées.

3. Cf. *Met.*, passage cité dans la précédente note, 981a10 : πᾶσι τοῖς
τοιοῖσδε κατ' εἶδος ἕν ἀφορισθεῖσι : à tous ceux qui ont par exemple telle
maladie définie par un concept unique (tous les fiévreux).

la seule expérience, les phénomènes survenant en chaque cas
particulier, tout comme certains semblent être pour eux-mêmes
20 d'excellents médecins[1], mais seraient absolument incapables
de soulager autrui. Néanmoins[2] on admettra peut-être que celui
qui souhaite devenir un homme d'art ou de science doit s'élever
jusqu'à l'universel et en acquérir une connaissance aussi exacte
que possible : car, nous l'avons dit, c'est l'universel qui est
l'objet de la science. Il est vraisemblable dès lors que celui qui
souhaite, au moyen d'une discipline éducative[3], rendre les
hommes meilleurs, qu'ils soient en grand nombre ou en petit
nombre, doit s'efforcer de devenir lui-même capable de légi-
25 férer, si c'est bien par les lois que nous pouvons devenir bons :
mettre, en effet, un individu quel qu'il soit, celui qu'on propose
à vos soins[4], dans la disposition morale convenable, n'est pas
à la portée du premier venu, mais si cette tâche revient à
quelqu'un, c'est assurément à l'homme possédant la connaissance scientifique, comme cela a lieu pour la médecine, et les
autres arts qui font appel à quelque sollicitude d'autrui[5] et à la
prudence.

Ne doit-on pas alors après cela examiner à quelle source et
de quelle façon nous pouvons acquérir la science de la législation ? Ne serait-ce pas, comme dans le cas des autres arts, en
30 s'adressant aux hommes adonnés à la politique active ? Notre

1. Parce que l'expérience de chacun porte en premier lieu sur lui-même.

2. L'expérience n'est pas tout. Elle doit être accompagnée de la science et
de la connaissance de l'universel.

3. Soit publique (c'est alors le gouvernement, l'administration de la cité),
soit privée (l'éducation familiale). Dans un cas comme dans l'autre, il faut se
faire une âme de législateur, c'est-à-dire acquérir la science du gouvernement
ou de l'éducation.

4. Pour entreprendre son éducation. *Cf.* la traduction de Lambin : ... *et eum
qui propositus est traditus ei erudiendus.*

5. À l'intervention de l'État ou à l'éducation privée.

opinion était, en effet[1], que la science législative est une partie de la politique. Mais n'est-il pas manifeste qu'il n'existe pas de ressemblance entre la politique et les autres sciences et potentialités[2]? En effet, dans les autres sciences on constate que les mêmes personnes, à la fois transmettent à leurs élèves leurs potentialités et exercent leur propre activité en s'appuyant sur celles-ci[3], par exemple les médecins et les peintres; au 35 contraire, les réalités de la politique, que les Sophistes font profession d'enseigner, ne sont pratiquées par aucun d'eux, **1181a** mais bien par ceux qui gouvernent la cité, et dont l'action, croirait-on, repose sur une sorte d'habileté tout empirique plutôt que sur la pensée abstraite[4] : car on ne les voit jamais écrire ou discourir sur de telles matières (ce qui serait pourtant une tâche peut-être plus honorable encore que de prononcer des discours devant les tribunaux ou devant l'assemblée du 5 peuple), pas plus que, d'autre part, nous ne les voyons avoir jamais fait des hommes d'État de leurs propres enfants ou de certains de leurs amis[5]. Ce serait pourtant bien naturel, s'ils en avaient le pouvoir, car ils n'auraient pu laisser à leurs cités un héritage préférable à celui-là, ni souhaiter posséder pour eux-mêmes, et par suite pour les êtres qui leur sont le plus chers, rien qui soit supérieur à cette habileté politique.

1. VI, 8, 1141b24. La politique est faite à la fois d'art (ou de science), car elle connaît les fins et les moyens, et d'expérience (celle des hommes politiques proprement dits, habiles aux affaires publiques), qui consiste dans l'application des règles générales de l'art à des cas d'espèce.

2. La science est une puissance μετὰ λόγου. – Sur le sens de δύναμις, cf. I, 1, 1094a10, et la note (avec les références au livre Θ de la *Met.*).

3. Plus brièvement, enseignent et pratiquent. Cf. *Ménon*, 91a *sq.*, où se trouve un développement analogue, qui était un lieu commun (*cf.* aussi St Thomas, 2166, p. 565).

4. Cf. *Ménon*, 99b-c. – *Ex quadam potentia*, explique St Thomas, 2168, p. 565, *idest ex quodam habitu per consuetudinem acquisito, et ex quadam experientia, quam ex mente, idest intellectu vel scientia.*

5. *Ménon*, 93 *sq.*; *Prot.* 319e.

Il n'en est pas moins vrai que l'expérience semble en
10 pareille matière apporter une contribution qui n'est pas négligeable : sans elle, en effet, jamais personne ne pourrait devenir
homme d'État en se familiarisant simplement avec les réalités
de la politique[1]. C'est pourquoi, ceux qui désirent acquérir la
science de la politique sont dans l'obligation, semble-t-il, d'y
ajouter la pratique des affaires.

Quant à ceux des Sophistes qui se vantent d'enseigner la
Politique, ils sont manifestement fort loin du compte. D'une
façon générale, en effet, ils ne savent ni quelle est sa nature, ni
quel est son objet : sans cela, ils ne l'auraient pas confondue
15 avec la Rhétorique, ou même placée à un rang inférieur à cette
dernière[2] ; ils n'auraient pas non plus pensé que légiférer est
une chose facile, consistant seulement à collectionner celles
des lois qui reçoivent l'approbation de l'opinion publique. Car
ils disent qu'il est possible de sélectionner les meilleures lois[3],
comme si cette sélection n'était pas elle-même œuvre d'intelligence, et comme si ce discernement fait correctement n'était
pas ce qu'il y a de plus important ! C'est tout à fait comme ce
qui se passe dans l'art musical[4]. Ceux qui, en effet, ont acquis
l'expérience[5] dans un art quel qu'il soit, jugent correctement

---

1. Comme *Rhet.*, I, 1, 1354a7, le terme συνήθεια, l. 11, signifie le *contact
journalier* avec les affaires de la politique. – Les critiques de Rodier, p. 145,
contre l'ensemble du développement d'Aristote, sont exagérées. La marche de
l'auteur, qui entremêle très habilement les nécessités de la théorie et de la
pratique, est au contraire remarquablement claire.

2. *Cf.* les critiques du *Gorgias* (452d *sq.*), qui visent peut-être, avec les
Sophistes, Isocrate lui-même. Le présent passage d'Aristote semble bien dirigé
contre celui-ci et ses éloges outrés de la rhétorique dans son *Antidosis* (ou
Discours sur lui-même), § 80-83. En réaction contre les prétentions des
Sophistes, Platon (*Pol.*, 304d) et Aristote (cf. *supra*, I, 1, 1094b2) subordon-
naient la rhétorique à la politique.

3. Après τοὺς ἀρίστους, l. 17, il faut sous entendre λέγουσι.

4. Où la distinction des sons et autres particularités musicales relève de
l'intelligence.

5. En même temps que la science : il ne s'agit pas des empiriques purs.

les productions de cet art, comprenant par quels moyens et de 20
quelle façon la perfection de l'œuvre est atteinte, et savent
quels sont les éléments de l'œuvre qui par leur nature s'harmonisent entre eux ; au contraire, les gens à qui l'expérience fait
défaut doivent s'estimer satisfaits de pouvoir tout juste
distinguer si l'œuvre produite est bonne ou mauvaise, comme
cela a lieu pour la peinture. Or les lois ne sont que des produits
en quelque sorte de l'art politique[1] : comment, dans ces condi- **1181b**
tions, pourrait-on apprendre d'elles à devenir législateur, ou à
discerner les meilleures d'entre elles ? Car on ne voit jamais
personne devenir médecin par la simple étude des recueils
d'ordonnances[2]. Pourtant les écrivains médicaux essayent
bien d'indiquer non seulement les traitements, mais encore les
méthodes de cure et la façon dont on doit soigner chaque catégorie de malades, distinguant à cet effet les différentes disposi- 5
tions du corps. Mais ces indications ne paraissent utiles qu'à
ceux qui possèdent l'expérience, et perdent toute valeur entre
les mains de ceux qui en sont dépourvus. Il peut donc se faire
également que les recueils de lois ou de constitutions rendent
des services à ceux qui sont capables de les méditer et de
discerner ce qu'il y a de bon ou de mauvais, et quelles sortes de
dispositions légales doivent répondre à une situation donnée[3].
Quant à ceux qui se plongent dans des collections de ce genre 10
sans avoir la disposition requise[4], ils ne sauraient porter un

1. Et non une τέχνη. Cf. *de Soph. el.*, 34, 184a2, où Aristote reproche à
Gorgias et aux Sophistes d'enseigner non pas les règles de l'art, mais *les résultats* de l'art (οὐ τέχνην ἀλλὰ τὰ ἀπὸ τῆς τέχνης διδόντες), c'est-à-dire des
discours tout faits sur des sujets rebattus.
2. Sur le sens de συγγράμματα, l. 2, *cf.* Rodier, p. 146, dont nous adoptons
l'interprétation.
3. Cf. *Rhet.*, I, 4, 1360a30, où la même idée est exprimée.
4. L. 10, le terme ἕξις a un sens incertain. Burnet, p. 475, propose de lire
ἐξετάσεως. Nous croyons, avec Stewart, que ἕξις désigne ici l'aptitude due à
l'expérience. Dans le même sens, *cf.* St Thomas, 2178, p. 566 : *qui non habent
habitum per consuetudinem acquisitum.*

jugement qualifié, à moins que ce ne soit instinctivement[1],
quoique leur perspicacité en ces matières soit peut-être susceptible d'en recevoir un surcroît de développement[2].

Nos devanciers[3] ayant laissé inexploré ce qui concerne la
science de la législation, il est sans doute préférable que nous
procédions à cet examen, et en étudiant le problème de la
constitution en général, de façon à parachever dans la mesure
15 du possible notre philosophie des choses humaines.

Ainsi donc, en premier lieu, si quelque indication partielle
intéressante a été fournie par les penseurs qui nous ont précédé,
nous nous efforcerons de la reprendre à notre tour ; ensuite, à la
lumière des constitutions que nous avons rassemblées[4], nous
considérerons à quelles sortes de causes sont dues la conservation ou la ruine des cités ainsi que la conservation ou la ruine
des formes particulières de constitutions, et pour quelles
raisons certaines cités sont bien gouvernées et d'autres tout
20 le contraire. Après avoir étudié ces différents points, nous
pourrons peut-être, dans une vue d'ensemble, mieux discerner
quelle est la meilleure des constitutions, quel rang réserver à
chaque type, et de quelles lois et de quelles coutumes chacun
doit faire usage[5]. Commençons donc notre exposé.

---

1. L. 11, εἰ μὴ ἄρα αὐτόματον, *nisi forte temere et aliquo casu* (Lambin).

2. Aristote veut dire sans doute que l'étude des diverses constitutions peut
ouvrir l'intelligence à l'étude de la Politique. Mais la pensée demeure confuse
(*cf.* Rodier, p. 149).

3. Ces dernières lignes sont une esquisse de la *Politique*. Les l. 16 *sq.* visent
le livre II (l. 16-17), III-VI (l. 17-20) et VII-VIII (l. 20-23). Le livre I est passé
sous silence. Il n'y a pas lieu de supposer, avec Schlosser, Susemihl et Rodier,
que cette fin ne soit pas d'Aristote (*cf.* la note de Burnet, p. 475). Sur ce passage,
on consultera aussi Jaeger, *Aristotle*, 2ᵉ éd. anglaise, p. 265.

4. On sait qu'Aristote avait recueilli 158 constitutions ; il ne reste que la
Constitution des Athéniens, (découverte en 1891).

5. C'est-à-dire « by the use of what laws and practices each State may be as
good as is possible for it under the type of constitution which it embodies »
(Joachim, p. 298).

INDEX RERUM [1]

A

ἀγχίνοια, *vivacité d'esprit* (VI, 10, 1142b6).

ἀδίκημα, *injustice, action injuste* (V, 10, 1135b12).

ἀδοξία, *mépris public* (III, 9, 1115a13).

αἰδώς, *réserve, modestie* (III, 11, 1116a28 ; IV, 15, 1128b10).

αἰσθάνεσθαι, *percevoir, sentir, avoir conscience* (IX, 9, 1170a29).

αἰσχύνη, *honte* (IV, 15, 1128b10).

ἀκολασία, *dérèglement, défaut de châtiment*; ἀκόλαστος, *déréglé* (III, 15, 1119a34 ; VII, 1, 1145a17).

ἀκούσιον, *involontaire* (III, 1, 1109b30).

ἀκρασία, *intempérance* (VII, 1, 1145a17).

ἅμα, *en même temps*, marque la liaison d'un argument avec le précédent (VIII, 16, 1163b22).

ἀμάρτημα, *faute* (V, 10, 1135b12).

ἀναλογία συνεχής, *proportion continue*, par opposition à ἀν. διῃρημένη, *proportion discontinue* (V, 6, 1131a33); τὸ ἀνάλογον ἐναλλάξ, *la proportion obtenue par interversion de termes* (V, 6, 1131b6).

ἀναλυτικός (-ῶς), *raisonnement proprement démonstratif* (II, 7, 1107a30).

ἀνάπαυσις, *repos, détente* (IV, 14, 1127b33).

ἄνεσις, ἀνιέναι, *détente de la corde d'une lyre*, opposé à ἐπίτασις, ἐπιτείνειν, *tendre* (VI, 1, 1138b23).

ἄνω, *vers le haut, notion supérieure* (VIII, 2, 1155b2).

---

1. Ce lexique sommaire comprend seulement les vocables qui ont fait l'objet d'une indication spéciale dans nos notes. Il est à compléter par l'*Index aristotelicus* de Bonitz.

ἐπιθυμία, *appétit irrationnel, concupiscence* (I, 1, 1094a2).

ἐπίκληρος (ἡ), *l'héritière unique* (VIII, 12, 1161a1).

ἐπιστήμη, *science* (I, 1, 1094a1).

ἐπίτασις, ἐπιτείνειν, *tension, tendre une corde de lyre,* par opposition à ἄνεσις, ἀνίεναι (VI, 1, 1138b23).

ἔρανος, *repas par cotisation* (IV, 6, 1123a22).

ἔργον, *œuvre* (I, 6, 1097b24).

τὸ ἔσχατον, *l'individu* (VI, 8, 1141b28).

ἑταιρεία, *camaraderie* (VIII, 6, 1157b24).

εὐδαιμονία, *bonheur* (I, 2, 1095a18).

τὸ εὐεκτικόν, *le facteur de santé, le sujet d'inhérence de la bonne santé* (V, 1, 1129a20).

εὐπορεῖν, *résoudre une aporie* (VII, 1, 1145b7).

εὐστοχία, *le fait de viser juste* (VI, 10, 1142a33).

εὐσυνεσία, *perspicacité* (VI, 11, 1142b31).

εὐτραπελεία, *gaieté de bon ton,* εὔτροπος, *ayant l'esprit souple* (IV, 14, 1128a10).

εὐτύχημα, *hasard heureux, prospérité* (IV, 8, 1124a20).

Z

ζημία, *châtiment, perte, dommage* (V, 7, 1132a10).

H

ἤ, particule interrogative (I, 4, 1096b28).

Θ

τὰ θαρραλέα, *les choses rassurantes* (III, 10, 1115b10).

θεῖος, *divin* (I, 1, 1094b10).

θεμιστεύειν, *dicter sa loi* (X, 10, 1180a28).

θηριότης, *bestialité* (VII, 1, 1145a20).

θύμος, *courage, impulsion* (I, 1, 1094a2; III, 11, 1116b23).

K

καταφρόνησις, *mépris* (VII, 7, 1149a32).

κενός, *vide, vain* (II, 7, 1107a30).

κέρδος, *gain, profit* (V, 7, 1132a10).

κίνησις, *mouvement des sens, impression* (I, 13, 1102b10). Voir aussi μεταβολή.

κόλαξ, *flatteur* (IV, 12, 1127a10).

κρᾶσις, *mélange, tempérament* (VII, 15, 1154b13).

κτῆμα, *propriété, possession* (V, 10, 1134b11).

Λ

λάρυγξ, *larynx* (III, 13, 1118a32).

λητουργία, *liturgie, prestation imposée* (IV, 4, 1122a26).

λῆψις, *acquisition, action de recevoir* (IV, 1, 1119b25).

λογικός (-ῶς), *logique*, qualifie un raisonnement général par opposition au raisonnement φυσικός (II, 7, 1107a30).

λόγος, *notion, définition, proportion, rapport* (II, 6, 1107a6); ὀρθὸς λόγος, *droite règle* (II, 2, 1103b33); ἐξωτερικοὶ λόγοι : voir ἐξωτερικοὶ λ.

M

μάθησις, *discipline, enseignement reçu*, opposé à διδασκαλία (VI, 3, 1139b27), μανθάνειν, *discere et intelligere* (VI, 11, 1143a13).

μεγαλοψυχία, *magnanimité, dignité* (IV, 7, 1123a34).

μέθοδος, *investigation* (I, 1, 1094a1).

μελαγχολικός, *tempérament excitable, atrabilaire* (VII, 8, 1150b26).

μεσότης, *médiété, juste milieu* (II, 5, 1106a36).

μεταβολή, *changement* et ses espèces (X, 3, 1174a29).

μίσθωσις, *locatio-conductio, louage* (V, 5, 1134a4).

μοναδικὸς ἀριθμός. Voir ἀριθμός.

N

τὰ νόμιμα, *les règles de conduite*, déterminées par la coutume ou la loi écrite (V, 2, 1129a34).

O

ὄγκος, *masse, volume* (X, 7, 1078a1).

ὀλιγωρία, *dédain* (VII, 7, 1149a32).

ὁμωνύμον, *homonyme, équivoque* (I, 4, 1096b27).

ὅπερ (avec εἶναι ou l'un de ses modes), *ce qu'est essentiellement une chose* (VI, 4, 1140a7).

ὀργή, *colère, impulsion* (II, 1, 1103b18).

ὄρεξις, *désir* (I, 1, 1094a2; 13, 1102b30).

ὅτι, *le fait brut*, opposé à διότι, *cur* (I, 2, 1095b7).

οὐσία, *substance* (I, 4, 1096a20; II, 6, 1107a6).

Π

πάθος, *affection, passion, état passif* (II, 4, 1105b20).

παρακαταθήκη, *dépôt* (V, 5, 1131a4).

T

τέλειος, *parfait, achevé, complet* (I, 5, 1097a28).

τέχνη, *art* (I, 1, 1094a1).

τιμή, *honneur*; τὰ τίμια, *les honneurs* (I, 12, 1101b11).

τύπος, ἐν τύπῳ, *schématiquement*, opposé à ἀκρίβεια (I, 1, 1094b20).

τύχη, *fortune, chance, hasard* (II, 3, 1105a23).

Γ

ὕλη (τῶν πρακτῶν), *materia agibilis, matière morale* (V, 14, 1137b19).

ὑπάλλαγμα, *gage représentatif*, synonyme de ἐγγυητής (V, 8, 1133a29).

ὑπάρχειν, *commencer, prendre l'initiative* (IV, 8, 1124b12).

ὑπόθεσις, *position de base, hypothèse* (VII, 9, 1151a17); ἐξ ὑποθέσεως, *nécessité hypothétique* (VI, 3, 1139b24).

ὑποκείμενον, *sujet d'inhérence* (V, 1, 1129a19).

ὑπόληψις, *jugement, croyance* (VI, 3, 1139b17).

Φ

φαίνεσθαι, *être manifeste* (I, 1, 1094a2).

φάρυγξ, *gosier, larynx* (III, 13, 1118a32).

φιλία, *amitié, altruisme*; φίλησις, *attachement*; φίλος, *cher, ami* (VIII, 1, 1155a1).

φρόνησις, *sagesse pratique, prudence* (I, 13, 1103a5); φρόνιμος, *homme sage, prudent* (II, 6, 1107a2).

φυσικός, *naturel*, qualifie un raisonnement (II, 7, 1107a30).

φύσις, *nature*, synonyme de δύναμις (I, 13, 1102b13); κατὰ φύσιν, *conforme à la nature*, opposé à παρὰ φ., *contraire à la nature* (I, 3, 1096a6).

Ξ

χαῦνος, *vaniteux, boursouflé* (IV, 7, 1123b9).

χρήματα, *biens, affaires d'argent* (IV, 1, 1119b22).

χρῆσις, *commodat, prêt à usage* (V, 5, 1134a4).

Ψ

ψήφισμα, *décret* (V, 10, 1134b24).

Ω

ὠνή, *achat* (V, 5, 1131a4).

TABLE DES MATIÈRES

ARISTOTE
ÉTHIQUE À NICOMAQUE